Pluriversum – Ein Lexikon des Guten Lebens für alle

herausgegeben von:

Ashish Kothari, Ariel Salleh, Arturo Escobar, Federico Demaria, Alberto Acosta

AF144364

AG SPAK Bücher

Wir danken den Übersetzer*innen, den vielen Berater*innen, Korrektur- und Gegenleser*innen, ohne die die Übersetzung eines derartig großen inhaltlichen Spektrums nicht möglich gewesen wäre.

Wir danken den vielen Spender*innen, ohne deren Unterstützung hätte der Band nicht in dieser Weise erscheinen können. Nähere Informationen hierzu auf Seite 325/326

> Dieses Zeichen weist auf weitere Erklärungen im Glossar (Seite 299 ff.) hin

Die Texte des Buches sind auch abrufbar unter
www.agspak.de/pluriversum

Impressum

© dieser Ausgabe bei den Herausgeber*innen
© der einzelnen Beiträge bei den Autor*innen
2. korrigierte Auflage 2024
ISBN 978-3-945959-67-1
Erstmals veröffentlicht in Indien im Jahr 2019 von Tulika Books New Delhi
Übersetzer*innen: Riccarda Flemmer, Karin Polit, Timmi Tillmann,
        Alexandra Tost, Anna Voß, Elisabeth Voß, Hannelore Zimmermann
Satz + Umschlaggestaltung: H. Zimmermann, W. Schindowski
Umschlagillustration: Ashish Kothari (im Original auf dem Cover von "Alternative Futures:
        India Unshackled", hg. von A. Kothari und KJ Joy, Authors Upfront, Delhi, 2017)
        und Hintergrundbildern von pixabay
Herstellung: Druckerei Kleb, Wangen
Erscheinungsort: Neu-Ulm
Die Veröffentlichung erscheint als M 364 in der Reihe Materialien der AG SPAK bei
        AG SPAK Bücher   Tel.   (07308) 91 92 61
        Holzheimer Str. 7/1   Fax   (07308) 91 90 95
        89233 Neu-Ulm   www.agspak-buecher.de
        Mitglied bei aLiVe (assoziation Linker Verlage)

Bibliografische Informationen Der Deutschen Bibliothek

Die Deutsche Bibliothek verzeichnet diese Publikation in der Deutschen Nationalbibliografie.
Detaillierte bibliografische Daten sind im Internet unter: http://dnb.de abrufbar.

Pluriversum

Ein Lexikon
des Guten Lebens für alle

Herausgegeben von

Ashish Kothari
Ariel Salleh
Arturo Escobar
Federico Demaria
Alberto Acosta

AG SPAK Bücher
Arbeitsgemeinschaft sozialpolitischer Arbeitskreise

Viele Worte sind in der Welt unterwegs. Viele Welten werden geschaffen. Viele Welten schaffen uns. Es gibt Worte und Welten, die Lügen und Ungerechtigkeiten sind. Es gibt Worte und Welten, die wahrhaftig und wahr sind. In der Welt der Mächtigen gibt es nur Platz für die Großen und ihre Helfer. In die Welt, die wir wollen, passt jede*r. Die Welt, die wir wollen, ist eine Welt, in die viele Welten passen. [...] Leise und sanft formulieren wir die Worte, die die Verbundenheit finden, die uns im Laufe der Geschichte umarmen wird, und die die Verlassenheit, mit der wir konfrontiert sind und die uns zerstört, zurückweisen werden. Unser Wort, unser Lied und unser Schrei sind dafür da, dass die Toten nicht mehr sterben. Wir kämpfen, damit sie leben können. Wir singen, damit sie leben können.

Vierte Erklärung aus dem Lakandonischen Urwald (1996)
Zapatistische Nationale Befreiungsarmee (Ejército Zapatista de Liberación Nacional, EZLN)

Gewidmet all jenen, die für das Pluriversum kämpfen, indem sie sich gegen Ungerechtigkeit wehren und nach Wegen suchen, in Harmonie mit der Natur zu leben.

Reaktionen auf dieses Buch

AFRIKA

Dieses *Lexikon des Guten Lebens für alle* stellt die wirtschaftliche Illusion des freien Marktes in Frage, laut welcher der natürliche Imperativ des Überlebens den Besitz und die Nutzung von Geld erfordert und somit zulässt, dass andere Menschen und die Unversehrtheit der Natur durch die unerbittliche Anhäufung von Geld geschädigt werden. Genug des Geldwahns!

Mogobe Ramose, in Südafrika geborener Philosoph, Autor von *African Philosophy through Ubuntu* und *Wiping Away the Tears of the Ocean*.

Dieses Buch handelt von der Zeit. Einerseits verweist es auf eine längst verlorene Zukunft und die Krisen, die die kolonialen Projekte des Fortschritts und der Universalität betreffen. Andererseits verweist es auf die Dringlichkeit, das Gegenteil zu fördern: die vielfältigen Welten, die im Stillen widersprechen. Wir brauchen neue, respektlose Wörter, um diesen Aufstand richtig zuzubereiten. Und dieses Lexikon ist das Kochbuch dazu.

Bayo Akomolafe, PhD, Autor von *These Wilds Beyond our Fences: Letters to my Daughter on Humanity's Search for Home*.

ASIEN

Entwicklung ist zu einem allgegenwärtigen Prinzip und einer weit verbreiteten Überzeugung geworden; sie hat unsere Welt, unsere Weltanschauungen und unser Handeln strukturiert. In diesen kritischen Zeiten zeigt uns dieses wichtige Buch eine unglaubliche Bandbreite an Alternativen auf und hilft uns, den Wert unserer Gesellschaften und die Bedeutung des Menschseins neu zu überdenken.

Jingzhong Ye, Professor und Dekan der Fakultät für Geisteswissenschaften und Entwicklungsstudien, China Agricultural University.

Dieser Sammelband bringt eine vielfältige Gruppe von Wissenschaftler*innen zusammen, die über ein tiefes Verständnis von Philosophie, Soziologie, Aktivismus und Politik verfügen. Er bietet sowohl eine schonungslose Kritik der Gegenwart als auch eine Methodik für die Erfindung der Hoffnung, die wir säkular als ‚die Zukunft' bezeichnet haben. Ein Buch, das sich durch seine enorme Großzügigkeit an Ideen auszeichnet. Es ist ein Geschenk, das man feiern und über das man sprechen sollte.

Shiv Visvanathan, Professor der *Jindal Global University* und Autor von *A Carnival of Science*.

Ein neuer Blick auf das Feld des Postentwicklungs-Denkens. Die Autor*innen des *Lexikons des Guten Lebens für alle* bereichern die Symphonie der Nachhaltigkeitskonzepte mit Geschichten, die den Glauben an die menschliche Fähigkeit, sich Gier, Hegemonie und Despotismus zu widersetzen, wiederherstellen. Ein wertvoller Beitrag zum Aufbau einer gegenepistemischen Gemeinschaft.

Debal Deb, Autor von *Beyond Developmentality: Constructing Inclusive Freedom and Sustainability*.

Entwicklung als Lösung für globale Krisen wird seit langem kritisiert. Es gibt eine Fülle von Alternativvorschlägen, und auch wenn nicht alle davon überzeugend sind, bin ich den Herausgeber*innen dankbar, dass sie diese in einem Band zusammengefasst haben, von kompetenten Autor*innen vorgestellt.

Saral Sarkar, Autor von *Eco-Socialism or Eco-Capitalism?*

EUROPA

Um einen Atemzug auszudrücken, schrieben sie einen Vers. Um einen Wandel voranzutreiben, rezitierten sie einen Vers. Um Ungerechtigkeiten zu beseitigen, sangen sie einen Vers. Alle Verse sind in diesem Buch versammelt, das wie eine kosmologische Abhandlung den Ursprung einer möglichen Zukunft erklärt: eine Summe von Versen, ein *Pluriversum*.

Gustavo Duch, katalanischer Schriftsteller, Aktivist für Ernährungssouveränität, lernender Gärtner.

Ein echter Durchbruch im Postentwicklungs-Denken. Dieses erfrischende Buch räumt mit den vielen verwirrenden Ideen auf, die vorgeben, die Ideologie der Entwicklung zu retten. Anstatt eine Zukunft vorzuschlagen, beschreibt es ein *Pluriversum* von Welten, die auf der traditionellen Weisheit beruhen, die unsere Zugehörigkeit zur Natur wiederherstellen und wachsende Ungleichheiten verhindern würden.

Gilbert Rist, emeritierter Professor des Graduate Institute of International and Development Studies in Genf, Autor von *Development: History of a Western Belief*.

In dem Maße, wie lineare Fortschrittsvorstellungen kontraproduktiv werden, angetrieben von globalen kapitalistischen Märkten, die letztlich das Leben auf der Erde zerstören, befinden sich Kritiker*innen in einer ideologischen Krise. Hier findet sich eine breite Auswahl an Schilderungen, die den Zukunftsmöglichkeiten einen Sinn geben und Hoffnung nähren.

Marina Fischer-Kowalski, Professorin am Institut für Soziale Ökologie, *Universität für Bodenkultur*, Wien.

Ja, wir wissen, dass wir in großen Schwierigkeiten stecken, aber wir tun weiterhin so, als ob wir uns dessen nicht bewusst wären. Dieses Buch führt aus dieser Sackgasse heraus und zeigt mögliche Wege für einen Übergang zu einer ökologisch gesünderen, politisch egalitäreren und sozial integrativeren Welt auf.

Erik Swyngedouw, Professor an der Universität Manchester und Autor von *Liquid Power und Promises of the Future*.

Dieses Buch ist ein Hauch von frischer Luft. Es öffnet viele konzeptionelle Türen zu einem *Pluriversum* von Weltanschauungen und Praktiken aus aller Welt und überwindet die Illusion des konventionellen Entwicklungs-Denkens als Weg zu einem ökologisch nachhaltigen Planeten. Unabhängig davon, ob ihr mit der Weisheit der Pluralität einverstanden seid oder nicht, wird dieses Buch euch zum Nachdenken über radikale soziale Veränderungen anregen.

Lourdes Benería, emeritierte Professorin, Abteilung für Stadt- und Regionalplanung, Cornell University.

Zu lange hat der Globale Norden dem Globalen Süden seine einheitliche Agenda aufgezwungen. *Pluriversum* zeigt, dass es nicht nur eine Alternative zur Entwicklung gibt, sondern viele. Dieses Buch ist ein unverzichtbares Hilfsmittel für alle, die sich schon einmal gefragt haben: „Was könnten wir anders machen?" Lesen Sie es und Sie werden eine Fülle von Lösungen finden.

Dan O'Neill, Professor für ökologische Ökonomie an der Universität von Leeds und Mitautor von *Enough is Enough*.

NORDAMERIKA

Pluriversum überbrückt die Kluft zwischen der aufgewühlten und misshandelten Welt der Gegenwart und der freudigen und gesunden Welt, die in unseren Träumen pulsiert, während wir uns in das Unbekannte bewegen. Der großartige Inhalt des Buches bietet echte Möglichkeiten für den Aufbau einer Zukunft, in der wir in Frieden miteinander und mit unserem Planeten leben können.

Medea Benjamin, Co-Direktorin von CODEPINK: Frauen für den Frieden.

Dreißig Jahre der ‚nachhaltigen Entwicklung' haben die Kontrolle der Unternehmen über die Natur gefestigt. *Pluriversum* zeigt die Unzulänglichkeiten dieses Reformismus auf und konzentriert sich auf eine Vielzahl von transformativen Ansätzen, wobei der Feminismus einen integralen ökopolitischen Weg zur Schaffung einer gerechten und lebenswerten Welt darstellt.

Greta Gaard, Autorin von *Critical Ecofeminism*, Professorin und Koordinatorin des *Sustainable Justice Minor* an der *University of Wisconsin*, River Falls.

Ein *Pluriversum* ist eine Welt, in der unterschiedliche Hoffnungen gesät, vielfältige Möglichkeiten kultiviert und eine Vielzahl sinnvoller Leben erreicht werden kann durch so unterschiedliche und solidarische Menschen wie uns. Es gibt viele Alternativen zum herrschsüchtigen, spekulativen, globalisierenden und entmündigenden westlichen ‚Fortschritt'.

Richard Norgaard, Autor von *Development Betrayed*. Emeritierter Professor für Energie und Ressourcen, Universität von Kalifornien, Berkeley.

Beim Aufschlagen dieses Buches setzte mein Herz einen Schlag aus. Endlich gibt es eine Möglichkeit, die alternative Zukunft zu verstehen, die auf der ganzen Welt entsteht. Ich wurde nicht enttäuscht. *Pluriversum* verkörpert auf bestmögliche Weise die Prinzipien und die Vielfalt, für die es eintritt. Ein unverzichtbares Buch für alle, die nach der besten aller Welten streben.

Juliet Schor, Professorin für Soziologie am *Boston College* und Autorin von *Plenitude: The New Economics of True Wealth*.

Die zentrale Frage der konventionellen Entwicklungstheorie: ‚Wie werden wir wachsen?' ist zu einer gefährlichen und rücksichtslosen Grundlage für das menschliche Projekt geworden. Diese herausfordernden Zeiten erfordern eine neue Antwort auf eine andere Frage: ‚Wie sollen wir leben?' In diesem unverzichtbaren Kompendium bieten Visionär*innen sowohl Antworten als auch Inspiration.

Paul Raskin, Gründungspräsident des *Tellus-Instituts* und Mitautor von *The Great Transition*.

Die praktizierte Entwicklung hat nicht nur nicht den versprochenen allgemeinen Wohlstand gebracht, sondern bedroht auch die Lebensfähigkeit der Menschen und des übrigen Lebens auf der Erde. Um den Weg in die Zukunft zu bestimmen, bedarf es der Beiträge einer Vielzahl von nachdenklichen und kreativen Köpfen, wie sie in diesem ambitionierten Sammelband vertreten sind.

David Korten, Autor von *When Corporations Rule the World* und *Change the Story, Change the Future*.

Brillant! Wir brauchen dringend das *Pluriversum*. Die Macht der Ideen, vermittelt durch Worte, ist der Schlüssel zum Verständnis, wie es sein kann, dass die Menschheit als Ganzes eine Welt schafft, die praktisch keine*r von uns individuell wählen würde. Worte vermitteln ganzheitliche Weltanschauungen und bestimmen, was wir sehen können und was nicht. Möge dieses Buch unseren Verstand öffnen, so dass wir sehen können, was uns vorher unsichtbar war, und uns bewusst für das entscheiden, was im Dienste des Lebens steht.

Frances Moore Lappé, Gründerin des *Small Planet Institute*; Autorin von *Diet for a Small Planet* und *Daring Democracy*.

Diese Sammlung bringt sehr unterschiedliche Ideen, Praktiken und Visionen zusammen und respektiert dabei ihre epistemischen und geopolitischen Kontexte. Sie relativiert den entwicklungspolitischen Impuls, der die Weltwirtschaft und die globalen politischen Diskurse prägt. Die strategische Verschiebung hin zu einem *Pluriversum* destabilisiert den Anspruch auf universelles Wissen, der die moderne Entwicklung rechtfertigt und von ihr verbreitet wird.

Susan Paulson, Professorin an der Universität von Florida, Autorin von *Masculinities and Femininities in Latin America's Uneven Development*.

ZENTRAL- UND SÜDAMERIKA

Dieser Band enthält ein experimentelles Vokabular darüber, was nach und jenseits der ‚Entwicklungs'-Falle liegt. Es besteht aus miteinander verknüpften Begriffen, die, indem sie radikale gegenseitige Abhängigkeit als Politik begreifen, eine entstehende Landschaft beschreiben: Welten, die auf der Grundlage konkreter Kämpfe gegen das Kapital und eines Engagements für das Leben geschaffen werden. Dieses *Lexikon* ermöglicht es uns, die vielfältigen Geografien der Krise und ihre Möglichkeiten in Echtzeit zu visualisieren.

Verónica Gago, Autorin von *El neoliberalismo desde abajo*, Mitglied des *Colectivo Situaciones* und Professorin für Soziologie am *Instituto de Altos Estudios, Universidad Nacional de San Martín*, Buenos Aires.

Dies ist eine fesselnde Zusammenstellung von Ideen und Praktiken über die Bedeutung des Wohlbefindens. Dieses Lexikon hilft uns, Entwicklung neu zu denken, indem es andere Wege zur Organisation von Wirtschaft und Gesellschaft aufzeigt, die auf realen Erfahrungen beruhen, die in einem Ort und in der Unterschiedlichkeit verwurzelt sind. Es liefert strategisch wichtige Erkenntnisse, um die derzeitige konservative Wende in der Weltpolitik in Frage zu stellen und emanzipatorische Veränderungen zugunsten des Gedeihens allen Lebens zu vertiefen.

Diana Gómez, Anthropologin und Historikerin, *Universidad de los Andes*, Bogotá.

Dieses *Lexikon des Guten Lebens für alle* befasst sich mit der systemischen Krise, in der wir leben, indem es kulturelle Visionen aus der ganzen Welt würdigt und so die Debatte zwischen reformistischen und transformativen Alternativen schärft.

Pablo Solón, ehemaliger bolivianischer Botschafter bei den Vereinten Nationen, Aktivist der *Solón-Stiftung* und Mitautor von *Systemic Alternatives*.

Die Welt ist ein *Pluriversum*, ein entstehendes Archipel von kämpfenden Welten, bewohnt von einer Konstellation von Gemeinschaftsgeweben, die das Leben inmitten der gewaltsamen Verweigerung ihrer Horizonte und Wünsche aufrechterhalten. Dies ist ein sehr willkommener Beitrag zu den Debatten über Entwicklung und die Gefahren ihrer reformistischen Beschwörungen. Es veranschaulicht die polymorphen Formen des Lebens, die trotz verheerender Universalismen an allen möglichen Orten gedeihen.

Raquel Gutiérrez Aguilar, Professorin für Soziologie, Benemérita *Universidad Autónoma de Puebla*, Mexiko; Autorin von *The Rhythm of the Pachakuti: Indigenous Uprising and State Power in Bolivia*.

Ein anregender Blick auf das bemerkenswerte Spektrum an Erfahrungen, Vorschlägen und radikalen Erkenntnissen, die die aktuelle Krise der Zivilisation herausfordern. *Pluriversum* wird die gegenseitige Anerkennung, Dialoge und Konvergenzen fördern, ohne die eine ‚andere Welt' kaum möglich sein wird.

Edgardo Lander, Professor an der *Universidad Central de Venezuela in Caracas*; Autor von *La colonialidad del saber: eurocentrismo y ciencias sociales*.

Ein Genuss: anregend, wichtig. Die Konzepte von Fortschritt und Entwicklung treiben uns immer weiter in die menschliche Katastrophe. Um einen Ausweg aus dieser Tragödie zu finden, müssen wir gegen Fortschritt und Entwicklung denken und handeln. Dieses Lexikon wird es uns erleichtern, dies zu tun.

John Holloway, Professor für Soziologie, Benemérita Universidad Autónoma de Puebla, Mexiko; Autor von Changing the World Without Taking Power und Cracking Capitalism: Doing *versus* Working.

Absolut faszinierend. Bemerkenswert ist die Auswahl der Texte, die eine Vielfalt an philosophischen, politischen, sozioökonomischen und ethischen Ansätzen präsentieren, aber auch Erfahrungen, Erlebnisse und vor allem Alternativen aus den unterschiedlichsten geografischen und soziokulturellen Hintergründen, allesamt kritisch gegenüber der ‚bestehenden Ordnung'. Und das alles mit einer anspruchsvollen Annäherung in kaum 1.000 Wörtern pro Beitrag, die immer wieder durch die Synthesefähigkeit und Kreativität der Autor*innen überrascht.

Jûrgen Schuldt, peruanischer Wirtschaftswissenschaftler, Dozent an der *Universidad del Pacífico*.

Dies ist ein Buch von überwältigender Breite und provokativer und überzeugender Gelehrsamkeit.

Sylvia Marcos, mexikanische feministische Aktivistin und Wissenschaftlerin.

1. Wir sind Teil der Synchronität der dynamischen Gleichzeitigkeit der integrierten Komplexität, der raum-zeitlichen Gewebe des *Pluriversums* in seinen verschiedenen Maßstäben. In uns, in unseren Körpern, schreibt das *Pluriversum* einzigartige, unwiederholbare Synchronitäten ein; indem wir an den existenziellen Zyklen teilnehmen, an der lebendigen Materie, der Verdichtung von Energie, der Zusammensetzung von Saiten, die das *Pluriversum* in harmonische Polyphonie verwandeln, haben wir auch einen Einfluss auf die Neuzusammensetzungen der großartigen Synchronisation des *Pluriversums*.
2. Es gibt keinen Ausweg aus der Geschlossenheit des modernen Weltsystems. Der Ausweg liegt in offenen Horizonten jenseits der Moderne; es ist notwendig, den Weg zurückzuverfolgen, andere institutionalisierbare historisch-kulturelle Möglichkeitsbedingungen zu gestalten, die vor allem der Wiedereingliederung der menschlichen Gesellschaften in die planetarischen Lebenszyklen entsprechen.

Raúl Prada Alcoreza, bolivianischer Schriftsteller, Hochschullehrer und -forscher. Demograf. Mitglied von *Comuna*, einem mit antisystemischen sozialen Bewegungen und Dekolonisierungsbewegungen indigener Nationen und Völker verknüpften Kollektiv.

Ich begrüße dieses ‚*Pluriversum*‘, diese unermüdliche Suche nach Philosophien und Kriterien, die es uns ermöglichen, „so viele verstreute Kräfte“, wie der große Nicaraguaner Rubén Darío zu sagen pflegte, in einem einzigen strahlenden Lichtstrahl zu vereinen, um die Prozesse des Wandels und der Analyse in Lateinamerika zu beleuchten.

Gioconda Belli, nicaraguanische Schriftstellerin

Die Überwindung der westlichen kognitiven Vorherrschaft oder der epistemischen Gewalt ist der erste Schritt, den wir in Betracht ziehen müssen, bevor wir eine „andere Welt für möglich halten. Der zweite Schritt besteht darin, sich vor Augen zu führen, dass die indigenen Völker Amerikas nicht nur Träger von ‚Kulturen‘ sind, sondern auch von wirtschaftlichen, pädagogischen, sozialen und politischen Lebenssystemen, die Ausdruck der sorgfältigen kognitiven Arbeit sind, mit der wir zum Aufbau einer Koexistenz der Zivilisationen beitragen können. In der Debatte über „Wirtschaftswachstum zur Überwindung der Armut“ sagen wir Ihnen: Haben Sie sich jemals gefragt, wie die Prinzipien von *mirachina* oder *yapana* im Wirtschaftssystem der *Kichwa*-Nation angewendet werden? Ich glaube nicht. Sicherlich ist es an der Zeit, die kognitive Vorherrschaft als wesentlichen Faktor für die Ermöglichung einer anderen Welt zu überwinden.

Nina Pacari, ecuadorianische indigene Anführerin der *Kichwa*. Ehemalige Ministerin für auswärtige Angelegenheiten.

Widerstände und neue Welten: Wenn sie in Gang kommen, widersetzen sich Graswurzelbewegungen nicht nur der Umsetzung neoliberaler Politiken und stürzen konservative oder progressive Regierungen, sondern öffnen auch Lücken im Herrschaftsmodus. In ihnen konnten sie Alternativen zum Extraktivismus konstruieren, neue Welten, in denen sie potenziell nicht-kapitalistische Lebensweisen praktizieren.

Raúl Zibechi, uruguayischer Schriftsteller, Grassroot-Pädagoge und Journalist, der mit sozialen Bewegungen arbeitet.

Unsere Zivilisationskrankheit heißt Homogenisierung. Wir fürchten uns vor dem, was anders ist, vor der Vielfalt, und wir versuchen, alles zu standardisieren, um das Leben zu kontrollieren und dem unaufhaltsamen Tod zu entgehen. Dieses Buch lädt uns ein, uns in der Andersartigkeit zu erkennen und so ein *Pluriversum* aufzubauen, das beste Geschenk, das wir uns selbst machen können.

Antonio Elizalde, chilenischer Soziologe, ehemaliger Universitätsrektor, Mitverfasser des Vorschlags für eine Entwicklung im menschlichen Maßstab, Direktor der Zeitschriften *Polis. Revista Latinoamericana* und *Revista de Sustentabilidad(es)*.

Übersetzung: Anna Voß

Inhalt

Vorwort zur deutschen Ausgabe

Pluriversum – eine Utopie im Aufbruch

Alberto Acosta

Jedes Buch hat eine Geschichte. Manche haben eine lange Geschichte, andere eine kurze. Manchmal ist diese Geschichte nicht sehr motivierend, wie zum Beispiel bei Büchern, die das Ergebnis eines akademischen oder Forschungsvorhabens sind; in solchen Fällen ist das Buch eine Art vorhersehbarer Epilog eines Prozesses. Manchmal gibt es Bücher, die eine Epoche markieren, wie Alexander von Humboldts Kosmos, dessen erster Band fünf Jahre Redaktionsarbeit und ein ganzes Leben an Forschung erforderte. Es gibt andere Bücher, die aus den unterschiedlichsten menschlichen Konflikten entstehen, aus Kriegen zum Beispiel, oder einfach aus Liebe. Und so weiter und so fort.

Die Idee zu diesem Buch, das Sie auf Deutsch lesen werden, entstand in Deutschland. Im September 2014, bei einem großen internationalen Treffen zum Thema ›Degrowth‹, begannen wir darüber nachzudenken, wie die große Vielfalt an emanzipatorischen und transformativen Aktionen, die aus allen Ecken der Welt kommen, zusammengeführt werden könnten. Und wie so oft spielte der Zufall eine zündende Rolle.

Nach der Eröffnungsvorlesung, an der Naomi Klein virtuell teilnahm, diskutierte ich am Tisch mit Ashish Kothari, einem bemerkenswerten Intellektuellen und Aktivisten aus Indien. Er sprach über den Svarag und ich über das Gute Leben (Buen Vivir). Es war ein Treffen von Ideen, Überlegungen, Visionen und Vorschlägen mit vielen gemeinsamen Elementen, die uns zusammenbrachten. Ein paar Tage später trafen wir uns auf demselben internationalen Treffen in einem der Korridore der Universität Leipzig wieder. Wir waren auf dem Weg zu zwei verschiedenen Workshops, bei denen wir aber nie ankamen, weil wir dort blieben und uns unterhielten. Er spricht kein Spanisch, und mein

Englisch ist mehr als dürftig. Trotzdem kamen wir überein, gemeinsam etwas zu schreiben, um Brücken zwischen diesen beiden Weltanschauungen zu bauen: Svarag und Buen Vivir. Warum nicht ein Buch, sagten wir. Dann erschien ein gemeinsamer Freund: Federico Demaria, ein Universitätsprofessor, der sofort von der Idee begeistert war. Und das Erste, worauf wir uns einigten, war, einen Artikel zu schreiben, um diese beiden Visionen aus dem Globalen Süden zu diskutieren und sie mit der These des Degrowth zu konfrontieren, die vor allem aus dem Globalen Norden kommt.

Kurz nach der Rückkehr in unsere Zuhause begannen wir mit dem Verfassen dieses Basisartikels. Wir schafften das, nicht ohne einige Komplikationen für mich aufgrund meiner begrenzten Kenntnisse der englischen Sprache. Der Text *Buen Vivir, Degrowth and Ecological Swaraj: Alternatives to sustainable development and the Green Economy*, wurde Ende 2014 in der Zeitschrift *Development* veröffentlicht. Es handelte sich um eine Publikation, die sich an die akademische und NGO-Elite richtete und keine direkten Auswirkungen auf die Gesellschaft hatte. Das ist nicht neu, das kommt häufig vor.

Die Idee des Buches blieb latent vorhanden. Bis uns wiederum ein unerwartetes Ereignis einen großen Anstoß gab, weiterzumachen. Ein Journalist der bekannten Zeitung *The Guardian* fasste den langen akademischen Artikel auf Englisch zusammen und am 21. Juli 2015 wurde dieser Text veröffentlicht: *Sustainable development is failing but there are alternatives to capitalism.* Diese journalistische Lesart erregte in weiten Kreisen Aufmerksamkeit, und der Text wurde in mehr als zehn Sprachen übersetzt.

In diesem Zusammenhang war die Leipziger Gruppe von drei auf fünf Personen angewachsen: Ariel Salleh, eine renommierte australische Ökofeministin, und Arturo Escobar, einer der klarsten lateinamerikanischen Denker kolumbianischer Herkunft, hatten sich diesem Abenteuer angeschlossen. Dann begann die Diskussion darüber, wie das Buch, das Sie in den Händen halten, realisiert werden kann. Wir legten ein vorläufiges Datum für seine Veröffentlichung fest: das Jahr 2017, denn wir wollten das Vierteljahrhundert seit der Veröffentlichung eines Standardwerks der Entwicklungskritik würdigen, an dem unter der Leitung von Wolfgang Sachs etwa 16 Personen aus verschiedenen Teilen der Welt teilgenommen hatten (*Development Dictionary*).

Die Diskussionen waren intensiv. Alle virtuell. Fast alle auf Englisch. Wir begannen, eine Liste von Themen und Personen zusammenzustellen. Jede*r der fünf Redakteur*innen übernahm die Aufgabe, diejenigen einzuladen, von denen wir dachten, dass sie sich der Herausforderung stellen könnten. Die Regeln waren sehr streng: eine maximale Anzahl von Zeichen pro Beitrag, eine minimale Bibliographie und Angaben zu jedem Autor oder jeder Autorin. Außerdem wollten wir unbedingt ein ausgewogenes Verhältnis zwischen den Geschlechtern bei der Autor*innenschaft der Kapitel erreichen und möglichst viele Aktivist*innen einbeziehen. Das Buch strukturierte sich nach und nach, während wir vorankamen. Es gab keinen festen Plan im Voraus, und es gab auch keine finanziellen Mittel, um ihn zu verwirklichen. Das Ziel war klar: Brücken zu bauen zwischen möglichst vielen verschiedenen Visionen vom Verständnis der Welt und Vorschlägen, sie zu verändern. Die Grundidee war, pluriverse Aktionen und Lesarten zu fördern, um das Pluriversum weiter auszubauen.

Das einzige Mal, dass es gelang, uns zu fünft persönlich zu treffen, war 2017 in Barcelona, was das Ergebnis eines weiteren Zufalls war. Federico Demaria, in Italien geboren, lebt dort. Ariel Salleh, Arturo Escobar und Ashish Kothari kamen aus ihren Heimatländern, jede*r von

ihnen eingeladen, verschiedene Vorträge zu halten. Ich war mit der *Grupo SAL* auf Tournee und hielt in Deutschland anlässlich des turbulenten G20-Treffens in Hamburg einen Vortrag. Ein weiterer Versuch eines für 2018 geplanten Treffens der gesamten Gruppe in Gainesville an der *University of Florida* kam nicht zustande, weil es nur uns drei ursprünglichen Initiatoren möglich war, die kleine amerikanische Stadt zu erreichen, in der ich eine Gastprofessur innehatte.

Die Festlegung der wichtigsten Begriffe haben wir in Barcelona vorgenommen. Dort kamen wir inmitten intensiver und sehr angenehmer Gespräche mit dem Buch voran, wobei wir uns einig waren, dass wir die Veröffentlichung aufgrund des Umfangs des Werkes verschieben sollten. Im Café eines Klosters, das für diese Art von Treffen geeignet war, umgeben von einigen katalanischen Freund*innen, wurde das Grundgerüst des Buches fertiggestellt. Ein Prolog unseres Freundes und Lehrers Wolfgang Sachs, einem der größten Denker anderer möglicher Welten. Ein Vorwort und eine Einleitung von den fünf Herausgeber*innen. Ausgehend von diesen ersten Texten steigen wir in die Thematik ein, mit drei großen Abschnitten. Wir beginnen mit dem Thema der Entwicklung und ihrer Krisen, mit Texten, die globale Erfahrungen aus Afrika, Nord- und Südamerika, Asien, Europa und Ozeanien vorstellen. In einem zweiten Abschnitt erörtern wir die unserer Meinung nach falschen oder reformistischen Lösungen, wie die grüne Wirtschaft oder das Geo-Engineering. Wir beschließen das Buch mit dem umfangreichsten Abschnitt, der die Tür zum Pluriversum der Völker öffnet, in dem wir etwa achtzig transformative Alternativen zusammenstellen, wobei wir darauf hinweisen, dass diese nur einen Bruchteil der Vielzahl von Aktivitäten darstellen, die auf dem gesamten Planeten andere Welten schaffen.

So hat es dieses selbstgemachte Buch in Form einer pluriversalen *Minga*[1] geschafft, 120 Autor*innen aus allen Kontinenten zusammenzubringen. Es enthält 110 Artikel, die uns dazu einladen, das Pluriversum zu diskutieren und zu errichten. Hier scheinen transformative Alternativen auf, zu den vorherrschenden Prozessen des Fortschritts und der Moderne als zivilisatorisches Projekt, einschließlich der tiefgreifenden Strukturen des Kapitalismus, der durch die Vorherrschaft der ›Kommodifizierung des Lebens, des Patriarchats und der Kolonialität aufrechterhalten wird.

Auch die Stimme der Natur findet auf diesen Seiten ihren Platz. Es ist offensichtlich, dass sich der Mensch in der Moderne im übertragenen Sinne von der Natur getrennt und über sie gestellt hat, um sie zu beherrschen und letztlich ihre Zerstörung voranzutreiben, wie wir mit zunehmender Geschwindigkeit beobachten können. Allerdings werden gleichzeitig auch die Überlegungen und Handlungen zur Bewältigung dieser komplexen Situation weiter vorangetrieben und verdichtet. Zweifellos liegt noch ein langer Weg vor uns, aber es werden immer mehr Schritte unternommen, um den Menschen wieder als Teil der Natur, ja sogar als Natur selbst, und nicht mehr als deren Besitzer und Beherrscher, zu positionieren. Die Bemühungen, sich wieder mit der Natur zu verbinden, tauchen aus vielen Ecken des Planeten auf. An vorderster Stelle dieser Bestrebungen stehen viele indigene Völker, die die Natur als ihre Mutter betrachten. So gibt es auf diesem komplexen Weg eine Vielzahl von Lesarten und Aktionen, die die Moderne sogar aus sich selbst heraus in Frage stellen, wie in den vielfältigen Kämpfen und Ausdrucksformen der Rechte der Natur, die nicht nur in den Kulturen der indigenen Völker zu finden sind.

Dieses Buch will Ausdruck eines Prozesses des permanenten Widerstands und der Emanzipation sein, der Dekolonisierung des Denkens und der Wiederbegegnung mit den kulturellen Wurzeln der Völker der Erde und auch der Bedingungen unseres eigenen Menschseins als Natur (condición humana de Naturaleza). Von dort aus ist es möglich, sich – entsprechend der indigenen Pachamama – einen zivilisatorischen Wandel vorzustellen und ihn zu gestalten, der

auf das menschliche Überleben auf dem Planeten und das gute Leben für alle ausgerichtet ist. Ein Überleben, das auf der Überwindung des ›Anthropozentrismus beruhen muss, inspiriert durch biozentrische Visionen – oder auch durch Positionen frei von jedem Zentrum –, die auf einer Ethik beruhen, welche die der Natur und der Menschheit innewohnenden Werte anerkennt und der zunehmenden Kommodifizierung beider ein Ende setzt. Zusammenfassend gesagt, soziale Gerechtigkeit und ökologische Gerechtigkeit gehen Hand in Hand, als Teil eines Prozesses, der die Nachhaltigkeit des Lebens im Rahmen existentieller Rechte ermöglicht.

Wie 2014 in Leipzig diskutiert, ist es an der Zeit zu begreifen, dass der Zug des Wirtschaftswachstums mit seinen Heizer*innen – dem Fortschritt / der Entwicklung – uns auf einen Abgrund hin lenkt, wenn wir die Kämpfe des Widerstands und der Weiter-Existenz nicht vervielfachen. Diese Kämpfe öffnen die Geschichte durch einen Dialog des Wissens (de saberes)[2], verstanden als konfliktive und solidarische Begegnung – von Synergien, Allianzen und Konfrontation – zwischen ›ontologischen Regimen und kulturellen Wesen, die sich unterscheiden durch ihre je eigene Art und Weise zu sein, zu wissen und zu handeln, und dadurch wie sie ihre Welten bezeichnen und die Territorien ihres Lebens errichten. Wir kamen zu der Überzeugung, dass es in der Tat darum geht, die kreativen Möglichkeiten des Lebens zu stärken, die das Pluriversum Wirklichkeit werden lassen: „eine Welt, in der viele Welten Platz haben", wie die Zapatistas es formuliert haben. Eine Welt, in der alle Welten und alle Wesen – menschliche und nicht-menschliche – mit Respekt und Würde zusammenleben, ohne dass jemand auf Kosten anderer lebt.

Ermutigt durch diese Beiträge und Diskussionen beschleunigten wir das Tempo und begannen zeitgleich mit der Suche nach Verlagen, die das Buch in englischer Sprache veröffentlichen würden, mit den entsprechenden Übersetzungen in den Fällen, in denen die Originalbeiträge in anderen Sprachen verfasst wurden. Zuerst haben wir uns an den englischen Verlag gewandt, der das bereits erwähnte, berühmte Buch von Wolfgang Sachs veröffentlicht hatte. Aber dann haben wir – um dem Ursprung dieses Buches, das seine wichtigsten Impulse aus dem Globalen Süden bezieht, gerecht zu werden – vereinbart, einen Verlag in Indien zu suchen. Die redaktionelle Arbeit von *Tulika Books* und *AuthorsUpFront* war phänomenal, detailliert und sehr sorgfältig. Ich werde nie vergessen, was diese Gründlichkeit für mich bedeutete. Das erste Cover zeigte die kreative Arbeit unseres Mitstreiters Ashish. Nach fünf Jahren intensiver Arbeit konnten wir, die wir dieses Buch herausgegeben und geschrieben haben, uns im September 2019 über das Erscheinen des Buches freuen, ohne jemals einen wirtschaftlichen Nutzen daraus gezogen zu haben.

Die spanische Ausgabe wurde fast zeitgleich veröffentlicht, zunächst in Ecuador und Spanien, in einer Co-Publikation von *Abya-Yala con Icaria*. Diese beiden Ausgaben wurden in einigen Teilen der Welt persönlich vorgestellt, bis die Pandemie kam. Die Welt kam zum Stillstand, aber wir blieben entschlossen, diese Überlegungen und Ideen, die einen großen Wandel bewirken wollen, auf der ganzen Welt zu verbreiten. Weitere Ausgaben folgten: Peru-Bolivien und Kolumbien, Italien, Frankreich, Brasilien; jede hat ihre eigene Geschichte, mit redaktionellen Bemühungen voller Großzügigkeit und Enthusiasmus, mit wunderbaren Umschlaggestaltungen … Jetzt ist Deutschland an der Reihe.

Diese deutsche Ausgabe hat ein besonderes Flair. In diesem Land wurde die Idee geboren, in diesem Land haben wir zunächst mehrere erfolglose Versuche zur Veröffentlichung unternommen, und in diesem Land ist die Veröffentlichung dank der Kreativität, des Enthusiasmus und der Kapazitäten des Verlags *AG Spak Bücher* endlich Wirklichkeit geworden. Dieses Buch wurde ermöglicht durch das Engagement und die unbezahlte Mitarbeit von Vielen als Initiatorin, Übersetzer*innen, Korrektur- und Gegenleser*innen. Darüber hinaus kann dieses Buch dank einer engagierten Fundraising-Kampagne zur Finanzierung eines Großteils der Produktionskosten zu einem günstigen Preis verbreitet werden.

Mit diesem Buch wollen wir jene tiefgründigen Botschaften verwirklichen, die vor langer Zeit auch in Leipzig entstanden und auch heute noch gültig sind. Wir erinnern uns an Friedrich Schillers Aussage in seiner Ode an die Freude: „Alle Menschen werden Brüder"[3]. Heute würden wir jedoch sagen, dass alle Lebewesen nahe Verwandte sind, und uns den Menschen wieder als einen weiteren Bewohner eines lebendigen Kosmos vorstellen. Aus diesem Grund greifen wir auch Wolfgang Goethes Beitrag auf, in dem er die Bedeutung der Natur betont: „Wir sind von ihr umgeben und umschlungen", sagte er, „unvermögend, aus ihr herauszutreten (…) Wir leben mitten in ihr und sind ihr fremde. Sie spricht unaufhörlich mit uns und verrät uns ihr Geheimnis nicht. Wir wirken beständig auf sie und haben doch keine Gewalt über sie.".

Hiermit laden wir Sie nun zu dem gemeinsamen Abenteuer ein, die Welt durch die Gestaltung des Pluriversums zu verändern.

Anmerkungen der Übersetzer*innen

1 Minga: Zusammenkunft zur gemeinsamen freiwilligen Arbeit.
2 „Wissen" gibt es im Deutschen nur in der Einzahl. Die Mehrzahl „saberes" aus dem spanischen Original lässt sich daher nicht korrekt übersetzen.
3 Im spanischen Original schrieb der Autor: „todos los seres humanos seremos hermanos". Das ließe sich zwar als „alle Menschen werden Geschwister" übersetzen, aber da es bei Schiller heisst: „alle Menschen werden Brüder", wurde es hier auch so übersetzt – auch wenn dies sicher nicht der Intention des Autors entspricht.

Alberto Acosta: Großvater. Ecuadorianischer Wirtschaftswissenschaftler. Universitätsprofessor. Minister für Energie und Bergbau (2007). Präsident der verfassunggebenden Versammlung (2007-2008). Kandidat für die Präsidentschaft der Republik Ecuador (2012-2013). Autor mehrerer Bücher. Genosse in den Kämpfen sozialer Bewegungen.

(Übersetzung und Bearbeitung durch Timmi Tillmann, Riccarda Flemmer und Elisabeth Voß)

Anstelle eines Vorworts

Das *Development Dictionary* im Rückblick

Wolfgang Sachs

„Die Idee der Entwicklung steht wie eine Ruine in der intellektuellen Landschaft", so schrieben wir vor 25 Jahren in der Einleitung des *Development Dictionary* (in deutsch 1993 erschienen unter dem Titel: Wie im Westen so auf Erden – ein polemisches Handbuch zur Entwicklungspolitik). Frohgemut und ein wenig naseweis saßen wir im Herbst 1988 auf der Veranda des Hauses von Barbara Duden nahe der *Pennsylvania State University* zusammen, um das Ende der Entwicklungsperiode auszurufen. Zwischen Pasta und Rotwein, inmitten Zwiebelschneiden, Schlafsäcken, Laptops und Stapeln von Bücher, machten wir uns daran, den Grundriss eines Handbuchs zu entwerfen, das die Idee der Entwicklung bloßstellt.

Man erinnere sich: In der zweiten Hälfte des 20. Jahrhunderts thronte das Leitbild der ‚Entwicklung' wie ein mächtiger Herrscher über den Nationen. Es war *das* weltpolitische Programm der postkolonialen Ära. Da wir alle, siebzehn Autor*innen aus vier Erdteilen, mit dem Leitkonzept ‚Entwicklung' groß geworden waren, wollten wir uns von den tiefsitzenden Überzeugungen der Nachkriegs-Väter befreien. Wie im Westen, so auch auf Erden, diese Botschaft der ‚Entwicklung' konnten wir nicht hinnehmen. Wir hatten begriffen, dass das Leitbild der ‚Entwicklung' den Weg für die imperiale Macht des Westens über die Welt geebnet hatte. Daneben ahnten wir mehr als wir wussten, dass ‚Entwicklung' in eine Sackgasse führt, deren Folgen uns in Form von Ungerechtigkeit, kulturellen Umbrüchen und ökologischem Niedergang um die Ohren fliegen wird. Kurz und gut, wir hatten erkannt, dass die Idee der ‚Entwicklung' einen Lauf genommen hatte, wie es in der Ideengeschichte nicht ungewöhnlich ist: Was einmal eine historische Innovation war, wurde dann für

lange Zeit zu einer Konvention, die schließlich in allgemeiner Frustration ihr Ende findet. Unser *Spiritus Rector*, Ivan Illich, der in unserer Mitte saß, vermochte nur zu erkennen, dass diese Idee wunderbar in seine Archäologie der Moderne passt, die zu schreiben er sich vorgenommen hatte. Schon damals war er der Meinung, dass man über ‚Entwicklung' nur noch in der Geste eines Nachrufs sprechen sollte.

Rückschau

Wann hat das Entwicklungszeitalter angefangen? In unserem *Development Dictionary* haben wir Präsident Harry S. Truman als Bösewicht stilisiert. In der Tat, am 20. Januar 1949 bezeichnete er in seiner Antrittsrede vor dem amerikanischen Kongress die Heimat von mehr als der Hälfte der Weltbevölkerung als „unterentwickelte Gebiete". Es war das erste Mal, dass der Begriff „Unterentwicklung", der später zur Schlüsselkategorie für die Begründung von Macht, sowohl international wie auch national, aufgestiegen ist, von einer prominenten politischen Bühne verkündet wurde. Mit dieser Rede war das Entwicklungszeitalter eröffnet – jene Periode der Weltgeschichte, die auf die Kolonialepoche folgte, um etwa 40 Jahre später von der Epoche der ‚Globalisierung' ersetzt zu werden. Und derzeit verdichten sich die Anzeichen, dass die Globalisierung von einer Epoche des Neo-Nationalismus abgelöst werden könnte.

Worin besteht die Idee der ‚Entwicklung'? Es empfiehlt sich, vier Aspekte zu unterscheiden. Chronopolitisch scheinen sich alle Völker auf dem Erdkreis auf einer einzigen Bahn vorwärts zu bewegen. Die imaginierte Zeit ist linear, sie erlaubt nur vorwärts und rückwärts zu gehen. Ziel des Laufes ist der technische und wirtschaftliche Fortschritt, der jedoch für immer flüchtig ist. Geopolitisch hingegen zeichnen die führenden Läufer, die entwickelten Nationen, den Weg der Nachzügler-Länder vor. Die vormals verwirrende Vielfalt der Völker auf dem Globus bekommt eine klare Rangordnung in reiche und arme Nationen. Ferner, zivilisationspolitisch gesehen, kann man die ‚Entwicklung' einer Nation an ihrem Grad der wirtschaftlichen Leistung ablesen, also am Bruttoinlandsprodukt. Gesellschaften, die soeben der Kolonisierung entronnen sind, haben sich unter die Obhut der Ökonomie zu stellen. Und schließlich, wenn man die Akteure betrachtet, so sind die Impulsgeber für ‚Entwicklung' hauptsächlich Experten aus Regierungen, multinationalen Banken und Konzernen. Vormals zu Zeiten von Marx oder Schumpeter ist Entwicklung intransitiv gebraucht worden, wie eine Blume, die einen Reifungszustand anstrebt und damit sich selbst entwickelt hat. Nun wurde der Begriff transitiv verstanden, als aktive Umgestaltung einer Gesellschaft, die innerhalb von Jahrzehnten, wenn nicht gar von Jahren zu bewerkstelligen war.

Wenn wir damals den Abgesang auf das Entwicklungszeitalter anstimmten, hat sich doch die Weltgeschichte nicht daran gehalten. Im Gegenteil, die Entwicklungsidee bekam in der Folgezeit einen neuen Auftrieb. Denn genau zu dem Zeitpunkt, als die ersten Entwürfe für unser *Dictionary* fällig waren, im November 1989, fiel die Berliner Mauer. Der Kalte Krieg war zu Ende und die Epoche der Globalisierung brach an. Weit geöffnet waren nunmehr die Schleusen für transnationale Marktkräfte, die sogar die entferntesten Winkel des Erdballs erreichten. Der Nationalstaat war porös geworden, Wirtschaft und auch Kultur wurden zunehmend von globalen Kräften bestimmt. ‚Entwicklung', einstmals eine Staatsaufgabe, wurde deterritorialisiert. Dabei machten sich transnationale Konzerne breit und Lebensstile glichen sich an: SUVs lösten Rikschas ab, Mobiltelepohne traten an die Stelle von Dorfversammlungen, Klimatisierung ersetzte die Siesta. Man kann die Globalisierung verstehen als Entwicklung ohne Nationalstaaten.

Daraus hat die globale Mittelklasse, ob weißer oder schwarzer, ob gelber und brauner Hautfarbe, am meisten Nutzen gezogen. Sie shoppen in ähnlichen Einkaufscenters, kaufen High-Tech-Elektronik, sehen ähnliche Filme und TV-Serien, verwandeln sich hin und wieder in Touristen und verfügen über das entscheidende Medium der Angleichung: Geld. Grob gesagt, im Jahre 2010 lebt die Hälfte der globalen Mittelklasse im Norden und die andere Hälfte bereits im Süden. Das ist fraglos ein grandioser Erfolg des Entwicklungsdenkens, doch damit ist dessen Scheitern erst recht vorprogrammiert.

Niedergang

‚Entwicklung' ist ein Plastikwort, ein leerer Begriff mit positiver Bedeutung. Gleichwohl hat sich ‚Entwicklung' als Weltperspektive gehalten, denn sie ist in ein internationales Geflecht von Institutionen eingelassen, von der UN über Ministerien bis hin zu NGOs. Zu guter Letzt haben Milliarden von Menschen von ihrem „Recht auf Entwicklung", wie es in dem Beschluss der UN-Vollversammlung vom Jahr 1986 heißt, vollen Gebrauch gemacht. Wir waren voreilig, damals das Ende des Entwicklungszeitalters zu behaupten; wir hatten nicht damit gerechnet, dass sich das Koma über Jahrzehnte hinziehen würde. Doch der Sache nach haben wir halbwegs Recht behalten – wenn auch anders, als wir uns das vorgestellt hatten.

Der Niedergang der Entwicklungsidee ist überdeutlich in der UN Agenda 2030, den *Zielen einer nachhaltigen Entwicklung* (SDG – *Sustainable Development Goals)*. Lange vorbei ist die Zeit, als Entwicklung noch Verheißung war. Damals war die Rede von jungen, aufstrebenden Nationen, die sich auf der Straße des Fortschritts befinden. In der Tat erzeugte der Entwicklungsdiskurs ein monumentales historisches Versprechen – das Versprechen, dass am Ende alle Gesellschaften fähig würden, die Kluft zu den Reichen zu schließen und an den Früchten der industriellen Zivilisation teilzuhaben. Damit ist nun Schluss: Überleben statt Fortschritt ist angesagt. Denn die Politik der Armutsbekämpfung ist zwar zum Teil erfolgreich gewesen, aber mit noch größerer Ungleichheit und mit inzwischen irreparablen Umweltschäden erkauft worden. Nicht zuletzt die Überhitzung der Erde und der Verschleiß der biologischen Vielfalt haben dem Glauben, dass die entwickelten Nationen die Spitze der sozialen Evolution sind, den Boden entzogen. Im Gegenteil, der Fortschritt hat sich in weiten Teilen als Rückschritt entpuppt, weil die Wirtschaftsweise des Globalen Nordens gar nicht anders kann, als die Natur auszubeuten. Von *Grenzen des Wachstums* 1972 bis zu *Planetare Grenzen* 2009 sprechen die Analysen eine eindeutige Sprache: Entwicklung-als-Wachstum führt zur Unwirtlichkeit des Planeten Erde für den Menschen. Die SDGs tragen im Titel ‚Development' – eine semantische Täuschung. Die *Sustainable Development Goals* hätten in Wirklichkeit SSGs heißen müssen – *Sustainable Survival Goals*.

Auch die Geopolitik der Entwicklung ist implodiert. Was ist aus dem Imperativ des *catching up* (Aufholens) geworden? Einem Imperativ, der so fundamental ist für die Idee der ‚Entwicklung'?

Dazu ist es wert, eine Passage des Dokuments zu zitieren, mit dem die SDGs verkündet wurden: „Dies ist eine Agenda von noch nie dagewesener Tragweite und Bedeutung ... Es handelt sich um universelle Ziele und Vorgaben, die die ganze Welt betreffen, Industrieländer und Entwicklungsländer gleichermaßen." Deutlicher kann man den mentalen Bruch nicht formulieren: Die Geopolitik der Entwicklung, wonach die alt-industriellen Länder das Vorbild für die ärmeren Länder sein sollten, ist feierlich entsorgt worden. So wie 1989 die Ära des Kalten Krieges verwelkt war, so war 2015 der Mythos vom Aufholen dahin. Selten ist übrigens ein Mythos so formlos und noch dazu geräuschlos beerdigt worden wie dieser. Welchen Sinn macht Entwicklung, wenn es kein Land gibt, das man als entwickelt bezeichnen könnte? Abgesehen davon, der Grund ist klar: Die ökonomische Geografie der Welt hat sich verändert. Weltpolitisch am spektakulärsten

ist der rasante Aufstieg Chinas zur größten Wirtschaftsmacht der Erde. Die sieben bedeutendsten Schwellenländer sind inzwischen wirtschaftlich stärker als die traditionellen Industriestaaten, die als Gruppe G-7 so tun, als hätten sie weiterhin die Hegemonie in der Weltwirtschaft. Die Globalisierung hat das hergebrachte Nord-Süd-Schema fast aufgelöst.

Im Übrigen war ‚Entwicklung' schon immer ein statistisches Konstrukt. Ohne die magische Zahl, das Bruttoinlandsprodukt (BIP), war man nicht imstande, eine Rangordnung unter den Nationen der Welt herzustellen. Einkommen zu vergleichen, das war die Pointe des Entwicklungsdenkens. Nur so konnte die relative Armut beziehungsweise der Reichtum eines Landes bestimmt werden. Seit den 1970er Jahren hingegen bildete sich eine Dichotomisierung des Entwicklungsdiskurses heraus, bei der die Idee der *Entwicklung-als-Wachstum* der Idee der *Entwicklung-als-Sozialpolitik* gegenübergestellt wurde. Institutionen wie die Weltbank, der Internationale Währungsfonds (IWF) und die Welthandelsorganisation huldigten nach wie vor der Idee der *Entwicklung-als-Wachstum*, während sich das UNDP (UN Entwicklungsprogramm), UNEP (UN-Umweltprogramm) und die meisten NGOs der Idee der *Entwicklung-als-Sozialpolitik* verschrieben. So wurde der Begriff ‚Entwicklung' zum Alleskleber, der die Anlage von Flughäfen ebenso umfasste wie das Bohren von Wasserlöchern. In dieser Tradition wurzeln auch die SDGs. Ausgedient hat ökonomisches Wachstum als Entwicklungsziel, aber das Entwicklungsdenken lässt sich nicht so leicht unterkriegen. Denn statt der BIP-Zahlen treten nun Sozialindikatoren – Ernährung, Gesundheit, Bildung, Umwelt – an ihre Stelle, um die Leistung eines Landes abzubilden. Die Daten dienen dem Vergleich, Vergleiche wiederum konstruieren Defizite entlang der Zeitachse wie zwischen Gruppen und Nationen. Defizite in der Welt abzubauen, das ist seit 70 Jahre Sache der ‚Entwicklung'. So ist der *Index der menschlichen Entwicklung* (*Human Development Index*), dem BIP durchaus ähnlich, ein Defizitindex; er stuft Länder hierarchisch ein und unterstellt damit, dass es nur eine bestimmte Art der sozialen Evolution gibt. So gibt das Entwicklungsdenken sein Geheimnis preis: Es lebt von der Diktatur des quantitativen Vergleichs.

Aussichten

Im selben Jahr, in dem das _Dictionary_ erschienen ist, machte ein anderes Buch Furore: Francis Fukuyama's _Das Ende der Geschichte_. Das Buch kennzeichnet die damalige Atmosphäre: der Triumph des Westens mit seiner Demokratie und seinen Lebensverhältnissen. 25 Jahre später ist nichts davon eingetroffen. Im Gegenteil, Unordnung, ja Chaos beherrscht die Welt, Angst und Wut ist verbreitet, meilenweit entfernt vom Triumphalismus der 1990er Jahre. Wenn man ein Wort für die derzeitige Atmosphäre auf der nördlichen und in Teilen auch südlichen Halbkugel finden müsste, dann wäre es: Zukunftsangst. Die Angst greift um sich, dass sich die Lebensaussichten schmälern und zumindest die Kinder und Enkel materiell kürzer treten müssen. Es verbreitet sich die Ahnung, bei der globalen Mittelklasse zumal, dass die durch ‚Entwicklung' geweckten Erwartungen sich nicht realisieren lassen. Ihren Traditionen entfremdet, dann über Smartphones mit dem westlichen Lebensstil vertraut, doch konkret ausgesperrt von der modernen Welt, das ist das Schicksal vieler Menschen nicht nur aus armen Ländern. Diese kulturelle Verunsicherung, verbunden mit ökologischen Krisen, ist der Nährboden der Zukunftsangst.

So hat sich die expansive Moderne festgefahren. Es ist an der Zeit, eine Vielzahl an Ausfahrten zu einer anderen Moderne zu finden. Wenn nicht alles täuscht, lassen sich grob drei Narrative ausmachen, die eine Antwort auf die Zukunftsangst geben: die Narrative der Festung, des Globalismus und der Solidarität. Das _Festungsdenken_ drückt sich im Neo-Nationalismus aus und möchte die glorreiche Vergangenheit des imaginierten Volkes wieder aufleben lassen.

Autoritäre Führer geben dem Volk ihren Stolz zurück, Sündenbock sind immer die anderen, von den Moslems bis zur UN. Das mündet in Fremdenhass, manchmal gepaart mit religiösem Fundamentalismus. Daneben ist Wohlstands-Chauvinismus weit verbreitet, zumal in den Mittelklassen, wonach materielle Güter gegen die Ärmeren verteidigt werden sollen. Im Gegensatz dazu ist für das _Globalismus-Denken_ das Bild vom Planet zum Symbol schlechthin geworden. Statt Merkantilismus („America first") wird ein möglichst deregulierter, freier Welthandel beschworen, der Konzernen und Konsumenten allerorten auch weiterhin Wohlstand bringen soll. Auch bei der globalisierten Elite ist zwar Zukunftsangst zu spüren, doch mit _grünem und inklusivem Wachstum_ samt smarter Technologien sollen die Schwierigkeiten überwunden werden. Anders das _Narrativ der Solidarität_. Zukunftsangst fordert den Widerstand gegen Machthaber, die als Garanten für die Ellenbogengesellschaft und kapitalistisches Gewinnstreben auftreten. Stattdessen stehen hier die Menschenrechte und die ökologischen Prinzipien hoch im Kurs, die Marktkräfte sind nicht Selbstzweck, sondern Mittel zu diesen Zielen. Gemäß der Kurzformel „global denken, aber lokal handeln" ist ferner ein kosmopolitischer Lokalismus angesagt, wonach einheimische Politik stets auch die Weltbelange berücksichtigen muss. Dazu gilt es, die imperialen Lebensweisen der Industriezivilisation abzuwickeln und Formen des frugalen Wohlstands neu zu erfinden. Um es mit den Worten von Papst Franziskus, derzeit der wichtigste Herold der Solidarität, aus seiner Enzyklika _Laudato si'_ zu sagen: „Wir wissen, dass das Verhalten derer, die mehr und mehr konsumieren und zerstören, während andere noch nicht entsprechend ihrer Menschenwürde leben können, unvertretbar ist. Darum ist die Stunde gekommen, in einigen Teilen der Welt einen gewissen Wachstumsrückgang zu akzeptieren und Hilfen zu geben, damit in anderen Teilen ein gesunder Aufschwung stattfinden kann." (§193).

Weitere Quellen

Mishra, Pankaj (2017): *Age of Anger. A History of the Present*. London: Allen Lane. (**deutsch:** Das Zeitalter des Zorns. Eine Geschichte der Gegenwart. Frankfurt am Main: S. Fischer, 2017*)*

Pope Francis (2015): *Encyclical letter: Laudato si'. On Care of our Common Home*. Vatican City. https://www.vatican.va/content/francesco/de/encyclicals/documents/papa-francesco_20150524_enciclica-laudato-si.html (abgerufen am 17.05.2023)

Raskin, Paul (2016): *Journey to Earthland. The Great Transition to Planetary Civilization*. Boston: Tellus. http://www.greattransition.org/publication/journey-to-earthland (abgerufen am 17.05.2023)

Sachs, Wolfgang (Hg) (1992): *The Development Dictionary. A Guide to Knowledge as Power*. London: Zed Books, reprint with a new preface, 2010 und 2019. (**deutsch:** Wie im Westen so auf Erden. Ein polemisches Handbuch zur Entwicklungspolitik. Reinbek: Rowohlt, 1993)

Speich Chassè, Daniel. *Die Erfindung des Bruttosozialprodukts. Globale Ungleichheit in der Wissensgeschichte der Ökonomie*. Göttingen: Vandenhoeck & Ruprecht, 2013

Vorwort der Herausgeber*innen

Dieses Buch lädt die Leser*innen ein, sich auf einen tiefgreifenden Prozess der intellektuellen, emotionalen, ethischen und spirituellen Dekolonisierung einzulassen. Wir sind der gemeinsamen Überzeugung, dass die Idee von ‚Entwicklung als Fortschritt' dekonstruiert werden muss, um einen Weg für kulturelle Alternativen zu öffnen, die das Leben auf der Erde fördern und respektieren. Das vorherrschende westliche Entwicklungsmodell ist ein homogenisierendes Konstrukt – eines, das in der Regel von Menschen auf der ganzen Welt unter materiellem Zwang angenommen wurde. Der Gegenbegriff ›*Post-Development* umfasst eine Vielzahl von Systemkritiken und Lebensweisen. Dieses *Lexikon* soll die laufende Debatte über die sozial-ökologische Transformation re-politisieren, indem es ihre Mehrdimensionalität hervorhebt. Es kann für Lehre und Forschung genutzt werden, um Aktivist*innen zu inspirieren, Neugierige initiativ werden zu lassen – und sogar diejenigen, die an der Macht sind und sich nicht mehr wohlfühlen in ihrer Welt.

Das Buch ist keineswegs das erste, das sich mit dem Thema ›*Post-Development* beschäftigt. Das *Development Dictionary*[1], herausgegeben von Wolfgang Sachs, das jetzt sein fünfundzwanzigjähriges Erscheinen feiert, hat den Trend gesetzt. Weitere Bücher sind *Encountering Development* von Arturo Escobar, *The History of Development*[2] von Gilbert Rist und *The Post-Development Reader*, herausgegeben von Majid Rahnema und Victoria Bawtree.

Zu den Beiträgen der Feministinnen gehören Vandana Shivas *Staying Alive: Women, Ecology und Development* und *The Subsistence Perspective*[3], verfasst von Veronika Bennholdt-Thomsen und Maria Mies. Darüber hinaus hat die Arbeit aktivistischer Wissenschaftler wie Ashis Nandy, Manfred Max-Neef, Serge Latouche, Gustavo Esteva, Rajni Kothari und Joan Martinez Alier wesentlich dazu beigetragen, die Konturen einer ›*Post-Development*-Zukunft zu zeichnen.

Was bisher fehlte, war eine umfassende transkulturelle Sammlung konkreter Konzepte, Weltanschauungen und Praktiken aus aller Welt, die die modernistische ›Ontologie des Universalismus zugunsten einer Vielzahl möglicher Welten in Frage stellt. Genau das ist es, was es heißt, zu einem ›Pluriversum aufzurufen. Die Idee, eine derartige Sammlung zusammenzustellen, wurde erstmals von dreien von uns – Alberto Acosta, Federico Demaria und Ashish Kothari – auf der *Vierten Internationalen Degrowth-Konferenz* in Leipzig im Jahr 2014 diskutiert. Ein Jahr später schlossen sich Ariel Salleh und Arturo Escobar dem Projekt an, die Planung begann nun ernsthaft und inzwischen liegen über hundert Beiträge vor. Wir sind uns der thematischen und geografischen Lücken bewusst, laden mit dem Buch aber dazu ein, das zu erforschen, was wir als beziehungsreiche ‚Wege des Seins' begreifen. Das bedeutet, Politik so neu zu gestalten, dass sie tief berührt. So sind wir bei der Herausgabe dieses Buches – wie bei jedem Akt der Fürsorge – selbst an die Grenzen unserer eigenen kulturellen

Reflexivität, ja sogar an unsere Verletzlichkeit gestoßen und im Gegenzug haben wir neue Erkenntnisse und Akzeptanz gewonnen. Das ‚Persönliche ist politisch‘, wie Feministinnen sagen.

Das Buch behandelt das weltweite Zusammenströmen von wirtschaftlichen, soziopolitischen, kulturellen und ökologischen Visionen. Jeder Beitrag wurde von jemandem verfasst, der sich intensiv mit der beschriebenen Weltanschauung oder Praxis auseinandersetzt – von indigenen Widerstandskämpfern bis hin zu Rebellen aus der Mittelschicht. Wir möchten die Begeisterung und das Engagement dieser Autor*innen hervorheben, von denen sich die meisten sofort bereit erklärt haben, einen Beitrag zu leisten. Sie hatten nur eine relativ kurze Zeit zur Verfügung. Sie waren bei unseren redaktionellen Kommentaren geduldig, bei dem Hin und Her, das unvermeidlich ist, wenn man versucht, Verständlichkeit und Einheitlichkeit zu erreichen. Eine Reihe von Aufsätzen wurde in anderen Sprachen als Englisch verfasst. Wir danken unseren Übersetzer*innen Aida Sofia Rivero S., Arturo Escobar, Eloisa Berman, Iván D. Vargas Roncancio, Kristi Onzik, Laura Gutierrez, Louise Durkin und Melanie M. Keeling für die Erstellung originalgetreuer englischer Fassungen dieser Beiträge. Wir sind auch Frank Adloff für seine Unterstützung dankbar.

Ein herzliches Dankeschön geht auch an das Team von Kalpavriksh in Pune, Indien, insbesondere an Shrishtee Bajpai und Radhika Mulay, die dabei geholfen haben, den Überblick über die Beiträge zu behalten, und die bei einigen Beiträgen sogar kritische Anmerkungen machten. Unser besonderer Dank gilt unseren Freundinnen und Kolleginnen Dianne Rocheleau und Susan Paulson für ihre aufschlussreichen Kommentare zu einer früheren Version des Manuskripts. Besonders dankbar sind wir Joan Martinez Alier und Marta Viana vom *Institut für Umweltwissenschaften und -technologie* (ICTA). Diese Kollegen von der *Autonomen Universität Barcelona* ermöglichten unsere Redaktionssitzung Mitte 2017 in ihrer pulsierenden Stadt mit finanzieller Unterstützung durch das Projekt *EnvJustice* (ERC 695446). Schließlich danken wir unseren Verleger- und Hausredakteur*innen bei *AuthorsUpFront* und *Tulika Books* in Neu-Delhi, die uns bei der Fertigstellung des Buches tatkräftig unterstützt haben. Von Anfang an stand für uns außer Frage, dass das Buch aus dem Globalen Süden kommen und unter ›*Creative Commons* veröffentlicht werden sollte.

Das Lexikon ist unkonventionell für sein Genre, da es aus drei Teilen besteht. Diese spiegeln den historischen Übergang wider, in dem die Wissenschaftler- und Aktivist*innen des 21. Jahrhunderts arbeiten müssen.

I. **Entwicklung und ihre Krisen: Globale Erfahrungen.** Das Konzept der ‚Entwicklung‘ – bereits einige Jahrzehnte alt – muss dringend politisch neu bewertet werden. In diesem ersten Abschnitt reflektiert je ein/e führende/r Wissenschaftler*in und Aktivist*in aus jedem Kontinent über dieses Konzept und seine Beziehung zu den vielfältigen Krisen der Moderne.

II. **Universalisierung der Erde: Reformistische Lösungen.** Hier stellen wir eine Reihe von Innovationen vor, die vor allem im Globalen Norden entwickelt und oft als progressive ‚Krisenlösungen‘ angepriesen werden. Eine kritische Überprüfung ihrer Rhetorik und Praxis deckt interne Inkohärenzen auf und legt nahe, dass sie sich wahrscheinlich als ökologisch verschwenderische, profitorientierte Ablenkungsmanöver erweisen werden.

III. **Ein Pluriversum der Menschen: Transformative Initiativen.** Dieser Hauptteil des Buches ist ein Kompendium alter und neuer, lokaler und globaler Weltanschauungen und Vorgehensweisen, die von indigenen, bäuerlichen und pastoralen Gemeinschaften, städtischen Nachbarschaften, Umwelt-, feministischen und spirituellen Bewegungen ausgehen. Sie setzen sich auf vielfältige Weise für Gerechtigkeit und Nachhaltigkeit ein.

Bei den in diesem Lexikon enthaltenen Visionen und Praktiken geht es nicht um die Umsetzung eines Bündels von Maßnahmen, Instrumenten und Indikatoren zur Beseitigung von ‚Fehlentwicklungen'. Vielmehr geht es um die Anerkennung der Vielfalt der Ansichten der Menschen zum Wohlergehen des Planeten und ihrer Fähigkeiten, ihn zu schützen. Sie versuchen, die menschlichen Aktivitäten in den Rhythmen und Rahmenbedingungen der Natur zu verankern und respektieren die miteinander verknüpfte Beschaffenheit von allem, was lebt. Dieses unverzichtbare Wissen muss in der Gemeinschaft bewahrt werden und darf nicht privatisiert oder zum Kauf angeboten werden. Die hier vorgeschlagenen Visionen und Praktiken stellen das *Buen Vivir* (gute Leben) vor die materielle Bereicherung. Sie schätzen Kooperation statt Konkurrenzdenken im Regelfall. Sie sehen Arbeit als angenehmen Lebensinhalt (livelihoods) nicht als toten Fleck (deadlihood), dem man an Wochenenden oder in ökotouristischen Urlauben entfliehen kann. Auch hier wird die menschliche Kreativität allzu oft im Namen der ‚Entwicklung' durch langweilige, homogenisierende Bildungssysteme zerstört.

Die Einträge in diesem Buch wurden anhand von Kriterien wie den folgenden geprüft: Werden die Mittel der wirtschaftlichen Produktion und der sozialen ›Reproduktion gerecht kontrolliert? Sind die Beziehungen zwischen Menschen und nicht-menschlichen Lebewesen so gestaltet, dass sie sich gegenseitig ergänzen? Haben alle Menschen Zugang zu einem sinnvollen Lebensunterhalt? Gibt es eine gerechte Verteilung von Nutzen und Lasten zwischen den Generationen? Werden traditionelle oder moderne Diskriminierungen aufgrund von Geschlecht, Klasse, ethnischer Zugehörigkeit, Race, Kaste und Sexualität beseitigt? Sind Frieden und Gewaltlosigkeit im gesamten Gemeinschaftsleben verankert?

Wir stellen dieses Lexikon zusammen, um die gemeinsame Suche nach einer ökologisch klugen und sozial gerechten Welt zu unterstützen. Wir sehen das Buch als einen Beitrag zu einer Reise

hin zu einem globalen *Wandteppich der Alternativen*,[4] der Hoffnung und Inspiration stärkt, weil wir voneinander lernen, Strategien für das Eintreten und Handeln entwickeln und gemeinsame Initiativen aufbauen. Dabei unterschätzen wir nicht die erkenntnistheoretischen, politischen und emotionalen Herausforderungen bei der Aufarbeitung unserer eigenen Geschichte. Wie Mustapha Khayati in *Captive Words* (1966) schrieb:

... Jede Kritik an der alten Welt wurde in der Sprache dieser Welt geäußert, richtete sich jedoch gegen sie ... Die revolutionäre Theorie musste ihre eigenen Begriffe erfinden, den vorherrschenden Sinn anderer Begriffe zerstören und neue Bedeutungen schaffen ... die der neuen, embryonalen Realität entsprechen, die es zu befreien galt. ... Jede revolutionäre Praxis hatte das Bedürfnis, ein neues semantisches Gebiet zu schaffen und eine neue Wahrheit auszudrücken; ... denn die Sprache ist das Zuhause der Macht.[5]

Wir sind mit euch im Kampf!

Ashish Kothari (Pune), Ariel Salleh (Sydney),
Arturo Escobar (North Carolina),
Federico Demaria (Barcelona)
Alberto Acosta (Quito)
März 2019 – thepluriverse.org

Anmerkungen

1 **deutsch:** Wolfgang Sachs (Hg.): Wie im Westen so auf Erden. Ein polemisches Handbuch zur Entwicklungspolitik. Reinbek: Rowohlt Verlag, 1993. (Anm. d. Übers.)

2 **deutsch:** Rist Gilbert und Fabrizio Sabelli: Das Märchen von der Entwicklung. Ein Mythos der westlichen Industriegesellschaft und seine Folgen für die „Dritte Welt". Zürich: Rotpunktverlag, 1989. (Anm. d. Übers.)

3 **deutsch:** Veronika Bennholdt-Thomsen und Maria Mies: Eine Kuh für Hillary – Die Subsistenzperspektive. München: Frauenoffensive. 1997 (Anm. d. Übers.)

4 Aktuelle Informationen zum *Global Tapestry of Alternatives* finden Sie unter https://radicalecologicaldemocracy.org. Es geht aus der indischen Erfahrung von Vikalp Sangam (Alternatives Confluence) hervor, siehe www.vikalpsangam.org (abgerufen 17.05.2023).

5 Khayati, Mustapha (1966), Captive Words: Preface to a *Situationist Dictionary*, *International Situationists*, 10, https://theanarchistlibrary.org/library/mustapha-khayati-captive-words-preface-to-a-situationist-dictionary (abgerufen am 17.05.2023)

(Übersetzung: Hannelore Zimmermann)

Einführung der Herausgeber*innen

Pluriverse Wege finden

Ashish Kothari, Ariel Salleh, Arturo Escobar, Federico Demaria, Alberto Acosta

Es besteht kein Zweifel daran, dass sich die Welt nach Jahrzehnten der so genannten ‚Entwicklung' in einer Krise befindet – einer systemischen, multiplen und asymmetrischen Krise, die schon lange im Entstehen begriffen ist und sich inzwischen über alle Kontinente hinweg ausbreitet. Noch nie zuvor sind so viele entscheidende Aspekte des Lebens gleichzeitig gescheitert, und noch nie erschienen die Erwartungen der Menschen an ihre eigene Zukunft und die ihrer Kinder so ungewiss. Die Krisen machen sich in allen Bereichen bemerkbar: in Umwelt, Wirtschaft, Gesellschaft, Politik, Ethik, Kultur, in der Spiritualität und der Physis. Dieses Buch ist also ein Zeichen der Erneuerung und Repolitisierung, wobei sich ‚das Politische' aus einem Zusammenspiel teils widersprüchlicher Auffassungen ergibt, wenn es darum geht, welche Art von alternativen Welten wir schaffen wollen.

Ein *Post-Development-Lexikon* sollte die Agenda für Forschung, Dialog und Handlung vertiefen und erweitern – bei Wissenschaftler-, politischen Entscheidungsträger- und Aktivist*innen. Es sollte eine Vielzahl von Weltanschauungen und Vorgehensweisen aufzeigen, die sich auf unsere gemeinsame Suche nach einer ökologisch sinnvollen und sozial gerechten Welt beziehen. Diese Agenda sollte das Was, Wie, Wer, Für-Wen und Warum all dessen untersuchen, was transformierbar ist – in Abgrenzung zu dem, was nicht veränderbar ist.[1] Im Übergang zu einer *Welt nach der Entwicklung* wird es Mitstreiter*innen mit strategischen Visionen geben, aber auch solche mit guten kurzfristigen taktischen Vorschlägen. Die Demokratie – als ein sich ständig radikalisierender Prozess – sollte alle Lebensbereiche ansprechen, angefangen vom Körper bis hin zu dessen Verankerung in einer lebendigen Erddemokratie.[2]

Der verführerische Charakter der Entwicklungsrhetorik – manchmal auch als *Developmentalität* oder ›*Developmentalismus*[3] bezeichnet – ist in praktisch allen Ländern verinnerlicht worden. Selbst einige Menschen, die unter den Folgen des industriellen Wachstums im Globalen Norden leiden, akzeptieren den geradlinigen Weg des Fortschritts. Viele Länder des Globalen Südens haben sich gegen Versuche der Umweltregulierung mit dem Vorwurf gewehrt, der Norden hindere den Süden daran, sein eigenes Entwicklungsniveau zu erreichen. Die internationale Debatte dreht sich auch um den ‚Geld- und Technologietransfer' vom Globalen Norden in den Süden, der – zum Vorteil des Nordens – die grundlegenden Prämissen des Entwicklungsparadigmas nicht in Frage stellt. Die Begriffe ‚Globaler Norden und Süden' sind keine geografischen Bezeichnungen, sondern haben wirtschaftliche und geopolitische Implikationen. Der ‚Globale Norden' kann daher sowohl die historisch dominierenden Nationen als auch die kolonisierten, aber wohlhabenden herrschenden Eliten im Süden beschreiben. In ähnlicher Weise kann im Sinne neuer Allianzen zu einer alternativen Globalisierung[4] der ‚Globale Süden' eine Metapher für ausgebeutete ethnische Minderheiten oder Frauen in wohlhabenden Ländern sein ebenso wie für die historisch kolonisierten oder ‚ärmeren' Länder als Ganzes.[5]

Jahrzehnte, nachdem sich der Begriff der ‚Entwicklung' in der Welt verbreitet hat, gelten nur eine Handvoll Länder – so genannte ‚unterentwickelte' bzw. ‚Entwicklungsländer' oder ‚Dritte Welt', um abwertende Begriffe aus dem Kalten Krieg zu verwenden – wirklich als ‚entwickelt'. Andere bemühen sich, das wirtschaftliche Modell des Nordens nachzuahmen – und das zu enormen ökologischen und sozialen Kosten.

Das Problem liegt nicht in der mangelnden Umsetzung, sondern in der Vorstellung von ‚Entwicklung' als linearem, unidirektionalem, materiellem und finanziellem Wachstum, das durch Warenproduktion und kapitalistische Märkte angetrieben wird. Trotz zahlreicher Versuche, ‚Entwicklung' neu zu bestimmen, ist sie nach wie vor etwas, das ‚Expert*innen' in ihrem Streben nach Wirtschaftswachstum managen und anhand des Bruttoinlandsprodukts (BIP) messen, einem schlechten und irreführenden Indikator für Fortschritt im Sinne von Wohlbefinden. In Wahrheit erlebt die ganze Welt eine ‚Fehlentwicklung' (maldevelopment), selbst in den hoch industrialisierten Ländern, deren Lebensstil als Vorbild für die ‚Rückständigen' dienen sollte.

Ein entscheidender Teil unserer Probleme liegt in der Auffassung von ‚Modernität' selbst – womit weder behauptet werden soll, dass alles Moderne destruktiv oder ungerecht ist, noch dass alle Traditionen positiv sind. In der Tat erweisen sich moderne Elemente wie Menschenrechte und feministische Grundsätze für viele Menschen als befreiend. Wir bezeichnen die Moderne als die vorherrschende Weltanschauung, die sich in Europa seit der Renaissance, dem Übergang vom Mittelalter zur frühen Neuzeit, herausgebildet und gegen Ende des achtzehnten Jahrhunderts konsolidiert hat. Zu ihren kulturellen Praktiken und Institutionen gehört nicht zuletzt der Glaube an die Unabhängigkeit des Einzelnen vom Kollektiv und an das Privateigentum, freie Märkte, politischen Liberalismus, Säkularismus[6] sowie an die repräsentative Demokratie. Ein weiteres Schlüsselelement der Moderne ist der ‚Universalismus' – die Vorstellung, dass wir alle in einer einzigen, jetzt globalisierten Welt leben und, was besonders kritisch ist, der Vorstellung von der Wissenschaft als der einzigen verlässlichen Wahrheit und dem Vorboten des ‚Fortschritts'.

Zu den frühen Ursachen dieser multiplen Krise gehört die alte monotheistische Auffassung, dass ein väterlicher ‚Gott' die Erde zum Nutzen *seiner* menschlichen Kinder geschaffen

hat. Diese Haltung ist als › Anthropozentrismus bekannt.[7] Zumindest im Westen entwickelte sie sich zu einer philosophischen Haltung, die den Menschen gegen die Natur ausspielt, und führte zu damit verbundenen Dualismen wie der Kluft zwischen Subjekt und Objekt, Geist und Körper, männlich und weiblich, zivilisiert und barbarisch. Diese klassischen ideologischen Kategorien legitimieren die Zerstörung der natürlichen Welt sowie das Ausnutzen von geschlechtsspezifischen, ›*racial* und zivilisatorischen Unterschieden. Feministinnen betonen die „maskulinistische Herrschaftskultur", die von diesen künstlich geschaffenen Dualismen getragen wird; Intellektuelle im Globalen Süden betonen ihre „Kolonialität". Das moderne koloniale, kapitalistische, patriarchale Weltsystem[8] ›*marginalisiert* und entwertet somit Formen des Wissens wie beispielsweise fürsorgende Aufgaben und nicht-westliches Recht, Wissenschaft oder Wirtschaft. Dies ist weltweit das vorherrschende politische Muster, obwohl es alternative Formen in Europa sowie ‚Modernitäten' in Lateinamerika, China usw. gegeben hat.

Dieses Buch beinhaltet eine Vielfalt von Visionen, die vom gegenwärtigen globalisierten Entwicklungsmodell bis hin zu den nicht-modernen und selbstbestimmten Alternativen reichen. Viele dieser radikalen Weltanschauungen würden in die zweite oder dritte Kategorie passen. Um der Vielfalt eine Stimme zu geben, teilen wir die Überzeugung, dass die globale Krise innerhalb des bestehenden institutionellen Rahmens nicht zu bewältigen ist. Sie ist historisch und strukturell bedingt und verlangt ein tiefgreifendes kulturelles Erwachen und eine Reorganisation der Beziehungen innerhalb und zwischen den Gesellschaften überall auf der Welt sowie zwischen den Menschen und dem Rest der sogenannten ‚Natur'. Unsere wichtigste Lektion als Menschen ist es, Frieden mit der Erde und miteinander zu schließen. Überall experimentieren Menschen damit, wie sie ihre Bedürfnisse auf eine Weise befriedigen können, die die Rechte und die Würde der Erde sowie ihrer bedrohten Bewohner*innen wahrt. Diese Suche ist eine Antwort auf den ökologischen Kollaps, Landraub, Ölkriege und Formen des Raubbaus – wie die Agrarindustrie und Plantagen mit gentechnisch veränderten Arten. In menschlicher Hinsicht bedeutet dieser Diebstahl den Verlust der ländlichen Lebensgrundlagen und städtische Armut. Manchmal weicht der westliche ‚Fortschritt' den Krankheiten des Wohlstands, der Entfremdung und der Wurzellosigkeit oder führt zu ihnen. Aber überall auf den Kontinenten formieren sich inzwischen Widerstandsbewegungen. Der *Environmental Justice Atlas* (Atlas der Umweltgerechtigkeit) dokumentiert und katalogisiert mehr als 2000 Konflikte,[9] was beweist, dass es eine aktive globale Bewegung für Umweltgerechtigkeit gibt, auch wenn sie noch nicht vereint ist.

Es gibt keine Garantie dafür, dass ‚Entwicklung' die traditionelle Diskriminierung und Gewalt gegen Frauen, Jugendliche, Kinder und intersexuelle Minderheiten, landlose und arbeitslose Klassen, ›*Races*, Kasten und Ethnien beseitigt.[10] Während das globalisierende Kapital die regionalen Volkswirtschaften destabilisiert und Gemeinschaften in aussortierte Existenzen und Flüchtlingspopulationen verwandelt, kommen manche Leute damit zurecht, indem sie sich mit der Macho-Macht der politischen Rechten identifizieren. Diese stellt die nationale Identität in den Vordergrund und verspricht, die Arbeitsplätze von den migrantischen Sündenböcken zurückzuholen. Zuweilen kann auch eine verunsicherte Linke aus der Arbeiterklasse diese Haltung einnehmen und erkennt nicht, dass die Banken und Unternehmen für ihre Schwierigkeiten verantwortlich sind. Ein Abdriften in Richtung Autoritarismus findet überall auf der Welt statt, von Indien über die USA bis nach Europa. Die Illusion der repräsentativen Demokratie wird von einer privilegierten technokratischen Klasse mit ihrem neoliberalen Innovationskurs für grünes Wachstum am Leben erhalten. Die Grenze zwischen den Rechten und der orthodoxen Linken ist fließend, wenn es um ›Produktivismus, Modernisierung und Fortschritt geht. Darüber hinaus baut jede dieser Ideologien auf eurozentrischen und maskulinistischen Werten auf und stärkt so den Status quo.

Karl Marx erinnerte uns daran, dass eine neue Gesellschaft, die aus dem Inneren der alten hervorgeht, viele Defekte des alten Systems in sich trägt. Später bemerkte Antonio Gramsci über seine Zeit, dass *„die Krise gerade darin besteht, dass das Alte stirbt und das Neue nicht geboren werden kann; in diesem Zwischenstadium* (interregnum) *treten die verschiedensten Krankheitssymptome auf".*[11] Was diese europäischen Linksintellektuellen nicht vorhersahen, war, dass heute Alternativen auch von den politischen Rändern her entstehen – sowohl von der kolonialen als auch von der innerstaatlichen Peripherie des Kapitalismus her. Die marxistische Analyse ist nach wie vor notwendig, aber sie genügt nicht; sie muss durch Perspektiven wie Feminismus und Ökologie sowie durch Vorstellungen aus dem Globalen Süden, einschließlich der Ideale Gandhis, ergänzt werden. In einer Zeit des Übergangs – wie dieser – erfordern Kritik und Aktion neue Erzählungen in Verbindung mit praktischen materiellen Lösungen. Mehr vom Gleichen, aber besser, oder weniger vom Gleichen zu tun, ist nicht genug. Der Weg nach vorn besteht nicht einfach darin, Unternehmen stärker in die Verantwortung zu nehmen oder regulierende Bürokratien einzurichten; es geht nicht einmal darum, den ‚Farbigen', ‚Älteren', ‚Behinderten', ‚Frauen' oder ‚Queers' durch eine liberale, pluralistische Politik volle Bürgerrechte zuzuerkennen. Auch die Erhaltung einiger weniger ‚unberührter' Flecken Natur am Rande des städtischen Kapitalismus wird wenig Einfluss auf den Zusammenbruch der Artenvielfalt haben.

Dieses *Post-Development-Lexikon* bezieht sich auf eine Zeit, in der die großen politischen Modelle des zwanzigsten Jahrhunderts – die liberale repräsentative Demokratie und der Staatssozialismus – zu inkohärenten und dysfunktionalen Formen des Regierens geworden sind, auch wenn sie Wohlstand und Rechte für einige wenige erreichen. Dementsprechend beginnt das Buch mit einigen Überlegungen zum Entwicklungsgedanken, die sich auf die Erfahrungen je eines wissenschaftlichen Aktivisten bzw. einer wissenschaftlichen Aktivistin aus jedem Kontinent (abgesehen von der Antarktis) stützen. Es sind dies die Stimmen von Nnimmo Bassey (Afrika), Vandana Shiva (Asien), Jose Maria Tortosa (Europa), Phil McMichael (Nordamerika), Kirk Huffman (Ozeanien) und Maristella Svampa (Südamerika).

Im Anschluss an diese Kritiker*innen wendet sich das *Lexikon* der Untersuchung der Grenzen dieser *Ideologie der Entwicklung* (›Developmentalismus) zu, und wie sie reformistische Lösungen für globale Krisen prägen. Hier sehen wir, wie das Gespenst der Moderne auf unendliche Weise wiedergeboren wird, da kurzsichtige Krisenlösungen derjenigen, die an der Macht sind, den Status quo zwischen Nord und Süd aufrechterhalten. Dieser Abschnitt befasst sich unter anderem mit Marktmechanismen, ›Geo-Engineering und klimafreundlicher Landwirtschaft, der Bevölkerungsfrage, grüner Wirtschaft, ›Reproduktionstechnik und ›Transhumanismus. Ein übergreifendes Thema ist die viel beschworene politische Geste der ‚nachhaltigen Entwicklung'. Natürlich kann es passieren, dass selbst wohlmeinende Menschen versehentlich oberflächliche oder falsche Lösungen für globale Probleme propagieren. Außerdem ist es nicht leicht, Mainstream- oder oberflächliche Initiativen von *radikalen, transformativen* Initiativen zu unterscheiden, wenn in diesen Tagen der militärisch-industrielle Medienkomplex und die Werbung der ›*Greenwashing*-Industrie ihre verführerische Wirkung entfalten.

Die Kritik an der Industrialisierung ist nicht neu. Mary Shelley (1797-1851), Karl Marx (1818-83) und Mohandas Gandhi (1869-1948) haben, jeder auf seine Weise, ihre Bedenken dazu geäußert, ebenso wie viele Volksbewegungen in den letzten zwei Jahrhunderten. Die Nachhaltigkeitsdebatte zu Beginn des 20. Jahr-

hunderts wurde stark von der Argumentation des *Club of Rome* über die *Grenzen des Wachstums* beeinflusst,[12] und offizielle Kreise äußerten sich besorgt über Massenproduktionstechnologien und Konsummuster seit der *Konferenz zu Umwelt und Entwicklung* der Vereinten Nationen 1972 in Stockholm. Regelmäßige Konferenzen auf globaler Ebene wiederholten die Diskrepanz zwischen *Entwicklung und Umwelt*, und der Bericht *Unsere gemeinsame Zukunft* von 1987 rückte sie deutlich in den Mittelpunkt. Die Vereinten Nationen und die meisten nationalstaatlichen Analysen haben jedoch nie eine Kritik der soziostrukturellen Kräfte enthalten, die dem ökologischen Zusammenbruch zugrunde liegen. Der Schwerpunkt lag stets darauf, Wirtschaftswachstum und Entwicklung durch geeignete Technologien, Märkte und institutionelle politische Reformen ‚nachhaltig und integrativ' zu gestalten. Das Problem ist, dass dieses Mantra der Nachhaltigkeit schon früh vom Kapitalismus verschluckt und dann seines ökologischen Inhalts beraubt wurde.

In der Zeit ab den 1980er Jahren hat sich die neoliberale Globalisierung in der ganzen Welt aggressiv ausgebreitet. Die UNO konzentrierte sich nun auf ein Programm zur ‚Linderung der Armut' in den Entwicklungsländern, ohne die Ursachen der Armut in der ›akkumulationsgetriebenen Wirtschaft des wohlhabenden Globalen Nordens zu hinterfragen. Vielmehr wurde behauptet, dass die Länder erst einen hohen Lebensstandard erreichen müssten, bevor sie Ressourcen für den Umweltschutz einsetzen könnten.[13] So wurde wirtschaftliches ‚Wachstum' als notwendiger Schritt neu definiert.[14] Diese Verwässerung früherer Debatten über die Grenzen machte den Weg frei für das ökologisch-modernistische Konzept der ‚grünen Wirtschaft'. Im neuen Jahrtausend gab es eine Unmenge solcher ›keynesianischer Vorschläge: Bioökonomie, die ›Grüne Revolution für Afrika, die chinesische und europäische Förderung der Kreislaufwirtschaft und die Agenda 2030 für nachhaltige Entwicklung.[15]

Auf der *UN-Konferenz für nachhaltige Entwicklung* im Jahr 2012 war diese hohle Nachhaltigkeitsideologie der Leitfaden für die multilateralen Diskussionen. Seit einiger Zeit hatte das *Umweltprogramm der Vereinten Nationen* (UNEP – United Nations Environmental Programme) zusammen mit dem Unternehmenssektor und sogar einigen Vertreter*innen der politischen Linken[16] begeistert von der Notwendigkeit eines *Green New Deal* gesprochen. In Vorbereitung auf *Rio+20* veröffentlichte das UNEP einen Bericht über die *Grüne Wirtschaft*, in dem es diese als eine Wirtschaft definierte, „die zu verbessertem menschlichem Wohlergehen und sozialer Gerechtigkeit führt und gleichzeitig Umweltrisiken und ökologische Knappheiten deutlich reduziert".[17] Im Einklang mit der wachstumsorientierten Politik der Vertreter*innen einer nachhaltigen Entwicklung wurden in dem Bericht alle lebenden natürlichen Formen auf dem gesamten Planeten als *Naturkapital* und *kritische Wirtschaftsgüter* bezeichnet, wodurch die Vermarktung des Lebens auf der Erde intensiviert wurde. Der Widerstand der Aktivist*innen für eine andere Globalisierung war jedoch erbittert.

Die offizielle Rio+20-Abschlusserklärung spricht sich in mehr als zwanzig Artikeln für Wirtschaftswachstum aus. Dieser Ansatz beruht auf einer vermeintlichen Ökologisierung der neoklassischen Wirtschaftstheorie, die als *Umweltökonomie* bezeichnet wird und der Überzeugung ist, dass sich Wachstum durch Dematerialisierung und Umweltentlastung mit Hilfe der so genannten ‚Ökoeffizienz' von der Natur abkoppeln oder entkoppeln lässt. Empirische *Cradle-to-Grave-* (von der Wiege bis zur Bahre) und soziale Stoffwechselstudien aus der ökologischen Ökonomie zeigen jedoch, dass sich die Produktion zwar relativ gesehen *entmaterialisiert* hat – also weniger Energie und Materialien pro BIP-Einheit verbraucht wurden –, aber die gesamten oder absoluten Material- und Energiemengen wurden nicht reduziert, was für die Nachhaltigkeit entscheidend ist. Historisch gesehen fallen die einzigen Perioden einer absoluten Dematerialisierung mit wirtschaftlichen Rezessionen zusammen.[18] Die gängige Vorstellung von ‚wirtschaftlicher Effizienz' ist weit davon entfernt, biophysikalische Grenzen zu respektieren – in der Natur und bei den natürlichen Ressourcen, in der Anpassungsfähigkeit von Ökosystemen oder in den planetarischen Grenzen.

Das internationale Modell des grünen Kapitalismus – vorgestellt in der Erklärung *Transformation unserer Welt: Die Agenda 2030 für nachhaltige Entwicklung*[19] – zeigt folgende Mängel in den so genannten ‚Zielen für nachhaltige Entwicklung' (SDGs) auf:[20]

- keine Analyse darüber, wie die strukturellen Wurzeln von Armut, mangelnder Nachhaltigkeit und multidimensionaler Gewalt historisch in staatlicher Macht, Unternehmensmonopolen, Neokolonialismus und patriarchalen Institutionen verankert sind
- unzureichende Konzentration auf direktes demokratisches Regieren mit verantwortlicher Entscheidungsfindung durch Bürger*innen und sich ihrer selbst bewussten Gemeinschaften von Angesicht zu Angesicht
- anhaltende Betonung des Wirtschaftswachstums als Motor für Entwicklung, was im Widerspruch zu den biophysikalischen Grenzen steht, und willkürliche Übernahme des BIP als Indikator für Fortschritt
- anhaltendes Vertrauen in die wirtschaftliche Globalisierung als wichtigster Wirtschaftsstrategie, die die Bemühungen der Menschen um Eigenständigkeit und Autonomie untergräbt
- anhaltende Unterwürfigkeit gegenüber dem Privatkapital und Unwilligkeit, den Markt durch die Kontrolle der Arbeitenden, Produzierenden und durch Gemeinschaften zu demokratisieren
- moderne Wissenschaft und Technologie werden als soziale Allheilmittel angepriesen, wobei ihre Grenzen und Auswirkungen ignoriert werden und *anderes* Wissen ›*marginalisiert* wird

- Kultur, Ethik und Spiritualität werden ausgeklammert und den wirtschaftlichen Kräften untergeordnet
- unregulierter Konsum ohne Strategien zur Umkehr des Globalen Nordens und seiner unverhältnismäßigen Verschmutzung des Planeten durch Abfall, Toxizität und Klimaemissionen
- neoliberale Architekturen globaler Regierungsführung, die sich zunehmend auf technokratische Management-Werte von staatlichen und multilateralen Bürokratien stützen.

Dieser SDG-Rahmen aus dem Jahr 2015, der inzwischen eine globale Reichweite erreicht hat, ist ein falscher Konsens.[21] So wird beispielsweise ein „nachhaltiges Wirtschaftswachstum" gefordert, was im Widerspruch zu den meisten SDGs steht. Wenn *Entwicklung* als toxischer Begriff betrachtet wird, der abzulehnen ist,[22] dann wird *nachhaltige Entwicklung* zu einem Widerspruch an sich. Konkret hat der › Degrowth-Theoretiker Giorgios Kallis kommentiert: „Nachhaltige Entwicklung und ihre neuere Reinkarnation ‚grünes Wachstum' entpolitisieren echte politische Gegensätze zwischen alternativen Zukunftsvisionen. Sie machen Umweltprobleme technisch, versprechen Win-Win-Lösungen und das unmögliche Ziel, das Wirtschaftswachstum aufrechtzuerhalten, ohne der Umwelt zu schaden."[23] Das ist es, was mit reformistischen Lösungen passiert.

Wir wollen weder die Leistung von Menschen schmälern, die neue technologische Lösungen zur Verringerung der Probleme finden – beispielsweise im Bereich der erneuerbaren Energien – noch wollen wir die vielen positiven Elemente des SDG-Rahmens schmälern.[24] Vielmehr ist es unser Ziel zu unterstreichen, dass technologische und betriebswirtschaftliche Innovationen ohne einen grundlegenden soziokulturellen Wandel nicht aus der Krise führen werden.[25] Wenn sich Nationalstaaten und Zivilgesellschaften auf die SDGs vorbereiten, müssen unbedingt Kriterien festgelegt werden, die den Menschen helfen, diese Unterscheidung zu treffen.

Als Gegenpol zu den Scheuklappen der konventionellen politischen Vernunft sind im Hauptteil des Lexikons eine Reihe einander ergänzender Vorstellungen und praktischer Ansätze gesammelt, die radikale und systemische Initiativen ins Leben rufen.[26] Einige von ihnen beleben oder interpretieren seit langem bestehende indigene Weltanschauungen auf kreative Weise neu; andere stammen von jüngeren sozialen Bewegungen; wieder andere greifen auf ältere Philosophien und religiöse Traditionen zurück. Sie alle fragen: Was läuft im heutigen Alltag so entsetzlich verkehrt? Wer ist dafür verantwortlich? Wie sähe ein besseres Leben aus, und wie kommen wir dorthin? Die Feministinnen der *Sostenibilidad de la vida*[27] fragen sich: „Was ist ein lebenswertes Leben? Und wie können Bedingungen geschaffen werden, die dies ermöglichen?"

Zusammen bilden diese Perspektiven ein *Pluriversum*: eine Welt, in der viele Welten Platz haben, wie es die Zapatistas von Chiapas ausdrücken. Die Welten aller Menschen sollten in Würde und Frieden koexistieren, ohne dass sie Herabsetzung, Ausbeutung und Elend ertragen müssen. Eine pluriverse Welt überwindet patriarchale Einstellungen, Rassismus, Kastendenken und andere Formen der Diskriminierung. Hier lernen die Menschen wieder, was es bedeutet, ein bescheidener Teil der *Natur* zu sein, und lassen enge › anthropozentrische Vorstellungen von Fortschritt auf der Grundlage von Wirtschaftswachstum hinter sich. Während viele pluriverse Ausdrucksformen miteinander › synergetisch zusammenwirken, können sie im Gegensatz zur universalisierenden Ideologie der *Nachhaltigen Entwicklung* nicht auf eine allumfassende Politik reduziert werden, die entweder von der UNO oder einem anderen globalen › Governance-System bzw. von regionalen oder staatlichen Systemen verwaltet wird. Wir stellen uns ein weltweites Zusammenspiel der Alternativen vor, das Strategien für den Übergang vorantreibt – inklusive kleiner alltäglicher Schritte, hin zu einer großen › Transformation.

Unser Projekt der Dekonstruktion von *Entwicklung* öffnet sich zu einer Matrix von Alternativen, vom Universum zum Pluriversum. Einige Visionen und Praktiken sind in aktivistischen und akademischen Kreisen bereits wohlbekannt. Zum Beispiel *Buen Vivir*, ,*eine Kultur des Lebens*', die viele Namen in ganz Südamerika hat; ›*Ubuntu*, das im südlichen Afrika den Wert der menschlichen Wechselseitigkeit betont; *Swaraj* aus Indien, das sich auf Eigenständigkeit und Selbstverwaltung konzentriert.[28] Dieses Buch geht von der Hypothese aus, dass es Tausende solcher transformativen Initiativen rund um die Welt gibt. Andere, weniger bekannte, aber ebenso relevante Initiativen sind *Kyosei*, *Minobimaatisiiwin*, *Nayakrishi* sowie kritisch reflektierte Versionen der großen Religionen vom Islam, Christentum, Hinduismus, Buddhismus bis zum Judentum. Auch politische Vorstellungen wie Öko-Sozialismus und Tiefenökologie haben Berührungspunkte mit früheren gemeinschaftlichen Idealen. Viele Begriffe haben zwar eine lange Geschichte, tauchen aber immer wieder in der Darstellung von *Bewegungen für das Wohlbefinden* auf und können problemlos mit zeitgenössischen Konzepten wie ›*Degrowth* und *Ökofeminismus* koexistieren.[29]

Ob im Norden, Süden, Osten oder Westen, jeder Strang des *Post-Development*-Regenbogens symbolisiert die menschliche Emanzipation *innerhalb der Natur*.[30] Es ist die letztgenannte Verbindung, die unser pluriversales Projekt vom kulturellen Relativismus unterscheidet. Wie Aldo Leopold sagen würde: „Eine Sache ist richtig, wenn sie dazu beiträgt, die Integrität, Stabilität und Schönheit der *biotischen Gemeinschaft* zu erhalten. Sie ist falsch, wenn sie in eine andere Richtung tendiert."[31]

Um Frieden mit der Erde zu schließen, ist ein weiteres friedensstiftendes Ziel die Verknüpfung von überliefertem und gegenwärtigem Wissen in einem Prozess, der einen horizontalen und respektvollen Dialog erfordert. Das heißt, es gibt keine Blaupausen, die für alle Zeiten und Orte gültig sind, ebenso wie keine

Theorie immun gegen Hinterfragung ist. In der Tat wird diese Art von historischer Reflexivität erst jetzt als politisches Handlungsfeld erkannt. Die Reaktion auf Makro-Machtstrukturen wie Kapital und Imperium ist eine gut erkundete Landschaft; was noch weitgehend unerforscht ist, ist das Feld der Mikro- oder Kapillar-Macht, welche die alltägliche Gewalt speist. Lobpreisungen abstrakter Gerechtigkeit, selbst spirituelle Lobgesänge auf Mutter Erde, werden nicht ausreichen, um die von uns gewünschten Veränderungen herbeizuführen. Um ein pluriversales Haus zu bauen, muss ein neues Fundament ausgegraben werden.

Transformative Initiativen unterscheiden sich in vielerlei Hinsicht von herkömmlichen oder reformistischen Lösungen. Im Idealfall setzen sie an den Wurzeln eines Problems an. Sie stellen in Frage, was wir bereits als Wesensmerkmale des Entwicklungsdiskurses identifiziert haben – Wirtschaftswachstum, ›Produktivismus, Fortschrittsrhetorik, instrumentelle Rationalität, Märkte, Universalität, ›Anthropozentrismus und Sexismus. Diese transformativen Alternativen werden eine Ethik mit sich bringen, die sich radikal von derjenigen unterscheidet, die dem derzeitigen System zugrunde liegt. Die Beiträge in diesem Teil des Buches spiegeln Werte wider, die auf einer ›relationalen Logik beruhen, einer Welt, in der alles mit allem anderen verbunden ist.

Es gibt viele Wege zu einer Bio-Zivilisation, aber wir stellen uns Gesellschaften vor, die unter anderem die folgenden Werte umfassen:

- Vielfalt und Pluriversalität
- Autonomie und Eigenverantwortung
- Solidarität und Gegenseitigkeit
- Gemeingüter und gemeinschaftliche Ethik
- Einssein mit und Rechte der Natur
- wechselseitige Abhängigkeit
- Einfachheit und Genügsamkeit
- Inklusivität und Würde
- Gerechtigkeit und Gleichheit
- Nicht-Hierarchie
- Würde der Arbeit

- Rechte und Pflichten
- ökologische Nachhaltigkeit
- Gewaltlosigkeit und Frieden.[32]

Die politische Handlungsfähigkeit wird den Ausgegrenzten, Ausgebeuteten und Unterdrückten gehören. Und ›Transformationen werden verschiedene Dimensionen einbeziehen und mobilisieren, wenn auch nicht unbedingt alle auf einmal. Ein Beispiel für diese Perspektive könnte die Reihe von Zusammenkünften sein, die seit 2014 unter dem Namen *Vikalp Sangam* (Zusammenfließen von Alternativen) in Indien stattfinden.[33] Die von dieser Bewegung vertretenen Werte sind:

- **Ökologische Weisheit, Integrität und Widerstandsfähigkeit:** ... wo vorrangig ökologisch-regenerative Prozesse erhalten werden, die Ökosysteme, Arten, Funktionen und Kreisläufe schützen; ... wo ökologische Grenzen – lokal wie global – respektiert werden und ... wo ökologische Ethik in alle menschlichen Aktivitäten einfließt.
- **Soziales Wohlbefinden und Gerechtigkeit:** ... wo körperliche, soziale, kulturelle und spirituelle Zufriedenheit erreicht wird, ... wo Gleichheit bei sozioökonomischen und politischen Ansprüchen und Verantwortlichkeiten herrscht, ... wo diskriminierungsfreie Beziehungen und gemeinschaftliche Harmonie die Hierarchien auf der Grundlage von Glauben, Geschlecht, Kaste, Klasse, ethnischer Zugehörigkeit, Fähigkeiten und Alter ersetzen und ... wo kollektive und individuelle Menschenrechte sichergestellt sind.
- **Direkte und delegierte Demokratie:** ... wo die konsensbasierte Entscheidungsfindung in der kleinsten Gemeindeeinheit stattfindet, an der jeder Mensch das Recht, die Fähigkeit und die Möglichkeit hat, sich zu beteiligen und ... wo eine demokratische Regierung durch direkt verantwortliche Delegierte auf eine Weise geschaffen wird, die konsensorientiert und respektvoll ist und die Bedürfnisse und Rechte derjenigen unterstützt, die derzeit an den Rand gedrängt werden, zum Beispiel junge Menschen oder religiöse Minderheiten.
- **Wirtschaftliche Demokratisierung:** ... wo Privateigentum durch Gemeingüter ersetzt wird und die Unterscheidung zwischen Eigentümer- und Arbeitnehmer*innen entfällt; ... wo Gemeinschaften und Einzelpersonen – idealerweise *Prosument*innen* – die Autonomie über die lokale Produktion, den Vertrieb und die Märkte haben; ... wo Regionalisierung ein Schlüsselprinzip ist und der Handel auf dem Prinzip des gleichberechtigten Austauschs beruht.
- **Kulturelle Vielfalt und Wissensdemokratie:** ... wo eine Vielfalt an Lebensweisen, Ideen und Ideologien respektiert wird; ... Kreativität und Innovation gefördert werden und ... die Erzeugung, Weitergabe und Nutzung von Wissen – traditionell oder modern, einschließlich der Wissenschaft und Technologie – für alle zugänglich ist.

Wo sind also die Frauen – die ‚andere Hälfte‘ der Menschheit – bei all dem? Wie stellen wir sicher, dass ein *Post-Development-Pluriversum* nicht die Kolonialisierung auflöst und gleichzeitig die Frauen weiterhin ‚an ihrem Platz‘ als materielle Trägerinnen der alltäglichen Lebensaktivitäten festhält? Ein erster Schritt auf dem Weg zu einem tiefgreifenden systemischen Wandel besteht darin, zu untersuchen, wie sowohl traditionelle als auch moderne Praktiken und Kenntnisse *Männlichkeit* und die damit einhergehenden Möglichkeiten privilegieren. Ursprünglich hatten die beiden Wörter *Ökonomie* und *Ökologie* die gleiche griechische Wurzel – *oikos*, was „unser Haus" bedeutet. Doch schon bald brach diese Einheit auseinander, als die selbsterklärte Herrschaft der Männer über die Natur begann, die Ausbeutung weiblicher Energien mit einzuschließen. Ganze Zivilisationen wurden auf der geschlechtsspezifischen Kontrolle der weiblichen Fruchtbarkeit aufgebaut – der wesentlichen Ressource für den Fortbestand eines jeden politischen Regimes. Dadurch wurden Frauen zu *Mitteln* und nicht zu *Zielen*, zu bloßem Hab und Gut, und damit wurde ihnen ihre Stellung als vollwertige menschliche Individuen mit eigenem Recht genommen.

Ironischerweise zerstört die Wirtschaft – oder der produktive Sektor, wie er im Globalen Norden genannt wird – nun ihre eigenen sozialen und ökologischen Grundlagen im reproduktiven Sektor. Das Buch beinhaltet mehrere Beiträge zu Aspekten des Widerstands von Frauen gegen dieses irrationale Entwicklungsethos – zu lateinamerikanischem und pazifischem Feminismus, Friedensfrauen, Matriarchaten, Löhne für Hausarbeit, Körperpolitik, Geschenkökonomien und Ökofeminismus. Die meisten dieser Initiativen haben ihren Ursprung in den Überlebenskämpfen der Frauen. Sie verknüpfen politische Emanzipation mit Umweltgerechtigkeit, lokale Probleme mit globalen Strukturen und plädieren in der Regel für eine nachhaltige ›Subsistenz im Gegensatz zu linearem Fortschritt und ‚nachholender Entwicklung'.[34] Umgekehrt ist der westliche *Mainstream*-Feminismus tendenziell ›anthropozentrisch, so dass liberale und sogar sozialistische Feministinnen mit dem Ziel der *Gleichheit* besänftigt werden können. Auf diese Weise flicken sie mit ihrer Politik ungewollt bestehende maskulinistische Institutionen.

Offizielle UN- und Regierungsanalysen haben nie eine gründliche Kritik der strukturellen Kräfte enthalten, die dem ökologischen Zusammenbruch zugrunde liegen. In ähnlicher Weise bleibt die tiefe Struktur alter patriarchaler Werte, die durch die globalen Entwicklungen fortgeschrieben werden, nicht untersucht. Die als ‚längste Revolution' bekannte Befreiung der Frauen von der gesellschaftlichen Vorherrschaft der Männer wird kein leichtes Unterfangen sein. Selbst Politikexpert*innen verwechseln allzu oft das Wohlbefinden des Haushalts oder der Gemeinschaft mit dem Wohlbefinden des Ernährers und ignorieren die häusliche Machthierarchie. In der Wissenschaft ist die postmoderne Tendenz, die gelebte sexuelle Identität auf das Konstrukt *Geschlecht* zu reduzieren, eine weitere wenig hilfreiche Konvention. In gleicher Weise kann die Behandlung von *Klasse, Race und Geschlecht* als abstrakte ›intersektionale Strukturen die Aufmerksamkeit von der rohen Materialität

der gelebten Erfahrung ablenken. Formale demokratische Gesten – das Wahlrecht oder die Lohngleichheit für Frauen – kratzen kaum an der Oberfläche jahrhundertealter Gewohnheiten der Unterdrückung zwischen den Geschlechtern.[35] Das Festhalten an spirituellen Tugenden oder starken säkularen Prinzipien wie Vielfalt und Solidarität kann helfen, garantiert aber nicht das Ende der biophysischen Auswirkungen von Gewalt zwischen den Geschlechtern.

Aktivist*innen, die nach gerechten und nachhaltigen Alternativen suchen, müssen diese unausgesprochene Ebene der politischen Materialität zur Kenntnis nehmen. In unterschiedlichem Maße sind Frauen sowohl im Norden als auch im Süden mit Stillschweigen und Schikanen konfrontiert; es fehlt ihnen nicht nur an Ressourcen, sondern oft auch an Bewegungsfreiheit. Sie leben mit kulturell sanktionierten Demütigungen wie Menstruation, Klitorisbeschneidung, Polygamie, Mitgiftmord, Ehrenmord, Witwenverbrennung (Suttee), dem Gezwickt- und Begrapschtwerden und jetzt auch mit digitalisierten Rache-Pornos. Sie erdulden erzwungene Kindergeburten, häusliche Gewalt, Vergewaltigung in der Ehe, Gruppenvergewaltigung durch Jugendliche, genozidale Vergewaltigung als Kriegswaffe, Stigmatisierung als Witwen und Verfolgung als ‚Hexen' in alten Zeiten. Im 21. Jahrhundert führt eine Kombination aus weiblicher Unfruchtbarkeit, privatisierter Gewalt und militarisierten Kollateralschäden an der Zivilbevölkerung zu einem weltweit sinkenden demografischen Anteil von Frauen gegenüber Männern. Allein in Asien haben eineinhalb Millionen Frauen in den letzten zehn Jahren aufgrund dieser Faktoren ihr Leben verloren.

Der Missbrauch von Kindern und die Grausamkeit gegenüber Tieren sind weitere Aspekte des uralten und weit verbreiteten patriarchalen Vorrechts ‚geringeren' Lebensformen gegenüber. Diese Aktivitäten sind eine Form des ›Extraktivismus, einer Befriedigung durch Energien, die von anderen Körpern abgezapft werden – nämlich jenen, die als *naturnäher* gelten. Im Anschluss an Elizabeth Dodson Grays bahnbrechende Analyse üben ökofeministische Wissenschaftler*innen umfassende historische Kritik an der globalen kapitalistischen patriarchalen Ordnung – ihren Religionen, ihrer Wirtschaft und ihrer Wissenschaft. Indem sie die anhaltende Kraft alter ideologischer Dualismen – Mensch über Natur, Mann über Frau, Chef über Arbeiter, Weiß über Schwarz – dekonstruieren, zeigen sie, dass die verschiedenen Formen sozialer Herrschaft miteinander verbunden sind.[36] Eine *Politik der Fürsorge*, die Frauen aus dem globalen Norden und Süden praktizieren, steht also im Einklang mit den Sitten des *Buen Vivir*, ›*Ubuntu* und *Swaraj*, weil die alltägliche Arbeit von Frauen in allen Hemisphären eine *andere Erkenntnistheorie* lehrt, die nicht auf instrumenteller Logik beruht, sondern ›*relational* ist – wie die Rationalität ökologischer Prozesse.[37] In ihrer tiefsten Ausprägung stellen diese pluriversen Stimmen sowohl die Moderne als auch den Traditionalismus in Frage, indem sie die materielle Verkörperung von Klasse, Race, Geschlecht und Spezies in einem ökozentrischen Rahmen verorten. Es kann kein *Pluriversum* geben, solange die historischen Fundamente des männlichen Anspruchs nicht Teil der politischen Auseinandersetzung sind.

Die Leser*innen werden berechtigterweise hinterfragen, welches Vertrauen wir und zahlreiche Autor*innen des Lexikons in die Idee von *Gemeinschaft* setzen. Zugegeben, es ist ein umstrittener Begriff, hinter dem sich leicht Unterdrückungen aufgrund von Geschlecht, Alter, Klasse, Kaste, ethnischer Zugehörigkeit, ›*Race* oder von Fähigkeiten verbergen können. Wir sind uns auch bewusst, dass eine *lokal ausgerichtete* Politik oder Wirtschaft oft fremdenfeindlich ist – eine Engstirnigkeit, die sich gegenwärtig in nationalistischen Widerständen gegenüber Flüchtlingen in vielen Teilen der Welt zeigt. Angesichts der Intoleranz der Rechten und der defensiven *Identitätspolitik* der Linken strebt unser *Katalog der Alternativen* nach integrativen und inklusiven Praktiken. Die Hoffnung ist,

dass selbst in einigen der patriarchalen Weltreligionen lebensbejahende Elemente entdeckt werden können, und wir hoffen, dieses Potenzial zu kultivieren.

Das Ideal der Gemeinschaftlichkeit, das hier ins Auge gefasst wird, trägt den paradigmatischen Charakter der heutigen Bewegungen hin zum ›‚Commoning‘ oder zur ‚Comunalidad‘. Wie im Fall der von *Vikalp Sangam* vernetzten Initiativen basieren diese Kollektive auf autonomer Entscheidungsfindung durch persönliche Beziehungen und einen wirtschaftlichen Austausch, der auf die Befriedigung der Grundbedürfnisse durch Selbstversorgung ausgerichtet ist.[38] Unser Verständnis von Gemeinschaft ist ein kritisches: *im Prozess* und stets die moderne kapitalistisch-patriarchale Hegemonie des ‚Individuums‘ als Kern der Gesellschaft in Frage stellend. Wir hoffen, dass dieses Buch Gegenbewegungen zu diesem global kolonisierenden Zwang anregt, so wie wir wiederum von kulturellen Gruppen auf der ganzen Welt inspiriert werden, die sich noch immer einer kollektiven Existenz erfreuen.[39] In diesem Zusammenhang schlägt die mexikanische Soziologin Raquel Gutiérrez Aguilar das Konzept der „entramados comunitarios" oder gemeinschaftlichen Verflechtungen vor:

> *„[D]ie Vielfalt menschlicher Welten, die die Welt mit vielfältigen Normen des Respekts, der Zusammenarbeit, der Würde, der Liebe und der Gegenseitigkeit bevölkern und hervorbringen, die nicht vollständig der Logik der Kapitalakkumulation unterworfen sind, auch wenn sie oft von ihr angegriffen und überwältigt werden ... solche gemeinschaftlichen Verflechtungen ... finden sich in unterschiedlichen Formaten und Ausführungen ... Sie umfassen die vielfältigen und ungemein abwechslungsreichen kollektiven menschlichen Konfigurationen, einige seit langem, andere in jüngerer Zeit, die Sinn stiften und das ‚einrichten‘, was in der klassischen politischen Philosophie als ‚sozionatürlicher Raum‘ bezeichnet wird."*[40]

Viele der radikalen Weltanschauungen und Handlungsweisen, die in diesem Band vorgestellt werden, machen das Pluriversum sichtbar. Indem wir über sie sprechen, fördern wir ihre Existenz und Lebensfähigkeit. In der Tat macht gerade die Verbreitung von Aussagen, die aus diesen *anderen* Welten stammen, dieses Buch erst möglich. Umgekehrt kann gesagt werden, dass sich in dieser Hinsicht die Mainstream- oder reformistischen Entwicklungslösungen als falsch erwiesen haben. Als Antwort auf die ökologische Krise nehmen die ‚Expert*innen‘ des Globalen Nordens die für die Zerstörung des Planeten verantwortlichen Kategorien der *Einen Welt* als Ausgangspunkt für ihre angeblichen Lösungen! Doch ihr Eintreten für ‚la dolce vita‘ kann uns nicht erleuchten, wenn es darum geht, das Pluriversum nachhaltig zu gestalten. Um es noch einmal zu wiederholen: Der Begriff des Pluriversums stellt das Konzept der Universalität in Frage, das für die eurozentrische Moderne zentral ist. Mit ihrer Aussage „Eine Welt, in die viele Welten passen“, geben uns die Zapatistas die prägnanteste und treffendste Definition des Pluriversums.

Während es dem Westen gelungen ist, seine eigene Vorstellung von der *Einen Welt* zu verkaufen – die nur die moderne Wissenschaft kennt und die von ihrer eigenen Weltanschauung beherrscht wird –, schlagen die Bewegungen für eine alternative Globalisierung *Pluriversität* als ein gemeinschaftliches Projekt vor, das auf der Vielfalt der ‚Wege zur Welterfahrung‘ beruht. Unter den Bedingungen asymmetrischer Macht mussten indigene Völker ihre eigene durch den gesunden Menschenverstand erfahrene Welt verfremden und lernen, mit dem eurozentrischen, maskulinistischen Dualismus zwischen Menschen und Nicht-Menschen zu leben, der dazu führte, dass indigene Völker als Nicht-Menschen und ‚natürliche Ressourcen‘ behandelt werden. Sie widersetzen sich dieser Aufspaltung, indem sie sich für Berge, Seen oder Flüsse einsetzen, und vertreten die Auffassung, dass es sich dabei um empfindende Wesen mit ‚Rechten‘ und nicht um bloße Objekte oder Ressourcen handelt. Umgekehrt fordern viele

vernünftige Menschen in den Industrieländern Rechte für die übrige Natur, die sich in Gesetz und Politik widerspiegeln. Damit machen sie einen Schritt hin zur Einbeziehung von etwas, was indigene Völker schon immer in ihre Weltanschauung integriert hatten, aber sie tun dies auf die ihnen vertraute formale Art und Weise.[41] Es ist noch ein langer Weg, bis die Vielfalt der Welten sich gegenseitig vollständig ergänzen, aber die Bewegungen für Gerechtigkeit und Ökologie finden zunehmend zu einer gemeinsamen Basis. Auch die politischen Kämpfe der Frauen treffen sich in diesem Punkt.

Sowohl im Globalen Norden als auch im Süden sind es meist die pflegenden Mütter und Großmütter, die sich in diese Verflechtung einbringen, um gemeinschaftliche ortsgebundene Formen des Seins und der Autonomie zu verteidigen und wiederherzustellen. Dabei stützen sie sich, wie die zuvor beschriebenen Indigenen, auf nicht-patriarchale Formen des Handelns, Seins und Wissens.[42] Sie laden zu Partizipation, Zusammenarbeit, Respekt, gegenseitiger Akzeptanz und Horizontalität ein; sie ehren das Heilige in der zyklischen Erneuerung des Lebens. Ihre unausgesprochen matriarchalen Kulturen widersetzen sich ›Ontologien, die auf Herrschaft, Hierarchie, Kontrolle, Macht, der Negation anderer, Gewalt und Krieg beruhen. Von der weltweiten Bewegung der Friedensfrauen bis hin zu afrikanischen ›Anti-Extraktivisten-Netzwerken verteidigen Frauen die Natur und die Menschheit mit der klaren Botschaft, dass es keine Entkolonialisierung ohne Entpatriarchalisierung geben kann.

Solche Initiativen stehen in engem Zusammenhang mit den hier vorgestellten ›Post-Development-Konzepten.[43] Denn das Pluriversum ist nicht nur ein modisches Konzept, es ist eine gelebte Praxis. Gesellschaftliche Vorstellungen, die auf den Menschenrechten und den Rechten der Natur beruhen, lassen sich nicht durch Eingriffe von oben herbeiführen. Initiativen wie die Transition-Bewegung oder Ökodörfer können eine Mischung aus reformistischen und umfassenderen systemischen Veränderungen beinhalten. Emanzipatorische Projekte sind auf kontinentübergreifende Solidarität angewiesen und können Hand in Hand mit Widerstandsbewegungen arbeiten. Ein Beispiel dafür ist die Yasuní-ITT-Initiative in Ecuador, die dazu aufruft: „Lasst das Öl im Boden, die Kohle im Loch und die Teersande im Land."[44] Nach den Erkenntnissen mehrerer teilweise miteinander verbundener, wenn auch radikal unterschiedlicher Welten zu leben, kann bedeuten, dass wir in unserem persönlichen und kollektiven Leben traditionelle und moderne Gewissheiten und Universalien in Schach zu halten haben. Als Herausgeber eines Post-Development-Lexikons bemühen wir uns, einige konzeptuelle Werkzeuge und Methoden zur Verfügung zu stellen, um das Pluriversum anzuerkennen und eine Biozivilisation zu fördern, die ökozentrisch, vielfältig und multidimensional ist, und die in der Lage ist, ein Gleichgewicht zwischen individuellen und gemeinschaftlichen Bedürfnissen zu finden. Diese lebendige, vorbildliche Politik basiert auf dem Prinzip, jetzt bereits die Grundlagen für die Welten zu schaffen, die wir in der Zukunft verwirklicht sehen wollen; sie impliziert eine Übereinstimmung von Mitteln und Zielen.

Wie kommen wir von hier nach dort? Schließlich geht es um tiefgründige Verschiebungen in den Bereichen Wirtschaft, Politik, Gesellschaft, Kultur und gelebte Sexualität! Ein Wandel bedeutet, eine Reihe von Maßnahmen und Veränderungen in verschiedenen Lebensbereichen und in unterschiedlichen geografischen Bereichen zu akzeptieren. Übergänge können chaotisch und nicht völlig radikal sein, aber sie können als ‚Alternative' betrachtet werden, wenn sie zumindest das Potenzial für einen lebendigen Wandel haben. Angesichts der Vielfalt der phantasievollen Visionen auf der ganzen Welt bleibt die Frage offen, wie wir ›Synergien zwischen ihnen schaffen können. Es wird Rückschläge geben; Strategien werden auf dem Weg verblassen und andere werden auftauchen. Unterschiede, Spannungen, ja sogar Widersprüche wird es

geben, aber diese können zur Grundlage eines konstruktiven Austauschs werden. Die Wege zu einem Pluriversum sind vielfältig, offen und in ständiger Entwicklung.

Anmerkungen

1 Für erste Überlegungen zur Agenda des *Post-Development-Lexikons* siehe Demaria und Kothari (2017). Für einen frühen Versuch, verschiedene Alternativen zur Entwicklung zu formulieren, siehe Kothari et al. (2015) und Beling et al. (2017). Letztere diskutieren diskursive ›Synergien für eine „große Transformation" in Richtung Nachhaltigkeit zwischen den Befürwortern von *Human Development, Degrowth* und *Buen Vivir*.

2 Siehe Shiva, http://www.navdanya.org (abgerufen am 17.05.2023).

3 Nandy (2003: 164-75); Mies (1986); Deb (2009); Shrivastava und Kothari (2012).

4 Für eine grundlegend andere Form der Globalisierung als die derzeit vorherrschende, siehe den Aufsatz *Alternative Globalisierungsbewegung* in diesem Band.

5 Salleh (2006).

6 Wird hier im Sinne einer anti- oder nicht-spirituellen und -religiösen Orientierung verwendet, nicht im Sinne einer Orientierung, die alle Glaubensrichtungen und nichtreligiösen Glaubenssysteme gleichermaßen respektiert.

7 Oder, wie Dobson (1995) es ausdrückt, „menschlicher Instrumentalismus", da wir alle unweigerlich auf neutrale Weise ein wenig menschenzentriert sein mögen. Die Analyse des ideologischen Dualismus als solche verdanken wir jedoch der ökofeministischen Denkerin Elizabeth Dodson-Gray (1979).

8 Grosfoguel und Mielants (2006).

9 Der *Environmental Justice Atlas* (EJ Atlas) sammelt die Geschichten von kämpfenden Gemeinschaften und ist die weltweit größte Bestandsaufnahme solcher Konflikte. Er zielt darauf ab, diese Mobilisierungen sichtbarer zu machen, Ansprüche und Zeugnisse hervorzuheben und für eine echte Rechenschaftspflicht von Unternehmen und Staaten für das durch ihre Aktivitäten verursachte Unrecht einzutreten (Martinez-Alier et al. 2016; Scheidel et al. 2018), siehe https://ejatlas.org (abgerufen am 17.05.2023).

10 Navas et al. (2018).

11 Gramsci (1971[1930]), S. 275-76.

12 Meadows et al. (1972).

13 Siehe z.B. eine Präsentation des ehemaligen indischen Premierministers Manmohan Singh (1991) und eine Kritik daran in Shrivastava und Kothari (2012), S. 121-22.

14 Gómez-Baggethun und Naredo (2015).

15 Salleh (2016).

16 Zum Beispiel die *New Economics Foundation*, London, und die *Rosa Luxemburg Stiftung*, Berlin.

17 UNEP (2011); Salleh (2012).

18 Ökologische Ökonomen haben mit ihren sozio-metabolischen Analysen, die die Energie- und Stoffströme der

Wirtschaft messen, wichtige empirische Belege geliefert. Für ein Beispiel siehe Krausmann et al. (2009) und Jorgenson und Clark (2012). Für eine Diskussion der Methode, siehe Gerber und Scheidel (2018).

19 SDSN (2013); UNEP (2011); United Nations Secretary General Panel (2012); United Nations (2013); United Nations (2015).

20 Angepasst von Kothari (2013).

21 Dieses Phänomen wurde in der Pionierarbeit von Shiva (1989) und Hornborg (2009) vorweggenommen.

22 Dearden (2014).

23 Kallis (2015).

24 Für einen kritischen, aber anerkennenden Blick auf das Potenzial des SDG-Rahmens siehe Club de Madrid (2017).

25 Siehe auch http://www.lowtechmagazine.com/about.html (abgerufen am 17.05.2023)

26 Für frühere Beiträge: Salleh (2017 [1997]); Kothari et al. (2015); Escobar (2015); Beling et al. (2018).

27 Der Ausdruck ist spanisch für „Nachhaltigkeit des Lebens": Peréz Orozco (2014).

28 Gudynas (2011); Metz (2011); Kothari (2014).

29 Demaria et al. (2013); D'Alisa et al. (2014); Bennholdt-Thomsen und Mies (1999); Salleh (2017 [1997]).

30 Salleh (2017 [1997]); Sousa Santos (2009).

31 Leopold (1949), S. 224.

32 Für einen umfassenden und intensiven Prozess der Sichtbarmachung der Elemente und Werte radikaler Alternativen siehe den seit 2014 laufenden *Vikalp Sangam-Prozess* (Alternative Confluences / Zusammenfließen von Alternativen) in Indien: http://kalpavriksh.org/our-work/alternatives/vikalp-sangam (abgerufen am 17.05.2023) und die daraus entstandene Vision, Notiz unter http://www.vikalpsangam.org/about/the-search-for-alternatives-key-aspects-and-principles (abgerufen am 17.05.2023)

33 In Anlehnung an die Vikalp-Sangam-Vision-Notiz, unter http://www.vikalpsangam.org/about/the-search-for-alternatives-key-aspects-and-principles (abgerufen am 17.05.2023)

34 Bennholdt-Thomsen und Mies (1999).

35 Die Löhne für Frauen in den entwickelten Volkswirtschaften liegen bei etwa 70 Prozent des Männerlohns für gleichwertige Arbeit. Männer in entwickelten Volkswirtschaften verbringen weniger als 20 Minuten pro Tag mit ihren Kindern. Im modernen Indien sind nur 15 Prozent der Frauen erwerbstätig.

36 Dodson Gray (1979), Merchant (1980), Waring (1987).

37 Salleh (1997 [2017], 2011, 2012).

38 Für eine ausführliche Darstellung der Legitimität des Begriffs „Gemeinschaft" und seiner verschiedenen Ableitungen, in der auch die Kontroversen berücksichtigt werden, siehe Escobar (2010, 2014).

39 Siehe www.congresocomunalidad2015.org (nicht mehr abrufbar. Kopie unter https://www.archive.org abgerufen am 17.05.2023) für Einzelheiten zum *Ersten Internationalen Kongress über Comunalidad*, 2015,

der in Puebla, Mexiko, stattfand und auf dem diese Fragen ausführlich diskutiert wurden.

40 Aguilar (2013), S. 33.

41 Siehe z. B. Kauffman und Sheehan (2018); und https://therightsofnature.org (nicht mehr abrufbar. Kopie unter https://www.archive.org abgerufen am 17.05.2023)

42 Diese Ethik sollte nicht durch die Linse der liberalen Ideologie gelesen werden, d.h. als die „wesentliche Natur" der Frauen. Es handelt sich um ein erlerntes Ergebnis der Erfahrung in Pflege- und Betreuungsarbeit, die in den meisten Kulturen historisch den Frauen zugewiesen wurde.

43 Acosta und Brand (2017).

44 Acosta (2014).

Weitere Quellen

Acosta, Alberto (2014), „Iniciativa Yasuní-ITT: La difícil construcción de la utopía". *Rebelión*. http://www.rebelion.org/noticia.php?id=180285 (nicht mehr abrufbar. Artikel unter http://www.bitacora.com.uy/auc.aspx?5988,7 dokumentiert – abgerufen am 17.05.2023)

Acosta, Alberto und Ulrich Brand (2017), *Salidas del laberinto capitalista. decrecimiento y postextractivismo*. Barcelona: Icaria. (**deutsch:** Radikale Alternativen. Warum man den Kapitalismus nur mit vereinten Kräften überwinden kann. München: Oekom Verlag, 2018)

Beling, Adrian, Julien Vanhulst, Federico Demaria, Violeta Rabi, Ana Carballo und Jérôme Pelenc (2018), ‚Discursive Synergies for a „Great Transformation" towards Sustainability: Pragmatische Beiträge zu einem notwendigen Dialog zwischen Human Development, Degrowth und Buen Vivir', *Ecological Economics*. 144: 304-13.

Bennholdt-Thomsen, Veronika und Maria Mies (1999), *The Subsistence Perspective*. London: Zed Books. (**deutsch:** Eine Kuh für Hillary: die Subsistenzperspektive . München: Frauenoffensive, 1997)

Club de Madrid (2017), *A New Paradigm for Sustainable Development?* Zusammenfassung der Beratungen der Club de Madrid Working Group on Environmental Sustainability and Shared Societies: https://clubmadrid.org/wp-content/uploads/2017/11/Shared_Societies-Report-13.pdf (abgerufen am 17.05.2023)

D'Alisa, Giacomo, Federico Demaria and Giorgios Kallis (2014), *Degrowth: A Vocabulary for a New Era*. London: Routledge. (**deutsch:** Degrowth: Handbuch für eine neue Ära. München: Oekom Verlag, 2016)

Dearden, Nick (2015), „Is Development Becoming a Toxic Term?", *The Guardian*. 22. Januar 2015, https://www.theguardian.com/global-development-professionals-network/2015/jan/22/development-toxic-term (abgerufen am 17.05.2023)

Deb, Debal (2009), *Beyond Developmentality*. Delhi: Daanish Books.

Demaria, Federico, Francois Schneider, Filka Sekulova und Joan Martinez-Alier (2013), „What Is Degrowth? From an Activist Slogan to a Social Movement", *Environmental Values*. 22 (2): 191-215

Demaria, Federico und Ashish Kothari (2017), „The Post-Development Dictionary Agenda: Paths to the Pluriverse", *Third World Quarterly*, 38 (12): 2588-99.

Dobson, Andrew (1995), *Green Political Thought*. London: Routledge.

Dodson-Gray, Elizabeth (1979), *Green Paradise Lost*. Wellesley, MA Roundtable Press

Escobar, Arturo (1995), *Encountering Development*. Princeton: Princeton University Press.

— (2010), Lateinamerika am Scheideweg: Alternative Modernisierungen, Postliberalismus oder Postdevelopment?, *Cultural Studies*. 24 (1): 1-65.

— (2011), Sustainability: Design for the Pluriverse, *Development*. 54 (2): 137-40.

— (2014), *Sentipensar con la tierra: Nuevas lecturas sobre sobre desarrollo, territorio y diferencia*. Medellín: Universidad Autonoma Latinoamericana (UNAULA).

— (2015), Degrowth, Post-development, and Transitions: A Preliminary Conversation, *Sustainability Science*. 10.(3): 451-62.

— (2018), *Designs for the Pluriverse: Radical Interdependence, Autonomy, and the Making of Worlds*. Durham: NC: Duke University Press.

EZLN, Ejército Zapatista de Liberación Nacional (1997), Vierte Erklärung des Lakandonischen Urwalds, www.e-periodica.ch/cntmng?pid=new-001%3A1996%3A90%3A%3A572 (abgerufen am 18.05.2023).

Gandhi, Mohandas Karamchand (1997 [1909]), Hind Swaraj, in Anthony Parel (Hg), *M. K. Gandhi: Hind Swaraj and Other Writings* (Hind Swaraj und andere Schriften). Cambridge: Cambridge University Press.

Gerber, Julien-Francois und Arnim Scheidel (2018), In Search of Substantive Economics: Comparing's Today's Two Major Socio-Metabolic Approaches to the Economy – MEFA and MuSIASEM, *Ecological Economics*. 144: 186-94, https://doi.org/10.1016/j.ecolecon.2017.08.012. (abgerufen am 18.05.2023)

Gómez-Baggethun, Erik und Jose Manuel Naredo (2015), In Search of Lost Time: the Rise and Fall of Limits to Growth in International Sustainability Policy, *Sustainability Science*. 10 (3): 385-95.

Gramsci, Antonio (1971 [1930]), *Selections from the Prison Notebooks*. New York: International Publishers. (Internet-Veröffentlichung: https://ia800503.us.archive. org/17/items/AntonioGramsciSelectionsFromThePrisonNotebooks/Antonio-Gramsci-Selections-from-the-Prison-Notebooks.pdf – abgerufen am 18.05.2023)

Grosfoguel, Ramón und Eric Mielants (2006), The Long-Durée Entanglement between Islamophobia and Racism in the Modern/Colonial Capitalist/Patriarchal Weltsystem: An Introduction, *Human Architecture: Journal of the Sociology of Self-Knowledge*. 5 (1), http://scholarworks. umb.edu/humanarchitecture/vol5/iss1/2. (abgerufen am 18.05.2023)

Gudynas, Eduardo (2011), Buen Vivir: Today's Tomorrow, *Development*. 54 (4): 441–47 (**deutsch:** Buen vivir. Das gute Leben jenseits von Entwicklung und Wachstum. Berlin: Rosa Luxemburg Stiftung, 2012. Online abrufbar: www.rosalux.de/fileadmin/rls_uploads/pdfs/Analysen/Analyse_buenvivir.pdf abgerufen am 18.05.2023)

Gupte, Manisha (2017), Envisioning India Without Gender and Patriarchy: Why Not?, in Ashish Kothari und K. J. Joy (Hg), *Alternative Futures: India Unshackled*, edited by. Neu Delhi: AuthorsUpFront.

Gutiérrez Aguilar, Raquel (2013), Pistas reflexivas para orientarnos en una turbulenta época de peligro. In: Raquel Gutiérrez, Natalia Sierra, Pablo Davalos, Oscar Olivera, Hector Mongragon, Vilma Almendra, Raul Zibechi, Emmanuel Rozental und Pablo Mamani (eds), *Palabras para tejernos, resistir y transformar en la época que estamos viviendo*. Oaxaca: Pez en el árbol.

Hornborg, Alf (2009), Zero-Sum World, *International Journal of Comparative Sociology*. 50 (3/4): 237–62.

Jorgenson, Andrew und Brett Clark (2012), Are the Economy and the Environment Decoupling? A Comparative International Study: 1960-2005, *American Journal of Sociology*. 118 (1): 1-44.

Kallis, Giorgios (2015), The Degrowth Alternative, Great Transition Initiative, http://www.greattransition.org/publication/the-degrowth-alternative. (abgerufen am 18.05.2023)

Kauffman, Craig und Linda Sheehan (2018), The Rights of Nature: Guiding Our Responsibilities through Standards. In: Stephen Turner, Dinah Shelton, Jona Razaqque, Owen Mcintyre, and James May (eds), *Environmental Rights: The Development of Standards*. Cambridge: Cambridge University Press.

Kothari, Ashish (2013), Missed Opportunity? Comments on Two Global Reports for the Post-2015 Goals Process, Pune, Kalpavriksh und ICCA Consortium, http://www.un-ngls.org/IMG/pdf/Kalpavriksh_and_ICCA_Consortium_-_Post2015_reports_critique_-_Ashish_Kothari_July_2013.pdf (Webseite ist unter www.archive.org archiviert – abgerufen am 18.05.2023)

— (2014), Radical Ecological Democracy: A Way for India and Beyond. *Development*. 57: 36-45, http://doi.org/10.1057/dev.2014.43 (Beitrag unter https://link.springer.com/article/10.1057/dev.2014.43 dokumeniert – abgerufen am 18.05.2023)

— (2016), Why Do We Wait So Restlessly for the Workday to End and for the Weekend to Come?, *Scroll*. 17 June, https://scroll.in/article/809940 (abgerufen am 18.05.2023)

Kothari, Ashish, Federico Demaria und Alberto Acosta (2015), Buenvivir, Degrowth and Ecological Swaraj: Alternatives to Development and the Green Economy, *Development*. 57 (3): 362-75.

Krausmann, Fridolin, Simone Gingrich, Nina Eisenmenger, Karl-Heinz Erb, Helmut Haberl und Marina Fischer-Kowalski (2009), Growth in Global Materials Úse, GDP and Population during the 20th Century. *Ecological Economics*. 68: 2696- 705, https://doi.org/10.1016/j.ecolecon.2009.05.007.

(Beitrag unter https://www.sciencedirect.com/science/article/abs/pii/S0921800909002158?via%3Dihub dokumentiert – abgerufen am 18.05.2023)

Latouche, Serge (2009), *Farewell to Growth*. London: Polity. (**deutsch:** Es reicht. Abrechnung mit dem Wachstumswahn. München: Oekom Verlag, 2015)

Leopold, Aldo (1994), *A Sand County Almanac and Sketches Here and There*. New York: Oxford University Press. (**deutsch:** Ein Jahr im Sand County. Berlin 2019: Matthes & Seitz).

Martinez-Alier, Joan, Leah Temper, Daniela Del Bene und Arnim Scheidel (2016), Is There a Global Environmental Justice Movement?, *Journal of Peasant Studies*. 43: 731-55.

Marx, Karl und Friedrich Engels (1959 [1872]), *The Manifesto of the Communist Party*. Moscow: Foreign Languages Publishing House. (**deutsch:** Das Manifest der Kommunistischen Partei. Moskau: Verlag für Fremdsprachen, o.J.)

Meadows, Donella, Dennis Meadows, Jorge Randers and William Behrens (1972), *The Limits to Growth*. New York: Universe Books. (**deutsch:** Die Grenzen des Wachstums. München: DVA, 1972).

Merchant, Carolyn (1980), *The Death of Nature: Women and the Scientific Revolution*. New York: Harper. (**deutsch:** Der Tod der Natur. Ökologie, Frauen und neuzeitliche Naturwissenschaft. München: Oekom Verlag, 2020).

Metz, Thaddeus (2011), Ubuntu as a Moral Theory and Human Rights in South Africa, *African Human Rights Law Journal*. 11 (2): 532-59.

Mies, Maria (1986), *Patriarchy and Accumulation on a World Scale*. London: Zed Books. (**deutsch:** Patriarchat und Kapital. Vollständig durchgesehene und durch ein aktuelles Vorwort erweiterte Ausgabe. München: bgeverlag, 2015).

Nandy, Ashis (2003), *The Romance of the State and the Fate of Dissent in the Tropics*. Neu-Delhi: Oxford University Press.

Navas, Grettel, Sara Mingorría und Bernardo Aguilar (2018), Violence in Environmental Conflicts: The Need for a Multidimensional Approach. *Sustainability Science*. 13 (3): 649-60.

Pérez Orozco, Amaia (2014), *Subversiónfeminista de la economía: Aportesparaun debate sobre el conflicto capital-vida*. Madrid: Traficantes de Sueños.

Rahnema, Majid und Victoria Bawtree (1997), *The Post-Development Reader*. London: Zed Books.

Rist, Gilbert (2003), *The History of Development: From Western Origins to Global Faith*. London: Zed Books. (3. Ausgabe im Internet abrufbar http://dspace.ashoka.edu.in/bitstream/123456789/3630/1/%5BGilbert_Rist%5D_The_History_of_Development_From_We%28b-ok.cc%29.pdf – abgerufen am 18.05.2023)

Sachs, Wolfgang (ed.) (2010 [1992]), *The Development Dictionary: A Guide to Knowledge as Power*. London: Zed Books. (**deutsch:** Wie im Westen so auf Erden. Ein polemisches Handbuch zur Entwicklungspolitik. Reinbek: Rowohlt Verlag, 1993)

Salleh, Ariel (2006), We in the North are the Biggest Problem for the South: A Conversation with Hilkka Pietila, *Capitalism Nature Socialism*. 17 (1): 44–61.

— (2011), Climate Strategy: Making the Choice between Ecological Modernisation or „Living Well", *Journal of Australian Political Economy*. 66: 124–49.

— (2012), Green Economy or Green Utopia? Rio+20 and the Reproductive Labor Class, *Journal of World Systems Research*. 18 (2): 141–145.

— (2016), Climate, Water, and Livelihood Skills: A post-development reading of the SDGs, *Globalizations*. 13 (6): 952–59.

— (2017 [1997]), *Ecofeminism as Politics: nature, Marx, and the postmodern*. London: Zed Books.

Scheidel, Arnim, Leah Temper, Federico Demaria und Joan Martínez-Alier (2018), Ecological distribution conflicts as forces for sustainability: an overview and conceptual framework, *Sustainability Science*. 13 (3): 585-98.

SDSN, Sustainable Development Solutions Network (2013), *An Action Agenda for Sustainable Development*, Report for the UN Secretary General, Sustainable Development Solutions Network, United Nations, https://irp-cdn.multiscreensite.com/be6d1d56/files/uploaded/140505-An-Action-Agenda-for-Sustainable-Development.pdf abgerufen am 18.05.2023)

Shelley, Mary (2022 [1818]). *Frankenstein*. London: Penguin (**deutsch:** Frankenstein. Hamburg: Gröls Verlag, 2022).

Shiva, Vandana (1989), *Staying Alive: Women, Ecology and Development*. London: Zed Books (Im Internet dokumentiert https://ia800408.us.archive.org/4/items/StayingAlive-English-VandanaShiva/Vandana-shiva-stayingAlive.pdf – abgerufen am 18.05.2023)

Shrivastava, Aseem und Ashish Kothari (2012), *Churning the Earth: The Making of Global India*. Delhi: Viking/Penguin.

Singh, Manmohan (1991), ‚Environment and the New Economic Policies', Foundation Day Lecture, Society for Promotion of Wastelands Development, Delhi, 17. Juni.

Sousa Santos, Boaventura de (2009), A Non-Occidentalist West? Learned Ignorance and Ecology of Knowledge, *Theory, Culture and Society*. 26 (7–8): 103–25.

UNEP (2011), *Towards a Green Economy: Pathways to Sustainable Development and Poverty Eradication: A Synthesis for Policy Makers*. Nairobi: Umweltprogramm der Vereinten Nationen, www.unep.org/greeneconomy. (abgerufen am 18.05.2023)

United Nations (2013), *A New Global Partnership: Eradicate Poverty and Transform Economies Through Sustainable Development*. The Report of the High-Level Panel of Eminent Persons on the Post-2015 Development Agenda. New York: United Nations.

--- (2015), *Transforming Our World: The 2030 Agenda for Sustainable Development*. New York: United Nations, https://

sustainabledevelopment.un.org/ post2015/transforming-ourworld/publication. (abgerufen am 18.05.2023)

United Nations Secretary-General's High-level Panel on Global Sustainability (2012), *Resilient People, Resilient Planet: A Future Worth Choosing*. New York: United Nations.

Waring, Marilyn (1988), *Counting for Nothing*. Sydney: Allen &Unwin.

Ziai, Aram (2015), „Post-development: Pre-mature Burials and Haunting Ghosts". *Development and Change*. 46 (4): 833-54.

Autor*innen

Ashish Kothari ist Gründer der indischen Umweltgruppe Kalpavriksh. Er lehrte *am Indian Institute of Public Administration*, koordinierte Indiens nationale Biodiversitätsstrategie und den dazugehörigen Aktionsplan, war im Vorstand von Greenpeace Indien und Greenpeace International, half bei der Gründung des globalen ICCA-Konsortiums und leitete ein *IUCN-Netzwerk für Schutzgebiete und Gemeinschaften*. Ashish ist (Mit-)Autor oder (Mit-)Herausgeber von über dreißig Büchern, darunter *Birds in Our Lives*; *Churning the Earth*; und *Alternative Futures: India Unshackled*. Er hilft bei der Koordinierung der Prozesse *Vikalp Sangam* und *Global Confluence of Alternatives* und ist Mitglied der von der Rosa-Luxemburg-Stiftung eingerichteten *Ständigen Gruppe für Alternativen zur Entwicklung*.

Ariel Salleh ist Aktivistin, Autorin von *Ecofeminism as Politics: nature, Marx, and the postmodern* (1997/2007) und Herausgeberin von *Eco-Sufficiency and Global Justice: women write political ecology* (2009). Sie war Gründungsredakteurin der US-amerikanischen Zeitschrift *Capitalism Nature Socialism*, ist Honorarassistentin für politische Ökonomie an der *University of Sydney*, ist Senior-Fellow an der *Friedrich-Schiller-Universität Jena* und Gastprofessorin an der *Nelson Mandela University*. Sie ist Mitglied der von der *Rosa-Luxemburg-Stiftung* eingerichteten *Ständigen Gruppe für Alternativen zur Entwicklung*.

Arturo Escobar ist emeritierter Professor für Anthropologie an der *University of North Carolina*, Chapel Hill, und ist mit mehreren kolumbianischen Universitäten verbunden. Sein bekanntestes Buch ist *Encountering Development: The Making and Unmaking of the Third World* (1995). Zu seinen jüngsten Büchern gehören *Otro possible es possible: Caminando hacia las transiciones desde Abya Yala/Latino-America* (2018); und *Designs for the Pluriverse: Radical Interdependence, Autonomy, and the Making of Worlds* (2017). Er arbeitet seit mehr als zwei Jahrzehnten mit afro-kolumbianischen sozialen Bewegungen zusammen.

Federico Demaria arbeitet als interdisziplinärer Sozial- und Umweltwissenschaftler im Bereich politische Ökologie und ökologische Ökonomie am *Institut für Umweltwissenschaften und -technologie* der Autonomen Universität Barcelona (ICTA-UAB). Er ist Gastwissenschaftler am *International Institute of Social Studies* in Den Haag, Niederlande, sowie Mitglied des *Kollektivs Research & Degrowth* und von EnvJustice, einem Forschungsprojekt, das die globale Bewegung für Umweltgerechtigkeit untersuchen und unterstützen soll. Er ist außerdem Bio-Olivenbauer.

Alberto Acosta, ecuadorianischer Wirtschaftswissenschaftler, ist ehemaliger Marketing-Manager der CEPE (Ecuadorianische Staatliche Erdölgesellschaft), leitender Angestellter der OLADE (Lateinamerikanische Energieorganisation), internationaler Berater, ehemaliger *Minister für Energie und Bergbau* in Ecuador und ehemaliger Präsident der verfassungsgebenden Versammlung von Montecristi. Derzeit ist er Professor und Autor zahlreicher Bücher und Artikel, Mitstreiter im Kampf an der Basis und Mitglied der von der *Rosa-Luxemburg-Stiftung* eingerichteten *Ständigen Gruppe für Alternativen zur Entwicklung*.

(Übersetzung: Hannelore Zimmermann)

I

Entwicklung und ihre Krisen

Globale Erfahrungen

Nnimmo Bassey

Die Ketten der Entwicklung durchbrechen

 Afrika, Entwicklung, Kolonialismus, Klimawandel

Das Streben nach ‚Entwicklung' hat das Gemetzel auf dem afrikanischen Kontinent gefördert. Die Vorstellung, dass der von anderen eingeschlagene Weg zur Entwicklung derjenige ist, dem wir folgen müssen, ist im Wesentlichen imperialistisch und dient der Rechtfertigung von Kolonialismus, Neokolonialismus und ›Neoliberalismus. Die Tatsache, dass dies immer noch gilt, ist ein Beweis für die Widerstandsfähigkeit der ursprünglichen kapitalistischen ›Akkumulation. Die hinter diesen Phänomenen stehenden Kräfte fördern jetzt die Versklavung der Natur und die Inthronisierung der Kriegsführung mit hochmodernen Waffen.

‚Entwicklung' in dem vom ›Globalen Norden geprägten linearen Muster ist eine manipulierte Idee, die Nationen in entwickelte und unterentwickelte Kategorien einstuft. Entwicklung suggeriert Wachstum, Expansion, Vergrößerung und Ausbreitung, aber nichts davon wird dem Sinn für Gerechtigkeit oder Gleichheit gerecht oder berücksichtigt die ökologischen Grenzen eines endlichen Planeten.

Die meisten afrikanischen Regierungen stellen das Konzept der Entwicklung selbst nicht in Frage. Politische Führungskräfte müssen die Tatsache erst noch erfassen, dass die industrialisierte Welt durch die nicht nachhaltige Ausbeutung der Natur und die ungerechte Ausbeutung von Territorien und Völkern dorthin gelangt ist, wo sie heute steht. Denker wie Walter Rodney (1973), Chinweizu Ibekwe (1975) und Frantz Fanon (1963) haben hervorragende Exposés verfasst, die eine kritische Selbstreflexion hätten auslösen müssen. Aber vielleicht sind unsere Führungskräfte nicht mutig genug, einen inakzeptablen Weg abzulehnen, nachdem sie miter-lebt haben, wie Agent*innen imperialer Mächte Thomas Sankara aus Burkina Faso, Amílcar Cabral aus Guinea Bissau oder Patrice Lumumba aus dem Kongo ermordet haben – drei führende Persönlichkeiten mit alternativen Vorstellungen. Verdeutlicht die kontinuierliche Begleichung der sogenannten kolonialen Schulden an Frankreich durch seine ehemaligen Kolonien in Afrika nicht, dass der Kontinent immer noch kolonisiert ist?

Was sind die Indikatoren für Entwicklung in Afrika? Der erste ist das Bruttoinlandsprodukt (BIP), das von Lorenzo Fioramonti (2013) in *Bruttoinlandsproblem* umbenannt wurde. Dieses wird durch den Umfang der physischen Infrastruktur und die Höhe der Währungsreserven bestimmt. Ein höheres Maß an beidem deutet auf eine Überbeanspruchung sowohl der natürlichen wie auch der menschlichen Ressourcen hin. Die Anhäufung von Währungsreserven belegt die Tatsache, dass diese Ressourcen zur Stützung ausländischer Industrien und zur Bezahlung von Importen angelegt werden. Wenn Nationen nach den Parametern der *Weltbank* und des *Internationalen Währungsfonds* (IWF) liquide sind, werden sie rasch dazu angehalten, Auslandskredite von den Inhabern ihrer ‚Reserven' zu beziehen; und sind sie erst einmal in Bedrängnis geraten, werden ihnen extreme Bedingungen gestellt, die sie erfüllen müssen, damit die Schlinge wieder gelockert werden kann.

Die Plünderungen, die mit dem Kolonialismus einhergingen, werden oft übersehen. Manche sehen den Kolonialismus sogar als eine Form der Hilfe, die dazu beigetragen hat, Licht in einen vermeintlich ‚dunklen' Kontinent zu bringen. Ein Kommentator merkte an: „Die Reparationsdebatte ist bedrohlich, weil sie das übliche Narrativ der Entwicklung völlig auf den Kopf stellt. Sie legt nahe, dass die Armut im Globalen Süden kein natürliches Phänomen ist, sondern aktiv geschaffen wurde. Und sie lässt die westlichen Länder nicht als Wohltäter, sondern als Plünderer dastehen" (Hickel 2015). Wie der Autor weiter feststellte, gibt es nicht genug

I

Geld auf der Welt, um die Übel des Kolonialismus auszugleichen. Heute existieren neben der Hilfe aus bilateralen Beziehungen philanthropische Stiftungen, die sich die messianische Rolle anmaßen, Afrikas Entwicklungsweg und -muster zu bestimmen, was sich ironischerweise nicht wesentlich davon unterscheidet, was bereits im Namen der ‚Entwicklung' geschehen ist.

Heute ist das Klimaregime eine Arena, in der die Armen im Norden wie im Süden der Welt alle Maßnahmen zur Eindämmung des Klimawandels tragen, während die Reichen und Mächtigen die Probleme weiter verschärfen. Dürren, Hungersnöte und Wassermangel nehmen zu, während die Regierungen überall die soziokulturellen und ökologischen Realitäten auf ihrer Suche nach Devisen missachten. Um mehr Geld zu ergattern, schlucken die Regierungen die Köder des Kohlenstoffausgleichs und des marktwirtschaftlichen Umweltschutzes und lockern die Umwelt- und Finanzkontrollen für transnationale Konzerne. Dies manifestiert sich in Landraub und in der Vertreibung von Waldgemeinschaften, entweder um Platz für exportorientierte Monokulturplantagen zu schaffen oder um Wälder als Kohlenstoffspeicher zu sichern.

Die neue Vorliebe für Devisen und die Bereitschaft, als Deponie für ‚Waren' zu dienen, lässt den Süden vergessen, wie sehr dies der lokalen Produktion schadet. Eine Zunahme von ungerechten Handelsregeln, handelsfreien Zonen, gewaltsamen Konflikten und sogar Kriegen ist die Folge. Es ist lehrreich festzustellen, dass all das Blut, das in mineralienreichen Ländern wie dem Kongo fließt, den Abbau von Mineralien nicht gestoppt hat. Nennen wir es ‚Blutdiamanten' oder ‚Blut-Rohöl', weder die Ausbeutung der Ressourcen noch ihr Export wurden gestoppt.

Der Ausweg liegt darin, zu begreifen, dass wir uns in einem abgekarteten Spiel befinden und zu Akteuren des sozialen Wandels werden müssen. Aber welchen Wandel wollen wir? Auch auf die Gefahr hin, romantisch zu klingen, könnte man sagen, dass unsere Zukunft in unserer Vergangenheit liegt. Afrika muss seine Geschichte aufarbeiten und erkennen, dass es in den unmittelbaren postkolonialen Jahren große Fortschritte gemacht hatte, bis die Weltbank ihm in den 1980er Jahren ihre so genannten Strukturanpassungsprogramme (SAPs) aufzwang. Diese Programme haben die sozialen Investitionen zunichte gemacht und die Produktivität von Industrie und Landwirtschaft beschädigt. Die künstlichen Grenzen, die unsere Völker in verschiedene Nationalitäten aufteilen und ihnen trennende Fremdsprachen aufzwingen, müssen hinterfragt und beseitigt werden. Wir werden auch gut daran tun, die Verbundenheit unserer Menschlichkeit – ›Ubuntu – wieder zu erlangen, die das Kollektiv zur Grundlage der kommunalen Organisation macht.

Das Narrativ des ‚aufstrebenden Afrikas' kann durchaus ein weiteres Mittel sein, um kritische Überlegungen über die Art der wirtschaftlichen Beziehungen zwischen unseren Nationen (Bond 2013) sowie mit den Nationen des Globalen Nordens und China zu unterdrücken. Wenn der ‚Aufstieg' auf konventionellen BIP-Zahlen beruht, spiegeln diese nicht die objektiven Realitäten der Bürger*innen wider, da die Zahlen hauptsächlich durch den Export von Bodenschätzen aus dem Rohstoffsektor bestimmt werden. Dennoch muss Afrika aufsteigen! Um uns aufrichten zu können, müssen wir uns an der Erde festhalten, die uns die Augen für unsere Zusammenhänge und Realitäten öffnet, für die Kräfte, die unsere Kultur, unseren Glauben und unsere Denkmuster geprägt haben. Erst dann können wir den Begriff der Entwicklung in Frage stellen. Das ist der Moment, in dem wir die Ketten um unsere Knöchel sehen und sie sprengen können. Und dann können wir den Ruf nach einem afrikanischen Erwachen ertönen lassen.

Weitere Quellen

Bond, Patrick (2013), ‚Africa „Rising", South Africa Lifting? Or the Reverse?', http://www.dailymaverick.co.za/opinionista/2013-02-06-africa-rising-south-africalifting-or-the-reverse/#.U0wu3sdn_R0 (abgerufen am 18.5.2023)

Fanon, Frantz (1963), *The Wretched of the Earth.* New York: Grove Press (**deutsch:** Die Verdammten dieser Erde. Frankfurt: Suhrkamp, 2008).

Fioramonti, Lorenzo (2013), *Gross Domestic Problem: The Politics behind the World's Most Powerful Number.* London/New York: Zed Books.

Hickel, Jason (2015), ‚Enough of Aid: Let's Talk Reparations', https://www.theguardian.com/global-development-professionals-network/2015/ nov/27/enough-of-aid-lets-talk-reparations (abgerufen am 18.05.2023)

Ibekwe, Chinweizu (1975), *The West and the Rest of Us: White Predators, Black Slaves and the African Elite.* New York: Random House.

Rodney, Walter (1973), *How Europe Underdeveloped Africa.* Dar Es Salaam: Tanzanina Publishing House (**deutsch:** Wie Europa Afrika unterentwickelte. Berlin: Manifest Verlag, 2023)

Nnimmo Bassey ist Direktor des ökologischen Think-Tanks *Health of Mother Earth Foundation* (HOMEF) mit Sitz in Nigeria. Von 2008 bis 2012 war er Vorsitzender von *Friends of the Earth International*. Zu seinen Büchern gehören *To Cook a Continent: Destructive Extraction and the Climate Crisis in Africa* (Pambazuka Press, 2012) und *Oil Politics: Echoes of Ecological War* (Daraja Press, 2016).

Übersetzung: Hannelore Zimmermann

Vandana Shiva

Entwicklung – für das eine Prozent

 globale Krisen, kapitalistisch-patriarchale Logik, wirtschaftliche Gewalt, Armut, Oikos.

Wir müssen den Diskurs über ‚Entwicklung' und Bruttoinlandsprodukt (BIP), der von kapitalistisch-patriarchalem Denken geprägt ist, hinter uns lassen und unsere wahre Menschlichkeit als Mitglieder der Erdfamilie zurückerobern. Wie Ronnie Lessem und Alexander Schieffer schreiben:

> *„Wenn die Väter der kapitalistischen Theorie als kleinste ökonomische Einheit für ihre theoretischen Konstruktionen eine Mutter und nicht einen einzelnen männlichen Bourgeois gewählt hätten, dann wären sie nicht in der Lage gewesen, das Axiom der egoistischen Natur des Menschen so zu formulieren, wie sie es taten." (2010: 124)*

Kapitalistische patriarchale Ökonomien werden durch Krieg und Gewalt geformt – Kriege gegen die Natur und verschiedene Kulturen, und Gewalt gegen Frauen. Und während das Ziel darin besteht, den realen Reichtum, den die Natur und die Menschen produzieren, zu besitzen und zu kontrollieren, werden materielle Prozesse zunehmend durch ökonomische Fiktionen ersetzt – wie die der ‚Logik' der Wettbewerbsmärkte.

Separation ist das Hauptmerkmal der Paradigmen, die aus der Übereinstimmung von patriarchalen Werten und Kapitalismus hervorgehen. Zuerst wird die Natur von den Menschen getrennt; dann werden die Menschen auf der Grundlage von Geschlecht, Religion, Kaste und Klasse getrennt. Diese Trennung von dem, was aufeinander bezogen und miteinander verbunden ist, ist die Wurzel der Gewalt – zuerst in den Köpfen, dann im täglichen Handeln. Es ist kein Zufall, dass die sozialen Ungleichheiten der Vergangenheit mit dem Aufkommen der Unternehmensglobalisierung eine neue und brutale Form angenommen haben. Es wird heute oft festgestellt, dass bei den derzeitigen Trends ein Prozent der Weltbevölkerung bald so viel Reichtum kontrollieren wird wie die übrigen 99 Prozent.

Heute stellen Unternehmen juristische Persönlichkeitsrechte über die Rechte echter Menschen. Aber die Abkopplung der fiktiven Konstrukte von den realen Quellen der Wertschöpfung ist noch weiter gegangen. An die Stelle des Realkapitals ist das Finanzwesen getreten, mit Instrumenten und Technologien, die es den Reichen ermöglichen, als ‚Rentiers' Reichtum anzuhäufen, ohne etwas dafür zu tun. Die Geldschöpfung in der Finanzwirtschaft basiert auf Spekulation. Und die Deregulierung der Finanzmärkte ermöglicht es den Reichen, mit den hart verdienten Löhnen anderer Menschen zu spekulieren. Die Idee des ‚Wachstums' hat sich als Maßstab für den Erfolg bei Einzelpersonen und Regierungen durchgesetzt. Sie spricht von einer Entwicklung und ihren Krisen: globale Erfahrungen, ein vom kapitalistischen, patriarchalen Großkapital entworfenes Paradigma, nur damit das Großkapital noch größer werden kann.

Was das Paradigma des Wirtschaftswachstums nicht zur Kenntnis nimmt, ist die Zerstörung des Lebens in Natur und Gesellschaft. Sowohl Ökologie als auch Ökonomie leiten sich vom griechischen Wort *Oikos* ab, was das ‚Haus‘ bedeutet, und beide Begriffe beinhalten eine Form des Haushaltens. Wenn die Ökonomie gegen die Wissenschaft der Ökologie arbeitet, führt dies zur Misswirtschaft mit der Erde, unserem Zuhause. Die Klimakrise, die Wasserkrise, die Krise der biologischen Vielfalt und die Ernährungskrise sind verschiedene Symptome der Misswirtschaft mit der Erde und ihren Ressourcen. Die Menschen bewirtschaften die Erde falsch und zerstören dabei ihre ökologischen Prozesse, indem sie die Natur nicht als das ‚reale Kapital‘ und die ‚Quelle‘ für alles andere anerkennen, was von ihr herrührt. Ohne die Natur und ihre ökologischen Prozesse, die das Leben auf der Erde erhalten, brechen die größten Volkswirtschaften zusammen und Zivilisationen verschwinden.

Nach dem heutigen neoliberalen Entwicklungsmodell sind die Armen arm, weil das eine Prozent ihre Lebensgrundlagen und ihren Wohlstand an sich gerissen hat. Wir sehen dies heute an der Vertreibung der *Rojava*-Gemeinschaften im Mittleren Osten und der *Rohingya*-Bevölkerung in Myanmar. Die Kleinbäuer*innen werden immer ärmer, weil das eine Prozent eine industrielle Landwirtschaft fördert, die auf dem Kauf von teurem Saatgut und chemischen Düngemitteln basiert. Dies treibt sie in die Schuldenfalle und zerstört ihren Boden, ihr Wasser, die Artenvielfalt und ihre Freiheit. In meinem Buch *Earth Democracy* (2005) beschreibe ich, wie der *Monsanto*-Konzern die Bereitstellung von Baumwollsaatgut durch die gehypte Vermarktung von gentechnisch veränderter Bt-Baumwolle[1] monopolisiert hat. Durch den Kauf dieses teuren GVO-Saatguts[2] und anderer Technologien der

so genannten *Grünen Revolution* verschuldet, haben in den letzten zwei Jahrzehnten etwa 300.000 indische Bauern Selbstmord begangen, wobei sich die meisten Selbstmorde im Baumwollgürtel ereigneten. Ich habe eine ländliche Forschungsfarm namens *Navdanya* gegründet, um diesen gewalttätigen Monopolen zu widerstehen. Wir retten die eigenen traditionellen Baumwollsorten der Bäuer*innen, um sie innerhalb einer *Bewegung für Saatgutfreiheit* zu verteilen.

Wenn die Bäuer*innen immer ärmer werden, dann liegt das am Giftkartell – nun reduziert auf drei Akteure: *Monsanto Bayer*, *Dow Dupont* und *Syngenta Chem China* –, das sie davon abhängig macht, teures Saatgut und Chemikalien zu kaufen. Vertikal integrierte Konzerne, die Saatgut, Chemikalien, internationalen Handel und die Verarbeitung von *Junk Food* miteinander verbinden, stehlen 99 Prozent des Wertes, den die Landwirt*innen produzieren. Sie werden immer ärmer, weil der ‚freie Handel‘ Preisdumping, die Zerstörung von Lebensgrundlagen und den Verfall der Agrarpreise fördert. Abgesehen davon sind Kleinbäuer*innen tatsächlich produktiver als große agroindustrielle Unternehmen, ohne umweltschädliche kommerzielle Zusatzstoffe wie Düngemittel, Pestizide und gentechnisch verändertes Saatgut zu verwenden. *Via Campesina*, die weltweite Vereinigung von Kleinbäuer*innen, weist dagegen darauf hin, dass traditionelle Formen der Versorgung den Bäuer*innen nicht nur mehr Autonomie ermöglichen, sondern sogar die Auswirkungen der globalen Erwärmung abmildern können. Es versteht sich von selbst, dass die ‚Wachstumsökonomie‘ des einen Prozents zutiefst lebensfeindlich ist, und viele dieser Auswirkungen bekommen auch die arbeitenden Menschen im Globalen Norden zu spüren. Die philippinische Nichtregierungsorganisation *IBON International* stellt fest, dass männliche Gewalt, die traditionell eingesetzt wurde, um Frauen sowohl als produktive Arbeitskräfte als auch als Körper zur Fortpflanzung ausbeutbar zu halten, jetzt im Dienste der kapitalistischen Profitmacherei steht. Überall werden die Menschen ärmer, weil die Regierungen, die von dem einen Prozent vereinnahmt werden, eine profitorientierte Privatisierungspolitik in den Bereichen Gesundheit und Bildung, Verkehr und Energie durchsetzen, die durch Mandate der *Weltbank* und des *IWF* noch verstärkt wird. Arbeiter*innen, Bäuer*innen, Hausfrauen und die Natur insgesamt werden durch das herrschende kapitalistisch-patriarchale Wirtschaftsmodell zu ‚Kolonien‘ gemacht. Das kapitalistische Entwicklungsmodell der Globalisierung drückt eine Verschmelzung zweier Formen von Gewalt aus – der Macht der alten patriarchalen Kulturen, verbunden mit der modernen neoliberalen Herrschaft des Geldes.

Anmerkungen

1 Bt-Baumwolle: gentechnisch veränderte Baumwolle, in die Gene des Bodenbakteriums *Bacillus thuringiensis* übertragen worden sind. https://de.wikipedia.org/wiki/Bt-Baumwolle (Anm. d. Übers.)
2 GVO: gentechnisch veränderte Organismen (Anm. d. Übers.)

Weitere Quellen

Lessem, Ronnie und Alexander Schieffer (2010), *Integral Economies*. Farnham, UK: Ashgate/Gower.
Navdanya, www.navdanya.org (abgerufen am 18.05.2023).
Resurgence Magazine (2007), ‚How Wealth Creates Poverty‘, http://www.resurgence.org/magazine/article250-how-wealth-creates-poverty.html (abgerufen am 18.05.2023)
Shiva, Vandana (2005), *Earth Democracy*. Boston: South End. (**deutsch:** Erd-Demokratie. Alternativen zur neoliberalen Globalisierung. Zürich: Rotpunktverlag, 2006)
Shiva, Vandana (2009), *Soil not Oil*. London: Zed Books. (**deutsch:** Leben ohne Erdöl. Eine Wirtschaft von unten gegen die Krise von oben. Zürich: Rotpunktverlag, 2009)
Via Campesina (2009), *Small Scale Farmers Are Cooling Down the Earth*. Jakarta: Via Campesina.

Vandana Shiva ist Direktorin der *Research Foundation for Science, Technology and Ecology* in Neu-Delhi. Die frühere Quantenphysikerin ist heute eine einflussreiche globale Umweltaktivistin und Autorin mehrerer Bücher, darunter *Staying Alive: Women Ecology and Development* (1989), *Monocultures of the Mind* (1993) und *Stolen Harvest* (2001). Sie ist Trägerin des *Alternativen Nobelpreises* und des *Sydney Peace Prize*.

Übersetzung: Elisabeth Voß

José María Tortosa

Fehlentwicklung

 Grundbedürfnisse, Fehlentwicklung, Unterentwicklung, Wohlbefinden, Freiheit, Identität

Das Wort *Fehlentwicklung* (Maldevelopment) ist auch eine Reaktion auf die Schwächen und schädlichen Nebenwirkungen des Programms *Entwicklung*. Der Begriff *Unterentwicklung* wurde Teil des öffentlichen Sprachgebrauchs nach der Antrittsrede von Präsident Truman im Jahr 1949, in der eine klare und für diese Zeit typische antikommunistische Haltung zum Ausdruck kam. Der Verwendung des Wortes *Entwicklung* liegt eine Metapher aus der Biologie zugrunde: Lebewesen entwickeln sich und wachsen entsprechend ihres genetischen Codes. Dies ist ein natürlicher, allmählicher, unregelmäßiger und nutzbringender Prozess. Für den Fall, dass diese *Entwicklung* nicht eintritt, könnte ein Arzt eingreifen und sie umlenken – wie im vierten Punkt besagter Rede ausgeführt, in Richtung einer Vereinbarung zwischen den Unternehmen und Regierungen der entwickelten Länder, um Technologie zu transferieren und Wachstum in den unterentwickelten Ländern zu erzeugen. Jedoch mit einer Einschränkung: „die alte imperialistische Ausbeutung zum Zwecke ausländischer Profite hat in unseren Plänen keinen Platz. Was uns vorschwebt“, so Truman, „ist ein Entwicklungsprogramm, das auf den Konzepten des demokratischen fair-dealing beruht.“

Wie andere Metaphern auch birgt *Entwicklung* in sich die Gefahr einer versteckten Ideologie. Dies gilt umso mehr, wenn sie sich auf das Ziel des Wachstums – ausgedrückt im BIP – konzentriert, ohne irgendeinen Verweis auf dessen Grenzen. Die auf dem BIP basierende Wirtschaft impliziert ein grenzenloses Wachstum, lässt dabei aber den zweiten Teil der biologischen Metapher, die Alterung, außer Acht und berücksichtigt systematisch nicht die Beziehung zwischen diesem Prozess und seiner Umwelt.

I

Die Metapher der *Fehlentwicklung* ist eine andere. Lebewesen leiden unter Fehlentwicklungen, wenn ihre Organe ihrem Code nicht folgen. Sie geraten aus dem Gleichgewicht und werden deformiert. Die Verwendung des Begriffs in der Sozialwissenschaft scheint mit einem Artikel von Sugata Dasgupta aus dem Jahr 1967 begonnen zu haben. Das klassische Werk dazu wurde 1990 von Samir Amin verfasst und auch in dem 1993 von Jan Danecki herausgegebenen Buch zitiert, das mit interkontinentaler Beteiligung die Diskussionen des Projekts *Goals, Processes and Indicators of Development* (GPID – Ziele, Prozesse und Indikatoren von Entwicklung) der Vereinten Nationen (1978-82) wiedergibt. Es ist zwar eine Metapher, aber im Gegensatz zur *Entwicklung* wird bei der *Fehlentwicklung* eine Überprüfung angestrebt – erstens hinsichtlich des Scheiterns des Entwicklungsprogramms auf globaler Ebene und zweitens in Bezug auf die Feststellung von Fehlentwicklungen, die in der Struktur und Funktionsweise des Weltsystems und seiner Komponenten zu beobachten sind. Während *Entwicklung* ein normatives Element (wünschenswert) impliziert, enthält *Fehlentwicklung* eine empirische Komponente (beobachtbar) oder sogar ein kritisches Element (unerwünscht).

Erweitert man diese Metapher, so könnte man an eine medizinische Klinik denken, die von einer Diagnose ausgeht, eine Prognose erstellt und eine Therapie einleitet, und zwar im Sinne einer idealen Gesundheit, die zwar nicht immer genau definiert ist, deren Fehlen aber in der Regel klar bestimmt und als Krankheit eingestuft wird. In diesem Sinne kann *Fehlentwicklung* als Teil einer Krankheit verstanden werden, deren Komponenten gemäß der folgenden Tabelle aufgezählt werden können, in der sich zum einen die Grundbedürfnisse (Wohlbefinden, Freiheit, Identität, Sicherheit) entsprechend den von Johan Galtung genannten Kriterien finden und zum anderen drei oder vier Ebenen (lokal in Abgrenzung zum Staat, zum Ökosystem und zur Welt), die eine Diagnose ermöglichen.

Die Tabelle kann horizontal gelesen werden, um festzustellen, in welchen Fällen die menschlichen Grundbedürfnisse nicht befriedigt werden. Allerdings könnte sich eine vertikale Betrachtungsweise als fruchtbarer erweisen. Eine solche Lesart kann in der dritten Spalte beginnen, welche auf die Beziehungen zwischen den verschiedenen Akteur*innen des Weltsystems verweist, die durch die Asymmetrie ihrer Fähigkeiten und ihrer Macht zur Entscheidungsfindung und Einflussnahme zum Ausdruck kommen. Es geht nicht um *entwickelte* und *unterentwickelte* Länder, die sich durch Wachstum und Technologie unterscheiden, sondern um zentrale und periphere Länder, die sich durch ihre Macht auszeichnen.

Die zweite Spalte bezieht sich auf Themen, die zumindest auf rhetorischer Ebene in einigen Konzepten zur *Entwicklung* präsent waren, wie beispielsweise bei der *Öko-Entwicklung*. Diese Themen sollen die Aufmerksamkeit auf eine doppelte Realität lenken: Einerseits sind die Ursachen für die Schädigung der Ökosysteme eher in Ländern mit zentralisierter Macht zu finden,

	Staat/Lokal	Ökosystem	Weltsystem
Wohlbefinden	ungerechte Armut, Ungleichheit, Stagnation	globale Erwärmung, Ressourcenerschöpfung, Verschmutzung	Polarisierung, Peripherisierung, Ausbeutung
Freiheit	eingeschränkte Demokratie, Unterdrückung, › Marginalisierung	Abhängigkeit von Natur, ohne Partnerschaft,	Abhängigkeit ohne Unterdrückung, › Marginalisierung
Identität	innere Kolonisierung, Nationalismus, Fundamentalismus	Entfremdung von der Natur, Verlust der Wurzeln	Kolonisierung, Homogenität, identitäre Reaktionen
Sicherheit	Gewalt, Bürgerkrieg, Terrorismus	menschengemachte Katastrophen,	Kriege zwischen Ländern, transnationaler Terrorismus, Nuklearisierung

in letzter Zeit aber auch in Schwellenländern. Andererseits sehen wir uns mit bestimmten Problemen konfrontiert, die in einigen Fällen in Ländern der Peripherie dramatischere Auswirkungen haben können als in anderen, und zwar in Form von Katastrophen, die vom Menschen verursacht werden. Die Auswirkungen dieser Probleme auf das Überleben der Spezies und die Aufrechterhaltung des derzeitigen Systems könnten jedoch verallgemeinert werden.

Schließlich gibt die erste Spalte die Punkte an, in denen die gegenwärtige *Fehlentwicklung* am besten erkannt oder nachgewiesen werden kann. Die Häufigkeit ist in den Ländern der Peripherie viel höher, gefolgt von den Schwellenländern und den zentralen Ländern sowie dem derzeitigen Hegemon. Trotzdem Armut, Unterdrückung, Fundamentalismus oder kriminelle Gewalt sind nicht allein das Erbe der Peripherie, sondern finden sich – manchmal in größerer Intensität – auch in Ländern mit zentralisierter Herrschaft.

Der Begriff *Fehlentwicklung* bringt nicht eine mehr oder weniger konstruierte Klassifizierung in *entwickelte* und *unterentwickelte* Länder mit sich, wie sie in der Rede Trumans zusammen mit dem Vorschlag, dass die *entwickelten* Länder den *unterentwickelten* Ländern zu Hilfe kommen sollten, umrissen wurde. Die Perspektive, die sie bietet, ist eine andere: Alle Länder sind auf die eine oder andere Weise *fehlentwickelt*, und der wahre Grund dafür ist ihre Einbindung in das Weltsystem, das – um es mit einem Wort auszudrücken – den Kapitalismus hervorbringt, und darin scheint das Problem zu liegen.

Weitere Quellen

Amin, Samir (1990), *Maldevelopment: Anatomy of a Global Failure*. Tokyo: United Nations University Press; London: Zed Books.

Danecki, Jan (ed.) (1993), *Insights into Maldevelopment: Reconsidering the Idea of Progress*. Warsaw: University of Warsaw, Institute of Social Policy.

Dasgupta, Sugata (1968), ‚Peacelessness and Maldevelopment: A New Theme for Peace Research in Developing Nations', in *Proceedings of the International Peace Research Association*, Second Conference.

Galtung, Johan (1980), ‚The Basic Needs Approach', in Katrin Lederer (ed.), *Human Needs: A Contribution to the Current Debate*. Cambridge, Mass: Oelgeschlager, Gunn & Hain.

Tortosa, José María (2011), *Maldesarrollo y Mal Vivir. Pobreza y violencia a escala mundial*. Quito: Abya Yala.

Unceta, Koldo, 'Desarrollo, subdesarrollo, maldesarrollo y postdesarrollo: una mirada transdisciplinar sobre el debate y sus implicaciones', *Carta Latinoamericana – Contribuciones en Desarrollo y Sociedad en América Latina*. 7, Montevideo.

José María Tortosa promovierte in Sozialwissenschaften (Rom, 1973) und Soziologie (Madrid, 1982). Er war Professor am Fachbereich Soziologie II (1991 bis 2009) der *Universidad de Alicante*, Direktor (2006 bis 2007) und ehrenamtlicher Mitarbeiter (2009 bis heute) des *Instituto Interuniversitario de Desarrollo Social y Paz* sowie in Entwicklungsprojekten der *Universität der Vereinten Nationen* (1978-82). Er ist Autor von dreißig Büchern.

Übersetzung: Hannelore Zimmermann

Philip McMichael

Das Projekt ‚Entwicklung'

Entwicklung, Klimawandel, Ernährungssouveränität

Das Projekt ‚Entwicklung' entstand Mitte des 20. Jahrhunderts infolge der wirtschaftlichen Depression, des Weltkriegs und der Entkolonialisierung als Blaupause für den Aufbau von Nationen und als Strategie für eine Weltordnung im Rahmen des Kalten Krieges. Die Vereinigten Staaten haben den Wiederaufbau der Nachkriegszeit angeführt, um den Weltkapitalismus zu stabilisieren und ihr Wirtschaftsimperium auf die postkoloniale Welt auszudehnen. Dadurch, dass die Kulturen der sogenannten Dritten Welt als unterentwickelt dargestellt wurden, wurde die Rolle der kolonialen Ausbeutung während des Aufstiegs des Westens ausgeblendet. Darüber hinaus wurde eine idealisierte industrielle Entwicklung nach westlichem Vorbild als universeller Standard durchgesetzt, wie er in den Maßstäben des Bruttosozialprodukts zum Ausdruck kommt. Als Stellvertreter der Ersten Welt dienten die *Bretton Woods*-Institutionen (Weltbank, Internationaler

Währungsfonds) als zentrale Finanzagenturen, die die Hilfsprogramme der USA ergänzten, indem sie die Staaten der Dritten Welt als kommerzielle Kunden ins Visier nahmen und sich in einem antikommunistischen Kreuzzug Zugang zu strategischen Ressourcen verschafften. In diesem Zusammenhang wurde Entwicklung zwar als nationales Wirtschaftswachstum verstanden, entwickelte sich aber gleichzeitig als weltweite Herrschaft des Marktes.

Als zivilisatorische Verbesserung gegenüber der Vergangenheit und Teilhabe an einer Zukunft des grenzenlosen Konsums wird Entwicklung im modernen Diskurs als verführerische Unvermeidlichkeit normalisiert. Aber Entwicklung wird nur auf der positiven Seite des materiellen Kontos gedacht und gemessen. Doch sie hat sich als Paradoxon entpuppt und ihr ursprüngliches Versprechen gebrochen. Die Aussicht auf endlosen materiellen Wohlstand für alle durch einen expandierenden globalen Warenmarkt wird durch die globale Ungleichheit, mit einer wohlhabenden Minderheit auf der einen Seite und einer übermäßig ausgebeuteten Erwerbsbevölkerung sowie den überbeanspruchten Ökosystemen auf der anderen Seite, zunichte gemacht. Anstelle des Massenkonsums steht selektive Bereicherung inmitten prekärer Beschäftigungsverhältnisse, steigender Schulden und ungebundener Arbeit (footloose labour)[1] für das Paradoxon.

Darüber hinaus zeigt sich die zunehmende ›Entropie nun in der Verschlechterung der ökologischen Bedingungen und der Schwäche sozialer Institutionen, während die politischen und wirtschaftlichen Eliten sich in Selbsterhaltung üben und die Bedürfnisse der Öffentlichkeit sowie den drohenden Klimanotstand ignorieren. Eine Welt, die von Rohstoffen überschwemmt wird, hat keine Umweltsensoren – wie der britische *Stern Review on the Economics of Climate Change* (2006) feststellte, ist der Klimawandel heute das größte Marktversagen der Welt.

Die gegenwärtige neoliberale Entwicklung verstärkt den Fokus des Kapitalismus auf kurzfristigen Gewinn durch die Erhöhung der Umlaufgeschwindigkeit von Kapital und Waren, indem sie die kurzfristige „wirtschaftliche Zeit" neben die langfristige „geochemische biologische Zeit, die von den Rhythmen der Natur gesteuert wird" stellt (Martinez-Alier 2002: 215). Wenn beispielsweise die Aquakultur mit Shrimps die Mangroven an der Küste zerstört, untergräbt diese Entwicklung nach dem Motto „all the shrimp you can eat" nicht nur die Fischbrutstätten und die lokalen Lebensgrundlagen, sondern auch die Speicher der biologischen Vielfalt, die Kohlenstoffsenken und den Schutz der Küsten vor dem steigenden Meeresspiegel (ebd.: 80). Während die wirtschaftliche Zeit eine lineare Verbesserung gegenüber der Vergangenheit vorgibt, ist ihre Vergangenheit allgegenwärtig – im Klimawandel:

> *Mit jedem Jahr, in dem sich die Erderwärmung fortsetzt und die Temperaturen weiter ansteigen, werden die Lebensbedingungen auf der Erde stärker von den Emissionen von einst bestimmt, so dass sich der Einfluss des Gestern auf das Heute verstärkt – oder, anders ausgedrückt,* **die kausale Kraft der Vergangenheit unaufhaltsam zunimmt** *– bis zu dem Punkt, an dem es tatsächlich ‚zu spät' ist. Die Bedeutung dieses schrecklichen Schicksals, vor dem im Klimawandel-Diskurs so oft gewarnt wird, ist der endgültige* **Einbruch der Geschichte in die Gegenwart.** *(Malm 2016: 9; Hervorhebung im Original).*

Leider sind die Menschen, die am wenigsten für den Klimawandel verantwortlich sind, auch am meisten gefährdet, da sie durch die Entwicklung an den Rand gedrängt wurden: von verbliebenen ländlichen Kulturen und Klimaflüchtlingen bis hin zu Slumbewohner*innen (ein Drittel der weltweiten Stadtbevölkerung). Aus biophysikalischer Sicht hat das *Millennium Ecosystem Assessment* der UN (Jahrtausendstudie der UN zur Bewertung der Ökosysteme) festgestellt, dass die jüngste wirtschaftliche Entwicklung „zu einem erheblichen und weitgehend irreversiblen Verlust der Vielfalt des Lebens auf der Erde geführt hat. Wenn diese Probleme nicht angegangen werden, wird der Nutzen, den künftige Generationen aus den Ökosystemen ziehen können, erheblich geschmälert werden" (Vereinte Nationen 2005: 1).

Als Reaktion darauf stellte das *High Level Panel for the UN's Sustainable Development Goals* (Hochrangiges Politisches Forum für Nachhaltige Entwicklung der UN) fest, dass „Umwelt und Entwicklung nie richtig zusammengebracht wurden", und fügte den etwas fragwürdigen Vorschlag hinzu, dass „da wir ‚schätzen, was wir messen', es ein wichtiger Bestandteil der angemessenen Bewertung des natürlichen Reichtums der Erde ist, ihn in die Rechnungslegungssysteme einzubeziehen" (UNDESA 2013). Eine solche Vision weitet eine bestimmte Art der Kontrolle über die Natur im Namen privater Interessen aus, schließt andere Bedeutungen und Nutzungen von Land aus und privilegiert die Rechte von Investoren gegenüber den Rechten der Landnutzer'innen. Darüber hinaus vertieft sie die Externalisierung der Natur, indem Elemente interaktiver biophysikalischer Prozesse als ‚Ökosystemleistungen' ausgegliedert werden, die im Namen von Umweltmanagement und ‚nachhaltiger Entwicklung' zu Waren gemacht werden, möglicherweise aufgrund der Illusion, dass es noch ausreichend natürliche Umwelt gibt, die erhalten bleiben könnte. Die Aufrechterhaltung der Entwicklung in einer gefährdeten Umwelt ist ein schlechter Ersatz für die Wiederherstellung geschädigter Ökosysteme und die Förderung biodiverser Praktiken.

›Postdevelopment begegnet diesen vielfältigen Widersprüchen, indem es die Prinzipien der natürlichen Reparatur und Regeneration aufgreift und beginnt vor Ort Verantwortung zu übernehmen. Eine Vielzahl ländlicher Kulturen mit *Low-Input Farming Systemen*[2], die mehr als die Hälfte der weltweiten Lebensmittel produzieren, verfügen über dieses Potenzial (Hilmi 2012). Dies ist die ursprüngliche, jahrhundertealte konventionelle Landwirtschaft. Das Entwicklungsnarrativ, das Kapital konzentriert und Kontrolle zentralisiert, hat sich den Begriff ‚konventionell' für die industrielle Landwirtschaft angeeignet und die Verfahren mit geringem Ressourceneinsatz als überholt erklärt. Aber auch das ist das Paradoxon der Entwicklung – wie die 200 Millionen Mitglieder zählende internatio-

nale Vereinigung von Kleinbäuer'innen, *La Via Campesina*, erklärt: Mit Unterstützung können lokale landwirtschaftliche Systeme „die Welt ernähren und den Planeten kühlen", indem sie mittels wiederherstellender agrarökologischer Methoden die landwirtschaftlichen Verfahren im Globalen Süden und Norden an die natürlichen Zyklen anpassen, und eine breite Bewegung für Ernährungssouveränität zur Demokratisierung der Ernährungssysteme verankern. Die urbane Variante umfasst verschachtelte Lebensmittelmärkte und Solidarische Ökonomien, die eng mit den über 300 ›Transition Towns verwandt sind, die in den letzten zehn Jahren in Großbritannien, Nordamerika, Südafrika, Europa und Australien entstanden sind und die Senkung des Energieverbrauchs über ›Permakultur, urbanes ›Commoning und gemeinschaftsübergreifende Bündnisse bewerkstelligen.

Solche Initiativen fördern die natürliche Regeneration, um die biologische Vielfalt wiederherzustellen, anstatt sie zu zerstören, Emissionen zu binden, anstatt sie freizusetzen, und Energie umzuwandeln, anstatt sie zu verbrauchen. Es handelt sich dabei um bereits existierende Postentwicklungsprinzipien, die sich grundlegend von der Konkurrenz des Marktes oder der Reduzierung der Natur auf eine Ware unterscheiden. Für das Überleben der Menschheit, ja allen Lebens auf der Erde, ist der Schutz dieser materiell und sozial bedeutenden Prinzipien für den Fortbestand der ländlichen und städtischen Umwelt unerlässlich. In diesem Sinne bedeutet ›Postdevelopment, den Fetischismus des Marktes zu beenden.

Anmerkungen

1 Der Begriff *footloose labour* (ungebundene Arbeit) wurde von dem niederländischen Soziologen Jan Breman geprägt und bezeichnet informell arbeitende Tagelöhner'innen und Wanderarbeiter'innen (Anm. d. Übers.).

2 *Low-Input Farming Systeme*: Landwirtschaftliche Methoden, die „... den Einsatz von Produktionsmitteln (d. h. außerbetrieblichen Ressourcen) wie zugekaufte Düngemittel und Pestizide minimieren ..." https://www.fao.org/family-farming/detail/en/c/1115210/ (Anm. d. Übers.).

Weitere Quellen

Hilmi, Angela (2012), *Agricultural Transition: A Different Logic*. The More and Better Network, http://ag-transition.

org/pdf/Agricultural_Transition_en.pdf (Datei unter der Webseite ag-transition.org nicht mehr dokumentiert)

Malm, Andreas (2016), *Fossil Capital: The Rise of Steam Power and the Roots of Global Warming*. London and New York: Verso Books.

Martinez-Alier, Joan (2002), *The Environmentalism of the Poor: A Study of Ecological Conflicts and Valuation*. Cheltenham: Edward Elgar.

Stern, Nicholas (2006), *Stern Review: The Economics of Climate Change*. Cambridge: Cambridge University Press.

United Nations (2005), *Ecosystems and Human Well-being: Synthesis*. Washington, DC: Island Press.

United Nations (UNDESA) (2013), ,A New Global Partnership: Eradicate Poverty and Transform Economies through Sustainable Development', https://sustainabledevelopment.un.org/index.php?page=view&type=400&nr=893&menu=1561 (abgerufen am 19.05.2023)

Philip McMichael ist Professor für Entwicklungssoziologie an der Cornell University, New York. Er hat mit der FAO, UNRISD, *La Vía Campesina* und dem *Internationalen Planungskomitee für Ernährungssouveränität* zusammengearbeitet. Er ist der Autor von *Settlers and the Agrarian Question: Foundations of Capitalism in Colonial Australia*; *Development and Social Change: A Global Perspective* und *Food Regimes and Agrarian Questions*. Seine aktuellen Forschungsarbeiten befassen sich mit Landnahme und Landrechten, Nahrungsmittelregimen und Ernährungssouveränität.

Übersetzung: Elisabeth Voß

Kirk Huffman

Ozeaniens Kastom-Ökonomie

 Pazifischer Ozean, Australien, Melanesien, Regenvanu, Kastom[1] Ekonomi

In Gesprächen mit pazifischen Dorfvorstehern ist oft zu hören:

> *„Ausländer pflegten uns zu sagen, wir bräuchten ,Veränderung'; dann sagten sie uns, wir bräuchten ,Fortschritt', und jetzt sagen sie uns, wir bräuchten ,Entwicklung'. Das bedeutet in der Regel, dass sie hinter etwas her sind, das uns gehört – entweder sind es unsere Wälder oder unser Land oder das, was sich unter unserem Land befindet, oder unsere Seelen oder unsere Sprache oder unsere Kultur, oder unser Gefühl der Zufriedenheit mit unserer Lebensweise ...".*
> *(Huffman 2008: 15)*

Die besagten ausländischen Vertreter*innen können von der Weltbank, der *Asiatischen Entwicklungsbank* (ADB), ausländischen Regierungen, Holzfäller- oder Bergbauunternehmen oder NGOs sein. Einige neuere Pfingstkirchen vertreten die gleichen entwicklungspolitischen Ansichten unter ihren Gläubigen. Das alles ist Teil einer neuen Welt des ,ewigen Wachstums', in der der wahre Gott die Geldanhäufung ist. So viele Projekte im pazifischen Raum haben entweder nicht die versprochenen Ergebnisse gebracht oder sind so gründlich gescheitert, dass das Wort *Entwicklung* heute oft scherzhaft für etwas steht, das schief läuft.

Der Großteil der zerstörerischen Entwicklung konzentriert sich auf die größeren Inseln Melanesiens im westlichen Pazifik. In Polynesien, also im mittleren und östlichen Pazifik, und in Mikronesien im Norden sind die Inseln kleiner und verfügen über weniger Ressourcen. Bemerkenswerte Ausnahmen sind *Nauru* und *Banaba*, die durch Phosphatabbau fast zerstört wurden. In Melanesien, das die Inseln *Neuguinea*, die *Salomonen*, *Vanuatu*, *Neukaledonien* und die Grenznation *Fidschi* umfasst, schreitet die schreckliche Entwicklung unaufhaltsam voran. *Westpapua* wird abgeholzt, um Land für Palmölplantagen und die weltweit größte Kupfer- und Goldmine im Tagebau zu gewinnen. In der Zwischenzeit sind die Einheimischen in Melanesien zahlenmäßig den armen javanischen Familien unterlegen, die im Rahmen eines von der indonesischen Regierung geförderten Transmigrationsprogramms auf die Inseln gebracht worden sind. Dieses ursprünglich von der Weltbank finanzierte Entwicklungsmodell hat zu schweren Repressionen gegen die indigene Bevölkerung Westpapuas durch das indonesische Militär und paramilitärische Kräfte geführt.

Im benachbarten *Papua-Neuguinea* (PNG) bringt das riesige Flüssiggasprojekt von *Exxon Mobil* die indigene Bevölkerung gegen sich auf, und es kommt zu einer Reihe von Skandalen um Sonderlizenzen für landwirtschaftliche Betriebe. Im jüngsten Kapitel dieser Geschichte stehen sich Landbesitzer von der Insel Neubritannien und der malaysische Abholzungsriese *Rimbu-*

nan Hijau gegenüber. Die Regierung von PNG stellt sich auf die Seite des Unternehmens, dem auch eine lokale Zeitung und ein Transportbetrieb sowie ein großer neuer Hotelkomplex in der Hauptstadt Port Moresby gehören.

Ein weiteres Worst-Case-Szenario ist die Insel *Bougainville*, die von 1989 an fast ein Jahrzehnt lang von PNG-Militäroperationen heimgesucht wurde, nachdem die Inselbewohner die Panguna-Kupfermine von Rio Tinto geschlossen hatten. Jubilee Australia (2014: 11) schätzt die Zahl der Todesopfer unter den Inselbewohnern während dieser Konfliktperiode auf 10.000 bis 15.000. Australien setzt sich hinter den Kulissen immer noch für die Wiedereröffnung der Mine ein und zahlt hohe Beratungshonorare an Wissenschaftler*innen, um die inzwischen autonome Regierung von Bougainville zur Zustimmung zu bewegen. Lokalen Presseberichten zufolge wehren sich Frauen vehement gegen diese Bemühungen. Die tragische Situation auf Bougainville inspirierte 2009 den Film *Avatar,* und der Film *Mr. Pip* aus dem Jahr 2013 basiert auf diesen Ereignissen.

Abholzung und einige Bergbauaktivitäten verursachen auf den *Salomonen* anhaltende Probleme. Die weiter südlich und östlich gelegene Republik *Vanuatu* verfügt nur über wenige Bodenschätze und hat in den 1980er und 1990er Jahren zwei große asiatische Holzfällerunternehmen auf der Insel *Mala Kula* geschlossen, nachdem diese sich mit der lokalen Bevölkerung angelegt hatten. Allerdings wurde *Vanuatu* seit den frühen 2000er Jahren zur Beute ausländischer Spekulanten, die den neuen ‚Strata Title Act‘[2] missbrauchten, indem sie indigenes Land pachteten, aufteilten und an Ausländer*innen verkauften. Diese Bedrohung rüttelte die indigene Ni-Vanuatu-Bevölkerung wach, und 2006 fand ein nationaler Landgipfel statt. Ralph Regenvanu, ehemaliger Direktor des *Vanuatu Cultural Centre*, gründete daraufhin seine *Partei für Land und Gerechtigkeit* (GJP – Land and Justice Party). Im Jahr 2014 führte er als Minister für Landesangelegenheiten (Minister for Lands) strengere Gesetze ein, um indigene Besitztümer vor der Veräuße-

rung durch kommerzielle Interessen zu schützen. Infolgedessen stellt die von Investor- und Immobilienmakler*innen unterstützte Oppositionspartei regelmäßig Misstrauensanträge gegen die Regierung.

Das in der jüngeren Geschichte unter dem Namen *Neue Hebriden* bekannte Vanuatu hat die einzigartige Erfahrung gemacht, von zwei Kolonialmächten gleichzeitig regiert zu werden – Großbritannien und Frankreich. Daher sind seit der Unabhängigkeit im Jahr 1980 viele Ni-Vanuatu in weiser Voraussicht misstrauisch gegenüber äußeren Einflüssen. Ihre traditionelle Lebensweise, die im Pidgin-Englisch als *Kastom* bekannt ist, wird von Wirtschaftswissenschaftler*innen als ‚entwicklungshemmend‘ angesehen. Kluge Melanesier*innen neigen allerdings eher dazu, *Kastom* als Schutz vor schlechter Entwicklung und der damit einhergehenden Krankheit – *Sik blong Mane* oder Geldsucht – zu sehen. Im Jahr 2005 begann das *Vanuatu Cultural Centre* mit der Förderung des traditionellen melanesischen Lebens- und Wirtschaftsstils, und 2007 erklärte die Regierung eine *Yiablong Kastom Ekonomi*.

Regenvanu hat die traditionelle Wirtschaft als die Quelle der Widerstandsfähigkeit Melanesiens bezeichnet. Seine Rede auf der Konferenz des *Lowy Instituts* in Brisbane 2009 zum Thema „Die pazifischen Inseln und die Welt: Die globale Wirtschaftskrise" war zweifellos das wichtigste Referat, das auf dieser Veranstaltung gehalten wurde. Schon damals ignorierten die Ökonom*innen der Weltbank und die regionalen Politiker*innen seine Weisheit. Der Wunsch der Ni-Vanuatu, *Kastom Economi* zu fördern und Bodenrechte, Landwirtschaft und Selbstversorgung zu schützen, ist ein viel nachhaltigerer Weg als künstliche Wachstumsmodelle wie Bauvorhaben, übermäßiges Vertrauen in den Tourismus oder der ‚Lebensstil australischer Babyboomer*innen im Ruhestand‘.

Australien ist Teil Ozeaniens, tut sich aber oft schwer, dies zu begreifen. Das Land hat ebenfalls Probleme mit seinen eigenen *First Peoples*, die bisher keine verfassungsrechtliche Anerkennung haben und deren „Native Title Law" ständig durch

Entwicklungsvorhaben bedroht wird. Die australischen *First People* haben außerdem weltweit die höchste Inhaftierungsrate unter indigenen Bevölkerung. Von 1863 bis zum Ende des Jahrhunderts waren die Zuckerplantagen in Queensland auf importierte Arbeitskräfte von den pazifischen Inseln angewiesen, die als *Kanaken* bezeichnet wurden. Pazifische Gastarbeiter*innen arbeiten auch heute noch saisonal auf australischen Farmen, aber die Inselbewohner*innen stehen dem ‚großen Bruderland‘ mit gemischten Gefühlen gegenüber. Diese würden sich verbessern, würde das Land das 2008 erlassene gesetzliche Verbot des Kava-Konsums aufheben[3] und die Rhetorik zur wirtschaftlichen Entwicklung zugunsten von kulturell und klimatisch bewussteren politischen Visionen abschwächen. Gelingt dies nicht, stehen China und Indonesien mit Entwicklungsmodellen in den Startlöchern, die für die pazifische Lebensweise nur den Untergang bedeuten können.

Anmerkungen

1 Kastom ist ein Pidgin-Wort (Bislama/Tok Pisin), das sich auf die traditionelle Kultur einschließlich Religion, Wirtschaft, Kunst und Magie in Melanesien bezieht. [...] Das Wort leitet sich von der australisch-englischen Aussprache von „custom" (Brauch) ab, umfasst aber auch andere Bedeutungen: Konvention (Norm), Gewohnheit (Recht) oder Gewohnheitsrecht, Norm (Soziologie) und Tradition. [...] Kastom wird meist nicht schriftlich festgehalten, sondern nur durch Lehren und Geschichten überliefert. (s. wikipedia, Januar 2023) (Anm. d. Übers.)

2 Regelt die Eigentumsverhältnisse, Rechte und Pflichten der Eigentümer von Einheiten in mehrstöckigen Gebäuden, wie Wohnhochhäusern, Apartmentkomplexen, Bürogebäuden und Einkaufszentren. (Anm. d. Übers.)

3 Einige australische Bundesstaaten haben inzwischen begonnen, den Verkauf und Konsum von Kava (Rauschpfeffer) v.a. zum persönlichen Gebrauch zu legalisieren oder die Beschränkungen zu lockern. (Anm. d. Übers.)

Weitere Quellen

Ginzburg, Oren (2006), *There you go!* London: Survival International, www.survivalinternational.org/thereyougo (abgerufen am 19.05.2023)

Huffman, Kirk (2005), *Traditional Money Banks in Vanuatu.* Port Vila: Vanuatu National Cultural Council/UNESCO.

(2010), ‚Review and Reflections on Tim Anderson and Gary Lee (eds) „In Defence of Melanesian Customary Land", *Pacific Currents.* 1(2) and 2(1), http://intersections.anu.edu. au/pacificcurrents/huffman_review.htm (abger. 19.5.2023)

Jubilee Australia (2014), *Voices of Bougainville Report*, Sydney.

Regenvanu, Ralph (2010), ‚The Traditional Economy as Source of Resilience in Vanuatu‘ in Tim Anderson and Gary Lee (eds), *In Defence of Melanesian Customary Land.* Sydney: AID/WATCH.

Robie, David (2014), *Don't Spoil My Beautiful Face: Media, Mayhem & Human Rights in the Pacific.* Auckland: Little Island Press.

Kirk Huffman ist Anthropologe/Ethnologe in Sydney und blickt auf 18 Jahre Felderfahrung in Vanuatu, auf den Salomonen, im Maghreb, in Teilen der Sahara, in Nordkolumbien und im westlichen Mittelmeerraum zurück. Er ist Ehrenkurator des Nationalmuseums, *Vanuatu Cultural Centre.*

Übersetzung: Hannelore Zimmermann

Maristella Svampa

Die lateinamerikanische Kritik an Entwicklung

 Konsumismus, Unterentwicklung, koloniales Machtgefüge, Extraktivismus

Kritische Ansätze gegenüber der hegemonialen Vorstellung von Entwicklung gibt es in Lateinamerika seit den frühen Diskussionen über die *Grenzen des Wachstums* des *Club of Rome.* Die Kritik reicht von Debatten über nachhaltige Entwicklung bis hin zur zeitgenössischen Kritik an der Erweiterung der Waren- und Handelsgrenzen. Ich möchte drei Schlüsselmomente im lateinamerikanischen Denken hervorheben: die Kritik an der Konsumgesellschaft (1970er bis 80er Jahre), die Post-Development-Kritik (1990er bis 2000er Jahre) und kritische Perspektiven zum ›Extraktivismus (Anfang 2000 bis heute).

Die erste Phase wird am besten durch den brasilianischen Wirtschaftswissenschaftler Celso Furtado veranschaulicht, der sich von den klassischen Perspektiven der *Wirtschaftskommission für Lateinamerika und die Karibik* (ECLAC – Economic Commission for Latin America and the Caribbean) distanzierte und erklärte, dass eine der indirekten Schlussfolgerungen des *Grenzen-*Arguments sei, dass der vom Kapitalismus geförderte Lebensstil nur für Industrieländer und elitäre Minderheiten in unterentwickelten Ländern umsetzbar sein würde. Jeder Versuch, die konsumorientierte Lebensweise zu verallgemeinern, würde zum Zusammenbruch des Systems führen. In diesem Sinne vertrat die in Argentinien ansässige interdisziplinäre Gruppe *Fundación Bariloche* unter der Leitung von Amilcar Herrera die Auffassung, dass hinter dem Bericht die für die hegemonialen Entwicklungsdiskurse charakteristische ›neo-*malthusianische* Logik stehe. Im Jahr 1975 entwarf diese Gruppe ein alternatives Modell mit dem Titel *Catástrofe o Nueva Sociedad? Modelo Mundial Latinoamericano* (Katastrophe oder neue Gesellschaft? Ein lateinamerikanisches Weltmodell), das davon ausging, dass die Umweltzerstörung und die Verwüstung der natürlichen Ressourcen nicht auf das Bevölkerungswachstum, sondern auf den hohen Verbrauch in den reichen Ländern zurückzuführen seien, was de facto eine Trennung zwischen *entwickelten* und *unterentwickelten* Ländern zur Folge habe. Die logische Folge dieser Sichtweise war, dass die privilegierten Bevölkerungen des Planeten ihre exzessiven Konsummuster und ihre wirtschaftlichen Wachstumsraten verringern müssten, um den Druck auf die natürlichen Ressourcen und die Umwelt zu reduzieren. Auch wenn diese Kritiken der vorherrschenden Logik des ›Produktivismus, der grenzenloses Wirtschaftswachstum als Wert an sich ansieht, nicht entkamen, so hatten sie doch den Vorteil, die herrschende Lehre zu hinterfragen.

Andere Konzepte der 1980er Jahre betonten in ähnlicher Weise die Kritik am Konsum. Dazu gehörten die vom chilenischen Wirtschaftswissenschaftler Manfred Max Neef entwickelten Konzepte der *Entwicklung nach menschlichem Maß* und die *Theorie der menschlichen Bedürfnisse*. Eine weitere scharfe Kulturkritik an der postindustriellen Gesellschaft, die ihre instrumentelle Rationalität und ihren krassen Materialismus hervorhebt, kam mit Ivan Illichs äußerst einflussreichem Begriff der ›*Konvivialität*. Dabei ging es in dieser ersten Phase der Entwicklungskritik darum, Konsum- und Kulturmuster zugunsten des Gemeinwohls und egalitärer Gesellschaften zu überdenken, die auf einem sparsameren Lebensstil und langlebigeren Produktionssystemen basieren.

Das zweite Moment, das mit der Post-Entwicklungsperspektive verbunden war, konzentrierte sich auf *Entwicklung als Machtdiskurs*. Hier ist der Beitrag von Gustavo Estevá in dem von Wolfgang Sachs (1992) koordinierten *Development Dictionary* hervorzuheben, der eine radikale Kritik an der kolonialen Struktur des Konzepts *Entwicklung* als Erfindung der Vereinigten Staaten und anderer westlicher Mächte in der Nachkriegszeit (1949) formulierte. Ein weiterer bemerkenswerter Beitrag innerhalb dieser Denkrichtung war Arturo Escobars Dekonstruktion des modernen Entwicklungskonzepts als Herrschaftsinstrument, in dem er dessen wichtigste Funktionsmechanismen aufzeigte: die Unterscheidung zwischen Entwicklung und Unterentwicklung, die Professionalisierung von Entwicklungs-*Problemen* und der Aufstieg von Entwicklungs-*Expert*innen* sowie die Institutionalisierung von Entwicklung durch ein Netzwerk nationaler, regionaler und internationaler Organisationen. Escobar hob die Art und Weise hervor, in der *Entwicklung* unterschiedliche lokale Erfahrungen und Kenntnisse unsichtbar macht. Außerdem schlug er bereits Mitte der 1990er Jahre vor, nicht mehr über *alternative Entwicklung* nachzudenken, sondern über *Alternativen zur Entwicklung*.

Eine dritte und aktuelle Phase begann in den frühen 2000er Jahren mit der Kritik am bestehenden ›Neo-Extraktivismus und dem Beginn des Rohstoff-Konsenses. Diese Phase löste eine Kritik an der der Entwicklung zugrunde liegenden ›produktivistischen Logik und an der Ausweitung ›extraktiver Megaprojekte aus (Großbergbau, Erdölförderung, neuer Agrarkapitalismus mit seiner Kombination aus gentechnisch veränderten Organismen und Agrochemikalien, Großstaudämme, Mega-Immobilienprojekte u.a.). Diese neuen Formen des ›Extraktivismus sind gekennzeichnet durch die intensive Inbesitznahme von Territorien, Landraub und die zerstörerische Aneignung von Natur für den Export. Während sich der ›Extraktivismus auf den Raubbau und den groß angelegten Export von Primärgütern[1] aus Lateinamerika in die Kern- und Schwellenländer bezieht, deutet der Begriff *Rohstoffkonsens* darauf hin, dass es – ähnlich wie beim *Washingtoner Konsens* – eine von Jahr zu Jahr deutlicher zutage tretende Übereinkunft über den unumkehrbaren oder unwiderstehlichen Charakter des derzeitigen ›extraktivistischen Modells gibt. Diese Zwangsläufigkeit schließt die Möglichkeit aus, Alternativen zu den derzeitigen Entwicklungsmodellen in Betracht zu ziehen. Abgesehen von vermeintlichen komparativen Vorteilen, wie hohen internationalen Preisen, haben diese Trends die historische Rolle der Region als Rohstofflieferant verstärkt. Sie haben auch die Asymmetrien zwischen dem globalen Wirtschaftszentrum und seiner Peripherie verschärft, was sich in der Tendenz zur Reprimarisierung[2] der nationalen Volkswirtschaften und der ungleichen Verteilung der sozio-ökologischen Konflikte zeigt.

Im Gegensatz zu den beiden vorangegangenen analytischen Phasen ist in der jetzigen Phase eine explizite Neudefinition der Umweltfrage zu beobachten, diesmal in Bezug auf Territorien, Politik und Zivilisation. Diese ‚Ökologisierung der Kämpfe', wie Enrique Leff sagen würde, spiegelt sich in verschiedenen öko-sozial-territorialen Bewegungen wider, die sich gegen transnationale Unternehmen des Privatsektors und den Staat richten. Diese Bewegungen haben ihre diskursiven Positionen erweitert und radikalisiert, indem sie andere Themen wie die Kritik an monokulturellen Entwicklungsmodellen aufgenommen haben. Diese Politik offenbart eine Krise der instrumentellen und ›anthropozentrischen Sicht auf die Natur mit ihrer dualistischen und hierarchischen ›Ontologie.

Vor dem Hintergrund dieser wissenschaftlich-politischen Landschaft sind wir Zeugen der Konsolidierung einer radikalen neuen Umweltrationalität und einer Postentwicklungsvision. Horizontale Konzepte wie *Buen Vivir* oder *Gemeinwohl, Bienes Communes* oder *Gemeingüter, Ethik der Fürsorge, Ernährungssouveränität, Autonomie, Rechte der Natur* und ›relationale ›Ontologien sind Schlüsselelemente dieser jüngsten dialektischen Wende im kritischen Denken Lateinamerikas. Diese Wende fasst die Beiträge früherer Perioden zusammen, integriert die Kritik an Konsummodellen sowie vorherrschenden kulturellen Mustern und formuliert die Post-Entwicklungsperspektive neu.

Anmerkungen

1 natürliche Ressourcen, die direkt aus der Natur stammen und noch nicht weiterverarbeitet wurden (Anm. d. Übers.)
2 Wirtschaftliche Orientierung zur Gewinnung und zum Export von Gütern des Primären Sektors, rohstoff- und ressourcenbasierte Wachstumsstrategie (Anm. d. Übers.)

Weitere Quellen

Escobar, Arturo (2014), *Sentipensar con la tierra: Nuevas lecturas sobre desarrollo, territorio y diferencia*. Medellín, Colombia: Ediciones Unaula, https://mundoroto. files. wordpress.com/2015/03/sentipensar-con-la-tierra.pdf (Publikation ist unter http://www.ceapedi.com.ar/imagenes/biblioteca/libreria/388.pdf abrufbar)

Esteva, Gustavo (1992), Development. In: Wolfgang Sachs (ed.), *The Development Dictionary: A Guide to Knowledge as Power*. London and New York: Zed Books. (**deutsch:** Wolfgang Sachs (Hg): Wie im Westen so auf Erden. Ein polemisches Handbuch zur Entwicklungspolitik. Reinbek: Rowohlt Verlag1993 (vgl. https://dewiki.de/Lexikon/Wolfgang_Sachs (abgerufen am 19.05.2023))

Grupo Permanente de Trabajosobre Alternativas al Desarrollo, https://www.rosalux.org.ec/grupo (abgerufen am 19.05.2023))

Gudynas, Eduardo (2015), *Extractivismos: Ecología, economía y política de un modo de entender el desarrollo y la Naturaleza*. Cochabamba: Cedib/Claes.

Illich, Ivan (1973), *Tools for Conviviality*. London: Boyars. (**deutsch:** *Selbstbegrenzung. Eine politische Kritik der Technik*. Reinbek: Rowohlt Verlag, 1975)

Svampa, Maristella (2016), *Debates Latinoamericanos. Indianismo, Desarrollo, Dependencia y Populismo*. Buenos Aires: Edhasa. (Als PDF-Datei unter folgenden Link verfügbar https://www.cedib.org/wp-content/uploads/2016/08/Debates-latinoamericanos_introduccion_Svampa.pdf – abgerufen am 19.05.2023)

Maristella Svampa ist eine argentinische Soziologin, Schriftstellerin und Forscherin im argentinischen *Nationalen Rat für wissenschaftliche und technische Forschung* (CONICET). Sie ist Professorin an der *Universidad Nacional de La Plata*, Argentinien, und Autorin mehrerer Bücher über politische Soziologie und soziale Bewegungen sowie mehrerer belletristischer Bücher. Sie ist Mitglied der von der *Rosa-Luxemburg-Stiftung* eingerichteten *Ständigen Gruppe für Alternativen zur Entwicklung*.

Übersetzung: Hannelore Zimmermann

II

Universalisierung der Erde

Reformistische Lösungen

Ana Garcia / Patrick Bond

BRICS

 BRICS, Subimperialismus, Entwicklungsbanken, multilaterale Reform

Die BRICS-Staaten – Brasilien, Russland, Indien, China und Südafrika – wurden ursprünglich nicht als potenzieller geopolitischer Block betrachtet, bis Jim O'Neill von *Goldman Sachs Asset Management* im Jahr 2001 das Akronym BRIC einführte, um die kommende Gruppe von wachstumsstarken Volkswirtschaften zu kennzeichnen. Die Weltfinanzkrise 2008/09 hatte die G20, zu der auch alle BRICS-Länder gehören, zusammengeführt, um eine weltweite Antwort auf die finanzielle Instabilität zu finden, die auf den kurzlebigen ›keynesianischen Grundsätzen der staatlichen Defizitfinanzierung, der lockeren Geldpolitik und der Koordinierung der Kreditvergabe zur Bankenrettung beruhte. Im Jahr 2009 fand der erste BRIC-Gipfel in Jekaterinburg, Russland, statt und weckte die Erwartung, dass die Dominanz der westlichen Länder in den multilateralen Institutionen künftig in Frage gestellt werden würde (Bond und Garcia 2015). Auf Geheiß Pekings kam 2010 Südafrika hinzu, um ein kontinentales Gleichgewicht zu schaffen.

Seitdem ist ein Widerspruch zwischen dem wirtschaftlichen Potenzial der BRICS und ihrer politischen Rolle bei der Sicherung des westlich orientierten ›Multilateralismus offensichtlich geworden. So bot die Weltwirtschaftskrise vier BRICS-Staaten die Möglichkeit, sich für mehr Stimmrecht im *Internationalen Währungsfonds* (IWF) während der ‚Quotenreform' 2010 bis 2015 einzusetzen, für die die BRICS 75 Milliarden Dollar an Rekapitalisierungsmitteln beisteuerten. Chinas Stimmanteil stieg von 3,8 Prozent auf 6,1 Prozent der Gesamtstimmen, aber dies geschah durch die Senkung des Beitrags zu Lasten ärmerer Länder wie Nigeria (dessen Stimmenanteil um 41 Prozent sank), Venezuela (um 41 Prozent) und sogar Südafrika (um 21 Prozent).

Hohe Rohstoffpreise und niedrige Löhne haben das beschleunigte Wachstum der BRICS-Staaten vor dem Höchststand der Preise im Jahr 2011 und den anschließenden Einbrüchen im Jahr 2015 angeheizt. BRICS-Unternehmen sind zudem zu großen internationalen Investoren geworden. Die wirtschaftliche Modernisierung eröffnet den BRICS-Staaten einen kapitalistischen Entwicklungsweg, der auf der Ausbeutung von Arbeitskräften und Natur beruht. Das Wirtschaftswachstum der BRICS ist von extremer Ungleichheit geprägt, obwohl ihre führenden Köpfe eine größere Gleichheit im internationalen System fordern.

Die Vereinbarung der BRICS-Staaten zur Gründung einer *Neuen Entwicklungsbank* (NDB – New Development Bank) wurde auf dem Gipfel in Fortaleza 2014 unterzeichnet, im selben Jahr, in dem Peking die *Asiatische Infrastruktur-Investitionsbank* gründete. Beide Banken konzentrieren sich auf Infrastruktur- und Energieprojekte und dienen letztlich den Interessen der Rohstoff- und Agrarindustrien (Garcia 2017). Neue Logistikkorridore innerhalb und nahe bei den BRICS-Staaten verbinden Gebiete und natürliche Ressourcen mit ausländischen Märkten, so beispielsweise die Initiative *Chinas Neue Seidenstraße*, die zu einem schweren Konflikt mit Indien wegen der Passage durch das von Pakistan kontrollierte Kaschmir führt, und Mosambiks *Nacala-Korridor*.

Die rasche Einführung dieser neuen Banken ist zum Teil darauf zurückzuführen, dass es anfangs keine sozioökologischen Standards gab, die Folgenabschätzungen oder Verhandlungen mit den lokalen Gemeinschaften vorsahen, obwohl bereits die ersten Kredite für Projekte im Bereich der erneuerbaren Energien vergeben wurden. Der Grundsatz der Nichteinmischung in innere Angelegenheiten unterscheidet die NDB von traditionellen multilateralen Finanzinstitutionen wie der Weltbank. Andererseits hat die NDB 2016 eine weitreichende operative Zusammenarbeit mit der Weltbank begonnen, die eine gemeinsame Beteiligung an der Projektvor-

II

bereitung, Kofinanzierung und am Austausch von Mitarbeiter*innen umfasst.

Ebenso kann das *Contingent Reserve Arrangement* (CRA – Vereinbarung über Sicherheitsrücklagen), das mit einem Startkapital von 100 Milliarden Dollar ausgestattet ist, im Falle einer Zahlungsbilanzkrise eines BRICS-Landes aktiviert werden, allerdings nur in Ergänzung zum IWF. Ein kreditnehmendes Land muss ein Strukturanpassungsprogramm des IWF durchführen, ansonsten kann es nur 30 Prozent seiner Quote an CRA-Mitteln aufnehmen. Im Falle Südafrikas, das als erstes Land einen Kredit benötigte, um seine Schulden in Höhe von 150 Milliarden Dollar zu bedienen, beträgt diese Quote nur 10 Milliarden Dollar. Sowohl die NDB als auch die CRA funktionieren also komplementär zu den *Bretton-Woods-Institutionen.*

Gleichermaßen haben innerhalb der Klimarahmenkonvention der Vereinten Nationen vier der BRICS-Länder – Brasilien, Südafrika, Indien und China – eine zentrale Rolle an der Seite von US-Präsident Barack Obama bei der Beendigung des Kyoto-Protokolls mit seinen verbindlichen Emissionskürzungen gespielt. Diese Allianz begann auf dem UN-Gipfel 2009 in Kopenhagen und wurde 2011 in Durban fortgesetzt. Sie gipfelte 2015 in einem unverbindlichen Klimaabkommen in Paris mit zahlreichen fatalen Schwachstellen, zu denen auch das Verbot der Haftungen für Klimaschulden gehört. Dieses Abkommen kommt vor allem den historischen Verschmutzern sowie den BRICS-Ländern zugute, deren Volkswirtschaften allesamt eine hohe Kohlendioxid-Intensität aufweisen.

Die BRICS-Staaten haben durchaus das Potenzial, die westliche Hegemonie herauszufordern. Das beste Beispiel dafür ist vielleicht der Kampf um geistige Eigentumsrechte an Arzneimitteln im Rahmen der WTO, bei dem Brasilien und Indien in den 1990er Jahren den westlichen Regierungen und Pharmaunternehmen gegenüberstanden. Im Jahr 2001 feierten HIV⁺-Aktivist*innen die generischen AIDS-Medikamente, welche aufgrund einer WTO-Ausnah-

meregelung hinsichtlich geistigen Eigentums nun hergestellt werden können, und dies führte allein für Südafrika zu einem enormen Anstieg der Lebenserwartung (von 52 im Jahr 2004 auf heute 64 Jahren). Darüber hinaus werden sich die ernsthaften geopolitischen Spannungen zwischen dem Westen und mindestens zwei der BRICS-Staaten, Russland und China, weiterhin in Vorfällen äußern – wie Edward Snowdens Moskauer Asyl 2013, der russischen Invasion auf der Krim 2014, chaotischen Kriegsallianzen in Syrien, der Stationierung von Raketen in Polen und der wirtschaftlichen Expansion Chinas sowie den Konflikten im Südchinesischen Meer.

Doch diese Spannungen waren Ausnahmen, und der Gesamtbeitrag der BRICS zum ›Multilateralismus ist ein Entgegenkommen gegenüber der westlichen Hegemonie. Als Projekt der nationalen Eliten und ihrer multinationalen Unternehmen haben die BRICS keine ideologische Alternative zur neoliberalen Globalisierung formuliert, deren weltweit führender Vertreter derzeit China ist. Vielmehr arbeiten sie innerhalb der kapitalistischen Ordnung und nehmen einen zunehmend wichtigen Platz in der erweiterten ›Reproduktion des globalen Kapitals ein.

Um dies zu erklären, entwickelte der brasilianische Dependenztheoretiker Ruy Mauro Marini (1965) in den 1960er Jahren das Konzept des *Subimperialismus,* um Länder zu identifizieren, die bei der Expansion des Imperialismus eine Schlüsselrolle spielen. Heute stärkt die Rolle des *Hilfssheriffs* die im Imperialismus fortschreitende Kommerzialisierung aller Dinge, die neoliberale Wirtschaftspolitik, die Ausbeutung von Bodenschätzen und Erdöl sowie die repressive Kontrolle von regimekritischen Bevölkerungsgruppen. Infolgedessen mobilisieren sich oppositionelle Kräfte sowohl aus den BRICS-Staaten als auch aus ihrem Umfeld in Solidarität, um echte Veränderungen auf lokaler und globaler Ebene im Rahmen eines noch im Entstehen begriffenen Prozesses „BRICS von unten" zu fordern (Bond und Garcia 2015).

Weitere Quellen

Bond, Patrick and Ana Garcia (eds) (2015), *BRICS: An Anti-capitalist Critique*. Johannesburg: Jacana Media.

Garcia, Ana (2017), BRICS Investment Agreements in Africa: More of the Same?, *Studies in Political Economy*. 98 (1): 24–47.

Marini, Ruy Mauro (1965), Brazilian Interdependence and Imperialist Integration, *Monthly Review*. 17 (7): 10–29.

Ana Garcia ist Professorin für internationale Beziehungen an der *Federal Rural University* von Rio de Janeiro und Mitarbeiterin *des Institute of Alternative Policies for the Southern Cone of Latin America*. Sie promovierte an der *Pontifical Catholic University* von Rio de Janeiro.

Patrick Bond ist außerordentlicher Professor für politische Ökonomie an der Universität von Witwatersrand in Johannesburg. Seine Bücher befassen sich mit der städtischen Umwelt, dem Klimawandel, der globalen Finanzkrise sowie der politischen Ökonomie Afrikas, Simbabwes und Südafrikas.

Übersetzung: Hannelore Zimmermann

George C. Caffentzis

Digitale Werkzeuge

  Computer, Foxconn,
Ausbeutung, Umweltzerstörung

Da Entwicklung dazu führt, dass digitale Werkzeuge in fast allen Bereichen des täglichen Lebens eingesetzt werden, wurde der Ausdruck „Blutcomputer" geprägt. Die Analogie zu „Blutdiamanten" ergibt sich aus den zunehmenden Hinweisen auf die Blutspur, die die Computerproduktion nach sich zieht. Konkreter ist die Verbindung zwischen einigen digitalen Unternehmen und Milizen, die für die Vertreibung und Ermordung von Millionen von Menschen in der *Demokratischen Republik Kongo* verantwortlich sind. Der Begriff geht auf einen Bericht zurück, der im Jahr 2009 von der in England ansässigen NGO *Global Witness* veröffentlicht wurde: „Faced with a Gun: What Can You Do?" (Angesichts einer Waffe: was kannst du tun?). Darin wurden Bergbau-, Metall- und Elektronikunternehmen beschuldigt, stillschweigende Komplizen der Gewalt bewaffneter Gruppen zu sein, die vor allem in den mineralienreichen

Provinzen Nord- und Süd-Kivu operieren und „häufig Zivilisten zum Abbau der Mineralien zwingen, Steuern erpressen und sich weigern, Löhne zu zahlen" (Dias 2009).

Coltan, ein Mineral, das für die Herstellung von Smartphones und Laptops benötigt wird, ist von besonderer Bedeutung. Der Zweck des Berichts von *Global Witness* und anderer darauf folgender Berichte war es, Verbraucher*innen und Behörden zu alarmieren und auf die Notwendigkeit schärferer Kontrollen des Prozesses aufmerksam zu machen, durch den solche abgebauten Mineralien den internationalen Markt und die Käufer*innen erreichen. Infolge von Kampagnen, die 2010 unter dem Motto „Kein Blut für mein Handy" organisiert wurden, verabschiedete der US-Kongress ein Gesetz, das auch als *Dodd-Frank-Gesetz* bekannt ist und die Unternehmen zur Offenlegung der Herkunft von Mineralien verpflichtete. Es wird eingeräumt, dass es so etwas wie konfliktfreie Telefone oder Computer nicht gibt, weil die „Kanäle, durch die Coltan zirkuliert, ... labyrinthisch und häufig geheim sind" (Brophy und de Peuter 2014: 63).

Weitergehende Fragen zum Stellenwert digitaler Werkzeuge in der sozialen Produktion und in sozialen Kämpfen werden von Bewegungen für soziale Gerechtigkeit jedoch nicht ausreichend thematisiert. Allzu oft wird die digitale Technologie unkritisch als zentrales Organisationsinstrument gepriesen, das Aktivist*innen auf der ganzen Welt verbindet und schnelle, effektive Mittel zur Debatte und Mobilisierung bietet, wobei die ökologischen und sozialen Kosten der Produktion wenig oder gar nicht erwähnt werden. Wie der Theoretiker Saral Sarkar in *Eco-Socialism or Eco-Capitalism?* feststellte, ist die digitale Produktion eine ökologische Katastrophe: „Die Tatsache, dass Computer und die meisten elektronischen Geräte immer kleiner werden, ist auch ein Nachteil für die Umwelt. Solche Produkte sind hochkomplex und enthalten einen Mix aus verschiedenen Materialien. Die Miniaturisierung macht es immer schwieriger, manchmal unmöglich, diese Materialien zu trennen, und das ist ein

II

Hindernis für das Recycling" (Sarkar 1999: 128). Er fügte hinzu, dass allein in Deutschland jährlich 120.000 Tonnen Computerschrott anfallen, die alle hochgiftige Stoffe enthalten.[1]

Ein Schlüsselelement der selbstgefälligen ideologischen Aura, die die Computerindustrie ausstrahlt, ist ihre angebliche ‚Sauberkeit'. Sprecher*innen der Computerindustrie stellen ihre industrielle Revolution der Information und Entmaterialisierung immer wieder dem schmutzigen Zeitalter der Dampfmaschinen und Verbrennungsmotoren mit Kohle und Öl gegenüber. Diese Ideologie ist ein unbeabsichtigtes Geschenk des ursprünglichen Theoretikers des Computers, Alan Turing, der in den 1930er Jahren den Computer in völlig abstrakten Begriffen beschrieb. In diesem Rahmen konnte er zeigen, dass es interne Grenzen für die Rechenleistung gibt, das heißt, es gibt Zahlen, die von keinem Computer berechnet werden können. Doch Turing war es vollkommen gleichgültig, woher die Materialien stammten, aus denen ein Computer besteht, was die Quelle seiner freien Energie war und was mit der Abwärme geschehen soll, die sein Betrieb erzeugen würde. Wie Charles Bennett schrieb, „kann man sich Computer als Motoren vorstellen, die freie Energie in Abwärme und mathematische Arbeit umwandeln" (Gleick 2011: 360). Der Bedarf an freier Energie und die damit verbundene Abwärme nehmen unweigerlich zu, da der Einsatz von Kommunikations- und Computertechnologie mehr denn je zuvor in den Produktions- und ›Reproduktionszyklus des kapitalistischen Systems integriert ist.

Die Tatsache, dass digitale Elektronikprodukte eine Spur der Zerstörung hinterlassen, wird auch durch die notorisch ausbeuterischen Bedingungen, unter denen sie produziert werden, bestätigt. Die Arbeiter in den *Foxconn*-Werken auf dem chinesischen Festland – dem größten Computerhersteller der Welt – haben oft mit Selbstmord gedroht, um gegen lange Arbeitszeiten und Hungerlöhne zu protestieren. Natürlich wurden digitale Werkzeuge auch ein-

gesetzt, um politische Kämpfe auf der ganzen Welt zu unterstützen (Brophy und de Peuter 2014: 66). Wissenschaftler- und Aktivist*innen sollten jedoch davon absehen, die Digitalisierung zu feiern, ohne die Bedingungen zu berücksichtigen, unter denen ihre Technologien produziert werden. Es ist zum Beispiel unhaltbar, einfach problemlos zu behaupten – wie es einige radikale Kreise tun –, dass das Internet eine neue Art von Gemeingut darstellt, solange seine materielle Produktion auf der Zerstörung vieler natürlicher ›Commons, der Enteignung und toxischen Verseuchung riesiger Landflächen und der Vertreibung oder Ermordung derjenigen, die einst dort lebten, beruht.

Diese Bedenken sind besonders wichtig, da die Frage der Technologie für alle ›transformativen Projekte des 21. Jahrhunderts von zentraler Bedeutung ist. Es ist wesentlich, eine umfassende Perspektive auf die Frage der Computer zu entwickeln, indem sowohl die Bedingungen ihrer Herstellung als auch die Auswirkungen ihrer Nutzung untersucht werden. Ein Leitfaden in diesem Prozess sollte die Erkenntnis sein, dass die kapitalistische Technologie historisch gesehen geschaffen wurde, um den Kampf der Arbeiterklasse zu kontrollieren und bestehende Organisationsformen an der Basis des Widerstands der Arbeiterklasse zu zerstören. Die Digitalisierung kann nicht einfach angeeignet und auf andere Ziele ausgerichtet werden.

Anmerkung

1 Für 2019 ermittelte der Globale E-Waste-Monitor für Deutschland knapp 2 Mio. Tonnen Elektroschrott. (Anm. d. Übers.)

Weitere Quellen

Brophy, Enda and Greig de Peuter (2014), Labor Mobility: Communicative Capitalism and the Smartphone Cybertariat'. In: Andrew Herman, Jan Hadlaw and Thomas Swiss (eds), *Theories of the Mobile Internet: Materialities and Imaginaries*. New York: Routledge.

Dias, Elizabeth (2009), First Blood Diamonds Now Blood Computers?, *Time Magazine*. http://www.time.com/ time/world/article/08599, 1912594,00.html (unter dieser Internetseite nicht mehr abrufbar, Stand 20.05.2023)

Gleick, James (2011), *The Information: A History, A Theory, A Flood.* New York: Vintage Books. (**deutsch:** Geschichte, Theorie, Flut. München: Redline Verlag, 2011)

Sarkar, Saral (1999), *Eco-Socialism or Eco-Capitalism? A Critical Analysis of Humanity's Fundamental Choices.* London: Zed Books. (**deutsch:** Die nachhaltige Gesellschaft: eine kritische Analyse der Systemalternativen. Zürich: Rotpunktverlag, 2001).

George C. Caffentzis ist emeritierter Professor am Fachbereich Philosophie an der *University of Southern Maine*, Portland, und Autor von *In Letters of Blood and Fire: Work, Machines, and the Crisis of Capitalism* (2013) und *No Blood for Oil: Essays on Energy, Class Struggle and War 1998-2016* (2017).

Übersetzung: Elisabeth Voß

Deepak Malghan

Effizienz

 Effizienz, Normabweichung, Geschichte, politische Ökonomie, Quantifizierung

Die Idee der Effizienz ist in der heutigen Welt allgegenwärtig. Die ständige Effizienzsteigerung ist das Ziel der Automobilingenieure ebenso wie das der Zentralbankpräsidenten. Dem ehrwürdigen *Oxford English Dictionary* zufolge gibt es mehr als ein Dutzend Varianten von *Effizienz* allein als Substantiv. Effizienz ist ein Maß für die Wirksamkeit oder den „Erfolg bei der Erreichung [eines beabsichtigten] Zwecks". Es ist daher nicht verwunderlich, dass das Effizienzargument sowohl in der Theorie als auch in der Praxis der Nachkriegsentwicklung im › Globalen Süden eine zentrale Rolle gespielt hat. Effizienz ist angeblich ein objektiver Maßstab, um die Wirksamkeit von Projekten zu messen, die im Namen der Entwicklung durchgeführt werden. Ein Effizienzmaßstab ist jedoch nicht objektiver als der ihm zugrunde liegende *Zweck*. Die Effizienz kann den Mantel der Objektivität aufrechterhalten, weil sie von einem *operativen Mittel* oder einer *effizienten Ursache* zu einem Selbstzweck geworden ist – zur ‚letzten Ursache'.

Effizienz ist in der gegenwärtigen Gesellschaftsordnung so allgegenwärtig, dass sich Disziplinen von der Informatik bis zu den Kulturwissenschaften – und allem, was dazwischen liegt – mit ihren Erscheinungsformen beschäftigen. Trotz der offensichtlichen Vielfalt der verschiedenen Verwendungszwecke von Effizienz ist es möglich, einen stabilen Entstehungsmechanismus zu identifizieren, der ihre Entwicklungsgeschichte und politische Ökonomie von ihren Ursprüngen im langen englischen 18. Jahrhundert bis in die heutige Zeit erklärt. Jede Messung von Effizienz umfasst drei Stufen. Zunächst wird ein normativer Maßstab für das zu untersuchende Phänomen festgelegt. Beispiele hierfür sind: die maximale Arbeit, die aus einer idealen Wärmekraftmaschine herausgeholt, oder das maximale Vergnügen, das aus einer menschlichen Tätigkeit gewonnen werden kann. Die maximale menschliche Entwicklung wäre ein weiteres Beispiel. Zweitens werden Beobachtungen über den tatsächlichen Zustand der Welt gemacht, indem beispielsweise die Leistung von echten Dampfmaschinen gemessen wird. Letztlich gibt jede Effizienzmessung einfach die Abweichung des beobachteten Zustands der Welt von der normativen *Benchmark*[1] an. Diese Struktur der Normabweichung hat vom 19. Jahrhundert bis heute den festen Rahmen für die Behandlung politischer Fragen der Verbesserung, des Fortschritts, der Modernisierung und der Entwicklung geliefert.

Effizienz ist eine quantifizierte Normabweichung, und ihre Geschichte überschneidet sich in erheblichem Maße mit dem Aufkommen der Quantifizierung im 19. Jahrhundert. Die Überschneidung von Effizienz und Quantifizierung verbindet die ersten Baumwollspinnereien im Großbritannien der Industriellen Revolution mit dem US-amerikanischen *Ford*-Fließband. Es war die Logik der Effizienz und der Quantifizierung, die den Übergang von Handwerker- und Bäuer*innen zum Industrieproletariat bewirkte. Um die Jahrhundertwende hatten quantifizierte Effizienzmessungen auch ihren Weg in die Haushalte gefunden, und zwar mit dem Aufkommen der Hauswirtschaftsbewegung[2]. Der Rahmen der Normabweichung, der den Effizienzmessungen zugrunde lag, war in

II

der Tat von zentraler Bedeutung für die Verbreitung von Quantifizierung und Objektivität. Subjektive Normen konnten nun in einer Effizienzmessung mit Normabweichung verschwinden. Es gibt eine nicht reduzierbare normative Komponente in jeder Effizienzmessung, um die wir uns nicht mehr kümmern. Eine monotone Steigerung der Effizienz gilt als ungetrübtes Vergnügen, selbst wenn die Steigerung der Effizienz zur Ausplünderung der Menschen und des Planeten selbst führt.

Effizienz war ein wesentlicher Bestandteil der Entwicklungsmodelle auf beiden Seiten des Kalten Krieges. Von Anfang an war die der Effizienz zugrunde liegende Struktur der Normabweichung für die Messung der Entwicklungsergebnisse von zentraler Bedeutung. Wenn Entwicklungsökonomen beispielsweise die Fortschritte eines Landes im Laufe der Zeit untersuchen oder länderübergreifende Vergleiche anstellen, verfolgen sie das Nationaleinkommen eines Landes als prozentualen Anteil vom Nationaleinkommen der Vereinigten Staaten für die jeweiligen Jahre. Zeitgenössische Maßstäbe zur Messung eines breiteren Spektrums von Entwicklungsergebnissen, die über das Nationaleinkommen hinausgehen, wie etwa der *Index für menschliche Entwicklung* (HDI – Human Development Index), sind direkt aus ideologischen und materiellen Kämpfen um Fragen der Effizienz entstanden. Effizienzziele werden stets als Begründung für die Liberalisierungs-, Privatisierungs-, Globalisierungsrezepte angeführt, die zu einer besseren Entwicklungsleistung führen sollen. Der Einsatz und Missbrauch von Effizienz ist jedoch nicht auf die Befürworter*innen der neoliberalen Globalisierung als Instrument für eine schnelle wirtschaftliche Entwicklung beschränkt. Effizienzargumente waren das Herzstück des kommunistischen Systems von der Zeit der bolschewistischen Machtübernahme in Russland bis zum Ende des Kalten Krieges. Wie Stalin vorschlug: „die Essenz des Leninismus" ist das Zusammentreffen des russischen

revolutionären Schwungs mit der amerikanischen Effizienz.

Die ›*Akkumulation durch Enteignung* als *neuer Imperialismus* ist Teil einer langen Kette von Ereignissen, die von der Idee der Effizienz durchsetzt sind. Das Streben nach Effizienz treibt eine politische Ökonomie der Produktion voran, die eine Zentralisierung der produktiven Ressourcen erfordert, was wiederum Konflikte und Auseinandersetzungen mit der Entwicklung unvermeidlich macht. Effizienz als nationale und soziale Tugend bildet mindestens seit Beginn des 19. Jahrhunderts das Herzstück des modernen liberalen Denkens und lieferte die normative Rechtfertigung für Imperien, die auf der Grundlage kolonialer Eroberungen errichtet wurden. Die Entwicklungskonflikte in weiten Teilen des Südens, die sich um Vertreibung und Enteignung drehen, werden durch die Ideen des effizienzgetriebenen Fortschritts angeheizt, die das koloniale Vorhaben getragen haben. Auch wenn sich Kern und Peripherie heutiger Entwicklungskonflikte oft innerhalb einer gemeinsamen staatlichen oder nationalstaatlichen Grenze abspielen, so ist es dennoch sinnvoll, die politische Ökonomie solcher Konflikte unter dem Blickwinkel der Effizienz zu untersuchen.

Im Zeitalter der Entwicklung gibt es keine wichtigere Idee als das Wirtschaftswachstum, das unser anhaltendes Engagement für Effizienz antreibt. Abgesehen von der Anerkennung des *großen Zielkonflikts* zwischen Gleichheit und Effizienz und von gelegentlichen Maßnahmen zur Verbesserung der Situation hat sich das „Evangelium der Effizienz" weitgehend durchgesetzt. Zum einen war nach der weltweiten Ölkrise in den 1970er Jahren und noch stärker mit der Anerkennung der existenziellen Bedrohung durch den Klimawandel die Verbesserung der Energieeffizienz und ganz allgemein der ökologischen Effizienz die bevorzugte Antwort auf das ökologische Dilemma. Effizienzverbesserungen allein haben die viktorianischen Ängste[3] in Bezug auf Kohle nicht gelöst und werden auch unsere heutigen Probleme nicht lösen.

Die Effizienzrevolution hat ihren Lauf genommen. Angesichts der historischen politischen Ökonomie der Effizienz kann eine ›Post-Development-Welt nur geschaffen – oder auch nur erdacht – werden, wenn wir uns von der Verpflichtung zur Effizienz lösen. Eine ›Post-Development-Welt kann nicht mit Effizienz als Leitprinzip aufgebaut werden!

Anmerkungen

1 Maßstab für den Vergleich von Leistungen (Duden) (Anm. d. Übers.)

2 Die Lebensreform (um 1900) fiel zusammen mit der Frauenbewegung. Beide setzten sich das Ziel, die Hausarbeit zu reduzieren. Die Wohnung sollte verkleinert, die aufwändige Dekoration radikal reduziert und die Kleidung vereinfacht werden. Funktionale Einbaumöbel sollten das stundenlange Staubwischen überflüssig machen. Die Pläne der Hauswirtschaftsreformatorinnen gingen sogar dahin, das Kochen in der eigenen Wohnung überhaupt abzuschaffen, Großküchen und Wäschereien sollten die Arbeit der Hausfrauen und Dienstmädchen ersetzen. (s. wikipedia – Hauswirtschaft) (Anm. d. Übers.)

2 Viktorianische Ängste beziehen sich auf die Furcht und Besorgnis, die während der viktorianischen Ära im 19. Jahrhundert in Großbritannien vorherrschten. Die viktorianische Ära, benannt nach Königin Victoria, die von 1837 bis 1901 regierte, war eine Zeit des Wandels und der fortschreitenden Industrialisierung. Während dieser Zeit gab es bestimmte soziale, politische und kulturelle Entwicklungen, die Ängste und Unsicherheiten in der Gesellschaft hervorriefen. (Anm, d. Übers.)

Weitere Quellen

Alexander, Jennifer Karns (2008), *The Mantra of Efficiency: From Waterwheel to Social Control*. Baltimore: Johns Hopkins University Press.

Chatterjee, Partha (2011), *Lineages of Political Society: Studies in Postcolonial Democracy*. New York: Columbia University Press.

Deepak Malghan ist ein ökologischer Wirtschaftswissenschaftler und Historiker. Er lehrt am *Indian Institute of Management Bangalore* in Indien.

Übersetzung: Hannelore Zimmermann

Jeremy Gould

Entwicklungshilfe

 Entwicklungshilfe, Imperialismus, Kolonialismus, NGOisierung, Privatisierung

Entwicklungshilfe – auch Entwicklungsunterstützung oder Entwicklungszusammenarbeit genannt – umfasst ein vielfältiges Bündel staatlicher und diskursiver Maßnahmen, die erstmals in der geopolitischen Krise nach dem Zweiten Weltkrieg und der damit einhergehenden Auflösung der europäischen Kolonialreiche zum Tragen kamen. Im historischen Kontext betrachtet, spiegelt die Entwicklungshilfe konzertierte strategische Anstrengungen der westlichen Industriemächte wider, um die wirtschaftlichen und politischen Privilegien eines Imperiums in einer radikal veränderten postkolonialen Weltordnung zu erhalten. Die Rhetorik, mit der die Entwicklungshilfe begründet wird, stellt sie andererseits als Versuch dar, Bevölkerungsgruppen zu helfen, die versehentlich zurückgelassen wurden auf dem unvermeidlichen Weg der Menschheit in die Moderne. Die Verquickung von purem Eigeninteresse mit dem erklärten Willen, Gutes zu tun, ist ein strukturelles Paradoxon, das sich durch alle Facetten der Entwicklungshilfe zieht.

Verschiedene Motivationen spielten beim Entstehen der Entwicklungshilfe eine Rolle. Einerseits bot die Entkolonialisierung den Vereinigten Staaten die einmalige Gelegenheit, sich ein durch Krieg und interne Konflikte stark geschwächtes Europa zunutze zu machen. Im Einklang mit ihrem Streben nach globaler Vorherrschaft setzten die Vereinigten Staaten die Entwicklungshilfe ein, um ihre Interessen in den neu befreiten Ländern Asiens und Afrikas durchzusetzen. Gleichzeitig waren die imperialen Metropolen Europas bestrebt, ihre Interessen in ihren ehemaligen Kolonien zu wahren. Die Hilfe war ein *technisches* Mittel, um ihre wirtschaftliche (und ideologische) Vorherrschaft aufrechtzuerhalten. Ein dritter Faktor war die Art und Weise, wie eine aufkommende Agenda des ›*Multilateralismus* es

II

ermöglichte, die Vereinten Nationen als Instrument der zwischenstaatlichen Zusammenarbeit und Autorität zu konsolidieren, und zwar inmitten der sich verschärfenden Nachkriegskonkurrenz zwischen den kapitalistischen und sozialistischen Lagern. Es ist bemerkenswert, dass die Sowjetunion und ihre Verbündeten zwar vielen ehemaligen Kolonien umfangreiche wirtschaftliche Unterstützung zukommen ließen, diese Investitionen jedoch nicht unter der Schirmherrschaft der *Official Development Assistance* (ODA – Öffentliche Entwicklungshilfe) verbucht wurden. In diesem Sinne war die ODA ein ausschließlich kapitalistisches Unternehmen.

Inmitten dieses Mischmaschs aus ideologischen Auseinandersetzungen, kommerziellem Wettbewerb und geopolitischer Strategieentwicklung erhielt der Diskurs über die Entwicklungshilfe eine verblüffend technische Fassade. Er ist durch zwei stillschweigende Prämissen gekennzeichnet. Die eine ist die grundsätzliche Wertschätzung des Kapitalismus, der wirtschaftlichen Effizienz, der Produktivität und des zunehmenden Konsums als zwangsläufigem historischem Ziel aller Völker; die zweite Prämisse ist der immanente moralische Imperativ der *fortschrittlichen* Bevölkerungen, denjenigen zu helfen, die noch nicht ,entwickelt' sind. Die Tatsache, dass die ,unterentwickelten' Bevölkerungen der Exkolonien die Urheber*innen anspruchsvoller kontextbezogener Technologien und die Hüter einer komplexen und fragilen Umwelt sind, wurde ebenso ignoriert wie ihr Status als politische Subjekte unabhängiger souveräner Staaten. Dieses Schweigen und die stillschweigenden Unterstellungen heben eines von mehreren konstitutiven Paradoxen der Entwicklungshilfe hervor: Der strategische Einsatz der Hilfe zur Förderung westlicher Eigeninteressen wird systematisch durch eine *technische* Sprache verschleiert, die gleichzeitig ›ontologisch dekontextualisiert, moralisch unangreifbar und politisch neutral erscheint.

Viele Wissenschaftler*innen haben den widersprüchlichen Charakter der Wissenspraktiken innerhalb des Entwicklungshilfe-Apparats hervorgehoben. Trotz des gut dokumentierten Scheiterns der Entwicklungshilfe beim Erreichen ihrer primären Ziele sowie der zahlreichen Belege für deren ,perverse' Auswirkungen strahlt der selbstreferentielle Diskurs, der in „Aidland" (Apthorpe 2011) zirkuliert, einen unerschütterlichen Glauben an ihre Verbesserungsfähigkeit und ihren letztendlichen Erfolg aus. David Mosse (2005) hat tatsächlich behauptet, dass das Ziel, ein Projekt als erfolgreich darzustellen, Vorrang haben kann gegenüber der Erzielung substanzieller Entwicklungsergebnisse.

Das Ende des Kalten Krieges brachte einen bedeutenden Wandel in der Organisation von Entwicklungshilfe mit sich. Von den 1950er bis in die 1990er Jahre war die Hilfe überwiegend ein öffentliches, zwischenstaatliches Vorhaben; in den letzten beiden Jahrzehnten wurde sie dramatisch privatisiert. Dies spiegelt sich vor allem in der expandierenden Bedeutung reicher privater internationaler Hilfsorganisationen wider – *Oxfam, ActionAid, Care International, Save the Children, World Vision* und so weiter. Diese mächtigen Agenturen, deren Grundkapital in erster Linie aus privaten Spenden stammt, haben als Subunternehmer öffentlicher Entwicklungshilfeorganisationen eine bedeutende Rolle bei der Politikentwicklung und -umsetzung übernommen. Typischerweise arbeiten diese internationalen privaten Einrichtungen mit oder über schwächere private Organisationen in den ,Empfängerländern' zusammen und tragen so in erheblichem Maße zur *NGOisierung* der lokalen sozialen Bewegungen bei. Unter *NGOisierung* ist ein Prozess zu verstehen, bei dem eine lokale Einrichtung oder Bewegung ihre politische und intellektuelle Autonomie verliert, weil sie zum Vertragspartner einer internationalen Organisation wird. Die einflussreiche Rolle privater Agenturen – wie der *Carnegie-, Ford-, Gates-* und *Rockefeller-Stiftungen* – bei der Produktion von Wissen in Bezug auf den ›Globalen Süden und bei der Festlegung der globalen Entwicklungsprogramme ist eine weitere Facette der schleichenden Privatisierung der Entwicklungshilfe.

Die Vorstellung von Entwicklung als einem natürlichen und unvermeidlichen menschlichen Fortschritt bleibt verführerisch. In der Erzählung vom Aufstieg der Menschheit – ausgehend von Entbehrung hin zum Überfluss, von zermürbender manueller Arbeit zu einer Epoche der Muße und Kreativität, ermöglicht durch technologische Innovationen – liegt der Kern der Attraktivität der Moderne. Die Rhetorik von „Aidland" stützt sich auf diese Vorstellung der historischen Unvermeidbarkeit und fügt ihr den universellen moralischen Imperativ der Hilfsbereitschaft hinzu. Das Volumen der für die Entwicklungshilfe bereitgestellten Mittel schwankt von Jahr zu Jahr, aber es gibt keine Anzeichen dafür, dass sie verschwindet. Im Jahr 2015 belief sich das Gesamtvolumen der öffentlichen und privaten Entwicklungshilfe auf 315 Milliarden Dollar.

Die Vormachtstellung der westlichen Entwicklungshilfe ist jedoch ins Wanken geraten. Das Auftauchen Chinas als wichtigem geopolitischem Akteur und sein dramatisches Eindringen in den Entwicklungshilfemarkt, insbesondere in Afrika, hat den Anspruch des Westens auf postkoloniale Vorherrschaft irreparabel in Frage gestellt. Noch wichtiger ist, dass zahllose Akteur*innen in den so genannten ‚Empfängerländern' – seien es Politiker-, Gemeindevorsteher-, Aktivist*innen, Journalist*innen, Künstler-, Akademiker- oder Regierungsbeamt*innen – inzwischen ausgefeilte Strategien entwickelt haben, um sich Facetten des Hilfsapparats und seiner Ressourcen für eigene soziale, wirtschaftliche und politische Ziele zu eigen zu machen. In einigen Fällen werden mit diesen lokalen Strategien lediglich korrupte Praktiken aus „Aidland" für andere Zwecke eingesetzt. Und dennoch ist es offensichtlich, dass überall im ›Globalen Süden militante Gerechtigkeitsbewegungen entstehen, oft angeführt von indigenen Völkern, um das Schweigen und die stillschweigenden Annahmen in Frage zu stellen, welche die Arbeit von ‚Entwicklung' naturalisieren.

Weitere Quellen

Apthorpe, Raymond (2011), With Alice in Aidland: A Seriously Satirical Allegory. In: David Mosse (ed.), *Adventures in Aidland: The Anthropology of Professionals in International Development*. New York and Oxford: Berghahn Books.

Escobar, Arturo (2011), Introduction to the Second Edition, *Encountering Development: The Making and Unmaking of the Third World*. Princeton: Princeton University Press.

Gould, Jeremy (2005), Timing, Scale and Style: Capacity as Governmentality in Tanzania. In: David Mosse and David Lewis (eds), *The Aid Effect: Giving and Governing in International Development*. London/Ann Arbor: Pluto Press.

Mosse, David (2005), *Cultivating Development: An Ethnography of Aid Policy and Practice*. London: Pluto Press.

Jeremy Gould ist studierter Anthropologe und hat an den Universitäten Helsinki und Jyvaskyla, Finnland, Entwicklungsstudien gelehrt. Er war als Fachberater für mehrere internationale Entwicklungsorganisationen tätig und führte ethnografische Forschungen zur Entwicklungshilfe in afrikanischen Ländern durch, darunter Tansania und Sambia. Derzeit schreibt er über die Wechselwirkung von Recht und Politik im postkolonialen Sambia.

Übersetzung: Hannelore Zimmermann

Ariel Salleh

Erdsystem-Governance

 Erdsystem-Governance[1], Anthropozän, neoliberale Hegemonie, Entwicklung, kulturelle Autonomie, verankertes Wissen

Im 21. Jahrhundert klafft die Beziehung zwischen Herrschern und Beherrschten immer weiter auseinander, obwohl das Potenzial für eine lokal verankerte globale Demokratie in den basisdemokratischen Bewegungen für eine andere Globalisierung steckt. Während der Kapitalismus derzeit in Überproduktion und Stagnation verharrt, wendet sich der neoliberale ›Akkumulationstrieb der Finanzspekulation zu. Staatliche Funktionen werden vom Unternehmenssektor vereinnahmt, Arbeitsregulierung und Sozialleistungen werden abgebaut. Vorschläge zur ›Erdsystem-Governance (ESG) zielen auf eine internationale politische Architektur ab, in der Klima und biologische Vielfalt *post-souveräne* Themen sind. *Erdsystem-Governance* spricht andere

II

politische Akteur*innen an als Staaten, nämlich zwischenstaatliche Bürokratien, Unternehmen und wissenschaftliche Elitenetzwerke. Jenseits dieser transnational herrschenden Klasse wird das kreative Handeln von Arbeiter*innen, indigenen Völkern und sorgenden Frauen in den Hintergrund gedrängt.

Erdsystem-Governance wird als ein neues *Wissensparadigma* für eine umweltbewusste globale Wirtschaft und Politik angepriesen. Die eigene Website postuliert die „5-A": analytische Probleme der Architektur, der Handlungsfähigkeit (agency), der Anpassungsfähigkeit (adaptiveness), der Verantwortlichkeit (accountability), der Verteilung (allocation) und des Zugangs (access). Diese werden mit vier übergreifenden Forschungsthemen verbunden: Macht, Wissen, Normen und Dimension. Darüber hinaus hat die ESG vier Fallstudienbereiche oder ‚Flaggschiffaktivitäten': Wasserversorgung, Ernährung, Klima und Wirtschaft. Ebenso wie das ›Anthropozän-Argument, mit dem die ESG verknüpft ist, lenkt sie von den historischen Spannungen zwischen Kapital und Arbeit, geografischem Zentrum und Peripherie, Produktion und ›Reproduktion ab. Durch die Naturalisierung menschgemachter Probleme verdrängen sowohl der ›Anthropozän-Ansatz als auch die ESG potenziell die soziale Verantwortung und verteidigen gleichzeitig den kapitalistischen Status quo.

Anfang der 1970er Jahre hatte der US-amerikanische Außenpolitikstratege George Kennan ein globales Managementgremium außerhalb der Vereinten Nationen gefordert. Unterstützung kam von der *Mont Pelerin Society* und der *US Heritage Foundation*, rechtsgerichteten Verfechtern von Individualismus, Privatwirtschaft, Wettbewerbsfähigkeit und Freihandel. Zum Teil als Reaktion auf diesen Aufruf wurde 1987 ein Weltwirtschaftsforum geschaffen, und auf dem Weltgipfel von Rio 1992 wurde ein *Weltwirtschaftsrat für nachhaltige Entwicklung* ins Leben gerufen. Die *Rio-Agenda-21*, das *Übereinkommen zur biologischen Vielfalt* und das *Klimaschutzabkommen* spiegeln diesen Zusammenhang wider. Bald darauf wurde bei der Weltbank die *Global Environment Facility* eingerichtet. In den späten 1990er Jahren kamen Vorschläge für eine *World Environment Organization* (Weltumweltorganisation), die neben der neoliberalen *Welthandelsorganisation* (WTO) agieren sollte, von Frankreichs Präsident Chirac und Bundeskanzler Kohl aus Deutschland, die von Brasilien, Singapur und Südafrika unterstützt wurden.

Während die europäischen Wissenschaftler*innen über die Erdsystem-Analyse sprachen, überprüfte das Potsdam-Institut die rund 800 multilateralen Umweltabkommen (MEAs). Dabei ging es darum, dass das *Übereinkommen über den internationalen Handel mit gefährdeten Arten* (CITES – Convention on International Trade in Endangered Species), gefährliche Abfälle (Basler Übereinkommen), Ozonwerte (Montreal-Protokoll) und biologische Sicherheit (Cartagena-Protokoll) mit dem *Allgemeinen Zoll- und Handelsabkommen* (GATT – General Agreement on Tariffs and Trade) in Einklang gebracht wurden. Weitere wichtige Teilnehmer*innen am laufenden Dialog über umweltpolitische Steuerung sind die *Internationale Handelskammer* (ICC – International Chamber of Commerce), die Weltbank, die *Organisation für wirtschaftliche Zusammenarbeit und Entwicklung* (OECD – Organisation for Economic Co-operation and Development), die UNESCO, der *Internationale Gewerkschaftsbund* (ITUC – International Trade Union Confederation) und die *New Economics Foundation* (NEF). Seit der Finanzkrise 2008 hat die *Green Economy Coalition* (GEC – Koalition für eine grüne Wirtschaft) große NGOs aufgenommen.

Die Erdsystem-Governance-Forschung, die ihren Hauptsitz an der Universität Lund hat, wird vom *Internationalen Programm für menschliche Dimensionen globaler Umweltveränderungen* (IHDP – International Human Dimensions Programme on Global Environmental Change), der *Universität der Vereinten Nationen* und dem *Internationalen Wissenschaftsrat* (ICSU – International Council for Science) unterstützt und beteiligt aktiv akademische Zentren in aller

Welt. Es scheint extrem gut finanziert zu sein, mit Sponsoren wie dem *Potsdam-Institut* und der *Volkswagen-Stiftung*. Die ESG-Website stellt Projekte, Konferenzen und Veröffentlichungen vor. Ein zentrales Thema ist die Idee einer *Weltumweltorganisation*, die möglicherweise durch eine Aufwertung des *Umweltprogramms der Vereinten Nationen* (UNEP – United Nations Environment Programme) erreicht werden könnte, indem es mit Sanktionsmacht gegenüber den Nationalstaaten ausgestattet wird, wie sie die Welthandelsorganisation (WTO) hat. Alternativ dazu sehen einige ESG-Befürworter*innen die *Internationale Arbeitsorganisation* (ILO – International Labour Organization) als Vorbild; andere vertreten die Auffassung, dass eine Organisation, die zwischen Regierung, Wirtschaft und Gewerkschaften vermittelt, ungeeignet sei, komplexe Umweltkonflikte zwischen Akteur*innen mit unterschiedlichen kulturellen Interessen zu lösen. Neoliberale Innovationen wie *öffentlich-private Partnerschaften* (ÖPP – Public Private Partnerships) liegen ebenfalls im Blickfeld der ESG-Forscher*innen.

Als 2012 der Rio+20-Gipfel stattfand, legte das ESG-Netzwerk einen Vorschlag für die *Weltumweltorganisation* zur Beratung vor. Dieser fiel mit einer von Unternehmen, Regierungen und der UNO geförderten Agenda für eine grüne Wirtschaft – *'The Future We Want'* (Die Zukunft, die wir wollen) – zusammen, die mit Hilfe von PR-Agenturen erstellt worden war. Die Bewegungen für soziale Gerechtigkeit und Ökologie begegneten diesem Vorschlag des Establishments mit einer globalen Vision unter dem Titel *'Another Future Is Possible!'* (Eine andere Zukunft ist möglich!). Mit den Worten von *Via Campesina*: „Wir fordern ein vollständiges Verbot von ›Geo-Engineering-Projekten und -Experimenten unter dem Deckmantel der *grünen* oder *sauberen* Technologie ... Wir kämpfen für eine nachhaltige Lebensmittelproduktion in kleinem Maßstab für den gemeinschaftlichen und lokalen Verbrauch". Im Jahr 2015 wurde die in den Millenniums-Entwicklungszielen der

Vereinten Nationen verankerte Mission in eine Reihe von *Zielen für eine nachhaltige Entwicklung* (SDG) übertragen, welche die ›korporative Agenda der *grünen Wirtschaft* widerspiegeln.

Stimmen aus der Zivilgesellschaft wehren sich zu Recht gegen die Förderung von marktwirtschaftlichen Wertvorstellungen als Ordnungsprinzip für das tägliche Leben und die politische Entscheidungsfindung. Während sie Lippenbekenntnisse zum demokratischen *Subsidiaritätsprinzip* ablegen, kolonisieren kapitalistische Entwicklungsprojekte und der Freihandel Ressourcen, Arbeitskräfte und Märkte in der globalen Peripherie; wodurch Menschen lokale Lebensgrundlagen und kulturelle Autonomie verlieren. Top-down-Pläne für ‚nachhaltige Entwicklung' werden durch Ausbeutung getragen. Marktlogiken wie Zahlungen für Ökosystemleistungen (PES – *Payments for Ecosystem Services*) stellen einfach nur Opportunitätskosten für den ›Globalen Süden dar. Der berechtigte Grundsatz der „gemeinsamen, aber unterschiedlichen Verantwortlichkeiten und der entsprechenden Kapazitäten", der im ursprünglichen Kyoto-Vertrag verankert war, wird beiseite geschoben, während sich die internationalen Verhandlungen auf den Treffen zum *UN-Rahmenabkommen zum Klimawandel* (UN Framework Convention on Climate Change) hinziehen.

Mit ihren „5-A" und der technisch-rechtlichen Konstruktion von Autorität auf mehreren Ebenen stellen die ESG einen hegemonialen Prozess dar, der von Veränderung spricht und dabei Hand in Hand mit den Mächtigen geht. Der Glaube, dass die Natur zum Nutzen des Menschen existiert, und die *instrumental-rationalen* Vorstellungen, dass sie kontrolliert werden kann, spiegeln die männliche Hybris wider, die aus der europäischen wissenschaftlichen Revolution hervorgegangen ist. Die *Erdsystem-Governance* und die ›Anthropozän-These verstärken diese Gewalt durch die Abstraktionen der Systemtheorie. Mit ihrem *Wissensparadigma* umgeht die ESG die kritische Wissenschaft ebenso wie bäuerliche, indigene und ökologisch-feministische Perspek-

II

tiven, die auf der Arbeit zur Erhaltung lebendiger Prozesse basieren. Die heutige transnational herrschende Klasse mit ihren objektivierenden, vom Leben losgelösten Wissensformen kann nur eine Illusion von ‚Earth Governance' verbreiten. Eine post-entwicklungspolitische Antwort auf ökologische und soziale Krisen muss konkret, empirisch und demokratisch sein.

Anmerkung

1 Die *Erdsystem*wissenschaft (...) ist eine interdisziplinäre Wissenschaft, die sich mit der Erforschung des „Systems Erde" befasst. Als Erdsystem wird dabei die Summe physikalischer, chemischer, biologischer und sozialer Komponenten, Prozesse und Wechselwirkungen bezeichnet, die den Zustand und die Veränderungen des Planeten Erde beeinflussen. Für den aus dem amerikanischen Englisch kommenden Begriff *Governance* gibt es keine deutsche Entsprechung. ... Im politischen Umfeld ist der Ausdruck alternativ zum Begriff *Government* (Regierung) entstanden und soll ausdrücken, dass innerhalb der jeweiligen politisch-gesellschaftlichen Einheit Steuerung und Regelung nicht nur vom Staat (Erster Sektor), sondern auch von der Privatwirtschaft (Zweiter Sektor) und vom Dritten Sektor (Vereine, Verbände, Interessenvertretungen) durchgeführt werden. (vgl. wikipedia, 8.1.2023) (Anm. d. Übers.)

Weitere Quellen

Biermann, Frank / Steffen Bauer (2005), The Rationale for a World Environment Organization. In: Frank Biermann / Steffen Bauer (eds), *A World Environment Organization: Solution or Threat for Effective International Environmental Governance.* London: Ashgate.

Davos World Economic Forum Privatization Agenda, https://www.weforum.org/focus/davos-2018 (abgerufen am 20.05.2023)

Earth System Governance, https://www.earthsystemgovernance.org (abgerufen am 20.05.2023)

La Via Campesina, www.viacampesina.org (abgerufen am 20.05.2023)

Salleh, Ariel (2015), Neoliberalism, Scientism, and Earth Systems Governance. In: Raymond L. Bryant (ed.), *International Handbook of Political Ecology.* Cheltenham: Edward Elgar.

Steffen, Will, Jacques Grinevald, Paul Crutzen and John McNeill (2011), The Anthropocene: Conceptual and Historical Perspectives, *The Royal Society Publishing.* 369 (1938): 842–67.

The Global Governance Project, www.glogov.org (abgerufen am 20.05.2023)

UNCSD-Rio+20 (2012), *The Future We Want*, https://sustainabledevelopment.un.org/content/documents/733Future WeWant.pdf (abgerufen am 20.05.2023)

Ariel Salleh ist Aktivistin, Autorin von *Ecofeminism as Politics: nature, Marx, and the postmodern* (1997/2007) und Herausgeberin von *Eco-Sufficiency and Global Justice: women write political ecology* (2009). Sie war Gründungsredakteurin der US-amerikanischen Zeitschrift *Capitalism Nature Socialism,* ist Honorarassistentin für politische Ökonomie an der *University of Sydney,* ist Senior Fellow an der *Friedrich-Schiller-Universität Jena* und Gastprofessorin an der *Nelson Mandela University.* Sie ist Mitglied der von der *Rosa-Luxemburg-Stiftung* eingerichteten *Ständigen Gruppe für Alternativen zur Entwicklung.*

Übersetzung: Hannelore Zimmermann

Silvia Ribeiro

Geo-Engineering

 Technologische Lösungen, Klimawandel, vierte industrielle Revolution, Vorsorgeprinzip

Technologie könnte eine positive Rolle bei der Bewältigung der sich verschärfenden Umwelt-, Klima-, Sozial-, Gesundheits- und Wirtschaftskrisen spielen. Um das erreichen zu können, müssen die Technologien ökologisch nachhaltig, kulturell und lokal angemessen sowie sozial gerecht sein – ebenso muss die Geschlechterperspektive einbezogen sein. In den Industriegesellschaften ist Technologie jedoch in erster Linie ein Instrument zur Profitsteigerung von Großunternehmen und mächtigen Wirtschaftsgruppen geworden. Dies gilt mit Sicherheit für die Technologien, die die sogenannte vierte industrielle Revolution vorantreiben – Biotechnologie, Genomik, Nanotechnologie, Informatik, künstliche Intelligenz und Robotik.[1] Die ›*Konvergenz* dieser Technologien hat weitreichende Folgen und Auswirkungen auf unsere Gesellschaft.

Wenn Technologie als Lösungsansatz für alle Krisen dargestellt wird, dient dies denjenigen, die die Technologien kontrollieren. Der Mythos der Technologie als Allheilmittel basiert auf der irrigen Annahme, dass es nicht notwendig sei, nach den Ursachen von Krisen zu fragen, da es für jedes Problem eine technologische Lösung gäbe. Auf die Nahrungsmittelkrise beispielsweise haben Regierungen und Konzerne mit einer hochtechnologischen *Präzisionslandwirtschaft* reagiert, die den Einsatz von Agrargiften, gentechnisch verändertem Saatgut und Tieren, einer ,klimafreundlichen Landwirtschaft', *Selbstmord-Saatgut* mit ,Terminator'-Technologie und *,Gene Drives'*[2] zur Ausrottung ganzer als ,Schädlinge' geltender Arten, vorsieht. Im Hinblick auf die Energie- und Klimakrise werden nicht etwa die nicht nachhaltigen, auf fossilen Brennstoffen basierenden Produktions- und Verbrauchssysteme in Frage gestellt, stattdessen werden neue Technologien propagiert, die eine intensivere Nutzung von Biomasse durch synthetische Biologie und Nanotechnologie ermöglichen und so die Ausweitung riesiger Monokulturen fördern, bestehend aus Bäumen und gentechnisch veränderten Nutzpflanzen.

Die Industrie rühmt stets die potenziellen Vorteile dieser Technologien, während sie die Risiken herunterspielt oder sie als zweifelhaft bzw. fragwürdig darstellt. Netzwerke von Organisationen, sozialen Bewegungen und kritischen Wissenschaftler*innen sind als Reaktion darauf entstanden, mit dem Ziel, den von der Industrie geschaffenen komplexen technologischen Horizont zu verstehen und zu überwachen sowie gleichzeitig das Vorsorgeprinzip einzufordern.[3]

Eine der offensichtlichsten und extremsten technologischen Scheinlösungen ist das Geo-Engineering, auch *Klimamanipulation* genannt. Geo-Engineering steht für eine Reihe von Vorschlägen zu groß angelegten Eingriffen in und Veränderungen von Ökosystemen als „technologische Lösungen" für den Klimawandel. Es umfasst zwei Hauptkonzepte mit jeweils eigenständigen Arten von Eingriffen: *Management der Sonneneinstrahlung* (Solar Radiation Management – SRM) und *Kohlendioxid-Entsorgung* (Carbon Dioxin-Removal – CDR), auch bekannt als *Treibhausgas-Entsorgung* (Greenhouse Gas Removal – GGR). Diese Vorschläge können Eingriffe an Land, im Meer oder in der Atmosphäre umfassen. Keiner davon versucht, die Ursachen

des Klimawandels zu bekämpfen; stattdessen konzentrieren sie sich nur auf die Bewältigung einiger seiner Symptome.

Es gibt eine Vielzahl von Vorschlägen zum Geo-Engineering, darunter die Injektion von Sulfaten oder anderen Chemikalien in die Stratosphäre, um das Sonnenlicht zu blockieren und so einen Verdunkelungseffekt zu erzielen; Vorrichtungen zur Absorption von Kohlendioxid aus der Atmosphäre, um dieses dann in marinen oder geologischen Lagerstätten zu versenken; die Düngung des Ozeans mit Eisen oder Harnstoff, um die Planktonblüte zu stimulieren, in der Hoffnung, dass dadurch größere Mengen an Kohlendioxid absorbiert werden und sich die Meereschemie verändert; sowie Mega-Pflanzungen von transgenen Pflanzen, die das Sonnenlicht reflektieren sollen. Alle diese Vorschläge bergen enorme Risiken, können unvorhersehbare negative ›Synergieeffekte haben und sind mit grenzüberschreitenden Auswirkungen verbunden.[4]

Auch wenn jedes vorgeschlagene Geo-Engineering-Konzept spezifische Risiken und potenzielle Folgen hat, so haben sie doch alle eine Reihe von negativen Auswirkungen:
1. Sie wollen das Klima manipulieren – ein globales dynamisches Ökosystem, das für das Leben auf dem Planeten unerlässlich ist – mit dem Risiko, größere Ungleichgewichte zu schaffen als der Klimawandel selbst.
2. Um Auswirkungen auf das globale Klima zu haben, müssen sie zwangsläufig in einem Mega-Maßstab durchgeführt werden und könnten daher die Auswirkungen noch verstärken.
3. Geo-Engineering geht ursprünglich auf militärische Versuche zurück, das Klima als Kriegswaffe einzusetzen; das Risiko einer Bewaffnung ist immer gegeben.
4. Die Programme können im Alleingang eingesetzt werden: Eine Gruppe von Ländern oder Wirtschaftsakteuren könnte sie für feindliche oder kommerzielle Interessen um- und einsetzen.
5. Die Auswirkungen werden sich regional ungleich verteilen und viele Länder im ›Globalen

II

Süden, die am wenigsten zum Klimawandel beigetragen haben, schwer treffen.

6. Testphasen sind nicht möglich. In Anbetracht des Umfangs und der Zeitspanne, die notwendig sind, um die Auswirkungen von aktuellen Klimaphänomenen zu erkennen, wäre eine Erprobung gleichbedeutend mit dem Einsatz.

7. Viele Systeme sind auf Profit und kommerzielle Nutzung ausgelegt, insbesondere um Kohlenstoffzertifikate zu erhalten, was die Kommerzialisierung von Klimakrisen verstärken würde.

8. Nicht zuletzt bieten technologische Lösungen einen Vorwand, die Emission von Treibhausgasen fortzusetzen.

Neben den Regierungen des ›Globalen Nordens sind vor allem Energieunternehmen und andere Industriezweige, die zu den Hauptverursachern des Klimawandels gehören, an Geo-Engineering interessiert. Für sie ist Geo-Engineering eine gute Option, denn es ermöglicht ihnen, weiterhin Treibhausgase auszustoßen und gleichzeitig für die angebliche *Kühlung des Planeten* bezahlt zu werden.

Zu den aktivsten Befürworter*innen des Geo-Engineering gehört eine kleine Zahl von Wissenschaftler*innen, vor allem in den Vereinigten Staaten und im Vereinigten Königreich, denen es gelungen ist, ihre jeweiligen wissenschaftlichen Einrichtungen davon zu überzeugen, Berichte über Geo-Engineering zu veröffentlichen. Sie üben auch einen gewissen Einfluss auf den *Intergovernmental Panel on Climate Change* (IPCC – Zwischenstaatlicher Ausschuss für Klimaänderungen) aus, der in seinem *Fünften Bewertungsbericht* einen Geo-Engineering-Vorschlag – *Bioenergie mit Kohlenstoffabscheidung und -speicherung* (BECCS – Bioenergy with Carbon Capture and Storage) – als Bestandteil der Mehrzahl der Szenarien zur Stabilisierung der Erdtemperatur aufgenommen hat. Die Hoffnung, dass BECCS die Grundlage für ,Netto-Null-Kohlenstoff-Emissionen' oder ,negative Emissionen' bilden würde, ist jedoch höchst spekulativ und vermittelt die Illusion, dass die Treibhausgasemissionen erhöht werden könnten, da sie durch BECCS oder andere technologische Reparaturen kompensiert werden könnten. Es gibt keine unabhängigen Beweise oder wissenschaftlichen Studien, die ihre energetische, wirtschaftliche oder technologische Durchführbarkeit belegen. Außerdem könnten die Auswirkungen von BECCS auf die biologische Vielfalt sowie auf die Land- und Wassernutzung enorm sein. Es würde auch mit landwirtschaftlichen Flächen konkurrieren und eine Bedrohung für indigene und bäuerliche Gebiete darstellen.

In Ermangelung eines transparenten und wirksamen globalen wissenschaftlichen Verfahrens im Umgang mit diesen Technologien wurde 2010 im Rahmen des *Übereinkommens über die biologische Vielfalt* (Convention on Biological Diversity) ein De-facto-Moratorium für Geo-Engineering verhängt, das sich auf das Vorsorgeprinzip stützt und die potenziellen Auswirkungen von Geo-Engineering auf die biologische Vielfalt und die sie erhaltenden Kulturen berücksichtigt. In Anbetracht der Schwere der Auswirkungen und ihres inhärent ungerechten Charakters haben seit 2010 mehr als hundert Organisationen und soziale Bewegungen auf der ganzen Welt ein Verbot von Geo-Engineering-Technologien gefordert.

Anmerkungen

1 Seit 2000 bezeichnete die ETC-Gruppe diese ›*Konvergenz* als BANG (Bits, Atome, Neuronen, Gene). Im Jahr 2016 begann das Weltwirtschaftsforum, die Konvergenz als „vierte industrielle Revolution" zu bezeichnen.

2 Die Gene-Drive-Technik … erlaubt es … eine genetische Veränderung in eine natürliche Population einzubringen und auf alle Individuen auszubreiten … Gene Drives sind auch mit großen Herausforderungen im Bezug auf Sicherheit, Umweltauswirkungen und ethischen und gesellschaftlichen Fragen verbunden. (s. https://naturwissenschaften.ch/synthetic-biology-explained/applications/gene_drive – abgerufen am 07.06.2023) (Anm. d. Übers.)

3 Das *Red de Evaluación Social de Tecnologías en América Latina*, RED TECLA, zum Beispiel, siehe http://www.redtecla.org (abgerufen am 20.05.2023)

4 siehe http://www.geoengineeringmonitor.org (abgerufen am 20.05.2023)

Weitere Quellen

Anderson, Kevin and Glen Peters (2016), The Trouble with Negative Emissions, *Science.* 354 (6309): 182–3, http://science.sciencemag.org/content/354/6309/182 (abger. 20.5.2023)

Biofuelwatch (2016), Last Ditch Climate Option or Wishful Thinking? Bioenergy with Carbon Capture and Storage, http://www.biofuelwatch.org.uk/wp-content/uploads/BECCS-report-web.pdf (abgerufen am 20.05.2023)

ETC Group (2010), Geopiracy: The Case against Geoengineering, http://www.etcgroup.org/content/geopiracy-case-against-geoengineering (abgerufen am 20.05.2023)

ETC Group and Heinrich Böll Foundation (2017), Climate Change, Smoke and Mirrors. A Civil Society Briefing on Geoengineering, http://www.etcgroup.org/content/civil-society-briefing-geoengineering (abgerufen am 20.05.2023)

Geoengineering Monitor, http://www.geoengineeringmonitor.org (abgerufen am 20.05.2023)

SynbioWatch, http://www.synbiowatch.org (abgerufen am 20.05.2023)

Silvia Ribeiro, ursprünglich aus Uruguay, arbeitet in Mexiko als Lateinamerika-Direktorin für die internationale zivilgesellschaftliche Organisation *Action Group on Erosion, Technology, and Concentration* (ETC Group), die sowohl in Kanada als auch auf den Philippinen ansässig ist.

Übersetzung: Hannelore Zimmermann

Ulrich Brand / Miriam Lang

Grüne Wirtschaft

 Nachhaltigkeit, Wachstum, Ressourceneffizienz, Inwertsetzung der Natur, Externalisierung von Kosten

Die Idee der *Grünen Wirtschaft* beinhaltet ein dreifaches Versprechen: die Überwindung der ökonomischen Krise, der ökologischen Krise und die Linderung von Armut (UNEP 2011). In der Debatte um eine *Grüne Wirtschaft* lassen sich entscheidende Gemeinsamkeiten erkennen: Ihre Ziele sind ein kohlenstoffarmer Produktionsprozess, Ressourceneffizienz, grüne Investitionen, technologische Innovation und mehr Recycling, grüne Arbeitsplätze, Armutsbekämpfung und soziale Inklusion. Als Mittel zur Umsetzung dieser Ziele wird ein ,angemessener' politischer Rahmen genannt, der in der Lage ist, externe Kosten zu internalisieren sowie nachhaltigen Konsum, umweltfreundliche Unternehmen und Steuerreformen zu fördern. Im Jahr 2011 entwickelte die *Organisation für wirtschaftliche Zusammenarbeit und Entwicklung* (OECD) eine ,Strategie für grünes Wachstum', die Innovation als Mittel zur Abkopplung des Wachstums von der Erschöpfung von Naturressourcen hervorhebt. Die Europäische Kommission versuchte, einen Plan für nachhaltiges Wachstum zu entwickeln, der eine ökologische und gleichzeitig wettbewerbsfähige Marktwirtschaft durch die Verringerung des Ressourcenverbrauchs und eine Steigerung der Ressourceneffizienz fördert.

Befürworter*innen behaupten außerdem, dass eine Welle faszinierender technologischer Innovationen eine neue wirtschaftliche Wachstumsperiode verspricht. Eine Strategie gegen die zunehmende Umweltzerstörung besteht darin, den wirtschaftlichen Wert der Natur anzuerkennen, indem sie mit einem Preis versehen wird. Man geht davon aus, dass die Natur geschützt werden wird, wenn sie als ,Naturkapital' in die betriebswirtschaftliche Kalkulation einbezogen wird (Salleh 2012, Brand/Lang 2015, Fatheuer et al. 2016).

Das von der *Konferenz für nachhaltige Entwicklung* der Vereinten Nationen (Rio+20) im Jahr 2012 als neues globales Paradigma propagierte Konzept der *Grünen Wirtschaft* ist auch wegen seiner blinden Flecken stark umstritten. Wie die nachhaltige Entwicklung ist auch die *Grüne Wirtschaft* ein Widerspruch in sich, weil hier ganz unterschiedliche, ja sogar widersprüchliche Interessen und Strategien für wirtschaftliches Wachstum und den Schutz der Natur gebündelt werden. Dieser Ansatz dient letztlich dazu, internationale Politik zu legitimieren.

Ein zentraler Kritikpunkt an der *Grünen Wirtschaft* ist ihr Fokus auf Wachstum, was de facto eine materielle Steigerung der Ressourcenentnahme für die Produktion von Waren und Dienstleistungen bedeutet. Dieses misst sich in Geld und folgt der Logik von Profit und ›Kapitalakkumulation. Wer die Produkte herstellt und unter welchen Bedingungen, ist zweitrangig. Darüber hinaus stellen die Regierungen der wirtschaftlich mächtigen Länder die westliche, imperiale Produktions- und Lebensweise nicht in Frage (Brand/Wissen 2012) und halten an einer Form der kapitalistischen Globalisierung fest, die auf Liberalisierung und Deregulierung

II

beruht. Der Wettbewerb um Weltmarktanteile und das Ziel des Wirtschaftswachstums stehen im Vordergrund. Für die Wirtschaft ist eine kurze Lebensdauer von rohstoffintensiven Produkten oft profitabler als die umweltfreundliche Produktion von hochwertigen Gütern.

Strategien für eine *Grüne Wirtschaft* bleiben innerhalb der kapitalistischen Rationalität. Die Logik der kontinuierlichen Ausrichtung an neuen Investitionen, am Profit und an der Dynamik des Wettbewerbs wird nicht in Frage gestellt. *Grüne Wirtschaft* richtet sich nicht gegen kapitalintensiven Bergbau, groß angelegte Infrastrukturprojekte, teure Offshore-Windparks oder den Emissionshandel. Sehr oft werden Umweltprobleme nicht gelöst, sondern nur verlagert. Ein Beispiel dafür wäre, wenn Autos in Europa mit ‚erneuerbaren‘ Agrotreibstoffen betrieben werden, während Kleinbäuer*innen in Indonesien ihre Lebensgrundlage entzogen wird, weil Regenwälder gerodet werden, um Palmölplantagen anzulegen.

Geschlechterperspektiven und ihr Fokus auf soziale ›Reproduktion und reproduktive Arbeit fehlen weitgehend in der Debatte um eine *Grüne Wirtschaft*, deren Verfechter*innen in der Regel die kapitalistische Marktwirtschaft meinen, also Güter und Dienstleistungen, die als Ware produziert und verkauft werden. Im Gegensatz dazu konzentrieren sich feministische Ökonominnen auf alltägliche, nicht-marktförmige Aktivitäten, die gesamtgesellschaftliches Wohlergehen generieren, und auf qualitative Bedingungen wie den Spielraum und die Fähigkeit zu selbstbestimmtem Handeln oder darauf, mehr Verfügungsgewalt über die eigene Zeit zu haben (Biesecker/Hofmeister 2010). Darüber hinaus betonen Ökofeministinnen den Schutz der globalen Ressourcen durch die Wahl eines einfachen, ökologisch angemessenen Lebensstils.

Zusammenfassend lässt sich sagen, dass die Vorschläge für eine *Grüne Wirtschaft* das Risiko in sich tragen, die irreführende kapitalistische Inwertsetzung der Natur zu verstärken. Als Antwort auf die Umweltzerstörung in eini-

gen Teilen der Welt bleiben sie auf die Bedürfnisse von Konzernen und der Reichen ausgerichtet und ermöglichen die Stabilisierung der kapitalistischen, patriarchalen und imperialen Produktions- und Lebensweise.

Um die genannten vorherrschenden Dynamiken auf kritische Weise zu verstehen, schlagen wir vor, von *Grünem Kapitalismus* statt von *Grüner Wirtschaft* zu sprechen. Dieses alternative Konzept verweist auf die historische Entstehung einer neuen kapitalistischen Formation, die den alten, krisengeschüttelten ‚postfordistisch-neoliberalen‘ Entwicklungsmodus und sein finanzdominiertes ›Akkumulationsregime ablöst. In Ländern wie Deutschland oder Österreich könnte *grünes Kapital* stärker werden und *traditionelle* Branchen wie die Autoindustrie könnten grüner werden. Ein ‚grüner‘ Machtblock, ein ‚grüner‘ Staat und ein ‚grüner‘ ›Korporatismus – unter Einbindung von Arbeitnehmer*innen und Gewerkschaften – wären Teil einer solchen Stabilisierung, die mit kapitalistischen Imperativen wie Wirtschaftswachstum und Wettbewerbsfähigkeit und mit Verteilungsspielräumen für Unternehmen und staatliche Institutionen vereinbar wäre. Sicherlich wird sich eine grün-kapitalistische Gesellschaftsformation nur in einigen Ländern und Regionen herausbilden; sie wird sehr exklusiv und – angesichts der Externalisierung von Kosten in andere Weltregionen – keineswegs umweltfreundlich sein. In der Tat bedeutet *Grüner Kapitalismus* in einigen Teilen der Welt eine fortgesetzte Oligarchisierung der imperialen Lebensweise.

Weitere Quellen

Biesecker, Adelheid and Sabine Hofmeister (2010), ‚(Re)productivity: Sustainable Relations Both between Society and Nature and between the Genders‘, *Ecological Economics*. 69 (8): 1703–11.

Brand, Ulrich and Markus Wissen (2012), ‚Global Environmental Politics and the Imperial Mode of Living: Articulations of State–Capital Relations in the Multiple Crisis‘, *Globalizations*. 9 (4): 547–60.

— (2015), ‚Strategies of a Green Economy, Contours of a Green Capitalism‘, in Kees van der Pijl (ed.), *The International Political Economy of Production*. Cheltenham: Edward Elgar.

Fatheuer, Thomas, Lili Fuhr and Barbara Unmüßig (2016), *Inside the Green Economy: Promises and Pitfalls*. München: Oekom. (**deutsch**: *Kritik der Grünen Ökonomie.* München: Oekom 2015

Salleh, Ariel (2012), ,Rio+20 and the Extractivist Green Economy', *Arena.* 119: 28–30.

United Nations Environment Programme (UNEP) (2011), *Towards a Green Economy: Pathways to Sustainable Development and Poverty Eradication.* Paris and Nairobi: UNEP.

Ulrich Brand ist Professor für Internationale Politik an der Universität Wien. Seine Forschungs- und Lehrschwerpunkte sind globale Umwelt- und Ressourcenpolitik, sozialökologische Transformation, Lateinamerika und die ,imperiale Lebensweise'. Er war Mitglied der *Enquete-Kommission des Deutschen Bundestages ,Wachstum, Wohlstand und Lebensqualität'* (2011-13) und ist derzeit Mitglied der *Ständigen Arbeitsgruppe ,Alternativen zur Entwicklung'* der *Rosa-Luxemburg-Stiftung*.

Miriam Lang lehrt Sozial- und Globalstudien an der *Universidad Andina Simón Bolívar* in Quito, Ecuador. Sie forscht zu Systemalternativen, Entwicklungskritik und den Überschneidungen von Interkulturalität, Gender und gesellschaftlichen Beziehungen zur Natur. Von 2011 bis 2015 war sie im Auftrag der *Rosa-Luxemburg-Stiftung* Koordinatorin der *Ständigen Arbeitsgruppe ,Alternativen zur Entwicklung'*.

Übersetzung: Hannelore Zimmermann

Larry Lohmann

Handel mit Ökosystem-Dienstleistungen

 Ökosystem-Dienstleistungen¹, Umwelt, Klimawandel, Biodiversität, Neoliberalismus, Kohlenstoffmärkte, Pariser Abkommen

Offizielle Antworten auf Umweltkrisen drehen sich zunehmend um handelbare Anteile von ökologischem Nutzen. Das *Kyoto-Protokoll* von 1997, das *EU-Emissionshandelssystem* von 2005 und das *Pariser Abkommen* von 2015 geben vor, den Klimawandel durch Handel mit Verschmutzungsrechten zu bekämpfen. Ähnliche Systeme erlauben den Verkauf von Biodiversitätszertifikaten, die beispielsweise Industrieunternehmen oder Bauträger kaufen können, um genau die Zerstörung zu ,neutralisieren', für die sie verantwortlich sind.

Keine dieser ,marktwirtschaftlichen Umweltinitiativen' hat das Potenzial, die Klimakrise, die Krise der biologischen Vielfalt oder eine andere ökologische Krise zu bewältigen. Das ist nicht ihre Aufgabe. Sie lassen sich besser als Teile des kapitalistischen Kampfes um Antworten auf den Zusammenbruch der Kompromisse verstehen, zu denen er im Laufe des zwanzigsten Jahrhunderts gezwungen war.

Ein Kompromiss betraf den Wohlfahrtsstaat des Nordens, die Nachfragesteuerung und eine Übereinkunft über hohe Löhne und hohen Verbrauch für eine weiße männliche Arbeiteraristokratie des Nordens in Verbindung mit einem ,Minderverbrauch' im globalen Süden, der billiges Öl liefert. Dieser Kompromiss geriet ab den 1970er Jahren ins Wanken: Die Ölproduzenten weigerten sich, die Preise niedrig zu halten, Frauen weigerten sich, unbezahlte ›Reproduktionsarbeit zu leisten, Minderheiten lehnten den Rassismus ab, genervte Arbeitnehmer*innen suchten nach Wegen, der Tretmühle zu entkommen. Um mit den sinkenden Profitraten fertig zu werden, wurde im ›Globalen Süden ein neues Angebot an billigen Arbeitskräften geschaffen, indem eine historisch beispiellose Menge an Menschen von ihrem Land vertrieben wurde – und im ›Globalen Norden dadurch, dass die Arbeitnehmer*innen vom Sozialstaat, den Gewerkschaften und den bestehenden Lohnverträgen abgekoppelt wurden. Um den neuen Beschäftigten Arbeit zu geben, wurden neue, umfassende Offensiven gestartet, um weltweit Rohstoffe aus ›Commons und indigenen Territorien zu gewinnen. Begleitet wurde dieser neu belebte ›Extraktivismus von einer ›,neo-keynesianischen' Antwort auf das Problem, wie denn die schlecht bezahlten Arbeitenden in der Lage sein sollten, all die neu angebotenen Güter zu kaufen: Es kam zu einer enorme Ausweitung privater Kredite, faktisch einer Kolonialisierung der künftigen Löhne der Armen. Das Finanzwesen trug auch dazu bei, die Ertragslücke zu schließen, indem es Spekulationsblasen, Ausschlachtung von Unterneh-

II

men (asset-strips), Herstellung von Derivaten[2], Immobilienspekulation, Steuerhinterziehung im großen Stil, Diebstahl öffentlicher Güter und andere Betrügereien förderte.

Ein zweiter Kompromiss, der im späten 20. Jahrhundert zerbrach, war der nationale ›Developmentalismus, in dem das Kapital eine Möglichkeit sah, die revolutionären Energien der postkolonialen nationalistischen Bewegungen zu dämpfen. Mit seinem Versprechen einer auf Unabhängigkeit ausgerichteten Arbeitsteilung zwischen Landwirtschaft und Industrie auf nationaler Ebene stand der ›Developmentalismus zwangsläufig einer stärkeren Globalisierung der Eigentums- und Wertverhältnisse im Wege. Er fiel auch den Widersprüchen zum Opfer, die mit der Förderung kapitalistischer Ersatzlösungen für kommunale Ansätze verbunden waren. Die ›Grüne Revolution, die Nahrungsmittelhilfe und der Ausbau der Infrastruktur sowie die auf die Privatisierung von Einzelbetrieben ausgerichtete ‚Landreform' verstärkten nur die Abhängigkeit und die Klassenspaltung. Zum Glück für das Kapital nahm die Notwendigkeit von Kompromissen ab, als das Gespenst einer sozialistischen Alternative nach den chinesischen Reformen von 1979 und dem Zusammenbruch der Sowjetunion ein Jahrzehnt später verblasste. Ebenso hatte das Kapital das Glück, den Aufstieg der *Organisation erdölexportierender Länder* (OPEC) zu seinem Vorteil nutzen zu können, indem es die Petrodollar-Schulden als post-developmentalistisches Instrument zur Disziplinierung des ›Globalen Südens auf dem Weltmarkt einsetzte. Die Rückkehr zu einer eher ›kolonial geprägten Weltordnung wurde durch eine neue Welle von erzwungenen Handelsverträgen und interkontinentalen Infrastruktur-Korridoren eingeläutet, die mit dem Slogan der Welthandelsorganisation (WTO) ‚Made in the World' überschrieben sind.

Ein dritter gescheiterter Kompromiss war die konventionelle Umweltregulierung, die sowohl Ausdruck als auch Beitrag zur ‚Ausreizung' der

kostenlosen Abfallsenken war, auf die sich das industrielle Kapital lange Zeit verlassen hatte. Die Regulierungsbürokratien hatten behauptet, dass sie in der Lage seien, Krisen zu bewältigen durch die Nachahmungen von Prinzipien der ›Commons wie dem bedingungslosen Recht auf Leben für die verschiedenen Arten, einschließlich des Menschen. Doch ebenso wie der Wohlfahrtsstaat (*Welfarismus*[3]), der sich durch eine halbherzige Verteidigung des Menschenrechts auf Lebensunterhalt auszeichnet, konnte dieser Kompromiss nicht von Dauer sein. Kaum war die richtungsweisende US-Umweltgesetzgebung der 1970er Jahre verkündet, wurde sie als ‚Wachstumsverbot' angegriffen. Praktischerweise waren neoliberale Ideologen, in Washington ansässige Denkfabriken und Umwelt-NGOs zur Stelle, um einen Ausweg anzubieten. Die Verordnung würde bleiben, aber ihre ›Commons-Elemente würden wegfallen. Die Grenzwerte für Schädigungen würden nicht von *außen* durch Expert*innen festgelegt, welche die Bedürfnisse des Kapitals nicht kennen, sondern in Zusammenarbeit mit der Wirtschaft. Die Naturwissenschaften würde durch Wirtschaftswissenschaften (econoscience) ersetzt werden. Keines der Rechte von Menschen oder Nichtmenschen wäre bedingungslos.

Der Schlüssel dazu war die Konstruktion einer ‚neuen Natur', die aus standardisierten Ökosystem-Dienstleistungen besteht, welche weltweit gehandelt werden können. Um die Kosten für die Reduzierung der Umweltauswirkungen im eigenen Land zu vermeiden, könnten Unternehmen nun die Umweltgesetze einhalten, indem sie von nah oder fern kostengünstige ökologische Kompensationseinheiten kaufen. Dabei handelt es sich um Äquivalente zur Reduzierung von CO_2-Emissionen, um Anteile des Fledermausschutzes, um ‚international übertragene Minderungsergebnisse' und so weiter. Die Natur wurde umgerüstet und ‚gemittelt' um neben billigen Ressourcen und billigen Arbeitskräften serienmäßig Zertifikate für billige regulatorische Erleichterungen zu produzieren, die dazu beitragen, Förder- und Verschmutzungswege offen zu halten, die durch herkömmliche Umweltgesetze abgeschnitten zu werden drohten. Der Haken an der Sache war, dass Investitionen in die neuen Ökosystem-Dienstleistungen nur dann fließen würden, wenn eine ausreichende Nachfrage durch den Rohstoffabbau, die mit fossilen Brennstoffen betriebene Produktion sowie die Entwicklung der Infrastruktur vorhanden wäre. In einer ultimativen Orwell'schen Versöhnung war eine ,gesunde' Umwelt von der Umweltzerstörung abhängig geworden.

So konnten beispielsweise Kraftwerke in Europa ihre Treibhausgasemissionen ,ausgleichen', indem sie die photosynthetische Kapazität von Landstrichen in Lateinamerika, Afrika oder Asien kolonisierten. Konzerne konnten außerdem eine fiktive Zukunft durch den Kauf von Anteilen an ,vermiedener Schädigung' abbauen: Solange sie behaupten konnten, dass sie das, was sie anderswo als ,unvermeidliche' Schädigung deklarierten, verhinderten, waren Privatunternehmen rechtlich befugt, zu Hause wie gewohnt weiterzumachen. Diese Logik kam einer Maschine zur Erneuerung von sich selbst erfüllenden kolonialen Mythologien gleich. Die Rhetorik stellte phantasielose Dritte-Welt-Bewohner*innen, die dazu verdammt waren, ihre Umwelt durch unverantwortliche industrielle Entwicklung oder Brandrodung zu zerstören, den aufgeklärten Investoren aus dem Norden gegenüber, die allein in der Lage seien, durch unabhängiges Handeln die Zukunft der Natur sicherzustellen. Wie der *Welfarismus*[3] und der ›*Developmentalismus* war auch die konventionelle Umweltregulierung sowohl globalisierten Wert-Beziehungen als auch neuen ›Kolonialismen von Raum und Zeit gewichen.

Da der Handel mit Ökosystem-Dienstleistungen darauf abzielt, die Regulierung billiger zu machen, um die ›Kapitalakkumulation zu fördern, ist der Druck auf die Preise genauso groß wie auf den Märkten für Primärrohstoffe[4].

Kein Land des Südens wird durch den Handel mit Ökosystem-Dienstleistungen reich werden, genauso wenig wie durch ›Neo-Extraktivismus. Bürger*innen-Bewegungen müssen sich gegen beides wehren im Rahmen ihrer Kämpfe gegen Sparprogramme, Lohnkürzungen, neue Einhegungen von Gemeingütern, Finanzialisierung, Freihandelsabkommen und andere Aspekte des ›Neoliberalismus.

Anmerkungen

1 Als Ökosystemleistungen werden die Dienstleistungen der Natur für den Menschen bezeichnet, die er durch die Lebensräume und Lebewesen wie Tiere und Pflanzen bezieht. Die Ökosystemleistungen schaffen die Basis für grundlegende Bedürfnisse des Menschen, wie beispielsweise den Zugang zu Wasser und Nahrung. (www.umweltdachverband.at/themen/naturschutz/biodiversitaet/oekosystemleistungen) (Anm. d. Übers.)

2 Ein Derivat ist ein Finanzprodukt, das den Preis eines bestimmten Basiswerts abbildet. (Anm. d. Übers.)

3 Welfarismus ist eine politische Ideologie, die darauf abzielt, das Wohlergehen und die Lebensqualität der Bevölkerung durch staatliche Interventionen und soziale Programme zu fördern. (Anm. d. Übers.)

4 natürliche Ressourcen, die noch nicht weiterverarbeitet wurden (Anm. d. Übers.)

Weitere Ressourcen:

Araghi, Farshad (2009), ,The Invisible Hand and the Visible Foot: Peasants, Dispossession and Globalization', in A. Haroon Akram-Lodhi and Cristobal Kay (eds), *Peasants and Globalization: Political Economy, Rural Transformation and the Agrarian Question*. New York: Routledge.

Felli, Romain (2014), ,On Climate Rent', *Historical Materialism*. 22 (3–4): 251–80.

Pena-Valderrama, Sara (2016), ,Entangling Molecules: An Ethnography of a Carbon Offset Project in Madagascar's Eastern Rainforest', PhD thesis, Durham University, http://etheses.dur.ac.uk/11475/ (Website nicht abrufbar. Stand 3.7.2023)

Larry Lohmann arbeitet für *The Corner House*, eine britische NGO. Er hat in Thailand und Ecuador gelebt und ist Mitglied des Beirats des *World Rainforest Movement*. Er ist Autor zahlreicher wissenschaftlicher Artikel sowie von Büchern wie *Energie, Arbeit und Finanzen* (mit Nicholas Hildyard, Sturminster Newton: *The Corner House*, 2014).

Übersetzung: Hannelore Zimmermann

II

Teresa Anderson

Klimasmarte Landwirtschaft

 Landwirtschaft, Klimawandel, Agrarindustrie,
klimasmarte Landwirtschaft, Greenwashing,
Anpassung, Abschwächung

‚Klimasmarte Landwirtschaft' ist ein Schlagwort, mit dem eine Landwirtschaft beschrieben wird, die angeblich den Klimawandel abschwächt oder sich an ihn anpasst. Da es jedoch weder eine klare Definition noch spezifische Kriterien zur Unterscheidung gibt, hat die Agrarindustrie den Begriff begeistert aufgegriffen, um ihre Aktivitäten als gut für das Klima darzustellen. Viele Organisationen in der Ernährungsbewegung stehen dem Konzept der klimasmarten Landwirtschaft misstrauisch – oder sogar ablehnend – gegenüber. Sie teilen die wachsende Sorge, dass der Begriff so vage ist, dass er dazu benutzt wird, ›Greenwashing mit Praktiken zu betreiben, die tatsächlich schädlich für das Klima und die Landwirtschaft sind. Viele sind besorgt, dass die Förderung einer klimasmarten Landwirtschaft mehr schadet als nützt und in Wirklichkeit den Übergang zu Nachhaltigkeit und Gerechtigkeit untergräbt, der in unseren Ernährungssystemen dringend notwendig ist.

Der Begriff ‚klimasmarte Landwirtschaft' wurde ursprünglich von der *Ernährungs- und Landwirtschaftsorganisation der Vereinten Nationen* (FAO – UN Food and Agriculture Organization) geprägt, um landwirtschaftliche Konzepte zu fördern, die den Klimawandel abschwächen und sich an ihn anpassen, und die gleichzeitig die Erträge steigern können.

Das Problem ist, dass es keine spezifischen Definitionen dafür gibt, was als ‚klimasmart' – oder nicht – bezeichnet werden kann. Aufgrund der vagen Konzeptualisierung durch die FAO verwenden Konzerne den Begriff gerne, um Praktiken zu beschreiben, von denen sie behaupten, dass sie Innovationen vorantreiben und die Umweltbelastung verringern. Es gibt jedoch keine aussagekräftigen Kriterien oder Beweise, die

für die Verwendung des Begriffs erforderlich sind. Die Praktiken der klimasmarten Landwirtschaft müssen nicht nach agrarökologischen oder ähnlichen Grundsätzen erfolgen. Auch gibt es keine sozialen Schutzmaßnahmen, um zu verhindern, dass sogenannte klimasmarte Aktivitäten die Lebensgrundlage der Landwirt*innen untergraben, zu Landraub führen oder die Landwirt*innen in die Verschuldung treiben.

Wenngleich manche davon ausgehen, dass klimasmarte Landwirtschaft bedeutet, dass solche Tätigkeiten dem Klima zugutekommen, gibt es keine Garantie dafür, dass dies auch der Fall ist. Leider ist der Begriff inzwischen so weit verbreitet, dass es für die Entwicklung sinnvoller Definitionen oder Kriterien zu spät ist. Damit die Landwirtschaft die vielfältigen Herausforderungen im Zusammenhang mit dem Klimawandel tatsächlich bewältigen kann, ist ein tiefgreifender Systemwechsel erforderlich.

Da die Folgen des Klimawandels weltweit spürbar sind, sind Landwirtschaft, Ernährungssicherheit, Ernährungssouveränität und bäuerliche Gemeinschaften durch seine Auswirkungen besonders gefährdet. Unregelmäßige Niederschlagsmuster, Dürren, Überschwemmungen und Temperaturextreme wirken sich zunehmend verheerend auf die Fähigkeiten der Landwirt*innen, Nahrungsmittel anzubauen, aus.

Gleichzeitig ist die Landwirtschaft – insbesondere das Modell der ›grünen Revolution der industriellen Landwirtschaft – eine der Hauptursachen des Klimawandels. Ein erheblicher Anteil der weltweiten Emission von Treibhausgasen (THG) wird durch die industrielle Viehzucht und den weit verbreiteten Einsatz von synthetischem Stickstoff verursacht (Gilbert 2012).

Darüber hinaus trägt der Ansatz der ›grünen Revolution' in der Landwirtschaft nicht nur zum Problem des Klimawandels bei, sondern macht die Nahrungsmittelsysteme auch besonders anfällig für dessen Auswirkungen. Das von der Agrarindustrie verkaufte Saatgut wurde weitgehend so gezüchtet, dass es große Mengen an Wasser und synthetischem Stickstoffdünger benötigt. Diese synthetischen Düngemittel führen jedoch dazu, dass die wasserspeichernde organische Substanz im Boden abgebaut wird und verschwindet, so dass der Boden in regenarmen oder trockenen Zeiten schnell austrocknet, was zu schlechten Erträgen oder Ernteausfällen führt. Die verringerte Fähigkeit des Bodens, Wasser zu absorbieren, führt auch dazu, dass die Anbaupflanzen bei starken Regenfällen oder Überschwemmungen stärker geschädigt werden.

Es ist daher klar, dass dringender Handlungsbedarf besteht, sowohl um den Beitrag der Landwirtschaft zum Klimawandel zu verringern, als auch, um die Nahrungsmittelsysteme dabei zu unterstützen, seine Auswirkungen jetzt und in Zukunft zu bewältigen und sich an sie anzupassen. Erfreulicherweise ist eine der wirksamsten Lösungen zur Verringerung des Beitrags der Landwirtschaft zum Klimawandel auch eine der wirksamsten Anpassungsstrategien, die es gibt. Indem synthetische Düngemittel durch natürliche Techniken ersetzt werden, reduziert die Agrarökologie Emissionen und verbessert die Fähigkeit des Bodens, in Zeiten von Dürre und Überschwemmungen Wasser aufzunehmen und zu speichern. Die Verbesserung des Zugangs der Landwirt*innen zu einer Vielfalt von lokal angepassten Saatgutsorten ist ebenfalls entscheidend, um sicherzustellen, dass sie mit einer Reihe von unvorhersehbaren Wetterereignissen umgehen können. Und durch die Stärkung der lokalen Wirtschaft können die Transportwege von Lebensmitteln reduziert und gleichzeitig die Ernährungssouveränität und die Kontrolle der Landwirt*innen über ihre Nahrungsmittelsysteme verbessert werden.

Agrarkonzerne versuchen jedoch, diese erforderlichen Veränderungen in unseren Ernährungssystemen zu verzögern. Anstatt die Notwendigkeit einer Umstellung der landwirtschaftlichen Praktiken anzuerkennen, verwenden viele dieser Unternehmen den Begriff ‚klimasmarte Landwirtschaft‘ lediglich, um ihre eigenen schädlichen Praktiken der industriellen Landwirtschaft umzubenennen, damit sie

weiterhin das tun können, was sie bisher getan haben – *business as usual*.

Unternehmen wie Monsanto, McDonalds, Syngenta, Walmart und Yara (der weltgrößte Düngemittelhersteller) behaupten alle, Vorreiter der klimasmarten Landwirtschaft zu sein. Sie argumentieren, dass der größte Nutzen für das Klima dadurch entstehen wird, dass die größten Akteure Maßnahmen ergreifen, und dass umweltverschmutzende Konzerne Teil der Lösung sein müssen.

Monsanto behauptet, dass sein gentechnisch verändertes Saatgut, tolerant gegen sein eigenes Herbizid ‚Roundup-Ready‘, die CO_2-Emissionen aus dem Boden reduziert, da Herbizide eingesetzt werden, anstatt Unkraut durch Pflügen zu vernichten. Und Monsanto hofft, Systeme zur Überwachung von THG-Emissionen und zur Beratung über Wettermuster zu entwickeln. Yara entwickelt Düngemittelprodukte und Anwendungstechniken, die nach eigenen Angaben weniger Emissionen verursachen. McDonalds behauptet, bei der Entwicklung von ‚nachhaltigem Rindfleisch‘ führend zu sein. Viele Befürworter*innen der industriellen Landwirtschaft behaupten, dass ‚nachhaltige Intensivierung‘ eine Strategie für eine klimasmarte Landwirtschaft sein kann, weil sie die Erträge erhöht und gleichzeitig die Emissionen pro Produktionseinheit senkt. Einige Projekte im Bereich der klimasmarten Landwirtschaft wurden auch mit umstrittenen Finanzierungen durch Kohlenstoffausgleich in Verbindung gebracht.

Indem sie sich selbst als klimasmart bezeichnen, hoffen Konzerne, einer Überprüfung und Regulierung zu entgehen, so dass sie ihre Aktivitäten fortsetzen und ihr Geschäft ausweiten können, auch wenn sie wahrscheinlich ihre THG-Emissionen insgesamt weiter erhöhen. Indem sie so weitermachen wie bisher, untergraben sie aber auch die lokale Ernährungssouveränität und bringen eine Reihe anderer sozioökonomischer und umweltrelevanter Probleme mit sich, die mit den Praktiken ihrer industriellen Landwirtschaft verbunden sind.

II

Erschwerend kommt hinzu, dass viele Gruppen, die kleinbäuerliche, agrarökologische Anbaumethoden fördern, die tatsächlich dem Klima zugutekommen, ihre Tätigkeiten ebenfalls als klimasmart bezeichnen. Verwirrung entsteht, wenn verschiedene Akteur*innen denselben Begriff verwenden, um sehr unterschiedliche Ansätze zu beschreiben. Der Begriff ‚klimasmarte Landwirtschaft' wird weiterhin von einigen Regierungen, NGOs und Unternehmen verwendet, allerdings mit sehr unterschiedlichen Bedeutungen und Zielsetzungen. Mehrere Regierungen, Konzerne und NGOs haben sich der *Globalen Allianz für Klimasmarte Landwirtschaft* (GACSA – Global Alliance for Climate-Smart Agriculture) angeschlossen. Inzwischen haben sich Hunderte von zivilgesellschaftlichen Organisationen gegen klimasmarte Landwirtschaft, die GACSA, und gegen jede formale Befürwortung des Begriffs in den UN-Klimaverhandlungen ausgesprochen.

Weitere Quellen

ActionAid (2014). *Climate Resilient Sustainable Agriculture Experiences from ActionAid and its partners.* https://actionaid.org/publications/2011/climate-resilient-sustainable-agriculture-experiences-actionaid-and-its-partners (abgerufen am 8.6.2023)

Climate Smart Agriculture Concerns (2014). *Corporate-Smart Greenwash: Why We Reject the Global Alliance on Climate-Smart Agriculture.* http://www.climatesmartagconcerns.info/rejection-letter.html (abgerufen am 8.6.2023)

Food and Agriculture Organization (FAO). *Climate-Smart Agriculture.* http://www.fao.org/climate-smart-agriculture/overview/en/ (abgerufen am 8.6.2023)

Gilbert, Natasha (2012). *One-Third of Our Greenhouse Gas Emissions Come from Agriculture.* Nature, https://www.nature.com/news/one-third-of-our-greenhousegas-emissions-come-from-agriculture-1.11708 (abgerufen am 8.6.2023)

Monsanto (2017). *Driving Innovation in Modern Agriculture to Combat Climate Change.* https://monsanto.com/company/sustainability/articles/climate-smart-agriculture-practices/ (Seite nicht auf der Webseite dokumentiert)

ScienceDirect (2014). *Sustainable intensification: What is its role in climate smart agriculture?.* http://www.sciencedirect.com/science/article/pii/S1877343514000359 (abgerufen am 8.6.2023)

Yara. *Sustainability.* http://yara.com/sustainability/climate_smart_agriculture/ (Nur noch im Internet-Archiv, z.B.: https://web.archive.org/web/20170802120641/https://www.yara.com/sustainability/climate_smart_agriculture/ – abgerufen am 25.7.2023)

Teresa Anderson ist Politik- und Kommunikationsbeauftragte für Klimawandel und Resilienz bei *Action Aid International*; sie arbeitet in London. Sie hat mehrere Berichte und Artikel verfasst, darunter *Clever Name, Losing Game: How Climate-Smart Agriculture is Sowing Confusion in the Food Movement* und *Hotter Planet, Humanitarian Crisis: El Niño, the ‚New Normal' and the Need for Climate Justice*, veröffentlicht von *Action Aid*.

Übersetzung: Anna Voß

Giacomo D'Alisa

Kreislaufwirtschaft

 Gesellschaftlicher Stoffwechsel, Ressourceneffizienz, Wiederverwendung, Nachhaltigkeit, Wachstum

Die Kreislaufwirtschaft (CE – Circular Economy) ist eine neue strategische Vision, die darauf abzielt, Wirtschaftswachstum und Umweltauswirkungen zu entkoppeln. Ihre Kernstrategie zielt ab auf:

1. Verringerung der Verwendung von Rohstoffen, um das extraktive Modell des derzeitigen Wirtschaftssystems umzukehren;
2. Förderung von Wiederverwendungspraktiken und Vermeidung von Wegwerfmustern für Gegenstände und Materialien, die für andere Akteure in der Gesellschaft noch einen Nutzwert haben; und
3. Erhöhung der Wiederverwertbarkeit von Gütern durch die Einführung einer effektiven Marktordnung für Sekundärmaterialien.

Technische und designbezogene sowie betriebswirtschaftliche Lösungen stehen im Vordergrund von CE-Forschung und -Anwendungen. Diese Lösungen wirken der geplanten ›Obsoleszenz – der konstruierten begrenzten Nutzungsdauer von Produkten, um deren langfristige Absatzmengen zu erhöhen – des Standardgeschäftsmodells entgegen und verlängern die Nutzungsdauer von Materialien.

Die Entstehung des CE-Konzepts geht auf Pioniere der ökologischen Ökonomie wie Kenneth

Boulding zurück. Mitte der 1960er Jahre kritisierte er die Idee einer Wirtschaft, die sich in einer kontinuierlichen und linearen Expansion befindet, einer Cowboy-Wirtschaft, die auf der Kolonisierung von immer mehr Land und der Ausweitung der Viehzucht basiert. Er sah das Aufkommen der Raumschiff-Wirtschaft voraus, in der die Expansion in neue Gebiete zum Abbau von Rohstoffen nicht mehr möglich ist und das Recycling von Materialien und Energie zur Hauptsorge der Unternehmen wird. Später, in den 1980er Jahren, wurde die Materialbilanz der Wirtschaft auch zu einem zentralen Argument von sehr einflussreichen Umweltökonomen wie David Pearce und Kerry Turner (1990), die wahrscheinlich zum ersten Mal den Begriff ‚Kreislaufwirtschaft' verwendeten. Sie erklärten, dass die Wirtschaft nur dann als ein lineares, expandierendes System erscheinen kann, wenn man die Umwelt ignoriert – das geschlossene System, das die Grenzen und Beschränkungen für die Gewinnung und Entsorgung von Materialien setzt. Im gleichen Zeitraum begannen Ökodesigner- und Industrieökolog*innen mit anwendungsbezogener Forschung, um die Effizienz der Materialnutzung zu steigern und die Lebensdauer von Produkten zu verlängern. Diese Studien trugen zur Entwicklung des sogenannten industriellen Stoffwechsels bei, das heißt der integrierten Bewertung der Arbeitstätigkeiten sowie der technologischen und physikalischen Prozesse, die für die Umwandlung von Roh- und Sekundärstoffen und Energie in fertige Produkte und Abfälle erforderlich sind. Die Dringlichkeit der Abfallreduzierung hat die Entwicklung von CE-Ideen und -Anwendungen stark beeinflusst. Dies erklärt auch, warum CE-Politiken aus dem rechtlichen Rahmen und den programmatischen Plänen für Abfälle hervorgehen oder direkt Teil davon sind (Ghisellini et al. 2016). Erkenntnisse für eine CE kommen aus vielen anderen Disziplinen. Im Bereich der Architektur zum Beispiel drängt das Konzept des *Cradle-to-Cradle* die Designer*innen dazu, sich regenerative Produkte vorzustellen. Natur-

wissenschaftler- und Manager*innen natürlicher Ressourcen fördern die Verbreitung des *Biomimikry*-Ansatzes, bei dem versucht wird, die Eigenschaften gut angepasster Elemente und Strukturen aus der Natur nachzuahmen, um menschliche Probleme zu lösen. Die Kreislaufwirtschaft wendet auch Prinzipien an, die aus der ›*Permakultur* hervorgegangen sind, einem integrierten Anbausystem, das die Entwicklung eines sich selbst organisierenden biologischen Ökosystems simuliert.

Nichtsdestotrotz legen die gegenwärtigen Muster der ‚realen' Wirtschaft der Material- und Energieflüsse nahe, dass Vorsicht geboten ist, was die erlösenden Qualitäten der Kreislaufwirtschaft angeht. Die heutige Wirtschaft ist viel effizienter als die vor einem Jahrhundert, aber sie verbraucht Ressourcen in einem noch nie dagewesenen Ausmaß. Sie entnimmt eine beispiellose Menge an Rohstoffen und setzt untragbare Mengen an festen und gasförmigen Abfällen frei. Der materielle Fußabdruck der Nationen – ein Indikator, der die mit der Rohstoffgewinnung verbundenen Auswirkungen der Nation erfasst, die die Produkte am Ende der Lieferkette tatsächlich verbraucht – zeigt, dass keine absolute Entkopplung am Horizont zu erkennen ist. Mehr Wohlstand verringert den Druck auf die natürlichen Ressourcen keineswegs (Wiedmann et al. 2015). Eine erstmals durchgeführte empirische Studie zur Abschätzung der Zirkularität der Weltwirtschaft verdeutlicht, dass nur sechs Prozent der extrahierten Materialien recycelt und in den Kreislauf von Produktion und Konsum zurückgeführt werden. Das derzeitige maximale Recyclingpotenzial liegt bei etwa 30 Prozent; die anderen 70 Prozent bestehen hauptsächlich aus Energie und zu einem geringeren Teil aus Abfallgestein, das nicht recycelt werden kann (Haas et al. 2015). Es ist also nicht schwer zu folgern, dass das derzeitige Muster der Weltwirtschaft sehr weit vom CE-Ziel entfernt ist.

Darüber hinaus gibt es zwar die – wenn auch nicht immer vollständig belegte – Erwartung, dass CE die Beschäftigung ankurbeln und sinnvolle

II

Arbeitsplätze schaffen wird, aber es ist erstaunlich, dass die Möglichkeit einer zunehmend ungleichen Verteilung von und eines ungleichen Zugangs zu Ressourcen, Produkten und Dienstleistungen selbst unter CE-Szenarien nicht diskutiert wird.

Die zuvor geäußerte Skepsis sollte nicht zu einer oberflächlichen Ablehnung von CE-Prinzipien und -Anwendungen führen. In der Tat verdienen CE-Akteure Aufmerksamkeit. Zu diesen Akteuren gehören unter anderem die ›Open-Source-Gemeinschaften der Kreislaufwirtschaft, also Expert*innen, Designer- und Innovator*innen, die Transparenz und einen offenen Zugang zu Informationen, Produkten und Technologien fördern wollen und ›Open-Source-Lösungen für Umwelt- und Ressourcenprobleme anbieten. Diese Graswurzelbewegungen stellen nicht nur das Geschäftsmodell, sondern auch die grundlegende Institution des Kapitalismus in Frage, nämlich das Privateigentum an Wissen und Informationen. Das Zögern, sich mit diesen Akteuren der blühenden ›commons-basierten digitalen Ökonomien auseinanderzusetzen, könnte eine verpasste Chance sein, da einige der wichtigsten Innovationen, die eine kohlenstoffarme ›Degrowth-Gesellschaft technisch und sozial möglich machen könnten, dort stattfinden. Es ist daher äußerst wichtig, sie zu beobachten und Synergien mit ihnen zu schaffen.

Weitere Quellen

Ghisellini, Patrizia, Catia Cialani und Sergio Ulgiati (2016), A Review on Circular Economy: The Expected Transition to a Balanced Interplay of Environmental and Economic Systems, *Journal of Cleaner Production*. 114: 11-32.

Haas, Willi, Fridolin Krausmann, Dominik Wiedenhofer and Markus Heinz (2015), How Circular Is the Global Economy? An Assessment of Material Flows, Waste Production, and Recycling in the European Union and the World in 2005, *Journal of Industrial Ecology*. 19 (5): 765-77.

Open Source Circular Economies, https://oscedays.org (abgerufen am 8.6.2023)

Pearce, David William und Kerry R. Turner (1990), *Economics of Natural Resources and the Environment*. London: Harvester Wheatsheaf.

Wiedmann, Thomas O., Heinz Schandl, Manfred Lenzen, Daniel Moran, Sangwon Suh, James West and Keiichiro Kanemoto (2015),The Material Footprint of Nations, *PNAS*. 112 (20): 6271-76.

Giacomo D'Alisa ist ein ökologischer Ökonom und politischer Ökologe. Seine Forschungsinteressen reichen von der Abfallwirtschaft bis zur Umweltgerechtigkeit, vom illegalen Abfallhandel bis zur Umweltkriminalität. Er setzt sich für Degrowth-Visionen ein und ist daran interessiert, zu erforschen, wie eine Degrowth-Gesellschaft aussehen könnte, die sich auf Fürsorge und Commons konzentriert. Derzeit ist er Post-Doc am *Zentrum für Sozialwissenschaften* (CES) der Universität Coimbra, Portugal.

Übersetzung: Elisabeth Voß

Erik Gómez-Baggethun

Nachhaltige Entwicklung

 Ökologische Entwicklung, Brundtland-Bericht, Freihandel, grünes Wachstum

Nachhaltige Entwicklung wurde über den Bericht *Unsere gemeinsame Zukunft* – weithin bekannt als *Brundtland-Bericht* – definiert als „eine Entwicklung, die den Bedürfnissen der heutigen Generation entspricht, ohne die Möglichkeiten künftiger Generationen zu gefährden, ihre eigenen Bedürfnisse befriedigen zu können" (WCDE 1987). Seitdem gilt dieser Grundsatz als Leitprinzip für die weltweite Harmonisierung der Umwelt- und Entwicklungspolitik und hat in jüngster Zeit mit der Verabschiedung der *Ziele für nachhaltige Entwicklung* (SDGs)[1] neuen Schwung erhalten.

Trotz ihrer Popularität in politischen Kreisen haben Umweltschützer*innen die nachhaltige Entwicklung als ›*Greenwashing* der konventionellen Wachstums- und Entwicklungspolitik kritisiert. Sie wurde auch dafür verantwortlich gemacht, dass in den 1980er Jahren wieder ein internationaler Konsens zum Wachstum hergestellt wurde, obwohl der *Club of Rome*-Bericht *Grenzen des Wachstums* (1972) viele Politiker*innen in der ganzen Welt (einschließlich des vierten Präsidenten der Europäischen Kommission, Sicco Mansholt) davon überzeugt hatte, dass ein immerwährendes Wachstum auf einem endlichen Planeten nicht möglich ist.

In diesen Anfängen der internationalen Nachhaltigkeitspolitik wurden die konsumorientierten Gesellschaften der reichen Industrieländer als größte Bedrohung für die globale Umwelt ausgemacht. Angesichts der Grenzen des Wachstums war die Umverteilung des Wohlstands die bevorzugte Option, um Umweltschutz und soziale Gerechtigkeit in Einklang zu bringen. Dieser Geist wurde in dem Begriff ‚Öko-Entwicklung' festgehalten und in der *Stockholmer Konferenz über die menschliche Umwelt* von 1972. Der Einfluss der Öko-Entwicklung erreichte seinen Höhepunkt auf dem *Cocoyoc-Symposium* von 1974, in dessen Abschlusserklärung festgestellt wurde, dass „die Hoffnung, dass ein schnelles Wirtschaftswachstum, das einigen wenigen zugute kommt, auf die Masse der Bevölkerung ‚herunterrieseln' wird, sich als illusorisch erwiesen hat", und die Vorstellung abgelehnt wurde, dass „zuerst das Wachstum und später erst die gerechte Verteilung des Gewinns" erfolgen soll (UNEP/UNCTAD 1974: Artikel 1). Wie auch immer, die Öko-Entwicklung stieß bald auf den heftigen Widerstand mächtiger Akteure wie Henry Kissinger, der als Chef der US-Diplomatie die *Cocoyoc*-Erklärung in einem Telegramm an die Direktoren von UNEP und UNCTAD vollständig ablehnte (Galtung 2010). Als neues Leitprinzip in der Nachhaltigkeitspolitik folgte in den 1980er Jahren die *Nachhaltige Entwicklung*, was die bisherigen Vorstellungen von Umweltproblemen und -lösungen auf den Kopf stellte. Wachstum wurde nicht mehr als Ursache von Umweltproblemen gesehen, sondern als deren Lösung. Im *Bruntland-Bericht* heißt es, dass „die internationale Wirtschaft das weltweite Wachstum beschleunigen muss" (WCED 1987: Absatz 74), und es wird ein „schnelleres Wirtschaftswachstum sowohl in den Industrie- als auch in den Entwicklungsländern" gefordert (ebd.: Absatz 72). Im Vorgriff auf die Idee des ‚grünen Wachstums' wird in den Berichten behauptet, dass ein schnelleres Wachstum nachhaltig sein könnte, wenn die Nationen den Inhalt ihres Wachstums auf weniger material- und energieintensive Aktivitäten verlagern und ressourceneffizientere Technologien

entwickelten (ebd.: Absatz 32). Diese Erwartung einer ‚entmaterialisierten' Wirtschaft, in der das Wachstum von der Umweltverschmutzung und dem Ressourcenverbrauch abgekoppelt sei, wurde einige Jahre später in der so genannten *Umwelt-Kuznets-Kurve* (EKC – Environmental Kuznets Curve) formuliert, die seit den 1990er Jahren von Wirtschaftswissenschaftler- und Bürokrat*innen herangezogen wird, um geltend zu machen, dass Wachstum und freier Handel gut für die Umwelt seien.

Nachhaltige Entwicklung hat letztlich die Grundsätze der Nachhaltigkeit so umgestaltet, dass sie den wirtschaftlichen Erfordernissen des Wachstums entsprachen – und die Verlagerung des Schwerpunkts von sozialer Gerechtigkeit auf *Armutsbekämpfung* passte ebenfalls zu den vorherrschenden wirtschaftlichen Vorstellungen, die das Herunterrieseln (trickle down) gegenüber der Umverteilung von Wohlstand bevorzugten. Darüber hinaus verschob der *Bruntland-Bericht* die Verantwortung für die Umweltzerstörung von den Reichen auf die Armen, indem er von einer „Abwärtsspirale von Armut und Umweltzerstörung" sprach und behauptete, dass „Armut eine noch nie dagewesene Belastung der Böden, Gewässer, Wälder und anderer natürlicher Ressourcen des Planeten ausübt" (S. 7).

Darüber hinaus ebnete die im Bericht formulierte Unterstützung einer „expansiven Wachstums-, Handels- und Investitionspolitik" (Artikel 24) den Weg für ein harmonisches Verhältnis zwischen nachhaltiger Entwicklung und der neoliberalen Globalisierungsstrategie der wirtschaftlichen Deregulierung und des Freihandels. Seit der Veröffentlichung des *Bruntland-Berichts* befürworten alle Erklärungen der Weltgipfel Wachstum und Handelsliberalisierung im Namen der nachhaltigen Entwicklung (Gómez-Baggethun/Naredo 2015). Die Nachhaltigkeitspolitik, die früher als Wächter und Gegengewicht zu den vorherrschenden wirtschaftlichen Interessen fungierte, wurde durch die *Nachhaltige Entwicklung* zu einer willfährigen Bediensteten gemacht.

II

Erstaunlicherweise (oder vielleicht auch bezeichnenderweise) fördert die internationale Nachhaltigkeitspolitik weiterhin das Wachstum, obwohl empirische Daten belegen, dass grünes Wachstum und Dematerialisierung ein Mythos sind und bleiben. Obwohl sich einige Umweltindikatoren auf lokaler und städtischer Ebene verbessert haben, ist das BIP auf globaler Ebene nach wie vor stark an den Ressourcenverbrauch und die Kohlenstoffemissionen gekoppelt. Einige Länder haben sich relativ gesehen (pro BIP-Einheit) dematerialisiert, aber es gibt keine Anzeichen für eine absolute Dematerialisierung (Wiedmann et al. 2015). Die EKC-Hypothese[2] der Dematerialisierung bei BIP-Wachstum hat sich nur in solchen Industrieländern bewahrheitet, die ihre Industrie in Entwicklungsländer mit billigeren Arbeitskräften und weniger strengen Umweltvorschriften verlagert haben (Jackson 2017). Empirische Daten haben gezeigt, dass die Behauptung, Wirtschaftswachstum sei eine Voraussetzung für ökologische Nachhaltigkeit, ebenso problematisch ist. Es ist erwiesen, dass der Kohlenstoff- und Material-Fußabdruck pro Kopf der reichen Länder im Durchschnitt immer noch viel größer ist als der Fußabdruck pro Kopf der armen Länder (Martínez-Alier 2005).

Drei Jahrzehnte nach dem Start der globalen Agenda für nachhaltige Entwicklung belegen Wissenschaftler*innen, dass sich die Menschheit noch nie so schnell und so weit von der ökologischen Nachhaltigkeit entfernt hat wie heute. Es ist an der Zeit, dass die globale Nachhaltigkeitspolitik sich nicht länger den Geboten der vorherrschenden Wirtschaftsideologie unterordnet, wozu auch der technologische Traum von der Dematerialisierung und das Plädoyer für eine expansive Wirtschaft gehören, die auf der unabdingbaren Notwendigkeit von Wachstum beruhen. Die Deckung der Grundbedürfnisse für alle innerhalb der planetarischen Grenzen ist die größte Herausforderung für die Menschheit im 21. Jahrhundert, und die Erreichung dieses Ziels erfordert einen radikalen Wandel in unserer wirtschaftlichen Denkweise (Raworth

2017). Ob wir es nun nachhaltige Entwicklung nennen oder sonst wie, das Organisationsprinzip zur Bewältigung dieser Herausforderung muss die Wichtigkeit der Umverteilung unseres vorhandenen Reichtums anerkennen und die Wachstumsideologie hinter sich lassen – diese überholte Vorstellung, dass Wachstum im Mittelpunkt der Wirtschafts- und Nachhaltigkeitspolitik stehen muss.

Anmerkungen

1 Die *Ziele für nachhaltige Entwicklung* (Sustainable Development Goals, SDGs) sind in einer Reihe von 17 globalen Zielen und 169 Vorgaben beschrieben, sie wurden von den Vereinten Nationen geschaffen und legen die Leitlinien für die *Politik der nachhaltigen Entwicklung* von 2015 bis 2030 fest.

2 Die EKC-Hypothese (Environmental Kuznets Curve) ist eine Hypothese, die einen Zusammenhang zwischen Umweltverschmutzung und wirtschaftlicher Entwicklung postuliert. Sie besagt, dass Umweltverschmutzung in den frühen Stadien wirtschaftlicher Entwicklung zunimmt, aber mit zunehmendem Wohlstand und technologischem Fortschritt abnimmt. (Anm. d. Übers.)

Weitere Quellen

Galtung, Johan (2010), „Die Cocoyoc-Erklärung", TRANSCEND Media Service, https://www.transcend.org/tms/2010/03/the-cocoyoc-declaration/. (abgerufen am 5.7.2023)

Gómez-Baggethun, Erik und José Manual Naredo (2015), „In Search of Lost Time: The Rise and Fall of Limits to Growth in International Sustainability Policy", *Sustainability Science*. 10: 385-95.

Jackson, Tim (2017), *Prosperity without Growth*. London: Earthscan. (**deutsch**: Wohlstand ohne Wachstum – das Update. Grundlagen für eine zukunftsfähige Wirtschaft. München: Oekom Verlag, 2017)

Martínez-Alier Joan (2002), *The Environmentalism of the Poor*. Cheltenham: Edward Elgar.

Raworth, Kate (2017), *Doughnut economics: seven ways to think like a 21st-century economist*. Vermont, US: Chelsea Green Publishing. (**deutsch**: Die Donut-Ökonomie. Endlich ein Wirtschaftsmodell, das den Planeten nicht zerstört. Müchen: Hanser Verlag, 2023)

WCED (World Commission on Environment and Development) (1987), *Our Common Future*. Oxford: Oxford University Press.

Wiedmann, Thomas O., Heinz Schandl, Manfred Lenzen, Daniel Moran, Sangwon Suh, James West und Keiichiro Kanemoto (2015), „The Material Footprint of Nations", *Proceedings of the National Academy of Sciences*. 112 (20): 6271-76.

Erik Gómez-Baggethun ist Professor für Umweltmanagement an der *Norwegischen Universität für Biowissenschaften* (NMBU), leitender wissenschaftlicher Berater am *Norwegischen Institut für Naturforschung* (NINA) und leitender Gastforscher an der Universität von Oxford. Seine Forschung umfasst Themen der Umweltpolitik, der ökologischen Ökonomie und der Nachhaltigkeitswissenschaft.

Übersetzung: Hannelore Zimmermann

Samantha Hargreaves

Neo-Extraktivismus

 Akkumulation, Extraktivismus, Ressourcennationalismus, Progresismo

Ein politischer Diskurs tauchte in den späten 2000er Jahren auf, der eine neue Welle des ›*Extraktivismus* in den lateinamerikanischen Ländern beschreibt. Sie geht mit dem weltweiten Anstieg der Rohstoffpreise einher und fällt mit dem Machtantritt einiger linksgerichteter lateinamerikanischer Regierungen zusammen. Der damit verbundene Begriff *Neo-Extraktivismus* beschreibt eine Variante des *Extraktivismus*, die von diesen Staaten zur Finanzierung von Sozialreformen eingesetzt wurde. Der *Ressourcen-Nationalismus* ist ein Verwandter des *Neo-Extraktivismus* in Afrika und wird als Anspruch einer Regierung auf die Kontrolle über die natürlichen Ressourcen in ihrem Hoheitsgebiet und den Nutzen daraus verstanden.

Typischerweise umfasst eine *neo-extraktivistische* Politik die völlige Verstaatlichung einiger oder aller Rohstoffindustrien, die Erhöhung der öffentlichen Beteiligung, die Neuverhandlung von Verträgen, Bemühungen zur Steigerung der Rohstofferträge durch innovative Besteuerungsmechanismen und wertschöpfende Verwertungsmaßnahmen. *Neo-extraktivistische* Ansätze werden zunehmend durch globale Institutionen und Initiativen wie die *Vereinten Nationen*, die *Organisation für wirtschaftliche Zusammenarbeit und Entwicklung* (OECD) und die *Extractive Industries Transparency Initiative* (EITI – Initia-

tive für Transparenz in der Rohstoffwirtschaft) gefördert. Im afrikanischen Kontext haben die *Afrikanische Union*, die *Afrikanische Entwicklungsbank* (AfDB) und das *Africa Progress Panel* hier eine aktive Rolle gespielt.

Der *Neo-Extraktivismus* und sein schwächeres afrikanisches Gegenstück, der *Ressourcen-Nationalismus*, werden von Befürworter*innen als Alternativen dargestellt, die die nationale Entwicklung fördern, die Umwelt schützen und den lokalen Gemeinschaften zugute kommen. Hinter dieser Fassade des ›*Progressivismus* (Progresismo) bleibt das kapitalistische ›Akkumulationsmodell jedoch unverändert erhalten. „Der lateinamerikanische *Neo-Extraktivismus* hat die Grenzen dieses Modells aufgezeigt, das davon ausgeht, dass Exporte und Auslandsinvestitionen historische und strukturelle Probleme wie Ungleichheit, Ungerechtigkeit und vor allem die Zerstörung der Umwelt lösen können" (Aguilar 2012: 7).

Auch wenn sich die Eigentumsverhältnisse ganz oder teilweise vom privaten Sektor auf den Staat verlagern, so folgen die Produktionsprozesse doch weiterhin den üblichen Regeln der Gewinnmaximierung, der Wettbewerbsfähigkeit, der Effizienz und der Auslagerung der Folgen. Obwohl die Rede von nationaler Selbstbestimmung den *Neo-Extraktivismus* begleitet, behalten die reichen Länder die Kontrolle und bestimmen, welche Ressourcen sie importieren und woher diese stammen. Die Ideologie des ›*Progressivismus* verteidigt den *Extraktivismus* mit seiner Wachstumslogik und behauptet, dass der „Kuchen wachsen müsse", um die Armut zu bekämpfen. Daher werden Auslandsinvestitionen und ›*Produktivismus* stärker gefördert als der Schutz der natürlichen Ressourcen und der Existenzrechte indigener und anderer Gemeinschaften.

Der *Neo-Extraktivismus* führt zu Konflikten um natürliche Ressourcen, schafft keine Arbeitsplätze und externalisiert die sozialen und ökologischen Kosten. Dort, wo eine Verstaatlichung stattgefunden hat, arbeiten staatliche

II

Bergbauunternehmen oft nicht anders als private Firmen, denn sie zerstören weiterhin die Umwelt und missachten soziale Beziehungen. Die gesellschaftliche Verantwortung des Staates wird durch die notwendige Sicherung der ›Akkumulationsbedingungen beeinträchtigt. Der Staat verteidigt den *Neo-Extraktivismus* mit dem Argument, er liege im nationalen Interesse, und Bewegungen sowie Gemeinschaften, die dessen Einflüsse in Frage stellen, werden als *entwicklungsfeindlich* abgestempelt. Gudynas (2010) stellte fest, dass der Staat eine neue Quelle *sozialer Legitimität* gewinnt, wenn er die Überschüsse zur Finanzierung von Sozial- und Wohlfahrtsprogrammen einsetzt. Die Idee, dass der *Extraktivismus* für die Weiterentwicklung unverzichtbar sei, wird im öffentlichen Diskurs massiv propagiert, was ihm einen hegemonialen Status verleiht.

Die Erfahrungen Lateinamerikas sind lehrreich für andere Regionen, die versuchen, durch *Neo-Extraktivismus* und *Ressourcen-Nationalismus* voranzukommen. Die *African Mining Vision* (AMV) und die dazugehörige politischen Rahmenbedingungen, *Mining and Africa's Development* (2011), sind der konkreteste Ausdruck dieser Tendenz in Afrika. Ausgangspunkt dieses Konzepts ist die Feststellung, dass Afrika reich an unerschlossenen Mineralien ist, die in der Vergangenheit missbraucht wurden und nun auf transparente, gerechte und optimale Weise innerhalb des Kontinents ausgebeutet werden sollten, um sozioökonomische Entwicklung zu ermöglichen. Der Schlüssel zu dieser modernistischen Entwicklungsstrategie ist die auf Mineralien basierende Industrialisierung, von der man sich die Beseitigung der Armut und ein nachhaltiges Wachstum im Sinne der Millenniums-Entwicklungsziele verspricht. Die AMV, die von afrikanischen zivilgesellschaftlichen Organisationen im Rahmen der *African Initiative on Mining Environment and Society* (AIMES – Afrikanische Initiative für Bergbau, Umwelt und Gesellschaft) weitgehend unterstützt wird, ist jedoch angesichts der jüngsten Rohstoffpreiskrise,

des zwischenstaatlichen Wettbewerbs und der Einmischung von Unternehmen in die nationale Politik gescheitert.

Um auf die Frage der Externalisierung zurückzukommen: Die Auswirkungen der auf Extraktion basierenden Entwicklung sind zutiefst geschlechtsspezifisch. *WoMin*, ein von Frauen geführtes Frauenrechtsbündnis, das gegen den zerstörerischen Abbau natürlicher Ressourcen in Afrika kämpft, arbeitet in diesem Bereich eng mit anderen feministischen Bewegungen in Lateinamerika, Asien und dem Pazifik zusammen. Diese Organisationen verdeutlichen, wie die billige oder unbezahlte Arbeit von Frauen der Arbeiterklasse und von Bäuerinnen im ›Globalen Süden zur ›Kapitalakkumulation beiträgt. Diese oft unsichtbaren Ausbeutungsverhältnisse bleiben unter dem staatlich gelenkten *Neo-Extraktivismus* unverändert bestehen. Die Rolle der Frauen als ›Reproduktionsarbeiterinnen führt dazu, dass Arbeiterinnen und Bäuerinnen härter und länger arbeiten als arbeitende Männer, um sich Zugang zu sauberem Trinkwasser und Energie zu verschaffen und Kinder, Arbeiter und andere Familienmitglieder zu pflegen, die Schadstoffen ausgesetzt sind. Die traditionelle Verantwortung der Frauen für die soziale ›Reproduktion wird nur teilweise durch staatliche Investitionen in soziale Dienste entlastet. Zusätzlich zu den unmittelbaren sozialen und ökologischen Kosten für die Gemeinschaften werden die langfristigen Auswirkungen des Klimawandels durch den Rohstoffabbau vor allem von armen Frauen getragen, die für die Wiederherstellung geschädigter Ökosysteme arbeiten.

Neo-Extraktivismus oder *Ressourcen-Nationalismus* ist weder ›transformativ noch emanzipatorisch. Es handelt sich bestenfalls um einen reformistischen Weg, der in den Mantel der neoliberalen Entwicklung – des ›*Progressivismus*' – gehüllt ist. Er mag kurz- bis mittelfristig einige soziale Reformen unterstützen, wird aber den tiefen Widerspruch zwischen *Kapital und Leben*, der die Menschheit und den Planeten selbst zerstört, nicht auflösen können.

Weitere Quellen

Aguilar, Carlos (2012), *Transitions towards Post-extractive Societies in Latin America*, https://womin.org.za/images/the-alternatives/fighting-destructive-extractivism/ C%20 Aguilar%20-%20Post%20Extractive%20Societies%20 in%20Latin%20 America.pdf. (Datei unter https://www2. weed-online.org/uploads/transitions_towards_post_extractive_societies_in_latin_america_2012.pdf dokumentiert, abgerufen am 7.6.2023)

Alternautas (Re)Searching Development, http://www.alternautas.net/about-us/ (abgerufen am 7.6.2023)

Climate and Capitalism (2014), Progressive Extractivism: Hope or Dystopia?, http://climateandcapitalism. com/2014/06/24/progressive-extractivism-hopedystopia/ (abgerufen am 7.6.2023)

Gudynas, Eduardo (2010), The New Extractivism of the 21st Century: Ten Urgent Theses about Extractivism in Relation to Current South American Progressivism, *America's Program Report*. Washington, DC: Center for International Policy.

Petras, James and Henry Veltmeyer (2014), *The New Extractivism: A Post-Neoliberal Development Model or Imperialism of the Twenty-First Century?* London: Zed Books.

WoMin: African Gender and Extractives Alliance, http://womin.org.za/ (abgerufen am 7.6.2023)

Samantha Hargreaves ist Gründerin und Direktorin der *African Gender and Extractives Alliance* (WoMin), einer kontinentweiten afrikanischen feministischen Nichtregierungsorganisation, die sich gegen den zerstörerischen Rohstoffabbau einsetzt. Ihre Geschichte als Aktivistin liegt in der Land- und Agrarreform und im Aufbau von Frauenbewegungen.

Übersetzung: Hannelore Zimmermann

Sam Bliss / Giorgos Kallis

Ökomodernismus

 Post-Umweltbewegung, Entkopplung, Anthropozän, Technologie

Die Ökomoderne erwartet Rettung durch Technologie. Die Lösung für die von der Technologie verursachten Umweltprobleme, so behaupten die Ökomodernist*innen, ist mehr Technologie. Sie plädieren dafür, die Konzentration menschlicher Aktivitäten auf verdichtete Städte und Fabrikfarmen zu verlagern, um mehr Raum für die Tierwelt zu schaffen. Sie befürworten den Ausbau der Kernenergie, genetische Veränderungen, synthetische Materialien und weitere neue Technologien, die den Menschen von der Natur ‚abkoppeln'. Ihr Ziel ist es, die Umweltbelastung durch die Menschheit insgesamt zu verringern und eine wirtschaftliche Entwicklung für alle zu erreichen. Diese beiden Ziele, so behaupten sie, können nur erreicht werden, wenn man sich von den biologischen Ressourcen und den natürlichen Kreisläufen loslöst. Viehzüchter-, Waldbewohner-, Bäuer*innen und Fischereigemeinschaften, die direkt auf die von ihnen bewohnten Ökosysteme angewiesen sind, werden als Umweltschurk*innen dargestellt, die die ansonsten unberührte Natur zerstören. Ökomodernist*innen räumen ein, dass eine größere Energie- und Materialeffizienz die Gesellschaft wohlhabender macht und zu mehr Konsum führt. Sie glauben jedoch, dass Innovationen billige, reichlich vorhandene, saubere und leistungsfähige Energiequellen freisetzen werden, die ein nachhaltiges Wachstum ermöglichen.

Der Ökomodernismus ist eine Idee, die in den Vereinigten Staaten entstanden ist. Im Gegensatz zu den in Europa verbreiteten umweltpolitischen Denkschulen „Ökoeffizienz" und „ökologische Modernisierung" legen die Ökomodernist*innen keinen Wert auf Energieeinsparung oder erneuerbare Energien. Sie sprechen selten von freien Märkten oder der Bepreisung von Kohlendioxid; stattdessen schlagen sie vor, dass die Regierungen die Forschung für die notwendigen technologischen Durchbrüche finanzieren.

Im April 2015 veröffentlichte eine Gruppe von achtzehn Wissenschaftler*innen und Intellektuellen ein *Ökomodernistisches Manifest* mit der „Überzeugung, dass Wissen und Technologie, klug eingesetzt, ein gutes oder sogar großartiges ›Anthropozän ermöglichen kann". Das Manifest ist ein leicht zu lesender, 3000 Wörter langer Text mit einfachen Argumenten, in dem eine ökomoderne Zukunft voller künstlicher Hightech-Städte und intakter, unberührter Wildnis dargestellt wird. Er wurde vom *Breakthrough Institute* verfasst, einer Denkfabrik in Oakland, Kalifornien, die 2003 von Michael Shellenberger und Ted Nordhaus gegründet wurde, beides langjährige Strategen von Umweltgruppen. Im Jahr 2004 verfasste

II

das Duo den Aufsatz *The Death of Environmentalism*, der die politischen Strategien der Umweltbewegung angriff und einen neuen *Post-Umweltschutz* forderte. Die Vorsilbe ‚post' signalisierte eine Abkehr von den klassischen Forderungen der Umweltschützer*innen nach Einschränkungen und Regulierung. Es spielte auch auf die *postmaterialistische* These an, dass die Menschen die Natur schätzen und für ihren Schutz bezahlen werden, sobald sie reich sind. In den folgenden zehn Jahren bauten die beiden um das *Breakthrough Institute*[1] ein Netzwerk von Befürworter*innen der Kernenergie und Gegner*innen des Ressourcenschutzes auf. Ökomodernismus *ist* Post-Umweltschutz.

Das Manifest von 2015 versuchte, entfernte Pole des politischen Spektrums hinter seiner technologisch optimistischen, in positiver, unpolitischer Sprache formulierten *Aufsteiger*-Vision zu vereinen. Eine soziale Bewegung ist nicht zustande gekommen. Ein *Marsch für ökologische Hoffnung* im Juni 2016 zur Rettung eines Kernkraftwerks in Kalifornien wurde von Shellenbergers neuer Pro-Atomkraft-Gruppe *Environmental Progress*[2] organisiert und von nur 80 Personen besucht. Offenbar ist die Rettung der Umwelt durch die Beschleunigung der industriellen Entwicklung, die sie zerstört hat, kein Narrativ, das die Massen mobilisiert. Warum also sollte man dem Ökomodernismus überhaupt Aufmerksamkeit schenken?

Da mächtige Akteur*innen dies tun, schenkten die Mainstream-Medien und die akademische Welt dem Manifest viel Aufmerksamkeit. Die Kritiken reichten von Begeisterung über Skepsis bis hin zu harscher Kritik. Bemerkenswert ist jedoch die Tatsache, dass Publikationen wie die *New York Times*, der *Guardian* und sogar die Redaktion von *Nature*, der weltweit meistzitierten wissenschaftlichen Zeitschrift, die Botschaft des Manifests gelesen und weitergegeben haben. Zu den Autoren des Textes gehören angesehene Umweltwissenschaftler wie David Keith von der *Harvard University* und Ruth De Fries von der *Columbia University*.

Es gibt keine soziale Bewegung, die mit dem Post-Umweltschutz in Verbindung gebracht werden kann, denn der Post-Umweltschutz braucht keine Bewegung. Es handelt sich einfach um eine übertriebene Version einiger der dominantesten Einstellungen und Überzeugungen der Gesellschaft: dass der Konsum wie bisher weitergehen kann, wenn wir saubere Technologien fördern; dass arme Gemeinschaften ihre Umwelt selbst zerstören, weil sie die Ressourcen, von denen sie leben, direkt bewirtschaften und ernten; dass der Klimawandel eine technische Herausforderung ist, die keinen sozialen oder kulturellen Wandel erfordert; dass Wirtschaftswachstum ein natürlicher, unausweichlicher Prozess ist. In gewissem Sinne ist der Post-Umweltschutz ein Anti-Umweltschutz mit der verdrehten, angeblich wissenschaftlich begründeten Überzeugung, dass der einzige Weg, die Umwelt zu retten, darin besteht, das zu tun, wir bisher für schlecht gehalten haben. Man kann sich vorstellen, dass es die Menschen beruhigt, zu hören, dass Nachhaltigkeit und Armutsbekämpfung erreicht werden könnten, ohne den komfortablen Lebensstil, den sie genießen oder anstreben, zu opfern. Es besteht noch nicht einmal die Notwendigkeit, zu protestieren oder zu demonstrieren, denn alles, was getan werden muss, ist, Prozesse zu beschleunigen, die schon lange im Gange sind: Verstädterung, Intensivierung der Landwirtschaft, Wirtschaftswachstum, Ersetzung biologischer Ressourcen und Arbeit durch Bodenschätze und durch moderne Energie – jetzt Kernspaltung oder Kernfusion. Das Manifest liefert konservativen Politikern einen überzeugenden Ansatz zu behaupten, sie stünden auf der Seite der Umwelt, während sie gleichzeitig weitere Zerstörungen zulassen.

Aber alle Prozesse, die im Manifest gefeiert werden, haben in der Vergangenheit zu immer größeren – und nicht zu geringeren – Umweltschäden geführt. Der Glaube, dass die Beschleunigung dieser Prozesse den Trend umkehren wird, widerspricht wissenschaftlichen Erkenntnissen. Unsere sorgfältige Überprüfung der

Literatur zeigt, dass die grundlegenden Behauptungen der Post-Umweltschützer*innen nicht auf Fakten beruhen. Die Verstädterung geht mit einem erhöhten Ressourcenverbrauch und einer stärkeren Umweltverschmutzung einher, sofern der Fußabdruck der Städte berücksichtigt wird. Durch die Intensivierung der Landwirtschaft wird nicht mehr Land für die Wildnis frei. Neue Energiequellen kommen zu den alten hinzu, anstatt diese zu ersetzen. Die Industrieländer reduzieren Umweltbelastungen nur scheinbar, indem sie sie in weniger entwickelte Länder exportieren. Menschen, die sich von der Natur *abkoppeln*, kümmern sich weniger um deren Schutz. Soziale Bewegungen verändern die Welt zum Besseren. Technologien allein tun das nicht.

Der Ökomodernismus erstickt die Leidenschaft, sich im Sinne eines sozial-ökologischen Wandels zu organisieren und zu mobilisieren, weil er den Menschen verspricht, dass fortschrittliche künstliche Technologien die Natur in der Wirtschaft ersetzen werden, so dass wir die natürliche Welt einfach nur sein lassen können. Die Botschaft lautet, dass wir Menschen niemals lernen werden, unseren gemeinsamen Planeten so zu bewohnen, dass wir mehr Rücksicht auf die anderen Arten nehmen, mit denen wir ihn teilen; stattdessen müssten wir unsere Ökonomien von ihren Ökologien trennen. Das hat das Zeug zu einer sich selbst erfüllenden Prophezeiung. Eine, die, wenn sie sich erfüllt, zu einer totalen Katastrophe führen wird.

Anmerkungen

1 Das *Breakthrough Institute* ist eine Forschungs- und Interessenvertretungsorganisation, die als inoffizielles Hauptquartier der Ökomoderne agiert, http://www.thebreakthrough.org.

2 *Environmental Progress* (ökologischer Fortschritt) ist das neue Projekt des Ökomodernisten Michael Shellenberger, eine Kampagnengruppe, die dafür kämpft, dass alte Atomkraftwerke nicht abgeschaltet werden, http://www.environmentalprogress.org.

Weitere Quellen

Asafu-Adjaye, John, Christopher Foreman, Rachel Pritzker, Linus Blomqvist, David Keith, Jayashree Roy, Martin Lewis, Stewart Brand, Mark Sagoff, Barry Brook, Mark Lynas, Michael Shellenberger, Ruth Defries, Ted Nordhaus, Robert Stone, Erle Ellis, Roger Pielke, Jr and Peter Teague (2015), *An Ecomodernist Manifesto*, http://www.ecomodernism.org.

Blomqvist, Linus, Ted Nordhaus and Michael Shellenberger (2015), *Nature Unbound: Decoupling for Conservation*. Oakland: Breakthrough Institute.

Shellenberger, Michael and Ted Nordhaus (2004), *The Death of Environmentalism: Global Warming Politics in a Post-environmental World*, http://www.thebreakthrough.org/images/Death_of_Environmentalism.pdf.

Sam Bliss ist Doktorand in ökologischer Ökonomie an der Universität von Vermont, USA. Er ist der US-Korrespondent des akademischen Kollektivs *Research & Degrowth* und ein Gründungsmitglied von *Degrow US*.

Giorgos Kallis ist Umweltwissenschaftler und beschäftigt sich mit ökologischer Ökonomie und politischer Ökologie. Er ist Mitglied des *Katalanischen Instituts für Forschung und Fortgeschrittene Studien* und Professor an der *Autonomen Universität* von Barcelona.

Übersetzung: Hannelore Zimmermann

Renate Klein

Reproduktionstechnologie

 Frauenfeindliche Wissenschaft, Leihmutterschaft, Reproduktionstechnologie, Genmanipulation, Eugenik

Von Retortenbabys bis zur Auslöschung der Frau – die ›Reproduktionsindustrie hat in den letzten vierzig Jahren immer mehr an Boden gewonnen. Seit der Geburt von Louise Brown durch In-vitro-Fertilisation (IVF) im Jahr 1978 haben die Zwillingsindustrien der ›Reproduktions- und Gentechnologie zusammen mit den Befürworter*innen der Bevölkerungskontrolle ihren globalen Kreuzzug fortgesetzt, um zu definieren:

- in welchen Teilen der Welt es erlaubt sein soll, Kinder zu gebären
- welche Klasse, ›‚race' oder welches Alter von Frauen als Mütter akzeptabel sind
- welche genetischen Eigenschaften ihre Kinder haben sollen
- welches Geschlecht diese Kinder haben sollen.

Die Wissenschaftlerinnen und Aktivistinnen unter uns, die diese aufkommenden Technolo-

II

gien und Politiken in den 1980er Jahren kritisierten, taten recht daran, die beiden Industrien miteinander zu verbinden, und nannten unser Netzwerk das *Feminist International Network of Resistance to Reproductive and Genetic Engineering* (FINRRAGE – Feministisches Internationales Netzwerk des Widerstands gegen Reproduktions- und Gentechnologien).

Seit den 1980er Jahren erleben wir, wie sich die industrielle Babyproduktion und die Gentechnik-Industrie auf parallelen Bahnen entwickelt haben, aber Jahrzehnte später wachsen diese Technologien zusammen. ,Offizielles Ziel' ist es, die Schmerzen und Leiden unfruchtbarer Menschen zu beseitigen und die durch genetische Krankheiten verursachten Schmerzen und Leiden zu lindern. Das ,inoffizielle' Ziel ist es, so viel Geld wie möglich für die Aktionäre zu verdienen. Und das ist ihnen auch gelungen: Die kapitalistische Gentechnik- und Reprotech-Industrie ist weltweit milliardenschwer.

Pro-natalistische und anti-natalistische Technologien sind zwei Seiten derselben frauenfeindlichen, patriarchalen Medaille. Die Strategie der Reprogen-Industrie besteht darin, den Wunsch nach einem biologischen Kind und neuerdings auch die Angst der Frauen, als ,unwürdig' für die Fortpflanzung eingestuft zu werden, auszunutzen. Für diejenigen, die als ,minderwertig' gelten, wie behinderte Frauen oder Angehörige einer armen und ausgegrenzten ethnischen Gruppe, lautet die übliche Anweisung: „verhüten/abtreiben oder sterilisieren lassen".

Die In-vitro-Fertilisation ist eine brutale, teure und weitgehend erfolglose Industrie, aber IVF-Kliniken breiten sich auf der ganzen Welt aus. Zu ihren jüngsten Angeboten gehören die gefährliche Praxis der Eizell-'Spende' für ältere Frauen und die ,Leihmutterschaft' für schwule Männer (Klein 2017). Darüber hinaus ist die Zahl der unfruchtbaren Männer in den letzten dreißig Jahren aufgrund des Einsatzes giftiger Pestizide (Schafer 2014) und anderer Umweltgefahren dramatisch gestiegen. Bei der Hälfte aller IVF-'Behandlungen' kommt die Intrazyto-

plasmatische Spermieninjektion (ICSI) zum Einsatz; dabei wird ein einzelnes Spermium in die Eizelle einer fruchtbaren Frau eingesetzt. Aus der FINRRAGE-Datenbank geht hervor, dass unter Berücksichtigung jedes schmerzhaften IVF-Zyklus, den eine Frau durchläuft, bis ein lebendes Baby geboren wird, die tatsächlichen Erfolgsquoten nur 20-30 Prozent betragen, obwohl Kliniken in aller Welt routinemäßig eine Erfolgsquote von 70 Prozent angeben.

Während die Reproduktionsindustrie Frauen in Gebärmütter und Eizellen zerstückelte und diese nach Belieben rekombinierte, kündigte die Gentechnikindustrie in den 1980er Jahren ihre Gen-Revolution an. Mit der Technologie der Rekombinanten DNA[1] kann eine Fülle von gentechnisch veränderten Bakterien und Viren hergestellt werden. Dazu gehört auch Hybridsaatgut für eine ,Gen-Revolution', die die Fehler der gescheiterten ›,Grünen Revolution' in der sogenannten Dritten Welt wiedergutmachen soll. Im Jahr 2000 wurde das menschliche Genom kartiert, und seither bietet die ,personalisierte Medizin' Tests für 1.500 bis 2.000 US-Dollar an, um etwaige ,Schädlinge' aufzuspüren, die die Gesundheit im späteren Leben oder das Leben unserer noch nicht gezeugten Kinder beeinträchtigen könnten. Trotz der Unbestimmtheit dieser zukünftigen Risiken schafft diese Medikalisierung der Menschen Ängste in Bezug auf ihre genetische Ausstattung und ein Gefühl der Verantwortung, die Träger ,schlechter' Gene frühzeitig zu erkennen.

Besonders problematisch für schwangere Frauen ist die jüngste Einführung nicht-invasiver pränataler Tests (NIPTs), die auf dem Screening der zellfreien Plazenta-DNA im mütterlichen Blut basieren. Ein einziger Bluttest, der bereits in der zehnten Schwangerschaftswoche durchgeführt wird, kann bis zu 100 monogenetische (einfach genetisch bedingte) Krankheiten aufdecken, an denen ein Fötus leiden könnte. Die professionelle Botschaft lautet: abtreiben und neu anfangen, aber beim nächsten Mal IVF und genetische Präimplantationsdiagnostik (PID) anwenden. Bei der PID wird eine einzelne Zelle eines frühen Embryos entnommen und auf ihre Qualität geprüft, einschließlich des Geschlechts, und nur der ‚beste' Embryo wird eingepflanzt. Dies ist medizinische Eugenik in Aktion, die sich die Angst der Menschen vor einem behinderten Kind zunutze macht. Island berichtet, dass 99 Prozent der Schwangerschaften mit Verdacht auf Down-Syndrom abgetrieben werden (Cook 2017). Die medizinische Ausnutzung solcher Ängste beeinträchtigt die Freude der Menschen am Leben und an der Schwangerschaft erheblich.

Das Aufkommen der Reproduktionstechnologie erfordert die Aufmerksamkeit der internationalen Gemeinschaft; eine kritische Masse, insbesondere unter jungen Menschen, muss sich wieder mit dem radikalfeministischen Slogan ‚Our Bodies-Ourselves' verbinden. Wir ‚sind' unsere Körper und müssen uns gegen das reglementierende Eindringen der Technowissenschaft in unser tägliches Leben wehren. Weit davon entfernt, ‚Wahlmöglichkeiten' oder ‚Selbstbestimmung' zu bieten, führen die Reproduktionsindustrien durch seelenlose und Ausschneiden-und-Einfügen-Ideologien zur ‚Fremdbestimmung'.

Sobald die ‚Ektogenese'[2] der künstlichen Gebärmutter perfektioniert ist (Bulletti et al. 2011) und die ‚Verbesserung' des Menschengeschlechts durch Keimbahn-Editierung mit Hilfe von ‚clustered regularly interspaced short palindromic repeats' (CRISPR-Cas9, Genschere) möglich ist, wird die patriarchale Auslöschung der Frauen vollständig sein. CRISPR ist ein Leitmolekül, das aus Ribonukleinsäure (RNA) besteht, und Cas9 ist ein bakterielles Enzym. Die CRISPR-RNA wird an Cas9 angehängt, so dass es wie eine molekulare Schere funktioniert. Mit dieser schnellen neuen Gen-Bearbeitungs-Technologie können Veränderungen an frühen Embryonen vorgenommen werden, die unwiderruflich an die nächste Generation weitergegeben werden (Klein 2017).

Währenddessen verletzt die kommerzielle Leihmutterschaft, bei der arme Frauen als Brüterinnen für reiche Leute eingesetzt werden, zutiefst die Menschenrechte der leiblichen Mütter, der Eizell-'Spenderinnen' und der hergestellten Kinder (www.stopsurrogacynow. com).

Es ist unerlässlich, dass linke, progressive Denker*innen sich radikalen Feministinnen anschließen, um die technologische Zerstörung dessen zu stoppen, was die eigentliche Definition menschlichen Lebens sein könnte.

Anmerkungen

1 Unter „rekombinanter DNA-Technik" wird „die Isolierung und Untersuchung einzelner Gene und die Wiedereinführung dieser Gene in Zellen der gleichen oder unterschiedlicher Arten" verstanden. "Dabei können transgene Organismen (Mikroorganismen, Tiere oder Pflanzen) erzeugt werden." https://www.spektrum.de/lexikon/biochemie/rekombinante-dna-technik/5328 (Anm. d. Übers.)
2 Ektogenese: Zeugung und Reifung eines Säugetierembryos in einem künstlichen Uterus https://de.wikipedia.org/wiki/Ektogenese (Anm. d. Übers.)

Weitere Quellen

Bulletti, Carlo, Antonio Palagiano, Caterina Pace, Angelica Cerni, Andrea Borini and Dominique de Ziegler (2011), The Artificial Womb, *Annals of the New York Academy of Science.* 1221 (1): 124-28.
Cook, Michael (2017), Iceland: Nearly 100% of Down Syndrome Babies Terminated, https://www.bioedge.org/bioethics/iceland-nearly-100-of-downsyndrome-babies-terminated/12391 (abgerufen am 7.6.2023)
Feminist International Network of Resistance to Genetic and Reproductive Engineering (FINRRAGE), http://www.finrrage.org (abgerufen am 7.6.2023)
Klein, Renate (2017), *Surrogacy: A Human Rights Violation.* Mission Beach: Spinifex Press (**deutsch:** Mietmutterschaft: Eine Menschenrechtsverletzung. Hamburg: Marta Verlag, 2018) (Neuaufl. Spinifex Press, Australien, 2022).
Schafer, Kristin (2014), Pesticides and Male Infertility: Harm from the Womb through Adulthood – and into the Next Generation, http://www.psr.org/environment-and-health/environmental-health-policyinstitute/responses/pesticides-and-male-infertility.html (Datei unter der Webseite nicht mehr aufrufbar)
Stop Surrogacy Now, http://www.stopsurrogacynow.com (abgerufen am 7.6.2023)

Renate Klein ist Biologin und Sozialwissenschaftlerin, Koordinatorin von FINRRAGE (Australien) und Herausgeberin von *Spinifex Press.* Als langjährige internationale feministische Gesundheitsforscherin war sie außerordentliche Professorin für Frauenstudien an der *Deakin University* in Melbourne. Ihr jüngstes Buch ist *Mietmutterschaft: Eine Menschenrechtsverletzung (2018/2022).*

Übersetzung: Elisabeth Voß   **II**

John P. Clark

Rettungsboot-Ethik

 Geburtenkontrolle, Neo-Malthusianismus,
Tragödie der Allmende

Die *Rettungsboot-Ethik*[1] ist eine sehr einflussreiche Theorie in der gegenwärtig geltenden Ethik. Sie wurde von dem Biologen Garrett Hardin entwickelt und findet ihre Anwendung bei Themen wie Welthunger, Nahrungsmittelhilfe, Einwanderungspolitik und globales Bevölkerungswachstum. In einem Artikel in der Zeitschrift *Science* aus dem Jahr 1968 skizzierte Hardin seine berühmte ‚Tragödie der Allmende': eine Situation, in der Einzelne eine gemeinsame Ressource ausschließlich zu ihrem persönlichen Nutzen ausbeuten, was zu einer Erschöpfung der Ressource und zu ernsthaften Schäden für die Gesellschaft im Allgemeinen führt. In einem Artikel in *Psychology Today* aus dem Jahr 1974 vertrat er die Auffassung, dass eine solche Tragödie weltweit unbeabsichtigt als Folge der Nahrungsmittelhilfe für die an Hunger und Unterernährung Leidenden auftritt.

Die Rettungsboot-Ethik geht davon aus, dass die Welt auf eine katastrophale Krise zusteuert, in der die Weltbevölkerung ein nicht mehr tragbares Wachstum erreichen wird, und dass viele Länder innerhalb ihrer eigenen Grenzen bereits ein solches Niveau zu verzeichnen hätten. Hauptursache für diese Krise sei das rasche Bevölkerungswachstum, vor allem in den Ländern des ›Globalen Südens. Die Nahrungsmittelhilfe der reichen für die armen Länder sei ein wichtiger Faktor, der zu unhaltbar hohen Geburtenraten führe. Es wird behauptet, dass die Nahrungsmittelhilfe zu einem ‚Ratscheneffekt'[2] führe, der es verhindere, dass die Bevölkerung eines armen Landes auf eine *Tragfähigkeit* sinkt, die als *normale* Grenze angesehen wird, und stattdessen ein unhaltbares Wachstum ermögliche. Sie sagen voraus, dass eine Fortsetzung der Hilfe zu einem weltweiten wirtschaftlichen Zusammenbruch und einem Bevölkerungsrückgang führen würde.

Dieser Standpunkt steht in der langen Tradition ›neo-malthusianischem und sozialdarwinistischem Denkens, das oft zur Begründung für soziale Ungleichheit, wirtschaftliche Ausbeutung und globalen Imperialismus herangezogen wird, mit dem Ziel, das Allgemeinwohl zu maximieren. Wie für solche Ideologien typisch, ist sie voller theoretischer Ungereimtheiten und steht im Widerspruch zu empirischen Beweisen.

Zunächst einmal ist das Grundkonzept der *Tragfähigkeit* ein Zirkelschluss. Es gibt keine empirischen Beweise dafür, dass ein bestimmtes Bevölkerungsniveau die tatsächliche Kapazität eines bestimmten geografischen Gebiets zur Aufnahme der menschlichen Bevölkerung erschöpft; und es wird keine Untersuchung vorgelegt, die belegt, dass ein Bevölkerungsrückgang in der realen Welt das Resultat einer solchen Kapazitätsüberschreitung gewesen wäre. Jedes Konzept der Tragfähigkeit, das empirisch fundiert ist – wie einige Untersuchungen zum ökologischen Fußabdruck –, zeigt, dass wohlhabende, industrialisierte Gesellschaften, welche enorme Mengen an fossilen Brennstoffen und anderen Ressourcen verbrauchen, die Grenzen der Tragfähigkeit viel stärker überschreiten als ärmere Gesellschaften, die pro Kopf relativ wenig Ressourcen benötigen.

Darüber hinaus ignoriert die Rettungsboot-Ethik systematisch die Tatsache, dass viele arme und unterernährte Länder große Mengen an Gütern – unter anderem auch landwirtschaftliche Produkte – herstellen, die in wohlhabende Konsumgesellschaften exportiert werden, und dass ihre heimische Nahrungsmittelknappheit das Ergebnis globaler Machtverhältnisse und wirtschaftlicher Ausbeutung sowie des Außenhandels ist und nicht die Folge hoher Geburtenraten, welche die Tragfähigkeit des Landes übersteigen.

Die *Rettungsboot-Ethik* lehnt die Möglichkeit eines *sanften demografischen Übergangs* ohne Zwang ab, doch die historische Realität widerspricht dem. Ohne die drakonischen

Maßnahmen zur Geburtenkontrolle, die Hardin befürwortet, liegen die Geburtenraten in den meisten Ländern der Welt (Stand 2016) unter der ›Reproduktionsrate und in drei Vierteln der Länder unter dem moderaten Wert von 3,0. Indiens Geburtenrate liegt mit 2,45 heute weit unter der Rate der USA zwischen 1945 und 1964, also in der Zeit kurz vor der Veröffentlichung von Hardins Manifest ‚Lifeboat Ethics'.

Historische Belege zeigen auch, dass entgegen den Behauptungen der Rettungsboot-Ethiker*innen die Hauptursachen für Hungersnöte politischer und wirtschaftlicher und nicht etwa demografischer Natur waren. In Fällen wie der Ukraine, Biafra, Bangladesch, Timor-Leste und vielen anderen waren Hungersnöte das Ergebnis bewusster staatspolitischer Ziele, um die Autorität des herrschenden Regimes zu stärken, wirtschaftliche Interessen zu schützen und in den meisten Fällen Dissidenten und separatistische Bewegungen zu unterdrücken.

In der Realität ist das Verhältnis zwischen der Sicherheit der Nahrungsmittelversorgung und der Geburtenrate genau das Gegenteil von dem, was die Rettungsboot-Ethik unterstellt. Zum Beispiel ist in weiten Teilen Afrikas südlich der Sahara das Niveau des sozialen Wohlstands in allen Bereichen – einschließlich der sicheren Nahrungsmittelversorgung – extrem niedrig. Dies müsste laut der Rettungsboot-Ethik zu einem Rückgang der Geburtenraten führen. Die Region hat jedoch auch die höchsten Bevölkerungswachstumsraten der Welt. Umgekehrt, Gebiete des ›Globalen Südens, in denen die Geburtenrate zurückgeht, sind diejenigen, in denen sich die Nahrungsmittelproduktion und andere Indikatoren des sozialen Wohlstands verbessert haben.

Die Agenda des ›Neo-Malthusianismus verrät sich selbst durch die inkonsequente Anwendung der eigenen, fehlerhaften ideologischen Grundsätze. Die Weigerung, Menschenleben zu retten, führt nicht zum höheren Wohl der Gesellschaft. Würde die Rettung von Menschenleben in armen Ländern tatsächlich der Nachwelt schaden, dann müsste die Rettung von Menschenleben in reichen Ländern, in denen jeder Mensch ein Vielfaches von dem konsumiert, was ein Mensch in armen Ländern verbraucht, noch viel schädlicher für künftige Generationen sein. Dennoch empfehlen die Verfechter*innen der Rettungsboot-Ethik niemals, das Leben der wohlhabenden Konsument*innen zu opfern, um dem Gemeinwohl zu dienen.

Schließlich wird die Rettungsboot-Ethik durch die Tatsache widerlegt, dass sie die enge Beziehung zwischen dem Hunger in der Welt und der ›kolonialen und neokolonialen Entwicklungspolitik, die den globalen Süden als Quelle für billige Arbeitskräfte, Rohstoffe und landwirtschaftliche Produkte ansieht, völlig außer Acht lässt. Historisch gesehen hat die Kolonialpolitik drei Phasen durchlaufen, die zu weit verbreiteter Unterernährung und schweren Hungersnöten geführt haben. Diese sind:

1. die gewaltsame Zerstörung der traditionellen auf der Allmende basierenden ›Subsistenzwirtschaft;
2. der Einsatz von Gesetzen, öffentlicher Verwaltung und Zwangsmaßnahmen, um einheimische Arbeitskräfte den Forderungen imperialer Wirtschaftsinteressen zu unterwerfen, und
3. die Weigerung der Behörden, leicht verfügbare Nahrungsmittelüberschüsse für die Bekämpfung von Hungersnöten zur Verfügung zu stellen.

Heutzutage wird die Nahrungsmittelknappheit verstärkt durch wirtschaftliche und politische Faktoren in Verbindung mit den klimatischen Bedingungen verursacht.

In Anbetracht ihrer Fähigkeiten, diese Geschichte auszublenden, empirische Realitäten zu verzerren und die globale Ausbeutung als den normalen Lauf der Dinge zu verschleiern, funktioniert die Rettungsboot-Ethik als mächtiges Instrument der neokolonialen Wirtschaft und sogar als genozidales Entwicklungsmodell.

Anmerkungen

1 Dahinter verbirgt sich folgendes Bild: Wenn im Meer ein Rettungsboot mit fünfzig Personen für zehn weitere Personen Platz hätte, im Wasser aber noch hundert Personen

II

gerettet werden wollen, welche ethischen Überlegungen folgen dem Dilemma her, ob, und wenn ja, welche weiteren Personen unter welchen Bedingungen aufgenommen werden sollten. (https://de.wikipedia.org/wiki/Lifeboat_ethics – Anm. d. Übers.)

2 Eine Ratsche ist im Maschinen- und Werkzeugbau ein Hilfswerkzeug, das beim Anziehen von Schrauben und Muttern das Drehmoment nur in einer Richtung überträgt. (Anm. d. Übers.)

Weitere Quellen

Clark, John (2016), *The Tragedy of Common Sense*. Regina, SK: Changing Suns Press.

Davis, Mike (2017), Late Victorian Holocausts. London: Verso. (deutsch: Die Geburt der Dritten Welt : Hungerkatastrophen und Massenvernichtung im imperialistischen Zeitalter. Berlin u.a.: Verlag Assoziation A 2004)

Hardin, Garrett (1974), ‚Living on a Lifeboat', BioScience. 24 (10): 561-68.

—(1968). The Tragedy of the Commons, Science. 162 (3859): 1243-48.

Moore Lappé, Frances und Joseph Collins (2015), World Hunger: Ten Myths. New York: Grove Press. (**deutsch**: Vom Mythos des Hungers : d. Entlarvung e. Legende: niemand muss hungern. Frankfurt: Fischer Taschenbuchverlag, 1985)

Ostrom, Elinor (2015), Governing the Commons. Cambridge, UK: Cambridge University Press. (**deutsch**: Die Verfassung der Allmende : jenseits von Staat und Markt. Tübingen : Mohr Siebeck 1999)

John P. Clark ist Sozialökologe, Direktor des *La Terre Institute for Community and Ecology* und emeritierter Professor für Philosophie an der *Loyola University*, New Orleans. Sein jüngstes Buch ist *The Tragedy of Common Sense* (2016) und wurde bereits mehrfach veröffentlicht.

Übersetzung: Hannelore Zimmermann

Hug March

Smart Cities

 IKT, technologische Souveränität, urbane Transformation

Die *Smart City* ist ein mehrdeutiges Konzept, das sowohl im ›Globalen Norden als auch im ›Globalen Süden die Debatten über städtische Nachhaltigkeit und die Strategien für die städtische Wettbewerbsfähigkeit stark beeinflusst. Sein Eckpfeiler ist die intensive und allgegenwärtige Nutzung der *Informations- und Kommunika-*

tionstechnologie (IKT) zur Verbesserung der städtischen Verwaltung und ihrer Nachhaltigkeit.

Es ist zwar unmöglich, eine umfassende Liste von Städten, Regionen oder Ländern zu erstellen, die Smart-City-Pläne umsetzen, aber es lohnt sich, einige der beispielhaftesten Fälle zu nennen. Europa ist ein Vorreiter in Sachen Smart City, wobei Städte wie Amsterdam[1] oder Barcelona[2] in den letzten Jahren die Rangliste der Smart Cities anführten. Während die meisten Smart-City-Strategien darauf abzielen, die bestehende gebaute Umwelt nachzurüsten, indem sie der Stadt eine ‚digitale Haut' verpassen, kann man auch die von Grund auf neu gebauten Smart Cities erwähnen, wie Masdar in den Vereinigten Arabischen Emiraten oder Songdo in Südkorea. Das Konzept hat nicht nur den Städtebau im ›Globalen Norden beeinflusst, sondern prägt auch die Städtedebatten im ›Globalen Süden. Bemerkenswert ist das Ausmaß und der Ehrgeiz der Smart-Cities-Mission in Indien, die über 100 Projekte im ganzen Land umfasst. Nicht zuletzt ist es auch wichtig zu erwähnen, dass das Konzept beginnt, die afrikanische Stadtentwicklung zu beeinflussen.

Mit der kontinuierlichen Erfassung feinkörniger Daten über den städtischen Stoffwechsel durch den flächendeckenden Einsatz mobiler Anwendungen (Apps), Sensoren, intelligenter Zähler, intelligenter Netze, integrierter Verwaltungsplattformen usw. verspricht die Smart City eine effizientere und optimale Ressourcennutzung, eine Verringerung der städtischen Umweltverschmutzung und eine bessere Lebensqualität. Große IKT-Konglomerate, Versorgungsunternehmen und internationale Beratungsfirmen treten als Schlüsselakteure bei der Umsetzung der Smart City auf städtischer Ebene auf.

Diese von Unternehmen geführte, aufpolierte digitale Version der ökologischen Modernisierung durch IKT birgt viele Gefahren für einen Übergang zum ›Post-Development. Erstens: Das Mainstream-Verständnis der Smart City weist einen hohen Grad an technologischer Vorbestimmtheit auf. Die intensive Nutzung von

IKT wird unkritisch als obligatorischer Durchgangspunkt angenommen, der automatisch eine bessere Lebensqualität für alle gewährleisten würde. In der Imagination einer Smart City führt der technologische Wandel daher den sozialen Wandel an. Eine ›ontologische Perspektive, die sozial-ökologische städtische Prozesse als ingenieurwissenschaftliche und technische Herausforderungen begreift, die durch technologische Reparaturen gelöst werden können, prägt diese Sichtweise. Befeuert durch eine entpolitisierte Großspurigkeit wird die ›transformative Kapazität der Technologie überschätzt, während die strukturellen politisch-wirtschaftlichen Dimensionen sozial-ökologischer städtischer Probleme wie Armut, Diskriminierung oder Ungleichheit in den Hintergrund gerückt werden. Auf diese Weise ersetzen hegemoniale Smart-City-Entwicklungen das Streben nach sozialer und ökologischer Gerechtigkeit und das ‚Recht auf Stadt‘ durch das Streben nach Demokratisierung der Technologie. Zweitens können Smart-City-Technologien die städtische Zersplitterung vertiefen, bestehende ungleiche Machtverhältnisse verstärken sowie soziale Unterschiede und den Ausschluss einiger Interessengruppen steigern. Drittens kann die Smart City als ein Motor zur Beschleunigung des Kapitalverkehrs und der Renditen-Abschöpfung durch und für private Unternehmen in Zeiten der städtischen Umstrukturierung nach der Krise verstanden werden. Die monopolistische private Kontrolle über smarte Technologien kann zu einem sozial-technischen Lock-in[3] führen, der die Verwirklichung alternativer, egalitärer sozial-technischer Veränderungen verhindert. Viertens könnte dies auch als ein Schritt in Richtung einer städtischen Dystopie der totalen Überwachung und einer Verlagerung hin zu einer autoritären Stadtverwaltung angesehen werden.

Abgesehen von den politisch-ökonomischen Auswirkungen der Smart City sollten auch die ökologischen Vorteile der städtischen IKT kritisch hinterfragt werden. Smart-City-Lösungen zielen darauf ab, den Wasser- und Energieverbrauch zu senken und die Emissionen auf effiziente und kostengünstige Weise zu reduzieren. Einerseits können Effizienzsteigerungen zu einem unerwarteten Anstieg des Ressourcenverbrauchs führen, was dem Paradoxon von Jevons[4] entspricht. Andererseits kann die Produktion von Smart-City-Technologien sozial-ökologische Auswirkungen haben, die sich aus der Herstellung, dem Betrieb und der Entsorgung von IKT ergeben (zum Beispiel Gewinnung von konfliktträchtigen knappen Elementen wie kritischen Metallen und Seltenen Erden).

Kurz gesagt, aus einer kritischen Perspektive könnte die Smart City als leerer, hohler und entpolitisierter Signifikant[5] charakterisiert werden, der nach dem Bild des Kapitals gebaut wurde, um städtische Renditen abzuschöpfen und das Wirtschaftswachstum zu fördern. Mit anderen Worten, die Smart City kann als eine überarbeitete digitale Version der ökologischen Modernisierung verstanden werden, die auf städtischer Ebene angewandt wird und im Widerspruch zu einer Postdevelopment-Alternative steht. Wirklich problematisch an der Smart City sind jedoch nicht die IKT und die intelligenten Technologien an sich, sondern die politische Ökonomie, die den technokratischen und unternehmerischen, technologisch festgelegten, nicht-räumlichen und wachstumsorientierten Vorstellungen von der Smart City zugrunde liegt. In der Tat könnte eine progressive, von unten entwickelte und emanzipatorische Subversion der Smart-City-Technologien und IKT machbar sein. Viele Smart-City-Technologien wie intelligente Zähler, Sensoren, intelligente Netze oder offene Plattformen könnten für einen Post-Wachstums-Wandel interessant sein, wenn sie im Rahmen einer ›Open-Source-Logik von Genossenschaften, kleinen und mittleren Unternehmen (KMU) oder gemeinnützigen Organisationen entwickelt und unter demokratischer öffentlicher Kontrolle gehalten würden. In der Tat haben Basisaktivist*innen durch Bottom-up-Experimente mit IKT – von Kartierungs-Apps bis hin zu selbstgebauten Sensoren – gezeigt, dass sie in

II

der Lage sind, sich diese Technologien anzueignen, sie zu nutzen und anzupassen, und dass sie die Fähigkeit haben, neue Daten zu produzieren, um politische Vorstellungen in städtischen sozial-ökologischen Auseinandersetzungen zu formulieren. Andernorts beginnen lokale Verwaltungen, die sich mit Fragen der technologischen Souveränität befassen, Alternativen zu hegemonialen und unternehmensgesteuerten Smart Cities zu formulieren. Diese alternativen Diskurse und Praktiken drehen sich um die kollaborative Umverteilung von ‚Intelligenz‘ und eröffnen die Möglichkeit einer progressiven zivilen, demokratischen, kooperativen, bürger*innenbasierten und gemeinschaftlichen städtischen ›Transformation, die weder von technokratischen Eliten und dem Kapital kontrolliert noch dem Fetischismus des ständigen Wirtschaftswachstums unterworfen wird.

Anmerkungen

1 Der Dokumentarfilm *Smart City – In search of the Smart Citizen* (2015, Regie: Dorien Zandbergen und Sara Blom) dokumentiert und diskutiert die Umwandlung Amsterdams in eine Smart City, die weltweit Maßstäbe setzt. Er ist unter *Creative Commons* veröffentlicht und kann unter https://gr1p.org/en/documentary-smart-city-in-search-of-the-smart-citizen/ angesehen werden.

2 *Barcelona Digital City* (2017-20) ist ein vom Stadtrat von Barcelona erstellter Fahrplan zur Nutzung von Technologie und Daten, um den Bürger*innen erschwingliche und bessere Dienstleistungen zu bieten und gleichzeitig die Regierung partizipativer, transparenter und effektiver zu machen. Weitere Schwerpunkte sind die digitale Befähigung zur Bekämpfung von Ungleichheit und die digitale Innovation zur Bewältigung sozialer Herausforderungen. Weitere Informationen dazu unter https://ajuntament.barcelona.cat/digital/en. (abgerufen 30.7.2023)

3 Lock-in (engl.: einschließen): „... das Phänomen, dass eine technologische Neuerung, die zu einem Standard wurde, nur bestimmte Nutzungsweisen zulässt ...“ https://de.wikipedia.org/wiki/Lock-in_(Technologieentwicklung) (Anm. d. Übers.)

4 William Stanley Jevons beobachtete, dass technischer Fortschritt, der eine effizientere Nutzung eines Rohstoffs erlaubt, letztlich zu einer erhöhten Nutzung dieses Rohstoffes führt, anstatt sie zu senken. https://de.wikipedia.org/wiki/William_Stanley_Jevons (Anm. d. Übers.)

5 *Signifikant*: Ein Begriff / sprachlicher Ausdruck: https://www.spektrum.de/lexikon/philosophie/signifikat-signifikant/1874 (Anm. d. Übers.)

Weitere Quellen

Glasmeier, Amy und Susan Christopherson (2015), Thinking about Smart Cities, Cambridge Journal of Regions, Economy and Society (Special Issue on Smart Cities). 8: 3-12.

March, Hug (2018), The Smart City and Other ICT-Led Techno-Imaginaries: Any Room for Dialogue with Degrowth? Journal of Cleaner Production. 197 (2): 1694-1703.

März, Hug und Ramon Ribera-Fumaz (2016), Smart Contradictions: The Politics of Making Barcelona a Self-sufficient City, European Urban and Regional Studies. 23 (4): 816-30.

Hug March lehrt an der Fakultät für Wirtschaftswissenschaften der *Universitat Oberta de Catalunya*, Spanien, und ist Forscher am *Urban Transformation and Global Change Laboratory, Internet Interdisciplinary Institute* (IN3) ist ein politischer Stadtökologe, der sich für ein kritisches Verständnis der Rolle von Technologie und Finanzierung bei der sozial-ökologischen Transformation interessiert. Er hat sich eingehend mit der politischen Ökologie des Wasserkreislaufs befasst.

Übersetzung: Elisabeth Voß

Lukas Novak

Transhumanismus

 Transhumanismus, künstliche Intelligenz (KI), Fortschritt, Singularität, existenzielles Risiko

Transhumanisten[1] glauben, dass sich die menschliche Natur durch die Anwendung der Wissenschaft weiterentwickeln kann, um die Lebenserwartung, die geistigen und körperlichen Fähigkeiten und sogar die emotionale Kontrolle zu erhöhen (Bostrom 2007). Durch den Ersatz von Zellen und Organen durch genetisch verbesserte oder maschinell betriebene Äquivalente wären die Menschen in der Lage, sich schneller zu bewegen und Informationen schneller zu verarbeiten. Zu den Werkzeugen des Transhumanismus gehören Technologien wie Gentechnik, künstliche Befruchtung, Klonen, Keimbahntherapie, künstliche Intelligenz (KI) sowie die letztlich vollständige Verschmelzung von Maschinen und Menschen, die so genannte Singularität[2]. Ziel der Transhumanisten ist es, das Leiden zu beseitigen und eine göttliche Weisheit zu erlangen, die die Fähigkeiten selbst der intelligentesten Menschen von heute weit übersteigt.

Transhumanismus ist eine kleine – aber mächtige – verborgene Bewegung. Ihr führender Vertreter, Ray Kurzweil, arbeitet bei Google im Bereich des maschinellen Lernens und der Sprachverarbeitung und ist ein enger Freund von Larry Page, dem Vorstandsvorsitzenden von *Alphabet Inc*, der Muttergesellschaft von Google.[3] Er ist der radikalste Transhumanist, der die Agenda dieser Bewegung lenkt und andere dazu einlädt, seinem Projekt der Verbesserung des Menschen zu folgen. Kurzweil (2005: 9) erklärt:

„Die Singularität wird den Höhepunkt der Verschmelzung unseres biologischen Denkens und unserer Existenz mit unserer Technologie darstellen, was zu einer Welt führt, die immer noch menschlich ist, aber über unsere biologischen Wurzeln hinausgeht. Nach der Singularität wird es keine Unterscheidung mehr zwischen Mensch und Maschine oder zwischen physischer und virtueller Realität geben. Wenn Sie sich fragen, was in einer solchen Welt eindeutig menschlich bleiben wird, dann ist es einfach diese Eigenschaft: Wir sind die Spezies, die von Natur aus danach strebt, ihre physische und mentale Reichweite über ihre derzeitigen Grenzen hinaus zu erweitern."

Diese Verschmelzung von Mensch und Maschine zu einer Singularität wird das so genannte ‚posthumane' Zeitalter begünstigen und eine Transzendenz hin zum Omegapunkt vorwegnehmen, den der Philosoph Teilhard de Chardin sich bereits 1965 als ein gottähnliches kollektives Bewusstsein vorstellte. Am Omegapunkt werden die Menschen in der Lage sein, ewig zu leben, das Weltall zu erobern und ein Bewusstsein mit dem Universum zu bilden. Es wird angenommen, dass diese Umwandlung durch das Hochladen des menschlichen Geistes auf einen Computer eingeleitet wird. Außerdem glauben Transhumanisten, dass diese Welt einen Sinn hat, weil sie mystisch und magisch ist und niemand berechnen kann, wie das Universum nach Erreichen der Singularität aussehen wird.

Der Transhumanismus beginnt mit einem ausdrücklichen Glauben an den rationalen wissenschaftlichen Fortschritt. Das bedeutet Fortschritt um des Fortschritts willen. Ein Wissenschaftler hat vorgeschlagen, dass „der Transhumanismus ein ‚weltlicher Glaube' ist, der einerseits traditionelle religiöse Motive verweltlicht und andererseits die Technologie mit einer erlösenden Bedeutung ausstattet" (Wolyniak 2015: 63). Dies entspringt dem Streben, die Bedingungen des Menschseins zu überwinden, weil die gegenwärtige Biologie des Menschen als schwach und unzureichend für die Notwendigkeiten der Zukunft angesehen wird. Die hochpolitische Frage, wer das Recht hat, zukünftige Notwendigkeiten zu definieren, wird hier nicht gestellt.

Warum befürworten einige Gelehrte und Wissenschaftler*innen den Transhumanismus, und warum haben so viele Menschen in spätkapitalistischen Gesellschaften dieses Narrativ übernommen? Humanist*innen unterscheiden traditionell die Kategorien von Mensch und Tier. Darüber hinaus betonen sie ‚Vernunft und individuelle Autonomie' bei der Entscheidungsfindung. Diese Idee des Fortschritts kann aus zwei Blickwinkeln betrachtet werden. Der deutsche Soziologe Max Weber verweist auf ihre kulturelle Verbindung mit wissenschaftlichen Erkenntnissen und auf die Auswirkungen, die dies auf die Entwicklung der Gesellschaft und des Einzelnen hat. Die andere Sichtweise ist dagegen historisch und beruht auf der Überzeugung, dass Menschen schon immer an einem Projekt des technologischen Fortschritts gearbeitet haben; dass es in der Natur des Menschen liegt, sein Leben zu ‚verbessern', ähnlich wie das erste Werkzeug in die Hand zu nehmen (Toffoletti 2007).

Transhumanisten hoffen, dass sie durch die Überwindung der Biologie und die Übernahme der Kontrolle über die natürlichen Evolutionsprozesse das endgültige Ziel erreichen können, *posthuman* zu werden. Die *World Transhumanist Association* (2006) definiert den Posthumanen als ein mögliches zukünftiges Wesen, „dessen grundlegende Fähigkeiten die des heutigen Menschen so radikal übersteigen, dass es nach unseren heutigen Maßstäben nicht mehr

II

eindeutig menschlich ist". Diese spezifische Verwendung des Substantivs ‚Posthuman' sollte nicht mit der eher kulturphilosophischen Verwendung des Begriffs verwechselt werden. Die letztgenannten Posthumanisten behaupten, dass die eigene Positionierung als dezentrales ‚posthumanes Subjekt' es erlaubt, die Beschränkungen des humanistischen ›Anthropozentrismus, der maskulinistischen Terminologie und der binären Beziehungen wie Natur/Kultur, Maschine/Mensch zu hinterfragen.

Transhumanisten glauben, dass bis zum Jahr 2045 die kombinierte Gehirnleistung aller Menschen von Computern übertroffen werden wird (Kurzweil 2005: 70). Jedoch fürchten sie eine Welt, die von superintelligenten KI-Erfindungen beherrscht wird. Einige argumentieren sogar, dass die einzige Möglichkeit, dieses Risiko zu vermindern, darin besteht, dass Menschen selbst transhuman werden. Kurzweil ist beispielsweise der Meinung, dass wir dem Entstehen einer superintelligenten KI vorbeugen müssen, indem wir Menschen ermutigen, mit Maschinen zu verschmelzen. Die Risiken, vor denen die Transhumanisten die Welt schützen wollen, sind jedoch dieselben Risiken, die durch ihre Lösungen hervorgerufen würden.

Humanistische und christliche Wissenschaftler*innen und sogar Francis Fukuyama sind der Meinung, dass die technische Verbesserung moralische Fragen aufwirft, wenn sie einem Individuum einen unfairen Vorteil gegenüber einem anderen verschafft. Theolog*innen lehnen den Transhumanismus auf der Grundlage des Naturrechts ab; jeder Versuch, die Natur des Menschen zu verändern, wird als sündhafter Affront gegen Gott angesehen. Der Soziologe Nick Bostrom hat im Zusammenhang mit gefährlichen Technologien wie der künstlichen Intelligenz den Begriff ‚existenzielles Risiko' eingeführt. Seiner Meinung nach ist die Superintelligenz eines von mehreren existenziellen Risiken, „bei denen ein ungünstiger Ausgang entweder das intelligente Leben auf der Erde auslöschen oder sein Potenzial dauerhaft und drastisch ein-

schränken würde" (Frankish und Ramsey 2014: 329). Wie auch immer, diese Welt der Post-Singularität[2] ist so weit entfernt, dass es unmöglich ist, die Risiken zu kalkulieren.

Anmerkungen

1 Anm. d. Übers.: Da im Englischen nicht gegendert wird, entscheide ich beim Übersetzen, wo und wie ich es mache. Manche sehr patriarchal konnotierte Begriffe gendere ich absichtsvoll nicht.

2 (Post-)Singularität: „... ein hypothetischer zukünftiger Zeitpunkt ..., an dem künstliche Intelligenz (KI) die menschliche Intelligenz übertrifft und sich dadurch rasant selbst verbessern und neue Erfindungen machen würde, wodurch der technische Fortschritt irreversibel und derart beschleunigt würde, dass die Zukunft der Menschheit nach diesem Ereignis nicht mehr vorhersehbar wäre." https://de.wikipedia.org/wiki/Technologische_Singularit%C3%A4t (Anm. d. Übers.)

3 Ende 2019 hat Larry Page sich aus der operativen Leitung von Alphabet zurückgezogen, ist aber weiterhin im Verwaltungsrat des Unternehmens. (Anm. d. Übers.)

Weitere Quellen

Bostrom, Nick (2007), *In Defense of Posthuman Dignity*. https://nickbostrom.com/ethics/dignity.html (abgerufen am 20.03.2023)

Frankish, Keith and Ramsey, William (2014), *The Cambridge Handbook of Artificial Intelligence*. Cambridge: Cambridge University Press.

Kurzweil, Ray (2005), *The Singularity Is Near: When Humans Transcend Biology*. New York: Viking (**deutsch**: Menschheit 2.0 : die Singularität naht. Berlin: Lola Books 2014)

Toffoletti, Kim (2007), *Cyborgs and Barbie Dolls: Feminism, Popular Culture and the Posthuman Body*. London: I. B. Tauris.

Wolyniak, Joseph (2015), The Relief of Man's Estate': Transhumanism, the Baconian Project, and the Theological Impetus for Material Salvation. In: Calvin Mercer and Tracy J. Trothen (eds), *Religion and Transhumanism: The Unknown Future of Human Enhancement*. Santa Barbara: Praeger.

World Transhumanists Association, http://transhumanism.org/index.php/wta/hvcs/. (Webseite ist bei www.archive.org dokumentiert 07.06.2023)

Luke Novak hat einen Bachelor mit Auszeichnung in Soziologie und Anthropologie. In seiner Abschlussarbeit beschäftigte er sich mit den existenziellen Risiken des Transhumanismus, der Singularität und der Künstlichen Intelligenz (KI). Als Post-Graduate in Jura an der *University of New South Wales* in Sydney hofft er, die Überschneidung von Recht und fortgeschrittenen Technologien und die damit verbundenen Risiken erforschen zu können.

Übersetzung: Elisabeth Voß

III

Ein Pluriversum
der Menschen

Initiativen
der Umgestaltung

Aram Ziai

Abwicklung des Nordens

 nicht entwickelnd, Post-Entwicklung, nachhaltige Entwicklung, Degrowth, Internationalismus

Das Konzept der ‚Abwicklung des Nordens'[1] wendet sich sowohl allgemein gegen den Entwicklungsdiskurs und seinen Imperativ der Entwicklung des ›Globalen Südens als auch speziell gegen nachhaltige Entwicklung, insofern sie lediglich als ökologische Modernisierung des bestehenden Gesellschaftssystems verstanden wird. Als Ursache für Armut und Umweltzerstörung sieht es Machtverhältnisse im globalen Kapitalismus und seinen ›Akkumulationszwang und strebt daher deren Überwindung an.

Seine historischen Wurzeln liegen in Debatten, die in den 1990er Jahren im Rahmen des BUKO (*Bundeskongress entwicklungspolitischer Aktionsgruppen*, heute: *Bundeskoordination Internationalismus*), einem Zusammenschluss von Solidaritäts- und Eine-Welt-Gruppen, geführt wurden. Das Konzept knüpft an die Weltsystemtheorie und den ›Subsistenzfeminismus (Ökofeminismus) an, aber auch an postkoloniale Studien und den Neuen Internationalismus, der sich von traditionellen Vorstellungen von Avantgarde-Politik, Staatssozialismus und der Arbeiterklasse als revolutionärem Subjekt verabschiedet hat. Es entstand aus einer Kritik an nachhaltiger Entwicklung, die als ökologische Modernisierung eines neoliberalen Kapitalismus analysiert wurde. Eine solche Modernisierung reproduziere Vorstellungen von westlicher Überlegenheit, einen patriarchalen Glauben an Wissenschaft und Technik und ein ungerechtfertigtes Vertrauen in Expert*innen-Wissen über ‚Entwicklung' (Hüttner 1997: 141). Stattdessen schlägt es eine Politik vor, die die Kritik am traditionellen Internationalismus berücksichtigt, gleichzeitig aber die Lösungen des ›Subsistenzfeminismus als zu sehr auf alternative Landwirtschaft fokussiert und zu wenig mit größeren gesellschaftlichen ›Transfor-

mationen und politischen Kämpfen befasst empfindet – letztlich als Rückzug in eine nichtkapitalistische Nische (Bernhard u.a. 1997: 195f).

Die *Abwicklung des Nordens* versteht den ›Globalen Norden primär nicht als geographischen Bereich, sondern als Gesellschaftsordnung und Herrschaftssystem (Spehr 1997: 4), in der manche Gruppen gezwungen sind, ihre produktive, ›reproduktive und emotionale Arbeit für einen Hungerlohn oder unbezahlt zur Verfügung zu stellen, während andere (überproportional im Norden zu finden) ungerechtfertigte Privilegien genießen. Das Gesellschaftsmodell der als ‚entwickelt' bezeichneten Länder basiert mithin auf Exklusion, auf der Aneignung billiger Rohstoffe und Arbeitskräfte, und kann daher kein durch ‚Entwicklung' zu imitierendes Vorbild sein. Das Konzept zielt statt auf Nischen auf die Veränderung von Gesellschaftsstrukturen von unten durch Verringerung der in ihnen ausgebeuteten Menge an Natur und Arbeit (auf globaler, nationaler und individueller Ebene – der ‚innere Süden', der nach Unabhängigkeit vom Zwang zur Selbstzurichtung strebt) und eine Vergrößerung von Autonomie. Seine fünf Prinzipien sind:

1. das Unterbinden der Fähigkeit des Nordens zur militärischen Intervention, um seinen Zugriff auf Rohstoffe und Arbeit anderer Regionen durchzusetzen (auf den Punkt gebracht im Slogan gegen den Irakkrieg 1990/ 1991 „Kein Blut für Öl");

2. die Zurückdrängung des globalen Sektors, der lokale Initiativen stets in die globale Konkurrenz zwingt und so ökonomische Alternativen verunmöglicht;

3. die Entprivilegierung der formalen Arbeit, die die Vorteile des Sozialstaats an bestimmte Tätigkeiten knüpft und durch eine soziale *Grundsicherung für alle* ersetzt werden sollte;

4. direkte Aneignung von Räumen und Zusammenhängen mit dem Ziel der Befriedigung von Grundbedürfnissen (‚Land und Freiheit' in agrarischen, z.B. Hausbesetzungen und Erzeuger-Verbraucher-Gemeinschaften in Industriegesellschaften);

III

5. Maßnahmen zur direkten Überlebenssicherung, die verhindern, dass größere Flächen im ›Globalen Süden für den Exportsektor („land grabbing') statt zur Erlangung von Ernährungssouveränität genutzt werden, und auch im ›Globalen Norden auf den Wiederaufbau von ›Subsistenzstrukturen abzielen – also auch die bis heute von einer ›kolonialen Arbeitsteilung profitierenden Regionen dekolonisieren (Spehr 1996: 214-223).

Im Unterschied zu einigen Vorstellungen nachhaltiger Entwicklung ist es für die *Abwicklung des Nordens* illegitim, wenn beispielsweise europäische Akteur*innen im Namen eines globalen Umweltbewusstseins (bzw. der Rettung des Planeten) Zugriff auf die brasilianischen Regenwälder erhalten und eine nachhaltige Bewirtschaftung gegen lokale Akteur*innen durchsetzen. Im Unterschied zu einigen ›subsistenzfeministischen Vorstellungen geht es dem Konzept nicht um eine individuelle Ethik ökologischer Produktion und Konsumtion oder eine spirituelle Nähe von Frauen und Natur. Und anders als einige Vorstellungen des ›*Post-Development* will es auch nicht unbedingt Verwestlichung, Modernisierung und Industrialisierung verhindern. Das Konzept ist aber durchaus verknüpft mit Debatten um ›zapatistische Politik und den Unwillen, für andere zu sprechen. Im Gegensatz zu marxistischen Ansätzen vermeidet die *Abwicklung des Nordens* Aussagen, wie Gesellschaften sich organisieren und produzieren sollten, sofern sie es nicht auf der Grundlage der Ausbeutung der Ressourcen und der Arbeit anderer Gruppen tun. Dieses Prinzip schränkt Modernisierungs- und Industrialisierungsbestrebungen bereits deutlich ein (Spehr 1996: 224). Die *Abwicklung* beinhaltet nicht zwingend die Abschaffung von Kapitalismus, Patriarchat und Rassismus, aber ermöglicht einen Umgang mit sozialen und ökologischen Krisen, der diese Strukturen nicht weiter reproduziert. Sie stellt somit einen Rahmen für die zukünftige Ausgestaltung der Gesellschaft zur Verfügung (ebd.: 226).

Während das Konzept in einigen internationalistischen Kreisen seit seiner Entstehung debattiert wird, wurde es in den letzten Jahren auch in der Postwachstumsbewegung als radikale Alternative zu Ansätzen, die zwar Wachstum begrenzen, aber nicht den kapitalistischen Wachstumszwang per se in Frage stellen wollen, hierzulande wiederentdeckt (Habermann 2012; Bendix 2016). Anstatt wie *Mainstream*-Ansätze der nachhaltigen Entwicklung zu suggerieren, die ökologische Krise könne durch technischen Fortschritt und eine Effizienzrevolution überwunden werden, wendet es sich gegen die strukturellen Ursachen der Krise. Die *Abwicklung des Nordens* verknüpft die Kritik am globalen Kapitalismus und am Entwicklungsdiskurs mit einer umfassenderen Herrschaftskritik – und der politischen Zielsetzung der Abschaffung der „imperialen Lebensweise" (Brand/Wissen 2013) in Metropolen des Nordens und des Südens.

Anmerkung

1 Spehr 1996: 209-236; Hüttner 1997; Bernhard u.a. 1997; Spehr 1997

Weitere Quellen

Bendix, Daniel (2016): *Post Development. Beim globalen Umgang mit dem kolonialen Erbe geht es um mehr als Wachstumskritik*. https://www.degrowth.de/wp-content/uploads/2016/06/ DIB_Post-Development-1.pdf, (abgerufen am 19.6.2017)

Bernhard, Claudia; Bernhard Fedler; Ulla Peters; Christoph Spehr & Heinz-Jürgen Stolz (1997): Bausteine für Perspektiven. In: *Schwertfisch* 1997: 193-200.

Brand, Ulrich, & Markus Wissen (2013): Crisis and Continuity of Capitalist Society-Nature Relationships. The Imperial Mode of Living and the Limits to Environmental Governance. In: *Review of International Political Economy*, Bd. 20, Nr. 4: 687-711 (https://doi.org/10.1080/09692 290.2012.691077 – abgerufen am 08.06.2023).

Habermann, Friederike (2012): Von Post-Development, Postwachstum und Peer-Ecommony. Alternative Lebensweisen als ‚Abwicklung des Nordens. In: *Journal für Entwicklungspolitik*, Bd. 28, Nr. 4: 69-87 (https://doi.org/10.20446/JEP-2414-3197-28-4-69 – abgerufen am 08.06.2023).

Hüttner, Bernd (1997): Von Schlangen und Fröschen – Abwicklung des Nordens statt Öko-Korporatismus. In: *Schwertfisch* 1997: 139-152.

Schwertfisch (1997) (Hg.): *Zeitgeist mit Gräten. Politische Perspektiven zwischen Ökologie und Autonomie*. Bremen.

Spehr, Christoph (1996): *Die Ökofalle. Nachhaltigkeit und Krise*. Wien.

Spehr, Christoph (1997): Hanna und die Abwickler. In: *Forum entwicklungspolitischer Aktionsgruppen*, Nr. 210: 4-7.

Aram Ziai ist Mitglied der *Bundeskoordination Internationalismus* (BUKO) und Professor für Entwicklungspolitik und Postkoloniale Studien an der Universität Kassel, Deutschland.

aus: PERIPHERIE Nr. 150/151, 38. Jg. 2018, S. 340-342.
https://doi.org/10.3224/peripherie.v38i2.15 (abger. 8.6.2023)

Eric Ns. Ndushabandi / Olivia U. Rutazibwa

Agaciro (Wert, Würde, Selbstachtung)

 Würde, Entwicklung, Ruanda, Dekolonialität

So lange unseres Selbstwertgefühlgefühls beraubt, lernten wir die tiefe Bedeutung von Agaciro. Agaciro heißt Selbstwert erschaffen. Wir müssen lernen, uns gegenseitig wertzuschätzen. Wir brauchen Einigkeit, Zusammenhalt und gegenseitige Verlässlichkeit.

- S.E. Paul Kagame, Präsident von Ruanda

Agaciro ist ein Begriff mit vielfältigen Bedeutungen, je nach historischem und geografischem Kontext und je nachdem, ob er sich auf Dinge, Menschen oder deren Interaktion bezieht. Meistens mit *Wert*, *Würde* und *Selbstachtung* übersetzt (Behuria 2015), bezieht sich *Agaciro* auf die konkreten Lebenserfahrungen der Menschen in Ruanda.

Dieser Aufsatz untersucht die kreative Art und Weise, in der das Konzept der Würde durch *Agaciro* wieder in den Mittelpunkt des entwicklungspolitischen Denkens und der sozialen Praxis gerückt wird. Es wird untersucht, inwieweit es eine postentwicklungspolitische oder ›dekoloniale Alternative zur hegemonialen internationalen Entwicklung darstellt. Unsere vorläufige Schlussfolgerung ist, dass die mit *Agaciro* verbundene symbolische Kraft, die Menschen von Ruanda in die Lage versetzt, sich als Hauptakteure*innen der Entwicklung und nicht als Empfänger- oder Nutznießer*innen wahrzunehmen. In Anbetracht der verschiedenen politischen Ansätze, die sich auf *Agaciro* berufen, kommen wir zu dem Schluss, dass das Potenzial von *Agaciro* für ein radikales alternatives Denken zwar vorhanden, aber nicht zwangsläufig verfügbar ist.

Agaciro wird überwiegend als eine kulturelle Haltung aus vorkolonialer Zeit angesehen, die während der Kolonisierung – erst durch Deutschland, dann durch Belgien – ‚verloren‘ gegangen ist, aber auch zu Zeiten der Unabhängigkeit (1962), die in der vollständigen Unterdrückung während des Völkermords an den Tutsi (1994) gipfelte.

Ab dann wird das Konzept nicht nur in der Populär-, Stadt- und Elitekultur wieder aufgegriffen und aufgewertet, sondern auch bewusst in politische Ideologie und Politik umgesetzt, wie beispielsweise dem *Agaciro-Entwicklungsfonds*, der nach dem Völkermord von der regierenden Partei, der *Ruandischen Patriotischen Front* (RPF), eingerichtet wurde. *Agaciro* drückt sich durch eine bewusste öffentliche Politikgestaltung aus, die sich sowohl an Ruander*innen im Land als auch in der Diaspora richtet, und stellt ein indirektes Instrument der Kommunikation mit dem Rest der Welt dar. Der *Agaciro-Entwicklungsfonds* wurde von Ruander*innen auf dem neunten *Umushyikirano* (Nationaler Dialog-Rat) im Jahr 2011 vorgeschlagen. Die ruandischen Bürger*innen im In- und Ausland wurden aufgefordert, freiwillig in den Fonds einzuzahlen. Er wurde dann am 23. August 2012 von Präsident Kagame als Instrument zum Aufbau öffentlicher Rücklagen eingerichtet, um die Unabhängigkeit zu gewährleisten, die Stabilität in Zeiten von Turbulenzen in der nationalen Wirtschaft aufrechtzuerhalten und die sozioökonomischen Entwicklungsziele Ruandas zu beschleunigen, wozu auch die Finanzierung nationaler Schlüsselprojekte im Rahmen der *Vision 2020* gehört. Präsident Kagame betonte, dass die Einrichtung des Fonds als Zeichen der Würde verstanden werden sollte – als etwas, das man sich verdient hat und das einem nicht von anderen zugeteilt wurde. Wichtig ist nicht

A

III

die Höhe des Finanzvolumens, sondern die *Idee* als solche.

Agaciro steht sowohl für den Entwurf einer neuen Philosophie als auch für eine öffentliche Politik, die auf heimische Lösungen ausgerichtet ist und verkörpert damit – zwar nicht zwangsläufig, aber möglicherweise – eine radikale Alternative zu herkömmlicher internationaler Entwicklungspolitik.

Auf die Frage, wie die Idee von *Agaciro* ihr Denken und Verhalten beeinflusst, nannte die ehemalige Ministerin für Angelegenheiten der *Ostafrikanischen Gemeinschaft* (EAC – East African Community), Valentine Rugwabiza, zum Beispiel den Wunsch Ruandas, den Markt für Secondhand-Kleidung in der Region aufzulösen, der ihrer Ansicht nach der Idee der Würde in *Agaciro* zuwiderläuft. Dieses Beispiel verdeutlicht die Herausforderungen, die sich *Agaciro* automatisch auf dem Weg zu einer ›Post-Development-Alternative stellen.

Andererseits stellt die bloße Infragestellung der Relikte herkömmlicher Entwicklungsarbeit, selbst wenn sie in diesem Stadium nur auf einer diskursiven oder symbolischen Ebene stattfindet, die Vorstellung eines *Aufholens gegenüber dem Westen* durch den Verweis auf die *Idee der Würde* grundsätzlich in Frage.

Was also muss in den Vordergrund gestellt werden, damit sich *Agaciro* als ›dekoloniale oder sonstwie radikale, alternative Philosophie entfalten kann? Hier schlagen wir drei Wege vor, die zu weiterer Forschung und Auseinandersetzung einladen und sich beziehen auf: ›Epistemologie, ›Ontologie und Normativität.

Der erste bezieht sich auf die Notwendigkeit, das Wissen über und aus dem ›Globalen Süden aus der Versenkung zu holen, es systematisch zu kartieren, um ein lebendiges Archiv zu *Agaciro* zu schaffen mit dem Ziel, die verschiedenen Deutungen und Umsetzungsweisen zu dokumentieren, die mit dem inneren Wert von Würde und Eigenständigkeit zusammenhängen. Zweitens, *Agaciro* kann und sollte dafür eingesetzt werden, einige unserer ›ontologischen Auffassun-

gen von Entwicklung und von internationalen Beziehungen oder Solidarität zu *entmythologisieren*. *Agaciro* ermöglicht es uns, unser tief verwurzeltes Misstrauen zu hinterfragen, mit dem wir hausgemachten Lösungen begegnen, die stets einem idealisierten westlichen Maßstab entsprechen sollen; unsere Unfähigkeit, uns ein gutes Leben für den ,Rest' – ohne den ,Westen' – vorzustellen. *Agaciro* – als erneuerte Konzentration auf die Würde und die daraus erwachsende Selbstbestimmung – lädt zu einem radikalen Überdenken dessen ein, wie internationale Solidarität aussehen könnte. Schlussendlich ist es zwingend notwendig, *Agaciro* normativ mit einem (im)materiellen antikolonialen Projekt der ›*Dekolonialität* zu verknüpfen und seinen Einsatz immer wieder an diesem Standard zu messen, statt ihn nur aufgrund seiner *hausgemachten* Eigenheit zu verherrlichen. Es erfordert eine ständige Überprüfung, ob die Berufung auf *Agaciro* einen Bruch oder eine Vervielfältigung von Ungleichheit, Unterdrückung, Ausgrenzung oder Gewalt darstellt. Im Geiste von *Agaciro* muss diese Untersuchung zuerst und vor allem von den betroffenen Menschen durchgeführt werden. Dazu gehört auch, dass man sich davor hütet, *Agaciro* auf eine neoliberale Strategie der individuellen Verantwortung für den unternehmerischen Erfolg zu reduzieren, wo doch das Konzept auch – und vielleicht in erster Linie – eine radikale Bekräftigung der Würde und des unbestreitbaren Wertes jedes Einzelnen ist, eingebettet in Geschichte, Gemeinschaft und Umwelt. Für externe Akteure könnte der ›dekoloniale Einsatz von *Agaciro* bedeuten, dass ihre Hauptaufgabe darin besteht, den antikolonialen Test auf ihr (im)materielles Engagement im Land anzuwenden.

Seit dem Ende des Völkermords wurde der Wiederaufbauprozess Ruandas dadurch vorangetrieben, dass die Rolle der Kolonialherrschaft und der beiden letzten Regime verurteilte wurde, die die Beziehungen der ruandischen Bürger*innen untereinander zerstört haben.

Agaciro steht für Wert, Selbstwert und Würde – und wird auf unterschiedliche Weise im heutigen Ruanda bewusst durch die öffentliche Politik umgesetzt. Im Mittelpunkt dieser Idee steht die Aufforderung zur ständigen Mitgestaltung, Aneignung, Umkehr, Neuinterpretation und Aushandlung dessen, was die Neuausrichtung der Würde in nationalen und internationalen, kommunalen und interkommunalen Beziehungen bedeuten könnte und sollte. Dies ist eine Herausforderung, die über den ruandischen Kontext hinausgeht, aber aus der ruandischen Erfahrung kann diesbezüglich viel gelernt werden.

Weitere Quellen

Agaciro Development Fund, http://www.agaciro.rw/index.php?id=2 (abgerufen am 22.05.2023)

Behuria, Pritish (2016), „Countering Threats, Stabilising Politics and Selling Hope: Examining the „Agaciro" Concept as a Response to a Critical Juncture in Rwanda", Journal of Eastern African Studies. 10 (3): 434-51.

Hasselskog, Malin, Peter J. Mugume, Eric Ndushabandi, Isabell Schierenbeck (2016), National Ownership and Donor Involvement: An Aid Paradox Illustrated by the Case of Rwanda, Third World Quarterly. 38 (8): 1816-30.

Rutazibwa, Olivia Umurerwa (2014), „Studying Agaciro: Moving beyond Wilsonian Interventionist Knowledge Production on Rwanda", Journal of Intervention and Statebuilding. 8 (4): 291-302.

Rwanda Days, http://rwandaday.org (abgeruf. am 22.5.2023)

Uwizeye, Annette (2011), „Agaciro Documentary Film", https://www.youtube.com/watch?v=1oBN_qmlQMU (abgerufen am 22.05.2023)

Eric Ns. Ndushabandi ist Direktor des *Institute of Research and Dialogue for Peace* (irdp) in Kigali, Ruanda, einer unabhängigen Denkfabrik, die sich durch Forschung und Dialog für die Friedenskonsolidierung einsetzt und u. a. die *Youth Debate School* betreibt. Er ist Professor für Politikwissenschaft an der Universität von Ruanda. Seine Forschung konzentriert sich auf endogene Initiativen für den Wiederaufbau des Nationalstaates nach dem Völkermord und auf politische und staatsbürgerliche Bildung durch *Ingando* und *Itorero*.

Olivia U. Rutazibwa ist Dozentin an der Universität von Portsmouth, Großbritannien. Ihre Forschungen konzentrieren sich auf internationale Beziehungen in der jeweiligen Landessprache, dekoloniale Auffassungen von globaler Solidarität, den Aufbau von Philosophien und Praktiken der Selbstbestimmung durch *Agaciro* und *Black Power* sowie die autonome Wiederbelebung in Somaliland. Sie ist ehemalige Afrika-Redakteurin und Journalistin bei der in Brüssel erscheinenden Zeitschrift *Mondiaal Nieuws*.

Übersetzung: Hannelore Zimmermann

Pablo Dominguez / Gary J. Martin

Agdale
(kommunales Ressourcenmanagement)

Kommunales Ressourcenmanagement, Erbe, Widerstandsfähigkeit, Maghreb, Mittelmeerraum

‚*Agdal*' ist ein aus dem *Tamazight* stammendes Wort, kommt also aus der Sprachfamilie der *Amazigh* (Berber) in Nordafrika. Es steht in erster Linie für eine Art des kommunalen Ressourcenmanagements, bei dem die Nutzung bestimmter natürlicher Ressourcen in einem begrenzten Gebiet vorübergehend eingeschränkt wird, in der Absicht, ihre Verfügbarkeit für Zeiten dringenden Bedarfs zu maximieren (Auclair et al. 2011).

Die Weide-*Agdale* im *Hohen Atlas* in Marokko, wohin die Hirten ihre Herden nur während eines gemeinsam vereinbarten Zeitraums bringen dürfen, sind ein markantes Beispiel dafür. *Agdale* können auch Gebiete mit Baumbestand sein, wie beispielsweise die Arganwälder (*Argania spinosa*) in Westmarokko, zu denen der Zutritt während des Reifens der Früchte vor der Ernte verboten ist. Die Beschränkungen der *Agdale* gelten im weiteren Sinne für landwirtschaftliche Felder, Algenbänke, Gebiete mit Futter- und Heilpflanzen, Obstgärten und heilige Stätten sowie für andere Orte im Küstentiefland, in den Bergen, in Oasen und sogar in städtischen Gebieten.

Die Analyse der *Agdale* zeigt sowohl biologische als auch soziale Vorteile gegenüber anderen Ansätzen des Landschaftsmanagements. Sie begünstigen eine relativ gerechte Verteilung der Erträge aus natürlichen Ressourcen durch kollektive Entscheidungsfindung und die Achtung gemeinsamer Zugangsrechte – und sie werden von lokalen Institutionen verwaltet, die die Regeln der Nutzung festlegen. *Agdale* maximieren die jährliche Produktion der kulturell wichtigen biologischen Vielfalt und erhalten eine tragfähige Nutzung der

Ressourcen auf Dauer, was zu Ökosystemen führt, die eine größere biologische Vielfalt und Widerstandsfähigkeit aufweisen als andere in ähnlichen geografischen Kontexten, die nicht gemeinschaftlich verwaltet werden. Zum Beispiel werden Weide-*Agdale* typischerweise vom späten Frühjahr bis zum Frühsommer für Herden von Nutztieren geöffnet, wenn die meisten Weidepflanzen ihren ›Reproduktionszyklus abgeschlossen haben, wodurch die in den maghrebinischen Weidegebieten zu beobachtenden Schädigungen vermieden werden.

Gleichzeitig würde eine ausschließliche Konzentration auf die produktive Seite der *Agdale* kein vollständiges Bild ergeben. Der *Agdal* ist nicht nur ein agrarökonomisches Instrument, sondern auch ein kulturelles Element, um das sich ein ganzes System an sakramentalen, ethischen, ästhetischen und anderen symbolischen Bezugspunkten dreht, das den *Agdal* in ein getreues Spiegelbild der *Amazigh*-Kultur der Bergregion verwandelt und ihn zu einer umfassenden sozialen Tatsache aufwertet. Tatsächlich war die rituelle Regulierung früher ein wesentlicher Teil des *Agdal*-Systems. Zu diesen Ritualen gehörten die jährlichen *Agdal*-Verbote, die oft von Nachfahren der Heiligen verkündet und legitimiert wurden; oder auch Opfergaben wie Säcke voller Getreide, Butter, Couscous und Viehopfer, die ihnen dargebracht wurden, die ihrerseits diese Produkte wiederum mit allen Besuchern teilten und *Baraka*[2] unter den Ritualhaltern verteilten.

Die Existenz von *Agdalen* ist mutmaßlich uralt, wobei ihre Ursprünge bis auf die *Amazigh*-Gesellschaften zurückverfolgt werden können, die seit vielen Jahrtausenden in der Region ansässig sind (Auclair et al. 2011; Navarro Palazón et al. 2017). Sie haben sich vermutlich im Laufe der Zeit in Nordafrika und in der Sahara behauptet und sich ständig selbst neu erschaffen, weil sie sich an unterschiedliche wirtschaftliche, ökologische und politische Situationen angepasst haben. Der Begriff „Agdal" wurde auch in neuen Kontexten verwendet, sogar in städtischen Zentren mit raschem Bevölkerungswachstum wie Rabat oder Marrakesch. In letzterem könnte der Begriff erstmals auf die Gebiete südlich der Medina nach der alawitischen Restauration (17. Jahrhundert) angewendet worden sein, die ihrerseits von der *Almohaden*-Dynastie im zwölften Jahrhundert gegründet worden waren (Navarro et al. 2017).

Obwohl der *Agdal*-Garten von Marrakesch in der Öffentlichkeit stärker wahrgenommen wird – er wurde 1985 in die Liste des Weltkulturerbes aufgenommen –, haben ländliche *Agdale* gegenwärtig eine größere Bedeutung, wenngleich allgemein ein mangelndes Bewusstsein über ihre Existenz besteht. Sie sind der Prototyp der *Indigenous Peoples' and Community Conserved Territories and Areas* (ICCAs – Schutzgebiete und Bereiche für indigenen Völker und Gemeinschaften) des Maghreb. Sie spielen eine wesentliche Rolle bei der Erhaltung sowohl des immateriellen als auch des materiellen Kulturerbes, das von rituellen Zeremonien bis hin zu traditionellen landwirtschaftlichen Ökosystemen reicht, während sie gleichzeitig die Widerstandsfähigkeit der sozial-ökologischen Systeme in unterschiedlichen Lebensräumen stärken. Nach intensiven wissenschaftlichen Studien zu Beginn des 21. Jahrhunderts werden sie regelmäßig als Vorbild für die Erhaltung und nachhaltige Nutzung beschworen, das auf dem Wissen, den Innovationen und den Praktiken indigener und lokaler Gemeinschaften beruht, die die traditionellen Lebensweisen verkörpern – wie sie im Sinne des *Übereinkommens zur biologischen Vielfalt* und anderer internationaler Umweltabkommen definiert sind.

Agdale sind bedeutende Brennpunkte biologischer Vielfalt, nicht nur als reichhaltige Reservoirs für Fauna und Flora, sondern auch als höchst bedrohte Gebiete etwa durch die Ausdehnung der Grenzen privatisierter Landwirtschaft, die Intensivierung der Weidenutzung, die Landflucht, den Wandel kultureller Denkweisen und den Klimawandel. Die Weide-

und Wald-*Agdale* haben eine besondere Bedeutung erlangt, da sie als wichtige Pflanzenanbaugebiete im marokkanischen Hohen Atlas eine große Anzahl endemischer, gefährdeter und nützlicher Pflanzenarten beherbergen.

Das wachsende Bewusstsein für diese Bedeutung führt dazu, dass sie in gemeinschaftsbasierte Projekte zur kulturellen und ökologischen Wiederherstellung einbezogen werden. Diese werden, wenn auch mit finanzieller Unterstützung externer Institutionen, von Gemeindeverbänden durchgeführt, die entweder versuchen, bestehende *Agdale* zu schützen oder das Prinzip der kommunalen Nutzung auf beeinträchtigten Flächen anzuwenden, das auf einem zeitweiligen Verbot der Ressourcennutzung beruht. Die Motivation für diese beginnende Renaissance entspringt den praktischen Sorgen über Erosion und andere Umweltprobleme sowie einem breiteren Interesse an der Wiederherstellung der kulturellen Identität und der Landschaften.

Obwohl es den *Agdalen* in der Regel an ausdrücklicher staatlicher Anerkennung mangelt – und sie in den nationalen Landwirtschafts- und Naturschutzplänen kaum berücksichtigt werden – hat das Bewusstsein von den biokulturellen Vorzügen dieser gemeinschaftlich bewirtschafteten Gebiete das Potenzial, die öffentliche Politik hin zu einer nachhaltigen Landnutzung zu beeinflussen.

In ihren vielfältigen Erscheinungsformen als kultureller Fakt, als gemeinschaftlich verwaltetes Territorium und sogar als städtischer Grünraum bleiben *Agdale* in einem spezifischen menschlichen und geografischen Kontext verankert. Initiativen, sie außerhalb dieser Sphäre neu zu erschaffen oder durchzusetzen, wären nicht angebracht, aber sie stellen trotzdem in bestimmten Gebieten des Maghreb eine praktikable Alternative dar und inspirieren die Befürworter einer gemeinschaftlichen Bewirtschaftung natürlicher Ressourcen im Mittelmeerraum und weltweit.

Anmerkungen

1 in der Mehrzahl *Igudlan/Igdalen* oder geläufiger Agdale im Deutschen.
2 Ein Begriff aus arabischen Ländern, der für Segen oder spirituelle Kraft steht, es ist ein Synonym für Glück und Erfolg sowie ein Ausdruck von Dankbarkeit oder Wertschätzung.

Weitere Quellen

Agdal, Voices of the Atlas, https://www.youtube.com/watch?v=PMOfQXzlmDI&fea ture=youtu.be, ein Dokumentarfilm, über einen vorherigen Antrag auf Genehmigung an Pablo Domínguez. (abgerufen am 22.05.2023)
Auclair, Laurent und Mohamed Alifriqui (Hg.) (2012), *Les Agdals du haut Atlas marocain: savoirs locaux, droits d'accès et gestion de la biodiversité*. Rabat: IRCAM/IRD, http://horizon.documentation.ird.fr/exl-doc/pleins_textes/divers13-07/010059469.pdf. (PDF-Datei ist unter der Webadresse nicht auffindbar, 22.05.2023)
Auclair, Laurent, Patrick Baudot, Didier Genin, Bruno Romagnyand und Romain Simenel (2011), Patrimony for Resilience: Evidence from the Forest Agdal in the Moroccan High Atlas Mountains, *Ecology and Society*. 16 (4): 24, http://dx.doi.org/10.5751/ES-04429-160424. (abgerufen am 22.05.2023)
Domínguez Pablo, Francisco Zorondo-Rodríguez und Victoria Reyes-García (2010), Relationships between Saints' Beliefs and Mountain Pasture Uses, *Human Ecology*. 38 (3): 351–62, http://dx.doi.org/10.1007/s10745-010-9321-7. (abgerufen am 22.05.2023)
Navarro, Julio, Fidel Garrido und Íñigo Almela (2017), The Agdal of Marrakesh (Twelfth to Twentieth Centuries): An Agricultural Space for Caliphs and Sultans, *Final Report of the Research Project Almunias of Western Islam: Architecture, Archeology and Historical Sources*. 106.
The Global Diversity Foundation, www.global-diversity.org. (abgerufen am 22.05.2023)

Der Umweltanthropologe **Pablo Dominguez** hat die *Amazigh*-Bevölkerung des Hohen Atlas und ihre Systeme der gemeinschaftlichen Bewirtschaftung natürlicher Ressourcen untersucht. Heute beschäftigt er sich mit der Frage, wie das Konzept des Kulturerbes *Agdale* und andere Gemeingüter in Spanien, Frankreich, Italien, Ostafrika und Lateinamerika fördern oder schwächen kann. Er lehrt am *Laboratorium für Umweltgeographie* der Universität Toulouse, Frankreich, und am *Institut für Umweltwissenschaft und -technologie* der *Universitat Autònoma de Barcelona*, Spanien.

Gary Martin ist seit mehr als fünfunddreißig Jahren in mehr als fünfzig Ländern mit Naturschutz und ethnobotanischer Praxis befasst. Er ist Leiter der *Global Diversity Foundation* an der Universität Oxford und war Dozent an der *School of Anthropology and Conservation* an der Universität von Kent, Großbritannien.

Übersetzung: Hannelore Zimmermann

III

Victor M. Toledo

Agrarökologie

 Agrarökologie, nachhaltige Landwirtschaft, Lebensmittelsysteme, sozio-ökologische Krise

Die Agrarökologie ist ein aufstrebendes Wissensgebiet, das Lösungen für die schwerwiegenden Umwelt- und Lebensmittelproduktionsprobleme bietet, die durch die moderne oder industrialisierte Landwirtschaft und Agrarindustrie in der ganzen Welt verursacht werden. Die Agrarökologie ist eine ‚hybride Disziplin‘, da sie Wissen aus den Natur- und Sozialwissenschaften kombiniert. Sie hat einen multidisziplinären Ansatz im Sinne einer ‚postnormalen Wissenschaft‘. Sie will nicht nur angewandtes Wissen sein, sondern auch Beispiel für partizipative Forschung. Als eine Form des kritischen Denkens setzt sich die Agrarökologie nicht nur mit sozialer Ungleichheit, sondern auch mit Umweltzerstörungen auseinander. Agrarökologie-Wissenschaftler*innen sehen drei Bereiche oder Dimensionen als eine Art ‚heilige Dreifaltigkeit‘: ökologische und agrarwissenschaftliche Forschung, empirische landwirtschaftliche Praxis und die Notwendigkeit, einen Ansatz mit und für ländliche soziale Bewegungen zu entwickeln. In den letzten zwei Jahrzehnten hat die Zahl der Veröffentlichungen und Initiativen, die als agrarökologisch bezeichnet werden können, exponentiell zugenommen. Auch die Zahl der sozialen und politischen Bewegungen, die sich die Agrarökologie als Hauptziel gesetzt haben, ist in hohem Maße gewachsen.

Während sich die wissenschaftliche und die praktische Dimension der Agrarökologie auf den kognitiven bzw. technischen Bereich beziehen, ist die dritte Dimension mit den sozialen Bewegungen und den politischen Aktionen der bäuerlichen Gemeinschaften verbunden. Viele Akteure – darunter Bäuer*innen, ländliche Haushalte, indigene Völker, landlose Arbeiter und Arbeiterinnen – nutzen die Agrarökologie als Instrument zur Behauptung und Verteidigung ihrer Territorien und natürlichen Ressourcen, ihrer Lebensweise und ihres biokulturellen Erbes. Beispiele dafür sind die zahlreichen Bauernorganisationen auf nationaler Ebene, vor allem in Lateinamerika, Indien und Europa. Die bekannteste ist *La Via Campesina*[1], ein globales Bündnis von 200 Millionen Bäuer*innen, dem 182 lokale und nationale Organisationen in 73 Ländern Afrikas, Asiens, Europas und Amerikas angehören. Sie setzt sich für eine nachhaltige kleinbäuerliche Landwirtschaft als Mittel zur Förderung von sozialer Gerechtigkeit und Menschenwürde ein. Sie wendet sich entschieden gegen eine konzerngesteuerte Landwirtschaft, die Mensch und Natur zerstört.

In Lateinamerika bezieht die Praxis der Agrarökologie wissenschaftliche und technologische Forschung ein, die in enger Verbindung mit sozialen und politischen Bewegungen im ländlichen Raum durchgeführt wird – ein Trend, der in vielen Ländern der Region eine beispiellose Ausbreitung erfahren hat. Die Agrarökologie wird von Zehntausenden bäuerlicher Haushalte praktiziert, entweder als Ergebnis sozialer Bewegungen oder aufgrund der Umsetzung staatlicher Maßnahmen, mit außergewöhnlichen Fortschritten in Brasilien, Kuba, Nicaragua, El Salvador, Honduras, Mexiko und Bolivien, während sie in Argentinien, Venezuela, Kolumbien, Peru und Ecuador nur mäßig erfolgreich ist.

In ihren Anfängen war die Agrarökologie ein rein technischer Bereich, der sich auf die Umsetzung ökologischer Konzepte und Prinzipien zur Gestaltung nachhaltiger landwirtschaftlicher Systeme konzentrierte. Mit zunehmender Verbreitung wurde dieser Ansatz jedoch durch eine explizitere Integration von Konzepten und Methoden aus den Sozialwissenschaften ergänzt, die sich mit kulturellen, wirtschaftlichen, demografischen, institutionellen und politischen Fragen befassen. Der vorherrschende Trend der Agrarökologie in Lateinamerika ist die ‚politische Agrarökologie‘, verstanden als eine Praxis der Agrarökologie, die anerkennt, dass landwirtschaftliche Nachhaltigkeit nicht einfach durch technologische Innovationen ökologischer oder agronomischer Art erreicht werden kann, sondern durch den dringend erforderlichen institutionellen Wandel der Machtverhältnisse, also durch die Berücksichtigung sozialer, kultureller, landwirtschaftlicher und politischer Faktoren.

Die Entwicklung des agrarökologischen Denkens ist aus erkenntnistheoretischer Sicht ein sehr interessanter Prozess. Die wichtigste erkenntnistheoretische Neuerung war der ‚interkulturelle Dialog‘, durch den wissenschaftliche Forscher*innen die Formen des Wissens anerkennen, die in den Köpfen traditioneller Bäuer*innen verankert sind. Es wird davon ausgegangen, dass dieses lokale, traditionelle oder indigene Wissen ein ‚biokulturelles Gedächtnis oder eine Weisheit‘ darstellt, die mündlich über Hunderte von Generationen weitergegeben wurde. Dieses nicht-wissenschaftliche Wissen wird von indigenen Völkern seit Tausenden von Jahren zur Gewinnung von Lebensmitteln und anderen Rohstoffen genutzt. Daher definieren einige Autor*innen die Agrarökologie als einen transkulturellen, partizipatorischen und handlungsorientierten Ansatz; einige betrachten die Agrarökologie auch als neuen Ausdruck der *Partizipatorischen Aktionsforschung* (PAR – Participatory Action Research), einer Bewegung, die in den 1970er Jahren von kritischen Sozialwissenschaftler*innen in der so genannten Dritten Welt als innovativer Ansatz zur Förderung emanzipatorischer Veränderungen ins Leben gerufen wurde. Da Agrarökolog*innen traditionelle ›*Kosmovisionen* oder Weltanschauungen, Wissen und Praktiken als Grundlage für wissenschaftliche und technologische Innovationen anerkennen, setzen sie die Konzepte des interkulturellen Dialogs und der Koproduktion von Wissen in die Praxis um.

Der größte Teil der weltweiten landwirtschaftlichen Produktion wird nach wie vor von Bäuer*innen oder traditionellen Kleinbäuer*innen erzeugt, die schätzungsweise zwischen 1,3 und 1,6 Millionen Menschen zählen. Ihre landwirtschaft-

lichen Kenntnisse und Praktiken sind Ergebnis von über 10.000 Jahren Tradition und Experimentierfreude. Diese Tatsache wurde kürzlich von der *Ernährungs- und Landwirtschaftsorganisation* (FAO – Food and Agriculture Organization) der Vereinten Nationen bestätigt.[2]

Demnach wird der größte Teil der Nahrungsmittel, die für die Ernährung von fast sieben Milliarden Menschen bestimmt sind, von kleinen Produzent*innen erzeugt, was die FAO dazu veranlasste, 2014 zum *Internationalen Jahr der bäuerlichen Familienbetriebe* auszurufen. Eine Studie der internationalen Nichtregierungsorganisation GRAIN (Genetic Resources Action International) aus dem Jahr 2009 bestätigte, dass Kleinbäuer*innen in der Tat den größten Teil der weltweit von Menschen konsumierten Nahrungsmittel erzeugen, aber dass sie diese Leistung nur auf 25 Prozent der gesamten landwirtschaftlichen Nutzfläche erbringen, auf Parzellen von durchschnittlich 2,2 Hektar. Die verbleibenden drei Viertel der gesamten landwirtschaftlichen Nutzfläche sind im Besitz von 8 Prozent der Agrarproduzent*innen, darunter mittlere, große und sehr große Landbesitzer wie Eigentümer*innen von Haciendas oder Latifundien, Unternehmen und Konzerne, die in der Regel das agro-industrielle Produktionsmodell anwenden.

Agrarökolog*innen arbeiten überwiegend, aber nicht ausschließlich, mit Kleinbäuer*innen, bäuerlichen Gemeinschaften und indigenen Völkern an der Verbesserung der Ernährungssysteme, der Agrargerechtigkeit und der Emanzipation der Landbevölkerung. Um die Krise der modernen industriellen und technokratischen Welt von heute zu überwinden, brauchen wir nämlich Systeme der Nahrungsmittelproduktion, die mit der Umwelt, den ländlichen Kulturen und der menschlichen Gesundheit vereinbar sind.

Die Agrarökologie ist daher ein wichtiges wissenschaftliches, technologisches, interkulturelles und gesellschaftspolitisches Instrument, das den ökologischen und sozialen

III

Krisen der heutigen Welt auf der Suche nach einer postindustriellen, alternativen Moderne begegnet.

Anmerkungen

1 Via Campesina (von spanisch La Vía Campesina, der Weg der Bauern) wurde 1993 von Bauern-Organisationen aus Europa, Lateinamerika, Asien, Nordamerika und Afrika gegründet. Sie beschreibt sich selbst als „eine internationale Bewegung, die Bauernorganisationen von kleinen und mittleren Erzeugern, Landarbeitern, Landfrauen und indigenen Gemeinschaften koordiniert". Sie ist ein Zusammenschluss von mehr als 182 Organisationen, die sich für eine nachhaltige Landwirtschaft auf der Grundlage bäuerlicher Familienbetriebe einsetzen und die den Begriff ‚Ernährungssouveränität' geprägt haben. La Vía Campesina, https://viacampesina.org/de/index.php (abgerufen am 23.03.2023).

2 http://www.fao.org/family-farming-2014/en/ (abgerufen am 2.7.2023) – aktualisiert 80 % der weltweiten Nahrungproduktion kommen aus kleinbäuerlichen- und Familienbetrieben (Anm. d. Übers.).

Weitere Quellen

AgriCultures Network, https://magazines.agriculturesnetwork.org (angerufem am 23.05.2023).

Altieri, Miguel A. und Victor Manuel Toledo (2011), The Agroecological Revolution in Latin America: Rescuing Nature, Ensuring Food Sovereignty and Empowering Peasants, *Journal of Peasant Studies*. 38 (3): 587-612.

The Latin American Scientific Society of Agroecology (SOCLA – Lateinamerikanische Wissenschaftliche Gesellschaft für Agrarökologie) fördert die Entwicklung der Wissenschaft der Agrarökologie als wissenschaftliche Grundlage für eine Strategie der nachhaltigen ländlichen Entwicklung in Lateinamerika, https://www.socla.co/en/ (abgerufen am 23.05.2023).

Méndez, V. Ernesto, Christopher M. Bacon, Roseann Cohen und Stephen R. Gliessman (Hg.) (2015), *Agroecology: A Transdisciplinary, Participatory and Action-oriented Approach*. Boca Raton: CRC Press.

Toledo, Victor Manuel und Narciso Barrera-Bassols (2008), *La Memoria Biocultural*. Barcelona: Icaria Editorial. Siehe auch eine portugiesische Version in Editora Expressào Popular, 2015.

Victor M. Toledo arbeitet am Forschungsinstitut für Ökosysteme und Nachhaltigkeit der Nationalen Universität von Mexiko (UNAM), wo er sich auf die Untersuchung der Beziehungen zwischen indigenen Kulturen und ihrer natürlichen Umwelt (Ethno-Ökologie), nachhaltige Gesellschaften und Agrarökologie konzentriert. Er ist Autor von über 200 wissenschaftlichen Veröffentlichungen, darunter zwanzig Büchern.

Übersetzung: Timmi Tillmann

Peter Nord

Alternative Währungen

 alternative Währungen, Lokalisierung, Übergangsinitiativen

Gemeinschaftswährungen, Alternativwährungen oder Komplementärwährungen (CCs)[1] sind Geldformen, die von nichtstaatlichen Akteur*innen kreiert werden, um Alternativen und Abhilfe zu den erkannten Problemen staatlich geschaffenen Geldes und wachstumsorientierter Entwicklung zu schaffen.

Es lassen sich vier Arten von CCs unterscheiden. Lokale Tauschhandelssysteme (*Local Exchange Trading Schemes*, LETS) sind lokale Währungen, die entweder ‚Green Dollars' oder einen lokal bedeutsamen Namen wie ‚Bobbins' in Manchester, Großbritannien, tragen.[2] LETS-Guthaben können in Anlehnung an das nationale Geld, zu einem Stundenwert oder einer Mischung aus beidem bewertet werden. Sie haben keine greifbare Form: Die Nutzer*innen kommen über ein Mitgliederverzeichnis zusammen und bezahlen sich gegenseitig per Scheck in LETS-Einheiten, die sie durch ihre persönliche Verpflichtung absichern, künftig genügend Gutschriften zu erwirtschaften, um diese Verpflichtung zurückzahlen zu können. Die Kontostände werden per Computer gespeichert.

Viele kritisieren jede Anpassung der CCs an staatlich geschaffenes Geld mit der Begründung, dass dadurch die Krankheiten des Kapitalismus reproduziert werden. Stattdessen plädieren sie für zeitgebundenes Geld, damit in Banken arbeitende Menschen nicht höher bezahlt werden als Reinigungskräfte. Zeitbank-Nutzer*innen helfen sich gegenseitig und führen mit einem elektronischen Zeit-Konto Buch, wobei jede Buchung unabhängig von der tatsächlich verrichteten Arbeit in Stunden gewertet wird. Diese ‚Stunden' sind lokale, auf Zeit basierende Papier-Währungen, die so einfach wie Bargeld verwendet werden können, ohne dass eine zentrale Erfassung erforderlich ist. Nach der Finanzkrise in Argentinien im Jahr 2001 unterstützten sich Millionen von Menschen gegenseitig mit von der Gemeinschaft selbst erschaffenen Papierwährungen, die in ‚Credits' angegeben wurden und weder etwas mit staatlichem Geld noch mit Zeit zu tun hatten.

Aktivist*innen, die den gefährlichen Klimawandel und die Ressourcenerschöpfung verhindern wollen, haben Übergangswährungen (transition currencies) entwickelt – beispielsweise *Totnes, Lewes* oder *Stroud Pounds*. Dabei handelt es sich um lokal zirkulierende Papierwährungen, die in Einheiten ausgestellt sind, welche an staatliches Geld angelehnt und durch dieses gedeckt sind. Schließlich hat die Entwicklung von Personalcomputern und Smartphones zu Experimenten mit elektronischen Währungen wie *BitCoin* und *FairCoin* geführt. Weltweit findet sich eine verwirrende Vielfalt von CCs (North 2010).

Die Auseinandersetzung um das Geld hat eine lange Geschichte (North 2007). In den Anfängen des Kapitalismus im Vereinigten Königreich befürwortete der utopische Sozialist Robert Owen die Einführung von Arbeitsscheinen (*labour notes*) und experimentierte damit, ebenso wie anarchistische Gemeinschaften im 19. Jahrhundert in den Vereinigten Staaten. In den 1880er und 90er Jahren setzten sich US-amerikanische Populist*innen für eine liberalere Emission von Silbergeld ein und gerieten damit in Konflikt mit den Interessen der Banken, die den Goldstandard verteidigten, um Arbeitsdisziplin durchzusetzen – oft mit Gewalt. In den 1930er Jahren gaben lokale Behörden in den Vereinigten Staaten, im vornationalsozialistischen Deutschland, in der Schweiz, in Österreich und im revolutionären Spanien ihre eigenen Papierwährungen heraus. Der *Swiss Business Ring*[3] existiert bis heute und verbindet Kleinunternehmer*innen miteinander. Die heute weit verbreitete Informationstechnologie hat die Schaffung von CCs durch nichtstaatliche Gruppen in einem noch nie dagewesenen Ausmaß begünstigt, wie zum Beispiel Kenias *Bangla-Pesa*.

Die erste Welle von LETS und Zeitbanken wurde von grünen Aktivist*innen in angelsächsischen Ländern ins Leben gerufen – Menschen, die sich der Unhaltbarkeit des globalen Kapitalismus zutiefst bewusst waren. Sie vertraten die Ansicht, dass eine Vielfalt lokaler Währungen geschaffen werden sollte, um die regelmäßigen Krisen des Kapitalismus zu überleben, so dass, wenn eine – in der Regel staatlich geschaffene – Form der Währung nicht mehr verfügbar ist, Alternativen vorhanden sind. Da die CCs von den Nutzer*innen selbst geschaffen werden und durch ihre Verpflichtung abgesichert sind, die Kredite künftig zurückzuzahlen, wären sie weiter verbreitet als staatlich ausgegebene Währungen und würden so eine lokale Nachfrage erzeugen (North 2005). Zweitens wären CCs in den Mengen verfügbar, die zur Deckung des Bedarfs derjenigen, die sie geschaffen haben, erforderlich sind, unabhängig von der zuvor existierenden Geldversorgung. Schließlich, da alltägliche Dienstleistungen wie Babysitting, Gartenarbeit usw. in den Netzwerken der CCs weit verbreitet sind – im Gegensatz zu hoch bezahlten professionellen Dienstleistungen – achten die CCs die Arbeit derjenigen, die der kapitalistische Markt nicht zu schätzen weiß. Befürworter*innen der CCs vertreten die Ansicht, dass sie durch die großzügige Bereitstellung von persönlichem Kreditgeld für alle, die gewillt sind, den Wert der Gegenseitigkeit im Netzwerk zu akzeptieren, einen Mechanismus des sozialen Wandels geschaffen haben, der eine lokalisierte, gemeinschaftliche und nachhaltige Wirtschaft hervorbringt, in der die Bedürfnisse der Menschen Vorrang haben vor dem Kauf von ‚Krempel', der Maximierung des BIP oder der Anhäufung von Geld um seiner selbst willen.

Diese Systeme funktionierten ausreichend gut, wenn das, was die Menschen voneinander kaufen wollten, mit den Ressourcen produziert werden konnte, die den Mitgliedern gehörten oder von ihnen kontrolliert wurden. Die Initiativen waren mehr als das, was Marx als „zwergenhafte Kooperation" der utopischen Sozialist*innen des 19. Jahrhunderts beschrieben hatte, aber sie konnten oft weder die Grundbedürfnisse – Nahrung, Unterkunft, Energie – noch die komplexeren, vom kapitalistischen System erzeugten Wünsche befriedigen. Die Organisator*innen hatten Schwierigkeiten, Buch zu führen, und wären in einer Wirtschaftskrise überfordert gewesen, wenn Millionen von Menschen sie in Anspruch genommen hätten. Daher begannen die Verfechter*innen der CCs mit der Ausgabe lokaler Papierwährungen, die in den USA *Hours*, in Argentinien *Creditos* und im Vereinigten Königreich *Transition Currencies* genannt werden, wodurch die Notwendigkeit, Konten zu führen, abgeschafft wurde. Wer auf die Gestaltung der Geldscheine achtet, kann damit rechnen, dass sie von den herkömmlichen Marktteilnehmer*innen eher ernst genommen werden. Im Gegensatz zu LETS und *Time Credits* handelt es sich jedoch nicht um persönliche Kreditwährungen – ‚neues Geld'. Die Frage war also, warum die Nutzer*innen *universelles*, staatlich gedecktes Geld in eine lokal zirkulierende Währung umwandeln sollten, die nicht für den alltäglichen Bedarf verwendet werden konnte, sofern sie nicht die Werte des Netzwerks teilten. Aus diesem Grund blieben die Netzwerke oft klein und auf Enthusiast*innen beschränkt.

Sind Alternativen radikale oder falsche Lösungen? Es kommt darauf an. Einerseits ist davon auszugehen, dass CCs lokal ansässige Unternehmen unterstützen und diese per se wertvoll sind. Es wird angenommen, dass die Existenz einer CC zu mehr lokaler Produktion und gemeinschaftlicheren Ansätzen beim Aufbau einer stärker lokalisierten Wirtschaft führt. Andererseits wurden Übergangs- und elektronische Währungen auch von lokalen Geschäfts-

interessen vorangetrieben, die darin ein Mittel zur Unterstützung lokaler, aber nicht unbedingt nachhaltiger Formen der Wirtschaftstätigkeit sehen – zum Beispiel ein lokales Lebensmittelgeschäft, das keine lokal produzierten Waren verkauft. Derartige Projekte könnten weiterhin diejenigen ausschließen, die nicht über viel Geld verfügen. Das Ausmaß, in dem die CCs über bloße Visionen von ›Post-Development hinausgehen, um sie zu verwirklichen, bleibt also ‚Work in Progress'.

Anmerkungen

1 Die Vielfalt der weltweit existierenden Alternativwährungen wird vom *Complementary Currency Resource Center* erfasst, http://complementarycurrency.org (abgerufen am 23.05.2023). Weitere gute Quellen für aktuelle Forschungsarbeiten zu Alternativwährungen sind das online und frei zugängliche *International Journal of Complementary Currency Research*, das *Journal of the Research Association on Monetary Innovation and Complementary and Community Currencies* (RAMICS), https://ijCCsr.net/(Internetseite nicht auffindbar, siehe auch https://ramics.org/ Stand 23.05.2023)

2 Im deutschsprachigen Raum z.B. den *Chiemgauer* (Region Chiemgau), *Donautaler* (in Riedlingen), *Elbtaler* (Dresdener Region) u.v.a. (Anm. d. Übers.)

3 Heute: Das schweizerische WIR-Netzwerk – https://www.wir-netz.ch (Anm. d. Übers.)

Weitere Quellen

North, Peter (2005), Scaling Alternative Economic Practices? *Transactions of the Institute of British Geographers*. 30 (2): 221–33.

— (2007), *Money and Liberation: The Micropolitics of Alternative Currency Movements*. Minneapolis: University of Minnesota Press.

— (2010), *Local Money: Making It Happen in Your Community*. Dartington: Green Books.

Peter North ist Dozent für alternative Ökonomien in der *Abteilung für Geographie und Planung* an der Universität Liverpool, Großbritannien. Seine Forschung konzentriert sich auf soziale und solidarische Ökonomien als Instrumente für den Aufbau und das Überdenken alternativer Ökonomien des Geldes, des Unternehmertums und der Existenzgrundlagen. Dies ist Teil eines Projekts zur Entwicklung von Strategien für die lokale wirtschaftliche Entwicklung angesichts von Ressourcenknappheit, gefährlichem Klimawandel und Wirtschaftskrise.

Übersetzung: Hannelore Zimmermann

Theodoros Karyotis

Arbeiter*innen-geleitete Produktion

 *Selbstverwaltung, Rückeroberung, Kooperativen, Arbeiter*innenkontrolle, Arbeit*

Der Begriff ‚Arbeiter*innen-geleitete Produktion‘ bezieht sich auf eine Reihe von Praktiken, die darauf abzielen, den Subjekten der Arbeit, das heißt den Arbeitenden selbst, die Hauptrolle einzuräumen. Während des Industriezeitalters und den damit verbundenen Prozessen der Dequalifizierung und Mechanisierung haben die Arbeiter*innen durch gewerkschaftliche Kämpfe nicht nur einen größeren Anteil an den Gewinnen gefordert, sondern auch danach gestrebt, an den Entscheidungsprozessen an ihrem Arbeitsplatz teilzuhaben; sie haben Kooperativen gegründet, die auf egalitärer Selbstverwaltung beruhen, und schließlich haben sie Unternehmen besetzt und sie unter die Kontrolle der Arbeiter*innen gestellt.[1]

Die Genossenschaftsbewegung, die sich parallel zur Arbeiterbewegung im 18. und 19. Jahrhundert entwickelte, war ein eindrucksvoller Versuch, die grundlegenden sozialen und wirtschaftlichen Verwerfungen der industriellen Moderne in Frage zu stellen. Im 20. Jahrhundert wurde sie jedoch von der kapitalistischen Produktionsweise absorbiert, da sie die Lohnarbeitsverhältnisse weitgehend übernahm und naturalisierte. Mit der neoliberalen kapitalistischen Umstrukturierung Ende des 20. Jahrhunderts entsteht allerdings in vielen Ländern ein neuer radikaler Kooperativismus[2], der sich teilweise mit der aufkommenden Bewegung der Sozialen und Solidarischen Ökonomie überschneidet.

Noch wichtiger ist, dass um die Wende zum 21. Jahrhundert die Arbeiter*innen in lateinamerikanischen Ländern wie Argentinien, Uruguay, Brasilien und Venezuela auf die Deindustrialisierung aufgrund der Umstrukturierung der Wirtschaft reagieren. Sie besetzen ihre bankrotten

oder aufgegebenen Betriebe, wehren sich gegen Räumungsversuche und nehmen die Produktion aus eigener Kraft wieder auf – eine Praxis, die als ‚Rückgewinnung‘ (recuperation) bezeichnet wird. Mit der Ausbreitung der wirtschaftlichen Bedingungen, die die lateinamerikanische Bewegung hervorgebracht haben, auf die europäische Peripherie entsteht nach 2011 eine aufkeimende Bewegung der Rückgewinnung von Arbeitsplätzen, mit Beispielen in Italien, Griechenland, der Türkei, Frankreich, Spanien, Kroatien und Bosnien-Herzegowina.

Die Vision einer zukünftigen Gesellschaft, die von den ‚assoziierten Produzent*innen‘ selbst gelenkt wird, zieht sich durch alle historischen Strömungen der Linken. Bis heute ist die demokratische Selbstverwaltung am Arbeitsplatz für viele ein erfolgversprechender Weg, um die Kluft zwischen dieser Zukunftsvision und dem alltäglichen Kampf innerhalb des Kapitalismus zu überbrücken, und wird so zu einem wesentlichen Bestandteil ›präfigurativer Politik, also einer Politik, die versucht, alternative soziale Beziehungen in der Gegenwart zu konstruieren. Die Ersetzung bestehender Hierarchien durch horizontale Entscheidungsprozesse trägt nicht nur dazu bei, die Entfremdung, die der industriellen Produktion innewohnt, zu überwinden und die schöpferischen Kräfte der Arbeiter*innen freizusetzen, sondern erleichtert es auch, das kurzsichtige Profitstreben durch humane Erwägungen zu ersetzen, die sich auf das Wohlergehen der Arbeiter*innen und der Gesellschaft insgesamt beziehen.

Allerdings wurden Elemente der Arbeiter*innen-geleiteten Produktion, die ihres subversiven Potenzials beraubt wurden, schrittweise in die kapitalistische Produktion eingeführt. Einerseits zielen die heutigen Managementpraktiken der Unternehmen darauf ab, die Produktivität zu steigern, indem sie einigen Gruppen von Arbeiter*innen erlauben – und von ihnen verlangen –, ihre Tätigkeit selbst zu steuern. Andererseits wird im Zuge der wirtschaftlichen Umstrukturierung, bei der Sozialleistungen abgebaut, Gemeingüter zur Ware gemacht und große ‚Überschusspopulationen‘ von

III

Erwerbslosen und prekär Beschäftigten geschaffen werden, eine ‚Soziale Ökonomie' (social economy) als eine ‚Wirtschaft der Armen' am Rande der regulären Wirtschaft von den neoliberalen Eliten als ‚Sicherheitsnetz' betrachtet. Sie ist ein kostengünstiges Mittel, um den unteren sozialen Schichten eine Existenzgrundlage zu bieten und damit den sozialen Frieden zu erhalten. Als eine Art Sozialwirtschaft kaschiert sie lediglich die Unfähigkeit des heutigen Kapitalismus, die soziale und ökologische ›Reproduktion sicherzustellen.

Denn im Rahmen einer solchen Sozialen Ökonomie sind die selbstverwalteten Arbeiter*innen häufig Opfer von Selbstausbeutung: Zwar sind die internen Hierarchien abgeschafft, doch der Wettbewerb auf dem kapitalistischen Markt bestimmt, was produziert wird sowie die Preise, die Löhne und letztlich die Bedingungen und die Intensität der Arbeit. Der Überlebenskampf dieser Unternehmen kann ihren emanzipatorischen Charakter zunichte machen und ökologische oder soziale Überlegungen in den Hintergrund drängen.

Zurückgewonnene Betriebe sehen sich in der Regel mit zusätzlichen Hindernissen konfrontiert: fehlender Zugang zu Krediten, veraltete Maschinen, ein schwindender Marktanteil unter den Bedingungen der Rezession. In den meisten Fällen sind sie in langwierige juristische Auseinandersetzungen mit dem Staat und den früheren Eigentümer*innen verwickelt, in denen es neben ihrer sozialen Legitimität als Mittel zur Erhaltung der Existenzgrundlage kaum rechtliche Argumente gibt.

Die Kontrolle der Arbeiter*innen über den Produktionsprozess ist also eine notwendige, aber nicht hinreichende Bedingung für soziale Emanzipation. Im Gegensatz zu kapitalistischen Unternehmen existieren von Arbeiter*innen geleitete Betriebe jedoch nicht in sozialer Isolation, sondern sind in der Regel Teil breiterer sozialer Bewegungen, die den Mangel an wirtschaftlicher und technologischer Innovation durch ‚soziale Innovation' ausgleichen. Die Beteiligung an sozialen Kämpfen von Gemeinschaften und Netzwerken Arbeiter*innen-geleiteter Betriebe trägt dazu bei, die Produktion auf gesellschaftlich nützliche Produkte umzulenken und alternative Vertriebswege zu schaffen, die auf Solidarität statt auf Wettbewerb beruhen. Die meisten kürzlich rückgewonnenen Unternehmen in Europa haben sich auf eine umwelt- und sozialbewusste Produktion verlegt: *Scop-ti* und *Fabrique du Sud* in Südfrankreich auf biologischen Kräutertee bzw. Speiseeis; *Viome* in Griechenland von chemischen Baustoffen auf natürliche Reinigungsmittel; *Rimaflow* und *Officine Zero* in Italien auf die Wiederverwertung und das Recycling von Elektronik.

Gerade die Einbettung der von Arbeiter*innen geleiteten Unternehmen in breitere soziale Bewegungen und ihre Aufmerksamkeit für die Bedürfnisse und Forderungen der Gemeinschaften machen sie zu einem wichtigen Bestandteil einer Strategie zur Maximierung der sozialen Widerstandsfähigkeit und Selbstbestimmung. Durch die Öffnung des Unternehmens für Belange, die der kapitalistischen Produktivität und Rentabilität fremd sind, stellen die Arbeiter*innen die Trennung zwischen der sozialen, der wirtschaftlichen und der politischen Sphäre in Frage, auf der die kapitalistische Moderne beruht. In Lateinamerika und in Europa bieten besetzte Fabrikgelände ihren Raum für Schulen, Kliniken und soziale Zentren; sie beherbergen Bäuer*innen-Märkte, Basare, Konzerte und künstlerische Veranstaltungen. Schließlich bilden sich um die ‚Fabriken als Gemeinschaftsgüter' (factory commons) herum ‚solidarische Ökosysteme', die den Sprung von der reinen Warenproduktion zur Produktion von Beziehungen, Subjekten und Kollektiven ermöglichen, das soziale Leben in seiner Gesamtheit umfassen und als Bollwerk gegen Enteignungs- und Einhegungsprozesse wirken.

Anmerkungen

1 Workers' Control: ein Archiv der Arbeiter*innenkämpfe, eine mehrsprachige Online-Ressource mit Nachrichten, Debatten, Analysen und historischen Berichten. Siehe http://www. workerscontrol.net/.

2 Unter (wirtschaftlichem) Kooperativismus kann die Überzeugung und gelebte Praxis verstanden werden, selbstor-

ganisiert und kooperativ zusammenzuarbeiten, im Sinne des Genossenschaftsgedankens der gemeinschaftlichen wirtschaftlichen Selbsthilfe, jedoch unabhängig von der Rechtsform. (Anm. d. Übers.).

Weitere Quellen

Azzelini, Dario and Oliver Ressler (2015), ‚Occupy, Resist, Produce', http://www. ressler.at/occupy_resist/. (abgerufen am 3.7.2023)

Azzellini, Dario (2018), ‚Labour as a Commons: The Example of WorkerRecuperated Companies'. *Critical Sociology.* 44 (4–5): 763–76.

Barrington-Bush, Liam (2017), ‚Work, Place and Community: The Solidarity Ecosystems of Occupied Factories', http://morelikepeople.org/solidarity-ecosystems/ (abgerufen am 3.7.2023)

European Medworkers Economy, http://euromedworkerseconomy.net/.(abgerufen am 3.7.2023)

Karakasis, Apostolos (2015), ‚Next Stop: Utopia', http://www.nextstoputopia.com (Webseite nicht abrufbar. Archiv siehe www.archive.org, Stand 3.7.2023)

Lewis, Avi and Naomi Klein (2004), ‚The Take', http://www.thetake.org/. (Webseite nicht abrufbar. Archiv siehe www.archive.org, Stand 3.7.2023)

Ruggeri, Andrés (2013), ‚Worker Self-Management in Argentina: Problems and Potentials of Self-Managed Labor in the Context of the Neoliberal Post-Crisis', in Camila Piñeiro Harnecker (ed.), *Cooperatives and Socialism: A View from Cuba.* London: Palgrave Macmillan.

Theodoros Karyotis ist Soziologe, unabhängiger Forscher und Übersetzer und lebt in Griechenland. Als sozialer Aktivist in Basisbewegungen, die sich mit direkter Demokratie, Solidarwirtschaft und Gemeingütern befassen, koordiniert er die Website workerscontrol.net, eine mehrsprachige Ressource zur Selbstverwaltung der Arbeiter*innen.

Übersetzung: Elisabeth Voß

⎯⎯⎯⎯⎯⎯⎯⎯⎯⎯⎯⎯⎯⎯⎯⎯⎯⎯⎯⎯⎯⎯⎯⎯⎯⎯⎯⎯

Gustavo Estevá

Autonomie

 Autonomie, Basisdemokratie, Patriarchat, Moderne

Autonomie bezieht sich heute auf Haltungen, Praktiken und Positionen im gesamten ideologischen Spektrum, von der Selbstbestimmung souveräner Individuen bis hin zu realen Bewegungen, die Basisdemokratie als emanzipatorischen Horizont jenseits des Kapitalismus, der industriellen Produktionsweise, der westlichen

Moderne und des Patriarchats annehmen. Es gibt keine Autonomie, sondern Autonomien, sowohl in der Realität als auch als politische Projekte, als mobilisierende Mythen und als Horizonte – als das, was noch nicht ist.

Daher schließe ich in diesem Essay zwei Denk- und Handlungsschulen aus, die meiner Meinung nach keine wirklichen Alternativen zum herrschenden Regime darstellen:

- Die individualistische Schule, die manchmal als „libertär" bezeichnet wird, und ihre freiwilligen Zusammenschlüsse von Egoisten (Stirner), die in der Regel innerhalb des kapitalistischen Pseudoanarchismus operieren.

- Die leninistische und angeblich antikapitalistische sozialistische Schule, die die Autonomie auf eine dezentralisierte Form der Verwaltung der vertikalen Staatsgewalt innerhalb von Herrschaftsstrukturen reduziert, die als Voraussetzung für den Übergang zum Sozialismus gerechtfertigt sind. Autonomie als Selbsttätigkeit der Multitude (Negri, Virno) gehört zu dieser Schule, wie alle Ansätze, die sich mit Massen, nicht mit Menschen beschäftigen.

Wenden wir uns dem Kern der Sache und den Alternativen zu, die echte Möglichkeiten bieten.

Das Wort „Autonomie" ist sehr alt. Im 17. Jahrhundert konnte man in Europa mit dem griechischen Begriff entweder auf die Freiheit anspielen, die den Juden gewährt wurde, die nach ihren eigenen Gesetzen lebten, oder die Kant'sche Autonomie des individuellen Willens diskutieren. Mehrere europäische Denk- und Handlungsschulen übernahmen den Begriff im zwanzigsten Jahrhundert, um ihre Positionen und Bestrebungen zu charakterisieren. Im Rest der Welt gibt es von jeher andere Begriffe, Haltungen und Praktiken, die man heute als autonom bezeichnen würde.

Um die aktuellen Debatten zu verstehen, können wir zwischen *Ontonomie*, den traditionellen, endogenen Normen, die immer noch überall in Kraft sind, *Autonomie*, die sich auf die Prozesse bezieht, durch die eine Gruppe oder Gemeinschaft neue Normen annimmt, und *Heterono-*

mie, wenn die Regeln von anderen auferlegt werden, unterscheiden. Autonome Bewegungen versuchen, die Sphären der Ontonomie und der Autonomie so weit wie möglich auszudehnen.

Eine neue semantische Konstellation, die aus emanzipatorischen sozialen und politischen Bewegungen hervorgeht, weist zumindest teilweise die folgenden Elemente auf:

▪ **Sie geht über die formale Demokratie hinaus.** Sowohl Griechenland, das das Wort „Demokratie" prägte, als auch die Vereinigten Staaten, die ihm seine moderne Form gaben, waren Gesellschaften mit Sklaven. In den letzten 200 Jahren wurden abgeschwächte Formen der Sklaverei gefördert oder in Regimen versteckt, die der bedeutende schwarze Intellektuelle W.E.B. Dubois zu Recht als demokratischen Despotismus bezeichnete. Die partizipative Demokratie schafft es nicht, die Vertikalität der demokratischen Gesellschaften zu beseitigen, die von professionellen Diktaturen beherrscht werden, in denen Fachleute die legislative, exekutive und judikative Macht in jedem Bereich übernehmen und die Beteiligung des einfachen Volkes an den Regierungsfunktionen verhindern.

Die Enttäuschung über die Demokratie ist heute allgegenwärtig. Der Weckruf der Zapatistas im Jahr 1994 rückte die Autonomie in den Mittelpunkt der politischen Debatte. „Es reicht! Sie sollen alle gehen", sagten die Argentinier 2001. „Meine Träume passen nicht in eure Wahlurne", erklärten die *Indignados* in Spanien. *Occupy Wall Street* in den USA ermöglichte es Millionen von Menschen, endlich anzuerkennen, dass ihr System im Dienste des einen Prozents steht. Es gibt immer noch Versuche, es zu reformieren, aber viele Kämpfe versuchen stattdessen, die Räume, in denen die Menschen ihre eigene Macht ausüben können, zu erweitern, zu stärken und zu vertiefen. Sie bauen die Demokratie buchstäblich von Grund auf aus, in der das einfache Volk die Macht des Leviathans übernehmen kann, frei zu sprechen, zu wählen und zu handeln (Lummis 1996). Versuche dieser Art gibt es unzählige und überall auf der Welt. Am 1. Januar 2017 hat beispielsweise der *Nationale Indigene Kongress Mexikos* mit Unterstützung der Zapatistas einen Vorschlag zur Schaffung eines Regierungsrates auf der Grundlage indigener und nicht-indigener Autonomien vorgelegt. Anstatt zu versuchen, sich des Staatsapparats zu bemächtigen, der für Kontrolle und Herrschaft konzipiert ist und funktioniert, versuchen sie, ihn zu demontieren und Institutionen zu schaffen, in denen die Praxis des Befehlens durch Gehorchen gedeihen kann.

▪ **Jenseits der Wirtschaftsgesellschaft.** Autonome Bewegungen, die in Lateinamerika weithin sichtbar sind, stellen nicht nur die neoliberale Globalisierung in Frage, sondern wenden sich auch ausdrücklich gegen den Kapitalismus, ohne sozialistisch zu werden. Einige versuchen nicht nur, ihre Abhängigkeit vom Markt oder vom Staat zu beenden, sondern brechen auch mit der „Prämisse der Knappheit", die die Wirtschaftsgesellschaft definiert: die logische Annahme, dass die Bedürfnisse des Menschen riesig, um nicht zu sagen unendlich, sind, während seine Mittel begrenzt sind. Diese Annahme schafft ein wirtschaftliches Problem par excellence: die Verteilung der Ressourcen durch den Markt oder den Plan. Diese Bewegungen hingegen gehen vom ›„Prinzip der Suffizienz" aus und vermeiden so die Trennung von Mitteln und Zielen sowohl in wirtschaftlicher als auch in politischer Hinsicht. Ihre Kämpfe nehmen die Form des Ergebnisses an, das sie herbeiführen wollen.

▪ **Jenseits der westlichen Moderne.** Immer mehr Menschen distanzieren sich schmerzlich von den Wahrheiten und Werten, die die westliche Moderne ausmachen und an die sie zu glauben gelernt haben. Die meisten dieser Menschen können noch kein neues Bezugssystem finden. Angesichts eines solchen Werte- und Orientierungsverlustes werden manche zu Fundamentalisten. Andere hingegen erkennen vielleicht die Relativität ihrer bisherigen Wahrheiten an, tauchen in verschiedene Formen des radikalen Pluralismus ein und praktizieren neue Formen des Wissens und der Erfahrung der Welt, indem sie sich am Aufstand des unterdrückten Wissens beteiligen. Inspiriert von Raimon Pannikar ersetzen sie Substantive, die Abhängigkeit schaffen – Bildung, Gesundheit, Nahrung, Wohnung usw. – durch Verben, die ihnen ihre persönliche Handlungsfähigkeit, ihre Autonomie zurückgeben: lernen, heilen, essen, wohnen. Sie erkennen das Individuum als ein modernes Konstrukt an, von dem sie sich distanzieren, zugunsten eines Konzepts von Personen als Knoten in Beziehungsnetzen, die die vielen realen Wirs darstellen, die eine neue Gesellschaft definieren.

- **Jenseits des Patriarchats.** Mehrere feministische Schulen beteiligen sich an autonomen Bewegungen, die über die konventionellen Visionen von postpatriarchalen Gesellschaften hinausgehen. Ein deutliches Beispiel ist die ›zapatistische Gesellschaft, in der Politik und Ethik und nicht die Wirtschaft im Mittelpunkt des gesellschaftlichen Lebens stehen und die Sorge um das Leben, die Frauen und die Mutter Erde höchste Priorität hat. In diesen Gesellschaften prägen autonome Praktiken alle Bereiche des täglichen Lebens und werden durch demokratische Prozesse geregelt, die die Kunst der Hoffnung und der Würde gemeinschaftlich organisieren.

Weitere Quellen

Albertani, Claudio, Guiomar Rovira und Massimo Modonesi (Coord.) (2009*), La autonomía posible: Reinvención de la política y emancipación*. México: Universidad Autónoma de la Ciudad de México.

Dinerstein, Ana Cecilia (2015), *The Politics of Autonomy in Latin America: The Art of Organising Hope*. Hampshire, England: Palgrave MacMillan.

Enlace Zapatista, http://enlacezapatista.ezln.org.mx (letzter Aufruf 23.3.2023)

Linebaugh, Peter (2006), *The Magna Carta Manifesto*. Berkeley: University of California Press.

Lummis, Douglas (1996), *Radical Democracy*. Ithaca: Cornell University Press.

Pannikar, Raimon (1999), *El espíritu de la política*. Barcelona: Península.

Gustavo Estevá (1936 – 2022) war ein Aktivist und bekannter Intellektueller. Er hat Artikel für *La Jornada* und gelegentlich für *The Guardian* verfasst, und er engagierte sich in lokalen, nationalen und internationalen Basisorganisationen, Autor zahlreicher Bücher und Essays.

Übersetzung: Timmi Tillmann

Elina Vuola

Befreiungstheologie

Schwarze, indigene und feministische Theologien Lateinamerikas; Geist-Körper-Dualismus; bevorzugte Option für die Armen; Papst Franziskus

Befreiungstheologie kann entweder eng oder weit gefasst werden. Im ersten Sinne beschränkt sie sich auf die lateinamerikanische Befreiungstheologie (teología de la liberación, teologia da libertação), die in den späten 1960er Jahren in einem spezifisch lateinamerikanischen Kontext entstand. Im weiteren Sinne umfasst die Befreiungstheologie auch die schwarze Theologie, die feministische Theologie und Variationen der asiatischen und afrikanischen Befreiungstheologien. Die weit gefasste Definition unterstreicht die Verflechtung verschiedener Unterdrückungs- und Herrschaftsstrukturen. Die Befreiung umfasst notwendigerweise politische, wirtschaftliche, soziale, ›racial, ethnische und geschlechtliche Aspekte. Ich werde mich auf die lateinamerikanische Befreiungstheologie konzentrieren, die heute alle oben genannten Varianten umfasst – wie etwa lateinamerikanische schwarze, feministische und indigene Theologien. Sie alle können als jüngste Formen der Befreiungstheologie betrachtet werden, auch wenn die meisten von ihnen sich kritisch von der früheren Befreiungstheologie abgrenzen. Methodologisch und erkenntnistheoretisch können sie jedoch als Teil des Erbes der Befreiungstheologie verstanden werden.

Eine einflussreiche Theorie für die frühe Befreiungstheologie war die *Dependenztheorie*, nach der der Hauptgrund für die Armut und ‚Unterentwicklung' der Dritten Welt (Peripherie) in ihrer Abhängigkeit von den Industrieländern (Zentrum) lag. Das großstädtische Zentrum ‚entwickelte' sich insbesondere durch die Ausbeutung der abhängigen peripheren Regionen. Die Befreiungstheologie war auch eine Radikalisierung und Neukontextualisierung der europäischen politischen Theologie und der

III

prophetischen Anprangerung von Ungerechtigkeit und Unterdrückung im Christentum.

In den 1970er Jahren standen die Befreiungstheologie und die *Iglesia Popular* (Volkskirche) – als Teil der katholischen Kirche und einiger protestantischer Kirchen – an vorderster Front der entstehenden Zivilgesellschaft in Lateinamerika. Die Befreiungstheologie bot den Christ*innen die Sprache, die Begründung und die Legitimation, die Wirtschaftspolitik in Frage zu stellen, die große Teile der Gesellschaft in Armut ließ, und sich direkt gegen Militärregime und deren ungeheuerliche Menschenrechtsverletzungen zu wenden. Die Befreiungstheologie veränderte die historische Rolle der katholischen Kirche in Lateinamerika.

Die wichtigsten Errungenschaften der Befreiungstheologie sind erstens die Schaffung einer radikalen christlichen Alternative aus dem ›Globalen Süden nach Jahrhunderten des Kolonialismus und der Evangelisierung durch den ›Globalen Norden; zweitens stellte die Kritik aus dem verarmten Süden eine prophetische Stimme innerhalb des globalen Christentums dar, die an dessen Tradition appellierte, Armut und Ungerechtigkeit als Sünden zu betrachten; drittens lieferte sie eine neue Methodologie für die zeitgenössische Theologie, um Fragen des menschlichen Leidens, der (Un-)Gerechtigkeit und der körperlichen Realitäten als zentral zu betrachten.

Theologen wie Gustavo Gutiérrez, Leonardo Boff, Enrique Dussel und Pablo Richard, um nur einige zu nennen, waren in der Anfangszeit einflussreich; ihre Arbeiten bildeten den Grundstock der klassischen Befreiungstheologie. Schon früh gab es auch protestantische und feministische Befreiungstheolog*innen. Es handelte sich also nie um ein ausschließlich katholisches und männliches Vorhaben.

Die klassische Befreiungstheologie nahm die Armen als Ausgangspunkt für ihre kritische Reflexion über die Rolle der Kirchen in den vom christlichen Europa kolonisierten Gebieten – was als bevorzugte Option für die Armen

bezeichnet wurde. Dieser Ausgangspunkt wurde seither weiter entwickelt. Die Kategorie der Armen wurde erweitert und spezifiziert, insbesondere aufgrund des Arguments, dass Armut und Arme nicht nur in wirtschaftlichen oder materiellen Begriffen gedacht werden können. Frauen, indigene Völker und Afro-Lateinamerikaner*innen haben die Befreiungstheologie dafür kritisiert, dass sie einen zu engen Blick auf Armut und die Armen hat. Die Themen Rassismus und Sexismus standen in der Befreiungstheologie nicht im Mittelpunkt, und sie wurden auch nicht zu einem tieferen und nuancierteren Verständnis der unterschiedlichen Auswirkungen von Armut auf unterschiedliche Menschen weiterentwickelt.

Die heutige Befreiungstheologie hat es versäumt, die sozialen und politischen Anliegen der zeitgenössischen sozialen Bewegungen einzubeziehen, wie es die frühere Befreiungstheologie in den 1960er und 1970er Jahren tat. Beispielsweise gibt es praktisch keine politischen Bündnisse der befreiungstheologischen Sektoren der Kirchen mit Umweltbewegungen, indigenen, feministischen und LGBT-Rechte-Bewegungen. Befreiungstheolog*innen haben sich nicht wirksam mit der praktischen und theoretischen Kritik dieser Bewegungen auseinandergesetzt, die konkrete politische Veränderungen an den Schnittstellen von Geschlecht und Sexualität, Klasse, Ethnizität, ›race und Ökologie fordern. Fragen im Zusammenhang mit Sexualität und ›Reproduktion haben in der Befreiungstheologie von Anfang an gefehlt.

Darüber hinaus spiegelt die Distanz zwischen christlichen Befreiungs-Öko-Theolog*innen und indigenen Kulturen möglicherweise die Angst vor dem wider, was jahrhundertelang als *Synkretismus*[1] und nichtchristlicher (,heidnischer') Glaube wahrgenommen wurde. Die reiche Vielfalt der religiösen Landschaft Lateinamerikas ist nicht nur in formellen religiösen Institutionen wie den Kirchen lebendig, sondern auch in aus Afrika stammenden Religionen wie Candomblé, Umbanda, Voudou,

Santería, in indigenen spirituellen Traditionen und in verschiedenen Formen des Volkskatholizismus. Im Mittelpunkt stehen dabei der Körper – rituelle Heiltänze; die Heiligkeit des Lebens – Land und Wasser; das Alltagsleben – Beziehungen, Gebete, Heilung, Votivgaben. Ebenso liegt der Schwerpunkt auf den Sinnen, der Konkretheit, der Sichtbarkeit und oft auch auf einem Raum für die Stimmen der Frauen.

In ihrer Bewertung von Körper, Geschlecht, Natur und indigenen Kulturen stützt sich die Befreiungstheologie somit auf unhinterfragte Binaritäten der christlichen Theologie und der eurozentristischen Philosophie, obwohl sie auf dem Gegenteil besteht. Die Geist-Körper-Dichotomie geht, wie so viele feministische Theologinnen betont haben, Hand in Hand mit der Mann-Frau-Dichotomie, dem Dualismus ‚der Westen und der Rest‘ und dem Kultur-Natur-Dualismus. Die Dämonisierung von Frauen und indigenen Völkern (wie es die klassische und koloniale Theologie tat) oder ihre Romantisierung, wie es ein Großteil der Öko-Theologie tut, ohne die realen Probleme ernst zu nehmen, mit denen sie als leibliche menschliche Wesen konfrontiert sind, sind problematisch.

Eine neue Theologie des Körpers und der Sexualität aus einer lateinamerikanischen befreiungstheologischen Perspektive versucht, einige der Lücken in der Analyse von Armut, Rassismus, Sexismus und Ökologie zu schließen. Diese Art von Arbeit ist heute transnational und interdisziplinär und geht weit über die lateinamerikanische Befreiungstheologie hinaus. In diesem Sinne hat die Befreiungstheologie als Rahmen nicht mehr die gleiche Relevanz wie noch vor einigen Jahrzehnten. Das bedeutet jedoch nicht, dass sie bedeutungslos ist oder war, ganz im Gegenteil.

Die Befreiungstheologie, einschließlich ihrer feministischen, ökologischen und indigenen Versionen, hat eine Brücke zwischen dem Erbe des Christentums in Lateinamerika und der traumatischen Geschichte der Region geschla-

gen und spricht mit einer wahrhaft lateinamerikanischen Stimme zu globalen Themen. Bis zu einem gewissen Grad ist die Befreiungstheologie jedoch europäisch, weiß und männlich geblieben, weil es ihr an Solidarität mit sozialen Bewegungen nach dem Ende der Diktaturen mangelt. Ein Verständnis von Entwicklung und Post-Entwicklung aus der Perspektive der ärmsten Lateinamerikaner*innen würde eine substanziellere Kritik an Rassismus, Sexismus und Kolonialismus und deren Beziehung zur Religion mit sich bringen.

Der erste lateinamerikanische Papst, der aus Argentinien stammende Franziskus, hatte nie eine enge Beziehung zur Befreiungstheologie, hat aber im Gegensatz zu seinen beiden Vorgängern einige wesentliche Änderungen in der Beurteilung dieser Theologie durch den Vatikan vorgenommen.

Anmerkung

1 *Synkretismus*: „… Vermischung verschiedener Religionen, Konfessionen oder philosophischer Anschauungen." https://de.wikipedia.org/wiki/Synkretismus (Anm. d. Übers.).

Weitere Quellen

Althaus-Reid, Marcella (ed.) (2006), *Liberation Theology and Sexuality: New Radicalism from Latin America*. London: Ashgate.

Boff, Leonardo (1997), *Cry of the Earth, Cry of the Poor*. New York: Orbis Books. (**deutsch:** Schrei der Erde – Schrei der Armen. Düsseldorf: Patmos-Verlag, 2002)

Gebara, Ivone (1999), *Longing for Running Water: Ecofeminism and Liberation*. Minneapolis: Fortress Press.

Vuola, Elina (2002), *Limits of Liberation: Feminist Theology and the Ethics of Poverty and Reproduction*. Sheffield and New York: Sheffield Academic Press and Continuum.

— (2011), Latin American Liberation Theologians' Turn to Eco(theo)logy: Critical Remarks. In: Celia Deane-Drummond and Heinrich Bedford-Strohm (eds), *Religion and Ecology in the Public Sphere*. London: T & T Clark/Continuum.

Elina Vuola ist Akademieprofessorin an der Theologischen Fakultät der Universität Helsinki, Finnland. Sie war Gastwissenschaftlerin am *Departamento Ecuménico de Investigaciones* in San José, Costa Rica, an der Harvard Divinity School und an der *Northwestern University*, Evanston, USA.

Übersetzung: Elisabeth Voß

III

Geoffrey Pleyers

Bewegung für eine alternative Globalisierung

 Weltsozialforum, präfigurativer Aktivismus, Gegenexpertise, soziale Bewegungen

Der Aufstand der ›zapatistischen indigenen Bewegung gegen die mexikanische Regierung und das *Nordamerikanische Freihandelsabkommen* am 1. Januar 1994 symbolisiert die Geburtsstunde der Bewegung für eine ‚alternative Globalisierung' oder für ‚globale Gerechtigkeit'. *La Via Campesina*, die mittlerweile über 200 Millionen Kleinbäuerinnen und -bauern weltweit vereint, war drei Monate zuvor gegründet worden. Unerwartet wurden indigene Völker sowie Kleinbäuer*innen zur Speerspitze der globalen Bewegung, welche die neoliberale Ordnung verurteilt und Wege zur Emanzipation erkundet oder erneuert.

Während die Globalisierung als das Ende der zweiten Welt des Sowjetismus und als ‚Endsieg' der westlichen ‚Marktdemokratie' wahrgenommen wurde, deutet die *Alternative Globalisierungsbewegung* eher auf das Ende der ‚Dritten Welt' hin, wie sie im zwanzigsten Jahrhundert verstanden wurde, und auf den Aufschwung des ›Globalen Südens im Hinblick auf fortschrittliche Bewegungen. Es ist bezeichnend, dass die Anfänge der Bewegung, ihre wichtigsten Treffen – die Weltsozialforen – und die wichtigsten Schritte ihrer ‚ökologischen Umkehr' vor allem im Globalen Süden stattgefunden haben. Die ›,transformativen Treffen' von Aktivist*innen aus dem Norden mit den Kämpfen, Aktivist*innen, ›Epistemologien und ›*Kosmovisionen* aus dem Süden sind die konstitutive Essenz und das Ziel der *Alternativen Globalisierungsbewegung* und die Wurzeln der Emanzipationskämpfe, -praktiken und -erkenntnisse im 21. Jahrhundert.

Lokale und nationale Mobilisierungen beherrschten die erste Phase der globalisierungs-

kritischen Bewegung. Ihre Internationalität trat allerdings immer deutlicher zutage, vor allem bei der Mobilisierung zu globalen Ereignissen wie dem Protest gegen den Millenniumsgipfel der Welthandelsorganisation (WTO) 1999 in Seattle, USA. Engagierte Intellektuelle spielten ebenfalls eine wichtige Rolle bei der Sensibilisierung der Öffentlichkeit für die sozialen Folgen des Freihandels und dabei, den hegemonialen *Washingtoner Konsens* in Frage zu stellen. Die Bewegung gewann durch die Proteste gegen Freihandelsabkommen und die seit 2001 stattfindenden *Weltsozialforen* an Schwung. Sie brachte bis zu 120.000 (Mumbai, 2004) und 170.000 (Porto Alegre, 2005) Aktivist*innen zusammen, um Ideen und Erfahrungen auszutauschen und zu zeigen, dass „eine andere Welt möglich ist". Seit 2011 sorgt eine neue globale Protestwelle auf allen Kontinenten für eine Ausweitung globalisierungskritischer Bewegungen, welche insbesondere die Austeritätspolitik[1], die zunehmende Ungleichheit und die geheimen Absprachen zwischen den politischen, wirtschaftlichen und medialen Eliten anprangern.

Globalisierungskritische Aktivist*innen weisen auf Finanzspekulationen, Steuerparadiese und die Konzentration von Ressourcen in den Händen der Superreichen als Hauptursache für soziale und ökologische Schäden hin. Seit ihren Anfängen hat die *Alternative Globalisierungsbewegung* auch gegen Rechtsextremismus, Nationalismus, Grenzkriege und für die Unterstützung von Migrant*innen mobilisiert. Umweltthemen gewannen innerhalb der Bewegung zunehmend Aufmerksamkeit. So schlossen sich Aktivist*innen für globale Gerechtigkeit und Umweltschützer*innen in der 2007 auf Bali, Indonesien, gegründeten *Climate Justice Network* zusammen. Sie machten deutlich, dass die Verhinderung der globalen Erwärmung strukturelle Veränderungen im derzeitigen kapitalistischen Wirtschafts- und Politiksystem erfordern.

Entgegen der vorherrschenden Vorstellung, dass es ‚keine Alternative' zur neoliberalen Politik gibt, fordern globalisierungskritische

Aktivist*innen, dass normale Bürger Einfluss auf lokale, nationale und globale Politik nehmen können. Sie stützen sich auf die folgenden drei Kulturen des Engagements.

▪ **Der Weg der Vernunft: Gegenexpertise der Bürger*innen.** Auf dem ‚Weg der Vernunft' sehen globalisierungskritische Aktivist*innen die Notwendigkeit, dass sich Bürger*innen in die Debatten über globale Fragen einmischen, um eine gerechtere Welt aufzubauen. Sie zeigen, dass die neoliberale Politik sozial ungerecht, undemokratisch, wissenschaftlich irrational und wirtschaftlich ineffizient ist. Sie entwickeln alternative und ‚rationalere' politische Ansätze, die auf das Gemeinwohl ausgerichtet sind.

Diese Aktivist*innen sehen die größte Herausforderung darin, die Wirtschaft an soziale, kulturelle, ökologische und politische Normen zu binden. Sie folgen einem Top-down-Konzept des sozialen Wandels und fordern politische Entscheidungsträger*innen und internationale Institutionen auf, die Wirtschaft unter der Aufsicht von engagierten Expert*innen und Bürger*innen zu regulieren. Auf der Grundlage klarer wissenschaftlicher Beweise, effizienter Kampagnen und der Mobilisierung der Bürger*innen haben sie maßgeblich dazu beigetragen, das öffentliche Bewusstsein zu schärfen und politische Maßnahmen zu wichtigen globalen Themen wie der globalen Erwärmung oder der Steuerhinterziehung anzustoßen. Der Anstieg der Treibhausgasemissionen – trotz wissenschaftlicher Berichte, die Regierungen dazu auffordern, etwas gegen den Klimawandel zu unternehmen, und der anhaltenden Stärke neoliberaler Politiken, die jede wissenschaftliche Legitimation verloren haben – zeigt jedoch auch die Grenzen klarer wissenschaftlicher Argumente für den globalen Wandel auf.

▪ **Der Weg der Subjektivität: ›Präfigurativer Aktivismus.** Anstatt von politischen Entscheidungsträger*innen zu erwarten, dass diese ihre Probleme lösen, setzt der zweite Trend auf ein Bottom-up-Konzept des sozialen Wandels. Die ‚neue Welt' beginnt bei einem selbst und

auf lokaler Ebene. Die Richtschnur liegt in der Kohärenz zwischen den eigenen Handlungsweisen und Werten (Demokratie, Partizipation, Nachhaltigkeit, Gleichstellung der Geschlechter usw.). Indigene und ländliche Gemeinschaften, autonome Bewegungen, soziale Zentren oder Occupy-Bewegungen – alle versuchen, ‚Erfahrungsräume' zu schaffen, verstanden als „autonome, von der kapitalistischen Gesellschaft distanzierte Räume, die es den Akteuren ermöglichen, nach ihren eigenen Prinzipien zu leben, verbindliche und vergnügliche soziale Beziehungen zu knüpfen und ihre Subjektivität und Kreativität auszudrücken". Konkrete alltägliche Verhaltensweisen sind weit über die lokale Ebene hinaus von Bedeutung, da sie die kapitalistische Lebensweise herausfordern und sich dem Einfluss der Konsumkultur widersetzen. Der Aktivismus ist somit ›*präfigurativ* – er nimmt in konkreten Aktionen die Elemente einer nachhaltigen und demokratischeren Welt vorweg. Der Aktivismus ist außerdem *performativ* – die ‚andere Welt' beginnt hier und jetzt, in konkreten und lokalen Handlungen.

▪ **Allianzen mit fortschrittlichen Regierungen.** Die eher klassische Fraktion der Bewegung glaubt, dass soziale Veränderungen durch Bündnisse zwischen fortschrittlichen nationalen Regierungen und Volksbewegungen erreicht werden können. Im Jahr 2005 gelang es fortschrittlichen Führungskräften und Bewegungen, die *Amerikanischen Freihandelsabkommen* zu stoppen. Durch Allianzen zwischen den Bewegungen und fortschrittlichen Regierungen wurde ›*Buen Vivir* in die ecuadorianische Verfassung aufgenommen, und der bolivianische Präsident Evo Morales entlieh sich sogar das Repertoire des Sozialforums, um die *Peoples' World Conference on Climate Change* (Weltkonferenz der Völker zum Klimawandel) 2010 in Cochabamba zu organisieren. Einige Jahre später enttäuschten die progressiven lateinamerikanischen Regierungen die Aktivist*innen der *Alternativen Globalisierung* jedoch an der sozioökonomischen und ökologischen Front.

III

Auf anderen Kontinenten distanzierten sich die *Occupy-* und die nach 2011 folgenden Bewegungen von der Parteipolitik und setzten auf öffentlichen Plätzen partizipative Demokratie um, wobei sie die Absprachen der politischen, medialen und wirtschaftlichen Eliten verurteilten. Nach 2013 entschieden sich einige Aktivisten dafür, neue Parteien zu gründen oder Parteipolitik mit einem eher horizontalen Engagement zu kombinieren.

Insgesamt ist das Verhältnis zwischen den Bewegungen und den Regierungen jedoch zunehmend von Repression geprägt, was darauf hindeutet, dass der Einsatz von Gewalt oft der einzige Weg ist, um eine neoliberale und auf Ausbeutung ausgerichtete Entwicklung durchzusetzen.

Zusammengenommen bieten diese drei Kulturen des Engagements konkrete Richtlinien für einen globalen und mehrdimensionalen Ansatz zum sozialen Wandel und zu nachhaltigeren Prozessen, um die Bedürfnisse der Menschen zu erfüllen und ihr Wohlergehen zu sichern, wobei gleichzeitig die Schlüsselrolle der lokalen Gemeinschaften und der Basisakteure, des bürgerschaftlichen Engagements, der internationalen Institutionen und der politischen Führer anerkannt wird. Jenseits des Nord-Süd-Gefälles stellt die *Bewegung für eine alternative Globalisierung* die zentrale Rolle der Wirtschaft in Frage, fördert die internationale Solidarität und bietet konkrete Antworten auf die globalen Herausforderungen, angefangen bei der globalen Erwärmung und den zunehmenden Ungleichheiten.

Anmerkung

1 Austerität bedeutet ‚Disziplin‘, ‚Entbehrung‘ oder ‚Sparsamkeit‘. d.h. strenge staatliche Haushaltspolitik, die einen ausgeglichenen Staatshaushalt und eine Verringerung der Staatsschulden anstrebt. (s. Wikipedia) (Anm. d. Übers.)

Weitere Quellen

Holloway, John (2002), *Change the World Without Taking Power*. London: Pluto Press. (**deutsch**: Die Welt verändern, ohne die Macht zu übernehmen. Münster: Verlag Westfälisches Dampfboot.2002)

Juris, Jeffrey S. (2008), *Networking Futures*. Durham, NC: Duke University Press.

Pleyers, Geoffrey (2010), *Alter-Globalization: Becoming Actors in the Global Age*. Cambridge: Polity Press.

Sen, Jai, Anita Anand, Arturo Escobar and Peter Waterman (eds) (2004), *World Social Forum Challenging Empires*. New Delhi: Viveka Foundation.

Smith, Jackie (2008), *Social Movements for Global Democracy*. Baltimore: Johns Hopkins University Press.

Geoffrey Pleyers ist Professor des *National Fund for Scientific Research* (FNRS – Nationaler Fonds für wissenschaftliche Forschung) an der Universität Louvain, Belgien. Er ist Vorsitzender des Forschungsausschusses 47 (Soziale Bewegungen) der *International Sociological Association* (Internationale Vereinigung für Soziologie). Er ist der Autor von *AlterGlobalization. Becoming Actors in the Global Age* (Polity Press, 2010). Weitere Forschungsschwerpunkte sind Umweltbewegungen, kritischer Konsum und soziale Bewegungen in Europa und Lateinamerika.

Übersetzung: Hannelore Zimmermann

Cândido Grzybowski

Biozivilisation

 Zivilisationskrise, Fürsorge, Gemeingüter, soziale und ökologische Gerechtigkeit, Menschenrechte und Verantwortung

Der Begriff der Biozivilisation – oder Lebenszivilisation – bezieht sich auf die Suche nach einem neuen Modell von Zivilisation, einem Konzept, das sich noch in einem embryonalen Stadium befindet. Die Biozivilisation gibt eine Richtung vor, in die wir uns bewegen müssen. Es handelt sich jedoch nicht um ein einheitliches Modell für die ganze Welt, sondern um ein Konzept, das so vielfältig ist wie der Planet und das Leben selbst. Damit sich die Biozivilisation entwickeln kann, müssen wir uns wieder in das Leben, die Dynamik und den Rhythmus der ökologischen Systeme einfügen, uns an sie anpassen, sie bereichern und ihre Erneuerung und Regeneration fördern. Anstelle der Logik des freien Marktes und des Strebens nach privaten Interessen sollte die Ethik der kollektiven und individuellen Verantwortung in allen Beziehungen und Prozessen, in der Wirtschaft und in der Macht, in der Wissenschaft und in der Technologie das zentrale Leitprinzip sein. Die Säulen der Biozivilisation sind: *das Bestmögliche auf lokaler Ebene tun* und dabei das Subsidiaritätsprinzip gegenüber den anderen Ebenen beachten; *die Gemeingüter in den Mittelpunkt stellen; menschenwürdige Arbeit schaffen*, die von allen Männern und Frauen gemeinsam geleistet wird; *die Menschenrechte, die Gleichheit, die Freiheit, das Glück und die Entfaltung der menschlichen Potenziale in ihrer ganzen Vielfalt und nach ihrem Willen gewährleisten.*

Wir stehen vor einer sehr ernsten philosophischen und politischen Herausforderung. Es ist ernst, denn die Herausforderung besteht darin, jene Annahmen des Denkens und Handelns zu demontieren, die wir verinnerlicht haben und die daher – oft ohne unser bewusstes Wissen – unser Denken prägen und somit auch die Wirtschaft und die Macht in der Gesellschaft organisieren. Wir werden zu der Annahme verleitet, dass mangelnde Entwicklung, Nichtentwicklung oder Unterentwicklung die Wurzel des gesellschaftlichen Übels sind. Entwicklung ist der Traum und die Ideologie, die den Planeten Erde beherrschen; sie wird als steigendes Bruttoinlandsprodukt (BIP) verstanden, mit immer größerem Besitz und Konsum materieller Güter, egal was es ist.

Angesichts der Krise der herrschenden kapitalistischen Zivilisation ergibt sich als *conditio sine qua non*[1] die Notwendigkeit, unsere Beziehung zur Natur neu zu strukturieren und wiederherzustellen. Schließlich sind wir Teil der Biosphäre. Wir sind selbst Natur, lebendige Natur, beschenkt mit einem Bewusstsein. Künftige Generationen haben das gleiche Recht auf gesunde natürliche Bedingungen wie wir. Außerdem ist die Unversehrtheit des Planeten ein Wert *an sich*, und es ist unsere Pflicht, sie zu erhalten. Mit der Natur zu interagieren heißt per Definition, lebendig zu sein. Aus der Perspektive der Biozivilisation ist es diese Beziehung zur Natur, über die wir die Nachhaltigkeit des Lebens und des Planeten definieren.

Die Umweltzerstörung sollte als ein Aspekt der wachsenden sozialen Ungleichheit betrachtet werden. Schließlich ist Umweltzerstörung sozial ungleich, und einige Gruppen und Gesellschaften sind dafür stärker verantwortlich

als andere. Die Verknüpfung des Kampfes für soziale Gerechtigkeit mit dem Kampf gegen die Umweltzerstörung ist von entscheidender Bedeutung, da das eine vom anderen abhängt. Dies definiert die sozialen Kämpfe unserer Zeit aus der Perspektive einer Zivilisation des Lebens radikal neu.

Um wieder nachhaltig zu werden, muss die moderne menschliche Zivilisation den ›Anthropozentrismus aufgeben und ihre Sichtweise und Beziehung zur Natur radikal ändern (Calame 2009). Alle Lebensformen sowie die komplexen, miteinander verbundenen ökologischen Systeme, die den Planeten Erde regulieren, haben ein grundlegendes Existenzrecht. Dies muss das Grundprinzip, die Bedingung und die Begrenzung des menschlichen Eingreifens in die Beziehung zur Natur und in den Aufbau florierender Gesellschaften sein.

Die Werte der Fürsorge, des Zusammenlebens und des Teilens beziehen sich auf die Grundlagen einer auf das Leben ausgerichteten Wirtschaft. Sie stellen sogar den Kern der Wirtschaft dar, da das menschliche Leben auf diesen Werten fußt (Spratt et al. 2009). Fürsorge ist die wesentliche Tätigkeit des täglichen Lebens. Diese lebenswichtige Arbeit wird hauptsächlich von Frauen verrichtet, die unter der Doppelbelastung und der männlichen Vorherrschaft zu leiden haben. Wir erleben in der Tat eine Umkehrung, bei der das Wesentliche – die Fürsorge und Pflege – von der herrschenden Wirtschaft als privat und wertlos betrachtet wird. Die Sorge verweigert sich dem marktkapitalistischen Wertprinzip, das sich im BIP äußert. Wir müssen die Fürsorge in den Mittelpunkt der Ökonomie rücken, als Ordnungsprinzip für die Symbiose von menschlichem und natürlichem Leben, das unseren Planeten ausmacht, und als Grundlage für das Leben von Gemeinschaften, in denen wir unweigerlich zusammenleben und die wir mit anderen teilen.

Die Rückgängigmachung der Verdinglichung und Kommerzialisierung der Gemeingüter sind entscheidende Voraussetzungen zur Überwin-

III

dung der Zivilisationskrise und auf dem Weg zur Nachhaltigkeit. Gemeingüter sind eines der zentralen Prinzipien der Biozivilisation. Die Rückgewinnung, Ausweitung und Neuschaffung von Gemeingütern sind allesamt Aufgaben, die die Schaffung eines neuen zivilisatorischen Paradigmas beinhalten.

Die Grundsätze des Zusammenlebens und des Teilens werden durch Fürsorge bestimmt. Sorge gedeiht mit dem Gemeinschaftsleben und der Freundschaft. Kulturelles Leben, Träume, Fantasie, Glaube, Wissen und Zusammenarbeit – all das gedeiht durch Fürsorge.

Hier taucht ein grundlegendes Problem auf, das in der gegenwärtigen politischen Kultur der Menschenrechte zwar präsent ist, aber nicht ausreichend betont wird. Es gibt keine Menschenrechte ohne menschliche Pflichten. Wer als Inhaber von Rechten angesehen werden will, muss allen denselben Anspruch zugestehen. Das heißt, dass wir, um Rechte zu haben, gleichzeitig für die Rechte aller anderen verantwortlich sein müssen. Dies ist eine geteilte Beziehung und als solche eine Beziehung der Mitverantwortung. Das wachsende Bewusstsein für die Rechte und Pflichten des Menschen innerhalb und zwischen den Gesellschaften sowie in Bezug auf die Biosphäre wirft ein Licht auf die grundlegende Frage der gegenseitigen Abhängigkeit von der lokalen und territorialen bis zur planetarischen Ebene.

Der Vorschlag für eine Biozivilisation war das Hauptthema eines Workshops, der 2011 von IBASE, dem Organisationskomitee des Weltsozialforums und dem *Forum for a New Global Governance* in Rio de Janeiro organisiert wurde. Rund 60 soziale Aktivist*innen aus Brasilien, Südamerika, Südafrika, Indien, China und Europa nahmen daran teil. Dies war eine Veranstaltung zur Vorbereitung des *Thematischen Sozialforums* (2012) und des *Rio+20-Gipfels*. Seitdem ist die Idee der Biozivilisation ein Hauptthema der Dialoge zwischen Europa, Lateinamerika und China.

Anmerkung

1 unerlässliche Bedingung (Anm. d. Übers.)

Weitere Quellen

Bollier, David and Silke Helfrich (eds) (2012), *The Wealth of the Commons: A World Beyond Market and State.* Armherst, MA: Levellers Press (**deutsch**: Die Welt der commons: Muster gemeinsamen Handelns. Bielefeld: Transcript 2015)

Calame, Pierre (2009), In Charles Léopold Mayer (ed.), *Essai sur l'oeconomie.* Paris: IRE.

Grzybowski, Cândido (2011), *Caminhos e descaminhos para a biocivilização.* Rio de Janeiro: IBASE, http://www.ibase.br/pt/wp-content/uploads/2011/08/Caminhosdescaminhos.pdf (abgerufen am 29.06.2023)

Grzybowski, Cândido (2015), ‚Biocivilization for Socio-Envoironmental Sustainability: A Brazilian View on the Hard but Necessary Transition‘, in Michel Reder, Katharina Hirschbrunn and Georg Stoll (eds), *Global Common Good.* Frankfurt/M.: Campus Verlag

Spratt, Stephen, Andrew Simms, Eva Neitzert and Josh Ryan-Collins (2009), *The Great Transition: A Tale of How It Turned Out Right.* London: New Economics Foundation.

Cândido Grzybowski ist ein Philosoph, Soziologe und sozialer Aktivist, der sich stark für das Weltsozialforum engagiert. Er ist ehemaliger Direktor und derzeit Managementberater des *Brazilian Institute for Social and Economic Analysis* (IBASE – Brasilianisches Institut für Sozial- und Wirtschaftsanalyse) in Rio de Janeiro, Brasilien.

Übersetzung: Hannelore Zimmermann

Julien-François Gerber

Bruttonationalglück Bhutan

 alternative Entwicklung, alternativer Indikator, Bhutan

Das Bruttonationalglück (BNG, englisch: Gross National Happiness, GNH) ist in Bhutan ein umstrittener Begriff. Er umfasst unterschiedliche Interpretationen und Umsetzungen, die mehr oder weniger radikal sind. Für einige Bhutaner*innen ist das BNG ein lose definiertes ‚grünes Wachstum‘ und/oder ein Markenname, der zu jeder Gelegenheit passt – eine Position, die ich ‚kommerzielles BNG‘ nenne. Für andere ist das BNG ein neuer ganzheitlicher Indikator, der das Bruttoinlandsprodukt (BIP) als Leitlinie der Entwicklungspolitik ersetzen sollte – eine Position, die ich als ‚eingeschränktes BNG‘ bezeichne (Ura et al. 2012). Für andere wiederum ist das BNG nicht nur ein neuer Indikator, sondern auch eine Philosophie des sozialen Aufblühens, die äußere und innere Bedürfnisse integriert und Suffizienz[1] in Bezug auf das Wirtschaftswachstum anstrebt, sobald die Grundbedürfnisse aller Menschen erfüllt sind – eine Position, die ich als ‚tiefgreifendes BNG‘ bezeichne (Royal Government of Bhutan 2013). Derzeit scheint es, dass das ‚kommerzielle BNG‘ die Entscheidungsarena dominiert. Aber insgesamt ist die Politik Bhutans das Ergebnis dieser verschiedenen Kräfte (Hayden 2015).

Zu den BNG-orientierten Politiken Bhutans gehören kostenlose Bildung und Gesundheitsfürsorge für alle; strenge Beschränkungen für ausländische Investitionen; keine WTO-Mitgliedschaft; keine Außenwerbung; heftige Steuern auf Autoimporte; Beschränkungen des Massentourismus und Verbot des Alpinismus; strenge kulturelle Normen für Architektur und offizielle Kleidung; die Hälfte des Landes als Schutzgebiete; ein verfassungsmäßiges Mandat für eine 60-prozentige Bewaldung; Landverteilung an landlose Bäuer*innen; die Bereitschaft zu hundert Prozent auf ökologische Landwirtschaft umzustellen. Obwohl die modernisierungsorientierten Sektoren der bhutanischen Gesellschaft Druck auf diese Maßnahmen ausüben, scheinen sie in der Öffentlichkeit nach wie vor breite Unterstützung zu finden.

Der Begriff ‚BNG‘ wurde vom vierten König in den 1970er Jahren geprägt. Als ihn ein Journalist nach dem BIP Bhutans fragte, antwortete er: „Wir kümmern uns nicht um das Bruttoinlandsprodukt, sondern um das Bruttonationalglück“. Seine Antwort mag an einen bhutanischen Rechtskodex aus dem Jahr 1729 erinnern haben, in dem es heißt: „Wenn die Regierung nicht in der Lage ist, Glück für ihre Bevölkerung zu schaffen, hat die Regierung keinen Sinn zu existieren“ (Ura et al. 2012).

Das moderne Konzept des BNG wurde jedoch erst später, in der turbulenten Zeit der 1990er Jahre, formuliert. Einerseits war die innenpolitische Situation Bhutans äußerst angespannt. Die herrschenden Ngalop-Eliten (Westbhutan) gingen sehr schlecht mit den anderen Sprach- und Kulturgruppen des Landes um – nicht nur mit den Lhotshampa (Südbhutan), sondern auch mit den Sharchops (Ostbhutan) und den Tibeter*innen – bis zu dem Punkt, an dem eine gewaltsame Krise ausbrach, die zur Einrichtung von Lhotshampa-Flüchtlingslagern in Nepal führte. Andererseits war auch die außenpolitische Lage des Landes angespannt. Die Schulden gegenüber Indien schwollen an, während Indien neoliberal wurde. Als die Regierung die vielfältigen negativen Auswirkungen des ›Neoliberalismus erkannte, bestand dringender Bedarf an einem alternativen Diskurs. So wurde die Idee des BNG entwickelt, zum Teil als eine Form des Widerstands gegen den ›Neoliberalismus und zum Teil vielleicht auch als ein Versuch, einige interne Wunden zu lindern.

Das Bruttonationalglück nimmt viele Formen an. Wir werden kurz zwei Formen des ‚eingeschränkten BNG‘ und zwei des ‚tiefgreifenden BNG‘ untersuchen. Erstens wurde der BNG-Index als neuer integrierter Indikator Mitte der 2000er Jahre unter der Leitung von Karma Ura vom *Centre for Bhutan Studies* entwickelt. Er deckt neun Bereiche ab – Lebensstandard, Bildung, Gesundheit, Umwelt, Vitalität der Gemeinschaft, Zeitnutzung, psychologisches Wohlbefinden, gute Regierungsführung sowie kulturelle Resilienz und Förderung. Diese werden anhand von dreiunddreißig Indikatoren gemessen. Er wurde bisher in einer Vorerhebung (2006) und drei Vollerhebungen im ganzen Land (2008, 2010, 2015) verwendet. Sein Ziel ist es, das Wohlbefinden ganzheitlich zu messen, um dessen Entwicklung zu bewerten und die Entscheidungsfindung entsprechend zu steuern. Interessanterweise enthält der BNG-Index für jeden Indikator eine ‚Suffizienzschwelle‘. Diese Schwellenwerte sind Richtwerte dafür, wie viel für ein ‚gutes Leben‘ ausreicht, und beruhen auf internationalen oder nationalen Standards, normativen Beurteilungen oder den Ergebnissen partizipativer Treffen. So gelten beispielsweise Bürger*innen, die mehr als acht Stunden täglich arbeiten, als ihrer Zeit beraubt und nicht ausreichend suffizient.

III

Zweitens wurde das *GNH Policy Screening Tool* entwickelt, um die BNG-Kommission zu unterstützen. Es ist ein leistungsstarkes Instrument, das den Planungsprozess der bhutanischen Wirtschaft steuert, indem es politische Maßnahmen und Projekte auf ihre Auswirkungen auf zweiundzwanzig Variablen hin überprüft, die die oben genannten neun Bereiche widerspiegeln. Dieses Screening-Instrument spielte eine wichtige Rolle bei Bhutans Ablehnung der WTO-Mitgliedschaft und bei der begrenzten Ausbeutung der Mineralienreserven.

Als Beispiel für ein ‚tiefgreifendes BNG in der Praxis' könnte man die *Samdrup Jongkhar Initiative* (SJI) nennen, die 2010 in einem vernachlässigten ländlichen Gebiet des Landes von einem progressiven Religionslehrer, Dzongsar Jamyang Khyentse Rinpoche, ins Leben gerufen wurde. Die SJI wird derzeit von einer einflussreichen Frau aus der Region, Neten Zangmo, geleitet und sollte eine Bottom-up-Initiative sein, die sich auf das ganze Land ausweiten lässt. Sie zielt darauf ab, Ernährungssouveränität und Selbstversorgung auf der Grundlage biologischer Landwirtschaft zu erreichen, die Umwelt mit einer Null-Abfall-Kampagne zu schützen, Gemeinden zu stärken, Jugendbildung zu betreiben und die Beteiligung der Bürger*innen an Entscheidungsprozessen zu fördern.

Ein weiteres Beispiel für das ‚tiefgreifende BNG' könnte das *Universal Human Values-Training* (Universelle Menschliche Werte) sein – bemerkenswert übereinstimmend mit Aspekten der buddhistischen Ethik und der Tiefenpsychologie – das in allen höheren Bildungseinrichtungen des Landes angeboten wird. Das mehrtägige Training bietet eine systematische Methode, die die Teilnehmer*innen ermutigt, sich selbst und ihre Beziehung zu anderen und zur Umwelt besser zu verstehen. Es soll zeigen, wie richtiges Verstehen und Fühlen in sich selbst, Furchtlosigkeit in der Gesellschaft und Koexistenz mit der Natur die Grundlagen für Harmonie und damit für ‚Glück' sind. Bedauerlicherweise herrscht eine tief verwurzelte Verwirrung, so dass argumentiert wird,

Geld und die Anhäufung materieller Güter stünden im Mittelpunkt, was zu verschiedenen Formen von Dominanz, Angst und Ausbeutung führt.

Aus einer ›Postdevelopment-Perspektive würde ich sagen, dass der wichtigste ursprüngliche Beitrag des BNG – und vielleicht auch seine schwierigste Herausforderung – darin besteht, existenzielle ‚innere' Fragen einzubeziehen, die mit Psychologie und Spiritualität zu tun haben. In einer Zeit, in der die meisten der drängenden ‚äußeren' Probleme von vielen Menschen relativ gut verstanden werden, sind die ‚inneren' Fragen – wie die nach den ‚wahren Bedürfnissen', der ‚existentiellen Erfüllung', dem ‚falschen Bewusstsein' und der ‚sozialen Konditionierung' – viel komplexer und weitgehend unzureichend behandelt, aber dennoch für wirksame Forschung und Aktion unerlässlich. Es besteht ein dringender Bedarf an mehr innerem Verständnis im radikalen Aktivismus.

Anmerkung

1 Suffizienz „zielt im Bewusstsein der begrenzten natürlichen Ressourcen, des Klimawandels und drohenden Artenverlusts darauf, absolut Energie und Material zu sparen." https://www.bund.net/ressourcen-technik/suffizienz/suffizienz-was-ist-das/ (abgerufen am 28.07.2023). In der Degrowth-Bewegung liegt die Betonung „jedoch nicht nur auf weniger, sondern auch auf anders" (siehe Beitrag „Degrowth") (Anm. d. Übers.).

Weitere Quellen

Hayden, Anders (2015). Bhutan: Blazing a Trail to a Postgrowth Future? Or Stepping on the Treadmill of Production? .Journal of Environment Development. 24 (2): 161–86.

Royal Government of Bhutan (2013). Happiness: Towards a New Development Paradigm. Thimphu: Royal Government of Bhutan.

The Centre for Bhutan Studies and GNH Studies, http://www.bhutanstudies.org.bt (abgerufen am 30.06.2023)

Ura, Karma, Sabina Alkire, Tshoki Zangmo und Karma Wangdi (2012). An Extensive Analysis of GNH Index. Thimphu: The Centre for Bhutan Studies.

Julien-François Gerber ist Assistenzprofessor für Umwelt und Entwicklung am *International Institute of Social Studies* in Den Haag, Niederlande. Zuvor lehrte er ein Jahr lang am *Sherubtse College* in Kanglung, Bhutan. Seine Forschungsschwerpunkte sind Wirtschaftsanthropologie, politische Ökologie und ›heterodoxe Wirtschaftswissenschaften.

Übersetzung: Anna Voß

Geshe Dorji Damdul

Buddhismus und auf Weisheit basierendes Mitgefühl

*Mitgefühl, Glücklich sein,
Bildung, soziales Engagement*

Vom Tag unserer Geburt an sind wir mit Aktivitäten wie dem Saugen von Milch an der Mutterbrust und dem Weinen beschäftigt, die alle von dem Wunsch getrieben sind, Leid zu vermeiden und Glück zu erlangen. Diese Tatsache durchdringt alle Wesen, ohne Ausnahme, ob gläubig oder ungläubig, reich oder arm, gebildet oder ungebildet. Wir alle streben direkt oder indirekt nach dem größten Glück.

Während einer der öffentlichen Vorlesungen Seiner Heiligkeit des Dalai Lama an der Universität Delhi im Jahr 2008 fragte ihn ein Mädchen: „Was ist der Sinn des Lebens?" Seine Heiligkeit antwortete, ohne zu zögern: „Wir leben von der Hoffnung, und wir hoffen auf echtes Glück. Daher ist echtes Glück der Sinn des Lebens."

■ **Die letzte Quelle des Glücks liegt in uns selbst:** Wie der Klang des Klatschens, für den immer zwei Hände zusammenkommen müssen, entsteht all das Leiden, das wir durchleben, aus dem Zusammentreffen von zwei Bedingungen – den äußeren und den inneren. Die Zahl der äußeren Faktoren ist oft so groß, dass wir kaum in der Lage sind, irgend einen Teil davon zu beseitigen. Ganz anders verhält es sich, wenn wir beim Händeklatschen eine Hand wegnehmen: Wird der innere Faktor entfernt, gibt es kein Klatschen oder Geräusch, egal wie stark sich die andere Hand bewegt. Der Klang des Elends hört auf. Der Buddha wies darauf hin, dass das selbstbezogene Ego, das durch Unwissenheit aktiviert wird, der schlimmste der inneren Faktoren ist, dessen Ausmerzung alles Elend beendet.

■ **Mittel zum Glück durch Ausmerzen der egoistischen Unwissenheit:** So wie man Licht braucht, um die Dunkelheit zu beseitigen, kann die Dunkelheit der Unwissenheit durch das Einbringen des Lichts der Weisheit beseitigt werden, sagte der Buddha oder das Dhammapada.

■ **Die Weisheit der gegenseitigen Abhängigkeit, um liebevolle Zuwendung zu erzeugen:** Spaltung und Hass entstehen aus der Unwissenheit, die die Menschheitsfamilie nicht als eine Einheit sieht, sondern in verschiedene Ethnien, Religionen und Länder aufteilt. Weltweite Phänomene wie die globale Erwärmung kennen keine nationalen Grenzen. Auch die Vögel in der Luft und die Fische im Meer kennen diese virtuellen Grenzen nicht. Vogelgrippe, Quecksilbervergiftungen von Fischen und Radioaktivität verbreiten sich ohne Grenzkontrollen über den gesamten Globus. In Wirklichkeit sind wir alle voneinander abhängig, und die Anerkennung dieser Tatsache sollte zu Liebe und Zuneigung führen, ähnlich wie ein kleines Kind seiner Mutter gegenüber eine unglaubliche Liebe empfindet, wenn es erkennt, dass es von der Liebe und Güte der Mutter abhängig ist. Diese Philosophie deckt sich sehr gut mit der Darstellung der Quantenphysik, wonach das Beobachtete nur in Abhängigkeit vom Beobachter existiert.

■ **Ego versus Selbstvertrauen:** Oft verwechseln Menschen die Begriffe *Ego* und *Selbstvertrauen* miteinander. Dies ist der schwerwiegendste Fehler. Das *Ego* ist es, dass alle destruktiven Emotionen hervorbringt und dadurch nicht nur alle Arten von unrealistischen und schädlichen Handlungen hervorruft, sondern auch unglückselige Erfahrungen über einen selbst bringt. Im Gegensatz dazu stiftet *Selbstvertrauen* Ruhe. Eine Person mit *Selbstvertrauen* handelt realistisch und erreicht so alle gewünschten Ergebnisse.

Es ist sehr betrüblich zu sehen, dass manche Menschen einen starken Selbsthass besitzen. Das ist sehr ungesund und schädlich für einen selbst. Durch die Unterscheidung von *Selbst* und *Ego*, sollte jede/r lernen, dem *Selbst* gegenüber freundlich zu sein und nur das selbstbezogene *Ego* zu hassen.

■ **Buddhismus in der Gesellschaft:** Auf der Grundlage des soeben Gesagten hat die Botschaft des Buddha einen enormen Beitrag zur Erhal-

III

tung der Umwelt und zur sozialen Gleichheit geleistet und kann dies auch weiterhin tun. Der Buddha verbot seinen Anhängern, einschließlich den Mönchen, die Flüsse zu verschmutzen und die Vegetation zu schädigen (Max Muller 1974).

In diesem Sinne setzt sich Seine Heiligkeit der Dalai Lama seit vielen Jahren gegen das Verletzen von Tieren sowie die Verwendung von Tierhäuten und Pelzen ein. Ihm folgend boykottierten die Tibeter in Tibet sofort massenhaft die Verwendung von Häuten, Fellen und Elefantenstoßzähnen, indem sie diese verbrannten – selbst solche, die sie seit vielen Generationen geerbt hatten. Dieser Akt war sehr mutig, vor allem wegen des bestehenden Verbrennungsverbots, das durch die kommunistischen Chinesen verhängt worden war, die den enormen Einfluss Seiner Heiligkeit, des Dalai Lama, auf die Tibeter in Tibet fürchteten.[1]

Außerdem kam es auf Anraten Seiner Heiligkeit des Dalai Lama zu einer massiven Umstellung hin zum Vegetarismus in den tibetischen Gemeinschaften in Indien vor etwa zwanzig Jahren. Um 1997 wurde in einer tibetischen Siedlung in Südindien ein Hühnerstall mit 87.000 Hühnern geschlossen, nachdem der Dalai Lama gesagt hatte, dass er sicher mindestens 87 Jahre alt werden würde, wenn die Siedlung alle Hühner freiließe.[2]

Obwohl die Welt sich auf dem Höhepunkt moderner Bildung befindet, wird sie von tiefen Krisen wie Korruption, Terrorismus, der Kluft zwischen Arm und Reich und der Geschlechter-Diskriminierung zerrissen. Seine Heiligkeit der Dalai Lama erkennt die Tatsache, dass das moderne Bildungssystem, das die Entwicklung des Gehirns und nicht des Herzens begünstigt, für diese Krisen verantwortlich ist. Er hat sich intensiv dafür eingesetzt, dass die *Universelle Ethik* als Fach in das moderne Bildungssystem aufgenommen wird. Er ist davon überzeugt, dass eine solche Ethik das Wichtigste von allem ist, nicht nur für eine Ethnie oder Religion oder ein Land oder eine Region, sondern für die gesamte Menschheit. Im Zentrum der *Universellen Ethik* steht die Bedeutung der Warmherzigkeit, die auf der Anerkennung der Idee von der ge-

genseitigen Abhängigkeit beruht – zwischen Menschen, zwischen Nationen, zwischen Menschen und der Natur.[3] Dieses Fach wurde 2012 von der Universität Delhi eingeführt und wird nun auch am *Tata Institute of Social Sciences* in Mumbai und an anderen Instituten gelehrt. Für den Dalai Lama ist Bildung die endgültige Antwort auf die aktuellen globalen Krisen.

Anmerkungen

1 Siehe z. B. Tibetans in Yunnan Give Up Wearing Animal Skins, Burn Valuable Furs, https://www.rfa.org/english/news/tibet/animal-03042015170302.html. (abgerufen am 23.3.2023).

2 Öffentliche Unterweisung von S.H. dem Dalai Lama, 1990, aufgezeichnet vom Autor.

3 Öffentlicher Vortrag über „Universelle Ethik" von S.H. dem Dalai Lama im Thayagraj-Stadion, 2016, aufgezeichnet vom Autor.

Weitere Quellen

Dalai Lama (2001), *Ethics for the New Millennium*. New York: Riverhead Books. (**deutsch:** Das Buch der Menschlichkeit: Eine neue Ethik für unsere Zeit. Köln 2002: Lübbe

— (2011), *Towards a True Kinship of Faiths*. London: Penguin Random House. (**deutch**: Das Herz der Religionen: Andere Traditionen, das Eigene neu entdecken. Freiburg i.Br.: Herder Verlag, 2011)

— (2012), *Beyond Religion*. Neu-Delhi: Harper Collins Publishers. (**deutsch:** Rückkehr zur Menschlichkeit: neue Werte in einer globalisierten Welt. Köln: Bastei Lübbe Verlag, 2013)

Engagierter Buddhismus, https://en.wikipedia.org/wiki/Engaged_Buddhism. (**deutsch:** https://de.wikipedia.org/wiki/Engagierter_Buddhismus – abgerufen am 23.05.2023)

Muller, Max Friedrich (Hg.) (1974), *Vinaya, Mahavagga (Vinaya-Texte, Sacred Books of the East)*. Delhi: Motilal Banarsidas.

Ricard, Matthieu (2007), *Happiness: A Guide to Developing Life's Most Important Skill*. New York: Little, Brown and Compan. (**deutsch:** Glück. München: Knaur-Taschenbuch-Verlag, 2009).

Thanissara (2015), *Time to Stand Up: An Engaged Buddhist Manifesto for Our Earth: The Buddha's Life and Message through Feminine Eye*. Berkeley, CA: North Atlantic Books.

Geshe Dorji Damdul ist Direktor des *Tibet House* in Neu-Delhi, dem Kulturzentrum Seiner Heiligkeit des Dalai Lama. Er schloss 2002 sein *Geshe Lharampa*-Diplom (PhD) an der *Drepung Loseling Monastic University* in Karnataka ab. Seit 2005 ist er der offizielle Übersetzer Seiner Heiligkeit des Dalai Lama. Er reist viel, zum Beispiel nach Mumbai, in die USA, nach Großbritannien und Singapur, um buddhistische Philosophie, Psychologie, Logik und Praxis zu lehren.

Übersetzung: Timmi Tillmann

Mónica Chuji / Grimaldo Rengifo / Eduardo Gudynas

Buen Vivir (Gutes Leben)

 Entwicklungsalternativen, Südamerika, Modernität, indigene Bewegungen

Die Kategorie des „Buen Vivir" oder des „guten Lebens" ist Ausdruck eines Bündels südamerikanischer Perspektiven, die eine radikale Infragestellung der Entwicklung und anderer Kernbestandteile der Moderne teilen und gleichzeitig Alternativen dazu anbieten. Buen Vivir ist weder mit dem westlichen Verständnis von Wohlbefinden oder dem guten Leben verwandt, noch kann es als Ideologie oder Kultur bezeichnet werden. Es ist Ausdruck eines tieferen Wandels in Wissen, Gefühlsleben und Spiritualität, einer ›ontologischen Öffnung für andere Formen des Verständnisses der Beziehung zwischen Menschen und Nicht-Menschen, die nicht die moderne Trennung zwischen Gesellschaft und Natur implizieren. Es ist eine plurale Kategorie, die im Entstehen begriffen ist und an verschiedenen Orten und Regionen spezifische Formen annimmt. Sie ist insofern ›heterodox, als sie indigene Elemente mit internen Kritiken an der Moderne vermischt.

Verweise auf die Ideen des Buen Vivir sind seit Mitte des zwanzigsten Jahrhunderts zu verzeichnen, aber seine aktuelle Bedeutung wurde in den 1990er Jahren formuliert. Wichtig in diesem Zusammenhang waren die Beiträge des Andenprojekts für bäuerliche Technologien (PRATEC[1] in Peru; Apffel-Marglin, 1998), des Andenzentrums für die Entwicklung von Landwirtschaft und Viehzucht (CADA; Medina 2001) in Bolivien und verschiedener Intellektueller sowie sozialer und indigener Führer, unter denen Acosta (2012) in Ecuador hervorsticht. Ein breites Spektrum sozialer Bewegungen hat diese Ideen unterstützt, die politische Veränderungen in Bolivien und Ecuador bewirkten und verfassungsrechtlich anerkannt wurden.

Buen Vivir umfasst verschiedene Versionen, die für jeden sozialen, historischen und ökologischen Kontext spezifisch sind. Diese entstehen durch die Innovation, Verknüpfung und Kreuzungen von Konzepten, die aus indigenen Traditionen abstammen, mit kritischen Haltungen gegenüber der Moderne selbst. Dazu gehören das Suma Gamaña der Aymara, das Ñande Reko der bolivianischen Guaraní, das Sumak Kawsay und das Allin Kawsa y der ecuadorianischen Kichwa und das Allin Kawsay der peruanischen Quechua. Das ecuadorianische/peruanische Shür Waras der Achuar und das chilenische Küme Morgen der Mapuche (Rengifo 2001 / Yampara 2011) sind analoge Konzepte.

Zu den westlichen Beiträgen zählen die radikale Kritik an der Entwicklung, einschließlich des ›Post-Development, die Anerkennung der ›Kolonialität von Macht und Wissen, die feministische Kritik am Patriarchat, alternative Ethiken, die den inneren Wert des Nicht-Menschlichen anerkennen, und Umweltvisionen wie die Tiefenökologie.

Es gibt kein einheitliches Buen Vivir; so unterscheidet sich beispielsweise das ecuadorianische Sumak Kawsay von dem bolivianischen Suma Gamaña; die ungefähre Übersetzung in westliche Kategorien bezieht sich im ersten Fall auf die Kunst des guten und harmonischen Lebens in einer Gemeinschaft, auch wenn sie gleichzeitig in sozialen und ökologischen Dimensionen definiert ist, während es im zweiten Fall auch um die Geselligkeit in gemischten Gemeinschaften geht, allerdings beschränkt auf bestimmte Gebiete. Gleichzeitig ist es ebenso falsch zu sagen, dass das Buen Vivir ausschließlich eine indigene Angelegenheit sei, wie zu behaupten, dass es eine Rückkehr zu vorkolonialen Bedingungen bedeute, obwohl diese Aspekte für seine Konstruktion wesentlich sind.

Jenseits dieser Vielfalt gibt es durchaus gemeinsame Komponenten (Gudynas 2011). Sie alle stellen das Konzept des Fortschritts und die Vorstellung einer einzigen universellen Geschichte in Frage. Sie sind offen für multiple, parallele,

B

III

nicht-lineare und sogar zirkuläre historische Prozesse. Sie hinterfragen *Entwicklung* aufgrund ihrer Besessenheit von Wirtschaftswachstum, Konsumismus, ›Kommodifizierung der Natur usw. Diese Kritik erstreckt sich sowohl auf kapitalistische als auch auf sozialistische Varianten der *Entwicklung*. Aus dieser Perspektive macht ein sozialistisches *Buen Vivir* keinen Sinn. Die Alternativen sind sowohl postkapitalistisch als auch postsozialistisch, sie lösen sich vom Wachstum und konzentrieren sich auf die vollständige Befriedigung der menschlichen Bedürfnisse vom Standpunkt selbstauferlegter Sparsamkeit aus.

Buen Vivir verdrängt die zentrale Stellung des Menschen als einzigem Subjekt, das mit politischer Repräsentation ausgestattet ist, und als Quelle aller Wertschätzung. Dies impliziert eine ethische Öffnung (durch die Anerkennung des intrinsischen Wertes von Nicht-Menschen und der Rechte der Natur) sowie eine politische Öffnung (die Akzeptanz nicht-menschlicher Subjekte). Es stellt sich dem Patriarchat entgegen, selbst im Herzen ländlicher und indigener Gebiete, und postuliert feministische Alternativen, die die Schlüsselrolle der Frauen bei der Verteidigung von Gemeinschaften und der Natur wiederbeleben.

Die moderne Trennung zwischen Mensch und Natur wird ebenfalls in Frage gestellt. *Buen Vivir* erkennt umfassende Gemeinschaften an, die aus Menschen und Nicht-Menschen, Tieren, Pflanzen, Bergen, Geistern usw. in bestimmten Gebieten bestehen – wie das Konzept der *Ayllu* aus den Anden als gemischte sozio-ökologische Gemeinschaften, die in einem bestimmten Gebiet verwurzelt sind.

Buen Vivir lehnt alle Formen des Kolonialismus ab und distanziert sich vom Multikulturalismus. Es vertritt stattdessen eine Art von Interkulturalität, die jede Wissenstradition wertschätzt, und postuliert damit die Notwendigkeit, die Politik auf der Grundlage der Plurinationalität neu zu begründen.

Buen Vivir räumt der Affektivität und der Spiritualität einen hohen Stellenwert ein. Die Beziehungen in den erweiterten Gemeinschaften beschränken sich nicht auf Marktbeziehungen oder nützliche Verbindungen, sondern schließen Gegenseitigkeit, Komplementarität, Gemeinschaftlichkeit, Umverteilung usw. mit ein.

Die Ideen, die dem *Buen Vivir* zugrunde liegen, sind Gegenstand einer scharfen Kritik. Einige betrachten sie als Ausdruck eines indigenen Reduktionismus, während andere behaupten, dass sie in Wirklichkeit eine Erfindung des New Age sind. Intellektuelle der konventionellen Linken vertreten die Auffassung, sie würden vom eigentlichen Ziel ablenken, das nicht in Alternativen zur Entwicklung, sondern in Alternativen zum Kapitalismus bestünde; außerdem lehnten sie den inneren Wert von Nichtmenschen ab. Trotz dieser Argumente haben die Ideen des *Buen Vivir* in den Andenländern eine starke und weit verbreitete Unterstützung gefunden; von dort aus haben sie sich rasch in ganz Lateinamerika und auf der ganzen Welt verbreitet und die Grundlage für konkrete Alternativen zur Entwicklung geschaffen, wie zum Beispiel die verfassungsmäßige Anerkennung der *Rechte der Natur* und der *Pacha Mama*, Moratorien für Bohrungen im Amazonasgebiet, Modelle für den Übergang zum ›Post-Extraktivismus oder die auf der Beteiligung nicht-menschlicher Akteure basierende Kosmopolitik.

Der scharfe Widerspruch zwischen diesen ursprünglichen Ideen des *Buen Vivir* und den Entwicklungsstrategien der bolivianischen und ecuadorianischen Regierungen, die den ›Extraktivismus wie den Mega-Bergbau oder die Ölförderung im Amazonasgebiet gefördert haben, ist offensichtlich geworden. Die fortschrittlichen Regime haben versucht, diese Widersprüche durch neue Definitionen des *Buen Vivir* zu überwinden, ob als eine Art Sozialismus in Ecuador oder als integrale Entwicklung in Bolivien, um es wieder der Moderne zuzurechnen. Diese Positionen wurden von einigen staatlichen Stellen und von Intellektuellen unterstützt – auch von nicht südamerikanischen Intellektuellen –, die trotz ihrer Absichten nur die ›Kolonialität der Ideen wiederholen.

Trotz allem sind die ursprünglichen Ideen des *Buen Vivir* erhalten geblieben. Sie nähren weiterhin den sozialen Widerstand gegen die konventionelle Entwicklung, zum Beispiel im Fall der Demonstrationen von Indigenen und Bürger*innen zur Verteidigung des Territoriums, des Wassers und der Mutter Erde in Bolivien, Ecuador und Peru. Dies zeigt, dass *Buen Vivir* nicht auf einige wenige Intellektuelle und NGOs beschränkt ist, sondern dass es eine breite Unterstützung in der Bevölkerung gefunden hat.

Zusammenfassend lässt sich sagen, dass *Buen Vivir* ein sich ständig weiterentwickelnder Entwurf ist, der von verschiedenen Bewegungen und Aktivist*innen gepflegt wird, mit all seinen Fortschritten und Rückschlägen, Innovationen und Widersprüchen. Es befindet sich zwangsläufig noch im Aufbau, da es nicht so einfach ist, über die Moderne hinauszugehen. *Buen Vivir* muss notwendigerweise plural sein, da es Positionen umfasst, die die Moderne in Frage stellen und gleichzeitig andere Arten des Denkens, Fühlens und Seins – andere ›Ontologien – eröffnen, die in spezifischen Geschichten, Territorien, Kulturen und Ökologien verwurzelt sind. Innerhalb dieser Vielfalt gibt es jedoch klare ›Konvergenzen, die *Buen Vivir* von der Moderne unterscheiden, wie etwa die Abkehr vom Fortschrittsglauben der Moderne, die Anerkennung erweiterter Gemeinschaften, die sich aus beziehungorientierten Weltanschauungen ergeben, und eine Ethik, die den inneren Wert von Nichtmenschen akzeptiert.

Anmerkung

1 Bildungsprogramm zur Förderung der kulturellen und biologischen Vielfalt in Peru

Weitere Quellen

Acosta, Alberto (2012), *Buen vivir. Sumak kawsay: Una oportunidad para imaginar otros mundos*. Quito: AbyaYala. (**deutsch:** Buen Vivir. Vom Recht auf ein gutes Leben. München: Oekom Verlag, 2015)

Apffel-Marglin, Frédérique (Hg.) (1998), The Spirit of Regeneration: Andean Culture Confronting Western Notions of Development. London: Zed Books.

Gudynas Eduardo, (2011), Buen Vivir: Today's Tomorrow, *Development*. 54 (4): 441–47. (**deutsch:** Buen Vivir. Das gute Leben jenseits von Entwicklung und Wachstum. Berlin: Rosa Luxemburg Stiftung, 2012

Medina, Javier (Hg.) (2001), Suma Qamaña: *La comprensión indígena de la Buena Vida*. La Paz: Gesellschaft für Technische Zusammenarbeit (GTZ) und Federación de Asociaciones Municipales de Bolivia (FAM).

Rengifo, Grimaldo (2002), *Allin Kawsay: El bienestar en la concepción andino amazónica*. Lima: Andenprojekt für bäuerliche Technologien (PRATEC).

Yampara H., Simón (2011), Cosmovivencia Andina: Vivir y convivir en armonía integral – Suma Qamaña, *Bolivian Studies Journal /Revista de Estudios Bolivianos*. 18: 1-22.

Mónica Chuji ist eine amazonische Kichwa-Intellektuelle; sie war Mitglied der Verfassungsversammlung Ecuadors, ehemalige Kommunikationsministerin und ehemalige Regierungssprecherin der ersten Regierung Ecuadors unter Präsident Correa.

Grimaldo Rengifo ist ein peruanischer Pädagoge und Förderer der andinen Kultur, insbesondere derjenigen, die mit der Erde verbunden ist. Er ist Begründer des *Andenprojekts für bäuerliche Technologien* (PRATEC).

Eduardo Gudynas aus Uruguay ist Forscher am *Lateinamerikanischen Zentrum für Sozialökologie* (CLAES) und assoziierter Forscher im Fachbereich für Anthropologie der Universität von Kalifornien in Davis.

Übersetzung: Timmi Tillmann

Liang Yongjia

Chinesische Religionen

 Konfuzianismus, Taoismus, Ökologie

Der Begriff „chinesische Religionen" bezieht sich hier auf die religiösen Überzeugungen und Praktiken, die in China entstanden sind und von dort aus über Jahrhunderte weitergegeben wurden. Die einflussreichsten Religionen, die überlebt haben, sind der Konfuzianismus und der Taoismus.

Der Konfuzianismus wurde von Konfuzius (551-479 v. Chr.) begründet, der die königlichen Rituale in ein System von Gedanken und Praktiken rund um die Idee der Treue und Loyalität der Nachkommen umwandelte. Er entwickelte sich im 2. Jahrhundert v. Chr. zur kaiserlichen Ideologie und wurde in China bis ins frühe 20. Jahrhundert befolgt. Der Taoismus wurde um das

III

1. Jahrhundert n. Chr. durch die Zusammenführung verschiedener Philosophien über das Universum und die Erlösung institutionell verankert; er blieb über zwei Jahrtausende hinweg eine der einflussreichsten Religionen in China, was vor allem auf seine weit verbreiteten und äußerst beliebten Praktiken zurückzuführen ist.

Der Begriff „chinesische Religionen" tauchte im Westen erstmals in den Schriften der Jesuiten des 17. Jahrhunderts auf und wurde von Max Weber in *Die Religion Chinas: Konfuzianismus und Taoismus* (1915) verwendet. Weber's elitäre Konstruktion hinterlässt den Eindruck, dass Konfuzianismus und Taoismus die authentisch wirkenden Religionen Chinas sind. Tatsächlich kann man sie aber nicht verstehen, ohne den Buddhismus und andere Religionen mit einzubeziehen. Darüber hinaus sind sowohl der Konfuzianismus als auch der Taoismus zu Beginn des 20. Jahrhunderts stark rückläufig und haben radikale Veränderungen erfahren, um besser den Problemen der Gegenwart gerecht zu werden. Dies führte zu einer Neuinterpretation von Konzepten und Traditionen in Bezug auf Harmonie, Natur, Gerechtigkeit und Ökologie.

Anfang des 20. Jahrhunderts hatte der Konfuzianismus seine orthodoxe Autorität sowie seine Institutionen durch den Untergang des chinesischen Kaiserreichs verloren. In den ersten drei Jahrzehnten der Volksrepublik China wurde er zudem als feudales Überbleibsel verurteilt. Seit der Wende zum 21. Jahrhundert erlebt der Konfuzianismus mit staatlicher Unterstützung eine starke Wiederbelebung. Die wichtigsten Akteure sind die ‚Neokonfuzianist*innen des Festlands', die eine staatlich anerkannte Religion aufbauen und das Land in Richtung konfuzianischer Konstitutionalismus lenken wollen.

Die Neokonfuzianist*innen glauben im Allgemeinen, dass der Konfuzianismus die Krise der westlichen Moderne mit alternativen sozialen und körperlichen Techniken überwinden kann, die sich auf inneren Frieden, gemeinschaftliche Solidarität, Höflichkeit und Selbstbeschränkung beziehen (Tu 2010). Er bietet Abhilfe bei politischer Korruption, wirtschaftlicher Ungleichheit, sozialer Instabilität und ökologischen Katastrophen. Sie glauben, dass die Moderne, die durch liberale Demokratie und globalen Kapitalismus gekennzeichnet ist, für China nicht länger wünschenswert ist. Stattdessen soll der Konfuzianismus China und die Welt das spirituelle, moralische und rituelle Leben lehren – eine Art ‚Zivilreligion' (Jensen 1997:4). Viele fördern die Lektüre konfuzianischer Klassiker in Bildungseinrichtungen und bieten Schulungen für Unternehmer, Politiker, Fachleute und spirituell Suchende an. Es gibt auch Umweltschützer*innen, die die konfuzianische ›anthropozentrische Sichtweise neu ausrichten, indem sie Ideen aufgreifen, die auf Harmonie mit der Natur, Sehnsucht nach Langlebigkeit, Mitgefühl bei Schwierigkeiten und den Wunsch nach nachhaltiger Gerechtigkeit ausgerichtet sind. Die *International Confucian Ecological Alliance* (ICEA Internationale Konfuzianische Ökologische Allianz) versucht, konfuzianische Weisheit und ökologische Wissenschaft miteinander zu verbinden, um ein globales Netzwerk zu schaffen, das das Bewusstsein für die schwere ökologische Krise der Welt schärft.

Die zeitgenössische Wiederbelebung des Konfuzianismus bleibt weitgehend rhetorisch. Da es ihr an institutioneller Macht mangelt, ist sie vor allem durch philosophische Schriften, kommerzielle Unternehmungen, Basisaktivismus und politische Lobbyarbeit aktiv. Die Bewegung erinnert an verschiedene synkretistische[1], erlösende und heilsgeschichtliche Bewegungen, die vor einem Jahrhundert aufblühten, wie etwa der *Konsistente Weg* (Yiguandao) und die *Konfuzianische Kirche* (*Kongjiaohui*) (Goossaert und Palmer 2011: 91-122). Bei den meisten Ideen handelt es sich um spekulative Beschwörungen einer besseren Welt, die Bewegung ist jedoch auch dabei, sich zu institutionalisieren. Ihr Potenzial, alternative Entwicklungswege anzubieten, liegt in ihrer ethischen Sicht auf die Harmonie der menschlichen Gesellschaft und der Welt im Allgemeinen (Fei 1992[1948]).

Anfang des zwanzigsten Jahrhunderts wurde der Taoismus von chinesischen Aufklärer*innen heftig angegriffen, die ihn als abergläubisch, pseudowissenschaftlich und egoistisch abtaten. Der Taoismus wurde 1912 nur schwach institutionalisiert (Goossaert und Palmer 2011: 43-66), obwohl seine Praktiken das gesellschaftliche Leben in China weiterhin beeinflussen.

Zur Wende ins 21. Jahrhunderts begannen die taoistischen Eliten, den Wert der Harmonie zwischen Mensch und Natur zu betonen. Der Gründungskanon des Taoismus, das *Tao Te Jing*, wird als eine der frühesten Lehren der ökologischen Ethik in der Geschichte der Menschheit gefeiert. Viele Gelehrte vertreten die Auffassung, dass der Taoismus erkannt hat, dass der Mensch Teil des Universums ist und dass er „zur Unschuld zurückkehren" (*fanpuguizhen*) sollte, indem er harmonische Beziehungen zur Natur unterhält, anstatt sie zu beherrschen. Andere Ideen in diesem Sinne sind das „Nichthandeln" (*wuwei*), die „Lebensernährung" (*yangsheng*), „weniger denken, weniger begehren" (*shaosiguayu*), die alle für eine begrenzte Ausbeutung der natürlichen Ressourcen und einen eingeschränkten Gebrauch von Vergnügen eintreten (Girardot et al. 2001).

Taoistische Gelehrte und Praktiker*innen schreiben über die Tugenden des Altruismus, der Einfachheit und des Mitgefühls, die zur Gesundheit von Körper, Geist, Gesellschaft und Nation beitragen. Sie feiern, wie die alten Lehren die Übel der Moderne heilen können: exzessives Konsumverhalten, Energiekrise, Umweltverschmutzung, Ernährungsunsicherheit, Einkommensunterschiede und soziale Ungerechtigkeit. Die *Chinesische Taoistische Vereinigung* fördert den Umweltschutz in der taoistischen Architektur, den Körpertechniken, den Ritualen, der Begrünung, der Entwässerung und dem Verbrennen von Räucherstäbchen. Sie erklärt, dass der Begründer des Taoismus, Lao Zi, „der Gott des Ökologischen Schutzes" ist (Duara 2015: 43-44).

Die taoistischen Praktiken des täglichen Lebens sind voll von praktischem Wissen über Nah-rung, Körpertechniken, Geomantie und Gemeinschaftsrituale. Gewöhnliche Chines*innen haben keine Schwierigkeiten, die Ideen der begrenzten Nutzung von Ressourcen, des ausgeglichenen Flusses der kosmischen Energie und der Kunst, nicht aggressiv zu sein, zu verstehen. Die Tempel in den Dörfern sind gefüllt mit Aktivitäten, bei denen es um echte Gegenseitigkeit zwischen den Menschen und der kosmischen Kraft geht. Städtische Parks sind voll von Älteren, die den richtigen Fluss der Lebensenergie ausüben. Ernährung, Atemübungen und spirituelle Pflege spiegeln die taoistischen Vorstellungen von Gleichgewicht und Beschränkung wider. Unabhängig von jeder institutionellen Förderung verkörpert der Taoismus in China den wahren Ort für alternative Wege zum menschlichen Wohlbefinden.

Anmerkung

1 Verschmelzung unterschiedlicher Glaubensrichtungen, Ideen oder kultureller Elemente zu einem neuen, hybriden System oder Konzept. (Anm. d. Übers.)

Weitere Quellen

Duara, Prasenjit (2015), *The Crisis of Global Modernity*. Cambridge: Cambridge University Press.

Fei, Hsiao-t'ung (1992 [1948]), *From the Soil: The Foundations of Chinese Society*. Übersetzt von Gary G. Hamilton, und Zheng Wang, Berkeley: University of California Press.

Girardot, Norman J., James Miller und Xiaogan Liu (Hg.) (2001), *Daoism and Ecology: Ways within a Cosmic landscape*. Cambridge, MA: Harvard Divinity School.

Goossaert, Vincent und David Palmer (2011), *The Religious Question in Modern China*. Chicago: The University of Chicago Press.

Jensen, Lionel M. (1997), Manufacturing Confucianism: *Chinese Traditions and Universal Civilization*. Durham: Duke University Press.

Tu, Weiming (2010), *The Global Significance of Concrete Humanity: Essays on the Confucian Discourse in Cultural China*. Neu-Delhi: Centre for Studies in Civilizations und Munshiram Manoharlal Publishers.

Weber, Max (1951 [1915]), *The Religion of China: Confucianism and Taoism*. Glencoe, Illinois: The Free Press. (**deutsch**: *Die Religion Chinas: Konfuzianismus und Taoismus*. In: Archiv für Sozialwissenschaft und Sozialpolitik, Jg. 41, 1915)

Liang Yongjia ist Professor für Anthropologie an der Abteilung für Soziologie der *China Agricultural University*. Er ist spezialisiert auf Religion und Ethnizität in China. Zu seinen jüngsten Veröffentlichungen gehören *Reconnect to Alterity:*

III

Religious and Ethnic Revival in Southwest China (Routledge, 2013) und wissenschaftliche Artikel über kulturelles Erbe, Königtum und die Gabe.

Übersetzung: Timmi Tillmann

P. Seán McDonagh

Christliche Öko-Theologie

 Industrialisierung, neokoloniale Entwicklung, Erdpflege, Schöpfungstheologie, Technologiekosten

Die moderne katholische Soziallehre hat ihre Wurzeln in der industriellen Revolution Europas. Priester wie Adolph Kolping in Köln beobachteten, dass die Industrialisierung das Elend der Armen vergrößerte. Auch der Mainzer Bischof Kettler war sich der negativen sozialen Auswirkungen des liberalen Kapitalismus bewusst. Dies wurde von Papst Leo XIII. in *Rerum Novarum* (1891) aufgegriffen – der Enzyklika, welche die Ausbeutung von Fabrikarbeiter*innen kritisierte und einen existenzsichernden Lohn sowie das Recht auf die Gründung von Gewerkschaften forderte. Im Jahr 1967 bewegte sich Papst Paul VI. in seiner bahnbrechenden *Enzyklika Populorum Progressio* über die wirtschaftliche Entwicklung hinaus. Diese Enzyklika *Über die Entwicklung der Völker* schuf einen Bewertungsrahmen für eine echte menschliche Entwicklung. Viele Länder, vor allem in Afrika, hatten die politische Freiheit von ihren Kolonialherren erlangt, erlebten aber gleichzeitig einen Neokolonialismus durch wirtschaftliche Abhängigkeiten von Europa oder Nordamerika.

Fast alle im 20. und zu Beginn des 21. Jahrhunderts verfassten Sozial-Enzykliken sind in Bezug auf ökologische Belange schwach. Das *Zweite Vatikanische Konzil* fiel mit der Veröffentlichung von Rachel Carsons *Stummer Frühling* (1962) zusammen, und obwohl es den Katholizismus in vielerlei Hinsicht veränderte, wurde die Ökologie kaum angesprochen. Das letzte Diskussionspapier des Konzils, die *Pastoralkonstitution über die Kirche in der Welt von heute*, bezog sich jedoch auf den großen je-

suitischen Mystiker und Wissenschaftler Pierre Teilhard de Chardin. Der 1957 vom Vatikan verurteilte Wissenschaftler war Paläontologe und Geologe und an der Entdeckung des Peking-Menschen beteiligt. Diese Erfahrungen mündeten in einflussreichen Büchern wie *Das Phänomen Mensch* und *Das göttliche Milieu*.

Pater Thomas Berry entwickelte Teilhard de Chardins Werk zu einer tragfähigen Schöpfungstheologie weiter, insbesondere in den beiden Büchern *The Dream of the Earth* und *The Universe Story*. Er bemüht sich, der Menschheit den ihr gebührenden Platz in der Evolutionsgeschichte des entstehenden Universums, des Planeten Erde und allen Lebens auf diesem Planeten zuzuweisen. Berry vertritt die Ansicht, dass diese Geschichte, die sich auf eine Vielzahl von Wissenschaften und religiösen Überlegungen stützt, jetzt zum Prüfstein für das anbrechende ökologische Zeitalter werden muss. Für Berry besteht die Aufgabe der Menschheit darin, eine neue Art des Zusammenlebens mit dem Rest der natürlichen Welt zu gestalten.

Ich begann mich 1978 für ökologische Fragen zu interessieren, als ich beim Volk der Tʻboli im Hochland von South Cotabato auf der Insel Mindanao (Philippinen) lebte. Hier wurde ich Zeuge der schrecklichen Auswirkungen von Entwaldung. Im Jahr 1980 studierte ich bei Thomas Berry am *Riverdale Center for Religious Research* in New York. Die Klarheit seiner Einsichten in die ,technologische Trance', von der die globale Kultur erfasst ist, machte die von mir auf den Philippinen erlebten Katastrophen verständlich. Mein eigenes erstes Buch, *To Care for the Earth: A Call to a New Theology*, erschien 1986. Danach wirkte ich bei der Abfassung des ersten Hirtenbriefs der philippinischen Bischöfe mit: *What Is Happening to Our Beautiful Land?*

In den 1970er Jahren schufen Leonardo Boff in Brasilien und der peruanische Theologe Gustavo Gutierrez die Grundlagen der Befreiungstheologie. In den Anfangsjahren wurde die ,Schöpfungstheologie' von Befreiungstheologen oft als Theologie der Mittelschicht abgetan, die sich mehr um den Planeten als um die Armen kümmert. Doch Boffs Buch *Schrei der Erde, Schrei der Armen* (1997/2002) verknüpft die Befreiungstheologie mit ökologischen Themen wie Klimawandel, Artensterben oder der Vergiftung von Ozeanen und Süßwasser. Am Beispiel des Amazonasgebiets zeigt Boff Zusammenhänge zwischen dem Schicksal des Regenwaldes, der indigenen Völker und anderer armer Menschen auf – und diese Arbeit hatte eine außerordentliche Wirkung. Eine weitere Persönlichkeit, die zur Verankerung der Ökologie im katholischen Kontext beigetragen hat, ist der australische Priester und systematische Theologe Denis Edwards. In *Ecology at the Heart of Faith* und anderen Büchern hilft Edwards allgemeinen Leser-, Prediger-, Seelsorger-, Student*innen und Theolog*innen, die Mauern niederzureißen, die allzu oft Mystik, Theologie, Weissagung, Poesie und Wissenschaft voneinander trennen.

Am 18. Juni 2015 veröffentlichte Papst Franziskus seine Enzyklika *Laudato Si': „Die Sorge für das gemeinsame Haus"*. Im Einklang mit seinem Mentor St. Franziskus appelliert er: „Die dringende Herausforderung, unser gemeinsames Haus zu schützen, schließt die Sorge ein, die ganze Menschheitsfamilie zusammenzubringen, um eine nachhaltige und ganzheitliche Entwicklung anzustreben, denn wir wissen, dass sich die Dinge ändern können" (Nr. 13). In Nr. 57 fordert der Papst die Leugner mit den folgenden Worten heraus: „Solche Ausweichmanöver sind ein Freibrief für die Beibehaltung unserer derzeitigen Lebensweise und unserer Produktions- und Konsummodelle" (Nr. 59). In der Tat verlangt die „Schwere der ökologischen Krise … Geduld, Selbstdisziplin und Großzügigkeit, immer im Bewusstsein, dass ‚die Realitäten größer sind als die Ideen'" (Nr. 201). Papst Franziskus schreibt: „Wir sind nicht mit zwei getrennten Krisen konfrontiert … sondern mit einer einzigen komplexen Krise, die sowohl sozial als auch ökologisch ist" (Nr. 139). Weiter heißt es in Nr. 48: „Die Verschlechterung der Umwelt und der Gesellschaft betrifft die schwächsten Menschen auf dem Planeten".

Menschliche Technologien verursachen große Schäden an den Lebensgrundlagen auf der Erde. In Laudato Si', Nr. 128, betont Papst Franziskus, dass Arbeit ein notwendiger Teil des Sinns des Lebens auf Erden ist, ein Weg zu Wachstum, menschlicher Entwicklung und persönlicher Entfaltung. Leider hat die jüngste Geschichte deutlich gemacht, dass der technologische Wandel, die Automatisierung, die Robotik und das maschinelle Lernen das Ende der selbstverwirklichenden Arbeit ist, wie wir sie kannten. Die Entwicklung von künstlicher Intelligenz und *Big Data* wird zu erheblicher Arbeitslosigkeit im Dienstleistungssektor der Wirtschaft führen. Die katholische Kirche und andere Religionen müssen sich jetzt dringend für ein Grundeinkommen einsetzen, um das Wohlergehen der Bürger*innen angesichts dieser technologischen ‚Entwicklung' zu schützen.

Weitere Quellen

Berry, Thomas (1988), *The Dream of the Earth*. San Francisco: Sierra Club Books.

Boff, Leonardo (1997), *Cry of the Earth, Cry of the Poor*. New York: Orbis Books. (**deutsch**: Der Schrei der Erde, der Schrei der Armen. Ostfildern: Verlagsgruppe Pathos, 2002)

Carson, Rachel (1962 [2002]), *Silent Spring*. Boston und New York: Mariner Books. (**deutsch**: Der stumme Frühling. München: Verlag C.H. Beck, 2021)

de Chardin, Pierre Teilhard (1957), *Divine Milieu*. New York: Harper Torchbooks.

— (1965), *The Phenomenon of Man*. London: Fontana Books.

Edwards, Denis (2006), *Ecology at the Heart of Faith*. New York: Orbis Books.

Seine Heiligkeit, Papst Franziskus, *Laudato Si': Über die Sorge für das gemeinsame Haus*, www.vatican.va/content/francesco/de/encyclicals/documents/papa-francesco_20150524_enciclica-laudato-si.html (abgerufen am 22.05.2023)

McDonagh, Sean (1986), *To Care for the Earth: A Call to a New Theology*. London: Chapman.

Populorum Progressio, www.vatican.va/content/paul-vi/en/encyclicals/documents/ hf_p-vi_enc_26031967_populorum.html (Dokument bei www.vatica.va nicht mehr auffindbar)

Rerum Novarum, www.vatican.va/content/leo-xiii/en/encyclicals/documents/hf_l-xiii_enc_15051891_rerumnovarum.html – abgerufen am 22.05.2023)

Swimme, Brian und Thomas Berry (1992) *The Universe Story: From the Primordial Flaring Forth to the Ecozoic*

III

Era – A Celebration of the Unfolding of the Cosmos. San Francisco: Harper Collins.

Pastoralkonstitution der Kirche in der Welt von heute, www.uibk.ac.at/theol/leseraum/texte/239.html (abgerufen am 22.05.2023)

What Is Happening to Our Beautiful Land? http://www.catholicsocialteaching.org.uk/ wp-content/uploads/2010/11/What-is-Happening-to-our-Beautiful-Land.pdf (PDF auf dieser Webseite nicht mehr dokumentiert, PDF-Datei unter: http://www.inee.mu.edu/documents/19WhatisHappeningtoOurBeautifulLand_000.pdf)

Pater Sean McDonagh ist ein Columban*-Missionspriester, Schriftsteller und Dozent für Ökologie und Theologie. Er lebt heute in Irland, hat aber über zwanzig Jahre lang mit dem Volk der T'boli auf der Insel Mindanao (Philippinen) gearbeitet. Er hat das Buch *To Care for the Earth: A Call to a New Theology* (1986), eines der ersten englischsprachigen Bücher über Schöpfungstheologie, gefolgt von *On Care for Our Common Home: Laudato Si* (2016).

* Columban von Luxeuil, ... (ca. 540 – 615) war ein irischer Wandermönch und Missionar. Er wird von Katholiken und orthodoxen Christen als Heiliger verehrt. (Anm. d. Übers.)

Übersetzung: Hannelore Zimmermann

Massimo De Angelis

Commons

 Commons, Commoning, Tragik der Allmende, Kapital, soziale Bewegungen

Unter Commons verstehe ich soziale Systeme, die aus drei grundlegenden, miteinander verbundenen Elementen bestehen: (1) ein Gemeinschaftsgut (commonwealth), das heisst eine Reihe von Ressourcen, die gemeinsam genutzt und verwaltet werden, (2) eine Gemeinschaft von Gemeingutnutzer*innen (commoners), die sich (3) in der Praxis des *Commoning* engagieren, oder des gemeinsamen Tuns, das ihr gemeinsames Leben und das ihres Gemeinschaftsguts reproduziert. In diesem Sinne sind alle Formen der nicht-hierarchischen menschlichen Kooperation unterschiedliche Formen von Commons. Diese Definition ist allgemeiner und umfassender als die herkömmliche Sichtweise, wonach Commons lediglich Ressourcen sind, die von einer Gruppe von Individuen gemeinsam genutzt werden.

Der Begriff der Commons hat seine eigene Geschichte und seine eigenen unterschiedlichen Interpretationen. Der Historiker Peter Linebaugh (2008) sieht den Ursprung dieses Wortes in den mittelalterlichen bäuerlichen Praktiken zur Kollektivierung des königlichen Landes, die als Commoning bezeichnet wurden. Mit dem Vormarsch des Kapitalismus und seinen aufeinanderfolgenden Wellen von Einfriedungen der Allmende wurde der Begriff immer weniger verwendet, während sich die politische/theoretische Sprache auf andere Begriffe zu konzentrieren begann, um auf alternativ-kapitalistische Praktiken hinzuweisen. Dieser Zustand dauerte an, bis die Bewegungen der 1960er und 1970er Jahre den Gemeinschaftsgedanken und das ‚Teilen‘ wieder auf die Tagesordnung setzten. Genau in dieser Zeit entstand die modernistische Kritik an den Commons: Im Jahr 1968 veröffentlichte der Ökologe Garrett Hardin in der Zeitschrift Science einen Artikel mit dem Titel *The Tragedy of the Commons* (Die Tragik der Allmende). Dies war ein grundlegender Artikel, in dem er behauptete, dass die gemeinsame Nutzung von Land oder einer anderen Ressource durch eine Gruppe von Landwirt*innen immer zur Erschöpfung der Ressourcen führt. Um dies zu beweisen, ging Hardin vom methodologischen Individualismus aus und davon, dass verschiedene Landwirt*innen nur ihren individuellen Nutzen maximieren wollen. Sie versuchen, dies zu erreichen, indem sie ihre Kühe länger auf der Wiese grasen lassen oder mehr Kühe einbringen. Es ist offensichtlich, dass bei diesem zunehmenden Wettbewerb zwischen den Landwirt*innen im Rahmen eines festen Ressourcenpools letzterer sich erschöpfen wird, daher die Tragik der Allmende. Hardin schlug zwei Lösungen vor: entweder die Privatisierung der Allmende in verschiedene Eigentumsrechte oder die Überwachung und Durchsetzung von Regeln für die Allmende durch den Staat.

Elinor Ostrom (1990) brachte eine wirksame und einfache Kritik an Hardins These vor. Nachdem sie Tausende verschiedener Fälle von bestehenden Gemeingütern in der ganzen Welt untersucht hatte, von denen einige Hunderte von Jahren überdauerten, argumentierte Ostrom, dass Hardin nicht von der Tragik der Commons sprach, sondern von der Tragik des freien Zugangs. Das Gleichnis von Hardin lässt außer Acht, dass Commons von den Nutzer*innen selbst verwaltet werden, die kollektiv über die Zugangsregeln entscheiden und sie ständig kontrollieren. Die Commoners kümmern sich also nicht nur um ihre eigenen Interessen, sondern auch darum, dass ihre eigene kollektive Interaktion mit den gemeinsamen Ressourcen nachhaltig ist, da sie sonst alle die Ressourcen verlieren würden, von denen sie abhängig sind. Ostrom stellte somit eine klare Verbindung zwischen Gemeingütern oder gemeinsam genutztem Besitz, einer Gemeinschaft von Commoners und ihrem Selbstverwaltungssystem her.

Ostroms ursprüngliche Definition der Commons leidet jedoch unter einer wichtigen Einschränkung. In ihrem Ansatz erscheinen Gemeingüter als Güter, die rivalisierend oder subtrahierbar sind und einen geringen Grad an Ausschließbarkeit aufweisen. Das bedeutet, dass nur die Ressourcensysteme Commons sind – zum Beispiel ein Fischfanggebiet, ein Bewässerungskanal, ein Grundwasserbecken oder ein Weidegebiet – nicht aber die aus diesen Systemen abgeleiteten Ressourceneinheiten wie „die Tonnen Fisch, die in einem Fischfanggebiet geerntet werden, die *acre-feet* (amerikanische Messeinheit für Flüssigkeiten, d. Übers.) oder Kubikmeter Wasser, die einem Grundwasserbecken oder einem Bewässerungskanal entnommen werden, die Tonnen Futter, die von den Tieren eines Weidegebiets verbraucht werden" (Ostrom 1990: 31). Diese Unterscheidung widerspricht jedoch sowohl der historischen Erfahrung als auch der Komplexität zeitgenössischer Formen von Commons, wie sie von vielfältigen sozialen Bewegungen auf der ganzen Welt eingefordert werden. Erstens gibt es sowohl in der Geschichte als auch in der Gegenwart tatsächlich unzählige Beispiele, in denen Gemeinschaften ausschließbare Res-

sourceneinheiten in einem ‚gemeinsamen Topf' zusammenlegen und dann Regeln oder Bräuche für ihre individuelle Nutzung aufstellen: von Spielzeugbibliotheken bis zu Gemeinschaftsküchen. Zweitens hat in den letzten Jahrzehnten das Interesse an nicht rivalisierenden Gemeinschaftsgütern wie Wissen, Musik oder Software-Codes zugenommen. Ähnlich wie bei Ostroms Gemeinschaftsressourcen ist es schwierig, den Menschen zu verbieten, diese Ressourcen zu nutzen. Auch wird der ‚Bestand' der Ressource nicht verringert, wenn man sie nutzt. Das eigentliche Problem bei diesen Ressourcen ist vielmehr die Tatsache, dass das Kapital ihre Privatisierung erzwingt und sie dadurch künstlich verknappt. Die Open-Access-Bewegung ist eine Bewegung, die – mit unterschiedlichen Nuancen – auf der Ablehnung der Privatisierung von nicht rivalisierenden Gütern wie Information und Wissen beruht. Im akademischen Bereich und im Cyberspace handelt es sich um eine soziale Bewegung, die sich den Grundsätzen der gemeinsamen Nutzung von Informationen, ›Open Source, ›Copyleft, ›Creative Commons und anti-privatisierten Wissens-Commons verschrieben hat (Benkler 2003).

All diese Fälle deuten darauf hin, dass Commons nicht nur als eine Art von gemeinsam genutzter Ressource definiert werden – die alles Mögliche sein kann –, sondern als ein soziales System, das drei Elemente umfasst (De Angelis 2017): das Gemeinschaftsgut, eine Gemeinschaft von Commoners und eine Praxis des Commoning, des gemeinsamen Tuns, einschließlich des Akts der Regelung der Beziehung zum Gemeinschaftsgut und zur Natur, sowie der Beziehungen der Commoners untereinander. In den letzten Jahrzehnten konnten wir beobachten, wie indigene Gemeinschaften und neue Commons-Systeme fast überall entstanden sind und immer sichtbarer und innovativer wurden: von den Straßen in Cochabamba bis zu denen in New York, Johannesburg, Athen und Mumbai. Sie entziehen den Kapitalsystemen Ressourcen und fügen diese in Prozesse kollektiver Produk-

III

tion und in Kulturen ein, die auf werteorientierten Praktiken beruhen, die partizipatorisch und demokratisch sind und deren Horizont das Wohl der Gemeinschaft und der ökologischen Nachhaltigkeit ist. Diese Entstehung kollektiven Handelns geschieht erstens aus einem Überlebensinteresse heraus angesichts der zahlreichen Beschränkungen und Krisen des ›Neoliberalismus und als Weigerung, sich seinen ausbeuterischen Technologien zu unterwerfen, wenn es um Fragen der sozialen ›Reproduktion wie Lebensmittel, Häuser, Energie, Gesundheitsfürsorge, Bildung, Kunst und Kultur oder sogar um die ‚globalen Commons‘ der Biosphäre geht. Zweitens fungiert sie als innovative partizipative Erkundung neuer Technologien und Formen der Cyber-Kooperation: ›Open-Source-Softwareproduktion, Peer-to-Peer-Kooperationen wie Wikipedia, ›Open-Source-Maschinen. Diese vielseitigen Kooperationsräume geben Hoffnung auf eine postkapitalistische ›Transformation, da sie die Entstehung von Sozial-Ökologien für ein alternatives Produktionsmodell zu Kapitalismus und autoritären Staatssystemen darstellen. Es besteht jedoch die Gefahr, dass diese letzteren Systeme in der Lage sind, die Gemeingüter so zu kooptieren, dass sie die Kosten der sozialen Reproduktion weiterhin auf sie abwälzen. Dies erfordert die Verflechtung von entstehenden und traditionellen Commons und sozialen Bewegungen zu Commons-Bewegungen, die das soziale Gefüge der gesellschaftlichen Reproduktion wiederherstellen und dem Streben des Kapitals nach endlosem Wachstum eine zunehmende Grenze setzen.

Weitere Quellen

Benkler, Yochai (2003), The Political Economy of Commons, *The European Journal for the Informatics Professional*, 4 (3): 6-9, http://www.boell.org/downloads/ Benkler_The_Political_Economy_of_the_Commons.pdf (unter www.boell.org nicht mehr vorhanden. Dokument unter https://web.archive.org/web/20130617041302 vorhanden)

De Angelis, Massimo (2017), *Omnia Sunt Communia: On the Commons and the Transformation to Postcapitalism.* London: Zed.

Hardin, Garrett (1968), The Tragedy of the Commons, *Science.* 162 (3859): 1243–48.

Linebaugh, Peter (2008), *The Magna Carta Manifesto: Liberties and Commons for All.* Berkeley: University of California Press (Datei unter https://provisionaluniversity.files.wordpress.com/2012/12/peter-linebaugh-the-magna-carta-manifesto-liberties-and-commons-for-all-2008.pdf abrufbar)

Ostrom, Elinor (1990), *Governing the Commons: The Evolution of Institutions for Collective Action.* Cambridge: Cambridge University Press (**deutsch:** Die Verfassung der Allmende: jenseits von Staat und Markt. Mohr, Tübingen, 1999)

The Commoner, http://www.thecommoner.org (abgerufen am 8.6.2023)

The Digital Library of the Commons, http://dlc.dlib.indiana.edu/dlc/ (abgerufen am 23.05.2023)

Massimo De Angelis ist emeritierter Professor für politische Ökonomie an der *University of East London.* Im Jahr 2000 gründete er *The Commoner*, eine webbasierte Zeitschrift. Er ist Autor zahlreicher Publikationen über kritische politische Ökonomie, neoliberale Globalisierung, soziale Bewegungen und die Commons, darunter *The Beginning of History: Global Capital and Value Struggles* (Pluto, 2007) und *Omnia Sunt Communia: Commons and Post-Capitalist Transformation* (Zed Books, 2017).

Übersetzung: Elisabeth Voß

Anne Poelina

Country
(das Land der First People Westaustraliens)

 Indigenes Erstes Wasserrecht, Kolonisierung, Rechte und Pflichten auf dem Land

Mein indigenes Erbe ist *Nyikina*; in meiner Sprache bedeutet *ngajanoo Yimardoowarramarnil* „eine Frau, die zum Fluss gehört". Damit gehöre ich zum *Mardoowarra*, dem Land am *Fitzroy River*. Wir sind die traditionellen Hüterinnen dieses heiligen Flusses in der Kimberley-Region in Westaustralien. Die Regeln des *Warloongarriy*-Gesetzes wurden uns von unserem Vorfahren *Woonyoomboo* übergeben. Er erschuf den *Mardoowarra*, indem er seine Speere sicher in *Yoongoorroonkoo*, in die Haut der Regenbogenschlange, pflanzte. Während sie sich hoch in den Himmel und tief in die Erde drehten und wendeten, schnitten sie gemeinsam den Weg durch das Flusstal, wie es im Schöpfungslied des *Warloongarriy*-Flusses besungen wird. Dies ist das erste Gesetz von *Bookarrara*, dem Beginn der Zeit. Es ist Bestandteil dessen, was wir ‚Country' nennen.

Am 17. November 2015 wurde das Westaustralische *Constitution Act of 1889* (Verfassungsgesetz von 1889) dahingehend geändert, dass die Ureinwohner des Bundesstaates erstmals als *First People of Western Australia* und als traditionelle Besitzer- und Hüter*innen des Landes – das wir selbst ‚Country' nennen – anerkannt werden. Die Änderung unterstützt das Anliegen, dass sich das Parlament des Bundesstaates um Versöhnung mit den Ureinwohner*innen Westaustraliens bemühen sollte. Obwohl der Änderungsantrag eine Geste des Entgegenkommens war, haben weder die Regierungen der Bundesstaaten noch die des Bundes die Rechte der Ureinwohner bisher in vollem Umfang anerkannt.

Am 2. und 3. November 2016 trafen sich führende Vertreter der Aborigines in *Fitzroy Crossing*, um der Welt zu zeigen, dass das nationale Erbe – der *Fitzroy River* – unser lebender Vorfahre von der Quelle bis zum Meer ist. Die *Fitzroy*-Erklärung verlangt:

Die traditionellen Eigentümer der Kimberley-Region in Westaustralien sind besorgt über die umfangreichen Entwicklungsvorhaben, die den Fitzroy River und sein Einzugsgebiet betreffen, sowie über die potenziell massiven Auswirkungen auf seine einzigartigen kulturellen und ökologischen Werte. Der Fitzroy River ist ein lebendes, überliefertes Geschöpf und hat ein Recht auf Leben. Er muss für heutige und künftige Generationen geschützt und gemeinsam genutzt werden.

Aufbauend auf dem 2016 eingeführten *United Nations Permanent Forum on Indigenous Issues Background Guide (for) 2017* (Ständiges Forum der Vereinten Nationen für indigene Angelegenheiten – Hintergrundleitfaden 2017) erkennen wir dies als ein wichtiges Modell für die kulturelle Selbstverwaltung unserer natürlichen und kulturellen Ressourcen an. Der UN-Rahmen stützt sich auf die *Fitzroy-River-Erklärung* und die endgültige Resolution der traditionellen Eigentümer- und Hüter*innen von Kimberley

und ermöglicht es uns, „rechtliche Optionen zu untersuchen … die Stärkung des Schutzes im Rahmen des *Commonwealth Environmental Protection and Biodiversity Act* (1999)" (Gesetz zum Schutz der Umwelt und der biologischen Vielfalt des Commonwealth) sowie des Schutzes im Rahmen des *Western Australian Aboriginal Heritage Act* (Gesetz zum Schutz des Kulturerbes der Ureinwohner Westaustraliens) (1972), während wir gleichzeitig alle Formen der Gesetzgebung zum Schutz des Einzugsgebiets des *Fitzroy River* untersuchen.

Die britische koloniale Invasion und Besetzung unseres Landes und unserer Völker war gewalttätig und brutal. Sie führte zur Unterwerfung und Versklavung der Menschen, diese Invasion wurde jedoch als ‚Entwicklung' definiert. Die Kolonialstaaten wurden gegründet, um Reichtum für private und ausländische Interessen zu schaffen – auf Kosten der indigenen Bevölkerung, unseres Landes und unserer Gewässer. Da der historische Diskurs über ‚Entwicklung' den Prozess und die Auswirkungen der Invasion aus anglo-australischer Sicht beschreibt, stellt sich die Frage, wie die Völker der *First Nations*, die *Aborigines* oder die *Torres Strait Islanders* davon profitieren.

Als traditionelle Inhaberin von 27.000 Quadratkilometern *Nyikina*-Land bin ich Zeugin und Teil des Kampfes, die den Aborigines auf dem ganzen Kontinent auferlegten Bedingungen mit der Erfüllung des traditionellen Rechts in Einklang zu bringen. Der Schwerpunkt der Politik der Bundes- und Landesregierung und der privaten Investitionen liegt auf der Entwicklung Nordaustraliens im Rahmen eines westlichen Wirtschaftssystems. So missachtet die anglo-australische Siedlergesellschaft den Wert unseres menschlichen ‚Kapitals', das in traditionellen Wissensbeständen und den Rechten der Natur verwurzelt ist. Ausländische Interessen sehen unser Land als Investitionsquelle: von der Weidewirtschaft und der intensiven Landwirtschaft bis hin zum Abbau von Diamanten und Gold, von Perlen bis hin zum Fracking nach Gas und Öl. Keine dieser Industrien ist nachhaltig:

III

Jede hat negative Auswirkungen auf Luft, Land, Wasser und Artenvielfalt; jede bringt Armut über die Menschen vor Ort.

Die Erfahrungen der Aborigines in den Kimberleys und in ganz Australien sind die gleichen wie die anderer Ureinwohner*innen in den Ländern, die im 17. und 18. Jahrhundert kolonisiert wurden. Der norwegische Friedensphilosoph Johan Galtung[1] bezeichnet diese gesetzlich verordnete Ungleichheit als „strukturelle Gewalt". Ihre Auswirkungen zeigen sich in hohen Sterblichkeitsraten bei Kindern und Erwachsenen, in endemischem Alkohol- und Drogenmissbrauch, in ‚sozial übertragenen Krankheiten' und in generationenübergreifenden psychischen Traumata. Die Auswirkungen dieses grenzwertigen Lebens werden über die Generationen hinweg rekapituliert und durch die gewaltsame Wegnahme von Kindern aus ihren Familien noch verschlimmert – eine staatliche Politik, die heute bekannt ist unter dem Namen „gestohlene Generation".

2017 riefen wir uns in Erinnerung, dass es ein Jahrzehnt her ist, dass unsere Regierung die *Erklärung der Vereinten Nationen über die Rechte der indigenen Völker* ratifiziert hat. Diese Grundsätze wurden jedoch nicht in das australische Recht übernommen. Viele von uns, deren Gewohnheitsrecht als *Native Title* anerkannt ist, arbeiten nun zusammen, um ihr Schicksal selbst in die Hand zu nehmen und sich mit Gleichgesinnten zusammenzutun, um auf der Grundlage des *First Water Law of the Mardoowarra* (Erstes Wassergesetz der Mardoowarra) für Gerechtigkeit zu sorgen.

Dies ist eine Geschichte der Hoffnung, der Innovation und der kulturellen Kreativität, in der wir unsere Rechte und Pflichten erforschen, um unsere eigenen Systeme zu schaffen, indem wir auf die Grundsätze des ‚First Law', des Gesetzes des ‚Country', zurückgreifen. Dieses erste Gesetz umfasst unsere Beziehungen zueinander, zu unseren Nachbar*innen und vor allem zu unserer Familie der nicht-menschlichen Wesen – der Tiere und Pflanzen. Diese Beziehungen sind der Schlüssel zu unserem persönlichen, gemein-schaftlichen, kulturellen, wirtschaftlichen und ökosystemischen Wohlbefinden.

Wie unser Zentrum[2] zeigt, blühen unsere Kultur, unsere Wissenschaft, unser Kulturerbe und unsere Naturschutzwirtschaft auf, weil sie auf unseren Beziehungen und kulturellen Identitäten beruhen. Geleitet vom *First Water Law* (Erstes Wassergesetz) sind unsere ‚lebendigen Wassersysteme' unsere Lebenskraft, die Oberflächen- und Grundwasser miteinander verbinden und die vielfältige Kulturlandschaft der Kimberley vereinen. Gleichzeitig bauen wir kollaborative Wissenssysteme auf, die westliche Wissenschaften, traditionelles Wissen und industrielle Praktiken verbinden, um unsere wertvollsten Ressourcen – Wasser und biologische Vielfalt – gemeinsam nutzen zu können. Wir gestalten das ‚nachhaltige Leben' in unserem ‚Country' neu.

Anmerkungen

1   norwegischer Mathematiker, Soziologe und Politologe. Er gilt als Gründungsvater der Friedens- und Konfliktforschung. (Anm. d. Übers.)
2   Siehe www.majala.com.au.

Weitere Quellen

Fitzroy River Declaration, http://www.klc.org.au/news-media/newsroom/newsdetail/2016/11/15/kimberley-traditional-owners-unite-for-the-fitzroy-river. (abgerufen am 6.7.2023)
Galtung, Johan (1996), *Peace by Peaceful Means: Peace and Conflict, Development and Civilisation*. London: SAGE. (**deutsch**: Frieden mit friedlichen Mitteln : Friede und Konflikt, Entwicklung und Kultur. Opladen : Leske und Budrich, 1998)
McInery, Marie (2017), ‚Climate Justice: A Call to Broaden Science with Indigenous Knowledge', https://croakey.org/climate-justice-a-call-to-broaden-science-withindigenous-knowledge/. (abgerufen am 6.7.2023)
United Nations Declaration on the Rights of Indigenous Peoples, http://www.un.org/esa/socdev/unpfii/documents/DRIPS_en.pdf. (abgerufen am 6.7.2023)
United Nations Permanent Forum on Indigenous Issues Background Guide 2017, https://www.humanrights.gov.au/united-nations-permanent-forum-indigenousissues. (abgerufen am 6.7.2023)
Western Australian Constitutional Act 1889, https://www.slp.wa.gov.au/legislation/statutes.nsf/main_mrtitle_185_homepage.html. (abgerufen am 6.7.2023)

Anne Poelina, MSc (Öffentliche Gesundheit und Tropenmedizin), MEd, MA (Indigene Sozialpolitik) ist eine *Nyikina*

Warrwa Traditional Custodian (traditionelle Wächterin) aus *Mardoowarra, Lower Fitzroy River,* und Direktorin der *Walalakoo Native Title Body Corporate* (Walalakoo Körperschaft indigenen Rechts). Sie ist Außerordentliche Forschungsbeauftragte und DHS-Gelehrte des australisches Forschungsausbildungsprogramm der Regierung, an der *University of Notre Dame/Nulungu Research Institute* und *Research Fellow an der Charles Darwin University.* Ihre aktuelle Arbeit konzentriert sich auf den rechtlichen Schutz des *Mardoowarra* durch Gewohnheitsrecht, Naturschutz, Kultur und Wissenschaft.

Übersetzung: Hannelore Zimmermann

Federico Demaria / Serge Latouche

Degrowth

Ökologische Ökonomie, politische Ökologie, Postwachstum, Europa, grünes Wachstum

Im Allgemeinen stellt das Degrowth-Projekt die Hegemonie des Wirtschaftswachstums in Frage und fordert eine demokratisch gesteuerte, umverteilende Reduzierung von Produktion und Konsum in den Industrieländern, um ökologische Nachhaltigkeit, soziale Gerechtigkeit und Wohlstand zu erreichen (Demaria *et al.* 2013). Degrowth wird in der Regel mit der Idee verbunden, dass weniger schön sein kann. Die Betonung sollte jedoch nicht nur auf weniger, sondern auch auf anders liegen. In einer Degrowth-Gesellschaft wird alles anders sein: Aktivitäten, Formen und Nutzung von Energie, Beziehungen, Geschlechterrollen, Zeitaufteilung zwischen bezahlter und unbezahlter Arbeit, Beziehungen zur nicht-menschlichen Welt.

Das Ziel von Degrowth ist es, einer Gesellschaft zu entkommen, die vom Wachstumsfetischismus absorbiert wird. Ein solcher Bruch bezieht sich daher sowohl auf Worte als auch auf Dinge, auf symbolische und materielle Praktiken. Er impliziert die Entkolonialisierung des Imaginären und die Verwirklichung anderer möglicher Welten. Degrowth-Politik zielt weder auf ein ‚anderes Wachstum‘ noch auf eine andere Art von Entwicklung ab – nachhaltig, sozial, gerecht –, sondern auf den Aufbau einer anderen Gesellschaft, einer Gesellschaft der genügsamen Fülle (Serge Latouche), einer Postwachstumsgesellschaft (Niko Paech) oder einer Gesellschaft des Wohlstands ohne Wachstum (Tim Jackson). Mit anderen Worten, es handelt sich nicht von vornherein um ein wirtschaftliches Projekt, nicht einmal um ein Projekt für eine andere Wirtschaft, sondern um ein gesellschaftliches Projekt, das den Ausstieg aus der bestehenden Wirtschaft als einer materiellen Realität und einem imperialistischen Diskurs bedeutet. ‚Teilen‘, ‚Einfachheit‘, ›‚Konvivialität‘, ›‚Care‘ und ›‚Commons‘ sind die vorrangigen Beschreibungen dafür, wie diese Gesellschaft aussehen könnte (D'Alisa *et al.* 2015).

Obwohl Degrowth die Bioökonomie und die ökologische Makroökonomie integriert, handelt es sich eigentlich um ein nicht-ökonomisches Konzept. Einerseits bedeutet Degrowth sicherlich eine Reduzierung des sozialen Metabolismus – des Energie- und Materialdurchsatzes der Wirtschaft –, der erforderlich ist, um die bestehenden biophysikalischen Beschränkungen zu berücksichtigen, die durch die Begrenzung der natürlichen Ressourcen und die Assimilationsfähigkeit der Ökosysteme vorgegeben sind. Andererseits ist Degrowth ein Versuch, die allgegenwärtigen marktbasierten Beziehungen und die wachstumsbasierten Wurzeln des sozialen Imaginären in Frage zu stellen und sie durch die Idee der genügsamen Fülle zu ersetzen. Es ist auch ein Aufruf zu einer vertieften Demokratie außerhalb des Bereichs des demokratischen Mainstream, einschließlich der durch Technologie verursachten Probleme. Schließlich bedeutet Degrowth eine gerechte Umverteilung des Reichtums innerhalb des Globalen Nordens und Südens sowie zwischen den gegenwärtigen und zukünftigen Generationen.

In den letzten Jahrzehnten hat die zielstrebige Ideologie des Wachstums zu einem scheinbar konsensfähigen Slogan der ‚nachhaltigen Entwicklung‘ geführt – ein schönes Oxymoron[1]! Ziel war es, die ‚Religion‘ des Wirtschaftswachstums zu retten und den ökologischen Zusammenbruch zu leugnen. In diesem Kontext wurde es dringend notwendig, dem globalisierten kapitalistischen Markt ein ‚anderes zivilisatorisches Projekt' entgegenzusetzen oder, genauer gesagt, einen Plan sichtbar zu machen – noch im Untergrund, aber schon seit langem im Entstehen. Der Bruch mit Entwicklung als einer Form des ›Produktivismus für so genannte Entwicklungsländer war die Grundlage für dieses alternative Projekt.

Der Begriff ‚Degrowth' wurde erstmals 1972 von dem politischen Ökologen André Gorz vorgeschlagen und 1979 in der französischen Übersetzung der Essays von Nicholas Georgescu Roegen als Titel verwendet. Degrowth wurde dann 2001 von französischen Umweltaktivist*innen als provokanter Slogan zur Repolitisierung des Umweltschutzes eingeführt. Damit entsprach er einem Bedürfnis, das sowohl von Wissenschaftler*innen der politischen Ökologie als auch von Entwicklungskritiker*innen empfunden wurde. Es handelt sich also nicht um ein Konzept, das symmetrisch zum Wirtschaftswachstum ist, sondern vielmehr um einen herausfordernden politischen Slogan, der die Menschen an die Bedeutung von ‚Grenzen' erinnern soll. Genauer gesagt, ist Degrowth weder mit wirtschaftlicher Rezession noch mit negativem Wachstum gleichzusetzen. Der Begriff sollte nicht wörtlich ausgelegt werden.

Ein Degrowth-Übergang ist kein anhaltender Abstieg, sondern ein Übergang zu konvivialen Gesellschaften, die einfach und in Gemeinschaft leben. Es gibt verschiedene Vorstellungen über die Praktiken und Institutionen, die einen solchen Übergang erleichtern, und über die Prozesse, die sie zusammenbringen und gedeihen lassen. Die Attraktivität von Degrowth ergibt sich aus seiner Fähigkeit, Prinzipien der Umweltgerechtigkeit und Demokratie aufzugreifen und zu artikulieren und Strategien zu formulieren, die oppositionellen Aktivismus, Grassroots-Alternativen und institutionelle Politik einschließen. Das Degrowth-Projekt bringt eine heterogene Gruppe von Akteur*innen zusammen, die sich auf Themen von Agrarökologie bis Klimagerechtigkeit konzentrieren. Degrowth ergänzt

und stärkt diese Themen und fungiert als Bindeglied – eine Plattform für ein Netzwerk von Netzwerken jenseits der Ein-Punkt-Politiken.

In der Tat ist Degrowth nicht nur eine Alternative, sondern vielmehr eine Matrix von Alternativen, die das menschliche Abenteuer wieder für eine Vielzahl von Schicksalen und Räumen der Kreativität öffnet, indem es die Decke des wirtschaftlichen Totalitarismus abwirft. Es geht um den Ausstieg aus dem Paradigma des *homo œconomicus* oder Marcuses ‚eindimensionalem Menschen', der Hauptquelle der planetaren Homogenisierung und des Mordes an Kulturen. Folglich wird eine Degrowth-Gesellschaft nicht auf die gleiche Weise in Europa, in Afrika südlich der Sahara oder in Lateinamerika, in Texas oder in Chiapas, im Senegal oder in Portugal entstehen. Stattdessen ist es entscheidend, Vielfalt und Pluralismus wiederzuentdecken. Das heißt: Es ist nicht möglich, ‚schlüsselfertige' Lösungen für Degrowth zu formulieren, sondern nur die Grundlagen einer nicht-produktivistischen, nachhaltigen Gesellschaft zu skizzieren und konkrete Beispiele für Übergangsprogramme vorzustellen. Der Degrowth-Entwurf kann die Form eines ‚Kreises positiver Wechselwirkungen' (*virtuous circle*) der Genügsamkeit in Form von acht ‚R' annehmen: *re-evaluate* (neu bewerten), *reconceptualize* (neu konzipieren), *restructure* (umstrukturieren), *relocate* (verlagern), *redistribute* (umverteilen), *reduce* (reduzieren), *reuse* (wiederverwenden) und *recycle* (recyceln) (Latouche 2009). Diese acht voneinander abhängigen Ziele stellen einen revolutionären Bruch dar, der den Übergang zu einer autonomen Gesellschaft der nachhaltigen und konvivialen Genügsamkeit einleiten wird.

Die Politik dieser historischen Dynamik – die Akteur*innen, Allianzen, Institutionen und sozialen Prozesse, die Degrowth-Übergänge gestalten – ist weiterhin Gegenstand lebhafter Debatten in Europa und darüber hinaus. So schrieben im September 2018 über 200 Wissenschaftler*innen einen offenen Brief an die wichtigsten europäischen Institutionen mit dem Titel *Europa, es ist Zeit, die Abhängigkeit vom Wirtschaftswachstum zu beenden,* der von fast 100.000 Bürger*innen unterzeichnet wurde.[2] Das Degrowth-Netzwerk umfasst über 100 Organisationen mit 3.000 aktiven Mitgliedern, hauptsächlich in Europa, aber auch in Nord- und Südamerika, auf den Philippinen, in Indien, Tunesien und der Türkei.[3]

Anmerkungen

1 Oxymoron lt. Wikipedia (20.07.2023): „eine rhetorische Figur, bei der eine Formulierung aus zwei gegensätzlichen, einander widersprechenden oder sich gegenseitig ausschließenden Begriffen gebildet wird" (Anm. d. Übers.)

2 Der in 20 Sprachen übersetzte Brief kann hier abgerufen werden: https://degrowth.org/2018/09/06/post-growth-open-letter. Die Petition ist hier verfügbar: https://you.wemove.eu/campaigns/europa-es-ist-zeit-die-abh-ngigkeit-vom-wirtschaftswachstum-zu-beenden (abgerufen am 06.07.2023)

3 Die Karte des wachsenden internationalen Degrowth-Netzwerks findet sich hier: https://degrowth.info/en/get-involved/map (abgerufen am 06.07.2023)

Weitere Quellen

D'Alisa, G., F. Demaria, und G. Kallis (2015). *Degrowth: A Vocabulary for a New Era.* London: Routledge, https://vocabulary.degrowth.org (abgerufen am 30.06.2023)

Degrowth-Blog: Aspekte der Degrowth-Diskurse und -Bewegung, https://degrowth.info/de/blog (abgerufen am 30.06.2023)

Demaria, F., F. Schneider, F. Sekulova, and J. Martinez-Alier (2013), ‚What Is Degrowth? From an Activist Slogan to a Social Movement. *Environmental Values.* 22: 191–215.

Mediathek: Inhalte zum Thema Degrowth, https://www.degrowth.info/en/ media-library (abgerufen am 30.06.2023)

Universitäts-Masterstudiengang in politischer Ökologie, Degrowth und Umweltgerechtigkeit, https://master.degrowth.org (abgerufen am 30.6.2023)

Weltweite Mailingliste, http://www.criticalmanagement.org/node/3220 (Webseite nicht mehr abrufbar. Kopie siehe www.archive.org. Stand 30.06.2023)

Federico Demaria ist ein interdisziplinärer Sozial- und Umweltwissenschaftler, der sich am *Institut für Umweltwissenschaften und -technologie* der *Autonomen Universität Barcelona* (ICTA-UAB) mit politischer Ökologie und ökologischer Ökonomie beschäftigt. Er ist Gastwissenschaftler am *International Institute of Social Studies* in Den Haag, Niederlande, sowie Mitglied des Kollektivs *Research & Degrowth* und von *EnvJustice*, einem Forschungsprojekt, das die globale Bewegung für Umweltgerechtigkeit untersuchen und unterstützen soll. Er ist außerdem Bio-Olivenbauer.

Serge Latouche ist ein emeritierter Professor der Universität Paris-Sud. Er ist Spezialist für die wirtschaftlichen und kulturellen Nord-Süd-Beziehungen und für die Erkenntnistheorie der Sozialwissenschaften.

Übersetzung: Anna Voß

Azize Aslan / Bengi Akbulut

Demokratische Wirtschaft in Kurdistan[1]

Demokratie, Ökologie, Emanzipation der Geschlechter, Bedürfnisse

Die Ausrichtung der kurdischen Bewegung, die der von Abdullah Öcalan entwickelten Ideologie folgt, die sich bis zur Gründung der PKK (Arbeiterpartei Kurdistans) im Jahr 1978 zurückverfolgen lässt, hat sich von ihrem ursprünglich erklärten Ziel eines unabhängigen kurdischen Staates entfernt und verteidigt den *Demokratischen Konföderalismus* und die *Demokratische Autonomie* als primäre Organisationsmodelle. Das Projekt der Demokratischen Autonomie beinhaltet einen Organisationsprozess mit verschiedenen Aspekten wie Recht, Selbstverteidigung, Diplomatie, Kultur und Ökologie. Es schließt den Aufbau einer gemeinschaftlichen und ‚demokratischen Wirtschaft' auf der Grundlage von Prinzipien der Emanzipation der Geschlechter und der Ökologie ein. Das Projekt bettet die Wirtschaft wieder in die sozialen Prozesse ein und gewährleistet den Zugang aller zu den Mitteln der sozialen ›Reproduktion – eine Neukonfiguration, die sich an den Bedürfnissen orientiert.

Die wichtigste intellektuelle Grundlage für das kurdische Projekt bilden die kritischen Schriften Abdullah Öcalans über die kapitalistische Moderne. Öcalan vertieft die marxistische Analyse des Kapitalismus, indem er die Universalität des industriellen/akkumulatorischen Kapitalismus[2] erforscht. Das Projekt ist auch von Murray Bookchins Ideen der sozialen Ökologie und des libertären ›Munizipalismus inspiriert. Aufbauend auf diesen intellektuellen Wurzeln werden Demokratie, Emanzipation der Geschlechter

III

und Ökologie als die Prinzipien definiert, nach denen alle wirtschaftlichen Beziehungen organisiert werden sollen. Demokratie bedeutet, dass die Entscheidung darüber, was produziert und geteilt werden soll, wie die Ressourcen verwaltet werden und wie die Verteilung erfolgen soll, partizipativ und egalitär sein sollte. Zu den Mitteln der gesellschaftlichen Entscheidungsfindung gehören Gemeinden und Räte auf verschiedenen Ebenen und zu verschiedenen Themen – Nachbarschaft, Klein- und Großstadt; Jugend, Frauen, Bildung, Wirtschaft, Ökologie usw. – sowie Einrichtungen wie Energiegenossenschaften und Wasserräte. Emanzipation der Geschlechter bedeutet die diskursive und materielle Umkehrung der Unsichtbarkeit und Abwertung der Arbeit und des Wissens von Frauen sowie die Umgestaltung der wirtschaftlichen Beziehungen in einer Weise, die die Beteiligung von Frauen an allen Entscheidungsprozessen gewährleistet. Ökologie bedeutet die Anerkennung der Tatsache, dass die gesamte Natur das gemeinsame Erbe von Menschen und Nicht-Menschen ist und dass alle wirtschaftlichen Aktivitäten sowohl von der Ökologie als auch von der Gesellschaft beschränkt werden sollten.

Eine demokratische Wirtschaft ist eine nicht akkumulationsorientierte Wirtschaft, in der die Aktivitäten nicht auf einen unhinterfragten Imperativ der wirtschaftlichen Entwicklung ausgerichtet sind, sondern auf die Erfüllung der Bedürfnisse aller. Das bedeutet, dass dem Gebrauchswert Vorrang vor dem Tauschwert eingeräumt wird, dass ein kollektiver und gleichberechtigter Zugang zu Land, Wasser und anderen lokalen Ressourcen gewährleistet wird und die Betrachtung der nicht-menschlichen Natur als das nicht-kommerzialisierbare gemeinsame Erbe aller Lebewesen. Kollektive und gleiche Rechte an den Mitteln der sozialen Reproduktion werden gegenüber Effizienz und Gewinnorientierung höher bewertet. Die konkreten Vorschläge, die mit dieser Vision verbunden sind, umfassen die Verwirklichung von Gerechtigkeit beim Landbesitz, die Neuorganisation der land-

wirtschaftlichen Produktion auf der Grundlage der Bedürfnisse, die Vergesellschaftung der unbezahlten Arbeit der Frauen durch Tagesstätten zur Betreuung und Gemeinschaftsküchen sowie die lokale Selbstverwaltung der Ressourcen durch Energiegenossenschaften und Wasserräte.

Ein bemerkenswertes Beispiel für die Umsetzung dieses Projekts sind die kommunalen Initiativen, die landlosen Familien Zugang zu Land verschaffen. Grundstücke in städtischen Randgebieten sind für die kollektive Bewirtschaftung durch landlose Familien geöffnet worden, etwa 10 bis 40 pro Grundstück, mit Unterstützung durch Technik und Ausstattung. Die Grundstücke sind mit Setzlingslagern verbunden, in denen einheimisches Saatgut bewahrt wird. Die Produktion in diesen Einrichtungen ist hauptsächlich auf Selbstversorgung ausgerichtet, aber sie sind auch mit Direkthandels-Punkten für Erzeuger*innen und Verbraucher*innen in städtischen Zentren zur Vermarktung von Produktionsüberschüssen verbunden. Ein weiteres Beispiel ist das Netzwerk von Frauenkooperativen, das von der kurdischen Frauenbewegung ins Leben gerufen wurde. Diese mit der Produktion und der Verteilung verknüpften Kooperativen sind vor allem in der landwirtschaftlichen Verarbeitung und der Textilproduktion tätig und vermarkten ihre Produkte direkt an die Verbraucher*innen über die kooperativen Verteilungszentren, die *Eko-Jin's*. Die meisten landwirtschaftlichen Verarbeitungskooperativen sind aus bestehenden städtischen Landwirtschafts-Kollektiven (urban farming collectives) hervorgegangen und mit diesen verbunden. Die Kooperativen sind außerdem mit städtischen Amtsträger*innen, Aktivist*innen, Akademiker*innen und zivilgesellschaftlichen Gruppen unter dem Dach der Frauenbewegung, dem *Freien Frauenkongress* (KJA – Free Women's Congress,), vernetzt – ein Ort der Debatte und Entscheidungsfindung.

Das Projekt ‚Demokratische Autonomie' sieht die Organisation einer sich selbst tragenden autonomen Wirtschaft vor, als unverzichtbaren

Aspekt der politischen Autonomie. Es zielt darauf ab, die Produktion von Gütern und Dienstleistungen gemeinschaftlich zu organisieren, um der Funktion des Staates in diesem Bereich vorzubeugen. In diesem Sinne weist das Projekt eine enge Parallele zu anderen autonomen Bewegungen wie den ›Zapatistas‹ auf. Es steht auch im Einklang mit der weltweiten Bewegung für eine *Solidarische Ökonomie*, da es den Imperativ der kapitalistischen Entwicklung dekonstruiert und der Selbstverwaltung, der sozialen Gerechtigkeit und der ökologischen Integrität Vorrang einräumt.

Obwohl noch offen ist, wie sich das Projekt der demokratischen Wirtschaft weiter konkretisieren wird, lassen sich einige Herausforderungen erkennen. Bestehende Ungleichheiten, wie zum Beispiel beim Landbesitz, werden wahrscheinlich Herausforderungen bei der Organisation der Wirtschaft entlang einer kollektiven und egalitären Erfüllung von Bedürfnissen mit sich bringen. Die Spannung zwischen der Erfüllung der Bedürfnisse aller als Organisationsprinzip und der nicht akkumulationistischen Haltung der Demokratischen Autonomie ist ein weiterer herausfordernder Knotenpunkt. Während darüber, was Bedürfnisse bedeuten, in demokratischen Verhandlungen zu entscheiden ist, werden Bedürfnisse, die über die Eigenproduktion hinausgehen, unweigerlich die Frage aufwerfen, wie viel Überschuss zu ihrer Befriedigung ‚akkumuliert‘ werden soll und ob solche Bedürfnisse gemeinschaftlich als legitim angesehen werden. Noch wichtiger ist, dass die Eskalation der bewaffneten und politischen Gewalt durch den türkischen Staat sowie die verstärkte Verbreitung kapitalistischer Verhältnisse in der Region erhebliche Schwierigkeiten mit sich bringen. Was dieses Projekt jedoch ermöglicht hat und weiterhin unterstützt, sind die Solidaritätsnetzwerke innerhalb des kurdischen Volkes. Während Kollektivismus, Teilen und Solidarität schon immer starke kulturelle Codes waren, hat die kollektive Geschichte des Kampfes diese Netzwerke am deutlichsten gestärkt. Sie haben wiederum als Grundlage gedient, auf der eine autonome demokratische Wirtschaft organisiert werden konnte. In diesem Sinne sind das Engagement und die solidarische Organisation des kurdischen Volkes eine unschätzbare Chance.

Anmerkungen

1 Seit 2012 bildet das Projekt *Demokratische Wirtschaft* die politische und ökonomische Grundlage der Selbstverwaltung von *Rojava*, aktuelle Bezeichnung des erweiterten Gebietes: *Autonomous Administration of North and East Syria* (AANES – Selbstverwaltung von Nord- und Ostsyrien). (Anm. d. Übers.).

2 Im Kapitalismus besteht die Notwendigkeit zur Akkumulation (Anhäufung) von Kapital, um in der Marktkonkurrenz bestehen zu können (wie es Karl Marx analysiert hat). (Anm. d. Übers.).

Weitere Quellen

Akbulut, Bengi (2017), *Commons against the Tide: The Project of Democratic Economy*, in Fikret Adaman, Bengi Akbulut and Murat Arsel (eds), *Neoliberal Turkey and Its Discontents: Economic Policy and the Environment under Erdoğan*. London: IBTauris.

Aslan, Azize (2016), *Demokratiközerlikteekonomiközyönetim: Bakûrörne i, Birikim*. 325 (May): 93–8; [Economic self-governance in democratic autonomy: The example of Bakûr (Turkish Kurdistan)], https://mesopotamia.coop/economic-self-governance-in-democratic-autonomy-the-example-of-bakur/ (abgerufen am 30.07.2023).

Cooperative Economy, https://cooperativeeconomy.info (nicht mehr aufrufbar), jetzt https://mesopotamia.coop/

Madra, Yahya M. (2016). ,Democratic Economy Conference: An Introductory Note'. *South Atlantic Quarterly*. 115: 211–22.

Öcalan, Abdullah (2015), *Manifesto for a Democratic Civilization*, volume I: *Civilization: The Age of Masked Gods and Disguised Kings*. Porsgrunn: New Compass Press.

Azize Aslan hat einen Doktortitel in Soziologie und ist als Post-Doc an der *Benemérita Universidad Autónoma de Puebla* (Mexiko), *Instituto De Ciencias Sociales y Humanidades Alfonso Vélez Pliego*. Sie arbeitet zu zapatistische und kurdische Bewegungen, hat aktiv am Projekt *Demokratische Ökonomie* teilgenommen und viel zu diesem Thema geschrieben.

Bengi Akbulut hat einen Doktortitel in Wirtschaftswissenschaften und ist Assistenzprofessorin an der Fakultät für Geographie, Umwelt und Planung der *Concordia University* in Kanada. Sie beschäftigt sich mit der politischen Ökonomie der Entwicklung, der politischen Ökologie, den Gemeingütern und alternativen Wirtschaftsformen.

Übersetzung: Elisabeth Voß

III

Christos Zografos

Direkte Demokratie

 Direkte Demokratie, Selbstverwaltung, Autonomie, sozial-ökologische Transformation

Die *Direkte Demokratie* ist eine populare Form der Selbstverwaltung, bei der die Bürger*innen direkt, ständig und ohne Mediation an den Aufgaben der Regierung beteiligt sind. Es handelt sich um eine radikale Form der Demokratie, die Dezentralisierung und eine möglichst breite Streuung der Macht anstrebt sowie die Unterschiede zwischen Herrschenden und Beherrschten aufheben will. Sie basiert auf dem Grundsatz politischer Gleichheit, was bedeutet, dass alle Stimmen der Gesellschaft gleichberechtigt gehört werden müssen. Ihre wichtigste Institution ist die beratende Versammlung. Bei diesen Versammlungen treffen die Bürgerinnen und Bürger ihre Entscheidungen, nachdem sie verschiedene Ansichten zu einer Angelegenheit angehört und diskutiert haben, über jede Ansicht nachgedacht und versucht haben, ohne Zwang zu einer gemeinsamen Entscheidung zu gelangen. *Direkte Demokratie* unterscheidet sich von der repräsentativen – bei der Vertreter*innen gewählt werden, die dann über die öffentliche Politik entscheiden. Allerdings sind Elemente der *Direkten Demokratie*, wie zum Beispiel das Referendum, auch in bestehenden repräsentativen Demokratien zu finden.

Die Praxis der *Direkten Demokratie* ist sehr alt, ja uralt. Das antike Athen des 5. Jahrhunderts v. Chr. ist vielzitiertes Beispiel für eine *Direkte Demokratie*, in der erwachsene, männliche Bürger an der öffentlichen Entscheidungsfindung direkt beteiligt waren. Der exklusive Charakter der athenischen Demokratie, die Sklaven, Frauen und Ausländer von der Teilnahme an der Entscheidungsfindung ausschloss, deutet darauf hin, dass es sich um eine sehr eingeschränkte Form der Demokratie handelte, die jedoch hinsichtlich der Institutionen der *Direkten Demokratie* und der Beteiligungsformen von

Bedeutung ist. Wenn wir uns die Demokratie als ,*Regierung mittels Diskussion*' vorstellen, kann man ihre Wurzeln auch in einer langen, nicht-westlichen Tradition zurückverfolgen jenseits von und in etwa zeitgleich mit Athen, beispielsweise in den nordindischen Traditionen der Stadt Vesali und des Volkes der *Sabarcae/Sambastai*, die sowohl in altindischen als auch in griechischen Quellen beschrieben werden. Was die intellektuellen Ursprünge betrifft, so ist ein wichtiger moderner Impuls von Jean-Jacques Rousseau und seinen Ideen zu Repräsentation und Regierung ausgegangen. Für Rousseau war es eine Form von Sklaverei, das eigene Recht auf Selbstbestimmung an eine andere Person abzugeben; daher lehnte er eine verbindliche Gesetzgebung zu Fragen ab, über die sich die Bürger*innen nicht zuvor beraten und geeinigt hatten. Ein zentrales, damit verbundenes Konzept ist die Autonomie. Nach Castoriadis umfasst Autonomie die Fähigkeit der Gesellschaft, ihre Normen und Institutionen kollektiv und kontinuierlich in Frage zu stellen und zu verändern, was auf der Überzeugung beruht, dass die Gesellschaft selbst die einzige legitime Quelle hierfür ist. Castoriadis kritisierte Dogmen, die von außen Regeln aufstellen, welche die Autonomie einschränken, oder die kollektiven Entscheidungen rechtfertigen und bestimmen, indem sie sie einer Autorität außerhalb der Gesellschaft zuschreiben (z.B. Gott, historische Notwendigkeit usw.) – ein Zustand, den er als Fremdbestimmung bezeichnete. Zusammenfassend lässt sich sagen, dass *Direkte Demokratie* es den Bürger*innen erlaubt, Entscheidungen über ihr eigenes Schicksal zu treffen, sie zu partizipativer Entscheidungsfindung erzieht, anstatt sich auf selbstsüchtige Politiker*innen zu verlassen – und sie führt so zu höchst legitimen Entscheidungen (Heywood 2002).

Im Hinblick auf ›Post-Development (Rahnema und Bawtree 1997) kann das ›transformative Potenzial der *Direkten Demokratie* in zweierlei Hinsicht betrachtet werden: Einerseits trägt sie dazu bei, die Vorherrschaft einzelner

Denkweisen und die Kolonisierung der Köpfe durch fremdbestimmte Vorstellungen in Frage zu stellen; andererseits hilft sie, Alternativen zur *Entwicklung* in der Praxis aufzubauen. Dieses Potenzial zeigt sich in der Art und Weise, wie zeitgenössische soziale Bewegungen, aber auch nicht-staatliche Gemeinwesen auf der ganzen Welt *Direkte Demokratie* ins Spiel bringen.

In Spanien haben versammlungsbasierte Entscheidungsfindungsprozesse, die während der *Indignados*-Bewegung populär wurden, die sozialen Bewegungen zum ‚*Recht auf Wohnen*‘ ermächtigt, die Dynamik der städtischen ›Kapitalakkumulation des spanischen Kapitalismus zu stören (García 2017), sowie die Kommunalverwaltungen, gerechtere und ökologisch nachhaltigere Modelle der Stadt durch verbindliche Befragungen der Bürger*innen zu verfolgen. In Indien setzen radikal-ökologische Demokratie-Initiativen wie das *Arvari-Flussparlament* aus 72 Flussdörfern in Rajasthan ein Zeichen für den Wandel hin zu einer ›bioregionalen Vision von ökologischen Verwaltungseinheiten, die demokratisch von lokalen Gemeinschaften verwaltet werden und in deren Mittelpunkt ein Bekenntnis zu kultureller Vielfalt, menschlichem Wohlergehen und ökologischer Resilienz steht. Das Regierungsmodell des kurdischen autonomen Bezirks Rojava, das die Gleichberechtigung der Geschlechter in politischen Ämtern und bei der Partizipation betont, bezieht die *Direkte Demokratie* in seine Entscheidungsfindung ein; es verfolgt das Ziel, die Gesellschaft auf der Grundlage der Prinzipien der Sozialökologie von Murray Bookchin umzugestalten, wodurch eine beispielhafte Organisation für künftige demokratische, dezentralisierte regionale Regierungssysteme deutlich wird. Und auf dem gesamten amerikanischen Kontinent praktizieren viele indigene, bäuerliche und afro-indigene Gemeinschaften Selbstverwaltung und versammlungsbasierte Entscheidungsfindung in ihrem Bemühen, die Prinzipien der Autonomie, der Gemeinschaftlichkeit und des Respekts für verschiedene Lebensformen, die sich aus ihren Weltanschauungen ergeben, in Lebensprojekten zu verwirklichen.

Umgekehrt liegt eine *dunkle* Seite der *Direkten Demokratie* gerade in ihrer Fähigkeit, Veränderungen zu verhindern. Der Schweizer Kanton Appenzell-Innerrhoden, der als Beispiel für die *Direkte Demokratie* gefeiert wird, gewährte den Frauen das Stimmrecht erst 1991, als das Bundesgericht ihn dazu zwang. Darüber hinaus verzeichnete der Kanton die höchste Stimmenzahl für ein Verbot von Minaretten in der Schweiz. Ein weiterer Kritikpunkt an der *Direkten Demokratie* ist, dass ihre Befürworter*innen sie romantisieren und dabei übersehen, dass Staaten aufgrund ihrer Fähigkeit, Ressourcen in größeren Gebieten zu koordinieren und zu mobilisieren, besser geeignet sind, radikale Veränderungen zu erreichen, was in einer globalisierten Welt entscheidend ist. Kritiker*innen bezweifeln auch die Bereitschaft der Bürger*innen, sich ständig an der Gestaltung des täglichen Lebens zu beteiligen, und kritisieren die *Direkte Demokratie* als romantische Nostalgie einer ‚liberalen Linken‘, indem sie auf historische Beispiele wie die *Pariser Kommune* von 1871 verweisen, als Beweis für ihre Unfähigkeit, sich selbst zu erhalten und als Beleg für ihre Grenzen.

Andere Kritiker*innen weisen auf Einschränkungen hin, die mit zentralen Merkmalen des Beratungsprozesses zusammenhängen, der für die *Direkte Demokratie* charakteristisch ist, und betonen, dass diese ihre Fähigkeit einschränken, radikale sozio-ökologische ›Transformationen zu bewirken. Kritiker behaupten beispielsweise, dass die Betonung von im Konsens getroffenen Entscheidungen die Bedeutung von Konflikten, Meinungsverschiedenheiten und Differenzen für das Zustandekommen solcher ›Transformationen herunterspielt; dass die Rolle von Vernunft und rationaler Argumentation, welche zum Erreichen von Konsensentscheidungen beitragen, die entscheidende Bedeutung von Emotionen, Vorstellungskraft, Erzählungen, Sozialisation und körperlicher Aktivität für das Zustandekommen von ›Transformationen unterbewerten;

III

und dass die bisherigen Erkenntnisse darauf hindeuten, dass eine starke Führung für das Erreichen von Veränderungen möglicherweise entscheidender ist als Horizontalität – ein zentraler Grundsatz der *Direkten Demokratie.*

Trotz dieser Kritikpunkte scheint es sicher, dass das Ideal und die Praxis der *Direkten Demokratie* historisch gesehen Einzelpersonen und Gemeinschaften dazu inspiriert hat und immer noch motiviert, mutig zu versuchen, Welten zu schaffen, die anders und besser sind als die, in der sie leben. In diesem Sinne ist die *Direkte Demokratie* ein viel versprechender Beitrag zur Entkolonialisierung der Köpfe und zur Infragestellung hegemonialer Denk-, Handlungs- und Lebensweisen. Im besten Fall führt *Direkte Demokratie* zu einer anderen Art des Seins.

Weitere Quellen

A Kurdish Response to Climate Change, https://www.opendemocracy.net/uk/annalau-erdelan-baran-melanie-sirinathsingh/kurdish-response-to-climate-change (abgerufen am 22.05.2023)

Centre for Indigenous Conservation and Development Alternatives (CICADA), http://cicada.world (abgerufen am 22.05.2023)

García, Lamarca M. (2017), From Occupying Plazas to Recuperating Housing: Insurgent Practices in Spain, *International Journal of Urban and Regional Research.* https://doi.org/10.1111/1468-2427.12386 (abgerufen am 22.05.2023)

Heywood, Andrew (2002), *Politics.* New York: Palgrave Macmillan.

O'Connor, Kieran (2015), They Don't Represent Us', Summary of a discussion about democracy and representation between Jacques Rancière and Ernesto Laclau, http://www.versobooks.com/blogs/2008-don-t-they-represent-us-adiscussion-between-jacques-ranciere-and-ernesto-laclau (Dokument auf der Internetseite nicht auffindbar, Stand 23.05.2023)

Rahnema, Majid and Victoria Bawtree (eds) (1997), *The Post-development Reader.* London: Zed Books.

Christos Zografos ist leitender *Ramón y Cajal*-Forschungsbeauftragter an der Universität *Pompeu Fabra.* Seine Forschung in politischer Ökologie und ökologischer Ökonomie konzentriert sich auf politische Konflikte und Umwelttransformation. Er ist Mitglied des Kollektivs *Research & Degrowth* in Barcelona und Gastprofessor an der *Masaryk*-Universität in der Tschechischen Republik.

Übersetzung: Hannelore Zimmermann

Daniela Del Bene / Juan Pablo Soler / Tatiana Roa

Energie-Souveränität

 Energie, Widerstand, Alternativen, Souveränität, Transformation

Energiesouveränität (ES) bezieht sich auf politische Projekte und Visionen für eine gerechten Erzeugung, Verteilung und Kontrolle von Energiequellen durch ökologisch und kulturell verwurzelte, engagierte Gemeinschaften – sowohl in städtischen als auch in ländlichen Gebieten – und zwar so, dass es sich nicht negativ auf andere auswirkt und die ökologischen Kreisläufe berücksichtigt werden. Energiesouveränität fungiert als Motto für Organisationen und Bewegungen, die das Recht zurückfordern, über Energie selbst zu entscheiden, denn sie wird als natürliches Gemeingut und Lebensgrundlage für alle verstanden. Energiesouveränität bezieht sich auch auf die Vielzahl von Systemalternativen, die das vorherrschende, von zentralisierten Mächten kontrollierte Energie-Modell in Frage stellen.

Das Konzept der Energiesouveränität wird seit den 1990er Jahren in Lateinamerika angewendet, um der Privatisierung grundlegender Dienstleistungen durch transnationale Konzerne und der ›‚Korporatisierung' von staatlichen Unternehmen entgegenzutreten. Ähnlich der von Bäuer*innen-Bewegungen eingeforderten Ernährungssouveränität wurde Energiesouveränität – insbesondere nach dem Jahr 2000 – weltweit unter Organisationen und Bewegungen populär als Reaktion auf vielfältige Formen der Ausbeutung, der Energiearmut, der Unternehmensoligopole, des Patriarchats, der Privatisierung und der Handelsabkommen, der Kriege und Verbrechen, mit denen die Versorgung mit fossilen Brennstoffen gesichert werden soll.

In jüngster Zeit ist sie auch zu einer Antwort auf den Klimawandel und die fossile Brennstoffindustrie geworden. So wurde beispielsweise die Energiesouveränität in die neuen Verfassungen von Ecuador und Bolivien aufgenommen. In Europa wurde das Thema in mehreren Kampagnen aufgegriffen, die das Oligopol der Energiewirtschaft in Frage stellen und die Schaffung neuer öffentlicher Unternehmen anstreben. Barcelona ist dafür ein typisches Beispiel. In Deutschland, wo die Umstellung auf erneuerbare Energien stark vorangetrieben wird, ist die *Energiewende* – verstanden als Demokratisierung der Energieversorgung – in aller Munde. Bemühungen zur Rekommunalisierung der städtischen Energieversorgung und -netze finden sich unter anderem in Boulder, USA, Hamburg, Berlin und London.

Energiesouveränität setzt sich für das Recht ein, darüber zu entscheiden, welche Energiequelle genutzt und wie viel produziert werden soll – wie, durch wen, wo und für wen. Im Einklang mit ökofeministischen Perspektiven fordert sie die Entkolonialisierung der hegemonialen Struktur des Energiemodells. Die Entkolonialisierung von Energie erfordert es, tief verwurzelter Überzeugungen infrage zu stellen und begrifflich zu differenzieren: einerseits das heute vorherrschende, verengte Verständnis von Energie (E) als abstrakte und gleichförmige kommerzielle Energiegewinnung und als Funktion der › Kapitalakkumulation, andererseits das ursprüngliche Verständnis von ‚Energie' (e) im Sinne einer nicht messbaren und kontextuell vielfältigen Nutzung einer Art ‚Kraft', die sich über Zeit und Raum hinweg an unterschiedliche Ökologien und menschliche Geografien anpassen kann. (Hildyard et al. 2012)[1]

Die sektorübergreifende Allianz zwischen Akteuren – Organisationen für Umweltgerechtigkeit, den von Energieprojekten betroffene Menschen, Gewerkschaften und Stadtbewohner*innen – zeigt nicht nur die Komplexität, sondern auch das große Potenzial von Energiesouveränität als politischem Projekt. In Kolumbien drängt die *Movimiento Ríos Vivos* (Bewegung der von Staudämmen betroffenen Menschen) darauf, dass jeder geplante Staudamm sowohl die Energie- als auch die Wassersouveränität berücksichtigen muss, aufgrund der engen Verbindung zwischen den Gemeinschaften und ihren Wasserkulturen

sowie der Tatsache, dass es einen direkten Zusammenhang zwischen der historischen Herrschaft über die Bevölkerung und über die Wasserressourcen gibt.[2]

In Brasilien hat sich die nationale *Movimento de los Dames Affected People* (MAB – Bewegung der von Staudämmen betroffenen Menschen) mit den Gewerkschaften in der *Plataforma Operária e Camponesa para Energia* (Arbeiter- und Bauernplattform für Energie)[3] zusammengeschlossen, um über die historische Verantwortung der Megaprojekte und Energiekonzerne gegenüber den Betroffenen zu diskutieren und einen Vorschlag zur Energie- und Bergbaupolitik des Landes (*Proyecto Energetico Popular*) zu entwerfen.

In den USA und auf internationaler Ebene betrachten auch die Verbände der *Trade Unions for Energy Democracy* (TUED – Gewerkschaften für Energiedemokratie) und der *Public Service International* (PSI – Internationale des öffentlichen Dienstes) Energie als ein für die meisten sozialen Bereiche entscheidendes gesellschaftliches Thema. Energie ist wichtig für die Umstrukturierung der wirtschaftlichen und produktiven Verhältnisse und für eine angemessene Berücksichtigung der öffentlichen Gesundheit und der Arbeitssicherheit der Beschäftigten.

Die Energiesouveränität stellt, wenn es um sozio-ökologische Auswirkungen geht, den Gegensatz zwischen *Stadt* und *Land* in Frage: Betroffene eines ungerechten Energiemodells sind nicht nur diejenigen, die durch Megaprojekte verdrängt werden, sondern alle, denen die Sozialisierung der Kosten aufgebürdet wird und von denen Extra-Profite abgeschöpft werden. Die städtischen Energie-Armen sollten als verarmt oder beraubt betrachtet werden – und demokratische Prozesse werden durch die ‚Drehtür' zwischen Politik und Energieunternehmen verzerrt. In Spanien, dem Vereinigten Königreich oder Bulgarien haben sich beispielsweise Stadtbewohner*innen organisiert, um die in die Höhe schießenden Stromtarife und die Verletzung von Gesetzen zum Schutz finanziell schwä-

E

III

cherer Familien anzuprangern – zum Beispiel organisiert dies in Barcelona die *Allianz gegen Energiearmut*.

Energiesouveränität befasst sich auch mit der Frage von Technologie und Wissen im Rahmen der Energiewende. Sie fordert eine Dezentralisierung, Rekommunalisierung und Differenzierung von Energiegewinnung, Technologie und Wissen. Energiesouveränität stellt eine erkenntnistheoretische Herausforderung dar, unser ‚Territorium' nicht als bloße Ansammlung natürlicher Ressourcen anzusehen, sondern als ein soziokulturelles Ganzes, über das wir einen Sinn für unsere Existenz finden und in dem wir bewusste, verantwortungsvolle und lebendige politische Lebensprojekte' (proyectos de vida) gründen und gedeihen lassen (Escobar 2008). Oder, wie andere lateinamerikanische Gemeinschaften sagen, „planes de permanencia en los territorios" (Konzepte für das Bleiben im und auf dem Lande) oder „proyectos de buen vivir" (Pläne für ein gutes Leben).

Vorschläge für Energiesouveränität stoßen unweigerlich auf Grenzen und Konflikte. Da sie die Grundlage der Produktionsbeziehungen erschüttern, fordern sie mächtige Sektoren unserer Gesellschaften heraus: Energieunternehmen, Bauunternehmen, Finanzindustrie und politische Eliten, das militärische Establishment usw. Was werden beispielsweise die Auswirkungen auf die Strukturen moderner Staaten und Regierungen sein? Wird Energiesouveränität eine Umstrukturierung der Verwaltungsstrukturen erforderlich machen, damit ein neues Energiemodell umgesetzt werden kann? Wie kann vermieden werden, dass abgeschottete und ausgrenzende Gruppen entstehen, und stattdessen die Zusammenarbeit offener Gemeinschaften gefördert werden – vielleicht auf der Grundlage unterstützender Prinzipien? Werden Initiativen für Energiesouveränität letztlich dazu beitragen, die Grenzen des Verbrauchs neu zu definieren und Energienutzungsmuster zu etablieren, die für ein vorgegebenes Gebiet wirklich nachhaltig sind?

Trotz dieser großen Herausforderungen zeigt sich bei näherer Betrachtung, dass bereits unterschiedliche Modelle umgesetzt werden und funktionieren, zum Beispiel die ländlichen Elektrifizierungsgenossenschaften in Costa Rica (darunter COOPELESCA), die Genossenschaften SOM ENERGIA und GoiEner in Spanien und RETENERGIE in Italien sowie städtische Rekommunalisierungsinitiativen. Sie müssen als mächtige potenzielle Multiplikatoren wertgeschätzt und verteidigt werden.

Anmerkungen

1 Nicholas Hildyard, Larry Lohmann and Sarah Sexton dazu: „Der abstrakte Begriff ‚Energie', den wir heute verwenden – nennen wir ihn ‚Energie' mit großem E –, war nicht immer vorhanden, mit all seinen Unschärfen und Verzerrungen ... Um den heutigen Begriff der Energie in Großbuchstaben als eine relativ neue Entwicklung zu verstehen, muss man versuchen, das zu erfassen, was früher da war und was immer eine Grundlage der Energiepolitik bleiben wird: nämlich die volkstümlichen, vielfältigen, kleingeschriebenen Subsistenz-‚Energien' der Commons-Regime. Klein geschriebene ‚Energien' sind vielfältig und nicht vergleichbar. Jede ist mit einem bestimmten Überlebenszweck verbunden ... Die Wärme aus der Verbrennung von Biomasse wird zum Kochen, Waschen, zum Warmhalten, zur Vorbereitung des Bodens für die Aussaat genutzt. Das Licht der Sonne treibt das Wachstum von Pflanzen. Mechanische Energie aus tierischen Muskeln (oder Diesel Motoren) wird für die Fortbewegung auf dem Land genutzt ..." (s. thecornerhouse.org.uk – Energy Security For What? For Whom? February 2012) (Anm. d. Übers.)

2 Weitere Einzelheiten über die Arbeit des *Movimiento Rios Vivos* in Kolumbien finden Sie unter https://defensaterritorios.wordpress.com/2016/08/25/politica-energetica-colombiana-y-propuestas-del-movimiento-rios-vivos-para-su-transformacion/.

3 Siehe *Movimento dos Atingidos por Barragens* (MAB – Bewegung für den Frieden), http://www.mabnacional.org.br/category/thema/plataforma-opera-ria-e-camponesa-para-energia.

Weitere Quellen

Angel, James (2016), *Towards Energy Democracy*. Transnational Insitute. https://www.tni.org/en/publication/towards-energy-democracy. (abgerufen am 3.7.2023)

Catalan Network for Energy Sovereignty (XSE) 2012, Energy Sovereingty, http://www.odg.cat/sites/default/files/energy_sovereignty_0.pdf. (abgerufen am 3.7.2023)

Escobar, Arturo (2008), *Territories of Difference: Place, Movements, Life, Redes*. Durham, NC: Duke University Press.

Hildyard, Nicholas, Larry Lohman and Sarah Sexton (2012),

Energy Security for What? For Whom? Sturminster New-ton: The Corner House.

Kunze Conrad and Soren Becker (2014), *Energy Democracy in Europe.* www.rosalux.de/fileadmin/rls_uploads/pdfs/sonst_publikationen/Energy-democracy-in-Europe.pdf (abgerufen am 3.7.2023)

Daniela Del Bene ist Koordinatorin des EJAtlas.org an der Autonomen Universität von Barcelona, Mitglied des Kollektivs *Research & Degrowth* und des katalanischen Netzwerks für Energiesouveränität (XSE).

Juan Pablo Soler ist Mitglied der kolumbianischen Bewegung der von Staudämmen betroffenen Menschen und zur Verteidigung der Territorien – *Movimiento Ríos Vivos* – und der lateinamerikanischen Bewegung der *von Staudämmen betroffenen Menschen* – MAR.

Tatiana Roa ist die allgemeine Koordinatorin von *Censat Agua Viva – Amigos de la Tierra* (Freunde der Erde), Kolumbien.

Übersetzung: Hannelore Zimmermann

Laura Gutiérrez Escobar

Ernährungssouveränität und -autonomie

La Via Campesina, Agrarökologie, Agrar- und Ernährungssysteme

Laut der Definition der transnationalen bäuerlichen Bewegung *La Via Campesina* („Der Bäuerliche Weg') bedeutet Ernährungssouveränität „das Recht der Menschen auf gesunde und kulturell angemessene Nahrungsmittel, die mit ökologisch vertretbaren und nachhaltigen Methoden erzeugt werden, und ihr Recht, ihre eigenen Ernährungs- und Landwirtschaftssysteme zu definieren" (*La Via Campesina* 2007). Diese Gruppierung formulierte das Konzept erstmals auf dem Welternährungsgipfel (WFS – World Food Summit) 1996 in Rom, der von der Ernährungs- und Landwirtschaftsorganisation der Vereinten Nationen (FAO – Food and Agriculture Organization) einberufen wurde, als Reaktion auf die ‚Ernährungssicherheit'. Ernährungssicherheit ist ein Leitprinzip für die Politik von Regierungen und multilateralen Organisationen zur Bekämpfung des Hungers in der Welt und der ländlichen Armut. Mit dem Vorschlag der Ernährungssouveränität wies *La Via Campesina* die zunehmenden Versuche der globalen Eliten zurück, Ernährungssicherheit im Sinne eines neoliberalen Marktrahmens zu definieren.

Regierungen, multilaterale Organisationen und Lebensmittelkonzerne legitimieren ‚Frei'-Handelsabkommen und politische Maßnahmen im Namen der ‚Ernährungssicherheit'. Infolgedessen sind Menschen und Nationen, insbesondere im globalen Süden, zunehmend von internationalen Märkten abhängig, um ‚billige' Nahrungsmittel zu erwerben, und sie sind gefährdet durch Spekulation, Landraub, Dumping und andere unfaire Praktiken, die ihre Fähigkeit, sich selbst zu ernähren, untergraben. Kleinbäuer*innen werden zu landlosen und enteigneten Migrant*innen in den Städten, da sie mit subventionierten Lebensmittelimporten nicht konkurrieren können, oder fast zu Sklav*innen von Agrarwirtschafts-Projekten, die Rohstoffe für verschiedene Industrien liefern – von der hochverarbeitenden Fast-Food-Industrie bis hin zum so genannten sauberen Energiesektor für die Herstellung von Ethanol und anderen Agrarkraftstoffen.

Ernährungssicherheit bekräftigt die Kernprinzipien der modernen industriellen Landwirtschaft und der ›Grünen Revolution, einschließlich des Einsatzes kapitalintensiver und chemischer Betriebsmittel, des Monokulturanbaus und ‚verbesserten' Saatguts wie Hybriden und in jüngster Zeit auch gentechnisch veränderter Sorten. Die Industrialisierung von Landwirtschaft und Ernährung hat zur Ausbreitung geführt von (1) ‚grünen Wüsten' oder Plantagen, auf denen nur Pflanzen wachsen und sich vermehren können, die als profitabel gelten, was die bäuerliche Landwirtschaft und die (Agro-)Biodiversität bedroht; und (2) hoch verarbeiteten Lebensmitteln und Fast Food sowie Futtermitteln, die Mensch und Tier vergiften. Mit anderen Worten: Ernährungssicherheit entspricht dem westlichen Paradigma von ‚Entwicklung' als Ausbeutung und Manipulation von Pflanzen und Tieren in Laboren, Mastanlagen, Plantagen,

E

III

Fabriken und Märkten zum ausschließlichen Nutzen von (einigen) Menschen (Shiva 2000).

Das Konzept der Ernährungssouveränität hat sich seit 1996 verändert, da zahlreiche Organisationen, Gemeinschaften und NGOs innerhalb und außerhalb von *La Via Campesina* es als Reaktion auf ihre unterschiedlichen Lebens- und politischen Bedingungen angepasst und debattiert haben. Eine dieser Debatten dreht sich um die Frage, wie die Bewegung für Ernährungssouveränität wachsen kann, damit sie angesichts des Klimawandels und der Macht der Konzerne ökologisch, sozioökonomisch und politisch widerstandsfähig wird, ohne die Vielfalt und Autonomie der lokalisierten Initiativen für Ernährungssouveränität zu verlieren (McMichael 2013).

Ein weiteres Diskussionsthema betrifft den Begriff ‚Souveränität'. *La Via Campesina* hat Ernährungssouveränität in ein Autonomie-Paradigma eingebettet, das das Recht aller Menschen und Nationen auf Autonomie oder Selbstverwaltung einschließt, um ihre eigenen Nahrungsmittelsysteme zu definieren, anstatt den Forderungen und Interessen entfernter und verantwortungsloser Märkte und Konzerne unterworfen zu sein. Ernährungssouveränität stellt also lokale und nationale Ökonomien und Märkte in den Vordergrund und stärkt die bäuerliche und kleinbetriebliche Landwirtschaft. Einige landwirtschaftliche Bewegungen haben jedoch ‚Ernährungsautonomie' – als Voraussetzung für Ernährungssouveränität – vorgeschlagen, um den ortsgebundenen Charakter der Lebensmittelproduktion, nicht-liberale Formen der demokratischen Entscheidungsfindung und die Autonomie von staatlichen Institutionen zu betonen. Um diese semantische und politische Komplexität widerzuspiegeln, schlagen wir das duale Konzept von Ernährungssouveränität und Ernährungsautonomie vor.

Ernährungssouveränität und -autonomie ist zu einem Schlachtruf für ein breites Spektrum von Kämpfen geworden, unter anderem in Bezug auf Land-, Wasser- und Saatgutraub; Agrargifte; die ›Korporatisierung der Agrar- und Er-

nährungssysteme; den Erhalt der biologischen Vielfalt und die Rechte der Natur; landwirtschaftliche Biotechnologie und die Patentierung von Lebensformen; die Arbeits- und Menschenrechte von Landarbeiter*innen; Unterernährung und Hunger sowie die Lebensmittelversorgung in städtischen Zentren (Desmarais 2007).

Ernährungssouveränität und -autonomie hat ihren Ursprung – und ihre kontinuierliche Weiterentwicklung – im Wissen, in den Geschichten und in den Erfahrungen von Menschen und Gemeinschaften in Kämpfen überall auf der Welt. Folglich ist Ernährungssouveränität und -autonomie ein analytischer Rahmen, eine soziale Bewegung und ein politisches Projekt (McMichael 2013). Sie stellt eine radikale Alternative dar, die darauf abzielt, die strukturellen Ungleichheiten in den Agrar- und Ernährungssystemen – einschließlich der Hilfs- und Entwicklungsdiskurse und -institutionen – zu transformieren, und sie erforscht auch den Übergang zu anderen Modellen, die auf lebensbejahenden Prinzipien basieren. Ernährungssouveränität und -autonomie impliziert die Verteidigung des Wissens, der Praktiken und der Territorien der Nahrungsmittel produzierenden Bevölkerung – einschließlich der Landwirt*innen, Fischer*innen, Hirt*innen und städtischen Bäuer*innen – als Räume für die ›Reproduktion und das Gedeihen des Lebens und der artenübergreifenden Gemeinschaften. Dies steht im Gegensatz zum rationalisierten Management des Lebens und Sterbens von Pflanzen und Tieren zum Zwecke des Profits und des Wirtschaftswachstums im Rahmen des konzerngesteuerten Ernährungssystems. Die ›transformative Realität und das Potenzial von Ernährungssouveränität und -autonomie liegt in der Verteidigung dreier solcher lebensbejahender Prinzipien: Gemeingüter, Vielfalt und Solidarität.

Erstens werden im Rahmen eines Paradigmas der Ernährungssouveränität und -autonomie Saatgut, Land, Wasser, Wissen, Biodiversität – und alles andere, was Menschen in einem Gebiet materiell und symbolisch oder spirituell versorgt

– als Gemeingut betrachtet. Anstelle von ‚Ressourcen', die ausgebeutet und privat angeeignet werden, erkennt eine ›Commons-Perspektive ihren kollektiven und unveräußerlichen Zustand an.

Zweitens erkennt Ernährungssouveränität und -autonomie an, dass (Agro-)Biodiversität und kulturelle Vielfalt untrennbar voneinander abhängig sind. Gegen die homogenisierenden Tendenzen der modernen Agrar- und Ernährungssysteme schützt und fördert Ernährungssouveränität die Pluralität der Lebensmittel produzierenden Systeme auf der ganzen Welt, die dank der Vielfalt an Saatgut, Tieren, Nahrungsmitteln, Wissen, Arbeitspraktiken, Markttypen, Landschaften und Ökosystemen gedeihen.

Drittens ist die Solidarität zwischen Lebensmittelproduzent*innen und -konsument*innen rund um den Globus – und mit den kommenden Generationen – von grundlegender Bedeutung für Ernährungssouveränität und -autonomie. Zu den Strategien zur Förderung der Solidarität gehören ein „transparenter Handel, der allen Menschen ein gerechtes Einkommen garantiert, und das Recht der Verbraucher*innen, ihre Lebensmittel und ihre Ernährung zu kontrollieren", sowie umweltverträgliche Ernährungssysteme, wie etwa solche, die auf der Agrarökologie beruhen, damit künftige Generationen sich in ‚den Territorien' selbst erhalten können. Im Kern beinhaltet Ernährungssouveränität und -autonomie Ernährungssysteme, die auf „neuen sozialen Beziehungen frei von Unterdrückung und Ungleichheit" basieren (La Via Campesina 2007).

Weitere Quellen

African Centre for Biodiversity (Afrikanisches Zentrum für Biodiversität), http://acbio.org.za (abgerufen am 30.06.2023)

Desmarais, Annette Aurelie (2007). *La Via Campesina: Globalization and the Power of Peasants*. London, Pluto Press.

ETC-Group (Action Group on Erosion, Technology and Concentration – Aktionsgruppe zu Erosion, Technologie und Konzentration), http://www.etcgroup.org/. (abgerufen am 30.06.2023)

La Via Campesina (2007). *Food Sovereignty and Trade Nyéléni Declaration*. https:// viacampesina.org/de/index.php/main-issues-mainmenu-27/food-sovereignty-andtrade-mainme-

nu-38/262-declaration-of-nyi. (Dokumentiert unter https:// www.jstor.org/stable/26841826 Stand 30.6.2023)

McMichael, Philip (2013). *Historicizing Food Sovereignty: A Food Regime Perspective*. Conference Paper, No. 13. International Conference. Food Sovereignty: A Critical Dialogue. Yale: Yale University und das Journal of Peasant Studies.

Netzwerk für ein Transgenfreies Lateinamerika (RALLT – Red por una América Latina Libre de Transgénicos), http://www.rallt.org (abgerufen am 30.06.2023)

Shiva, Vandana (2000). *Stolen Harvest: The Hijacking of the Global Food Supply*. Cambridge: South End Press (**deutsch**: Geraubte Ernte : Biodiversität und Ernährungspolitik. Zürich: Rotpunktverlag 2011)

Laura Gutiérrez Escobar wurde in Bogotá, Kolumbien, geboren und hat einen Bachelor-Abschluss in Geschichte von der *Universidad Nacional de Colombia* in Bogotá, einen Master-Abschluss in Lateinamerikastudien von der *University of Texas* in Austin und einen Doktortitel in Anthropologie von der *University of North Carolina* in Chapel Hill.

Übersetzung: Anna Voß

Harry Halpin

Freie Software

 Computer, Software, geistiges Eigentum, , Gemeingüter

Da die Welt zunehmend durch ein dichtes Netz von Computern miteinander verwoben ist, wird die zentrale Frage unserer Zeit technologisch: Wie kann Freiheit in einer Welt aufrechterhalten werden, die zunehmend nicht von Menschen, sondern von Software gesteuert wird? Freie Software bietet eine Antwort auf diese Frage, indem sie den traditionellen, vordigitalen Begriff der Freiheit aktualisiert, um die Abhängigkeit der Menschheit von Software zu erfassen. Die Frage, die jede zukünftige Form der Politik beantworten muss, betrifft nicht nur die Erhaltung der menschlichen Freiheit, sondern auch ihre Ausweitung durch eine verstärkte autonome Kontrolle der Computerinfrastruktur durch die Nutzer*innen selbst.

Gegenwärtig werden internetbasierte Fähigkeiten von einigen großen Silicon-Valley-Unternehmen wie Google, Apple, Facebook und Microsoft monopolisiert. Unsere erweiterten

III

kognitiven Fähigkeiten werden durch Software vermittelt, die effektiv privatisiert ist. Dies signalisiert eine deutliche Wende im Kapitalismus, bei der die digitale Arbeit in Form von ‚Programmierung' zur neuen hegemonialen Form der Arbeit wird. Das bedeutet nicht, dass die traditionellen Arbeitsplätze in Fabriken und die Rohstoffgewinnung obsolet geworden sind – weit gefehlt! Allerdings wird diese Art von Arbeit unter immer brutaleren und prekäreren Bedingungen in Ländern an der ‚Peripherie' und in den Randzonen der Industrieländer ausgeübt. Werden Investitionen in Software zugunsten von industrieller Produktion und Ressourcengewinnung unterlassen, so werden die ‚Entwicklungsländer' zu bloßen Rädchen im Getriebe, die Waren mit geringer Gewinnspanne und billige Arbeitskräfte liefern, während sich der Kapitalismus um Software herum neu organisiert.

Software treibt die Automatisierung voran, die Ersetzung menschlicher Arbeit durch Maschinen. Die Sprache, die diese Maschinen global koordiniert, ist der Code. Der Computer wird als universelle Turing-Maschine[1] definiert, eine Maschine, die im Vergleich zu anderen spezialisierten Werkzeugen unendlich flexibel ist, da ein und dieselbe Maschine umorganisiert werden kann, um effizienter zu sein, oder für neue Fähigkeiten umprogrammiert werden kann. Der Kern des Kapitalismus ist nicht länger die Fabrik, sondern der Code.

Was wäre, wenn die Menschen den Code selbst kontrollieren könnten? ‚Freie Software' schreibt vier grundlegende Freiheiten in den Code selbst ein:

1. die Freiheit, das Programm nach Belieben und zu jedem beliebigen Zweck auszuführen
2. die Freiheit zu untersuchen, wie das Programm funktioniert, und es so zu verändern, dass es die von dir gewünschten Berechnungen durchführt
3. die Freiheit, Kopien weiterzugeben, damit du deinem Nachbarn helfen kannst
4. die Freiheit, Kopien der von dir veränderten Versionen an andere weiterzugeben.

Diese Freiheiten bedeuten, dass Menschen die Software für ihre eigenen Zwecke steuern können, weil sie Zugang zum Quellcode haben – wie es die Free Software Foundation ausdrückt: „Freie Software ist eine Frage der Freiheit, nicht des Preises" (Stallman 2017). Freie Software ist ein politisches Programm, das über die Begriffe ‚Open Source' und ‚offener Zugang' zum Code hinausgeht, auch wenn es den offenen Zugang zum Code bereitstellt, weil er für die Freiheit notwendig ist.

Freie Software wurde von dem Hacker Richard Stallman am *Massachussets Institute of Technology* (MIT) erfunden, der sah, dass die von Hackern entwickelte Kultur der gemeinsamen Software-Nutzung durch kommerzielle Unternehmen wie Microsoft eingeschränkt wird. Um einen rechtlich verbindlichen Widerstand gegen diese neuen kognitiven Einschränkungen zu schaffen, schuf Stallman die *General Public License* (GPL). Da das Urheberrecht an Software grundsätzlich beim Entwickler liegt, kann dieser seine Software für eine unbegrenzte Anzahl von Personen lizenzieren und so die vier Grundfreiheiten für die Nachwelt bewahren. Die GPL-Lizenz verlangt, dass alle davon ausgehenden Werke ebenfalls unter der GPL erstellt werden, so dass die herkömmlichen urheberrechtlichen Beschränkungen in ein ‚Copyleft' umgewandelt werden, das die vier Freiheiten gewährleistet. Andere ‚Open-Source'-Lizenzen wie die MIT-Lizenz oder die meisten ‚Creative-Commons-Lizenzen, bei denen das Urheberrecht direkt an die Public Domain übertragen wird, verhindern nicht, dass die daraus hervorgegangenen Werke in proprietärer Weise geschützt werden. Mit der GPL-Lizenz kann nicht nur garantiert werden, dass ein bestimmter Teil der Software dem Zugriff des Menschen zur Weiterentwicklung erhalten bleibt, sondern auch, dass die Software-Commons sich viral ausbreiten können. Die GPL ist eine bemerkenswert erfolgreiche Lizenz und Software-Methodik. So läuft heute ein Großteil der Internet-Architektur unter GNU/Linux, und selbst Googles Android basiert auf einem freien Software-Kernel, wenngleich

Google wichtige Komponenten in seine proprietäre Cloud auslagert.

Freie Software löst bisher unüberwindbare Probleme für diejenigen, die technologische Souveränität sowohl auf individueller als auch auf kollektiver Ebene anstreben. Erstens ermöglicht sie es Programmierer*innen, durch die kollektive Programmierung von Code eine neue Art von sozialer Solidarität zu schaffen, im Gegensatz zur proprietären Softwareentwicklung, welche im Silo eines einzelnen Unternehmens stattfindet. Zweitens werden die Nutzer*innen freier Software von vornherein in die Lage versetzt, selbst Programmierer*innen zu werden, da sie die Möglichkeit haben, das Programmieren zu erlernen und Änderungen am Code vorzunehmen. Drittens ist ›Open Source die einzige Garantie für Sicherheit, da es Expert*innen erlaubt, den Code zu überprüfen. Es fallen keine Lizenzgebühren an und Sicherheitsaktualisierungen sind kostenlos, was viele Cyberangriffe unterbindet. Auch wenn der Code ‚in der Cloud‘, also auf den Computern anderer Personen, gespeichert wird, können Versionen der GPL – wie die Affero GPL – garantieren, dass der Quellcode von Software, die auf den Servern läuft, als Teil der ›Commons verfügbar ist. Die GPL ist eine Voraussetzung für die Dezentralisierung des Internets und fordert die Macht des Informationskapitalismus heraus.

Freie Software ist entscheidend für die Zukunft der sozialen Bewegungen. Eine Rückkehr zu einem vorindustriellen Leben ohne Software und Computer ist nicht möglich. Computer sind eine mathematische Formalisierung einer abstrakten philosophischen Theorie der Kausalität in der materiellen Welt und können daher viele Formen annehmen, von Quanten- bis zu biologischem ‚Computing‘ und in Zukunft hoffentlich auch Formen, die die Ökologie mit einbeziehen. Eine völlige Ablehnung von Computern würde, auf die Spitze getrieben, alle Maschinen ablehnen und die Menschheit auf ewige Schufterei und Provinzialität reduzieren – wohl kaum eine vielversprechende Zukunft. Es ist ebenso naiv,

sich vorzustellen, dass der Kapitalismus sich durch die Verbreitung von Computern schnell in eine sozialistische Utopie ohne Arbeit verwandeln würde. Von der Verbreitung von Indymedia über die gemeinschaftlich betriebene Mobiltelefonie von Rhizomatica in Oaxaca bis hin zum Plan für eine autonome ökologische Infrastruktur für die in Rojava genutzte freie Software, hat sich freie Software jahrzehntelang in aller Stille als Hilfe für soziale Bewegungen erwiesen, indem sie die für die Kämpfe benötigte Software bereitstellte. Im Hinblick auf die Post-Development-Phase ist eine Strategie erforderlich, die sowohl die individuelle als auch die kollektive Freiheit durch die technologische Erweiterung menschlicher Fähigkeiten erhöht. Da diese Fähigkeiten immer mehr von Computern abhängen, ist freie Software eine notwendige Taktik im Kampf, um Software aus den Fängen der Konzerne zu befreien – und den Menschen Macht zu geben.

Anmerkung

1 https://it-talents.de/it-wissen/turingmaschine/ (Anm. d. Übers.)

Weitere Quellen

Gandy, Robin (1995), ‚The confluence of ideas in 1936‘, in Rolf Herken (ed.), *The Universal Turing Machine a Half-Century Survey*. Berlin: Springer.

GNU Operating System, https://www.gnu.org/licenses/. (abgerufen am 3.7.2023)

Levy, Stephen (2001), *Hackers: Heroes of the Computer Revolution*. New York: Penguin Books.

Moglen, Eben (1999), ‚Anarchism Triumphant: Free Software and the Death of Copyright‘, *First Monday*, 4 (8).

Stallman, Richard (2017), ‚What Is Free Software?‘, *The Free Software Foundation*. http://www.gnu.org/philosophy/free-sw.html. (abgerufen am 3.7.2023)

Harry Halpin ist Wissenschaftler am INRIA, dem nationalen französischen *Forschungsinstitut für digitale Wissenschaften* in Paris, und Gastforscher am MIT *Socio-Technical Systems Research Center*. Zuvor arbeitete er für das W3C an Sicherheitsstandards, bevor er wegen der DRM-Problematik (Digital Rights Management) aufhörte. Er ist der Autor von *Social Semantics* und Herausgeber von *Philosophical Engineering: Toward a Philosophy of the Web*.

Übersetzung: Hannelore Zimmermann

III

LAU Kin Chi

FriedensFrauen

 Gewalt, subalterne Marginalisierung, Beziehungsfähigkeit von Frauen, globaler Frieden

Die Initiative ‚1.000 Frauen für den Friedensnobelpreis 2005' wurde 2003 ins Leben gerufen, um das Denken und Handeln einfacher Frauen besser bekannt zu machen. Von der Schweiz aus ging ein Aufruf rund um den Globus, und es wurde ein internationales Komitee von zwanzig Frauen aus allen Kontinenten gebildet. Nach Auswahl und Dokumentation wurden insgesamt 1.000 Frauen aus über 150 Ländern für den Friedensnobelpreis 2005 nominiert.

Die Frauen wurden für das Projekt ausgewählt, ohne jegliche Absicht, ‚das Weibliche' oder irgendeine biologische Polarisierung von Frauen und Männern in den Vordergrund zu stellen. Vielmehr ging es darum, die fürsorglichen Beziehungen der Frauen im Alltag hervorzuheben, ihre Erfahrungen und erlernten Fähigkeiten, die für die Überwindung von Gewalt und die Förderung eines dauerhaften Friedens so wichtig sind. Die historische ›Marginalisierung von Frauen – ebenso wie die von indigenen, bäuerlichen und anderen Gruppen – muss vor dem Hintergrund der komplexen wirtschaftlichen und kulturellen Kräfte gesehen werden, durch die sie in sozialer Abhängigkeit gehalten werden. Zugleich müssen die einzigartigen Initiativen und der Widerstand von Frauen sichtbar gemacht werden. FriedensFrauen fördern in verschiedenen Teilen der Welt den Austausch über alternative Lebensformen und subjektive Wirklichkeiten sowie über neue Vorstellungen von den Möglichkeiten des Kommenden.

Eine der treibenden Kräfte hinter *PeaceWomen Across the Globe* (PWAG – FriedensFrauen rund um den Globus) ist der Wunsch, eine Plattform zu schaffen, auf der sich Frauen gegenseitig ihre Geschichten erzählen können. Es sind Geschichten darüber, wie Frauen einschränkende Bedingungen in Möglichkeiten umwandeln, weil sie Beziehungen jenseits der kapitalistischen Warenproduktion verwirklichen. Die Nominierung von FriedensFrauen für den Friedensnobelpreis 2005 war eine Maßnahme, um Frauen sichtbar zu machen; denn ihre kreativen Bemühungen an der Peripherie werden im Allgemeinen als unbedeutend, lokal und fragmentarisch angesehen. Nach der Logik von Globalisierung und Modernisierung muss alles, was sich widersetzt, zurückgewiesen werden. Das global dominierende politische Zentrum schließt aus, was es nicht kontrollieren kann.

Die Vizepräsidentin des Projekts, Dr. Ruth-Gaby Vermot-Mangold, Mitglied des Schweizer Nationalrats und des Europarats, bemerkte dazu: „Im Januar 2005 überreichten wir dem Nobelpreiskomitee in Oslo ihre Namen in der Überzeugung, dass es 100 Jahre nach Bertha von Suttner, der ersten Frau, die 1905 den Nobelpreis erhielt, an der Zeit ist, mehr Frauen für ihren Einsatz, ihren Mut und ihre Entschlossenheit beim Aufbau des Friedens zu ehren."

Unter den 1.000 Frauen befand sich auch die *Anonyma* – „stellvertretend für all die namenlosen Frauen, deren Arbeit übersehen worden ist, und für die bedrohten Frauen, die Dinge in Bewegung setzen und Veränderungen bewirken, aber namenlos bleiben müssen".

Das Projekt rief in vielen Teilen der Welt großes Interesse und Begeisterung hervor. Das Friedensnobelpreis-Komitee hatte sogar ein spezielles Verfahren für diese Nominierung gebilligt, das eigentlich vertraulich bleiben sollte. In diesem Fall konnte die Vertraulichkeit nicht gewahrt werden, da der eigentliche Sinn des Projekts darin bestand, die Beiträge von 1.000 Frauen sichtbar zu machen, die für Millionen anderer ›marginalisierter Frauen stehen. Obwohl das Projekt bei der Vergabe des Friedensnobelpreises 2005 gegen die *Internationale Atomenergie-Organisation* (IAEO) unterlag, wurde es fortgesetzt und 2006 in PWAG umbenannt. Ein 2.200-seitiges Buch wurde veröffentlicht, und in den folgenden fünf Jahren wurden weltweit über 1.000 Ausstellungen mit den Geschichten der 1.000 Friedensfrauen in verschiedenen Sprachen veranstaltet.

Zwei Schlüsselthemen werden von PWAG verfolgt: erstens die Förderung der UNO-Resolution 1325, um Frauen in die Lage zu versetzen, sich in Friedensprozesse einzubringen; zweitens die Verknüpfung von Frieden, Lebensunterhalt und Ökologie. Zu den durchgeführten Projekten gehören:

- *Friedensdialoge* in Ägypten
- Dutzende von *Runden Tischen für den Frieden* in verschiedenen Kontinenten
- *Interregionales Lernen* von Frauen aus Argentinien, Brasilien und Indonesien zur Bekämpfung von Gewalt
- Ausbildung von Frauen zu *Friedensmediatorinnen*
- Beteiligung an den Kampagnen *#WomenSeriously* und *One Billion Rising* (Eine Milliarde Menschen erheben sich)
- Austausch zwischen Bäuerinnen aus Afrika, Lateinamerika und Asien.

Anlässlich des zehnjährigen Jubiläums von PWAG im Jahr 2015 wurde das Projekt *Sichtbarkeit – Vernetzung – Fachwissen* ins Leben gerufen: *Wiki PeaceWomen*. Es zielt darauf ab, das Wissen und die Fähigkeiten von Millionen von *FriedensFrauen* zu erweitern, die in allen Bereichen der menschlichen Sicherheit, Konfliktlösung, ökologischen Sicherung, Umweltgerechtigkeit, Gesundheit, Bildung, Gesetzgebung und anderen Bereichen arbeiten. Ihr Fachwissen soll auf verschiedenen Ebenen über ihren derzeitigen Einflussbereich hinaus verbreitet werden, angefangen von kommunalen bis hin zu globalen Vereinigungen. Die Kampagne lädt dazu ein, Geschichten einer Million Friedensfrauen aufzuschreiben und zu übersetzen, um weltweit das Bewusstsein über den Beitrag der Frauen zur Bekämpfung von Gewalt zu schärfen.

FriedensFrauen trotzen den Mächtigen, den Gierigen und den Gemeinen; sie setzen sich dafür ein, diese Welt zu einer besseren zu machen. Ihre Geschichten müssen erzählt werden, damit künftige Generationen sie hören und stolz auf

sie sein können. PWAG ist ein globales Projekt der Hoffnung, des Bündnisses der Hoffnung.

Weitere Quellen

1000 Women for the Nobel Peace Prize (2005), *1000 Peace-Women Across the Globe*. Zurich: Scalo.

Chan Shun Hing, Lau Kin Chi, Dai Jinhua and Chung Hsiu Mei (eds) (2007), *Colors of Peace: 108 Stories of Chinese PeaceWomen*. Beijing: Central Compilation and Translation Press.

Lau Kin Chi. (2011), ‚Actions at the Margins', *Signs: Journal of Women in Culture and Society*. 36 (3): 551–60.

PeaceWomen Across the Globe, http://www.1000peacewomen.org. (abgerufen am 30.06.2023)

Wiki PeaceWomen: Visibility,Connectivity, Expertise, Mission, http:// wikipeacewomen.org/wpworg/ (abgerufen am 30.06.2023)

Lau Kin Chi ist außerordentliche Professorin an der Fakultät für Kulturwissenschaften der Lingnan-Universität in Hongkong, China. Sie ist internationales Vorstandsmitglied von *PeaceWomen Across the Globe*, Koordinatorin des Projekts *Wiki PeaceWomen* und Gründungsmitglied der *Global University for Sustainability*.

Übersetzung: Hannelore Zimmermann

Arturo Guerrero Osorio

Gemeinschaftlichkeit

 Kommunalität, Oaxaca, Post-Development, Das Wir, Ursprüngliche Völker

Comunalidad oder Gemeinschaftlichkeit ist ein Neologismus[1,] der eine Art des Seins und Lebens der Bevölkerung in der Sierra Norte von Oaxaca und in anderen Regionen dieses Bundesstaates im Südosten Mexikos bezeichnet. Der Begriff wurde Ende der 1970er Jahre von zwei oaxacakenischen Denkern geprägt: Floriberto Díaz Gómez und Jaime Martínez Luna. Er drückt einen hartnäckigen Widerstand gegen alle Formen der Entwicklung aus, die in das Gebiet gekommen sind, das verschiedene Anpassungen hinnehmen musste, aber auch eine zeitgenössische Lebensform, die das von weit her Kommende aufnimmt, ohne zuzulassen, dass es das Eigene – *lo propio* – zerstört oder auflöst. Die Gemeinschaftlichkeit appelliert an das Beste der

III

Traditionen unserer Völker, das überdauert hat, nämlich die Traditionen traditionell so zu verändern, dass sie weiterhin das sind, was sie sind, trotz des Drucks, sie aufzulösen, an den Rand zu drängen oder in etwas anderes umzuwandeln, das heißt sie zu entwickeln.[2]

Die Gemeinschaftlichkeit ist der sprachliche Ausdruck für das Wir. Sie bezeichnet sein Handeln und nicht sein Sein. Verkörperte Verben wie essen, sprechen, lernen werden kollektiv an einem bestimmten Ort geschaffen. Sie existieren nur in ihrem Vollzug. Das Wir verwirklicht sich in der ‚Spirale der Erfahrung'. In ihr können wir drei Momente unterscheiden.

- Erkennen / Austauschen / Auswerten.

Die Praxis und das Verständnis des Wir sind keine erkenntnistheoretischen, sondern gelebte Aktivitäten. Sie beinhalten „das Erkennen des Bodens", auf dem man geht. „Du erkennst dich selbst mit den Menschen auf diesem Boden. Wir erkennen, was wir tun und was wir erreichen". Das heißt, wir erkennen unsere Möglichkeiten und Grenzen.

Wir erkennen, dass unsere Existenz nur mit den anderen möglich ist, indem wir ein Wir konstruieren und uns dadurch von den anderen unterscheiden. Wir öffnen uns für alle Wesen und Kräfte, denn auch wenn sich das Wir in den Handlungen konkreter Frauen, Männer und Kinder manifestiert, so nimmt doch an derselben Bewegung auch alles Sichtbare und Unsichtbare unter dem und in dem Land teil, nach dem Prinzip der ‚Komplementarität' zwischen allem, was anders ist. Das Gemeinsame ist nicht eine Reihe von Dingen, sondern ein ganzheitlicher Fluss.

Nach der gegenseitigen Anerkennung folgt ein Austausch von Erfahrungen, Werkzeugen und Wissen innerhalb des Wir und/oder mit Anderen. Es ist eine „gegenseitige Gastfreundschaft". Wir beherbergen die Wahrheit der/des Anderen, während die/der Andere die unsere beherbergt. Wir begegnen einander im ‚Teilen' (sharing),[3] das ist *guelaguetza* in der zapotekischen Sprache, ein gemeinschaftliches ästhetisches Prinzip:

in den Schlüsselmomenten des Lebens mit dem/der Anderen zusammen zu sein und die Erfahrung zu teilen. Vergleichbare Entsprechungen der Gemeinschaftlichkeit könnten das *sumak kawsay* der Quechuan und das *lekil kuxlejal* der Tzeltal sein. Alle werden von einer Ethik der ‚Gegenseitigkeit' getragen. Der Austausch setzt sowohl rationale Kritik als auch Vertrauen und Glauben voraus. Dieses Lernen mündet in einer Auswertung der Anerkennung und des Austauschs, die stattgefunden haben. Es schafft in uns ein neues Erkennen mit Blick auf einen neuen Austausch und eine neue Auswertung.

- Wir/Mündlichkeit/Sediment.

Das ‚Wir' wird vor allem im mentalen Raum der ‚Mündlichkeit', des ‚Bildes' neu geschaffen, auch wenn diese heute mit textlichen und kybernetischen Mentalitäten vermengt sind. In der Mündlichkeit wird das Wir auf einem konkreten Boden – *un suelo* – und unter einem konkreten Himmel erzeugt, einem Ort, an dem sich die Körper aller Anwesenden und Verschwundenen befinden, jede*r mit der einzigartigen Erscheinung, die sie gerade im Moment des Erkennens und Austauschs haben. *Guelaguetza* findet auf einem ‚Sediment' aus Leben und Tod statt. Alles, was sich seit der Geburt von Mutter Erde ereignet hat, ist dort abgelagert: Es ist das Bündel von Spuren, auf dem man spricht und zuhört.

- Alltägliches/Erinnerung/Hoffnung.

Die Erfahrung lebt in ihrer Dauer; sie wird nicht durch lineare Zeit gemessen. Für das Wir ist sie eine erweiterte Gegenwart. Im Alltäglichen erinnern wir uns und haben das Sediment als Halt und Auslöser. Dort beherbergen wir unsere Hoffnungen für die Zukunft.

Die Erfahrung des Wir findet am Horizont einer ‚inneren Spirale' statt. In ihr unterscheiden wir zwei Dimensionen: Die ‚Zustimmung' und die ‚Wurzel'. Die Zustimmung ist die Rationalisierung und Verbalisierung der Wurzel. Sie legt die Ordnung des Wir in seinen inneren Beziehungen und mit dem Außen fest. Die Erfahrung sedimentiert sich in der Vereinbarung, und die Vereinbarung bestimmt die Erfahrung. Die Normen legen die Formen des Teilens für das Wir fest und setzen dem Individualismus und dem Neid Grenzen. Aus der Übereinkunft entstehen die gemeinschaftlichen Institutionen der ‚Versammlung', der ‚Ämter' der Verpflichtungen gegenüber der Gemeinschaft und des *tequio,* der kollektiven, unentgeltlichen Arbeit für das Gemeinwohl.

Die Versammlung ist die Form, die durch das Wir hervorgebracht wurde, um einen Konsens zu finden und Vereinbarungen zu treffen. Es ist eher eine ‚Kommunalokratie' als eine Demokratie, die dort zwischen den verschiedenen Menschen, die an dem Wir teilhaben, funktioniert, statt dass gleiche und freie Individuen miteinander konkurrieren. In der Versammlung werden die Autoritäten ‚benannt' – nicht gewählt – ‚Missstände' werden beseitigt, und es wird kollektiv entschieden, welcher gemeinsame Weg beschritten werden soll. Die Autoritäten regieren nicht, sondern erbringen einen ‚Dienst' im Auftrag der Versammlung: Es ist das „Leiten durch Gehorchen" des *Ejército Zapatista de Liberación Nacional* (EZLN – Zapatistische Armee der Nationalen Befreiung). Die mit den Autoritätspositionen verbundenen Pflichten werden wie die Dienste verpflichtend, unentgeltlich und freiwillig verrichtet – obwohl man sie normalerweise meidet; sie sind lästig. Eine Tätigkeit, die von der Autorität eines jeden Wir organisiert wird, ist das *Tequio.*

Die Wurzel ist per definitionem unsichtbar, unerkennbar. Sie ist Ursprung und Lebensbasis. Jaguar und Schlange. Sie ist der gemeinschaftliche Mythos, ihr Verständnishorizont.[4] Wir nehmen die Form der Wurzel wahr, nicht ihren Inhalt, denn jede Gemeinschaft hat ihre eigene, die sich von der anderer unterscheidet – mit vier Richtungen oder Säulen. Das sind die erwähnten Erkennungsmerkmale: der Boden, die Menschen, ihre Anstrengungen und ihre Erfolge. Mit anderen Worten: das Land, die Autorität, die Arbeit und die gemeinschaftliche Feier.

Gleichzeitig kann die Gemeinschaftlichkeit nur in ihrer Beziehung zum nicht-gemeinschaftlichen Außen, also zur Wirtschaftsgesellschaft, verstanden werden. Dies ist die ‚äußere Spirale': Sie beginnt mit einer äußeren ‚Zumutung', die einen inneren ‚Widerstand' auslöst oder auch nicht und sich zu einer ‚Anpassung' entwickelt. Dieses Ergebnis ist *lo propio* – das Eigene – und das Wir.

Anmerkungen

1 Ein Neologismus ist lt. Duden eine „in den allgemeinen Gebrauch übergegangene sprachliche Neuprägung" (Anm. d. Übers.)

2 Ich danke Gustavo Esteva (1936 – 2022, d. Übers.) für die Überarbeitung dieses Textes und seine Unterstützung bei der Einordnung in den Rahmen des Post-Development.

3 Übersetzungshinweis (aus der engl. Ausgabe): Der Autor verwendet einen weiteren Neologismus, *compartencia,* der sich nicht vollständig übersetzen lässt. Hier wurde er mit ‚sharing' (Teilen) übersetzt.

4 Panikkar 1999: S. 45. Homöomorphe Äquivalenzen sind tiefe Entsprechungen zwischen Wörtern und Konzepten, die zu verschiedenen Religionen oder Kulturen gehören; siehe: http://www.raimon-panikkar.org/english/gloss-ho meomorphic.html.

Weitere Quellen

Guerrero Osorio, Arturo (2013), ‚La comunalidad como herramienta: una metáfora espiral', *Cuadernos del Sur.* 34: 39–55, http://pacificosur.ciesas.edu.mx/Images/cds/cds34.pdf (abgerufen am 30.06.2023)

— (2016), ‚La comunalidad como herramienta: una metáfora espiral II', *Bajo el Volcán.* 23: 113–29, http://www.redalyc.org/articulo.oa?id=28643473007 (abgerufen am 30.06.2023)

Martínez Luna, Jaime (2013), *Textos sobre el camino andado.* México: CMPIO/ CAMPO/ CEEESCI/ CSEIIO.

Panikkar, Raimon (1999), *El espíritu de la política.* Barcelona: Península.

Robles Hernández, Sofia and R. Cardoso Jiménez (2007), *Floriberto Díaz. Escrito: comunalidad, energía viva del pensamiento mixe.* México: UNAM.

Arturo Guerrero Osorio wurde 1971 in Mexiko-Stadt geboren. Zwei Jahrzehnte lang hat er mit Intellektuellen und Aktivisten aus Oaxaca an der Idee der Gemeinschaftlichkeit gearbeitet und war an Gemeinschaftsradios im Südosten Mexikos und in Kolumbien beteiligt. Er ist Mitarbeiter der *Universidad de la Tierra* in Oaxaca und der *Fundación Comunalidad* und promoviert derzeit in ländlicher Entwicklung an der *Universidad Autónoma Metropolitana-Xochimilco.*

Übersetzung: Elisabeth Voß

III

J.K. Gibson-Graham

Gemeinschaftsökonomie

(Community Economies)

 Vielfalt, Commoning, ethische Aushandlung, Lebensraum

Der Begriff ‚Gemeinschaftsökonomie' (community economies) bezeichnet einen Raum der Reflexion und des Handelns. Gemeinschaftsökonomien bestehen aus vielfältigen, ethisch ausgehandelten Praktiken, die den Lebensunterhalt von Menschen und Nichtmenschen unterstützen, um blühende Lebensräume zu schaffen. Durch die Gestaltung anderer Welten, hier und jetzt, hinterfragen und umgehen sie die Vorherrschaft des Kapitalismus.

1996 wies die feministische Wirtschaftsgeografin J.K. Gibson-Graham darauf hin, dass in einer Welt, in der die kapitalistische Ökonomie zur einzig möglichen Wirtschaftsweise geworden war, die Art und Weise, wie ‚die Wirtschaft' dargestellt wird, auch unsere Handlungsmöglichkeiten zu ihrer Veränderung einschränkt. Mit dem Niedergang des Staatssozialismus als Gegenentwurf schien es, dass die einzige politische Antwort darin bestand, den Kapitalismus zu kritisieren und Strategien des Widerstands zu verfolgen. Aber was ist mit dem positiven Projekt des Aufbaus einer gerechteren und nachhaltigeren Wirtschaft?

Gibson-Graham wies auf die unglaubliche Vielfalt wirtschaftlicher Tätigkeiten hin, wie zum Beispiel Arbeiten, Geschäftstätigkeiten und Austausch von Gütern und Leistungen, die von den gängigen Wirtschaftstheorien ausgeschlossen oder nur als untergeordnete Praktiken betrachtet wurden, die nicht in der Lage waren, die wirtschaftliche Dynamik ‚anzutreiben'. Während Theoretiker*innen des ›Globalen Südens, Feminist- und Anthropolog*innen nur zu gut wissen, dass die unbezahlte Arbeit von Frauen und Familienmitgliedern, Kleinhändler*innen, indigenen Landpfleger*innen, ›Subsistenzlandwirt*innen und Arbeits- und Produktionskooperativen ‚die

Hälfte des Himmels tragen'. Gibson-Graham argumentierte, dass eine ganze Reihe von Wirtschaftsmodellen von denjenigen, die die Welt verändern wollen, ignoriert wird. Was wäre, wenn diese vielfältigen wirtschaftlichen Aktivitäten zu einer neuen Grundlage für ein kollektives Verständnis und Handeln würden?

Die Sprache einer ‚Gemeinschaftsökonomie' wurde vorgeschlagen, um die Vielfalt der Bemühungen zu beschreiben, die darauf abzielen, ethisch verantwortungsvollere Wege zu finden, um das Überleben – also die Deckung der Grundbedürfnisse – auszuhandeln und den Überschuss zu erwirtschaften und zu verteilen, der das Leben gedeihen lässt. Indem das belastete Konzept ‚Gemeinschaft' zur Qualifizierung des übergeordneten Begriffs ‚Wirtschaft' herangezogen und die Bezeichnung ‚kapitalistisch' als primäres Merkmal entfernt wurde, wollte Gibson-Graham die Tatsache hervorheben, dass trotz sozialer und kultureller Unterschiede das Zusammenleben der Ausgangspunkt ist, von dem aus die Menschen – ‚wir' – beginnen müssen, unser irdisches Zuhause, unseren *Oikos*, zu verhandeln und zu verwalten.

In *Take Back the Economy* fassen Gibson-Graham und Kolleg*innen die Anliegen einer Gemeinschaftsökonomie in der folgenden Sequenz von Fragen zusammen:

– Was brauchen wir wirklich, um sowohl materiell als auch psychisch gesund zu leben? Wie können wir gut überleben?

– Was machen wir mit dem, was übrig bleibt, nachdem wir unsere Überlebensbedürfnisse befriedigt haben? Wie verteilen wir den Überschuss?

– Welche Art von Beziehung haben wir zu den Menschen und der Umwelt, die uns ein gutes Überleben ermöglichen? Wie begegnen wir Anderen, wenn wir versuchen, gut zu überleben?

– Welche Materialien und Energie verbrauchen wir im Prozess des guten Überlebens? Was konsumieren wir?

– Wie können wir die Gaben der Natur und des Intellekts, auf die alle Menschen angewiesen

sind, erhalten, wiederherstellen und erneuern? Wie sorgen wir für unsere Gemeingüter?
– Wie lagern und verwenden wir unsere Überschüsse und Ersparnisse, damit die Menschen und der Planet unterstützt und erhalten werden? Wie gestalten wir Zukünfte?

Solche Fragen leiten viele bestehende Innovationen, praktische Experimente und soziale Bewegungen, die sich darauf konzentrieren, ‚andere Welten‘ möglich zu machen. Denkt zum Beispiel an die Bewegungen rund um Grundeinkommen, ›Transition Towns, Solidarökonomie, ›Buen Vivir, Fairen Handel, nachhaltigen Konsum, Community Land Trusts[1], ethisches Bankwesen und gemeinschaftliche Finanzierung, Kooperativen in Arbeiter*innenhand und Landpflege (land care), um nur einige zu nennen.

Überall gibt es Beispiele dafür, dass Menschen rücksichtsvollere Wege finden, um ihre Bedürfnisse und die Bedürfnisse anderer zu erfüllen, ohne die Umwelt zu zerstören oder künftige Generationen zu missachten. Diese Bewegungen gründen sich in der Regel auf bestimmte ortsbezogene Anliegen von Menschen, Spezies und Landschaften. Aber sie sind auch zu Verbänden zusammengeschlossen, die auf nationaler und globaler Ebene politische Kraft haben. Denkt nur an die vielschichtigen Auswirkungen der Fair-Trade-Bewegung. Hier werden im Rahmen internationaler Regelungen immer wieder neue Standards ausgehandelt, die sicherstellen sollen, dass Menschen und Umwelt nicht durch Warentransaktionen geschädigt werden. Denkt auch an den gemeinsamen Willen internationaler Allianzen, der zu Vereinbarungen über die Regulierung von Fluorchlorkohlenwasserstoffen geführt hat, wodurch unser Gemeingut Atmosphäre vom Ozonloch geheilt wurde. Die Sprache der ‚Gemeinschaft‘ – im Unterschied zur ‚kapitalistischen‘ Wirtschaft – bietet eine ›transformative Neudefinition dessen, was den Kern wirtschaftlicher Logik ausmacht. Sie rückt die tiefgreifende gegenseitige Abhängigkeit der Menschen untereinander und mit anderen, nicht-menschlichen Lebewesen in den Vordergrund, seien es Pflanzen- und Tierarten, Pilz- und Bakteriengemeinschaften oder geologische und klimatologische Erdsysteme.

Kann die Logik der Gemeinschaftsökonomie die Hegemonie des kapitalistischen Wirtschaftsdenkens und -verhaltens verdrängen? Sicherlich ist eine andere Art und Weise, wirtschaftliche ‚Realitäten‘ zu kennen, darzustellen und über sie zu sprechen, eine Voraussetzung für diese Ablösung. Sicherlich bieten gemeinschaftswirtschaftliche Experimente an der Basis Inspiration für das, was als nächstes kommt. Ein wachsendes Netzwerk von Denker*innen und Aktivist*innen ist dabei, die Interaktionen der Gemeinschaftsökonomie zu theoretisieren. Ziel ist es, komplexe anpassungsfähige Systeme zu entwerfen, die nicht vom Kapital, sondern von ethischen Aushandlungen angetrieben werden, die auf die Bedürfnisse der ‚mehr als menschlichen‘ (more than human) Welt abgestimmt sind. Indem wir unsere Kapazitäten teilen, gemeinsam handeln und denken, begeben wir uns auf einen Weg ‚jenseits der Entwicklung‘, wie sie bisher bekannt war.

Anmerkung

1 Community Land Trust (CLT): Weltweite Bewegung von gemeinschaftlichem Eigentum an Land für dauerhaft bezahlbaren Wohnraum und Gemeinschaftsnutzungen: https://www.communitylandtrusts.org.uk (Anm. d. Übers.)

Weitere Quellen

Community Economies Research Network, www.communityeconomies.org (abgerufen am 8.6.2023)

Gibson-Graham J. K. (1996), *The End of Capitalism (As We Knew It): A Feminist Critique of Political Economy*. Oxford: Blackwell. (Datei unter https://langurbansociology.files.wordpress.com/2013/01/gibson-graham-the-end-of-capitalism.pdf abrufbar)

Gibson-Graham, J. K., Jenny Cameron und Stephen Healy (2013), *Take Back the Economy: An Ethical Guide For Transforming Our Communities*. Minneapolis: University of Minnesota Press.

— (2016). Commoning as a Post-Capitalist Politics. In: Ash Amin and Philip Howell (Hg.). *Releasing the Commons*. London and New York: Routledge.

Take Back the Economy: An Ethical Guide for Transforming Our Communities Webseite, http://takebackeconomy.net/ (Webseite nicht mehr aufrufbar. Kopie unter https://web.archive.org/web/20230000000000*/http://takebackeconomy.net dokumentiert), neue Website: https://www.communityeconomies.org.

G

III

J.K. **Gibson-Graham** ist ein gemeinsames Pseudonym von der 2010 verstorbenen Julie Graham und von Katherine Gibson, Forschungsprofessorin am *Institute for Culture and Society* der *Western Sydney University*. J.K. Gibson-Graham war Mitbegründerin des *Community Economies Collective*, das heute ein international wachsendes *Community Economies Research Network* beherbergt.

Übersetzung: Anna Voß

Simone Wörer

Geschenkökonomie

 Matriarchat, Geschenkökonomie, Bedürfnisorientierung, Bemutterung, kapitalistisches Patriarchat

Eine Geschenkökonomie beruht auf dem Prinzip, dass materielle und immaterielle Güter und Dienstleistungen gegeben oder empfangen werden, ohne dass eine unmittelbare oder zukünftige Verpflichtung zur Rückgabe des Geschenks besteht. Dies wäre die gängige Definition des Begriffs. In der Vergangenheit waren die meisten wissenschaftlichen Autoren, die sich mit dem Geschenk und der Geschenkökonomie beschäftigt haben, weiße Männer und patriarchalistisch geprägt (Göttner-Abendroth 2007). Sie haben Frauen als Geschenkgeberinnen ignoriert, die Mutterschaft bestritten und das Grundprinzip des *Gebens* in der Natur verleugnet. Sie haben die Schenkung aufgespalten, um den Eindruck zu erwecken, dass es sich um einen kontrollierbaren und vorhersehbaren verbindlichen Vertrag handelt. Viele dieser Autoren – wie Mauss, Serres oder Bataille – interpretieren die Gabe sogar als gewalttätigen Akt und unterscheiden nicht zwischen der Logik des Gebens und des patriarchalen Tausches. Darüber hinaus sind die meisten dieser Ansätze anthropologisch und konzentrieren sich auf ,primitive' Gesellschaften, ohne zu erkennen, dass eine Kultur des Schenkens und eine Geschenkökonomie im heutigen globalisierten kapitalistischen Patriarchat immer noch existieren.

In den letzten Jahren haben wir eine Renaissance der Theorien über das Geschenk und die Geschenkökonomie erlebt. Zum Beispiel: Das Buch *Sacred Economies* (2011) von Charles Eisenstein und die Pionierarbeit von Genevieve Vaughan versuchen beide zu zeigen, dass es ohne das Geschenk kein menschliches Leben geben würde. Eisenstein beginnt seine Analyse der Geschichte des Geldes mit den Worten „Am Anfang war die Gabe"; und Vaughan setzt ganz am Anfang bei den Kindern einer menschlichen Mutter an und weist auf die entscheidende Bedeutung der bedürfnisorientierten Bemutterung und Fürsorge hin. Aus semiotischem Blickwinkel entwickelt sie das Konzept des *Homo donans*, das den Menschen als schenkendes und beschenktes Wesen darstellt und die mütterlichen Wurzeln der Geschenkökonomie hervorhebt. Wir brauchen nichts desto trotz ein ganzheitliches Verständnis. Ein radikales alternatives Weltbild setzt eine tiefgreifende Analyse des Patriarchats und eine Kritik seiner wirtschaftlichen und technologischen Systeme voraus. Dies würde die Erkenntnisse des Netzwerks *Modern Matriarchal Sciences* (Moderne Matriarchale Wissenschaften) und ökofeministische Einsichten über die Zusammenhänge zwischen Feminismus und Ökologie verknüpfen. Dieses integrierte Verständnis dürfte dazu beitragen, die mütterlichen Wurzeln der Geschenkökonomie und ihrer lebensbejahenden Kultur wiederzuentdecken.

Der Mutterleib ist der ursprüngliche Topos – ein Ort, an dem wir Verbundenheit und direkte Bedürfnisbefriedigung erfahren. Er könnte als Modell der Geschenkökonomie angesehen werden. Aus einem psychologischen Blickwinkel betrachtet, ist die Mutter in diesem ersten Lebensabschnitt für uns die erste Andere, aber wir sind nicht von ihr getrennt. Im Gegenteil, in dieser Phase des Lebens erleben wir die Welt als ein Ganzes. Einmal geboren, nehmen wir dieselbe Welt wahr, aber wir spüren zum ersten Mal eine Distanz, eine Trennung vom ursprünglichen Topos. Der Drang, diese Distanz zu überwinden, ist vielleicht der Beginn von Zärtlichkeit, von Hingabe und der Orientierung am Anderen.

Matriarchale Gesellschaften als mutterzentrierte und schenkungsfreundliche Gemeinschaften und Geschenkökonomien erinnern sich kollektiv an diesen Ursprung. Darüber hinaus erkennen Matriarchate – und indigene Gesellschaften ganz allgemein – *Mutter Erde* als eine gebende und empfangende Instanz an. Das Studium moderner Matriarchatswissenschaften hat gezeigt, dass Matriarchate zutiefst den Prinzipien des Ausgleichs und der Verbundenheit verpflichtet sind. Sie schätzen die Vielfalt zwischen Mensch und Natur, zwischen den Geschlechtern und den Generationen. Da gibt es kein Privateigentum in matriarchalen Geschenkökonomien, und das Wohlergehen aller Mitglieder hat Priorität. Die Produktion basiert auf den Grundsätzen der ›Subsistenz und der Zusammenarbeit, und statt Güter anzuhäufen und zu horten, zirkuliert in Matriarchaten alles als Geschenk. Die Grundelemente einer Geschenkökonomie sind die folgenden:

- Gleichgewicht durch Zirkulation
- Verbundenheit und Ich-Beschränkung
- Bemutterung und Bedürfnisorientierung.

In seinem klassischen Buch *The Gift: Creativity and the Artist in the Modern World* (1983) wies Lewis Hyde darauf hin, dass Hunger aufkommt, wenn die Gabe aufhört, sich zu bewegen und zum ‚Kapital' wird. Hyde ist nicht der einzige Denker, der die Bewegung des Geschenkes als eine Art kreisförmigen, nährenden Fluss beschreibt. Die patriarchale Logik des Austauschs hingegen basiert auf dem Motto *‚do ut des'* – ‚geben, um zurückzubekommen'. Die Forscher*innen der *Kritischen Theorie des Patriarchats*[1] zeigen, dass sich das Patriarchat in seiner kapitalistischen Ausprägung das Geschenk – als die ursprüngliche logische Lebens- und Beziehungspraxis – zu eigen macht und es transformiert. Dabei werden schenkungsorientierte Zusammenhänge innerhalb der Natur und der menschlichen Gemeinschaft brutal in maschinenähnliche Systeme verwandelt, die sich aus austauschbaren und unfruchtbaren Teilen zusammensetzen. Sie funktionieren wie vom Menschen hergestellte Produkte: Waren, Maschinen, Waffen und Geld. Ein kapitalistisches Patriarchat produziert Knappheit, indem es das Leben materiell und immateriell vernichtet. Der Missbrauch des Schenkens im Interesse der ›Akkumulation, des Profits und der Herrschaftsstrukturen führt zu einem Generalverdacht gegenüber bedürfnis- und an anderen orientierten Geschenkpraktiken. Ein kapitalistisches Patriarchat versucht, das Schenken vollständig zu kontrollieren durch unbezahlte Arbeit und Konsumzwang. Eine Ökonomie des Schenkens hingegen würde auf dem bedürfnisorientierten, nährenden Fluss des Geschenks in seiner materiellen und immateriellen Erscheinungsform beruhen und – wie von Werlhof (2011) es nennt – auf einem Prinzip der „Verbundenheit allen Seins".

Anmerkung

1 *Forschungsinstitut für Patriarchatskritik und alternative Zivilisationen*, https://fipaz.at (abgerufen am 08.06.2023)

Weitere Quellen

Eisenstein, Charles (2011), *Sacred Economies*. Toronto: Evolver Editions. (**deutsch:** Die Ökonomie der Verbundenheit, Wie das Geld die Welt an den Abgrund führte – und sie dennoch jetzt retten kann. Berlin: Scorpio Verlag, 2013)

Genevieve Vaughan and International Feminists for a Gift Economy, www.gift-economy.com (abgerufen am 22.05.2023)

Göttner-Abendroth, Heide (2007), Matriarchal Society and the Gift Paradigm: Motherliness as an Ethical Principle. In: Genevieve Vaughan (ed.), *Women and the Gift Economy: A Radically Different Worldview Is Possible*. Toronto: Inanna.

Hyde, Lewis (1983), *The Gift: Creativity and the Artist in the Modern World*. New York: Random House. (**deutsch:** Die Gabe. Wie Kreativität die Welt bereichert Frankfurt am Main: S. Fischer Verlag, 2009).

Werlhof, Claudia von (2011), *The Failure of Modern Civilization and the Struggle for a ‚Deep' Alternative: On ‚Critical Theory of Patriarchy' as a New Paradigm*. Frankfurt am Main: Peter Lang.

Simone Wörer, PhD, MEd, MPS, hat ihre Dissertation *Die Krise der Gabe* in Politikwissenschaft an der Universität Innsbruck bei Claudia von Werlhof abgeschlossen. Sie ist unabhängige Forscherin, Autorin von *Politik und Kultur der Gabe: Annäherung aus patriarchatskritischer Sicht* (2012) und Mitglied der *Planetarischen Bewegung für Mutter Erde* und des *Forschungsinstituts für Patriarchatskritik und alternative Zivilisationen* (FIPAZ), Österreich.

Übersetzung: Hannelore Zimmermann

III

Vasudha Narayanan

Hinduismus und soziale Transformation

 Umwelt, Indien, Religion, Transformation

Der Hinduismus ist die vorherrschende Religion in Indien und zugleich eine globale religiöse Tradition. Unter den vielen Traditionen und Gruppen, die unter dem Begriff *Hinduismus* zusammengefasst oder *Hindu* genannt werden, gibt es eine beträchtliche Vielfalt, und sie können sich auf eine Fülle von Texten und Autoritäten berufen. In diesem Beitrag wird der Begriff rückblickend für die vielen Glaubensrichtungen, Praktiken und Gemeinschaften verwendet, die sich auf die Sanskrit-Texte beziehen, einschließlich, aber nicht beschränkt auf die *Veden*, die *Epen*, die *Puranas*, die *Dharma-Shastras* und die vielen volkstümlichen Traditionen auf dem indischen Subkontinent sowie in vielen anderen Teilen der Welt.

Drei konzeptionelle Rahmen liegen diesem Aufsatz zugrunde. Der erste ist der Begriff des *Karma* (Handlung), der sich jedoch im erweiterten Sinne auf die Konsequenzen guter und schlechter Taten bezieht, die sich auf die Qualität des gegenwärtigen und zukünftiger Lebens auswirken – eine Idee, die vom Jainismus, Buddhismus, Sikhismus und anderen südasiatischen Traditionen geteilt wird. Die meisten Hindus würden dies als ein komplexes Konzept verstehen und nicht als eines, das direkt für Leiden und Ungerechtigkeiten im Leben verantwortlich ist.

Dies führt uns zu einer zweiten Gruppe an Ideen, die mit der Idee des *Dharma* (Rechtschaffenheit, Pflicht, Gesetz) verbunden sind. Es gibt Hunderte von Passagen in den Sanskrit- und volkstümlichen Texten über die Bedeutung von Gerechtigkeit, sozialem Wohlergehen – und die Bedeutung des Glücks für alle anderen Lebewesen. Außerdem gibt es etliche Ermahnungen, die Reinheit und Unversehrtheit von Wäldern,

Seen, Flüssen und der Natur insgesamt zu erhalten. Bei den Texten handelt es sich nicht um bloße ‚Informationen‘, vielmehr fordern sie den Menschen auf, so zu handeln, dass Glück und Wohlstand in dieser Welt vermehrt werden. Es werden zum Beispiel spezifische Anweisungen an Machthabende gegeben, in Rechtschaffenheit zu handeln, und an die Menschen, ihr *Dharma* zu erfüllen, das von verschiedenen Faktoren wie Kaste und Position abhängen kann. Vor den spezifischen Pflichten, die einem aufgrund des eigenen Platzes im Leben auferlegt sind, stehen Ausführungen über *samanya* (allgemein, universell) oder *sanatana* (beständig, ewig) *Dharma* oder Tugenden, die allen Menschen gemeinsam sein sollten. Dazu gehören Mitgefühl, Gewaltlosigkeit, Großzügigkeit, Geduld, Dankbarkeit und so weiter. Neuere soziale Bewegungen, die sich auf die religiösen Traditionen des Hinduismus stützen, berufen sich auf diese Tugenden, um soziales Handeln zu rechtfertigen.

Das dritte Bündel von Ideen und Praktiken ist mit der Idee von *Bhakti* oder Hingabe verbunden. Hingabe an die Gottheit, die in vielen Formen konzeptualisiert wird, und/oder die Verpflichtung gegenüber den religiös Lehrenden und anderen Anhängern der Gottheit hat in einigen Fällen dazu beigetragen, Ungerechtigkeiten in Verbindung mit dem hierarchischen Kastensystem zu korrigieren und soziale Probleme zu lindern. Beispielsweise hat die Betonung, dass die *Bhakti* eines Menschen wichtiger ist als die Umstände seiner Geburt, zu der zeitweise vorherrschenden Vorstellung geführt, dass Hingabe und Frömmigkeit ein anderes hierarchisches System schaffen sollten, welches auf Glauben und Tugend und nicht auf Geburt oder (Berufs-)Tätigkeiten beruht. Dichter wie Nammalvar bekundeten, dass er jedem Verehrer der Gottheit Vishnu dienen würde, unabhängig von der jeweiligen Kaste. Mehrere religiöse Gemeinschaften oder Anführer wie Vivekananda (1863-1902) vertraten ebenfalls die Auffassung, dass der Dienst am Menschen ein Dienst an Gott ist, ‚*maanavasevemadhavanseva*‘ oder ‚*bhagavatasevabhagavatseva*‘.

Es gibt buchstäblich Tausende von Initiativen zur sozialen Umgestaltung, die auf hinduistische Wurzeln zurückgehen. Ein Blick auf den großen Tirumala-Tirupati-Tempel, die Ramakrishna-Mission und die vielen Organisationen, die sie hervorgebracht oder inspiriert hat, die Swaminarayan-Gemeinschaft, die Werke von Ma Amritanandamayi, das weltweite Netzwerk von Aktivitäten, die von Sathya Sai Baba inspiriert wurden, und viele andere geben uns eine Vorstellung von der Bandbreite der Initiativen und Unternehmungen, die es gibt, um Fragen der sozialen Ungerechtigkeit, der ökologischen Nichtnachhaltigkeit und der wirtschaftlichen Ausbeutung anzugehen. Ein Beispiel dafür sind die *Jankalyan*-Programme (menschliches Wohlergehen oder Glück), die sich auf die Bereitstellung medizinischer Einrichtungen konzentrieren, welche von einfachen Nachbarschaftskliniken bis hin zu hochentwickelten ‚Superspezialkliniken‘ reichen, sowie auf Bildungsmöglichkeiten für Menschen, die aufgrund ihrer Herkunft/Kaste, ihrer geografischen Lage oder finanzieller Beschränkungen keinen Zugang haben.

Auch der *Tirumala-Tirupati Devasthanam* – eine der reichsten religiösen Einrichtungen der Welt – befasst sich mit Umweltproblemen. Im Rahmen des *Haritha-Projekts* (Project Green) werden Aktivitäten wie das Pflanzen von Bäumen, die Organisation von Bildungsseminaren zum Thema Naturschutz und Artenvielfalt, die Verhinderung der Abholzung von Wäldern und der Schutz von Gewässern vor weiterer Verschmutzung gefördert. Mehrere religiöse Führer haben auch aktiv mit der öffentlichen Gemeinschaft zusammengearbeitet und das Bewusstsein für sehr wichtige Projekte geschärft, beispielsweise der Reinigung großer Flüsse wie des Ganges und des Yamuna oder des Pflanzens von Bäumen in den Bergen, um Erosion zu verhindern.

Hindus stehen bei ihren Bemühungen um soziale Gerechtigkeit, die Wahrung der Menschenrechte und die Beseitigung der Umweltzerstörung vor zahlreichen Herausforderungen. In einigen Fällen ist die Religion selbst ein Hindernis bei diesen Anstrengungen. Diejenigen, die den Fluss Ganges als Mittel zur Reinigung betrachten, glauben nicht, dass der Fluss selbst gereinigt werden muss. Hindus sind jedoch nicht nur Verursacher, sondern auch Zielscheibe von Aktivitäten, die auf Intoleranz beruhen. Das extreme Festhalten an religiösen Überzeugungen und die aggressiven Bekehrungsversuche vieler Religionen in Indien verstoßen oft gegen die Menschenrechte. Die Intoleranz gegenüber dem Verzehr von Fleischprodukten, die Intoleranz gegenüber anderen Religionen, religiöse Rachefeldzüge, die in vielen religiösen Traditionen des Subkontinents anhaltende Gewalt gegen die Kasten, insbesondere gegen die Dalits, und die Unterdrückung von Frauen stehen im Widerspruch zu den grundlegenden Tugenden der Gewaltlosigkeit und Großzügigkeit, die integraler Bestandteil des *sanatana-dharma* sind.

Das vedische Gebot *sarvebhavantusukhinah* („Mögen alle Menschen glücklich sein") ist seit vielen Jahrtausenden ein hehres, aber schwer fassbares Ziel, das jedoch für Einzelpersonen und Institutionen in den hinduistischen Traditionen sicherlich eine Leitlinie darstellt.

Weitere Quellen

Alley, Kelly D. (2002), *On the Banks of the Ganga: When Wastewater Meets a Sacred River*. Ann Arbor: University of Michigan Press.

Davis, Don (2010), *The Spirit of Hindu Law*. Cambridge and New York: Cambridge University Press.

Kane, Panduranga Vamana (1968–1974), *History of Dharmasâstra (Ancient and Mediaeval Religious and Civil Law)*, five volumes. Poona, India: Bhandarkar Oriental Research Institute.

Narayanan, Vasudha (1997), ‘“One Tree Is Equal to Ten Sons“: Some Hindu Responses to the Problems of Ecology, Population and Consumption‘, *Journal of the American Academy of Religion*. 65 (2) (June): 291–332.

Nelson, Lance E. (1998), *Purifying the Earthly Body of God: Religion and Ecology in Hindu India*. Albany, NY: State University of New York Press.

Sanford, A. Whitney (2012), *Growing Stories from India: Religion and the Fate of Agriculture*. Lexington, KY: University Press of Kentucky.

Tirumala Tirupati Devasthanams, http://www.tirumala.org/SAHarithaProject.aspx. (abgerufen am 5.7.2023)

III

Vasudha Narayanan ist außerordentliche Professorin am Fachbereich Religion und Direktorin des *Center for the Study of Hindu Traditions* (CHiTra – Zentrums für das Studium hinduistischer Traditionen) an der Universität von Florida, USA. Sie studierte an den Universitäten von Madras und Bombay in Indien und an der *Harvard University* in den USA. Sie ist ehemalige Präsidentin der *American Academy of Religion* und der *Gesellschaft für Hindu-Christliche Studien*.

Übersetzung: Karin Polit

Yuxin Hou

Hurai („all die besten Dinge')

indigenes Wohlbefinden, Naturalismus, Schamanismus, kulturelle Neubelebung

Hurai („all die besten Dinge") steht für die Logik der ›Transformation von der Natur zu den Tieren und dann zu den Menschen, in Übereinstimmung mit der ›Kosmovision des chinesischen Volkes der *Tuva*. Es untermauert den Glauben, dass der Mensch in der Lage ist, kontinuierlich *Hurai* und Segnung von der Natur zu empfangen (Hou 2014). Dieser Begriff ist eng mit dem indigenen Wohlbefinden und den Traditionen des ›Naturalismus und Schamanismus verbunden, die sich um die nachhaltige Interaktion zwischen den *Tuva* in China, den Tieren, der Natur und den Göttern drehen.

Die *Tuva* sind ein altes Nomadenvolk, das sich von der Jagd und dem Sammeln von Pflanzen ernährt, dessen Abstammung bis in die Tang-Dynastie (6. bis 9. Jhrh.) zurückverfolgt werden kann. Heute sind die *Tuva* von Xinjiang in China, die Äußere Mongolei bis Russland verstreut. Das chinesische *Tuva*-Volk lebt hauptsächlich in den drei Dörfern Kanas, Hemu und Baihaba und zählt insgesamt etwa 2.500 Menschen (Hou 2013). Im Laufe des Nomaden- und Jägerlebens setzte sich *Hurai* – ein uraltes Konzept – im täglichen Leben der *Tuva* in China durch, das im weitesten Sinne *die Segnung von Menschen, Tieren und anderen Elementen der Natur durch die Götter* bedeutet und in einem kulturellen Kontext von Schamanismus und ›Naturalismus steht.

So ist zum Beispiel der in Hochgebirgsregionen vorkommende Pilz *Ophiocordyceps sinensis* von hohem wirtschaftlichem und medizinischem Wert, er wurde aber von den *Tuva* in China nur selten ausgegraben, weil sie ihn für den Beschützer der Wiesen und für eine der Quellen halten, die *Hurai* für die *Tuva* in China hervorbringen. Der enorme wirtschaftliche Wert hat jedoch immer mehr Fremde dazu veranlasst, ihn heimlich und unkontrolliert auszugraben, was zu ökologischen Schäden geführt hat. Um dieses Problem in den Griff zu bekommen, haben die Verantwortlichen der *Tuva*-Gemeinschaft in China spontan ein Ranger-Team zusammengestellt. Das Konzept der *Hurai* kommt aber auch in vielen anderen Lebensbereichen zum Tragen.

Obwohl Modernisierung, Sesshaftwerdung und Tourismus enorme Auswirkungen auf die traditionellen Lebensgrundlagen und Kulturen haben, spielt *Hurai* heute eine wichtige Rolle bei der kulturellen Wiederbelebung und bei den strategischen Möglichkeiten, sich der modernen Entwicklung entgegenzustellen. In der indigenen Welt des *Tuva*-Volkes in China gibt es kein Konzept, das der linearen Vorstellung von *Entwicklung* entspricht. *Hurai* ist ein ganzheitliches Konzept, das Merkmale wie gutes Leben, Gesundheit, Nachhaltigkeit, Liebe, Heiligkeit und so weiter umfasst. Es ist ein ›anti-anthropozentrisches Konzept, das die Natur, die Tiere und die Götter über den Menschen stellt; das spiegelt sich in einer Auffassung von Wohlergehen wider, die davon ausgeht, dass nur, wenn die Natur, die Tiere und die Götter sich glücklich fühlen, auch die Menschen in der Lage sind, auf natürliche Weise Glück zu erfahren. Um *Hurai* zu erlangen, müssen sich die Menschen nicht nur in Ritualen, sondern auch im Alltag für das Wohlbefinden in ihrer Gesamtheit einsetzen.

Die Anführer der *Tuva*-Gemeinschaften bringen den jungen Menschen durch die tägliche Lebenspraxis und durch Zeremonien oder Feste bei, sich voll und ganz auf die Naturverehrung und den Schamanismus einzulassen, und zwar in einer Weise, die im Kontrast zur traditionellen Schulbildung steht. Durch eine Reihe von Praktiken lernen sie die enge Beziehung zwischen Menschen und Natur erkennen und wahrzunehmen. Auf diese Weise werden *natürliche Beziehungen* zwischen Menschen und Natur, den Tieren und spirituellen Wesen hergestellt. Die ökologische Einstellung des *Tuva*-Volkes in China spiegelt sich in seinen Tabus wider: Kinder werden dazu erzogen, sich an die Regeln der Natur zu halten, ohne Tabus zu verletzen; sie lernen, Pflanzen und Tieren nicht zu schaden und in Harmonie mit ihrem eigenen Wohlbefinden und Glück zu leben. Einige Beispiele wären: der Glaube, dass Pockennarben im Gesicht entstehen, wenn Vogeleier zerbrochen wurden; oder dass Menschen an Tick-Störungen leiden, wenn ein lebender Baum gefällt wird. Bei der Gewinnung natürlicher Ressourcen halten sich die *Tuva* in China strikt an Tabus wie etwa, dass sie nicht ausdehnend oder tief in der Erde graben dürfen. Darüber hinaus bedienen sich die *Tuva* in China einer Vielzahl von jährlichen Zeremonien und Ritualen, um der Jugend beizubringen, wie man mit der Beziehung zwischen Menschen und Natur umgeht.

Unter dem Einfluss der modernen Entwicklung hat das *Hurai*-Konzept einen strategischen Wandel von einem traditionellen indigenen Konzept zu einem Ansatz erfahren, der nicht nur dazu dient, die täglichen Aktivitäten zu lenken, sondern auch die traditionelle Kultur wiederzubeleben und der Modernisierung zu widerstehen. Dieser Wandel ist nützlich, um die *Tuva*-Völker in China zu vereinen und die natürlichen Verbindungen zwischen Menschen und Natur, den Tieren und Göttern wiederzubeleben. Bei der Zeremonie des *Knochenbrechens* sorgt das magische und oft wiederholte Wort *Hurai*, begleitet von Tanz und Gesang, für kollektiven Jubel und trägt dazu

bei, die alte Hierarchie und Struktur zwischen Menschen und Natur wiederzubeleben. Die Zeremonie des *Knochenbrechens* unterstreicht die Bedeutung des Segens und – durch den Verzehr von Knochenmark – des Empfangens und Erlebens von Wohlbefinden (Hou 2016). Wie andere Rituale oder Zeremonien in der chinesischen *Tuva*-Gesellschaft spielt auch die Zeremonie des *Knochenbrechens* eine Rolle bei der Wiederbelebung der Bedeutung des alten Konzepts des *Hurai*. In der Realität hilft das *Hurai*-Konzept dem *Tuva*-Volk in China, sich den Bedrohungen durch äußere Herausforderungen, die Moderne sowie die sozialen und kulturellen Schwierigkeiten der chinesischen *Tuva*-Gesellschaft zu stellen. Die Bemühungen und Strategien der Ältesten der *Tuva*-Gemeinschaften in China lassen auf den Fortbestand der alten *Hurai*-Konzepte hoffen, die durch die Bewegung der kulturellen Wiederbelebung in der chinesischen *Tuva*-Gesellschaft gestärkt werden.

Weitere Quellen

Hou, Yuxin (2013), Saving Our Identity: An Uphill Battle for the Tuva of China, *Cultural Survival Quarterly*. 37 (4): 24–25.

— (2014), The Analysis of Current Situation of Tuva people in China, *The New Research of Tuva*. 1: 96–103.

— (2016), Ritual and Cultural Revival at Tuvan Sacred Natural Sites Supports Indigenous Governance and Conservation of Nature in China. In: Bas Verschuuren and Naoya Furuta (eds), *Asian Sacred Natural Sites: Philosophy and Practice in Protected Areas and Conservation*. New York: Routledge.

Friends of Tuva (FoT), http://www.fotuva.org/index.html (abgerufen am 08.06.2023).

Tuva Asia, The New Research of Tuva, http://en.tuva.asia/ (abgerufen am 08.06.2023).

Yuxinhou, http://www.yuxinhou.com/ (abgerufen am 08.06.2023).

Yuxin Hou ist Gastwissenschaftler am *Graduate Center* der *City University of New York* und außerdem Forschungsstipendiat am *Institute for Philanthropy* der *Qinghua Universität in Peking*. Er promovierte 2012 in Anthropologie an der Peking Universität – seine Forschung wurde von der *Ford Stiftung* finanziert.

Übersetzung: Hannelore Zimmermann

Mabrouka M'Barek

Ibadismus

 Islam, Ibadismus, Askese, Ermächtigung der Gemeinschaft, Polygamie

Viele Alternativen schöpfen ihre Inspiration aus dem spirituellen Bereich oder aus Weltanschauungen wie *Sumakkawsay* oder ›*Ubuntu*. Kann der Islam auch eine Inspirationsquelle für den Aufbau von Alternativen zu ›Neoliberalismus, Neokolonialismus und den räuberischen Beziehungen zur Natur sein? Es gab bereits zahlreiche Diskussionen darüber, wofür der Islam in Bezug auf die Wirtschaft und die Beziehung des Menschen zur Natur steht. Der Koran und die *Hadithe*[1] haben eine Vielzahl von Interpretationen erfahren, erwiesen sich jedoch als unzureichend, wenn es um eine klare Antwort auf die heutigen Herausforderungen geht.

In der Tat ist die Suche nach einer komplexeren und flexibleren Auslegung oft ein Versuch, sich einer kapitalistischen Lebensweise anzupassen. So ist das als Alternative dargestellte islamische Finanzwesen lediglich ein Mechanismus, der ein neues Vokabular erfindet, um den Geboten des Islam gerecht zu werden und gleichzeitig den ›Neoliberalismus zu unterstützen. Politische Akteure, wie die islamistischen Parteien in der Türkei oder in Tunesien, behaupten oft, dass der Prophet ein Kaufmann und somit ein Kapitalist war, aber diese nicht gerechtfertigte Verbindung ist ein Vorwand, um den islamistischen Gehorsam gegenüber dem *Internationalen Währungsfonds* zu rechtfertigen. Schlimmer noch, die Golfstaaten sind ein derartiges Beispiel für Verschwendung und Materialismus, dass es schwer fällt zu glauben, dass der Islam den heutigen Herausforderungen gerecht werden kann.

Um ein alternatives Modell zur kapitalistischen Gesellschaft zu finden, müssen wir jenseits der Petro-Monarchien suchen, insbesondere jenseits der Kluft zwischen Sunniten und Schiiten, und einen Blick auf den Ibadismus

werfen, einer wenig bekannten Schule innerhalb des Islam. Dieser Beitrag will diese Ideologie historisch einordnen und ihre Hauptmerkmale beschreiben: *eine gemeinschaftsorientierte Führungsform, Askese als Lebensweise und kultureller Pluralismus.*

Die Ibaditen sind Anhänger*innen von Abdullah ibn-Ibad al-Tamini und bilden die älteste Denkschule innerhalb des Islams, die der Spaltung zwischen Sunniten und Schiiten vorausging. Der Ibadismus entstand nach dem Tod des Propheten, weil seine Anhänger glaubten, dass der oberste religiöse Führer weder vom Blut des Propheten abstammen noch einer bestimmten Ethnie angehören müsse. Der Ibadismus ist die vorherrschende Religion in Oman und hat sich auch in Libyen, Algerien, Sansibar und auf der Insel Djerba in Tunesien verbreitet. Der tunesische Anthropologe Walid Ben Omrane hat festgestellt, dass die Architektur der ibaditischen Städte auf die Beziehung der Gemeinschaft zur Vorstellung von Macht hinweist. Im Gegensatz zur traditionellen islamischen Architektur, in der die Moschee das Zentrum der Macht darstellt, befindet sie sich hier an der Peripherie. Darüber hinaus sind die ibaditischen Moscheen kleiner und bescheidener.

Die Ibaditen folgen den egalitären Familienstrukturen der Berber, in denen Männer und Frauen eine ähnliche wirtschaftliche Rolle spielen. Wie Walid Ben Omrane (persönliche Mitteilung, 10. Oktober 2017) feststellt:

Die Berber übernahmen den Kairouan-Ehevertrag, der polygame Beziehungen für Männer ausschließt. Außerdem haben ibaditische Frauen das Recht, ihren Mann zu verstoßen, wenn er während seiner Reise als Händler kein Lebenszeichen von sich gibt – und zwar nach zwei Jahren. Polygamie gedieh in Krieger-, Stammes- und Nomadengesellschaften. Die Ibaditen waren jedoch meist Gemeinschaften des sozialen Friedens, um das Gedeihen ihres Handels sicherzustellen – Gemeinschaften, die sich auf die traditionelle Familie und sesshafte Gesellschaften stützten.

Ein ibaditischer Imam ist nach wie vor der Repräsentant der Gemeinschaft, doch wird er unter den ‚verdienstvollsten' Personen ausgewählt, was bedeutet, dass die gewählte Person keinen persönlichen Ehrgeiz an den Tag legen soll, bescheiden sein und sich in den Dienst seines Volkes stellen muss. Die politische Struktur der Ibaditen bleibt weiterhin patriarchal, da der Imam aus den Reihen der Männer gewählt wird. Trotzdem, er entscheidet im Konsens mit der Gemeinschaft, und sollte er autokratisch werden, wird er abgesetzt, noch bevor seine Amtszeit endet.

Neben der Einfachheit und Bescheidenheit ihrer Architektur beruht der Lebensstil der Ibaditen auf den Grundsätzen der Schlichtheit, der Bescheidenheit und der Ablehnung von allem, was prahlerisch ist. Unabhängigkeit wird erreicht, indem die Bedürfnisse eingeschränkt und die Angebote der Natur rationiert werden. Diese Lebensphilosophie lehnte sich an die ersten Kalifen des Islams an, stand aber in krassem Gegensatz zu dem Luxus, den die Kalifen seit der *Umayyaden*-Dynastie pflegten. Dieser einfache Lebensstil hat auch heute noch Bestand. Die Ungleichheit zwischen dem Repräsentanten der Gemeinschaft und dem Volk gilt als Indikator dafür, dass die Regierungsform zum Modell eines Königs und seiner Untertanen abrutscht.

Als Gläubige eines Islams, der sich gegen Tyrannei und Herrschaft wendet, feiern die Ibaditen ethnische Pluralität und interreligiösen Dialog. Da sie glauben, dass alle, die es verdienen, zum Imam gewählt werden können, ist die Berberbevölkerung Nordafrikas gegenüber dieser egalitären Schule des Islam aufgeschlossener und unterstützt sie. Auf der Insel Djerba in Tunesien zum Beispiel schätzen die Ibaditen ihre Amazigh- oder Berberherkunft ebenso wie ihre afrikanische Identität. Aufgrund ihrer religiösen Toleranz und ihrer Verteidigung sowohl der ethnischen Pluralität als auch der gemeinschaftlichen Autonomie sind sie gegenüber dem globalen Kapitalismus gewappnet. Der Ibadismus wird heute als eine Chance für den Frieden in einem Nahen Osten angesehen, der von ethnischen Spaltungen und dem Fluch des Öls zerrissen ist.

Die Ibaditen widersetzen sich der Zentralmacht, indem sie ihre Gemeinschaften an den Rändern der Macht organisieren. Der Ibadismus verdankt sein Überleben zweifelsohne seiner Strategie der Unauffälligkeit oder *el kitman*. In Tunesien haben sich die Ibaditen jedoch während des Kampfes zwischen den Youssefisten und den Bourguibisten nach der Unabhängigkeit und in jüngerer Zeit während der *Revolution der Würde* 2010-11 voll im öffentlichen Raum engagiert. Im Jahr 2012 organisierte die ibadische Gemeinde Guellala auf der Insel Djerba erfolgreich eine Widerstandsbewegung gegen die staatlichen Behörden, welche eine Mülldeponie weiter betreiben wollten, die überbelastet war und eine Gefahr für die knappen Wasserquellen darstellte.

Wie die Ibaditen von Djerba zeigen, geht es bei der Strategie von *el kitman* darum, den lokalen Raum zu besetzen, eine vom Staat unabhängige Gemeinschaft zu organisieren und, wenn der Staat sich einmischt, ihm zu widerstehen. Während der Diktatur von Zine al Abedine Ben Ali, die von 1989 bis 2011 andauerte, wurden sie für ihr Schweigen kritisiert, den Ibaditen gelingt es jedoch, Widerstand mit einem Netzwerk vielfältiger gemeinschaftsbasierter Formen einer belastbären Selbstverwaltung zu leisten.

Anmerkungen

1 Überlieferungen der Aussprüche und Handlungen des islamischen Propheten Mohammed sowie der Aussprüche und Handlungen Dritter, die dieser stillschweigend gebilligt haben soll. (Anm. d. Übers.)

Weitere Quellen

Aillet, Cyril (2012), ‚L'ibâdisme, uneminorité au cœur de l'islam', *Revue du monde musulmanet de la Méditerranée*. 132: 13–26, Aix-en-Provence, France: Presses Universitaires de Provence, https://journals.openedition.org/remmm/7752. (abgerufen am 6.7.2023)

Baptiste, Enki (2016), ‚Aux marges du califat, pouvoirs et doctrines dissidentes: retour sur le développement de l'ibadisme', *Les Clefs du Moyen Orient*. http://www.lesclesdumoyenorient.com/Aux-marges-du-califat-pouvoirs-etdoctrines-dissidentes-retour-sur-le-2260.html. (abgerufen am 6.7.2023)

III

Ben Omrane, Walid (2012, March), ‚La Communauté Amazighophone de Jerba et les Révolutions au Maghreb', paper presented at the Center for Maghreb Studies in Tunis, Tunisia.
— (2018), Maghrib in Past and Present: podcast episode 39, https://www.themaghribpodcast.com/2018/06/blog-post.html. (abgerufen am 6.7.2023)

Mabrouka M'Barek war von 2011 bis 2014 gewähltes Mitglied der *Verfassungsgebenden Nationalversammlung* Tunesiens und ist derzeit Mitglied der *Global Working Group Beyond Development* (Globale Arbeitsgruppe über Entwicklung hinaus) der *Rosa Luxemburg Stiftung* in Brüssel.

Übersetzung: Hannelore Zimmermann

Grazia Borrini-Feyerabend /
M. Taghi Farvar

ICCAs – Territorien des Lebens

 Territorium, Leben, Governance, indigene Völker, lokale Gemeinschaften, Gemeingüter

Zu allen Zeiten und in allen Kulturen der Welt gibt es ein Phänomen, das so stark und so natürlich ist, dass es fast unsichtbar ist. Dies ist die – einzigartige, zutiefst reiche, zuweilen intuitive – Verbindung, die ein bestimmtes Volk oder eine bestimmte Gemeinschaft mit dem eigenen Territorium verbindet: dem Land, dem Wasser und den natürlichen Ressourcen, auf und von denen es/sie lebt. Auf der ganzen Welt werden viele verschiedene Begriffe verwendet, um diese besondere Bindung zu beschreiben: *wilayahadat, himas, agdale, territorios de vida, territorios del buenvivir, tagal, qoroq-e bumi, yerliqorukh, faritraifempivelomana, ancestral domains, country – Heimat, community conserved area, sacred natural site, locally managed marine area* und viele andere – sie stehen für einzigartige Bedeutungen für einzigartige Völker und Gemeinschaften. In diesem zweiten Jahrtausend wurde dieses Phänomen als ein wesentliches Merkmal der Menschheit hervorgehoben und mit dem *lingua franca*[1] Namen ICCAs – Territorien des Lebens – versehen, der sprach- und kulturübergreifend verwendet werden kann.

Kurz gesagt sind ICCAs „Territorien und Gebiete, die von indigenen Völkern und lokalen Gemeinschaften bewahrt werden" – jene einzigartigen Naturräume, in denen eine starke Verbindung zwischen Gemeinschaft und Territorium mit einer effektiven lokalen ›Governance und dem Schutz der Natur einhergeht (Borrini-Feyerabend et al. 2010; Kothari et al. 2012). ICCAs beinhalten daher – sollten diesen aber niemals verdrängen – einen Reichtum an lokalen Begriffen, der einen Wert an sich darstellt. Zweifelslos ist die Beziehung, die indigene Völker und traditionelle Gemeinschaften mit ihrem Territorium verbindet, reicher, als sich in Worten ausdrücken lässt. Sie ist ein Band von Lebensgrundlage, Energie und Gesundheit und eine Quelle von Identität, Kultur, Autonomie und Freiheit. Sie verbindet die Generationen, bewahrt Erinnerungen und Praktiken aus der Vergangenheit und verbindet diese mit der erhofften Zukunft. Sie ist die Grundlage, auf der Gemeinschaften lernen, Werte festlegen und Selbstverwaltung entwickeln. Für viele verbindet ‚Territorium' sichtbare und unsichtbare Realitäten, materiellen und geistigen Reichtum. Mit dem Territorium und der Natur gehen Leben, Würde und die Selbstbestimmung als Völker einher.

Das Vorhandensein eines ‚ICCA – Territorium des Lebens' setzt eine ‚lokale ›Governance-Institution' voraus – einen Ältestenrat, eine Dorfversammlung, geistliche Autorität, tief verwurzelte kulturelle Normen. Sie entwickelt und gewährleistet die Einhaltung der Regeln für den Zugang zu und die Nutzung von natürlichen Gemeingütern, was sich sowohl für die Natur als auch für die Menschen positiv auswirkt. Der Begriff beschreibt also das Vorhandensein von drei Merkmalen:

- eine *starke und tiefe Bindung* zwischen einem indigenen Volk oder einer lokalen Gemeinschaft und einem Gebiet oder einer Gegend
- das betreffende Volk oder die betreffende Gemeinschaft *trifft und setzt Entscheidungen durch*, die das betreffende Territorium oder Gebiet betreffen
- die Entscheidungen und Bemühungen des Volkes oder der Gemeinschaft dienen dem

Schutz der Natur und *des damit verbundenen Lebens, der Existenzgrundlagen und der kulturellen Werte.*

Natürlich sind die sozio-ökologischen Phänomene komplex. Es kann ‚definierte ICCAs' geben (die alle drei bestimmenden Merkmale aufweisen), ‚gestörte ICCAs' (die die drei Merkmale in der Vergangenheit erfüllten, aber heute aufgrund von Störungen, die rückgängig gemacht oder ausgeglichen werden können, versagen) und sogar ‚erwünschte ICCAs' (die nur ein oder zwei definierende Merkmale aufweisen, aber auch das Potenzial zur Entwicklung des dritten Merkmals besitzen) (Borrini-Feyerabend und Campese 2017).

Ein ICCA kann nur von der Bevölkerung oder Gemeinschaft, die es verwaltet, bestimmt und am Leben erhalten werden. Die Fischer, die sich an der Überwachung ihres geschützten Mündungsgebiets in Casamance, Senegal, beteiligen, und die indigenen Hirtengemeinschaften im Iran, die folgenschwere Entscheidungen darüber treffen, wann sie in ihre Sommer- und Winterquartiere ziehen – *sie* wissen, dass sie ein ICCA haben. Die indigenen Völker des Amazonasgebiets, die sich vehement gegen die Zerstörung durch Staudämme, Straßen, Erdölförderung und Bergbauarbeiten wehren, und die ländlichen Gemeinschaften Spaniens, deren Gemeingüter das Herzstück der lokalen Identität und Kultur sind – *sie* wissen, dass ihre Verbindung stark und wirksam genug ist. Die Waldbewohner von Borneo, die Hunderte von Pflanzen- und Tiermerkmalen kennen, und die madagassischen Frauen, die das Sammeln von Tintenfischen regulieren, um den Bestand für die nächste Fangsaison zu sichern – *sie* können die Auswirkungen von Naturschutz erkennen und diskutieren.

Heute hat sich der Begriff ICCA verselbstständigt. Er wird nun von Naturschützer*innen und Regierungsbehörden als eine Art von ‣Governance für den Naturschutz verwendet (UNEP WCMC's Protected Planet Reports 2012-16). ICCAs werden als Schutzgebiete eines bestimmten Governance-Typs oder als ‚geschützte' Gebiete anerkannt (Borrini-Feyerabend et al. 2013; Borrini-Feyerabend/Hill 2014), und/oder durch Vereinbarungen, wenn es Überschneidungen mit Schutzgebieten unter verschiedenen Governance-Typen gibt. In Bezug auf den Umfang und den Beitrag an Naturschutz sind ICCAs aller Wahrscheinlichkeit nach genauso wichtig oder wichtiger als offizielle Naturschutzgebiete und daher von entscheidender Bedeutung für die Erreichung globaler Naturschutzziele.

ICCAs schaffen „dauerharte Muster von Naturschutz", die auf lokale Integrität und Kapazitäten bauen statt auf externes Fachwissen und Finanzierung. Sie erhalten Lebensgrundlagen, Frieden und Sicherheit sowie kulturelle Identität und Stolz. Sie sind ein nicht marktbasierter Mechanismus zur Abschwächung des Klimawandels und zur Unterstützung der Anpassung an den Klimawandel. Sie helfen, die Mehrzahl der Ziele des *Strategischen Plans für Biodiversität 2011-2020* zu erreichen (Kothari/Neumann 2014). Und sie tragen zu den meisten Zielen des UN-Rahmenwerks für nachhaltige Entwicklung bei. Für indigene Völker und lokale Gemeinschaften sind ICCAs jedoch nach wie vor unerlässlich, um Leben und Lebensunterhalt zu sichern, die kollektiven Rechte und die Verantwortung für Land, Wasser und natürliche Ressourcen wahrzunehmen und die Respektierung von Wissen, Praktiken und Institutionen zu gewährleisten, die für die Kultur grundlegend sind. Dies sind entscheidende Gründe, warum sich Hunderte von Organisationen indigener Völker und Gemeinschaften sowie Unterstützer und Einzelpersonen aus der Zivilgesellschaft im ICCA-Konsortium[2] zusammengeschlossen haben – einer internationalen Vereinigung, die ICCAs weltweit gegen die verschiedenen allgegenwärtigen Bedrohungen verteidigt und ihre angemessene Anerkennung und Unterstützung als „Territorien des Lebens" fördert.

Anmerkungen

1 Verkehrssprache eines größeren mehrsprachigen Raums (Duden, 22.06.23) (Anm. d. Übers.)

III

2 ICCAs – von indigenen Völkern und lokalen Gemeinschaften geschützte Gebiete und Regionen.
Siehe www.iccaconsortium.org .

Weitere Quellen

Borrini-Feyerabend, Grazia with Barbara Lassen, Stan Ste-
vens, Gary Martin, Juan Carlos Riascos de la Pena, Ernesto F. Raez Luna und M. Taghi Farvar (2010), *Biocultural
Diversity Conserved by Indigenous Peoples and Local Communities: Examples and Analysis.* Tehran: ICCA Consortium und Cenesta.

Borrini-Feyerabend, Grazia, Nigel Dudley, Tilman Jaeger,
Barbara Lassen, Neema Pathak Broome, Adrian Phillips
und Trevor Sandwith (2013), *Governance of Protected
Areas: From Understanding to Action.* Gland (Switzerland): IUCN/WCPA.

Borrini-Feyerabend, Grazia and Rosemary Hill (2015),
‚Governance for the Conservation of Nature', in *Graeme
L. Worboys, Michael Lockwood, Ashish Kothari, Sue Feary
und Ian Pulsford (eds); Protected Area Governance and
Management.* Canberra: ANU Press and Australian Nati-
onal University.

Borrini-Feyerabend, Grazia and Jessica Campese (2017),
Self-strengthening ICCAs. ICCA Consortium.

Kothari, Ashish with Colleen Corrigan, Harry Jonas, Aurélie
Neumann and Holly
Shrumm (Hrsg.) (2012), *Recognising and Supporting Terri-
tories and Areas Conserved by Indigenous Peoples and Lo-
cal Communities: Global Overview: Global Overview and
National Case.* CBD Technical Series No. 64, Montreal: Se-
cretariat of the Convention on Biological Diversity, ICCA
Consortium, Kalpavriksh and Natural Justice.

Kothari, Ashish and Aurelie Neumann (2014), *ICCAs and
Aichi Targets.* Policy Brief of the ICCA Consortium, Issue
No.1, Tehran: ICCA Consortium, Kalpavriksh, CBD Sec-
retariat, CBD Alliance and Cenesta.

Grazia Borrini-Feyerabend ist Mitgründerin und gewählte
globale Koordinatorin (seit 2010) des ICCA-Konsortiums,
www.iccaconsortium.org. Nachdem sie in den frühen
1990er Jahren das Programm für Sozialpolitik für die IUCN
entwickelt hatte, war sie in den CEESP- und WCPA-Kommissionen der IUCN tätig, wo sie die Disziplin *Governance
für die Erhaltung der Natur* einführte und leitete. Sie hat in
fünf Sprachen in über sechzig Ländern gearbeitet und 25
Bände veröffentlicht.

(1942-2018) Der verstorbene **M. Taghi Farvar** war Mitgründer und wurde 2010 zum Präsidenten des ICCA-Konsortiums gewählt, www.iccaconsortium.org. Als Sohn eines
Shahsevan-Nomadenstammes im iranischen Aserbaidschan
verteidigte Taghi die Rechte der angestammten Gebiete indigener Völker und förderte das Verständnis indigener Noma-
denstämme als die ursprünglichen Naturschützer: https://
www.iccaconsortium.org/wp-content/uploads/2018/07/
Mohammad-TaghiFARVAR-24-July-2018-1.pdf.

Übersetzung: Riccarda Flemmer

Oscar Ugarteche Galarza

Internationaler Schiedsgerichtshof für Staatsschulden

 *Internationale Währungs- und Finanzabkommen,
internationale Kreditaufnahme, Schulden, Insolvenz,
Schuldenregelungen, Souveränität*

Die Auslandsverschuldung ist zu allen Zeiten
der sichtbarste Ausdruck einer Entwicklung, die
weit über rein finanzielle und wirtschaftliche
Belange hinausgeht. Deshalb lässt sich nicht einfach sagen, dass die Auslandsverschuldung und
der Umgang mit dieser ursächlich für die wiederholten Wirtschaftskrisen in vielen Ländern
der Welt waren. Auf jeden Fall waren und sind
die Schuldenkrisen vielmehr selbst in zahlreichen Fällen eine weitere Erscheinungsform der
Krisen des kapitalistischen Systems. Sie treten
immer wieder auf, wobei jedes Mal eine Reihe
neuer Elemente hinzukommt und sich frühere
Elemente wiederholen. So spielten Schulden
immer – und sie spielen auch weiterhin – eine
wichtige Rolle als Hebel, um verschuldeten
Ländern den Willen der kreditgebenden Länder
aufzuzwingen, die fast immer große imperiale
Mächte sind. Dieses Aufzwingen nimmt verschiedene Formen an, darunter auch Gewalt.

Die Notwendigkeit eines Mechanismus zur
Lösung des globalen Schuldenproblems ergibt
sich durch die historische Betrachtung, die
deutlich macht, dass es kein Rechtssystem für
einen unvoreingenommenen, transparenten
und gerechten Umgang mit dem Problem der
Auslandsverschuldung gibt.

Die Idee eines solchen Mechanismus hat eine
lange Geschichte, angefangen bei der schweren
Schuldenkrise in den 1980er Jahren. Alberto
Acosta und Oscar Ugarteche entwarfen einen
Vorschlag für ein *Internationales Schiedsgericht
für Staatsschulden* (IBASD), dessen grundlegende Elemente zweimal in der Generalversammlung der Vereinten Nationen debattiert wurden.[1]

Beide Prozesse wurden durch den Widerstand der großen Wirtschaftsmächte blockiert.

Ein grundlegendes Prinzip dieses Vorschlags ist die Annahme, dass Zahlungsausfälle ein regelmäßiger Bestandteil langer Wirtschaftszyklen sind. Daher ist ein Mechanismus erforderlich, um festzustellen, welche die Faktoren sind, die zu einem Zahlungsausfall führen, und wie mit diesen umgegangen werden kann. Ein immer wiederkehrendes Thema in der Literatur ist die Frage, wann und gegenüber wem ein Schuldner erklärt, dass er seinen Zahlungsverpflichtungen nicht weiter nachkommen kann, die Zahlungen eingestellt hat oder ein Schuldenrestrukturierungsverfahren einleiten muss. Im Idealfall würden alle Gläubiger gleichzeitig die Eintreibung von Forderungen einstellen, während die Neuordnung des Zahlungsplans vereinbart wird. Dies impliziert auch, dass kein Gläubiger sich dem verweigern darf, damit es keine Trittbrettfahrer gibt.

Doch wer entscheidet, dass ein Land nicht mehr in der Lage ist, seinen Verpflichtungen nachzukommen? Dies ist eine Frage von grundlegender ethischer Bedeutung. Wenn es einen Vertrag gibt, der den Schuldner zur Zahlung verpflichtet, und wenn der Grundsatz *pacta sunt servanda*[2] gilt, dann könnte der Schuldnerstaat angesichts einer düsteren Wirtschaftsprognose eine Verhandlung seiner Schulden beantragen, noch bevor es zu einer tatsächlichen Zahlungskrise kommt. Diese Option würde es ermöglichen, eine Verschärfung der Krise zu verhindern, die die wirtschaftlichen, sozialen und sogar ökologischen Bedingungen des verschuldeten Landes ernsthaft beeinträchtigen würde. Ausgehend von dieser Entscheidung ist der Internationale Schiedsgerichtshof für Staatsschulden der Weg, um eine solche Situation transparent, unvoreingenommen und unter Einhaltung der Mindestnormen der Rechtsstaatlichkeit zu lösen.

Die Grundprinzipien für die Arbeit des Schiedsgerichts[3] sind die folgenden:

1. Die Begleichung von Auslandsschulden darf zu keinem Zeitpunkt ein Hindernis für die menschliche Entwicklung oder eine Bedrohung für das ökologische Gleichgewicht darstellen. Das Ziel ist die Schaffung eines stabileren und gerechteren Wirtschaftssystems, das der gesamten Menschheit zugutekommt. Zusätzlich könnte man an andere Maßnahmen denken, wie die Tobin-Steuer zur Eindämmung der Spekulationsströme sowie die Abschaffung der Steuerparadiese, um nur zwei von vielen anderen unabdingbaren Maßnahmen für den Aufbau einer anderen Wirtschaft für ein anderes Zusammenleben zu nennen.

2. Es ist im Rahmen des internationalen Rechts inakzeptabel, dass Auslandsschuldenvereinbarungen Instrumente des politischen Drucks sind, die es einem kreditgebenden Staat oder einer von kreditgebenden Staaten kontrollierten Instanz, dem IWF und/oder der Weltbank, ermöglichen, einem verschuldeten Staat untragbare Bedingungen aufzuerlegen.

3. Die Bedingungen jedes international ausgehandelten Abkommens müssen auf den Menschenrechten und den Rechten der Natur basieren.

4. Auf der Grundlage der genannten Prinzipien muss ein internationaler Finanzkodex geschaffen werden, der ausnahmslos alle Länder einbezieht.

5. Der Ausgangspunkt jeder Lösung, einschließlich der Schiedsgerichtsbarkeit, besteht in der Identifizierung von rechtmäßig aufgenommenen Schulden, die bezahlt werden können, und darin, diese von illegitimen Schulden auf Grundlage der Doktrin der ,odious debts'[4] zu unterscheiden.

6. Dies erfordert die aktive Beteiligung der ,Zivilgesellschaft'. Weder die Regierungen noch die Kreditgeber sollten hier eingreifen, sondern nur unabhängige Akteure des Überprüfungsprozesses, sowie juristische und ökonomische Verbände, die von anderen Organisationen der ,Zivilgesellschaft' begleitet werden und die die Ergebnisse direkt an das Schiedsgericht weiterleiten.

7. Es muss Gleichrangigkeit – *pari passu* – unter allen Kreditgebern hergestellt werden. Es

III

müssen also nicht nur Forderungen privater Kreditgeber, sondern Forderungen multilateraler, bilateraler und privater Kreditgeber gleichermaßen Gegenstand von Schuldenverhandlungen sein.

8. Für die Anpassung der Zahlungsverpflichtungen der grundsätzlich als legitim beurteilten Schulden müssen klare Parameter festgelegt werden, sodass der noch zu leistende Schuldendienst weder die Sozialausgaben noch die Fähigkeit zur Bildung inländischer Rücklagen beeinträchtigt und somit die Zahlungsfähigkeit des Landes gewährleistet ist.

9. Die Gründe für die Aussetzung der Schuldendienstzahlungen müssen festgestellt werden, damit Fälle höherer Gewalt anders behandelt werden als Fälle von Missmanagement.

10. Der Sitz dieses Schiedsgerichts muss in Genf sein, da sich dort die Büros der Konferenz der Vereinten Nationen für Handel und Entwicklung (UNCTAD) und die auf Auslandsschulden spezialisierten Einheiten der Vereinten Nationen außerhalb des IWF befinden.

11. Der IWF muss zu seiner ursprünglichen Rolle zurückkehren. Er muss überwacht werden und die nationale und internationale Zivilgesellschaft muss in jedem Fall in der Lage sein, ihn zu kontrollieren. Der IWF muss der Generalversammlung der Vereinten Nationen gegenüber rechenschaftspflichtig sein und es muss ein System von Sanktionen geben.

12. Es braucht die Schaffung eines internationalen Netzwerks von Organisationen der Zivilgesellschaft, die in jedem Land die Funktionsweise dieser internationalen Organisation überwachen. Sie liefern Berichte an ihre Regierungen und an eine ständige Aufsichtsbehörde der Vereinten Nationen. Eine Evaluierung der Arbeit des IWF wird jährlich durchgeführt.

Das Thema der Souveränität ist komplex. Ein Land, das ein Schiedsverfahren akzeptiert, würde zwar in gewissem Maße seine Zahlungsunfähigkeit anerkennen und wäre den Schlussfolgerungen des Schiedsgerichts unterworfen. Wenn ein Land jedoch das Dogma akzeptiert, dass es nicht zahlungsunfähig sein darf, um seine Souveränität nicht zu schwächen, unterwirft es sich implizit den Bedingungen, welche die Rückzahlung der Schulden garantieren sollen, – und verliert damit de facto seine Souveränität durch eben jene Politik, die ihm von den Kreditgebern auferlegt wird.

In einer wirklich globalisierten Welt würde sich der Schiedsgerichtshof aus Vertreter*innen aller Länder zusammensetzen.

Anmerkungen

1 UN-Generalversammlung (2013) Resolutionsentwurf A/68/L.57/Rev.1, angenommen mit 124 gegen 11 Stimmen bei 41 Enthaltungen (Resolution 68/304). Im Jahr 2015 wurde der Text verfeinert und von der Versammlung mit 136 Ja-Stimmen gegen 6 Nein-Stimmen (Kanada, Deutschland, Israel, Japan, Vereinigtes Königreich, Vereinigte Staaten) und 41 Enthaltungen angenommen. https://www.un.org/press/en/2015/ga11676.doc.htm.

2 *pacta sunt servanda*: Rechtsgrundsatz, wonach Verträge einzuhalten sind. (Anm. d. Übers.)

3 Als eine Grundlage für dieses Verfahren dient auch das Londoner Abkommen vom 27. Februar 1953, das die Tür geöffnet hat, um eine endgültige Lösung für die sehr komplexen Schuldenprobleme Deutschlands zu finden. Nicht nur das, sogar der Wiederaufbau des Landes wurde durch diese Lösung ermöglicht.

4 Unter *„odious debts"* (verabscheuungswürdigen Schulden) werden illegitime, nicht rückzahlbare Schulden verstanden, die ohne Zustimmung der Bevölkerung zustande gekommen sind, keinen Nutzen für die Bevölkerung haben, und dies durch die Gläubiger bewusst in Kauf genommen wurde. Das passiert oft in Diktaturen. https://erlassjahr.de/themen/illegitime-schulden-2/ (Anm. d. Übers.)

Weitere Quellen

Ugarteche, Oscar and Alberto Acosta (2006), ‚Los problemas de la economía global y el tribunal internacional de arbitraje de deuda soberana', *Polis*.13: 30, http://polis.revues.org/5393 (abgerufen am 29.06.2023)

Oscar Ugarteche and Alberto Acosta (2007), ‚Global Economy Issues and the International Board of Arbitration for Sovereign Debt (IBASD)', *El Norte: Finnish Journal of Latin American Studies*. 19 (2), www.elnorte.fi/archive/2007-2/2007_2_elnorte_ugarteche.pdf (Internetseite nicht mehr abrufbar. Seite als Kopie unter www.archive.org, Stand 29.6.2023)

Oscar Ugarteche Galarza ist ein peruanischer Wirtschaftswissenschaftler am Institut für Wirtschaftsforschung der Nationalen Autonomen Universität von Mexiko. Er ist Mitglied des Nationalen Systems der Forscher/Nationaler Rat für Wissenschaft und Technologie. Früher war er Systemberater der Vereinten Nationen in Fragen der Auslandsverschuldung. Er ist Autor von mehr als 30 Büchern, zahlreichen wissenschaftlichen Artikeln und Aufsätzen in Sammelbänden und war Gastforscher und Professor an vielen Universitäten in Europa und Lateinamerika.

Übersetzung: Elisabeth Voß, mit Unterstützung durch erlassjahr.de

---

Nawal Ammar

Islamische Ethik

Koran, Interdependenz der Schöpfung, Barmherzigkeit, Khalifen, Mäßigung, hay'a

Wissenschaftler*innen sind sich einig, dass die Quelle des Islams der *Koran* oder das *Heilige Buch* ist – das Wort Gottes, das durch den Engel Gabriel an den Propheten Mohammed übermittelt wurde. Dazu gehören die *Sunna* oder Handlungsweisen des Propheten, die *Hadith* oder die mündlichen Äußerungen, die dem Propheten zugeschrieben werden; und die Regeln der *Scharia* für das tägliche Handeln, einschließlich der *Fiqh*-Rechtswissenschaften und der *Madahib*-Rechtsschulen. Der Koran ist die maßgebliche Lehre darüber, wie Allah die Ordnung der Natur geschaffen hat. Doch obwohl die Natur als Schöpfung Gottes geachtet werden muss, steht sie als solche außerhalb der göttlichen Sphäre. Es widerspricht dem obersten Prinzip des Islam, dem *Tawhid* und der Einzigartigkeit Gottes, der Natur – Tieren, Menschen und anderen Lebensformen – Heiligkeit zuzuschreiben.

Die gesamte Schöpfung Gottes ist voneinander abhängig, zugleich aber von Gott abhängig. Die Menschen wurden von Gott auserwählt, um Beschützer der Erde zu sein – nicht weil sie so überlegen sind, sondern eher als Herausforderung. Sie sind die *Khalifen* oder Verwalter der Erde, aber nicht ihre Eigentümer. Faruqi betont, dass der Schutz der Erde das Schicksal der Menschen ist – ein heiliges Vertrauen oder *Ammanah* –, entworfen, um die moralischen Fähigkeiten der Menschen weiter zu entwickeln.

Die ultimative religiöse Herausforderung für Muslime ist es, die Gaben der Erde von einer Generation an die nächste weiterzugeben, und zwar intakt, wenn nicht sogar verbessert. Der Mensch ist Teil der ökologischen Gemeinschaft – und die ganze Schöpfung entstammt demselben Element, dem Wasser. „Es gibt kein Getier auf Erden und keinen Vogel, der auf seinen zwei Schwingen dahinfliegt, die nicht Gemeinschaften wären, so. wie ihr" (Koran 6:38). Ökologische Gerechtigkeit bedeutet im Koran, die Ressourcen der Erde in ausgewogener Weise zu nutzen sowie das Böse aktiv zu verneinen und Gutes zu tun.

Haq (1997:9) vertritt die Auffassung, dass der Islam „etwas verkündet, was man eine Kosmologie der Gerechtigkeit nennen kann", um mit dem menschlichen Dilemma umzugehen, die Erde zu schützen und sie gleichzeitig zu nutzen. Der *Koran* befasst sich mit Fragen der Würde von behinderten Personen (80:1-9), den Rechten von Waisen (93, ganzer Abschnitt; 89:17-18), der Ehrlichkeit in Tausch und Handel (83:1-13), verurteilt Habgier und das Horten von Reichtum (100:6-11), ruft auf, die Armen zu speisen (89: 17-23); zum gerechten Umgang miteinander (11:85); zum Verzicht auf Wucher (2:161); zur Verteilungsgerechtigkeit durch Besteuerung (2:267); zu gerechter Führung (88:21-22, 18:29, 4:58, 5:8, 16:90, 42:15, 38, 49:9, 13); und zur Achtung der sozialen Unterschiede nach dem Willen Gottes (10:99, 99:18). Es ist diese Kosmologie der Gerechtigkeit, die es den Menschen ermöglicht, ihre Bestimmung als Hüter der Erde zu erfüllen.

Der Islam betont nicht das Spirituelle auf Kosten des Materiellen oder umgekehrt, sondern bringt beides in Einklang. Er ist keine ekstatische Religion, die den Verzicht auf weltliche Güter befiehlt, er ermuntert vielmehr zur Teilnahme an menschlichen Vergnügungen. In einem *Koran*-vers heißt es: „Besitztum und Kinder sind *zinat* (Schönheit, Schmuck) dieses irdischen Lebens" (18:46). In seiner sozialen Einstellung ist der Islam eher gemeinschaftlich als individualistisch, und da er eine natalistische Perspektive vertritt, befürwortet er die Enthaltsamkeit nicht. In Teilen des *Korans* wird sogar die Familienplanung angesprochen. Auf der moralischen Ebene des Gehorsams und der Erfüllung des Bundes mit Gott wird von den Muslimen erwartet, dass sie sich an das Prinzip des Gleichgewichts halten (42:17, 55:7-9, 57:25). Dies ist die theologische Prüfung, um in die himmlischen Gärten zu gelangen – Mäßigung in allem (2:143, 17:110, 25:67).

Während das Judentum auf den Paradigmen der Gerechtigkeit, das Christentum auf der Liebe und der Buddhismus auf der Gewaltlosigkeit beruht, gehen Wissenschaftler wie Al Idrissi davon aus, dass das ethische Paradigma des Islam auf Barmherzigkeit als ein Attribut Gottes beruht. Die wirtschaftliche Abhängigkeit der Welt vom Öl hat jedoch die Gesellschaften des Nahen Ostens demoralisiert – es besteht ein eklatantes Wohlstandsgefälle zwischen den Eliten und den unteren Schichten; sowohl die Ölförderung als auch der Krieg zerstören Wasser, Böden und Menschen; Frauen werden entwürdigt und haben keine Rechte; terroristische Anschläge bedrohen das tägliche Leben. Während der *Koran* von der Achtung der Vielfalt, auch gegenüber Nicht-Muslimen, und vom Schutz der Umwelt als hingebungsvoller Pflicht spricht, halten sich viele Muslime und muslimische Führungspersonen heute nicht daran.

Aus historischen Gründen ist die islamische Identität brüchig geworden. In der heutigen Welt leben über anderthalb Milliarden Muslime von Australien bis Grönland, die mehr als 80 Sprachen sprechen. Viele dieser Gemeinschaften finden sich auf der falschen Seite der postkolonialen Globalisierung, der modernistischen Entwicklung, des Rassismus und der Dämonisierung wieder. Es gibt kein eindeutiges, monolithisches Verständnis des Islam, und es ist festzustellen, dass dort, wo soziale und bildungsbezogene Benachteiligungen bestehen, die muslimische Praxis oft nur rituell ist und nicht reflektierend. Einige Muslime sind sogar der Ansicht, dass sich in der Tatsache, dass Menschen ihr ewiges Schicksal nicht erfüllen, der vorherbestimmte Wille Gottes widerspiegelt.

Andere *Koran*verse und prophetische Überlieferungen fordern ihre Anhänger auf, bewusst gute Taten gegenüber der menschlichen Gemeinschaft und anderen Lebewesen zu vollbringen. So wird von Wucher oder *Riba* abgeraten, während das ideale Steuersystem oder die *Zakat* (Abgabe) sozial umverteilt und auf Zahlungsfähigkeit ausgerichtet ist. Unter den fortschrittlicheren islamischen Vorstellungen steht das arabische Wort *hay'a* für einen Ansatz des ökologischen Respekts oder der würdevollen Zurückhaltung im Umgang mit der Natur und in anderen menschlichen Verhaltensweisen. Der Begriff hat ein ökospirituelles Potenzial für Menschen, die sich im interreligiösen Dialog und in sozialen Bewegungen engagieren. Im *Koran* und in den *Hadithen* beinhaltet *hay'a* den Respekt für Frauen – der allerdings in vielen lokalen Auslegungen des Islam unsichtbar gemacht wurde. Dieser Aspekt der Geschlechtergerechtigkeit schwingt wiederum – wo immer das Bevölkerungsproblem ein Thema ist – auch bei der Frage der ökologischen Gerechtigkeit mit.

Weitere Quellen

Al Faruqi, Ismail R. and Lois Lamya Al Faruqi (1986), *The Cultural Atlas of Islam*. New York: Macmillan.

Al Idrissi, A. (2004), ‚The Universality of Mercy in Islam‘, *Portadà*. 273: 1–15.

Ali, Abdullah Yusuf (1989), *Holy Qur'an Translation*. Brentwood, MD: Amana Corporation.

Ammar, Nawal H. (2000), ‚An Islamic Response to the Manifest Ecological Crisis:

Issues of Justice‘, in Harold Coward and Daniel C. Maguire (eds), *Visions of a New Earth: Religious Perspectives on Population Consumption, and Ecology*. Albany: State University of New York Press.

Haq, S. Nomanul (2001), ‚Islam and Ecology: Toward Retrieval and Reconstruction‘, in Mary Evelyn Tucker and John A. Grim, *DAEDALUS: Journal of the American Academy of Arts and Sciences*, US: MIT Press, www.amacad.org/publication/islam-and-ecology-toward-retrieval-and-reconstruction.

Khaled, Fazlun and Joanne O'Brien (1993), *Islam and Ecology*. New York: Cassell.

Nawal H. Ammar ist Professorin für Recht und Justiz und Dekanin des *College of Humanities and Social Sciences* an der *Rowan University*, N.J., USA. Sie hat zahlreiche Veröffentlichungen zu den Themen Justiz und Menschenrechte verfasst. Ihr neuestes Werk befasst sich mit Muslimen vor Gerichten und in Gefängnissen.

Übersetzung: Hannelore Zimmermann

Rabbiner Michael Lerner

Jüdisches Tikkun Olam
(Reparatur der Welt)

 Judentum, Kapitalismus, Sabbatjahr, Global Marshall Plan, Umwelt

Wenn die uralte Weisheit der jüdischen Tradition – *Tikkun Olam* oder Reparatur der Welt – mit den Erkenntnissen radikaler Ökonom*innen und Umweltschützer*innen von heute zusammengeführt würde, könnte dies eine dringend benötigte neue Grundlage für die nachhaltige Entwicklung schaffen.

Im Hebräischen bedeutet *Tikkun Olam* ‚Transformation und Heilung der Welt‘. Das jüdische Gebet verbindet es mit der Vision einer Welt, die ihre Wurzeln in der Pflege der ‚weiblichen‘ Energie und der Sorge um die Erde hat. Das Kernproblem, mit dem wir heute konfrontiert sind, besteht darin, dass das globalisierte kapitalistische System endloses Wachstum braucht, um zu überleben. So beutet es die begrenzten Ressourcen des Planeten aus, ohne Rücksicht darauf, dass dies den Planeten mit Giften und endlosem Müll verschmutzt und zugleich die Ressourcen, die rücksichtslos verbraucht werden, künftigen Generationen entzieht. Menschen, deren Bewusstsein innerhalb dieses Denkmusters geformt wurde, glauben und fühlen, dass es „nie genug“ gibt und dass sie eigentlich immer mehr Dinge, Erfahrungen und Möglichkeiten brauchen. Es ist von entscheidender Bedeutung, die verzerrende Rolle des Geldes im gesellschaftlichen Leben, in der Politik und im Bildungssystem sowie eine Medienindustrie zu überwinden, die den Wohlhabenden untertan ist. Demokratische Prozesse werden niemals zu einem neuen Bewusstsein führen, welches das innere Gefühl des ‚Nicht-Genügens‘ überwindet, wenn unsere Politik nicht untrennbar mit einer spirituellen ›Transformation der Gesellschaft verbunden wird.

Spirituelle Traditionen können die innere Erkenntnis fördern, dass genug da ist, dass wir genug sind, ebenso wie den Mut, damit aufzuhören, mehr zu verlangen. Stattdessen können wir uns darauf konzentrieren, wie wir das, was wir bereits haben, am besten im Geiste der Großzügigkeit teilen können. Ein Ansatzpunkt ist die Popularisierung des Konzepts des ‚New Bottom Line‘[1]. Unternehmen, staatliche Politik und das Bildungssystem könnten in dem Maße als ‚effizient‘, ‚rational‘ oder ‚produktiv‘ eingestuft werden, in dem sie die menschlichen Fähigkeiten zur Empathie und Großzügigkeit maximieren. Wir müssen in der Lage sein, die Erde nicht in erster Linie als ‚Ressource‘ zu betrachten, sondern als ein lebendes Wesen, das Ehrfurcht, Verwunderung, radikales Erstaunen und Wertschätzung hervorruft.[2]

Hier stellt sich die Frage nach der ‚inneren Sicherheit‘ und den Billionen von Dollar an öffentlichen Geldern, die in eine Strategie der *Macht über* andere fließen. Herrschaft wird auf vielen Ebenen ausgeübt – militärisch, wirtschaftlich, in Form von kultureller Durchdringung oder Diplomatie oder auch durch schlichtes Schikanieren. Wir brauchen stattdessen eine Strategie der Großzügigkeit, die sich in einem neuen *Globalen-Marshall-Plan* niederschlägt, der die wichtigsten Fehler der vergangenen Entwicklungsprogramme vermeidet. Ein solcher Plan würde es erfordern, dass die entwickelten Industriegesellschaften in den nächsten zwanzig Jahren jedes Jahr 1 bis 2 Prozent ihres Bruttoinlandsprodukts (BIP) lebensbejahenden Zwecken widmen. Das ist alles, was nötig wäre, um die weltweite Armut, Obdachlosigkeit, den Hunger, unzureichende Bildung und unzureichende Gesundheitsversorgung zu beseitigen – und nicht etwa nur langsam zu lindern. In der Zwischenzeit könnten zweihundert Jahre ökologisch unverantwortliches Wachstum und Entwicklung – herbeigeführt durch Kapitalismus und Sozialismus – wieder korrigiert werden.

III

Diese Art von *Global-Marshall-Plan* unterscheidet sich von allen bisherigen Plänen für Hilfe oder Entwicklung. Um ihn zu verwirklichen, bräuchten wir einen Zusatz zur US-Verfassung, der die staatliche Förderung von Wahlen auf staatlicher und nationaler Ebene vorschreibt. Unternehmen, die in den USA Waren oder Dienstleistungen verkaufen, müssten alle fünf Jahre vor einer Jury aus normalen Bürgern nachweisen, dass sie verantwortungsbewusst handeln; dabei würden sie von Vertretern des Umweltschutzes unterstützt werden. Die Zeugenaussagen würden nicht nur von den Unternehmen verlangt, sondern auch von Menschen auf der ganzen Welt, die von den Aktivitäten, der Beschäftigungspolitik oder den ökologischen und gesellschaftlichen Auswirkungen des Unternehmens betroffen sind. Die neue Verfassung würde auch die Umwelterziehung auf allen Bildungsebenen verpflichtend machen, von der Kita bis zum College, von der Universität bis zu den Graduierten- und Berufsschulen.

All diese Schritte wären notwendig, aber nicht ausreichend, um eine Gesellschaft zu schaffen, die „füreinander und für die Erde sorgt". Die *Tora* begründet eine Praxis, die wir in moderner Form wiederbeleben müssen: das Sabbatjahr. Jedes siebte Jahr stellt die gesamte Gesellschaft die Produktion von Gütern ein und konzentriert sich stattdessen darauf, das Universum zu feiern. Im modernen Kontext würden wir also den Großteil der Warenproduktion, des Verkaufs und des Geldverkehrs einstellen – und eine Schabbatwährung einführen, die an alle Menschen in der Gesellschaft gleichmäßig verteilt wird.

In dem hier vorgeschlagenen Sabbatjahr könnten mindestens 85 Prozent der Bevölkerung die Arbeit niederlegen, wohingegen lebenswichtige Dienste wie Krankenhäuser, Lebensmittelverteilung und einige andere aufrechterhalten würden. Ein kleiner Einblick für die teilnehmenden 85 Prozent der Bevölkerung, wie es aussehen könnte: Die Schulen würden geschlossen, und Schüler von der sechsten Klasse bis zur Oberstufe würden auf Bauernhöfen mitarbeiten, Tiere versorgen und durch die Arbeit mit der Erde Nähe zur Natur erfahren. Obwohl einige Menschen den Verzicht auf Computer, Handys, Autos oder neue Kleidungsstile und Accessoires beklagen würden, hätten die meisten die Freiheit, sich an der Entscheidungsfindung in der Gemeinschaft zu beteiligen und so die nächsten sechs Jahre mitzugestalten, in denen die Menschen wieder nicht genug Zeit dazu haben werden, sich mit der Planung zu beschäftigen. Andere Vorteile könnten sein: eine Umschulung für einen anderen Berufsweg oder eigene Fähigkeiten weiterzugeben; Zeit für Spiel, Tanz, Bewegung, Meditation, Gebet, Wandern, Schwimmen, Malen, das Schreiben von Gedichten, Romanen, Filmen oder Fernsehsendungen. Kurzum, ein Sabbatjahr könnte uns die Gelegenheit geben, die Größe und das Geheimnis des Universums zu feiern.

Die zentrale Lehre des Sabbatjahres würde tief einsinken: „Es gibt genug, und du bist gut genug", sodass du nicht immer mehr tun oder mehr haben musst, um ein zufriedenstellendes Leben zu führen. Mit diesem Bewusstsein, das sich wie ein Lauffeuer ausbreiten sollte, haben wir die psycho-spirituelle Grundlage, um eine andere Art von Welt aufzubauen, die auf einer völlig neuen Auffassung von Entwicklung beruht. *Tikkun Olam* ist die jüdische Art auszudrücken, dass die Welt in Ordnung gebracht werden muss, und es ist unsere Aufgabe, sie in Ordnung zu bringen. Nach der Tradition der *Mischna*[3]-Ethik ist es nicht notwendig, diese Arbeit zu vollenden – doch es steht uns nicht zu, sie zu ignorieren.

Anmerkungen

1 bezeichnet eine Art erweiterter Unternehmensverantwortung, die neben der finanziellen auch die ökologischen und sozialen Aspekte berücksichtigt. Ähnliche Konzepte in Deutschland finden einen Ausdruck beispielsweise in einer ‚Nachhaltigkeitsbilanz' (Anm. d. Übers.)

2 Eine erste Vorstellung davon, wie das aussehen könnte, finden Sie unter www.tikkun.org (abgerufen am 09.06.2023).

3 Die Mischna bildet die Basis des Talmud und ist die erste größere Niederschrift der mündlichen Tora und als solche eine der wichtigsten Sammlungen religionsgesetzlicher Überlieferungen des Judentums. (Anm. d. Übers.)

Weitere Quellen

Environmental and Social Responsibility Amendment to the U.S. Constitution, www.tikkun.org/esra (abgerufen am 23.05.2023)

Lerner, Rabbi Michael (2005), A Path to a World of Love and Justice, www.tikkun.org/covenant (Datei nicht mehr dokumentiert, Stand 23.05.2023)

Network of Spiritual Progressives, www.spiritualprogressives.org (abgerufen am 23.05.2023)

The Global Marshall Plan, www.tikkun.org/gmp (Datei nicht mehr dokumentiert, Stand 23.05.2023)

Tikkun magazine, www.tikkun.org (abgerufen am 23.5.2023)

Rabbi Michael Lerner lebt in Kalifornien und ist Herausgeber der Zeitschrift *Tikkun*. Er ist Vorsitzender des interreligiösen *Network of Spiritual Progressives* (Netzwerk für spirituellen Fortschritt) und Autor zahlreicher Bücher, darunter *Jewish Renewal* (1994); *The Politics of Meaning* (1996); *The Left Hand of God: Taking Back Our Country from the Religious Right* (2006); *Spirit Matters* (2000); *Embracing Israel/Palestine* (2012); *Revolutionary Love* (in Vorbereitung); und mit Cornell West – *Jews and Blacks: Let the Healing Begin* (1995).

Übersetzung: Hannelore Zimmermann

Emily Caruso / Juan Pablo Sarmiento Barletti

Kametsa Asaike

(„gut an diesem Ort zusammenleben")

 Konvivialität, Extraktivismus, Lateinamerika, Relationalität, Sozialität

Dieser Beitrag beschreibt *Kametsa Asaike* („gut an diesem Ort zusammenleben" oder jedem Einzelnen geht es dann gut, wenn es allen anderen in der Gemeinschaft auch gut geht), eine indigene Philosophie des Wohlbefindens, die vom Volk der *Ashaninka* im peruanischen Amazonasgebiet praktiziert wird. Wir argumentieren, dass das Verständnis von Individualität – die kulturell geprägte Wahrnehmung dessen was eine Person ausmacht – ein fruchtbarer Boden ist, auf dem praktikable, radikale Alternativen zum vorherrschenden Entwicklungsparadigma wachsen und Bestand haben können.

Kametsa Asaike zeichnet sich durch zwei Hauptmerkmale aus, die das gängige Verständnis von Wohlbefinden in Frage stellen:

1. Subjektives Wohlbefinden ist nur durch kollektives Wohlbefinden möglich, und das Kollektiv umfasst Menschen, nicht-menschliche Wesen und die Erde; und

2. es ist eine bewusste Handlung – um gut zu leben, muss jede und jeder dazu beitragen.

Kametsa Asaike zeigt, dass die Messung des ‚subjektiven Wohlbefindens' in Form von Gesundheit und/oder Konsum, wie sie in konventionellen entwicklungspolitischen Zirkeln en vogue ist, die Ethik der menschlichen Gesellschaftlichkeit und die in ihr enthaltenen Formen des Wissens und des Umgangs mit der Welt nicht erfassen kann. Indem *Kametsa Asaike* die Welt als ein Netzwerk von sich gegenseitig konstituierenden menschlichen und nicht-menschlichen Akteur*innen begreift, stellt es implizit die moderne Vorstellung vom losgelösten Individuum und den Natur-Kultur-Dualismus in Frage, auf dem das Entwicklungskonzept basiert und der den groß angelegten Abbau von Ressourcen ungeachtet seiner Folgen für das Leben legitimiert.

Je nach Kontext bedeutet *Asháninka* „wir, die Sippe" oder „wir, das Volk". Die meisten Menschen und nicht-menschliche Wesen wie Pflanzen, Tiere und Geister sind *Asháninka*, das heißt, sie sind soziale Akteur*innen. Sie alle nehmen auf ähnliche Weise die Welt wahr und handeln in ihr: Sie können freundlich oder böse sein; sie betrinken sich, machen Fehler und brauchen Schaman*innen, wenn sie krank sind; sie lachen, weinen, lieben und sie fürchten sich. Dieses Verständnis von nicht-menschlichen Wesen ist vielen indigenen Völkern gemein. Dennoch ist dies *keine* › anthropozentrische Sichtweise: Menschen sind eine der vielen verschiedenen Arten von Wesen, die eine Persönlichkeit haben.

In diesen Kontexten ist dieses Person-sein weder statisch, noch vorgegeben. Vom Moment der Geburt an, treten *Asháninka*-Babys in einen Prozess ein, der sie im Laufe ihres Lebens kontinuierlich zu *Ashaninkasanori* (echten *Asháninka*-Menschen) ‚macht'. Die Kunst, Menschen zu machen, beinhaltet in erster Linie das Teilen von Dingen und nahen Lebensräumen, das Essen bestimmter

Lebensmittel und ein angemessenes Verhalten, wie fleißiges Arbeiten, Großzügigsein mit den Produkte der eigenen Arbeit und das Teilen von dem Zusammenleben zuträglichen Emotionen. Das Leben als *Ashaninkasanori* verlangt auch eine Ethik des Zusammenlebens in der Beziehung mit der Erde, einschließlich des Respektierens von nichtmenschlichen Wesen, des Pflegens der Erde durch fleißiges Arbeiten und der Einhaltung der Absprachen in der Gemeinschaft darüber, wo Gemüsegärten angelegt und wo, was und wann gejagt, gefischt und Pflanzen gesammelt werden. Im Gegenzug stellen die Tiere, Pflanzen, Geister und die Erde das, was die Menschen zum Leben als *Ashaninkasanori* brauchen, bereit. Auf diese Weise entsteht ein Kreislauf von gegenseitiger Abhängigkeit und Verbindung, der das „*Asháninka-sein*" von Personen und Orten kontinuierlich stärkt und *Kametsa Asaike* ermöglicht.

Kametsa Asaike steht in krassem Gegensatz zu dem Boom groß angelegter Ressourcenabbauprojekte in ganz Peru, die zum Rückgrat der Wiederaufbaubemühungen nach dem innerperuanischen Krieg (1980-2000) geworden sind. Große Teile des traditionellen *Asháninka*-Territoriums, das Schauplatz besonders gewalttätiger und lang andauernder Episoden des Krieges war, wurden vom peruanischen Staat als Konzessionen an multinationale Unternehmen zur Förderung von Öl und Gas und zum Bau von Wasserkraftwerken vergeben. Diese kontinuierliche Gewalt, die durch den Krieg begann und unmittelbar durch den ›Extraktivismus fortgesetzt wurde, wird von den *Asháninka* als ein Zerreißen des fragilen Gleichgewichts zwischen den Personen und der Erde erlebt, welches ihnen erlaubt, gut zu leben. In den vergangenen dreißig Jahren wurde das *Ashaninkasanori-sein* zerstört, und unseren *Asháninka*-Partner*innen zufolge, ist die Erde wütend. Nachdem sie die Gewalt des Krieges und der Ausbeutung erlitten hat, wendet sie sich von den Menschen ab. Das Getreide wächst nicht, die Bäume tragen keine Früchte, die Flüsse füllen sich nicht mehr mit Fischen und die Wälder nicht mehr mit Tieren, und die Geister, die den Schaman*innen beim Heilen und Beschützen der Waldtiere helfen, sind verschwunden.

Heute arbeiten die *Ashaninka* unermüdlich daran, die Erinnerung an den Krieg auszulöschen und dem zunehmenden Rohstoffabbau auf ihrem Land Einhalt zu gebieten. Sie versuchen, ihre Beziehungen der Solidarität und Verbundenheit mit der Erde, mit den nichtmenschlichen Wesen und untereinander wiederherzustellen und so die Voraussetzungen für ein gutes Zusammenleben, *Kametsa Asaike*, zu erschaffen. Mit Unterstützung der *Central Asháninka de Rio Ene* (CARE), einer indigenen Organisation unter der Leitung von Ruth Buendía[1], haben die *Asháninka*-Gemeinschaften des Ene-Tals eine Reihe von Grundsätzen veröffentlicht, die auf den täglichen Praktiken des *Kametsa Asaike* beruhen und die sie als ihre politische Agenda festgelegt haben (*Central Ashaninka del Rio Ene* 2011). Die von CARE vertretenen Gemeinschaften erwarten, dass sich jede Person oder Institution, die mit ihnen oder ihren Gebieten in Verbindung treten möchte, an diese Prinzipien hält. Das Manifest fand unmittelbare Anwendung, da CARE 2011 mit Unterstützung internationaler NGOs – wie der *Rainforest Foundation UK* – eine Reihe von Projekten begann. Diese Projekte basierten auf den in der Agenda formulierten Anforderungen an *Kametsa Asaike*. Sie nutzten die Agenda auch als Lobbyinstrument in ihren Kämpfen gegen Rohstoffabbauprojekte.

Auch wenn *Kametsa Asaike* in anderen sozialen Kontexten vielleicht nicht direkt anwendbar ist, so bietet es doch radikale Lösungen für den Wiederaufbau der Menschlichkeit und unserer Beziehung zur Erde sowie einen Ansatz zur Überwindung der Auswüchse des ›Anthropozäns. Zum einen werden wir dazu ermutigt, zu untersuchen, was uns zu Menschen macht – im Hinblick auf andere Menschen und Wesen –, um zu verstehen, was uns ein gutes Leben ermöglichen kann. In diesem Zusammenhang wird festgestellt, dass das Streben nach Wohlbefinden notwendigerweise kollektiv ist: Um gut zu leben, müssen wir unsere gegenseitige Abhängigkeit und unsere Beziehungen zu anderen Wesen und zur Erde erkennen. Es legt auch nahe, dass das Erreichen von Wohlbefinden nur dann möglich ist, wenn Menschen die Möglichkeit erhalten, wirklich menschlich zu sein. Für diejenigen, die sich in den falschen Lösungen des Entwicklungskomplexes verrannt haben, in denen die menschlichen Unterschiede durch Diskurse über „Verbesserung" und „Rationalität" verdeckt werden, ist es wahrlich eine komplexe Aufgabe herauszufinden, was uns zu Menschen macht – und wie dies unsere Vorstellungen von Wohlbefinden begründet. Dies könnte allerdings der einzige Weg sein, um eine sinnvollere, respektvollere und schönere Welt zu schaffen. Schließlich zeigt es uns, dass der einzige Weg, Wohlbefinden zu erhalten, insbesondere wenn es angegriffen wird, darin besteht, es jeden Tag aufs Neue zu praktizieren, auf jede große und kleine Weise.

Anmerkung

1 http://www.goldmanprize.org/recipient/ruth-buendia/ (abgerufen am 08.06.2023)

Weitere Quellen

Central Ashaninka del Rio Ene (2011), *Kametsa Asaike: El vivir bien de los Asháninka del Rio Ene. Agenda Política de la CARE*, http://careashaninka.org/wp-content/ uploads/2013/01/AgendaKametsaAsaike.pdf (Webadresse nicht mehr abrufbar. Webseite unter www.archive org archiviert. Stand 23.05.2023).

Central Ashaninka del Rio Ene, http://careashaninka.org (Webadresse nicht mehr abrufbar Stand 23.05.2023).

Global Environments Network, www.globalenvironments. org (abgerufen am 23.05.2023)

Kametsa Asaike, el buen vivir de la Amazonía peruana, https://vimeo.com/88115558 (abgerufen am 23.05.2023)

Sarmiento Barletti, Juan Pablo (2016), The Angry Earth: Wellbeing, Place, and Extractive Development in the Amazon, *Anthropology in Action*. 23 (3): 43–53. When Two Worlds Collide, www.whentwoworldscollidemovie. com (abgerufen am 23.05.2023)

Emily Caruso ist die Direktorin der *Global Diversity Foundation*, www.global-diversity. org. Die ausgebildete Biologin und Anthropologin führte ihre Doktorarbeit in den Gemeinschaften der *Ene Ashaninka* durch. Sie setzt sich leidenschaftlich für die Heilung und Erhaltung der Beziehungen zwischen Menschen, Nicht-Menschen und Orten ein, da sie dies als Ausgangspunkt für individuelles und kollektives Wohlbefinden betrachtet.

Juan Pablo Sarmiento Barletti ist Sozialanthropologe am *Center for International Forestry Research* in Lima, Peru. Er hat umfangreiche ethnografische Untersuchungen mit den *Ashaninka* durchgeführt, um herauszufinden, wie sie den Extraktivismus erleben und kennen, welche offensichtlichen Auswirkungen er auf ihr tägliches Leben hat und welche weniger offensichtlichen Auswirkungen er auf ihre Beziehungen zu ihren nicht-menschlichen Nachbarn hat.

Übersetzung: Hannelore Zimmermann

Patricia Gualinga

Kawsak Sacha
(Der lebendige Regenwald)

 Regenwald, Yachags, Pachamama, Llakta, Allpamama, Yakumama, Kawsak Yaku, indigene Völker

Der lebendige Regenwald, *Kawsak Sacha*, ist ein Raum, in dem das Leben einer großen Zahl unterschiedlicher Wesen fließt, vom kleinsten bis zum größten. Sie kommen aus der Tier-, Pflanzen-, Mineral- und kosmischen Welt und haben die Aufgabe, die emotionale, psychologische, physische und spirituelle Energie, die ein grundlegender Teil aller Lebewesen ist, in Gleichgewicht zu bringen und zu erneuern. Es ist der Bereich des Heiligen, der in Urwäldern existiert mit ihren Wasserfällen, Lagunen, Sümpfen, Bergen, Flüssen und tausendjährigen Bäumen, wo die erhabenen Wesen der Natur wohnen und die Ökosysteme erneuern, die für alle Menschen lebenswichtig sind. *Kawsak Sacha* ist auch der Ort für die Übertragung von Wissen an die *Yachags* (Schamanen), an dem sie sich mit dem Wesen und dem Wissen ihrer Vorfahren und den lebendigen Orten verbinden, um das natürliche Gleichgewicht des Universums, die kulturelle Ewigkeit, die Harmonie und die Kontinuität des Lebens zu bewahren, die durch die unsichtbaren Fäden des gesamten Universums verbunden sind, nicht durch konventionelle dualistische und monokulturelle Perspektiven.

Für die Ureinwohner Amazoniens ist der Regenwald das Leben. Die gesamte Welt von

K

III

Kawsak Sacha hat Energie und symbolisiert den menschlichen Geist. Obwohl die Perspektive des lebendigen Waldes ein Konzept der Amazonasvölker ist, macht das Volk *Sarayaku* seine Heiligkeit öffentlich und teilt es mit anderen Kulturen und Gesellschaften mit der Absicht zum tiefen Wissen über die Natur beizutragen.

Andere indigene Völker dieser Welt haben ähnliche Konzepte, die als Geister und nicht als Lebewesen bezeichnet werden und die aufgrund ihrer Reinheit heilige Orte bewohnen, wie etwa die Urwälder Amazoniens, deren Existenz durch Verschmutzung und Ressourcenabbau bedroht wird. Das Verschwinden dieser Wesen verursacht Umweltkonflikte und das Verschwinden von Ökosystemen. Der Unterschied zwischen Geistern und Wesen des Waldes besteht darin, dass erstere nicht sterben, während letztere, die Erneuerer und Hüter der Natur, sterben und verschwinden können, was das Leben indigener Völker gefährdet.

Jeder Bereich und jedes Element des Waldes hat eigene Akteure. In jedem dieser Räume gibt es parallele *llakta* (Völker) mit Menschen (genannt *runa)*, und die Wohn- und Zufluchtsstätten der heiligen Tiere. Jeder Berg und die großen Bäume verständigen sich miteinander über unsichtbare Fadennetze, in denen sich die *Supay*, die höheren Wesen des Waldes, über den gesamten Regenwald bewegen und kommunizieren.

Das *Kawsak Yaku*, das lebendige Wasser, entspringt überall – von den Wasserfällen, die die Lagunen und großen Flüsse verbinden, in denen die *Yakuruna* (die Wasserwesen) und die *Yakumama* (Anakondas, Schlangen) verkehren – bis hin zum großen Amazonas. Die *Yakuruna* bewahren den Reichtum der *Ictiofauna*. Verlassen die *Yakumama* ihre Behausung, so werden der Fluss und die Lagunen steril und veröden.

Die *Allpamama* (Mutter Erde) gibt uns alles, sie beschützt uns, sie ernährt uns, sie erhält die Wärme. Das Land und der Regenwald geben uns Energie und den Atem des Lebens. Von ihnen erhalten wir die Weisheit, die Vision, die Verantwortung, die Solidarität, das Engagement, die Gefühle, die die Menschen zusammenhalten mit ihren Familien, ihren Lieben und dem, was sie sich als Ergebnis ihrer Anstrengungen und Lebensweisen in der Zukunft erwarten.

Durch die Übertragungen von *Muskuy* (Visionen und Träume) erhält der menschliche Geist, der die *Kawsak Sacha* bewohnt, die Energie, die das menschliche Leben sowohl in seiner Kraft als auch in seiner Größe und in seinen inneren Gedanken kennzeichnet. Hier sind Seele und Leben eins mit der *Pachamama* und bilden einen Teil unserer Erziehung vom Beginn der Empfängnis an, so dass wir Teil des *Runa Kawsay* werden.

Hinsichtlich des *Runakuna Kawsay* (Leben eines Volkes) gelten folgende Grundsätze: ▪ das Erhalten und Pflegen des Gemeinschaftslebens, wie auch der Familie; ▪ eine gut organisierte und gefestigte Regierungsinstitution mit partizipativen, kollektiven Entscheidungsprozessen, die Frauen, Jugendliche, Kinder und ältere Menschen einbezieht; ▪ das freie Ausüben, Weitergeben und Bewahren des traditionellen, kulturellen und spirituellen Wissens; ▪ angemessene menschliche Siedlungen sowie ▪ eine eigene kulturelle Infrastruktur der Kichwa; und ▪ die Gewährleistung der Ernährungssouveränität der Bevölkerung.

Dies impliziert die Entwicklung einer eigenen Wirtschaft, die nicht auf der Anhäufung von Gütern, sondern auf Solidarität und Gegenseitigkeit beruht und die nachhaltige Produktion mit geeigneten Kichwa-Praktiken und -Technologien stärkt, wobei das Gleichgewicht der Natur stets gewahrt bleibt. Diese Wirtschaft findet ihren Ausdruck in Strategien der *Minga*, der kollektiven Arbeit, und des kollektiven Fischens, im Tauschhandel von Produkten und Dienstleistungen, obschon sie derzeit auch die Umsetzung neuer wirtschaftlicher Denkweisen plant.

Die *Sumak Allpa* (Gesunde Erde) lädt uns ein, einen gesunden Planeten mit einem biologisch vielfältigen, zerbrechlichen, unverschmutzten Ökosystem zu genießen und gleichzeitig ein Bewusstsein für den Reichtum des Waldes an Flora und Fauna zu entwickeln sowie die heiligen, lebendigen Stätten zu bewahren und zu respektieren. Dazu gehört das Erhalten der Integrität des Territoriums durch Verwaltungs- und Nutzungsregeln, die auf den Naturschutzgesetzen des Kichwa-Volkes und auf einer durch das Volk selbst festgelegte Gebietseinteilung beruhen.

Das Grundprinzip des *Sacha Runa Yachay* (Kichwa-Wissen der Waldvölker) besteht darin, unser überliefertes Wissen, unsere kulturellen und spirituellen Praktiken zu bewahren, die es uns ermöglichen, zusammen mit unseren *Yachags* oder Weisen weiterhin unsere eigenen traditionellen Heilpraktiken auszuüben und die Heilpflanzen zu nutzen.

Wir schätzen den Reichtum unserer traditionellen Architektur, die im Einklang mit der Realität unserer Waldumgebung steht, und üben uns in der Kunst der Keramik, dem Bau von Jagdgeräten und der Fischerei. Musik, heilige Gesänge, Trommeln und Tänze sind untrennbar mit dem *Sacha Runa Yachay* verbunden. Dies wird durch die Weitergabe unserer eigenen Techniken zur Bearbeitung und Nutzung des Bodens für den Landbau sowie der Techniken für die Jagd, den Fischfang und dem Sammeln von Früchten erreicht. Es ist notwendig, eine Bildung mit menschlichem Antlitz und einem offenen Blick zu entwickeln, die unser eigenes Wissen als Ausgangspunkt wertschätzt und respektvoll mit anderen Kulturen in Beziehung tritt. Wir müssen die Solidarität unter den *Ayllus* (Familien) basierend auf den *Mingas* (kollektiven Arbeiten) aufrechterhalten; wir müssen das Gleichgewicht und die Beziehung zwischen Menschen und Natur bewahren, das Konzept eines lebenden und lebendigen Waldes mit all seinen Akteuren aufrechterhalten: mit seinen wahren Besitzer- und Meister- sowie seinen höchsten Vertreter*innen, den *Yachags* oder Weisen, wahren Wissenschaftler*innen mit dem höchsten Verständnis für die Natur und ihre Wesen.

Das Leben und die ›Kosmovision des Sarayaku-Volkes sind ein integraler, grundlegender Bestandteil des Wissens, das notwendig ist, um unsere Identität als Kichwa-Volk zu bewahren.

Patricia Gualinga, geboren am 21. September 1969 in Sayaraku, ist eine gebürtige Kichwa. Sie hat einen Bachelor-Abschluss in Wirtschaft und studierte Menschenrechtsprozesse, Umweltmanagement und Kommunikation. Sie ist Beraterin für Amazonasangelegenheiten und Regionalmanagerin für das Ministerium für Tourismus in Amazonien. Zuvor war sie Direktorin für Frauen und internationale Beziehungen für das Sarayaku-Volk in Ecuador.

Übersetzung: Riccarda Flemmer

Alain Caillé

Konvivialismus

 Konvivialität, politische Philosophie, konvivialistisches Manifest, Kosmopolitismus

Der Begriff ‚Konvivialismus' entstand 2011 als einzig naheliegende Entscheidung während einer Konferenz in Tokio, die unter dem Titel *Ist eine konviviale Gesellschaft möglich?* stattfand, der sich auf Ivan Illich bezog. Zu den Teilnehmenden gehörten unter anderem der Postwachstumsökonom Serge Latouche, einer der führenden Theoretiker alternativer Wohlstandsindikatoren, Patrick Viveret, und Alain Caillé, Herausgeber der Monatszeitschrift der ›Anti-Utilitaristischen Bewegung in der Sozialwissenschaft, Revue de MAUSS. Eine der Schlussfolgerungen, die auf der Veranstaltung gezogen wurden, war die Notwendigkeit, sich mehr auf die ›Konvergenz- als auf die Divergenzpunkte zu konzentrieren. Es wurde ein Begriff benötigt, um diese Gemeinsamkeiten zu benennen. Dies war der ‚Konvivialismus' – kurz gesagt, die Philosophie des Zusammenlebens, der Konvivialität. Es war eine Hommage an Ivan Illich.

Zwei Jahre später hatten der Name und die Idee bereits an Bedeutung gewonnen. In einem solchen Maße, dass Edgar Morin bald schreiben konnte: „Der Konvivialismus ist ein Schlüsselkonzept, ohne das es keine Zivilisierungspolitik geben kann". Nach gut einem Jahr der Debatte wurde 2013 eine Broschüre, das *Konvivialistische Manifest*, veröffentlicht, das von 64 bekannten französischsprachigen alternativen Intellektuellen unterzeichnet wurde. Die Autor*innen

III

waren in einem Spektrum angesiedelt, das von der Linken bis zur linken Mitte reichte. Auch eine Unterstützung von konservativer Seite war möglich, da sie sich von der Ansicht leiten ließen, dass uns angesichts der vielfältigen Bedrohungen, denen wir auf globaler Ebene ausgesetzt sind, nur ein massiver Wandel der internationalen öffentlichen Meinung gegen den Strom der Hybris[1] retten kann. Um dies jedoch zu ermöglichen, müssen wir uns zunächst von einem ‚pluriversalen' Standpunkt aus auf eine Reihe von Grundwerten einigen, denen ein großer Teil der Menschheit unabhängig von religiöser oder politischer Tradition wahrscheinlich zustimmen wird. Das mag wie ein gewagtes Spiel erscheinen, aber es ist fraglich, ob es noch etwas anderes gibt, das dieses Risiko wert ist.

Was hat diese Annäherung (convergence) zwischen so unterschiedlichen Autor*innen möglich gemacht? Ihre Übereinstimmung, sei sie explizit oder implizit, beruht auf mindestens sechs Punkten:

1. Erstens, und zweifelsohne an erster Stelle, ein sehr starkes Gefühl der Dringlichkeit. Es bleibt nur noch sehr wenig Zeit, um eine Katastrophe zu verhindern.
2. Die Überzeugung, dass ein Teil der gegenwärtigen Bedrohungen von der globalen Hegemonie des Rentier- und Spekulationskapitalismus herrührt, der zum Hauptfeind der Menschheit und des Planeten geworden ist, indem er eine anfallsartige Kristallisation von maßloser Hybris und Korruption hervorgebracht und verkörpert hat.
3. Die Tatsache, dass die Allmacht des Kapitalismus auf der Ohnmacht derer beruht, die unter seinen Auswirkungen leiden und nach einer anderen Lebensweise streben, um ihre Gemeinsamkeiten zu erkennen und zu benennen.
4. Die Gewissheit, dass das Festhalten an demokratischen Werten – und nicht zuletzt ihre Universalisierung – nicht mehr auf einem unbegrenzten und signifikanten Wachstum des BIP beruhen kann. In den entwickelten Ländern wird es aus strukturellen Gründen keine

Rückkehr zu einem solchen Wachstum geben, und es ist daher sinnlos, darin die Lösung für alle unsere Probleme zu sehen. Darüber hinaus würde der Planet eine Ausbreitung des westlichen oder amerikanischen Lebensstils nicht überleben können.

5. Die Gewissheit, dass nicht technische, wirtschaftliche und umweltbezogene Lösungen für den Prozess des Aufbaus einer Welt nach dem Wachstum von entscheidender Bedeutung sind, sondern eine politische Philosophie, die umfassend genug ist, um die Welt von heute in ihrer Gesamtheit zu erfassen. Die Ideologien, die unsere Hinterlassenschaft darstellen – der Liberalismus, der Sozialismus, der Kommunismus und der Anarchismus – erlauben es uns nicht mehr, eine mögliche Gegenwart oder Zukunft in Betracht zu ziehen, und zwar aus zwei wesentlichen Gründen: weil sie sich zu sehr auf die nationale Ebene beziehen und weil sie alle vier die Überzeugung teilen, dass das Grundproblem der Menschheit der materielle Mangel ist, und dass der Mensch ein bedürftiges Wesen ist. Dabei gehen sie nicht auf die Frage des Begehrens ein und machen somit die Idee einer Welt nach dem Wachstum unvorstellbar.
6. Schließlich die Gewissheit, dass die einzige Hoffnung, allen Bedrohungen, mit denen wir konfrontiert sind, auf zivilisierte Weise zu begegnen, darin besteht, das demokratische Ideal zu entwickeln und zu radikalisieren. Unsere Hoffnungen müssen sich also nicht nur auf den Markt und/oder den Staat richten, sondern auch auf die Gesellschaft selbst, d.h. auf die selbstverwaltete, assoziierte, zivile Gesellschaft oder das, was die Konvivialist*innen als ‚Zivilgesellschaft' bezeichnen.

Der Konsens zwischen den 64 Autor*innen des Konvivialistischen Manifests, denen sich bald rund fünfzig weltbekannte Intellektuelle anschlossen, beruhte auf der Ermittlung von vier Prinzipien:

▪ **Ein Prinzip der gemeinsamen Menschheit: Respekt für die Unterschiede.** Dies schließt alle Formen von Ausgrenzung und Stigmatisierung aus.

■ **Ein Prinzip der gemeinsamen Sozialität: der Reichtum der sozialen Bindungen.** Darin ist die unbedingte Notwendigkeit verankert, die Qualität der sozialen Beziehungen zu gewährleisten.

■ **Ein Prinzip der legitimen Individuation: die Selbstverwirklichung.** Dies legt fest, dass die sozialen Beziehungen so organisiert werden müssen, dass alle in ihrer Einzigartigkeit anerkannt werden können.

■ **Ein Prinzip der friedlichen und konstruktiven Opposition.** Darin wird das vorrangige politische Ziel festgelegt, den Menschen die Möglichkeit zu geben, zusammenzuarbeiten, indem sie „miteinander streiten, ohne sich gegenseitig abzuschlachten (und sich voll und ganz einer Sache widmen zu können, ohne ihr Leben dafür zu opfern)".

Es sei darauf hingewiesen, dass dies die Grundsätze sind, die von allen totalitären Mächten und Diktaturen, einschließlich der Finanzdiktaturen, bekämpft wurden und werden. Der erste Grundsatz drückt das zentrale Bestreben des Kommunismus aus, der zweite das des Sozialismus, der dritte das des Anarchismus und der vierte das des republikanischen Liberalismus. Es ist wohl nicht zu kühn anzunehmen, dass diese vier zentralen Werte von allen Religionen geteilt werden. Ein Staat, eine Regierung oder eine neue politische Institution kann nicht als legitim angesehen werden, wenn sie sich nicht an diese vier Grundsätze hält. Der Konvivialismus könnte als die Kunst angesehen werden, sie zu kombinieren.

Das *Konvivialistische Manifest* (2013) wurde zunächst von rund 100 bekannten französischsprachigen Intellektuellen und Akademiker*innen verfasst oder befürwortet, und dann von fast 4.000 weiteren Personen unterzeichnet. Es wurde in zehn Sprachen übersetzt.

Anmerkung

1 Hybris: lt. Duden „Hochmut; Überheblichkeit; Vermessenheit" (Anm. d. Übers.)

Weitere Quellen

Caillé, Alain/The Convivialists (2016), *Éléments d'une politique convivialiste.* Lormont: Le Bord de l'eau.

Convivialism Transnational, http://convivialism.org/. (abgerufen am 6.7.2023)

Convivialist Manifesto (2013), *A Declaration of Interdependence,* Le Bord de l'eau (**deutsch**: Das konvivialistische Manifest. Für eine neue Kunst des Zusammenlebens, Bielefeld: transcript Verlag, 2014, online: https://www.transcript-verlag.de/978-3-8376-2898-2/das-konvivialistische-manifest/ abgerufen am 27.07.2023)

Journal du MAUSS, www.journaldumauss.net. (abgerufen am 6.7.2023)

La Revue du M.A.U.S.S., http://www.revuedumauss.com.fr/ *Les Convivialistes,* http://www.lesconvivialistes.org/. (abgerufen am 6.7.2023)

Alain Caillé ist emeritierter Professor für Soziologie an der Universität Paris-Ouest-Nanterre. Er leitet auch eine interdisziplinäre Zeitschrift für Sozialwissenschaften und politische Philosophie, *La Revue du MAUSS* (Anti-Utilitaristische Bewegung in der Sozialwissenschaft), www.revuedumauss.com.

Übersetzung: Elisabeth Voß

David Barkin

Konvivialität

 Konvivialität, Werkzeuge, konvivialer Wideraufbau

In ihrer modernen Form wurde ‚Konvivialität' mit der Veröffentlichung von Ivan Illichs *Tools for Conviviality* im Jahr 1973 zu einem Wort des allgemeinen Sprachgebrauchs.[1] Obwohl es kein neues Konzept ist, entschied er sich dafür, ihm eine andere Konnotation zu geben, „einen Fachbegriff, um eine moderne Gesellschaft mit verantwortungsvoll begrenzten Werkzeugen zu bezeichnen" (S. xxiv)[2]; er unterscheidet seine Bedeutung ausdrücklich von der üblichen Verwendung als ‚Gesellligkeit', indem er den Begriff auf ‚Werkzeuge' statt auf die Beziehungen zwischen Menschen anwendet. In diesem Zusammenhang führte er auch ein weiteres grundlegendes Merkmal einer konvivialen Gesellschaft ein: die Askese, verstanden als „eine Tugend, die nicht alle Freuden ausschließt, sondern nur diejenigen, die von der persönlichen Verbun-

K

III

denheit ablenken oder sie zerstören" (S. xxv). Was Illich vorschlug, war ein stetiger Prozess des konvivialen Wiederaufbaus, für den er konkrete Anleitungen bot, die heute noch aktueller sind als damals.

Konvivialität ist ein offener Vorschlag für den Aufbau einer neuen Gesellschaft, einer Gesellschaft, die die tiefgreifenden Beschränkungen unserer gegenwärtigen Welt überwindet, um sich auf einen Sozialismus zuzubewegen, der „eine Umkehrung unserer gegenwärtigen Institutionen und die Ersetzung industrieller Werkzeuge durch konviviale" (S. 12) erfordern würde. Dieser neue Rahmen „wird ein frommer Traum bleiben, wenn sich die Ideale der sozialistischen Gerechtigkeit nicht durchsetzen" (S. 12). Im Verlauf des Textes hebt er eine Ansicht hervor, die vielen der heutigen sozialen Bewegungen vertraut ist:

> *„Die gegenwärtige Krise unserer wichtigsten Institutionen ... schränkt die grundlegende menschliche Freiheit ein, um den Menschen mehr institutionelle Leistungen zu bieten ... Eine konviviale Gesellschaft wäre das Ergebnis sozialer Arrangements, die jedem Mitglied den größtmöglichen und freien Zugang zu den Werkzeugen der Gemeinschaft garantieren und diese Freiheit nur zu Gunsten der gleichen Freiheit eines anderen Mitglieds einschränken." (S. 12)*

Dies ist von entscheidender Bedeutung: Auch wenn eine konviviale Welt nicht zu einer Gesellschaft der materiellen Gleichheit führt, sind sowohl traditionelle als auch neue ökonomische Instrumente erforderlich, um „die Nettoübertragung von Macht in Grenzen zu halten" (S. 17).

In dieser Welt muss ein Gleichgewicht zwischen den Menschen, ihren Werkzeugen und dem Gemeinwesen gesucht werden. Der Schlüssel zu dieser Diskussion ist ein anderes Verständnis von Werkzeugen, Instrumenten und Institutionen. In seinen Schriften zeichnet Illich sorgfältig einen Prozess der Neugestaltung nach, der den Menschen und der Gesellschaft zugutekommt und die Bedürfnisse befriedigt, anstatt das Gegenteil zu bewirken, wie es gegenwärtig

der Fall ist. Dabei besteht er auf der ethischen Zentralität der Freiheit, die in der Wechselseitigkeit wurzelt, und nicht auf dem atomistischen Wert der heutigen Gesellschaft, der so eng mit der Wettbewerbsdynamik verbunden ist, die die heutige Klassengesellschaft erzwingt.

Die Konvivialität muss jedoch unsere derzeitigen sozialen Strukturen und die Grenzen unseres Planeten berücksichtigen. Die entstehenden Gemeinschaften, in denen sie Wurzeln schlägt, sind keine Gruppen, die einfach beschließen, sich vom Nationalstaat zu trennen. Der Prozess beinhaltet viel mehr, nämlich das Bemühen, ein gewisses Maß an Unabhängigkeit und Autonomie zu erlangen, um sich selbst zu verwalten, um neue Institutionen zu schaffen, die eine echte demokratische Beteiligung und eine Verteilung der Aufgaben der Verwaltung ermöglichen. Dies wird durch die Übernahme der Kontrolle über ein Territorium ermöglicht, ein Gebiet, mit dem sie sich identifizieren und auf das sie im Idealfall einen historischen Anspruch erheben können. Die Konsolidierung der kollektiven Verwaltung des Territoriums beinhaltet die Beanspruchung und/oder Anerkennung der ›Commons als Institution, als Instrument, wenn man so will, das die Individuen in eine gemeinsam beratende Kollektivität verwandelt, in Gruppen, die die Kontrolle über ihr Leben und die Quellen ihres Lebensunterhalts übernehmen.

Die Commons sind eine wichtige Quelle der Unterstützung für diese ›Transformation. Ein physisches Gebiet, in dem sich die Gemeinschaft selbst versorgen kann, ein historischer Raum, mit dem sie sich identifizieren kann, und ein institutioneller Raum, der es ihr ermöglicht, die neuen Beziehungen zu entwerfen, die die Fähigkeit der Menschen erleichtern, sich gegenseitig zu unterstützen, und die Möglichkeiten der Konvivialität erweitern. Bei der Verteidigung der Gemeingüter stehen die Gemeinschaften vor der Herausforderung, die historischen Trends der sozialen Desintegration und der Umweltzerstörung umzukehren, ebenso wie das Vordringen der neuen Modelle der Enteignung oder

Aneignung. Diese funktionieren über den Markt oder durch direkten Diebstahl, wie zum Beispiel Land- und Wasserraub durch die pervertierte Nutzung der herrschenden Institutionen. Diese Konflikte sind ein wachsender Teil der antikapitalistischen Dynamik, die das ›Commoning‹ definiert und vorantreibt. Die gleichen Prozesse der Verteidigung stärken ihr Engagement für ein gemeinsames Ziel und schaffen eine neue Fähigkeit, Allianzen mit anderen Gemeinschaften in immer ausgedehnteren Einflussbereichen mit größeren Möglichkeiten zu knüpfen, um neue Formen des Regierens vorzuschlagen. Selbstverständlich führen diese Gemeinschaften und ihre sich entwickelnden Institutionen auch neue Lebensformen ein, die besser mit den Erfordernissen der planetarischen Grenzen und den Möglichkeiten der ›bioregionalen Ökosysteme vereinbar sind.

Konvivialität ist heute viel wahrscheinlicher als zu der Zeit, als Illich seine Vision erstmals formulierte. Überall auf der Welt nimmt eine wachsende Anzahl von Gruppen ihre Zukunft selbst in die Hand. Sie lassen sich nicht länger von den Versprechungen einer blühenden Zukunft mit ständigem Wachstum täuschen und suchen nach Alternativen. Während einige das illusorische Produkt idealistischer Abstraktionen sind, beruhen viele auf realistischeren Versuchen, aus ihrem Erbe zu lernen und diese Lektionen an die konkreten Umstände anzupassen, mit denen sie heute konfrontiert sind. Die Gemeinschaften beteiligen sich aktiv an produktiven Dialogen mit anderen, sowohl auf lokaler als auch auf globaler Ebene, und stärken Allianzen und Netzwerke, um Möglichkeiten zu schaffen, die Begrenzungen durch geringe Größe und einzelne Ökosysteme zu überwinden. Auf diese Weise machen sie sich die Gemeinschaft wieder zu eigen, integrieren eine Geschichte kollektiver Arbeit und kollektiven Wissens, stellen das Wohlergehen ihrer Gesellschaften sicher und ersetzen das Profitstreben durch Programme zur Stärkung ihrer Institutionen und zur Erhaltung ihrer Ökosysteme.

Die zahlreichen Initiativen zum Aufbau und zur Wiederherstellung der Gemeinschaft, die über den Widerstand gegen die Kräfte des globalen Marktes hinausgehen, sind Beispiele dafür, dass die Menschen nach neuen Alternativen suchen und diese schmieden. Anstelle von Mangel definieren sie neue konviviale Ziele: die Produktion und die Institutionen in den Dienst der Gemeinschaft zu stellen und gleichzeitig die Gesundheit der Umwelt zu gewährleisten.

Anmerkungen

1 In diesem Text zitiere ich die Internetversion des 1973 bei Calders und Bacon in London erschienenen Buches, das unter https://web.archive.org/web/20190702152652/ http://www.preservenet.com:80/theory/Illich/IllichTools. html frei zugänglich ist. Die Seitenangaben beziehen sich auf diese Version.

2 Die Zitate von Ivan Illich wurden direkt aus dem englischen Text von David Barkin übersetzt und können daher von der deutschsprachigen Übersetzung abweichen, weil Ivan Illich seine ins Deutsche übersetzten Werke selbst durchgesehen und überarbeitet hat. (Anm. d. Korr.)

Weitere Quellen

Esteva, Gustavo (2014), ‚Commoning in the New Society‘, *Commons Sense: New thinking about an Old Idea*, special issue of the *Community Development Journal*. 49: 144–159.

Illich, Ivan (1973), *Tools for Conviviality*. London: Calder and Bacon, https://web.archive.org/web/20190702152652/ http://www.preservenet.com:80/theory/Illich/IllichTools. html (abgerufen am 27.07.2023) (**deutsch**: Selbstbegrenzung : eine politische Kritik der Technik. München: Beck Verlag, 2014)

McDermott, Mary (2014), ‚Introduction‘, *Commons Sense: New thinking about an Old Idea*, special issue of the *Community Development Journal*. 49: 1–11.

Shaw, Mae (2014), ‚Learning from the Wealth of the Commons: A Review Essay‘, *Commons Sense: New thinking about an Old Idea*, special issue of the *Community Development Journal*. 49: 12–20.

David Barkin ist Ausgezeichneter Professor an der *Universidad Autónoma Metropolitana, Xochimilco Campus*, Mexiko-Stadt. Er ist Gründungsmitglied des *Ecodevelopment Center*, erhielt den Nationalen Preis für Politische Ökonomie und ist ein emeritiertes Mitglied des Nationalen Forschungsrats. Seine letzten Bücher sind u.a. *De la Protesta a la Propuesta* (Mexiko und Buenos Aires: Universidad Autónoma Metropolitana y CLACSO) und *Food Sovereignty: A Strategy for Confronting Poverty (International Studies in Poverty Research*, London, Zed Books).

Übersetzung: Elisabeth Voß

III

Enric Duran Giralt

Kooperative Ökosysteme

 *Graswurzelbewegungen, Gemeingüter,
alternative Ökonomie*

Wir verstehen ein kooperatives Ökosystem als einen Prozess zum Aufbau einer postkapitalistischen Gesellschaft, der auf der Schaffung kooperativer Beziehungen in allen Lebensbereichen beruht – Wirtschaft, Politik, Ökologie, Kultur und menschlichen Bedürfnissen. Kooperative Ökosysteme sind dem kapitalistischen System und den Nationalstaaten entgegengesetzt; sie zielen darauf ab, Solidaritätsbeziehungen zwischen den Teilnehmenden zu verbreiten und Autonomie in möglichst vielen Bereichen des gesellschaftlichen Lebens zu erreichen.

Kooperative Ökosysteme basieren auf Prinzipien, Codes, Verbindungen und Aktionen, die es jedem Projekt ermöglichen, so viele Bedürfnisse wie möglich zu unterstützen. Jeder Teil spielt insofern eine Rolle, als das Ganze nur durch die Beteiligung aller Teile möglich ist. Wir sagen, dass sie kooperativ sind, weil die Beziehungen zwischen allen beteiligten Initiativen und Personen auf gegenseitiger Unterstützung, Solidarität und Gleichberechtigung beruhen und kooperative Praktiken im Gegensatz zu den in kapitalistischen Systemen vorherrschenden Konkurrenzerfahrungen hervorbringen.

Eigentlich stammt der Begriff in erster Linie von *FairCoop*[1], die die Idee eines ‚kooperativen Ökosystems' in ihrem Slogan von 2016 eingeführt hat: „Kooperatives Ökosystem der Erde für eine faire Wirtschaft"[2].

Ein kooperatives Ökosystem kann zu einem ›synergetischen Treffpunkt für verschiedene alternative Wirtschaftssysteme werden, indem Praktiken zusammengeführt werden, auf die sich Netzwerke einigen können. Diese Ökosysteme können auf lokaler oder globaler Ebene zusammenarbeiten, wobei sie mit ihren Werten im Einklang stehen, da lokale Maßnahmen und Entscheidungsprozesse autonom sind.

Im Folgenden einige Schlüsselelemente eines kooperativen Ökosystems:

■ **Offenheit:** Ein grundlegender Aspekt ist, dass Individuen, Kollektive oder sogar Netzwerke und andere Ökosystemprozesse die Werkzeuge des kooperativen Ökosystems nutzen können. Diese Offenheit ermöglicht es Initiativen, flexibel und vielseitig zu sein, ohne autoritäre Entscheidungen, die Räume schließen oder Spaltungen unter den Teilnehmenden hervorrufen.

■ **Versammlungen und direkte Demokratie:** Die Entscheidungsfindung im Konsens ist der Schlüssel zur Aufrechterhaltung der Lebendigkeit des Prozesses in den frühen Phasen der Entwicklung. Auf lange Sicht könnte ein erfolgreicher Prozess aufgrund der Überfüllung der partizipativen Räume die Einführung eines Abstimmungsverfahrens erforderlich machen, aber es ist wichtig, dass in der Anfangsphase Konsensentscheidungen über gemeinsame Angelegenheiten getroffen werden. Der Konsens vermeidet die Versuchung, die Entscheidungsfindung nur denjenigen zu überlassen, die registriert sind. So werden Konflikte zwischen verschiedenen Gebieten oder Sektoren vermieden.

■ **Dynamischer Aufbau:** Es ist wichtig, dass die Wechselwirkung zwischen Mitteln und Zwecken flüssig und flexibel ist. Für eine ›transformative Veränderung braucht es eine gemeinsame Vorstellung davon, wohin die Veränderung gehen soll, auch wenn sich dieser Plan bei jeder Versammlung ändern kann. Ein Zukunftsplan kann kein unantastbares Dokument sein, denn das würde denjenigen Freiheit und konstituierende Macht nehmen, die ihn erstellen und dabei lernen. Auf diese Weise wirken die gegenwärtigen Praktiken und die Theorie, die uns zu ihnen hinführt, zusammen und verändern sich im Laufe der Zeit gegenseitig.

■ **Nachhaltige Selbstverwaltung des Übergangsprozesses:** Der Aufbau einer Reihe von Institutionen und Produktionskapazitäten erfordert Investitionen in Material, Zeit, sowie Lernen und Experimentieren. Im Fall von Wirtschaftsgenossenschaften können die Kosten, die durch Fehler entstehen, einen erheblichen wirtschaftlichen Aufwand bedeuten, bevor genügend Einkommen erzielt wird, um diese Kosten zu decken. Um diese Differenz zwischen Einnahmen und Ausgaben, die durch den Produktionsprozess entstehen, zu decken – und ohne von externen Faktoren wie dem Staat oder kapitalistischen Unternehmen abhängig zu sein, die das Projekt deaktivieren könnten – müssen wir uns darüber im Klaren sein, wie wir von Anfang an Zugang zu Ressourcen erhalten. Beispiele, von denen wir lernen können, sind: wirtschaftlicher Ungehorsam gegenüber politischen Institutionen; Reinvestition von Steuergeldern in kommunale Autonomie wie die *Cooperativa Integral Catalana* (Integrale Katalanische Kooperative)[3]; oder die Rückgewinnung des Wertes einer digitalen Kryptowährung wie *FairCoin*[4] durch eine globale kooperative Graswurzelbewegung.[5]

Damit diese Übergangsprozesse jedoch funktionieren, brauchen wir strategische Instrumente, wie die folgenden *autonomen Instrumente*:

■ *Sozialer Markt:* Die Verwechslung von Markt und Kapitalismus hat es historisch schwierig gemacht, angesichts der Gegnerschaft zum neoliberalen System die Rolle der Märkte bei der Entwicklung von Alternativen zu diskutieren. Ein Markt mit Werten, die dem entstehenden Prozess angehören, spielt eine sehr wichtige Rolle bei der Schaffung kooperativer Beziehungen zwischen verschiedenen Gemeinschaften, sowohl auf lokaler Ebene als auch beim Handel zwischen verschiedenen Regionen, unter Berücksichtigung der Priorität, lokale Kreisläufe mit der Natur in Einklang zu stellen.

Die Schaffung von Ressourcenverteilungsprozessen außerhalb von Märkten erfordert einen Konsens innerhalb der politischen Gemeinschaft. Ein Markt ermöglicht es, dass die Teilnehmenden auch dort, wo ein solcher Konsens nicht besteht, Zugang zu verschiedenen alltäglich benötigten Materialien und Dienstleistungen haben. Ein fairer oder sozialer Markt kann viele Formen haben, von der Straße bis zur Online-Plattform.

■ *Währung*: Die Währung ist eine der wichtigsten Erfindungen in der Geschichte gewesen. Sie hat es komplexen Gesellschaften ermöglicht, Produkte und Dienstleistungen schnell und effizient auszutauschen, ohne die Einschränkung, dass die Teilnehmenden über Produkte von gleichem Wert und Nutzen verfügen müssen. Das Vorhandensein einer oder mehrerer Währungen ist ein Schlüsselelement für die alltäglichen Praktiken in einem kooperativen Ökosystem. Zusätzlich zum Tausch ermöglichen heutzutage dezentrale Systeme wie die *Blockchain*-Technologie sichere Online-Transaktionen. Währungen sind wichtig für die Speicherung von Werten und ermöglichen es uns, Ersparnisse und Investitionen als strategische Elemente im Aufbau von Ökosystemen einzubeziehen.

■ *Gemeinschaftliche Projekte und autonome Projekte*: In Analogie zu den öffentlichen und privaten Räumen in modernen Staaten gibt es in kooperativen Ökosystemen grundsätzlich zwei Arten von Beziehungen. Die meisten Projekte sind autonom, das heißt, eine Person oder eine Gruppe von Personen trifft ihre eigenen Entscheidungen, um ihr Produkt oder ihre Dienstleistungen anzubieten. Dadurch erwirtschaften sie ihr eigenes Einkommen und leisten damit einen progressiven Beitrag zum gemeinschaftlichen Budget. Die *Integrale Katalanische Kooperative* wendet diese Methodik seit 2010 erfolgreich an.

Ein Gemeinschaftsprojekt, das von den Entscheidungen der Teilnehmenden abhängt, kann dazu dienen, die Bedürfnisse der Teilnehmenden zu erfüllen, oder eine längerfristige strategische Funktion haben.

Anmerkungen

1 *Fair Coop* möchte ein globales Netzwerk selbstorganisierter und selbstbestimmter lokaler Gemeinschaften und Einzelpersonen aufbauen, für ein alternatives und postkapitalistisches Wirtschaftssystem (Anm. d. Übers.)

2 spanisch: Ecosistema cooperativo de la Tierra para una economía justa (Anm. d. Übers.).

3 siehe https://cooperativa.cat/willkommen-bei-der-cooperativa-integral-catalana/

4 siehe https://www.fair-coin.org

III

5 siehe https://www.fair.coop (nur im Internet-Archiv: https://
web.archive.org/web/20220810121936/https://www.fair.
coop/en, abgerufen am 27.07.2023, Anm. d. Übers.).

Enric Duran Giralt stammt aus Vilanova i la Geltrú in Katalonien. Er ist auch als „Robin Banks" oder Robin Hood der Banken bekannt, ein katalanischer antikapitalistischer Aktivist und Gründungsmitglied der *Integralen Katalanischen Kooperative* (CIC: Cooperativa Integral Catalana), von *Fair-Coop* und der *Bank of the Commons*.

Übersetzung: Elisabeth Voß und Robin Pagel

Wendy Harcourt

Körperpolitik

 *Verkörperung, Feminismus, Rassismus,
Queer-Aktivismus, Heteronormativität*

‚Körperpolitik' ist seit den 1980er Jahren ein wichtiges politisches Projekt von feministischen und queeren Aktivist*innen auf internationaler Ebene. Im Rahmen der Körperpolitik werden Körper als Orte des kulturellen und politischen Widerstands gegen das vorherrschende Verständnis des ‚normalen' Körpers als weiß, männlich, westlich und heterosexuell betrachtet, von dem sich alle ‚anderen' Formen von Körpern unterscheiden. Körperpolitik reicht also von liberalen Forderungen nach wirtschaftlicher Gerechtigkeit bis hin zur Anerkennung der Unverletzlichkeit der Rechte auf sexuelle Orientierung für alle Menschen. So war die Körperpolitik beispielsweise eine disruptive und kritische Kraft in den queeren und feministischen Interventionen auf den globalen UN-Konferenzen in den 1990er Jahren zu Menschenrechten (1993), Bevölkerung (1994) und Frauen (1995). Aktivist*innen, die an diesen unterschiedlichen UN-Konferenzen teilnahmen, brachten Themen wie häusliche Gewalt, Vergewaltigung als Kriegswaffe, sexuelle und reproduktive Rechte von Frauen und die Rechte indigener, homosexueller und transsexueller Menschen ins internationale Bewusstsein. Ihre Kampagnen richteten sich nicht nur gegen geschlechtsspezifische Ungleichheiten, sondern auch gegen Rassis-

mus, Altersdiskriminierung und heterosexuelle Normen. Auf diese Weise hat die Körperpolitik verschiedene Formen der körperlichen Unterdrückung mit radikalen Formen der Demokratie verknüpft (Harcourt 2009).

Zu den Beispielen für körperpolitische Aktionen und Kampagnen gehören performative Proteste wie in Indien gegen Miss-World-Wettbewerbe, bis hin zu großen direkten Aktionen und langfristigen Online- und Offline-Kampagnen; die Märsche der 1980er Jahre gegen die Kriminalisierung der Abtreibung in den USA, Australien und Europa; und die zahlreichen globalen Kampagnen zur Beendigung von Gewalt gegen Frauen, einschließlich Vergewaltigung, Zwangssterilisation, Femizid und pädophilem Sexhandel. Die Beispiele reichen von feministischen Kampagnen zur Anerkennung von häuslicher Gewalt in der Ehe bis hin zu Theaterstücken wie *Die Vagina-Monologe*, die in New York ihren Anfang nahmen und inzwischen überall auf der Welt aufgeführt werden. Weitere Beispiele sind die in den 2000er Jahren erhobenen Forderungen nach dem Recht auf gleichgeschlechtliche Ehe und nach der Anerkennung von Transgender als drittes Geschlecht neben männlich/weiblich in offiziellen Dokumenten, in öffentlichen Toiletten und in Schulen. *Sexuality Policy Watch* (SPW)[1], eine Online-Institution mit Sitz in Brasilien, erstellt Daten, die viele dieser Aktionen und Kampagnen dokumentieren und zeigen, wie wichtig Körperpolitik in der globalen politischen Landschaft ist. Ein herausragendes Beispiel für globale Körperpolitik sind die Hunderte von Frauenmärschen, die am 21. Januar 2017, dem Tag nach der Amtseinführung des 45. Präsidenten in den USA, weltweit stattfanden. Millionen Menschen protestierten gegen Donald Trumps frauenfeindliche, rassistische und homophobe Äußerungen und sein Verhalten gegenüber Frauen.

Körperpolitik ist zweifelsohne kontrovers, weil sie intime und oft tabuisierte Themen sichtbar macht. Körperpolitik ‚spricht' in diesem Sinne das Unausgesprochene in politischen und wirtschaftlichen Räumen aus, da sie Normen in Frage stellt, die Geschlechter- und andere Ungleichheiten dulden und institutionalisieren. Kampagnen für die Rechte von Sexarbeiter*innen auf einen fairen Lohn fordern beispielsweise, dass diese als Arbeiter*innen wie alle anderen betrachtet werden. Körperpolitik stellt Homophobie in Frage, selbst in Gebieten wie Afrika, wo Homosexualität unter Strafe steht und kriminalisiert wird. Sie spricht rassistisch motivierte Diskriminierung auch innerhalb feministischer Bewegungen an, wo im weißen Privileg die Spuren der historischen Auslöschung sichtbar werden, die mit dem Kolonialismus verbunden sind (Harcourt, Icaza und Vargas 2016). ›Dekolonialität‹ ist in den letzten Jahren zu einem wichtigen Bestandteil der globalen Körperpolitik geworden. So stellen beispielsweise die Kampagnen zur Beendigung der gewaltsamen Diskriminierung indigener Frauen in Mittelamerika, einschließlich Sterilisation, Annahmen über Entwicklung und Fortschritt in Frage. Ein weiteres Beispiel sind die *Lateinamerikanischen und Karibischen Feministischen Begegnungen* in den frühen 1990er Jahren, die sich liberalen Vorstellungen von Gender und Entwicklung durch interkulturelle Dialoge entgegenstellten, die nicht-weiße, queere und indigene Bevölkerungsgruppen einschlossen (Harcourt, Icaza und Vargas 2016). Wie diese letzten Beispiele zeigen, ist Körperpolitik kritisch gegenüber Formen westlicher Macht, die sich in Sexismus, Rassismus, Frauenfeindlichkeit und Heterosexismus ausdrücken und mit imperialen und kolonialen Wissenssystemen einhergehen, die die Entwicklungspraxis prägen. (Mohanty 2003).

Bei der Körperpolitik geht es nicht nur um den Widerstand gegen Unterdrückung, sondern auch darum, die Welt neu zu denken und zu gestalten. Dazu gehört ein Verständnis von Sexualität, Diversität und Wohlbefinden aus der Perspektive der marginalisierten ‚Anderen‘. Ein Beispiel ist das *Europäische Feministische Forum* (EFF – European Feminist Forum), das von 2004 bis 2008 stattfand. Am EFF nahmen feministische und queere Aktivist*innen aus zwanzig europäischen Ländern teil. Es schuf einen digitalen Raum, in dem Roma-Frauen, junge Queer-Feminist*innen aus Mittel- und Osteuropa, migrantische Hausangestellte und Sexarbeiter*innen zusammenkommen und über die Zukunft diskutieren konnten, die sie sich vorstellten – eine Zukunft, die nicht von den Gegebenheiten der vorherrschenden EU-Politik und den ihr zugrunde liegenden individualistischen Vorstellungen von Erfolg und Fortschritt geprägt war. In Verbindung mit dem *Weltsozialforum* trug diese Erfahrung zu alternativen Organisationsformen bei, die auf einem pluriversalen Verständnis von ›*Care*‹ in nicht-ausbeuterischen, nicht-heteronormativen familiären Gruppen basieren.

Körperpolitischer Aktivismus stellt also das Narrativ der Moderne in Frage, das Geschlecht, Körper und Sexualität durch die Brille des Fortschritts definiert. Mit ihrem Aktivismus und ihrer Vision von Alternativen eröffnet Körperpolitik andere Möglichkeiten, Politik zu verstehen, jenseits von sozialer und wirtschaftlicher Entwicklung auf der Grundlage individueller Menschenrechte und angeblicher wirtschaftlicher Gleichheit, die vom Staat nach dem Prinzip der Rechtsstaatlichkeit gewährleistet werden soll. Stattdessen nimmt Körperpolitik das ›*racial*/ sexuelle/geschlechtliche‹ System auseinander, das die Moderne der Gesellschaft aufgezwungen hat. Sie stellt die moderne Aufstellung der Norm privilegierter weißer, männlicher, heterosexueller Körper in Frage. Sie stellt Theorie und Praxis des Postdevelopment vor die Herausforderung, die Art und Weise, wie Körper durch die im neoliberalen Kapitalismus eingebetteten sozialen Beziehungen geformt werden, zu hinterfragen und zu verändern. Sie lädt Postdevelopment dazu ein, auf den vielfältigen Widerständen und Rebellionen aufzubauen, die in feministischen und queeren Kämpfen für die körperliche Integrität der vielen ‚Anderen‘ gegenüber dem weißen männlichen Privileg zum Ausdruck kommen.

K

III

In ihrem Anspruch auf Andersartigkeit ist Körperpolitik ein essenzieller Ansatzpunkt für ein Umdenken in der Postdevelopment-Politik. Sie ist auch ein Raum für transformatives kollektives Handeln, das den Körper mit radikalen Alternativen in sozialen Bewegungen verbindet und so Strategien für eine vielfältig verkörperte Transformation entwickelt. Die Herausforderung für Postdevelopment besteht darin, die Vorstellung ernst zu nehmen, dass es eine Vielzahl von Körpern und Formen der Verkörperung gibt, um über die normalisierenden Geschichten und Praktiken der modernen Entwicklung hinauszugehen. Und für Feminist*innen und Queers besteht die Herausforderung darin, die vielfältigen und unterschiedlichen Wege der Verbindung mit der spirituellen Dimension des Lebens zu verstehen, um eine Beziehung zu nicht-menschlichen Körpern oder ‚Erd-Anderen' herzustellen.

Anmerkung

1 *Sexuality Policy Watch* (SPW) ist ein globales Forum, das Forscher*innen und Aktivist*innen aus einer Vielzahl von Ländern und Regionen der Welt umfasst, siehe http://sxpolitics.org.

Weitere Quellen

CREA, http://www.creaworld.org (abgerufen am 8.06.2023).

Harcourt, Wendy (2009). *Body Politics in Development: Critical Debates in Gender and Development*. London: Zed Books.

Harcourt, Wendy, Rozalba Icaza und Virginia Vargas (2016). *Exploring Embodiment and Intersectionality in Transnational Feminist Activist Research*. In: Kees Biekart, Wendy Harcourt und Peter Knorringa (Hrsg.). *Exploring Civic Innovation for Social and Economic Transformation*. London: Routledge.

Mohanty, Chandra Talpade (2003). *Feminism without Borders: Decolonizing Theory, Practicing Solidarity*. Durham: Duke University Press.

Wendy Harcourt ist Professorin für kritische Entwicklungs- und Feministische Studien am Internationalen Institut für Sozialstudien der Erasmus-Universität in Den Haag, Niederlande. Von 1988 bis 2011 war sie Herausgeberin der Zeitschrift *Development* und Programmdirektorin bei der *Gesellschaft für Internationale Entwicklung* (Society for International Development) in Rom, Italien.
Sie hat zahlreiche Publikationen zu den Themen Post-Development, politische Ökologie und Feminismus veröffentlicht.

Übersetzung: Anna Voß

Ekaterina Chertkovskaya

Kulturökologie

 Ökologie, Kultur, Soziale Bewegungen, Russland, Umweltgerechtigkeit

Die ‚Ökologie der Kultur' kann als konzeptioneller Rahmen und Raum des Ringens definiert werden, der die ökologische und kulturelle Nachhaltigkeit von Orten und Räumen, in denen Menschen leben, zusammenbringt. Das Konzept wurde 1979 von Dmitri Sergejewitsch Lichatschow eingeführt, einem sowjetischen Gelehrten und öffentlichen Intellektuellen, der das Gefangenenlager Solowki und die *Leningrader Blockade* überlebt hat. Als „Gewissen der Nation" bezeichnet, war Lichatschow bemerkenswert freimütig und brachte seinen Widerstand gegen Themen wie die Umleitung des sibirischen Flusses zum Ausdruck – einem gewaltigen Projekt, das von der sowjetischen Regierung seit den 1930er Jahren geplant, aber schließlich 1986 aufgegeben wurde.

Lichatschow sah die ökologische Nachhaltigkeit als ausschlaggebend für das Leben auf der Erde an und kritisierte das Verständnis von Fortschritt im Sinne industrieller Expansion. Ebenso wichtig war für ihn die Kontinuität der Kultur und des kulturellen Erbes, welche Teil seines umfassenderen Verständnisses von Ökologie waren. Die gleichzeitige Betonung von Umwelt und Kultur ist nicht überraschend. Die ›produktivistische Vision von Fortschritt in der Sowjetunion und in den sie umgebenden Ideologien verursachten nicht nur dramatische Eingriffe in die natürliche Umwelt, sondern auch in das, was Lichatschow als kulturelle Umwelt bezeichnete – wie etwa in die Architektur städtischer Räume, die an vorrevolutionäre Zeiten erinnerte und nach sowjetischen Visionen umzugestalten werden sollte. Auch wenn die Sowjetära zweifellos bemerkenswerte architektonische Stile, Planungen, öffentliche Verkehrsmittel und Denkmäler in die Stadtlandschaften brachte, so wurden doch viele Wahrzeichen und Symbole der Vergangenheit erbarmungslos zerstört. Ironischerweise ist heute das sowjetische kulturelle Erbe selbst oft bedroht, da der Drang nach schnellem Gewinn ein Hauptmerkmal des postsowjetischen Kapitalismus ist.

Die Ökologie der Kultur, so Lichatschow, ist für das moralische Leben der Menschen ebenso wichtig wie die Nachhaltigkeit des physischen Lebens für die Umwelt im biologischen Sinne – beide sind untrennbar miteinander verbunden: „Da gibt es keine Kluft zwischen beidem, ebenso wie es keine klare Grenze zwischen Natur und Kultur gibt" (Lichatschow 2014/1984: 90). Die Kulturökologie bezieht sich nicht auf ein hochtrabendes oder exklusives Verständnis von Kultur, sondern schließt die gesamte Bandbreite kultureller Praktiken ein, durch die Menschen ihrem Leben einen Sinn geben. Es kann sich um bemerkenswerte architektonische Konstruktionen handeln – wie die russische Avantgarde, die an die Ambitionen und Möglichkeiten erinnert, die in der Anfangszeit der Sowjetära zum Ausdruck kamen – oder um die Volkskunst, mit der die Häuser in den Dörfern geschmückt werden. Es kann sich auch um eine harmonisch gestaltete Landschaft handeln, die den Blick auf einen Fluss freigibt oder ein Gefühl von Weite vermittelt. Die Kulturökologie beschränkt sich jedoch nicht nur auf materielle oder physische Phänomene, sondern kann beispielsweise auch Musik[1], Tanz und Literatur umfassen.[2]

Auch wenn die Kulturökologie von den heutigen sozialen Bewegungen nicht explizit herangezogen wird, so ist sie doch ein hilfreicher Ausdruck der städtischen Kämpfe im postsowjetischen Russland, die sich häufig gegen die Zerstörung des materiellen und immateriellen Erbes und verdichtende Bebauung wehren. Im ganzen Land findet diese architektonische Zerstörung in erstaunlichem Maße statt und wird von sozialen Bewegungen wie Archnadzor[3] (Architekturwache) in Moskau, Zhivoi Gorod[4] (Lebendige Stadt) in St. Petersburg und ähnlichen Bewegungen in Ufa, Tver, Vologda und anderen Städten aktiv bekämpft. Sie vereinen Stadtbewohner, Ethnographen, Ökologen und andere Menschen.

Ist ein Gebäude gefährdet, wird die Frage, von wem es erbaut wurde, was das Besondere an ihm ist und welche Persönlichkeiten mit dem Ort verbunden sind, Teil der Widerstandskampagne, die verdeutlicht, wie wichtig die Kulturökologie für die Kämpfe in den Städten ist. Eine derartige Aktion wurde beispielsweise zum Schutz eines Gebäudes durchgeführt, das mit Tolstois Familie in Verbindung stand. Die Figur Tolstois, zusammen mit einem aus ‚Krieg und Frieden' stammenden Zitat – „Es ist viel ehrenvoller, seinen Fehler einzugestehen, als die Dinge unwiederbringlich werden zu lassen" – wurde zum zentralen Thema der Kampagne. Kämpfe mit einem starken kulturökologischen Element stehen oft im Einklang mit ökologischer Nachhaltigkeit, da sowohl die kulturelle als auch die biophysikalische Umwelt durch die auf ›Kapitalakkumulation ausgerichtete *Entwicklung* bedroht sind. Dies ist auch der Fall bei der Kampagne gegen den Bau eines Justiz- und Wohnviertels am Ufer der Newa neben der Peter-und-Paul-Festung in St. Petersburg. An deren Stelle soll ein Park geschaffen werden, der nach Lichatschow benannt werden soll. Hier plädieren die Aktivist*innen also für eine Grünfläche im Stadtzentrum, die sich auch in die aktuelle Landschaft einfügen würde.

Bewegungen, die sich im Sinne der Kulturökologie äußern, betonen die Bedeutung der partizipativen Gerechtigkeit besonders, was die Kulturökologie in die Nähe von Konzepten und Auseinandersetzungen um Umweltgerechtigkeit rückt. Einige dieser Bewegungen bilden Allianzen und tauschen Informationen und Erfahrungen aus, wodurch neue Praktiken und Prozesse der Selbstorganisation gefördert werden. In der Stadt Zhukovskiy trug die Mobilisierung der Einwohner*innen zum Schutz der Wälder schließlich zur Wahl des *Zhukovskiy People's Council* bei – einer Organisation, die die Einflussnahme von Einwohner*innen auf die offiziellen Stellen der Stadt koordiniert. Als Reaktion auf die ständige Bedrohung des architektonischen Erbes Moskaus sind zahlreiche Initiativen entstanden, die darauf abzielen, Ge-

K

III

schichten und Wissen über die Stadt weiterzugeben, beispielsweise im Rahmen von Spaziergängen und Vorträgen, die von Stadtliebhaber- und Ethnograph*innen durchgeführt werden. Diese Initiativen sind in der Regel nicht kommerziell ausgerichtet, sondern haben eher einen geselligen und kollektiven Charakter, sie tragen zur Kulturökologie bei und schärfen das Bewusstsein für die ständigen Bedrohungen der Stadt.

Die Kulturökologie hat das Potenzial, verschiedene und etwas verstreute Kämpfe zu vereinen, da sie ein gemeinsames Problem aufgreift. Aufgrund ihrer Verbindung zur ökologischen Nachhaltigkeit kann die Kulturökologie auch dazu beitragen, den Weg zu einem stärkeren öffentlichen Bewusstsein für ökologische Fragen zu ebnen. Damit sich dieses ›transformative Potenzial verwirklicht lässt, muss die Kulturökologie jedoch als ein lebendiges Konzept verstanden werden, das offen dafür ist, mit neuen Inhalten und neuen Menschen, die zu seiner Entwicklung beitragen können, angereichert zu werden.

Anmerkungen

1 Siehe Sonevytsky und Ivakhiv (2015).
2 Siehe auch Likhachyov (2000/1992-93).
3 Archnadzor („Architekturwache") – soziale Bewegung zum Schutz des architektonischen Erbes von Moskau. Siehe www.archnadzor.ru (auf Russisch).
4 Zhivoi Gorod („Lebendige Stadt") – soziale Bewegung, die Menschen vereint, die St. Petersburg lieben und sich darum kümmern. Siehe www.save-spb.ru (auf Russisch, einige Informationen auf Englisch).

Weitere Quellen

Lichatschow Dmitry Sergeyevich (2000/1992-93), Ekologiya kul'turi. In: *Russkaya kul'tura*. Moskau: Iskusstvo.
— (2014/1984), Ekologiyakul'turi. In: *Zametki o russkom*. Moskau: AzbukaAttikus/Kolibri.
Sonevytsky, Maria und Adrian Ivakhiv (2015), Late Soviet Discourses of Nature and the Natural: Musical *Avtentyka*, Native Faith, and ‚Cultural Ecology' after Chornobyl. In: Aaron S. Allen and Kevin Dawe (eds), *Current Directions in Ecomusicology: Music, Nature, Environment*. London: Routledge.

Ekaterina Chertkovskaya ist Forscherin im Bereich *Degrowth* (Verringerung von Konsum und Produktion) und kritische Organisationsstudien und Mitglied des Redaktionskollektivs der Zeitschrift *ephemera*. Sie arbeitet derzeit an der Universität Lund, Schweden, und war Mitkoordinatorin des Degrowth-Themas am *Pufendorf Institute for Advanced Studies* der Universität Lund (2015-16).

Übersetzung: Timmi Tillmann

Motoi Fuse

Kyosei
(Gemeinsam für das Gemeinwohl leben und arbeiten)

 Kyosei, Symbiose, Mensch-Natur-Beziehung, Geselligkeit

Das Wort *Kyosei* wird in der japanischen Umgangssprache verwendet und bedeutet so viel wie Symbiose, gemeinschaftliches Erleben und Zusammenleben. Es kann verwendet werden, um Beziehungen zwischen den Geschlechtern, verschiedenen Kulturen, behinderten und nicht behinderten Menschen, Menschen und Tieren, Mensch und Natur usw. zu beschreiben. *Kyosei* schließt immer die Beziehungen von Mensch zu Mensch und vom Menschen zur Natur ein. Seit der zweiten Hälfte des zwanzigsten Jahrhunderts wird der Begriff benutzt, wenn es darum geht, ganzheitlich mit ökologischen und sozialen Problemen umzugehen. Als soziales Ideal verstanden, zog *Kyosei* sowohl innerhalb als auch außerhalb der akademischen Welt Befürworter*innen an, was eine Reihe von Deutungen und sogar Mehrdeutigkeiten mit sich brachte. Daher haben japanische politische Parteien das Konzept sowohl rechts- als auch linksgerichtet angewendet.

Vor diesem Hintergrund wurde die *Association for Kyosei Studies* (Verein für *Kyosei*-Studien), die eine transdisziplinäre Erforschung sozialer Systeme zum Ziel hat, 2006 in Japan gegründet. In ihrem Programm geht es darum, die Konzepte von *Kyosei* zu erläutern und sie inhaltlich mit der Wirklichkeit zu erden. Dieser Verein entdeckte zwischen den verschiedenen Verständnissen von *Kyosei* einen gemeinsamen Nenner. Es wurde festgestellt, dass *Kyosei* im Allgemeinen darauf abzielt, Gleichheit und Nachhaltigkeit zu fördern, indem die Vielfalt von Sprachen, Kulturen und Klimazonen respektiert wird.

Der zeitgenössische japanische Philosoph Shuji Ozeki (2015) hat ein System zur Kategorisierung von *Kyosei* unter drei Oberbegriffen entwickelt: *Heiligtum, Wettbewerb* und *Gemeinschaftlichkeit.*

▪ Das *Kyosei als Heiligtum* (Sanktuarium) hat eine vormoderne Ausrichtung und wird durch die Ideen des Architekten Kisho Kurokawa vorgestellt. Sie verleihen ‚Heiligtümern' die Autorität, konservative traditionelle Gesellschaften und Gemeinschaften zu schützen und zu unterstützen.

▪ Das *Kyosei des Wettbewerbs* ist modernistisch ausgerichtet und durch die Ideen des Rechtsphilosophen Tatsuo Inoue geprägt. Das Wettbewerbsprinzip fördert Heterogenität, Individualisierung und leugnet die Gemeinschaftlichkeit. Diese beiden Formen des *Kyosei* sind konträr.

▪ Die dritte Variante – *Kyosei der Gemeinschaftlichkeit* – ist postmodern und findet ihren Ausdruck in den Ideen des Philosophen Kohei Hanazaki, des Ethikers Takashi Kawamoto und des Theaterregisseurs Toshiharu Takeuchi. Es stellt die Vergemeinschaftung, Kooperation und Solidarität dem Prinzip des Wettbewerbs gegenüber, wie es im Marktfundamentalismus und seinen sozialen Praktiken zu finden ist. Gemeinschaftlichkeit wird hier nicht einfach traditionell verstanden, sondern betont die Bedürfnisse und Ansichten sozial schwächerer und verletzlicher Menschen und legt Elemente der Ungleichheit und Unterordnung offen, die sich hinter mancher Verwendung des Wortes *Kyosei* verbirgt. Der in Hokkaido lebende Philosoph und Aktivist Hanazaki hat den Begriff *Kyosei* genutzt, um für die Rechte der indigenen *Ainu* in Japan einzutreten.

Was den dritten und gemeinschaftlichen Typ des *Kyosei* betrifft, so muss ergänzt werden, dass es ein anderes japanisches Ideal der ‚Zusammenarbeit' namens *Kyodo* gibt. Während jedoch bei der Zusammenarbeit Werte, Normen und Ziele geteilt werden, betont das *Kyosei* die positiven Aspekte des Zusammenlebens und die Erfahrungen der gegenseitigen Revitalisie-

rung über Unterschiede hinweg. Dieses *Kyosei*, das die Vielfalt respektiert, steht sowohl der traditionellen Gemeinschaftlichkeit mit seiner Homogenisierung als auch dem modernistischen Existenzkampf durch das Marktsystem gegenüber. Die dritte Version des *Kyosei* überlagert die ersten beiden Formen. Sie akzeptiert Konflikt und Rivalität als historische Momente.

Wenden wir uns *Kyosei* und der Mensch-Natur-Beziehung zu: Da die ökologische Krise immer bedenklicher wird, werden herkömmliche Betrachtungsweisen dieser Beziehung überdacht, und derzeit wird dem Aufbau von Nachhaltigkeit im Einklang mit den Gesetzen der Natur Vorrang eingeräumt. Als alternative Orientierung wurde *Kyosei* im landwirtschaftlichen Kontext von Ozeki angewandt und richtet sich auf die Arbeit, die sich zwischen Menschen und Natur vollzieht und den Stoffwechsel zwischen beiden aktiviert. In der Umwelttheorie kann der Konflikt zwischen ›Anthropozentrismus und Ökozentrismus durch die Anwendung der integrativen Logik des *Kyosei* überwunden werden. Hier werden sowohl der Mensch als auch die Natur als Subjekte betrachtet.

Weitere Quellen

Association for *Kyosei* Studies, http://www.kyosei-gakkai.jp/ (abgerufen am 9.06.2023).

Hanazaki, Kohei (2001), *Identity to Kyosei no Tetsugaku.* Tokyo: Heibonsha.

Murakami, Yoichiro, Noriko Kawamura and Shin Chiba (eds) (2005), *Toward a Peaceable Future: Redefining Peace, Security, and Kyosei from a Multidisciplinary Perspective.* Pullman: Washington State University Press.

Ozeki, Shuji (2015), *Tagenteki Kyosei Shakaiga Miraiwo Hiraku.* Tokyo: Agriculture and Forestry Statistics Publishing Inc.

Ozeki, Shuji and Yoshio Yaguchi, Sumio Kameyama and Koshin Kimura (eds) (2016), *Kyosei Shakai I.* Tokyo: Norin Tokei Shuppan.

Motoi Fuse wurde 1981 geboren und promovierte 2011 an der *Tokyo University of Agriculture and Technology* (TUAT). Er lehrt an der Universität Tokio sowie an der *Tokyo Kasei University* und der *Musashino University*, Japan. Er hat in der Zeitschrift *Journal of Environmental Thought and Education* (Zeitschrift für Umweltdenken und -bildung) in Japan zur Umweltphilosophie publiziert.

Übersetzung: Hannelore Zimmermann

III

Sit Tsui

Ländlicher Wiederaufbau

 Stadt-Land-Integration, bäuerliche Gesellschaften, zeitgenössisches China, Sannong

Als Reaktion auf die durch Industrialisierung und Modernisierung verursachten Probleme in einem Entwicklungsland wie China wurde der ländliche Wiederaufbau als politisches und kulturelles Projekt zur Verteidigung der bäuerlichen Gemeinschaften und der Landwirtschaft entworfen. Diese von der Basis ausgehenden Bemühungen sind von den vom Staat oder von politischen Parteien initiierten Projekten unabhängig, laufen parallel zu ihnen oder befinden sich in einem Spannungsverhältnis zu ihnen. Als Versuch, eine Plattform für Basisdemokratie zu schaffen und mit der partizipativen Integration von Stadt und Land im Sinne der Nachhaltigkeit zu experimentieren, kann das chinesische Modell des ländlichen Wiederaufbaus zu einer alternativen Politik der *Anti-Modernität* werden.

Von den 1920er bis zu den 1940er Jahren waren mehrere bekannte Wissenschaftler mit unterschiedlichen Visionen aktiv an den Bewegungen zum Wiederaufbau des ländlichen Raums beteiligt. James Yen, der eine westliche, christliche Erziehung genossen hatte, förderte eine Volksbildungsbewegung und die Zivilgesellschaft im Kreis (County) *Ding*, Nordchina, und später in Südwestchina. Liang Shuming, Konfuzianer und Buddhist, setzte sich in der Gemeinde *Zouping* in der Provinz *Shandong* für die Wiederbelebung des traditionellen Wissens und der Kultur auf dem Land ein. Lu Zuofu, Besitzer einer Reederei, gründete soziale Unternehmen und öffentliche Einrichtungen, um die Stadt *Beibei* im Südwesten Chinas zu modernisieren. Tao Xingzhi verband die Ausbildung zur Sicherung des Lebensunterhalts mit dem Kommunismus. Huang Yanpei entwarf Berufsbildungsprogramme für die Landbevölkerung. Nach 1949 setzte James Yen seine Projekte zum ländlichen Wiederaufbau in Tai-

wan, auf den Philippinen und in verschiedenen Ländern Asiens, Lateinamerikas und Afrikas fort.

Das Projekt des ländlichen Wiederaufbaus ist eine Reaktion auf die Marktreformen von 1979 und die Förderung der exportorientierten Produktion. Die daraus resultierende Nachfrage nach billigen Arbeitskräften verschärfte die Kluft zwischen Stadt und Land und andere Formen der sozialen Polarisierung. Auch die globale Finanzkrise hatte schwerwiegende Auswirkungen auf die chinesische Wirtschaft. Der Wiederaufbau des ländlichen Raums als notwendige Bewegung zur Sicherung der ländlichen Lebensweise wurde 1999 von Wen Tiejun vorgeschlagen, damals Forscher im Landwirtschaftsministerium und später geschäftsführender Dekan des *Institute of Advanced Studies for Sustainability*, *Renmin University of China* (Chinas Universität des Volkes – Beijing). Er prägte den Begriff *sannong*, der sich auf die drei ländlichen Dimensionen der Bäuer*innen, der Dörfer und der Landwirtschaft bezieht. Seit 2004 sind *Sannong*-Themen im *Zentraldokument Nr. 1 der Partei und des Staates* offiziell als „die wichtigste aller wichtigen Aufgaben" anerkannt. Während die Regierung der staatlich gesteuerten ländlichen Entwicklung Priorität einräumt und in den letzten zwölf Jahren mehr als 10 Billionen Renminbi RMB (ca. 1,2 Billionen US\$-Dollar) in Infrastruktur und Sozialwesen investiert hat, ist der ländliche Wiederaufbau auf Selbstorganisation und Basisdemokratie ausgerichtet. Die meisten dieser lokalen Bemühungen sind autonom und arbeiten auf eigene Initiative, manchmal ergänzend zur staatlichen Politik.

Wen Tiejun hat Beamt*innen, Dorfbewohner-, Wissenschaftler- und Universitätsstudent*innen mobilisiert, um sich gemeinsam für den ländlichen Wiederaufbau einzusetzen. Vor allem die Frauen auf dem Lande spielen eine wichtige Rolle bei der Organisation vor Ort, und ihr Engagement wird in dem von Lau Kin Chi und Chan Shun Hing, Professor*innen der Lingnan-Universität in Hongkong, durchgeführten Projekt *PeaceWomen Across the Globe* (Friedensfrauen rund um die Welt) eingehend dokumentiert.

Zu den vielfältigen Bemühungen um den Wiederaufbau des ländlichen Raums gehören einige bemerkenswerte Aktionen wie die *Rural Edition* von *China Reform*, einer nationalen Zeitschrift, die die Interessen der Bäuer*innen vertritt. Im Jahr 2001 wurde das *Liang Shuming Rural Reconstruction Centre* (Zentrum für den Wiederaufbau des ländlichen Raums) gegründet, das Ausbildungsprogramme für Universitätsstudent*innen und bäuerliche Genossenschaften anbietet. 2002 entstand das *Beijing Migrant Workers' Home* (Pekinger Heim für Wanderarbeiter*innen), das Kultur- und Bildungsprogramme für Landarbeiter*innen anbietet. Im Jahr 2003 wurde das *James Yen Rural Reconstruction* (Institut für den Wiederaufbau des ländlichen Raums) eröffnet, das Schulungsprogramme für Bäuer*innen organisierte und sich für eine ökologische Landwirtschaft einsetzte. 2005 folgte das *James-Yen-Volksbildungszentrum* zur Förderung des lokalen Volkswissens und zur Durchführung von Kursen für bäuerliche Arbeitskräfte. 2008 wurde das *Green Ground EcoTech Centre* (Zentrum für Ökotechnik) gegründet, um die Zusammenarbeit zwischen Stadt und Land, die gemeinschaftsbasierte Landwirtschaft sowie ökologische Fertigkeiten und Techniken zu fördern; es verwaltet die *Little Donkey Farm* (Kleine Eselsfarm), ein gemeinsames Projekt der Bezirksregierung von Haidian und des *Zentrums für ländlichen Wiederaufbau* an der *Renmin University of China*. Im Jahr 2009 fand in Peking die erste chinesische Konferenz für gemeinschaftsbasierte Landwirtschaft statt. 2013 gründete sich die *Association of Advancement for Loving Home Village Culture* (Vereinigung zur Förderung der heimatlichen Dorfkultur), um Kampagnen zur Anerkennung der Basisarbeit bei der Bewahrung des ländlichen Erbes zu organisieren. Im Jahr 2015 wurde dann das partizipative Sicherungssystem für die soziale ökologische Landwirtschaft ins Leben gerufen, um ein nationales Netzwerk von agrarökologischen Arbeitsgruppen aufzubauen. Darüber hinaus gibt es in ganz China ländliche Wiederaufbauprojekte mit verschiedenen Ansätzen. Dazu gehören integrierte ländliche Entwicklungsprojekte in Yongji (Provinz Shanxi), Shunping (Provinz Hebei), Lankao und Lingbao (Provinz Henan), ländliche Finanzprojekte in Lishu (Provinz Jilin) sowie Volksbildungsprojekte und Gemeinschaftsschulen in Xiamen und Longyan (Provinz Fujian).

Die neue Bewegung zum Wiederaufbau des ländlichen Raums tauschte ihre Erfahrungen unter anderem mit Volksbewegungen in Indien, Nepal, den Philippinen, Thailand, Indonesien, Japan, Südkorea, Brasilien, Peru, Mexiko, Ecuador, Argentinien, Venezuela, Ägypten, der Türkei, Südafrika und dem Senegal aus. Diese Unterstützung hat den Weg zur Organisation von drei *Süd-Süd-Foren für Nachhaltigkeit* in Hongkong und in Chongqing von 2011 bis 2016 geebnet.

Der Wiederaufbau des ländlichen Raums fördert die soziale Teilhabe, die ökologische Landwirtschaft und den nachhaltigen Lebensunterhalt. Sie ist den drei Grundsätzen der Völker verpflichtet: der Existenzsicherung, der Solidarität und der kulturellen Vielfalt der Menschen. Der Schwerpunkt liegt auf der organisatorischen und institutionellen Erneuerung für die ländliche Bevölkerung, also auf der Umsetzung umfassender lokaler Ansätze und der Nutzung des Wissens der Basis.

Während des 20. Jahrhunderts erlebte China mehrere politische Regimewechsel, doch unabhängig davon, wer an der Macht war, wurde vor allem eine Modernisierung verfolgt, die einer kleinen Elite zugutekam und zu Lasten der Mehrheit der Bevölkerung ging. Wenn es jedoch gelingt, das ländliche China für die Pflege wechselseitiger und kooperativer Beziehungen innerhalb von und zwischen den Gemeinschaften zu gewinnen, wird dies nicht nur den Lebensunterhalt der Mehrheit der Bevölkerung sichern, sondern auch als Widerstand gegen externe, vom globalen Kapitalismus ausgehende Krisen auftreten. In diesem Sinne bieten die historischen und gegenwärtigen Erscheinungsformen des ländlichen Wiederaufbaus, die sich auf die Kleinbauernschaft und die

III

Dorfgemeinschaft stützen, eine Alternative zur zerstörerischen Modernisierung.

Weitere Quellen

Liang Shuming ‚Rural Reconstruction Centre provides training programmes for university students and peasant cooperatives', http://www.3nong.org/ (Webseite nicht mehr aufruffbar. Kopie unter www.archive.org, Stand 9.6.2023)

Little Donkey Farm, Green Ground Eco-Tech Centre promotes rural-urban cooperation and agro-ecological knowhow, http://littledonkeyfarm.com/ (abgerufen am 9.6.2023)

The Global University for Sustainability, a ‚virtual' university with an online presence, facilitates an international networking for ecological and socio-economic sustainability with justice, http://our-global-u.org/oguorg/ (abgerufen am 9.6.2023)

Tiejun, Wen, Zhou Changyong, Lau Kin Chi (eds) (2015), *Sustainability and Rural Reconstruction*. Beijing: China Agricultural University Press.

Tiejun, Wen, Lau Kin Chi, Cheng Cunwang, He Huili and Qui Jianshent (2012), Ecological Civilization, Indigenous Culture, and Rural Reconstruction in China, *Monthly Review: An Independent Socialist Magazine*. 63 (9): 29–35.

Wong, Erebus und Sit Tsui (2015), Rethinking „Rural China", Unthinking Modernization: Rural Regeneration and Post-Developmental Historical Agency. In: Rémy Herrera and Kin Chi Lau (eds), *The Struggle for Food Sovereignty: Alternative Development and the Renewal of Peasant Societies Today*. London: Pluto Press.

Sit Tsui ist außerordentliche Professorin am *Institut für Ländlichen Wiederaufbau Chinas* an der *Southwest University* in Chongqing und Gründungsmitglied der *Global University for Sustainability*.

Übersetzung: Hannelore Zimmermann

Betty Ruth Lozano Lerma

Lateinamerikanische Feminismen

 Lateinamerikanische Feminismen, Eurozentrismus, Modernität, Dekolonialität

Lateinamerikanische Feminismen sind zu einer großen ›transformativen Kraft geworden, die sich gegen die patriarchalen Verhältnisse auf dem Kontinent richtet, da Frauen hinterfragen, was es bedeutet, sich als solche zu ‚konstruieren'. Seit dem Ende des 19. Jahrhunderts manifestierte sich das tiefgreifende Streben der Frauen nach einem

Wandel ihrer Gesellschaften in sozialistischen und anarchistischen Frauenbewegungen, die sich gegen Kapitalismus und Patriarchat, kirchlichen Zwang, Unterdrückung durch den Staat und in der Familie auflehnten. Francesca Gargallo schreibt in *Las ideas feministas*, dass sich diese Bewegungen den Slogan „Kein Gott, kein Chef, kein Ehemann" zu eigen machten und weitere Slogans schufen, wie „Demokratie im Land, zu Hause und im Bett", der von den Chileninnen Julieta Kirkwood und Margarita Pizano geprägt wurde. Laut Yuderkis Espinosa und Mitarbeiter*innen in ihrem großen Band über ›dekoloniale Feminismen, *Tejiendo de otro modo* (2014) umfasste die feministische Agenda diskursive Beiträge und politische Forderungen nach Wahlrecht, Bildung und Gleichheit vor dem Gesetz. Diese formten in den ersten Jahrzehnten des zwanzigsten Jahrhunderts einen modernisierenden, liberalen eurozentrischen Feminismus. Seitdem kam es jedoch in der Geschichte der lateinamerikanischen Feminismen zur Konfrontation verschiedener feministischer Ausdrucksformen mit dem liberalen Feminismus; diese Konfrontation vertieft sich heute mit dem kraftvollen Aufkommen mehrerer anderer Feminismen.

Wenn man von Feminismus auf diesem Kontinent spricht, muss man die Kämpfe indigener, schwarzer, mestizischer[1] und bäuerlicher Frauen gegen ihre Unterwerfung seit der Eroberung im Jahr 1492 und der Kolonialzeit anerkennen, ebenso wie Hunderte von versklavten schwarzen Frauen aus *Cimarrón*- oder *Maroon*-Gemeinschaften[2], die sich nicht nur befreiten, sondern auch ihre Herren anklagten. Frauen aller Ethnien und Hintergründe beteiligten sich an den Unabhängigkeitskampagnen gegen die Kolonialherrschaft, am Aufbau der Nationalstaaten und an den revolutionären Kämpfen des zwanzigsten Jahrhunderts, ohne ihre untergeordnete Situation dadurch direkt zu verändern.

Obwohl der Feminismus Teil des modernen kritischen Denkens ist, stellen verschiedene Ausdrucksformen des lateinamerikanischen Feminismus die Moderne in Frage, indem sie eine ›epistemische Loslösung vom europäischen Wissen fordern, um über die komplexen hierarchischen Herrschaftsbeziehungen nachzudenken, die in der ‚kolonialen Matrix der Macht' verwoben sind. Schwarze, indigene Frauen, Frauen aus der Arbeiterklasse und lesbische Frauen stellen die ‚universelle Frau' des modernen liberalen Feminismus – westlich, hegemonial, kapitalistisch, bürgerlich und weiß – in Frage, weil ein solches Konzept keine Reflexion über die Ungleichheiten enthält, die zwischen Frauen aufgrund von Heteronormativität und Kolonialismus bestehen. Mit anderen Worten: Aus diesen anderen Perspektiven reagiert der liberale Feminismus eher auf die historische ›Ontologie und ›Epistemologie der USA und Europas als auf die des amerikanischen Kontinents.

Die Neugestaltung des lateinamerikanischen Feminismus geht von einer Vielzahl von frauenpolitischen Räumen aus: künstlerische Kollektive mit feministischer Agenda, lesbische Frauen, Aktivistinnen eines ‚anderen' Feminismus, populare Feminismen, bolivianischer kommunitärer Feminismus und die guatemaltekische Gemeinschaft *Xica*, autonomer Feminismus, schwarzer und/oder antirassistischer Feminismus, ›dekolonialer Feminismus, feministische Befreiungstheologie, Ökofeminismus und soziale Bewegungen zur Verteidigung von Territorium und der Mutter Erde, die von schwarzen, indigenen und bäuerlichen Frauen angeführt werden. Viele von ihnen gehen über die Kritik an der westlichen Moderne und dem Entwicklungsbegriff hinaus, wenn sie die Überwindung der kapitalistisch-patriarchalen Moderne anstreben. Sie betrachten die ‚Verteidigung des Territoriums' als einen Ort, um Frauen und Menschen zu sein und zu bleiben, als wesentlich für ihre Kämpfe.

Obwohl lateinamerikanische Feminismen auf europäischen und US-amerikanischen feministischen Quellen basieren, verändert ihr einzigartiger Kontext und Inhalt die feministische Theorie, indem er die Konzepte von Geschlecht, Patriarchat, Entwicklung und ›Kolonialität problematisiert und ›*Race* in die Analyse der Macht ein-

bezieht. Sie hinterfragen den Gender-Begriff aus der Perspektive der amerikanisch-indigenen und afrikanisch-stämmigen ›*Episteme* und stellen die liberale feministische Sichtweise in Frage, die traditionelle Kulturen als unterdrückerisch interpretiert, um dann die Verwestlichung als einen Weg zum Gender-Empowerment vorzuschlagen. ›Dekoloniale Feminismen besagen, dass Gender und Heterosexualität historisch analysiert werden müssen. Sie betonen eine unauflösliche Verflechtung multipler Unterdrückungen, die als ›Intersektionalität, Dominanzmatrix, Verschmelzung, Ko-Konstitution, *Sobrecruzamiento* (Überlagerung) und Multiplizität der Unterdrückungen bezeichnet wird. Schwarze und indigene Frauen verwenden neben zugeschriebener ‚*Race*', Gender, Klasse und Sexualität auch andere Kategorien wie ‚Geschichte' (‚lange Erinnerung'), ‚Territorium' und ‚kollektive Rechte'.

Lateinamerikanische Feminismen stellen sowohl das westliche Patriarchat in Frage als auch die Unterordnung nicht-heterosexueller Frauen und Personen innerhalb indigener und afrodeszendenter Kulturen. Sie bekräftigen die Existenz vorspanischer Patriarchate und entwickeln Konzepte wie das ‚ursprüngliche Patriarchat der Vorfahren' und das ‚Patriarchat mit geringer Intensität', die zeigen, wie Frauen im ›kolonialen Kontext eine Verflechtung von Patriarchaten – *entronque de patriarcados* – und im Fall der Afro-Deszendenz (afrikanischer Abstammung) ein ‚schwarzes Kolonialpatriarchat' erlebten, wie ich in *Tejiendo con retazos* (Weben mit Abfallstoffen) zeige.

Diese Feminismen schlagen die Entpatriarchalisierung der Vermächtnisse und Weltanschauungen der Vorfahren vor, der ›Kosmovisionen, die die ‚weibliche' *Pachamama* den Himmelskörpern des ‚männlichen' Universums unterordnen. Sie stellen die ethnischen Essentialismen in Frage, die sich nicht gegen die heterosexuelle Norm richten. Sie betonen die Notwendigkeit, Ungleichheiten aus dem Inneren jeder Kultur heraus zu lösen, und zwar unter Rückgriff auf die Vielfalt der Geschichten, Themen

L

III

und Erfahrungen, die das ›Pluriversum ausmachen – jene, die über den abstrakten Universalismus der westlichen Kultur und die moderne eurozentrische Vision hinausgehen.

Die Frauenbewegungen in Lateinamerika verändern ihre Gesellschaften radikal. Sie setzen sich für die gleichzeitige ›Entkolonialisierung und Entpatriarchalisierung der Gesellschaft ein, indem sie das Gemeinschaftliche, das Umweltliche und das Spirituelle miteinander verweben. Sie tragen dazu bei, andere Welten aus ›Ontologien zu schaffen, die ein Leben jenseits von Entwicklung fordern. Sie bauen mit ihren vielfältigen Praktiken die post-patriarchalen Gesellschaften der Gegenwart auf.

Anmerkungen

1 Mestize/in: Nachfahre/in von Weißen und Indigenen in Lateinamerika (Anm. d. Übers.)

2 *Cimarrón*- oder *Maroon*-Gemeinschaften: Gemeinschaften von Menschen, die sich aus der Versklavung befreit haben (Anm. d. Übers.)

Weitere Quellen

Asociación La Cuerda de Guatemala, http://www.lacuerda-guatemala.org/ (abgerufen am 08.06.2023).

Communitarian Feminism in Bolivia, https://www.youtube.com/watch?v=C6l2BnFCsyk (abgerufen am 08.06.2023).

Espinosa, Yuderkis, Diana Gómez and Karina Ochoa (eds) (2014), *Tejiendo de otro modo: Feminismo, epistemología y apuestas decoloniales en AbyaYala*. Popayán: Universidad del Cauca.

Gargallo, Francesca (2006), *Las ideas feministas latinoamericanas*. México: Universidad Autónoma de la Ciudad de México.

Lozano, Betty Ruth (2016), *Tejiendo con retazos de memorias insurgencias epistémicas de mujeres negras/afrocolombianas. Aportes a un feminismo negro decolonial*. PhD dissertation in Latin American Cultural Studies, Quito, Ecuador: Universidad Andina Simón Bolívar.

Sylvia Marcos's blog, https://sylviamarcos.wordpress.com/ (abgerufen am 08.06.2023).

Betty Ruth Lozano Lerma hat einen Bachelor-Abschluss in Soziologie und einen Master-Abschluss in Philosophie, beide von der *Universidad del Valle in Cali*, Kolumbien, und einen Doktortitel in *Lateinamerikanischen Kulturstudien* von der *Universidad Andina Simón Bolívar* in Quito. Sie ist eine Aktivistin des schwarzen und dekolonialen Feminismus und derzeit Forschungsdirektorin an der *Fundación Universitaria Bautista* in Cali.

Übersetzung: Alexandra Tost

Mario Blaser

Lebensprojekte

 gutes Leben, place-based (lokale) Kollektive, Pluriversum, Arten des Worlding / des Welt-machen (auf der Welt Leben).

Das Konzept der Lebensprojekte ist inspiriert von einer Gegenüberstellung der indigenen *Yshiro*-Intellektuellen aus Paraguay zwischen dem „guten (modernen) Leben", welches ihnen von ‚Entwicklungsprojekten' angeboten wird, und ihren eigenen Vorstellungen vom „guten Leben", die sich aus ihren eigenen Erfahrungen „an ihrem Ort" ergeben (Blaser 2010). Der entscheidende Unterschied liegt in der Ausrichtung: Während *Entwicklung* darauf ausgerichtet ist, eine Vision des guten Lebens als universell gültig zu verbreiten, die auf der Vorherrschaft des Menschen basiert, sind sich die *Yshiro*-Lebensprojekte nicht nur der Besonderheit der von ihnen geförderten Versionen des „guten Lebens" bewusst, sondern sehen es auch als überlebenswichtig an, andere Versionen nicht mit Füßen zu treten! Daher sind Lebensprojekte darauf ausgerichtet, die Vielfalt verschiedener Visionen von einem „guten Leben" zu erhalten. Mit dieser Unterscheidung in der Ausrichtung weisen die *Yshiro*-Intellektuellen auf eine entstehende politische Möglichkeit hin, die der Entwicklungsmission der Schaffung der Einen Welt (Sachs 1992) entgegensteht. Das heißt, sie verweisen auf das ›Pluriversum.

In Anlehnung an den Begriff der *Yshiro* sind Lebensprojekte also ein Konzept, das zur Verwirklichung des Pluriversums beiträgt, indem es Praktiken eines guten Lebens der verschiedenen lokalen Kollektive, die auf dem Planeten existieren, sichtbar und nachvollziehbar macht. Lokale Kollektive mögen manchmal mit ‚indigenen Völkern' in einen Topf geworfen werden, aber die Begriffe sind keine Synonyme. Lokale Kollektive sind nicht dasselbe wie „kulturelle Gemeinschaften", die an natürlichen Orten

(„Territorien") leben; vielmehr handelt es sich um sehr spezifische Zusammenschlüsse, die an bestimmten Orten ‚stattfinden'; ein Wechsel des Standortes würde sie zu etwas anderem machen. Ein lokales Kollektiv kann als ein Netzwerk von (menschlichen und nicht-menschlichen) Personen beschrieben werden – das heißt Entitäten (Instanzen), die mit eigener Würde, eigenem Willen und eigenem Zweck ausgestattet sind –, die durch soziale und sogar familiäre Bindungen miteinander verflochten sind. Es ist nicht selten, dass Sprecher*innen lokaler Kollektive Flüsse, Berge, Wälder oder Tiere als „Großvater, Bruder, Geistbesitzer" [sic!] usw. bezeichnen. Es handelt sich dabei nicht um Metaphern oder „Glauben", die Begriffe spiegeln vielmehr die Tatsache wider, dass das, was moderne Institutionen als Territorien betrachten, die aus ‚Ressourcen' und ‚Menschen' bestehen, von Lebensprojekten als komplexe Beziehungsgeflechte von Menschen und Nicht-Menschen behandelt werden.

Diese Herangehensweise an die Entitäten, aus denen sich ein ortsgebundenes Kollektiv zusammensetzt, beruht auf einer Reihe von Annahmen. Diese kommen häufig in Entstehungsgeschichten und Zeremonien zum Ausdruck, die von vielen Denk- und Praxistraditionen in ganz Amerika geteilt werden (Cajete 2000). Zum Beispiel:
- die Existenz beinhaltet die Entfaltung einer schöpferischen Kraft oder eines schöpferischen Prinzips („die Geschichte des Lebens"), die in ihrem ganzen Ausmaß nicht fassbar ist
- alle existierenden Entitäten (Einheiten) sind aus dieser Entfaltung heraus geformt
- durch ihre spezifischen Konfigurationen, Seinsweisen und wechselseitigen Beziehungen tragen die Wesen zur Geschichte des Lebens bei
- gedankenlos in die Bahnen der Entitäten einzugreifen und die Beziehungen, die die Entfaltung aufrechterhalten, zu missbrauchen – wenn beispielsweise eine Partei in der Beziehung, in der Regel der menschliche Teil, eine andere ohne Rücksicht auf das Gleichgewicht ausnutzt – hat unweigerlich negative Folgen für die Qualität der Lebensgeschichte.

Diese Annahmen verweisen auf die ›Relationalität und gegenseitige Abhängigkeit, die lokale Kollektive hervorbringen, und implizieren, dass es sehr schwierig ist, die Bedürfnisse einiger ihrer Teile auf Kosten anderer zu privilegieren, ohne zu riskieren, dass die Gesamtheit auseinanderbricht. Aus der Perspektive eines lokalen Kollektivs könnte es sich zum Beispiel so anfühlen, als würde jemand zu Ihnen kommen und sagen: „Wir werden Ihren Großvater umbringen, aber keine Sorge, wir werden Sie entschädigen. Lass uns einfach herausfinden, wie viel Geld dem Essen entspricht, das er dir geben könnte, und dem Unterhaltung, den er dir bieten könnte, und davon ausgehen, dass es dir danach gut gehen wird." Aus diesem Grund widersprechen die Lebensprojekte, die aus lokalen Kollektiven hervorgehen, oft den Annahmen von *Entwicklung* in Bezug auf den Vorrang der Menschen und die universelle Gültigkeit ihrer Vision eines guten Lebens. In der Tat sind Lebensprojekte, aufgrund ihrer eigenen Verschiedenartigkeit, die Antithese zu einem Universum; sie tragen dazu bei, ein ›Pluriversum zu schaffen. Um die Zapatistas zu zitieren: „eine Welt, in die viele Welten passen".

Das ›Pluriversum kann somit als ein kollektiver, ortsbezogener politischer Vorschlag gesehen werden; einer der dringend benötigt wird, um auf die akute planetarische Krise zu reagieren, die unter dem Label ›Anthropozän zusammengefasst wird! Das ›Anthropozän wird üblicherweise als Nebeneffekt von *Entwicklung* dargestellt, als Ergebnis der ‚Menschheit', die gehandelt hat, ohne sich über die Folgen im Klaren zu sein. Dies impliziert, dass mehr und besseres Wissen der Weg zur Lösung des Problems ist. Daher auch die Bemühungen Natur- und Sozialwissenschaften in Programmen wie dem *Earth System Governance Project* zusammenzubringen. Wenn wir jedoch die Annahmen lokaler Kollektive über die richtigen Beziehungen zwischen Entitäten auf die Beziehungen zwischen verschiedenen „Kollektiven" (ortsbezogen oder nicht) übertragen, erscheint das ›Anthropozän in einem anderen Licht. Es erscheint

III

als das Ergebnis einer Praxis (Entwicklung), die sich selbst als allgemeingültig und ortlos begreift und keine Rücksicht auf die Existenz lokaler Kollektive nimmt. In diesem Licht sind die Mainstream-‚Lösungen' für das ›Anthropozän ebenso universalistisch und ohne Rücksicht auf lokale Kollektive. Dieser Punkt wird durch die zunehmenden Konflikte zwischen großen ‚grünen Energie'-Projekten für Wind- oder Solarenergie und lokalen Gemeinschaften ersichtlich.

Daher ist die Freisetzung heterogener Praktiken für das gute Leben in Verbindung mit lokalen Kollektiven notwendig wegen der gegenwärtigen Krise, statt universalistischer Lösungen. Etwas in dieser Art wird von vielen indigenen und afroamerikanischen Völkern in Amerika angestrebt, die – wenn auch nicht immer widerspruchsfrei – ihre Lebensprojekte vorantreiben. Da sie sich weigern, universelle Visionen vorzuschlagen, weisen die Lebensprojekte auf die Tatsache hin, dass die paradoxe gemeinsame Aufgabe, das ›Pluriversum zu verwirklichen, von den lokalen Kollektiven verlangt, dass sie ihre eigenen, einzigartigen Wege finden, um mit den anderen Kollektiven, mit denen sie verwoben sind, „im Unterschied zusammen weiterzumachen" (Verran 2013).

Weitere Quellen

Blaser, Mario (2010), *Storytelling Globalization from the Chaco and Beyond.* Durham: Duke University Press.

Cajete, Gregory (2000), *Native Science: Natural Laws of Interdependence.* New Mexico: Clear Light Publishing.

Sachs, Wolfgang (1992), ‚One World', in Wolfgang Sachs (ed.), *The Development Dictionary.* London: Zed Books. (**deutsch:** Eine Welt. In: Wolfgang Sachs (Hg.), Wie im Westen so auf Erden. Ein polemisches Handbuch zur Entwicklungspolitik. Reinbek: Rowohlt Verlag, 1993

Verran, Helen (2013), Engagements between Disparate Knowledge Traditions: Toward Doing Difference Generatively and in Good Faith. In: Lesley Green (Hg.), *Contested ecologies: Dialogues in the South on Nature and Knowledge.* Cape Town: HSRC Press.

Life Projects Network, https://www.lifeprovida.net. (Nicht mehr im Internet abrufbar. Kopie unter www.archive.org)

Mario Blaser ist ein argentinisch-kanadischer Sozialanthropologe und Inhaber des kanadischen Forschungslehrstuhls für Aborigines-Studien an der *Memorial University of Newfoundland.* Er ist der Autor von *Storytelling Globalization from the Paraguayan Chaco and Beyond* (Duke University Press, 2010) und Mitherausgeber von *Indigenous Peoples and Autonomy: Insights for the Global Age* (University of British Columbia Press, 2010), und *In the Way of Development: Indigenous peoples, Life Projects and Globalization* (Zed Books, 2004).

Übersetzung: Riccarda Flemmer

Silvia Federici

Lohn für Hausarbeit

 Hausarbeit, Lohn, Strategie, Feminismus

Die Kampagne ‚Lohn für Hausarbeit'[1] der 1970er Jahre war ein wichtiger historischer Moment für die Stärkung von Frauen im kapitalistischen System. Indem sie die zentrale Bedeutung der ›Reproduktionsarbeit hervorhob und gleichzeitig forderte, dass Hausarbeit als Arbeit anerkannt und entlohnt wird, leistete sie Pionierarbeit für eine internationale politische Strategie zur Frauenbefreiung, stellte den Kapitalismus auf den Prüfstand und entlarvte die Oberflächlichkeit des ‚rechtebasierten' Mainstream-Feminismus.

Dolores Hayden zufolge hat die Kampagne ihren Ursprung im späten 19. Jahrhundert, als einige Feministinnen in den Vereinigten Staaten nach dem Bürgerkrieg „Löhne für Hausfrauen" forderten. In den 1940er Jahren vertrat Mary Inman, ein Mitglied der Kommunistischen Partei, diese Forderung in ihrem Buch *In Woman's Defense*, konnte die Partei jedoch nicht davon überzeugen, sie in ihr Programm aufzunehmen.

In den 1970er Jahren wandelte sich die Kampagne *Lohn für Hausarbeit* dann von der Forderung nach einer monetären Entlohnung der Hausarbeit zu einer politischen Perspektive über die Stellung der Frauen und der ›Reproduktionsarbeit in den Prozessen der kapitalistischen ›Akkumulation. Dies geschah mit der Bildung eines internationalen feministischen Netzwerks, das in verschiedenen Ländern Menschen mobilisierte, um gemeinsam zu fordern, dass Staaten als kollektive Kapitalisten denjenigen, die diese Arbeit verrichten, Lohn zahlen sollen. Die Gründe für diese systemische Strategie wurden von der politischen Theoretikerin und Aktivistin Mariarosa Dalla Costa 1972 dargelegt. Zunächst in Italienisch erschienen, wurde das Werk bald in Übersetzung als grundlegendes Kampagnendokument ‚Frauen und der Umsturz der Gemeinschaft' weithin zugänglich.

Entgegen der marxistischen Tradition, die Hausarbeit als persönliche Dienstleistung betrachtete – ein Erbe der vorkapitalistischen Gesellschaft, das durch die vollständige Industrialisierung der Wirtschaft abgelöst werden sollte – vertrat Dalla Costa die Auffassung, dass Hausarbeit die Säule der kapitalistischen ›Akkumulation ist und durch die Produktion von Arbeitskraft – der Arbeitsfähigkeit der Beschäftigten – direkt zum Mehrwert beiträgt.

Als kapitalistisches Konstrukt sei die Hausarbeit unsichtbar und werde als unbezahlte Arbeit vor allem Frauen aufgezwungen. Diese Abwertung komme der Kapitalistenklasse zugute, die ohne diese Arbeit soziale Dienstleistungen erbringen müsste, um sicher zu stellen, dass die Arbeitnehmer am Arbeitsplatz erscheinen können. Kurz gesagt, der Kapitalismus hat einen immensen Reichtum auf dem Rücken von Frauen aufgebaut, die gezwungen waren, für ihr Überleben von Männern abhängig zu sein oder Doppelschichten innerhalb und außerhalb des Hauses zu übernehmen.

Die Forderung nach Lohn für Hausarbeit hat den immensen Umfang der von Frauen für die ›Kapitalakkumulation geleisteten unbezahlten Arbeit aufgedeckt und ein ganzes Terrain der Ausbeutung entlarvt, das bis dahin als ‚Frauenarbeit' bagatellisiert und naturalisiert wurde. Die politische Bewegung enthüllte auch die soziale Macht, die diese Arbeit potenziell denjenigen verleiht, die sie verrichten, da Hausarbeit letztlich Arbeiter reproduziert und somit die Voraussetzung für jede andere Form der Arbeit ist.

Indem sie die Nutznießer dieser ›Reproduktionsarbeit identifizierte, befreite die Kampagne *Lohn für Hausarbeit* die Frauen von den Schuldgefühlen, die sie empfanden, wenn sie diese Arbeit ablehnten. Vor allem aber war die

Kampagne eine entscheidende Alternative zu den vorherrschenden Forderungen des liberalen Feminismus nach Gleichberechtigung mit Männern und Zugang zu traditionellen Männerberufen. Dieser Mainstream-Feminismus hat nichts getan, um geschlechtliche Arbeitsteilung und Arbeitshierarchien zu destabilisieren. Das kostenlose ‚Geschenk' der Frauen an kapitalistische Strukturen blieb intakt.

Die Kampagne *Lohn für Hausarbeit* hat nie zu einer Massenmobilisierung geführt, obwohl der zeitgenössische Kampf für Frauenrecht in den Vereinigten Staaten und die Verteidigung der *Familienbeihilfe* (Family Allowance) in England seine Bedeutung für Frauen im protelarischen Millieu gezeigt haben. Liberale und sogar sozialistische Feministinnen lehnten die Lohnkampagne mit dem Argument ab, dass sie Frauen im Haushalt institutionalisieren würde. Doch drei Jahrzehnte der Umstrukturierung der ‚Reproduktionsarbeit' und der Integration von Frauen als Lohnarbeiterinnen in die Weltwirtschaft haben gezeigt, dass sie für die Politik der Bewegungen für soziale Gerechtigkeit weiterhin von Bedeutung ist.

Der Zugang zur Lohnarbeit hat Frauen nicht von unbezahlter Hausarbeit befreit und auch nicht die Bedingungen am ‚Arbeitsplatz' verändert, die es den Frauen ermöglichen würden, sich um ihre Familien zu kümmern, und den Männern, sich die Hausarbeit zu teilen. Frauen in den Vereinigten Staaten haben noch keinen staatlich verordneten Mutterschaftsurlaub, wie es ihn in vielen anderen Ländern gibt. Die zumeist von Frauen geleistete ›Reproduktionsarbeit ist nach wie vor unbezahlt, obwohl – wie ich in *Revolution at Point Zero* darlege – ein großer Teil davon inzwischen von schlecht bezahlten, stark ausgebeuteten Immigrantinnen geleistet wird.

Mehrere Elemente von „Lohn für Hausarbeit" legen nahe, dass es sich um ein positives ›Transformationsprogramm handelt. Konsequent umgesetzt, würde es einen massiven Wohlstandtransfer von der Spitze der Gesellschaft nach unten bewirken. Dies ist angesichts

III

der Prekarisierung der Arbeit, des Abbaus des Wohlfahrtsstaates und der ›Reproduktionskrise, mit der proletarische Gemeinschaften weltweit konfrontiert sind, notwendiger denn je. In dieser Hinsicht ist die Kampagne mit der Forderung nach einem bedingungslosen Grundeinkommen vergleichbar. Der Vorteil von *Lohn für Hausarbeit* ist jedoch, dass hier das Kapital vor Gericht gestellt wird, indem sie diesen Transfer als Wiederaneignung des von Frauen produzierten Reichtums definiert und die sich ausbreitende kapitalistische Auferlegung von unbezahlter Arbeit in Frage stellt.

Außerdem – so schreibt Louise Toupin in *Wages for Housework* – eröffnet es ein neues Terrain für Verhandlungen zwischen Frauen und dem Staat über die Frage der ›Reproduktion, indem es bezahlte und unbezahlte Hausarbeiterinnen zusammenbringt, um die Beziehung von Frauen zur Arbeit, innerhalb und außerhalb des Hauses, zur Ehe, zur Sexualität, zur Fortpflanzung und zu ihrer Identität als Frauen neu zu definieren.

Nicht zuletzt ist die Neuausrichtung des antikapitalistischen Kampfes auf die Inwertsetzung der Tätigkeiten, durch die Leben produziert wird, eine wesentliche Voraussetzung für die Überwindung der Logik des Kapitals. Eine Logik, die von der Entwertung – monetär und anderweitig – lebt, muss in Frage gestellt werden, um die Kreativität dieser Arbeit zurückzugewinnen. Doch dieser Kampf innerhalb der kapitalistischen Lohnverhältnisse ist nur ein Anfang. Um politisch ›transformativ zu sein, muss er von einer Reorganisation der Hausarbeit zu einer weniger isolierenden Tätigkeit hin zu kooperativeren und sozialistischeren Praktiken begleitet werden.

Wenn *Lohn für Hausarbeit* von einer starken Bewegung getragen wird, wird die Herausforderung der versteckten und eingebürgerten Formen der Ausbeutung die Machtverhältnisse verändern – nicht nur zwischen Frauen und Kapital, sondern auch zwischen Frauen und Männern und unter den Frauen selbst –, und zwar in einer Weise, die zur Einigung der Arbeiterklasse beiträgt.

Anmerkung

1 Diese Bewegung war nicht weltweit relevant, sondern vor allem in Globalen Norden. (Anm. d. Übers.)

Weitere Quellen

Dalla Costa, Mariarosa (1972),'Women and the Subversion of the Community', in Mariarosa Dalla Costa and Selma James (eds), *The Power of Women and the Subversion of the Community*. Bristol: Falling Wall Press. (**deutsch**: Frauen und der Umsturz der Gesellschaft. Münster: Unrast Verlag, 2022)

Federici, Silvia (2012), *Revolution at Point Zero: Housework, Reproduction and Feminist Struggle*. Oakland, CA: PM Press. (**deutsch**: Revolution at Point Zero. Hausarbeit, Reproduktion und feministischer Kampf. Münster: Unrast Verlag, 2022)

Hayden, Dolores (1985), *The Grand Domestic Revolution*. Cambridge, MA: MIT Press.

Inman, Mary (1941), *In Woman's Defense*. Los Angeles: Committee to Organise for the Advancement of Women.

Toupin, Louise (2014), *Le salaire au travail ménager: Chronique d'une lutte féministe international (1972–1977)*. Montréal: Les éditions du remue-ménage. (**deutsch**: Lohn für Hausarbeit. Chronik eines internationalen Frauenkampfs (1972-1977). Münster: Unrast Verlag, 2022)

Silvia Federici ist eine feministische Aktivistin und emeritierte Professorin an der *Hofstra University*. Sie ist die Autorin von *Caliban and the Witch: Women, the Body and Primitive Accumulation* (2004); *Revolution at Point Zero. Housework, Reproduction, and Feminist Struggle* (2012); Herausgeberin von *The New York Wages for Housework Committee* 1973-76: *History, Theory, Documents* (in Vorbereitung).

Übersetzung: Karin Polit

Onofrio Romano

Mediterranismus

 Meridianismus, Mittelmeerraum, westliche Kultur

Die Idee des Mediterranismus identifiziert und übersetzt die historisch und geographisch spezifische Logik des Lebens und Zusammenlebens im Mittelmeerraum in eine konsistente kulturelle, politische und sogar ethische Struktur. Als Vision stellt er eine systemische Alternative dar, oder genauer gesagt, er besinnt sich auf die vermeintlich ,ursprünglichen' Wurzeln des Westens und radikalisiert sie, den perversen Abwegen der gegenwärtigen westlichen Zivilisation selbst entgegengesetzt.

Was ist der Mittelmeerraum? – fragt Braudel (1985) – „Tausend Dinge zusammen. Nicht eine Landschaft, sondern unzählige Landschaften. Nicht ein Meer, sondern eine Reihe von Meeren. Nicht eine Zivilisation, sondern eine Reihe von aufeinander geschichteten Zivilisationen [...]. Im Mittelmeerraum zu reisen [...] bedeutet, alte, noch immer lebendige Realitäten Seite an Seite mit der Ultramoderne zu treffen."

Diese Darstellung der mediterranen Realität inspiriert unmittelbar den Mediterranismus – auch Meridian-Denken genannt – als politisches Ideal. Es deckt sich mit einer Welt, in der es möglich ist, dass mehrere Kulturen, selbst wenn sie unterschiedlichen Zivilisationsstufen angehören, zusammenleben und sich gegenseitig kopieren, überlagern, beeinflussen und verändern. Somit verweist der Mediterranismus vor jeder spezifischen kulturellen Identität oder jedem Gesellschaftsmodell in erster Linie auf die Vielfalt als Wert an sich. Die zufällige historische Koexistenz verschiedener Lebensweisen in einem einzigen Becken wird zum bewussten Entwurf eines politischen Horizonts der Geselligkeit. Die gegenseitige Akzeptanz und Wertschätzung von Unterschieden folgt einer allgemeinen Logik, nach der jede Kultur versucht, das, was ihr fehlt, aus den Erfahrungen anderer Kulturen zu gewinnen. In diesem Sinne wendet sich der Meridianismus sowohl gegen den Universalismus – als die Entdeckung einer einzigen Menschheit jenseits jeder kulturellen Kruste – als auch gegen die ›kommunitaristische Nostalgie, die mit kultureller Abschottung auf die anomischen[1] Abwege des Universalismus reagiert.

Während der Mittelmeerraum für Sozialwissenschaftler – Historiker, Ethnologen, Ökonomen und Soziologen – ein ständiger Gegenstand der Untersuchung und Reflexion war, erreichte der Mediterranismus seine vollendetste und systematischste Ausformulierung Mitte der neunziger Jahre des letzten Jahrhunderts, dank des italienischen Philosophen und Soziologen Franco Cassano (2012). Das Buch entstand im kulturellen Klima der Postmoderne, des Post-

kolonialismus und des ›Anti-Utilitarismus und ist insbesondere von der Kritik an der Verwestlichung der Welt inspiriert, die von Serge Latouche formuliert wurde. Cassano zufolge wird die physisch-geografische Konfiguration des Mittelmeers durch die Idee des Meridianismus und dessen Etymologie – der „Vermittlung zwischen den Ländern" – verkörpert. Hierbei wird eine besondere Komplizenschaft zwischen Land und Meer inszeniert. Das Meer ist ständig präsent für die Menschen, die rund um das Mittelmeer leben, ebenso wie das Bewusstsein, dass jenseits des Meeres andere Länder, andere Menschen, Kulturen und unterschiedliche Lebensweisen zu finden sind. Das Land wird zu einer allgemeinen Metapher für Identität und Verwurzelung; das Meer hingegen wird zu einer Metapher für Emanzipation, Freiheit, Flucht aus dem Selbst und Öffnung hin zum Anderen. Jedes für sich birgt Risiken: Das Land erlebt ohne die Anwesenheit des Meeres identitäre Abgeschiedenheit, Ablehnung des Anderen und Despotismus. Sich ausschließlich für das Meer zu entscheiden, könnte jedoch bedeuten, sich dem Vakuum des Ozeans auszusetzen, in dem alle Bedeutungen ausgelöscht und alle Unterschiede auf eine universalistische Abstraktion reduziert werden, allein der Technik unterliegend.

Beide Tendenzen finden sich in den Biographien von Heidegger und Nietzsche wieder. Gegen diese beiden spekulativen Strömungen ist der Mediterranismus mit der *Phronesis* oder der praktischen Weisheit verbunden – als die kulturelle Haltung, die die Koexistenz von Verwurzelung und Emanzipation, Zugehörigkeitsgefühl und Freiheit, Tradition und Moderne, Sinn und Empfindsamkeit ermöglicht. Ein Maß ohne Befriedigung, das nicht nach einer Synthese strebt, gemäß der griechischen rhetorischen Tradition der *dissòilógoi*, also der ‚divergierenden Diskurse', die niemals in der Eindeutigkeit des modernen *Logos* oder des rationalen Diskurses aufgehen.

Der Meridianismus interpretiert die sich ausbreitende religiöse Radikalisierung in unserer Zeit als eine Reaktion auf den westlichen

M

III

Fundamentalismus von Wachstum und Modernisierung – eine Form der *Hybris*, der Machtdemonstration und Arroganz. Um jede Form der Radikalisierung in Schach zu halten, müssen wir aus der historischen Erfahrung des Zusammenlebens im Mittelmeerraum lernen. Er beherbergt drei monotheistische Religionen und mehrere Kulturen, die zu drei verschiedenen Kontinenten gehören. Die homerische Figur des Odysseus wird zum ethnologischen Referenzmodell für den Meridianismus: Während seiner erstaunlichen Umrundung des Mittelmeers mit seinen vielfältigen Welten verliert Odysseus nie die Sehnsucht nach der Heimat, in die er schließlich zurückkehrt. *Nostos* (die Rückkehr) wird somit als Schlüsseltugend hervorgehoben. Der Wunsch, dem Anderen zu begegnen, wird mit der Liebe zur Heimat in Einklang gebracht.

Der Mediterranismus wurde in einem akademischen Umfeld geboren. Er verbreitete sich vor allem durch die kulturellen Debatten in Südeuropa, insbesondere in Italien und Frankreich. Das kollektive Werk mit dem Titel *The Mediterranean Alternative* (Cassano und Zolo 2007) stellt einen Versuch dar, der neuen *Koinè* (gemeinsamen Sprache) eine vollendete kognitive und politische Form zu geben, indem es prominente Intellektuelle von beiden Seiten des Mittelmeers in dieser Debatte zusammenbringt.

Der Meridianismus hat sich nicht in einer spezifischen politischen Bewegung niedergeschlagen, aber er hat sicherlich viele Erfahrungen der sozialen und kulturellen Zusammenarbeit zwischen verschiedenen Ausdrucksformen der Zivilgesellschaft in den Mittelmeerländern inspiriert. Eine beträchtliche politische Auswirkung des Mediterranismus ist im italienischen „Mezzogiorno" in Süditalien zu beobachten, wo die Frage des Entwicklungsrückstands des Südens völlig neu formuliert und eine Art bürgerliche Renaissance inspiriert wurde, die sich in vielen Erfahrungen der lokalen Verwaltung in den letzten Jahrzehnten widerspiegelt.

Der Meridianismus befindet sich heute in einer Krise. Die nach dem *Arabischen Frühling* wieder aufgeflammten Konflikte und Turbulenzen im Mittelmeerraum haben die Möglichkeit beeinträchtigt, die Region als Inspirationsquelle für gesellschaftliche Alternativen zu begreifen. Außerdem haben sich die Kernprinzipien des Mediterranismus als unwirksam erwiesen, wenn es darum geht, echte politische Alternativen zur westlichen Moderne zu entwerfen. Dennoch ist die Hoffnung nicht verloren: Die Unfähigkeit der Mittelmeerländer, die aktuellen Standards wirtschaftlicher Effizienz zu erfüllen – sie können aus strukturellen Gründen weder bei der technologischen Innovation noch bei den Arbeitskosten konkurrieren –, macht sie zu einem günstigen Experimentierfeld für eine sich „abkoppelnde" und selbstversorgende Wirtschaft.

Anmerkung

1 Der Begriff „anomisch" bezieht sich auf einen Zustand, in dem soziale Normen, Regeln oder Werte schwach oder nicht vorhanden sind. Es beschreibt eine Art von sozialer Desorganisation, in der es an klaren sozialen Strukturen und gemeinsam akzeptierten Verhaltensstandards fehlt. (Anm. d. Übers.)

Weitere Quellen

Braudel, Fernand (1985), *La Méditerranée. L'espace et l'histoire*. Paris: Flammarion. (**deutsch:** Die Welt des Mittelmeeres. Zur Geschichte und Geographie kultureller Lebensformen / Fernand Braudel ; Georges Duby ; Maurice Aymard. Hg. von Fernand Braudel. Frankfurt a.M.: Fischer-Taschenbuch-Verlag, 2006).

Cassano, Franco (2012), *Southern Thought and Other Essays on the Mediterranean*. New York: Fordham University Press.

Cassano, Franco and Danilo Zolo (eds) (2007), *L'alternativa mediterranea*. Milano: Feltrinelli.

Il Militante Ignoto, http://www.ilmilitanteignoto.it (Webseite nicht mehr erreichbar. Stand 23.05.2023)

Jura Gentium, http://www.juragentium.eu (abgerufen am 23.05.2023)

Onofrio Romano ist außerordentlicher Professor für Soziologie an der Fakultät für Politikwissenschaften der Universität Bari, Italien. Zu seinen Forschungsgebieten gehören Sozialtheorie, Moderne und Postmoderne, der Mittelmeerraum, Degrowth und Anti-Utilitarismus. Zu seinen jüngsten Werken gehört *The Sociology of Knowledge in a Time of Crisis* (Routledge, 2014).

Übersetzung: Timmi Tillmann

Karin Amimoto Ingersoll

Meeres-Ontologien

 *ozeanisches Wissen, Ontologie,
Neuausrichtung, Meereslandschaft*

Ozeanische Völker verfügen über spezifische Kenntnisse und Lebensweisen, die eine einzigartige Perspektive für die Diskussion über Entwicklung eröffnen. Die zeitgenössischen Ureinwohner*innen Hawaiis beispielsweise verfügen über ein nicht-instrumentelles Navigationswissen über den Ozean, den Wind, die Gezeiten, die Strömungen, den Sand, die Algen, die Fische, die Vögel und die Himmelskörper als ein miteinander verbundenes System, das ihnen eine besondere Art der Orientierung in der Welt ermöglicht. In dieser ozeanischen Alphabetisierung interagieren der Körper und die Meereslandschaft in einem komplexen Diskurs, bei dem die Augen, Ohren, Muskeln und die Haut der Seefahrer*innen die Bewegungen des Ozeans durch eine dynamische und indigene Verbindung zu Raum und Ort erfahren. Die ozeanische Alphabetisierung schafft eine Politik und Ethik, welche die gegenseitige Verbundenheit als Alternative zum großen Narrativ westlicher Denkwelten privilegiert, die unser ‚Selbst‘ von Land und Meer trennen – wir überqueren einen Ozean, anstatt in ihm unterwegs zu sein.

Diese ozeanische Alphabetisierung und ›Ontologie lässt sich anhand der Reise von *H k le‘a*, dem 62-Fuß-Doppelrumpfkanu, über Tausende von Meilen auf dem offenen Ozean veranschaulichen.[1] Der einheimisch hawaiianische Seefahrer Bruce Blankenfeld musste sein eigenes *Selbst-Gefühl* erweitern, um die fließende Meereslandschaft um ihn herum lesen zu können. „Diese Sterne müssen ein Teil von dir sein", sagt er.[2] Blankenfeld wird zu einem ästhetischen Subjekt, dessen Bewegung auf dem Ozean eine hawaiianische ›Ontologie und ›Epistemologie durch die Stimulierung der Sinne zum Ausdruck bringt: sehen, riechen, schmecken, hören und berühren. Der kinästhetische Körper wird durch aktives Engagement in seine ozeanische Alphabetisierung einbezogen, und der ‚Ort‘ erhält eine Bedeutung, die mit der Identität der Eingeborenen zusammenhängt, welche ihren Ursprung im launenhaften Meer hat.[3] Blankenfeld stellt sich sein Dasein als Teil der Korallenpolypen und „Sandpapier"-Haie[4] unter seinem Kanu vor. Der kalte Nordwind, der ihm ins Gesicht bläst, und das rhythmische Trommeln der anschwellenden Wellen in seinen Ohren verbinden seinen Geist und Körper mit einer tiefen Identität, die sich in einem Gefühl der Zugehörigkeit verankert.

Sich selbst als mit der umgebenden Welt verbunden zu begreifen, fördert ein ausgeprägtes spirituelles Bewusstsein, das beides – Freude und Ermächtigung – mit sich bringen kann: Macht, die sich über Verbundenheit und Sinnhaftigkeit definiert. Ein Beispiel: Blankenfeld ‚sieht‘ sein Insel-Ziel, ‚bevor‘ er eine Reise antritt. Er spürt die Insel in seinen Knochen und in seinem Blut, so dass sie Teil seines Körpers wird, während er sich auf sie zubewegt. Das Sehen wird körperlich: Die Füße, die Nase und die Augen haben alle eine spezifische Art zu sehen, wodurch Emotionen entstehen, die in die Muskeln eingebrannt und vom Geist interpretiert werden. Diese ständige Interaktion zwischen Körper und Geist schafft einen spezifischen ›epistemologischen und ›ontologischen Zusammenhang.

Das Sehen wird so zu einem politischen Prozess: So wie sich die Sicht der Seefahrer*innen durch die ozeanische Alphabetisierung erweitert, wächst auch die Fähigkeit, über eine statische Denkweise und eine einzige Realität hinaus zu denken. Blankenfeld findet seine Richtung, indem er seine Sicht auf seine Imagination hin ausdehnt, aus der heraus er ganz bewusst eine Reiseroute entwerfen kann. Könnte er sich diese Route nicht vorstellen, würde sie nicht existieren. Könnten wir uns unsere Verbindung zur Erde nicht vorstellen, dann gäbe es sie auch nicht. In diesem Sinne ermöglicht die ozeanische Alphabetisierung eine Reise im Rahmen einer neuen Machtzirkulation, die

M

III

eher ethisch als politisch, geografisch oder wirtschaftlich ist.

Die Verschmelzung des Körpers mit der Meereslandschaft ermöglicht es, alle Erinnerungen und das Wissen zu erfassen, das in der ozeanischen Zeit und im ozeanischen Raum erlernt wurde, aber durch starre ›koloniale Konstruktionen von Identität, Ort und Macht ausgelöscht worden ist. Hawaiianische Ortsnamen – sowohl an Land wie auch im Meer – wurden infolge der Kolonialisierung umbenannt. Der *Kaluahole-Beach* an der Südküste von *Oʻahu* beispielsweise ist heute unter dem Namen *Tonggs* oder *Diamond Head Beach* bekannt, benannt nach dem Geschäftsmann Tongg, der an diesem heute berühmten Surfspot ein Haus direkt am Strand gekauft hat.[5] Dieser Ort im Meer wurde jedoch von den hawaiianischen Ureinwohner*innen *Kaluahole* genannt, weil es der mündlichen Überlieferung zufolge eine Höhle gab, die von „Aiʻai, dem Sohn des hawaiianischen Fischergottes", mit *Aholehole*-Fischen gefüllt wurde, und zwar direkt vor diesem Strand. Das Wissen um diese spezielle Fischerhöhle und die kulturelle Bedeutung dieses Platzes ist Teil dessen, was durch die Beschäftigung mit ozeanischem Wissen wieder zum Vorschein kommen kann.

Vieles in der Welt passiert ohne jede Erinnerung, so als ob die Räume, die wir bewohnen, leere Geografien wären und somit frei für Konsum und Entwicklung zur Verfügung stünden. Die ökologischen und spirituellen Kosten dieser kollektiven Vergesslichkeit zeigen sich in der Auslöschung von Kulturen, im Raubbau an den Ressourcen der Erde und in der Rücksichtslosigkeit, die in unserer Konsumgesellschaft als Entscheidungsfreiheit daherkommt. In unserer modernen Realität des Kapitalismus, des Militarismus und der ökologisch bedenklichen Entwicklung wird die ozeanische Alphabetisierung zu einem ethischen Beziehungsfeld, das durchdrungen ist von einem tiefgreifenden und spirituellen Bewusstsein über unsere intimen Verbindungen mit den Orten. Die Menschheit ist im Ozean zu finden. Das Reisen der hawaiianischen

Ureinwohner*innen unterstützt eine Art des Seins und der Fortbewegung, die potenziell dieses Bewusstsein wiedererwecken kann, das uns über den ‚Umweltschutz' oder die ‚Bewahrung' hinaus in gelebte Beziehungen des Mitgefühls und der Gegenseitigkeit führen kann. Unsere Beziehungen wahrzunehmen und neu zu gestalten, kann die Art und Weise verändern, wie wir uns gemeinsam durch diese Welt bewegen.

Anmerkungen

1 *H k leʻa* wurde 1973 von den hawaiianischen Seefahrern Herb Kawainui Kane und Tommy Holmes sowie den Anthropologen Ben Finney ins Leben gerufen, um zu beweisen, dass die Inselbewohner des Pazifiks vor über achthundert Jahren in der Lage waren, große Entfernungen zu überwinden, die Inseln des Polynesischen Dreiecks gezielt zu besiedeln und den Weg zurück in die Heimat nur mit Hilfe von Navigationsmethoden zu finden. 1976 gelang die erste Hochseereise von Hawaiʻi nach Tahiti. Eine Geschichte der *H k leʻa* finden Sie in Finneys Buch in der Rubrik Ressourcen.

2 Interview mit dem Autor, 20. März 2008, Honolulu, Hawai (Tonbandaufnahme).

3 Die vorherrschende hawaiianische Schöpfungsgeschichte ist ein Gesang namens *He Kumulipo*, der von einem einheimischen hawaiianischen Priester um das achtzehnte Jahrhundert herum verfasst wurde. Dieser Gesang erzählt, dass die Dunkelheit spontan einen Sohn und eine Tochter gebar, aus denen wiederum die Korallen im Meer hervorgingen, und viele andere Lebewesen folgten, zunächst im Meer und dann an Land. Der Ursprung der Hawaiianer liegt also im Meer.

4 Haifischhaut wurde in der Vergangenheit als Sandpapier verwendet. (s. www.sophiemaycocksharksspeak.com/post/sand-paper-shark-skin, abgerufen am 9.6.2023) (Anm. d. Übers.)

5 *Diamond Head* ist der Name, den britische Seeleute, den Berg erforschten, 1825 dem Krater gaben, als sie glaubten, Diamanten gefunden zu haben, bei denen es sich in Wirklichkeit um Kalzitkristalle handelte. Die hawaiianischen Ureinwohner nannten den inzwischen erloschenen Vulkan *Leʻahi* oder *Laeʻahi*. Die ursprüngliche Bedeutung des Namens ist ungewiss, und so hat man sich nie auf eine einheitliche Schreibweise des Namens geeinigt. Mehr über den *Kaluahole Beach* und andere Ortsnamen auf Hawaii finden Sie in John R.K. Clarks *The Beaches of Oʻahu* (1977).

Weitere Quellen

Clark, John. (1977), *The Beaches of Oʻahu*. Honolulu: University of Hawaii Press.

Finney, Ben (1994), *Voyage of Rediscovery*. Berkeley: University of California Press.

Ingersoll, Karin Amimoto (2016), *Waves of Knowing: A Seascape Epistemology*. Durham: Duke University Press.

Lewis, David (1994), *We, The Navigators: The Ancient Art of Landfinding in the Pacific*. Honolulu: University of Hawaii Press.

Sullivan, Robert (1999), *Star Waka*. Chicago: Independent Publishers Group.

Karin Amimoto Ingersoll ist eine unabhängige Autorin und Wissenschaftlerin aus Oʻahu, Hawaiʻi. Sie erwarb ihren BA an der *Brown University*, ihren MA und PhD an der *University of Hawaiʻi at Mānoa* und hatte ein *Hawaiʻi-Mellon*-Postdoktorandenstipendium. Vor kurzem veröffentlichte sie ihr erstes Buch, *Waves of Knowing: A Seascape Epistemology*.

Übersetzung: Hannelore Zimmermann

Miloon Kothari

Menschenrechte

 Menschenrechte, Würde, Solidarität, Gerechtigkeit, Partizipation

… die Anerkennung der angeborenen Würde und der gleichen und unveräußerlichen Rechte aller Mitglieder der Gemeinschaft der Menschen (ist) die Grundlage von Freiheit, Gerechtigkeit und Frieden in der Welt

(Präambel der Allgemeinen Erklärung der Menschenrechte – AEMR)

Alle Menschen sind frei und gleich an Würde und Rechten geboren. (Artikel 1, AEMR)

Die Menschenrechte wurden über Jahrhunderte hinweg konzipiert, umgesetzt, verletzt und bekämpft. Heute und in einer ›Post-Development-Welt‹ bieten die universellen Prinzipien und Instrumente der Menschenrechte eine mächtige moralische, ethische und rechtliche Grundlage, mit der wir uns in einer zunehmend ungerechten und zerstörten Welt zurechtfinden können.

Im Jahr 539 v. Chr. eroberten die Truppen von Kyros dem Großen, dem ersten König des alten Persiens, die Stadt Babylon. Aber es waren seine nächsten Handlungen (die auf dem 1879 entdeckten Kyros-Zylinder beschrieben

werden), welche einen großen Fortschritt für die Menschheit kennzeichneten. Er erließ ein Dekret zur Befreiung der Sklaven, erklärte, dass alle Menschen das Recht haben, ihre Religion zu wählen, und führte die Gleichheit der ‚Rassen‘ ein. Die Grundsätze der Menschenrechte sind auch aus den bedeutenden Texten einiger der wichtigsten Weltreligionen hervorgegangen. Auch die Dokumente, die aus der amerikanischen und der französischen Revolution hervorgingen, traten für den Geist der Menschenrechte ein. Im Laufe der Jahrhunderte haben große Denker den Inhalt der Menschenrechte als Eckpfeiler für Demokratie und Freiheit der Menschheit formuliert – Jean Jacques Rousseau, Mahatma Gandhi, Martin Luther King, Eleanor Roosevelt, Nelson Mandela und der Dalai Lama. Die Lehren aus jahrhundertelangem Denken und Handeln, aber auch ein tiefes Bekenntnis zur Menschlichkeit als Reaktion auf die Schrecken des Weltkriegs fanden ihren Niederschlag in der Verabschiedung der *Allgemeinen Erklärung der Menschenrechte* (AEMR) durch die UN-Generalversammlung im Jahr 1948.

Nach der Verabschiedung der AEMR und der Zeit der Dekolonisierung entstanden nationale Verfassungen, unter anderem im Zuge des Freiheitskampfes in Indien und der Anti-Apartheid-Bewegung in Südafrika. Diese Verfassungen stützten sich in erster Linie auf die Idee der allgemeinen Menschenrechte. Die AEMR war außerdem der Auslöser für die Entwicklung von UN-Menschenrechtsvereinbarungen über kulturelle, bürgerliche, wirtschaftliche, soziale und politische Rechte sowie über die spezifischen Rechte von Frauen, Kindern, indigenen Völkern, Migrant∗innen und Behinderten.

Das gesamte Gebäude der Menschenrechte ist auf die Wahrung und den Schutz der Würde der Menschen ausgerichtet. Das Gebäude der Menschenrechte basiert auch darauf, dass die Bedürfnisse der Schwächsten zuerst erfüllt werden. Dieser Ansatzpunkt zur Verwirklichung der Menschenrechte ist besonders wichtig in einer Zeit, in der die historisch am

III

stärksten benachteiligten Bevölkerungsgruppen der Welt zunehmend von der neoliberalen Wirtschaftspolitik und den negativen Auswirkungen von Phänomenen wie dem Klimawandel betroffen sind.

Die Menschenrechtsabkommen schützen die wirtschaftlichen, sozialen und kulturellen Rechte, darunter nicht nur das Recht auf Nahrung, Lebensunterhalt, Gesundheit, Wohnung, soziale Sicherheit und bürgerliche und politische Rechte, sondern auch das Recht auf Leben, Religions- und Glaubensfreiheit, das Recht, sich friedlich zu versammeln und zu vereinigen, sowie das Recht der Beteiligung an politischen und öffentlichen Angelegenheiten.

Der Menschenrechtsansatz ist eine radikale Alternative, die Ungerechtigkeit, Ausbeutung und Diskriminierung von Millionen Menschen in der ganzen Welt auf folgende Weise direkt angreift:

▪ Die Wahrung der Menschenrechte stellt eine direkte und mächtige Herausforderung für die globalen hegemonialen Kräfte dar, die bestrebt sind, die Rechte der Menschen auf Waren zu reduzieren und das, was zu den grundlegenden Anrechten gehören sollte – Wasser, Land, Wohnung usw. – zu monetarisieren.

▪ Sie stützt sich auf Grundprinzipien wie Nichtdiskriminierung, Gleichstellung der Geschlechter, Beteiligung der Öffentlichkeit und das Recht auf Wiedergutmachung bei Menschenrechtsverletzungen. Diese Grundsätze ergänzen und verstärken die Umweltprinzipien. Das Recht auf freie, auf vorheriger Kenntnis der Sachlage beruhende Zustimmung lässt sich beispielsweise aus den internationalen Menschenrechtsvorschriften ableiten.

▪ Die Menschenrechte sind *universell*; sie gelten für alle Menschen auf der Welt, unabhängig von ihrer ,Race', Religion und ihrem wirtschaftlichen Status. Die in der AEMR enthaltenen Rechte werden von allen 193 Mitgliedstaaten der UNO anerkannt. Sie werden durch ein robustes und sich ständig weiterentwickelndes internationales System untermau-

ert, zu dem der UN-Menschenrechtsrat, seine allgemeine regelmäßige Überprüfung, Sonderberichterstatter und Vertragsorgane gehören, die das Verhalten staatlicher und nichtstaatlicher Akteure kontinuierlich überwachen, um die Einhaltung der Menschenrechtsverpflichtungen zu gewährleisten. Solche umfassenden Mechanismen sind sowohl radikal als auch praktisch. Dies mag der wichtigste Grund dafür sein, dass der Menschenrechtsansatz bei sozialen Bewegungen und Kampagnen auf der ganzen Welt Anklang gefunden hat, zusammen mit dem seit langem bestehenden System von Sonderberichterstatter*innen für die Rechte indigener Völker, extreme Armut, Wohnen, Gesundheit und Ernährung. Kürzlich ernannt wurden Sonderberichterstatter*innen für Wasser und Abwasserentsorgung, Solidarität und Menschenrechte sowie für die Umwelt.

▪ Neue Instrumente, die den aktuellen globalen Realitäten Rechnung tragen, werden derzeit in einem transparenten, integrativen Prozess ausgearbeitet. Dabei handelt es sich um die *UN-Erklärung über die Rechte von Kleinbauern und -bäuerinnen und anderen Menschen, die in ländlichen Regionen arbeiten* sowie um ein rechtsverbindliches Instrument zur Regulierung der Aktivitäten transnationaler Konzerne und anderer Wirtschaftsunternehmen. Sie sind größtenteils das Ergebnis bemerkenswerter sektorübergreifender und interdisziplinärer globaler Initiativen, die von internationalen Koalitionen der Zivilgesellschaft und sozialen Bewegungen in Zusammenarbeit mit fortschrittlichen Regierungen geleitet werden.

▪ Auf nationaler und subnationaler Ebene umfasst das Schutzsystem nationale Gerichte, Menschenrechtskommissionen, Tribunale und Ombudsstellen, Organisationen der Zivilgesellschaft, Kampagnen und Bewegungen. Die Entwicklung der Menschenrechte auf nationaler Ebene, in Verfassungen und Gesetzen, wie das Recht auf Land, das Recht auf eine gesunde Umwelt und die Rechte der Natur sind ebenfalls wichtige Entwicklungen.

Begriffe wie Solidarität, Geschwisterlichkeit, Kooperation und Vertrauen, die über den überwiegend individualistischen Ansatz hinausgehen, für den westliche Konzepte kritisiert wurden, werden ebenfalls zunehmend als Eckpfeiler einer alternativen, radikalen, auf den Menschenrechten basierenden Weltanschauung anerkannt.

Diese Werte kommen am besten im Paradigma der Menschenrechte zum Ausdruck, das der Wahrheit einen hohen Stellenwert einräumt, ein kraftvoller Ausdruck ethischer, moralischer und rechtlicher Werte und Gebote ist und die Würde des Einzelnen sowie die kollektive Identität der Gemeinschaft wahrt. In internationalen, nationalen und regionalen Kontexten sollten die Menschenrechtsprinzipien und -instrumente von ›Post-Development-Aktivist*innen in ihrem Widerstand gegen hegemoniale Kräfte rigoros angewendet werden.

Weitere Quellen

Defending Peasants Right, https://defendingpeasantrights.org (abgerufen am 23.05.2023)

International Service of Human Rights, http://www.ishr.ch (abgerufen am 23.05.2023)

Treaty Alliance, http://www.treatymovement.com (abgerufen am 23.05.2023)

UN Office of the High Commissioner of Human Rights, http://www.ohchr.org/EN/pages/home.aspx (abgerufen am 23.05.2023)

United Nations Declaration on the Rights of Peasants and Other People Working in Rural Areas, https://undocs.org/A/C.3/73/L.30 (abgerufen am 23.05.2023)

Via Campesina, https://viacampesina.org/en/international-peasants-voice (abgerufen am 23.05.2023)

Miloon Kothari ist ein führender Wissenschaftler und Aktivist im Bereich der Menschenrechte. Er ist Präsident von *UPR-Info* (Universal Periodic Report) und war früher *Sonderberichterstatter für das Recht auf angemessene Unterkunft* (on Adequate Housing) beim UN-Menschenrechtsrat. Während seiner Amtszeit leitete er den Prozess, der zu den *UN-Grundprinzipien und -Leitlinien zu entwicklungsbedingten Zwangsräumungen und Vertreibungen* führte – dem aktuellen globalen operativen Menschenrechtsstandard zur Praxis von Zwangsräumungen.

Übersetzung: Hannelore Zimmermann

Deborah McGregor

Minobimaatisiiwin

(Vollkommenes Wohlbefinden)

 Wohlbefinden, Gesundheit, gutes Leben, Anishinaabe- und Cree-Kulturen, Rechte der Erde

Minobimaatisiiwin (m'nobi-MAH-t'see-win), das in verschiedenen Dialekten als *miyupimaatisiiun, bimaadiziiwin, pimatisiwin, mnaadmodzawin* und *mino-pimatisiwin* bekannt ist, ist ein Konzept, das in den Kulturen der *Anishinaabe* und *Cree* verwurzelt ist und die Vorstellung von einem ‚Guten Leben' oder einem ‚vollkommenen Zustand des Wohlbefindens' vermittelt (King 2013). Obwohl diese Praxis des *Guten Lebens* seit Tausenden von Jahren existiert, wurde ihre Überlebensfähigkeit durch die verheerenden Kräfte der ›kolonialen Unterdrückung und der Globalisierung beeinträchtigt, die das indigene Leben in Nordamerika auf jede erdenkliche Weise ausgehöhlt haben. In den letzten Jahrzehnten ist *Minobimaatisiiwin* wieder aufgetaucht, als Teil der Wiederbelebung indigener Heilmethoden. Dieses Wiederauftauchen stellt einen direkten Widerstand gegen den anhaltenden Druck dieser Kräfte dar. Die *Anishinaabe*-Aktivistin Winona LaDuke (1997) machte das Konzept im Umweltdiskurs als Antwort auf Umweltkolonialismus, Rassismus und Ungerechtigkeit bekannt.

Minobimaatisiiwin ist eingebettet in eine ganzheitliche Weltsicht und beinhaltet daher ein Leben in respektvoller und wechselseitiger Beziehung mit der gesamten Schöpfung auf individueller und kollektiver Ebene. Daher ist das Erreichen von *Minobimaatisiiwin* ohne ausgewogene und harmonische Beziehungen zu anderen Wesen nicht möglich. Gegenseitige Beziehungen sind nicht nur zwischen den Menschen erforderlich, sondern auch mit allen anderen ‚Verwandten' – den Tieren, den Pflanzen, den Felsen, dem Wasser, den Geistern, den himmlischen Wesen wie dem Mond, der Sonne und den Sternen, den

M

III

Vorfahren und denen, die noch kommen werden. Gleichzeitig müssen alle anderen Wesen und Wesenheiten *Minobimaatisiiwin* erreichen, um ebenfalls gesund zu bleiben. Das über allem stehende Ziel, das Leben der gesamten Schöpfung zu erhalten, ist ein *gegenseitiges* Bemühen.

Es war die Wunschvorstellung der Vorfahren, dass ihre Nachkommen nach dem Minobimaatisiiwin leben und dabei liebevolle und fürsorgliche Beziehungen zur Erde und zu anderen Lebewesen aufbauen würden. Ihre Entscheidungen basierten darauf, das Wohlergehen künftiger Generationen von Menschen und der gesamten Schöpfung sicherzustellen. Das Konzept des *Guten Lebens* orientiert sich an den sieben ursprünglichen Lehren – Weisheit, Liebe, Respekt, Tapferkeit, Ehrlichkeit, Demut und Wahrheit –, damit ausgewogene Beziehungen zwischen den Menschen und mit der gesamten Schöpfung gesichert bleiben. Es ist nicht möglich, ‚gut zu leben‘, wenn die Erde ständig leidet. Im Sinne dieser Theorie und Lebenspraxis von Beziehungen ist die Menschheit verpflichtet, sich um ihre Nächsten zu kümmern, so wie sie im Gegenzug dazu verpflichtet sind, sich um sich selbst zu kümmern. Minobimaatisiiwin verlangt von uns, nachhaltig zu handeln: Verantwortung für die gesamte Schöpfung zu übernehmen und mit ihr spirituell verbunden zu sein, zu jeder Zeit.

Diese Lebensweise wurde durch indigene Wissenssysteme, Grundsätze und Gesetze gestützt, die sicherstellen, dass die Handlungen der Menschen das Leben bejahen und es nicht verunglimpfen oder zerstören. Indigene Gesetze, basierend auf einer harmonischen Lebensweise, erkennen die ‚Rechte der Erde‘ durch ein Bündel an Aufgaben, Verpflichtungen und Verantwortlichkeiten an (McGregor 2015). Das Gesetz der *Anishinaabe* verlangt, dass die Menschen mit allen Wesen der Schöpfung zusammenarbeiten. Es soll gute Beziehungen ermöglichen und letztendlich dazu führen, dass jedes Lebewesen *Minobimaatisiiwin* erreicht. Das bezieht sich auf die Beziehungen zwischen den Menschen sowie auf die große Verantwortung, die das Zusammenleben mit Mitgliedern der anderen Lebensformen mit sich bringt (King 2013: 5). Darüber hinaus erkennt *Minobimaatisiiwin* an, dass andere Wesen oder Wesenheiten ihre eigenen Gesetze haben, die befolgt werden müssen, um harmonische Beziehungen zur Schöpfung zu bewahren. Diese sind natürliche Gesetze. Die Umsetzung und das Leben der natürlichen Gesetze erfordern ein umfassendes Wissen über die Umwelt und ihre Funktionsweise, damit das Überleben für alle gesichert ist.

Gegenwärtig wird die Erde ständig in einer Weise behandelt, die diametral entgegengesetzt zur Philosophie und Umsetzung von *Minobimaatisiiwin* ist. In der ›Ontologie der *Anishinaabe* sind alle Elemente der Schöpfung mit Geist und Handlungsmacht ausgestattet, einschließlich nicht-menschlicher Lebensformen, Felsen, Berge, Wasser und der Erde selbst. Die vorherrschenden Gesellschaften kommerzialisieren genau diese Wesenheiten, sie beuten sie als Ressourcen aus und definieren sie neu als Kapital.

In der Tradition der *Anishinaabe* wird das Verständnis, dass eine Kultur der Kommerzialisierung, des Konsums und der Zerstörung des Planeten vermieden werden muss, von den Lehren der Windigo geleitet. Der Windigo ist ein kannibalisches Wesen, das mit einem überwältigenden Hunger verflucht ist, der nie gestillt werden kann, gleichgültig wie viel es auch verzehrt. Der Windigo wandert auf der Erde umher und zerstört alles, was ihm in den Weg kommt, auf der quälenden und unendlichen Suche nach Befriedigung. Das Beispiel des Windigos erinnert uns daran, dass wir den Weg des *Minobimaatisiiwin* wählen können – oder aber den des Windigos, der letztendlich zur Zerstörung allen Lebens führen wird.

Wie zahllose Generationen von *Anishinaabe* könnten auch die herrschenden Gesellschaften aus der Windigo-Geschichte lernen, welche Folgen die Ablehnung des *Minobimaatisiiwin* hat. Die soziale, wirtschaftliche und ökologische Krise, in der sich die globale Gesellschaft befindet, ist das Ergebnis eines tiefgreifenden Mangels an Respekt vor der Erde und der erforderlichen Gegenseitigkeit in ihren Beziehungen zur gesamten Schöpfung. *Minobimaatisiiwin*, als eine lebensbejahende Serie an Verpflichtungen und Verantwortlichkeiten gegenüber der lebendigen Erde, stellt das vorherrschende neoliberale Muster, das die Natur als Eigentum und als auszubeutende Ressource betrachtet, direkt in Frage.

Minobimaatisiiwin bietet eine echte und bewährte Alternative. Indigene Völker auf der ganzen Welt prangern eine wirtschaftliche Weltordnung an, die Ungleichheit, Ungerechtigkeit und Ausbeutung aufrechterhält. Der zunehmende Widerstand gegen diese Weltordnung hat sich in letzter Zeit in Nordamerika durch Aktionen wie die ‚*Idle No More*'-Bewegung („Nicht länger untätig', Graswurzelbewegung der First Nations in Kanada) und den Protest gegen die *Dakota Access Pipeline* gezeigt. Gleichzeitig definieren uralte indigene Ideologien, wie sie in internationalen Umwelterklärungen – etwa in der *Allgemeinen Erklärung der Rechte von Mutter Erde* – zum Ausdruck kommen, ‚Nachhaltigkeit' neu als „gutes Leben mit der Erde" in einer für beide Seiten vorteilhaften Weise.

Minobimaatisiiwin bietet zusammen mit anderen ähnlichen indigenen Konzepten ein jahrhundertealtes und – in einer Welt des unerbittlichen Industriekapitalismus – zugleich radikales Modell. Indigene Völker haben bereits seit zahllosen Generationen politische, rechtliche und organisatorische Systeme eingeführt, die auf einem solchen Muster beruhen. Es kann also behauptet werden, dass das Erreichen von *Minobimaatisiiwin für alle* das ultimative Ziel indigener Autonomie und Souveränität ist.

Weitere Quellen

Bell, Nicole (2013), „Anishinaabe Bimaadiziwin": Living Spiritually with Respect, Relationships, Reciprocity, and Responsibility. In: Andrejs Kulnieks, Dan Roronhiakewen Longboat and Kelly Young (eds), *Contemporary Studies in Environmental and Indigenous Pedagogies*. Rotterdam: Sense Publishers.

Hart, Michael (1999), Seeking Mino-Pimatasiwin: An Aboriginal Approach to Social Work Practice, *Native Social Work Journal*. 2 (1): 91–112.

Kimmerer, Robin (2013), *Braiding Sweetgrass: Indigenous Wisdom, scientific knowledge and the teachings of plants*. Minneapolis: Milkweed Editions. (**deutsch:** Geflochtenes Süßgras : die Weisheit der Pflanzen. Berlin: Aufbau Verlag, 2021)

King, Cecil O. (2013), *Balancing Two Worlds: Jean-Baptiste Assiginack and the Odawa Nation, 1768–1866*. Saskatoon: Dr. Cecil King.

LaDuke, Winona (1997), Voices From White Earth: Gaawaabaabiganikaag. In: Hildegarde Hannum (ed.), *People, Land & Community*. New Haven: Yale University Press.

McGregor, Deborah (2015), Indigenous Women, Water Justice and Zaagidowin (Love): Women and Water, *Canadian Woman Studies/les cahiers de la femme*. 30 (2/3): 71–78.

Deborah McGregor stammt von den Anishinaabe ab. Sie ist Professorin an der *Osgoode Hall Law School* und der Fakultät für Umweltstudien der Universität York. Derzeit hat sie einen kanadischen *Forschungslehrstuhl für indigene Umweltgerechtigkeit* inne. Ihre Forschungsschwerpunkte sind indigene Wissenssysteme, Wasser- und Umweltmanagement, Umweltgerechtigkeit, Forstpolitik und indigene Ernährungssouveränität.

Übersetzung: Hannelore Zimmermann

Farhad Mazhar

Nayakrishi Andolon

(Neue Agrarbewegung)

Nayakrishi, Shohoj, Gemeinschaftssaatgut, Gemeinschaftswissen

Nayakrishi Andolon oder die *Neue Agrarbewegung* – die von Bäuer*innen geführt wird und an der in Bangladesch mehr als 300.000 unterschiedliche ökologische Haushaltsverbände beteiligt sind – konzentriert sich in ihrer innovativen landwirtschaftlichen Praxis strategisch auf *Saatgut*. Ziel ist es, den *Shohoj*-Weg zu einem freudvollen Leben aufzuzeigen und eine biodiverse ökologische Regeneration der Natur zu gewährleisten, damit Nahrungsmittel, Textilfaser, Brennholz, Medizin, sauberes Wasser und viele anderen biologisch-materiellen und spirituellen Bedarfe der Gemeinschaft gesichert werden können. Das Wort *Shohoj* hat seine Wurzeln in der kraftvollen spirituellen Tradition Bengalens und beschreibt im Allgemeinen eine *intuitiv einfache*,

III

aber transparente Art, im Universum zu leben. Philosophisch gesehen bedeutet das, dass wir lernen, mit inneren und äußeren Realitäten in Beziehung zu treten, und zwar in Übereinstimmung mit all unseren menschlichen Fähigkeiten, die keine Hierarchie zwischen unseren sinnlichen, intellektuellen oder imaginativen Fähigkeiten zulassen. In der Praxis erforscht *Shohoj* also das bio-spirituelle Potenzial menschlicher Gemeinschaften in der realen materiellen Welt, um eine bedrückende, schmerzhafte und entmenschlichte Existenz zu überwinden.

Die Bewegung verwendet das *Saatgut* als kraftvolle Metapher für Kontinuität und Historie und identifiziert den regenerativen Raum als den Ort, an dem sich das Unsichtbare als Sichtbares offenbart und das Potenzial sich als Realität verwirklicht. Landwirtschaft wird definiert als das Management sowohl des kultivierten als auch des unkultivierten Raums und nicht als ‚Fabrik', die Konsumgüter oder Waren herstellt. Als Praxis feiert *Nayakrishi* die Momente, in denen wir uns sinnlich mit der Natur und unseren arbeitenden Körpern beschäftigen, um die Grenzen des abstrakten Intellektualismus zu verstehen und zu überwinden. *Nayakrishi* ist in den mächtigen spirituellen Traditionen Bengalens verankert, wo der Islam auf kreative Weise mit indigenen religiösen Traditionen und Gebräuchen zusammentraf, um *Bhakti*-Bewegungen – wie die von Chaitanya (1486-1534) gepredigte – hervorzurufen, die auf ihrem Höhepunkt große Heilige wie Fakir Lalon Shah (1772-1890) hervorbrachte (Sharif 1999: 241-73).

Seit 1997 befolgen die Bäuer*innen zehn einfache Regeln, um lebendige und fruchtbare Böden sowie vielfältige Lebensformen und die Variabilität des Ökosystems zu erhalten und zu regenerieren sowie die Fähigkeit des indigenen Wissenssystems so zu entwickeln, dass die neuesten Fortschritte der Biowissenschaften aufgegriffen und genutzt werden können. Um *Nayakrishi*-Bäuerin oder -Bauer zu sein, müssen alle zehn Regeln befolgt werden. Die Regeln 1 bis 5, die Klauseln beinhalten wie „absoluter Verzicht auf

den Einsatz von Pestiziden oder anderen Chemikalien" und „Erlernen der Kunst der Bodenherstellung durch natürliche biologische Prozesse", gelten als Grundvoraussetzungen, um Mitglied zu werden. Die Regeln 6 bis 10 beziehen sich auf den Schutz des Oberflächenwassers und des Grundwasserspiegels, die Kultivierung verschiedener Fischarten in Teichen und die Aufzucht von Tieren und Geflügel mit hofeigenem organischem Futter als integrative und fortgeschrittene Praxis. Die Entwicklung eingebundener und komplexer ökologischer Systeme maximiert den systemischen Ertrag und trägt zur Innovation interessanter ökologischer Modelle bei, was das immense wirtschaftliche Potenzial einer auf biologischer Vielfalt basierenden ökologischen Landwirtschaft beweist, die als erfolgreicher praktischer Widerstand gegen die Globalisierung wirkt. Die Wirtschaft wird als der Ort betrachtet, an dem der soziale Austausch zwischen lebensbejahenden Aktivitäten verschiedener Gemeinschaften stattfindet. *Nayakrishi* ist eine wachsende und expandierende Bewegung. Ihr Erfolg und ihre Konsolidierung setzen Folgendes voraus:

1. Verfügbarkeit eines bäuerlichen Saatgutsystems als Schlüssel zu bäuerlicher Innovation, was in der Vergangenheit zur agrarökologischen Entwicklung und zur Generierung von landwirtschaftlichem Wissen beigetragen hat
2. Zugang zu und Verfügbarkeit von Gemeinschaftswissen durch mündliche Kommunikation, das Gemeinschaftsgedächtnis und die Bewahrung des Volkswissens durch Geschichten und Erzählungen
3. das Vorhandensein eines einigermaßen funktionierenden Kultursystems, besonders bezogen auf Lebensmittel und Ernährung, das den landwirtschaftlichen Verbrauch mit der Produktion innerhalb spezifischer agroökologischer Systeme verbindet. *Nayakrishi* ist bestrebt, hierarchische Beziehungen von Klasse, Kaste und Patriarchat zu verändern; weswegen konsequenterweise Frauen und ›marginalisierte Bäuer*innen die natürlichen Anführer*innen von *Nayakrishi* sind.

4. ein informelles oder formelles System des sozialen Austauschs von bäuerlichen Produktionsmitteln, Arbeit und Wissen, das außerhalb des kapitalistischen Marktes funktioniert, einschließlich der gemeinschaftlichen Bewirtschaftung von gemeinsamen Ressourcen wie Wasser, Wälder und Biomasse

5. ein operativer Begriff von Gemeineigentum, der die kultivierten und nicht kultivierten Quellen für Nahrung und Lebensunterhalt sowie allgemein anerkannte moralische Werte berücksichtigt, die den Mitgliedern der Gemeinschaft das Recht auf die Nutzung des natürlichen Reichtums garantieren

Eine institutionelle Innovation ist die Entwicklung der kollektiven Aktion der Bäuer*innen, die als *Nayakrishi Seed Network* (NSN – *Nayakrishi*-Saatgut-Netzwerk) bezeichnet wird und speziell für die In-situ- und Ex-situ-Erhaltung der biologischen Vielfalt zuständig ist, mit dem bäuerlichen Haushalt als zentralem Punkt. Das NSN hat drei Ebenen. Erstens werden *Nayakrishi Seed Huts* (NSH – *Nayakrishi*-Saatgut-Hütter) durch die unabhängige Initiative von einem oder zwei Haushalten im Dorf eingerichtet, die zum *Nayakrishi Andolon* gehören und bereit sind, die Verantwortung dafür zu übernehmen, dass alle gängigen Arten und Sorten von den Bäuer*innen neu gepflanzt, regeneriert und erhalten werden.

Zweitens: Das *Specialised Women Seed Network* (SWSN – Spezialisiertes Frauen-Saatgut-Netzwerk) besteht aus Frauen, die sich auf bestimmte Arten oder Sorten spezialisiert haben. Ihre Aufgabe ist es, lokale Sorten aus verschiedenen Teilen Bangladeschs zu sammeln. Außerdem überwachen und dokumentieren sie die Einführung einer Sorte in einem Dorf oder einer Ortschaft und halten aktuelle Informationen über die Variabilität der Arten bereit, für die sie zuständig sind.

Drittens, die *Community Seed Wealth* (CSW – Gemeinschaftlicher Saatgut Reichtum) ist die institutionelle Struktur, welche die Beziehungen zwischen den Landwirten innerhalb eines Dorfes sowie zwischen den Dörfern, zu anderen Be-

zirken, aber auch mit nationalen Institutionen regelt, um die gemeinsame Nutzung und den Austausch von Saatgut zu ermöglichen. Die CSW unterhält außerdem eine gut ausgebaute Baumschule. Die Konstruktion von CSWs basiert auf zwei Prinzipien: (a) sie müssen aus lokal verfügbaren Baumaterialien gebaut werden und (b) die Instandhaltung sollte die Saatguterhaltungspraktiken der Haushalte widerspiegeln. Jedes Mitglied des *Nayakrishi Andolon* kann in den CSWs Saatgut holen, sofern es sich verpflichtet, nach der Ernte das Doppelte der erhaltenen Menge wieder zurückzugeben. In den CSWs steht eine Sammlung von über 3.000 Reissorten und 538 Sorten von Gemüse, Öl, Linsen und Gewürzen zur Verfügung.

Nayakrishi fördert das Wachstum verschiedener Pflanzen, darunter auch Kräutern, die nicht kultiviert werden, aber eine gute Nahrungsquelle für Menschen und Tiere darstellen. Je mehr die Umwelt von Chemikalien befreit wird, desto mehr unkultivierte Nahrungsmittel werden im Umfeld gefunden. Eine solche Bewertung erfolgt durch kulturelle Praktiken wie dem Feiern von *Chaitra Sangkranti*, dem letzten Tag des bengalischen Kalenderjahres, an dem es Brauch ist, eine Mahlzeit zu sich zu nehmen, die mindestens vierzehn verschiedene Blattgemüse oder Shak enthält, welche überwiegend zu den nicht kultivierten Pflanzen zählen. Dies ist eine natürliche Prüfung, die erneuerbare Nahrungsquellen auch künftig sichert. Die Bäuer*innen, die arm an Ressourcen sind, decken fast 40 Prozent ihres Nahrungsmittel- und Nährstoffbedarfs mit nicht kultivierten Pflanzen.

Nayakrishi Andolon steht für den bäuerlichen Widerstand gegen die Vereinnahmung der globalen Nahrungsmittelkette durch die Konzerne und bekräftigen, dass es die bäuerliche Gemeinschaft ist, die uns ernährt. *Nayakrishis* regenerieren die Zukunft, indem sie die Landwirtschaft als Lebensform verteidigen, landwirtschaftliche Tätigkeiten bejahen und *Shohoj*-Wege zu *Ananda* – das heißt, zur Freude am Dasein in der Welt – aufzeigen.

III

Weitere Quelle

Sharif, A. (1999), *Islam o Gaudiya Vaishanava* Motobad. In: Abonty Kumar Sanyal and Ashoke Bhattacharya (eds), *Chaitanyadev*. Kolkata: P.M. Bagchi & Company Ltd.

Farhad Mazhar, der Pharmazie und Wirtschaft studiert hat, ist ein bekannter Dichter, Schriftsteller und Kolumnist und Gründungsmitglied der bangladeschischen Vereinigung UBINIG (Policy Research for Development Alternatives) sowie Initiator von *Nayakrishi Andolon*. Er war von den 1970er Jahren bis heute an wichtigen literarischen Bewegungen beteiligt und ist Autor von mehr als zwanzig in Bangla veröffentlichten Büchern über Poesie, Literatur und politische Themen.

Übersetzung: Hannelore Zimmermann

Enrique Leff

Negentropische Produktion

 ökologische Produktivität, Umweltrationalität, Entropie, Nachhaltigkeit

Negentropische Produktion ist ein Konzept, das den Handlungsspielraum einer alternativen Theorie und Praxis zusammenfasst, damit der Planet bewohnbar bleibt; es zielt darauf ab, Nachhaltigkeit neu zu überdenken ausgehend von den ökologischen und kulturellen Bedingungen der menschlichen Territorien.[1] *Negentropie* oder *negative* ›*Entropie* lässt sich begreifen als der Gesamtprozess, der kontinuierlich Leben auf dem Planeten schafft, erhält und komplexer macht, und zwar basierend auf der Umwandlung von strahlender Sonnenenergie in Biomasse durch Photosynthese – der Quelle allen Lebens. Die *negentropische Produktion* ist somit eine Antwort auf die Tatsache, dass Wirtschaftswachstum die gesamte im Produktionsprozess verbrauchte Materie und Energie in degradierte (verminderte) Energie umwandelt, also letztlich in nicht verwertbare Materie und nicht wiederverwertbare Wärme.

Die *negentropische Produktion* zielt darauf ab, dem vorherrschenden Wirtschaftsmodell entgegenzuwirken, das auf einem mechanistischen Verständnis von Produktivität, Arbeit und Technologie beruht und die ökologischen

und kulturellen Bedingungen für Nachhaltigkeit leugnet, was wiederum zur ökologischen Krise unseres Planeten geführt hat. Die objektivierte Natur, die in die Mega-Maschine der Weltwirtschaft eingespeist wird, verwandelt sich nach dem Gesetz der ›Entropie in Waren, Umweltverschmutzung und Wärme. Dieser Degradationsprozess äußert sich in der Abholzung der Wälder, der Wüstenbildung, der Erosion biologischer Vielfalt und dem Klimawandel, was zum entropischen Tod des Planeten führt.

Der Mensch ist die treibende Kraft dabei, die biologische Grundlage des Lebenserhaltungssystems dieses Planeten zu verändern. Das Mittel dafür ist die wirtschaftliche Produktion, mit der der Mensch die der Natur entnommene Materie und Energie umwandelt. Die Produktionsweise legt fest, wie die Menschheit die materiellen Bedingungen ihrer Existenz schafft, und wirkt sich tiefgreifend auf die komplexe Thermodynamik der Biosphäre aus. Der Umweltgedanke wirft dabei die Frage auf, inwieweit der Wirtschaftsprozess, der der vorherrschenden ›produktivistischen Rationalität zugrunde liegt, nicht unweigerlich zu einer entropischen Schädigung der Natur führen muss.

Die Abkehr von einer nicht nachhaltigen Produktion und der Übergang zu einem nachhaltigen Wirtschaftsmodell wird nicht dadurch erreicht, dass die *Mainstream*-Wirtschaft reformiert wird, um ›externe Umwelteffekte‹ – wie ökologischer Zerstörung, Verschmutzung, biologische Vielfalt, Klimawandel, Treibhausgase, Umweltgüter und -dienstleistungen – zu internalisieren. Auch werden wirtschaftliche Prozesse nicht dadurch nachhaltig, weil das wirtschaftliche Verhalten auf die für die ›Reproduktion der Natur erforderlichen ökologischen Bedingungen zugeschnitten wird, um so einen ›stabilen Zustand‹ der Wirtschaft zu erreichen. Im Gegensatz zu diesen gängigen Vorstellungen sah Georgescu-Roegen in seiner „Bioökonomie" (Georgescu-Roegen 1971) die wirtschaftliche Rationalität mit der unausweichlichen Tatsache konfrontiert, dass wirtschaftliche Prozesse ihre eigenen ökologischen Grundlagen zerstören. Er leitete davon jedoch kein ökonomisches Modell ab, das auf den ökologischen Grundlagen einer nachhaltigen Produktion beruht.

Erforderlich ist ein Modell ökotechnisch-kultureller Produktivität, das auf den Prinzipien einer alternativen Umweltrationalität aufbaut (Leff 2004). In dieser Konzeption taucht die *Umwelt* jenseits der vorherrschenden Rationalität mit ihrer angeblich einheitlichen, universellen ›Ontologie auf, welche die Vielfalt einschränkt und das Anderssein ausschließt. Dieses Prinzip führt den *Ökomarxismus*, die *Ökologische Ökonomie* und die *Politische Ökologie* dazu, eine alternative Produktionsweise zu konstruieren, die auf der Erhaltung und Neugestaltung der sozialen und ökologischen Produktionsbedingungen beruht, so wie sie in verschiedenen Kulturen verankert sind.

Die ultimative Frage zur Nachhaltigkeit ist die nach der Nachhaltigkeit des Lebens. Damit taucht die Frage auf: Ist eine nachhaltige Wirtschaft überhaupt möglich? – Eine Wirtschaft, die mit und durch die schöpferischen Kräfte der Natur arbeitet; eine Wirtschaft, die auf den ökologischen Potenzialen des Planeten aufbaut; eine menschliche Wirtschaft, die die Bedingungen des menschlichen Lebens und der kulturellen Vielfalt anerkennt? Dies setzt die Dekonstruktion der etablierten Wirtschaft und den Aufbau eines neuen Produktionsmodells voraus: ein Modell der ökologisch-technisch-kulturellen Produktivität – oder einer *negentropischen Produktion* –, das sich an den Prinzipien der ökologischen Rationalität orientiert.

Nachhaltigkeit würde am Horizont dieser anderen möglichen Welten auftauchen, wenn wir nur in der Lage wären, die Potenziale des Lebens zu entfesseln, welche eingeschränkt wurden durch die der sogenannten ‚nachhaltigen Entwicklung' zugrunde liegende *naturfeindliche* Rationalität. Nachhaltigkeit ist das Ergebnis des Zusammenspiels von *negentropischen/entropischen* Prozessen, die von verschiedenen kulturellen Wesen in ihren Lebenswelten in Gang gesetzt werden. Der Aufbau einer nachhaltigen Zukunft verlangt von uns, dass wir uns ein Bild

von den ökologischen Potenzialen und den erkenntnistheoretischen und sozialen Strategien machen, die für den Aufbau einer alternativen Produktionsweise erforderlich sind – einer Produktionsweise, die auf den „negentropischen Potenzialen des Lebens" beruht. Gemeint ist damit eine Produktionsweise, die auf den thermodynamisch-ökologischen Bedingungen der Biosphäre und den symbolisch-kulturellen Bedingungen der menschlichen Existenz basiert.

Das vorgeschlagene *negentropische Produktionsmodell* baut auf drei Produktivitätskategorien auf: der ökologischen, technologischen und kulturellen. Ökologische Produktivität basiert auf dem ökologischen Potenzial der verschiedenen Ökosysteme. Die ökologische Forschung hat gezeigt, dass die produktivsten Ökosysteme, die der feuchten Tropen, jährlich bis zu etwa 8 Prozent Biomasse auf natürliche Weise produzieren. Dieses ökologische Potenzial kann weiter verstärkt werden durch wissenschaftliche Forschung, ökologische Technologien und innovative kulturelle Praktiken – unter anderem durch hocheffiziente Photosynthese, Steuerung sekundärer Sukzession[2] und selektiver Regeneration wertvoller Arten in ökologischen Prozessen; vielfältige kombinierte Anbaumethoden, Agrarökologie und Agroforstwirtschaft –, um so den kulturell-ökonomischen Wert des technisch-ökologischen Ergebnisses im Produktionsprozess zu definieren und zu steuern (Leff 1995).

Dieses alternative Produktionsmodell lässt sich aus der Perspektive nichtmoderner kultureller Vorstellungswelten und ihrer ökologischen Praktiken darstellen. Die bevorzugten Räume, in denen die Strategie der ‚negentropischen Produktion' umgesetzt wird, sind die von indigenen bäuerlichen Völkern bewohnten ländlichen Gebiete der Welt, sie setzen diese theoretische Perspektive durch die Neuerfindung ihrer Identitäten und die Innovation ihrer traditionellen Praktiken um, während sie darum ringen, ihre autonomen Territorien aufzubauen.

Diese Konzeption einer nachhaltigen Produktion steht im Einklang mit den sozialen

N

III

Bewegungen, die für die Wiederaneignung ihres biokulturellen Erbes kämpfen – wie etwa die. Afrokolumbianer*innen der pazifischen Regenwaldregion, die sich auf ihre Vorfahren berufen, die *Sumak Kawsay* der Andenvölker, die *Caracoles* der ›*Zapatistas* in Mexiko und die Nachhaltigkeitsvorstellungen so vieler anderer traditioneller Völker, von den *Mapuche* und *Guaraní* im Süden Lateinamerikas bis zu den *Seri* oder *Comca'ac* im trockenen Norden Mexikos. Die wichtigsten Akteure einer *negentropischen Gesellschaft* sind die traditionellen Bäuer*innen und die indigenen Völker der Welt sowie die von ihnen getragenen sozioökologischen Bewegungen. Ein typisches Beispiel ist der Kampf der *Seringueiros* im brasilianischen Amazonasgebiet, die als Strategie einer nachhaltigen Entwicklung ihre ,Rohstoffreserven' aufgebaut haben.

Anmerkungen

1 Das Konzept basiert auf dem Begriff der ökotechnologischen Produktivität, den ich erstmals 1975 formulierte und 1986 in meinem Buch *Ecología y Capital* überarbeitete. Siehe (Leff 1995).
2 schrittweise Regeneration der Lebewesen eines geschädigten Ökosystems. (lateinisch successio = Nachfolge) (Anm. d. Übers.)

Weitere Quellen

Georgescu-Roegen, Nicholas (1971), *The Entropy Law and the Economic Process*.
Cambridge, MA: Harvard University Press. (**deutsch:** The entropy law and the economic process in retrospekt : deutsche Erstübersetzung durch das IÖW. Berlin: IÖW, 1987)
Leff, Enrique (1994), *Ecología y capital: racionalidad ambiental, democracia participativa y desarrollo sustentable*. México: Siglo.
— (1995), *Green production. Towards an Environmental Rationality*. New York: Guilford.
— (2004), *Racionalidad Ambiental. La reapropiación social de la naturaleza*. México: Siglo XXI Editores.

Enrique Leff ist ein mexikanischer Umweltsoziologe, Politischer Ökologe und leitender Forscher am *Instituto de Investigaciones Sociales, Universidad Nacional Autónoma de México*. Er war Koordinator des Umweltbildungsnetzwerks für Lateinamerika und die Karibik beim UNEP (1986-2008). Sein jüngstes Buch ist *La apuesta por la vida: imaginación sociológica e imaginarios sociales en los territorios ambientales del Sur* (Siglo XXI Editores, Mexiko, 2014).

Übersetzung: Hannelore Zimmermann

Claudia von Werlhof

Neue Matriarchate

 Matriarchat, kapitalistisches Patriarchat, Alchemie, Matrikultur

Die zeitgenössische Matriarchatsforschung definiert Matriarchate als lebensorientierte Kulturen, Gesellschaften oder ganze Zivilisationen, die sich um die Bedürfnisse von Müttern und Kindern herum in einer horizontalen und egalitären Weise ohne Hierarchien, Gewalt, Staat und eine Klassenstruktur organisiert haben. Der Begriff ,Matriarchat' bedeutet nicht ,Herrschaft der Mütter', sondern *mater arché*, im Sinne von „am Anfang des Lebens steht eine Mutter".

Göttner-Abendroth hat nach umfangreichen Forschungen nachgewiesen, dass Matriarchate in vorpatriarchalen Gesellschaften auf der ganzen Welt normal waren. Sie waren friedlich und auf die natürliche Umwelt ausgerichtet. Darüber hinaus waren sie ›Subsistenzwirtschaften, hoch spirituelle erd- und lebensbezogene Kulturen, die auf mütterlicher Kompetenz und mütterlichem Wissen basierten, und sie waren nicht diskriminierend in Bezug auf biologisches und soziales Geschlecht (sex and gender), Alter und Aktivitäten. Es gab verschiedene Formen der Organisation von Matriarchaten, in Übereinstimmung mit den Umgebungsbedingungen, aber die Grundprinzipien sind gleich geblieben.

Die Patriarchate hingegen haben sich vor etwa fünf- oder sechstausend Jahren entwickelt. Es scheint, dass sie das Ergebnis von Klimakatastrophen waren, die die Bevölkerung einiger Regionen, wie zum Beispiel Sibirien, zwangen, an andere Orte zu ziehen. Sie erfanden Gewalt und Krieg als Mittel, um zu überleben und die Kontrolle über die Matriarchate zu übernehmen. Staaten wurden zur Regel, vor allem dort, wo sich hoch entwickelte matriarchale Zivilisationen herausgebildet hatten. Dies geschah in fruchtbaren Regionen rund um den Globus wie dem Indus, Mesopotamien und dem Nil.

In der Folge entstanden eine Klassenstruktur, Kriegergesellschaften und die Ausbeutung der ursprünglichen Bevölkerung.

Mit dem Krieg wurden Herren und Herrscher, Götter und Väter proklamiert. Es entstand der *pater arché* mit seiner Ideologie und Religion „am Anfang des Lebens steht der Vater". Der Ursprung des Lebens mit einem Vater – anstelle einer Mutter – wurde zur Rechtfertigung seiner Herrschaft. Die Bedeutung von *arché* als Ursprung/Anfang wurde somit transformiert; nicht nur das, sie wurde mit der Idee und Ausübung von Herrschaft und daher mit Beherrschung verbunden. Es muss betont werden, dass Herrschaft nicht aus der Natur kommt; nur im Patriarchat scheint Herrschaft natürlich zu sein, wie das Patriarchat selbst! Während sich patriarchale Zivilisationen entwickelten, wurden matriarchale Zivilisationen überall erobert, unterdrückt, zerstört, ersetzt und auf den Kopf gestellt.

Wir sprechen heute vom Matriarchat als einer ‚zweiten Kultur' innerhalb des Patriarchats, die aus den Überresten der noch überlebenden matriarchalen Traditionen besteht. In vielen Teilen der Welt haben Matriarchate trotz allem bis in die Gegenwart überlebt, insbesondere in indigenen Gesellschaften. Viele von ihnen haben jedoch lokale Patriarchate erlebt und ihre ursprünglichen Traditionen unter dem wachsenden Druck der Globalisierung verloren. Nur wenige haben nicht die brutalen Auswirkungen des kolonialen Patriarchats erlebt.

Die moderne Kolonisierung war eine Folge der Weiterentwicklung des Patriarchats zum Kapitalismus in Europa. Die bekannteste Darstellung der ersten Schritte dieser ›Transformation ist Friedrich Engels' Buch *Der Ursprung der Familie, des Privateigentums und des Staates* (1992[1884]); Matriarchatsforscher*innen haben jedoch eine alternative Erklärung. Die europäische matriarchale Zivilisation wurde durch Invasionen aus dem Osten unterbrochen und später durch das Römische Reich zerstört. Mit dem Beginn der Neuzeit übertrug Europa diese Lektion auf den Rest der Welt. Das Ergebnis war das ‚kapitalistische Patriarchat', wie wir es heute kennen, und das Weltsystem, das sich zur neoliberalen Globalisierung entwickelte.

Die viel diskutierte Beziehung zwischen Kapitalismus und Patriarchat legt nahe, dass der Kapitalismus nicht nur eine Ökonomie ist, die von einer patriarchalen Kultur getragen wird, sondern die letzte Stufe des Patriarchats selbst. Diese Einsicht wurde erst möglich, als die Frage der ‚Entwicklung der Produktivkräfte' und insbesondere der Maschine als technologisches System, das die systematische Zerstörung der Natur ermöglicht, in die Analyse einbezogen wurde. Diese Erkenntnis zeigte, wie das Patriarchat seit seinen Anfängen der utopischen – ‚alchemistischen' – Idee der ‚Erschaffung' einer ‚höheren Zivilisation' folgte, die schließlich von der *mater arché* unabhängig sein würde, nachdem sie vollständig durch den *pater arché* ersetzt worden war. Diese männliche Schöpfung würde in einem reinen Patriarchat enden, in dem weder Mütter noch Mutter Natur mehr gebraucht würden. Das Ergebnis ist jedoch die systematische Zerstörung des Lebens auf dem Planeten, was nicht, wie versprochen, zu einer besseren, sondern zu einer toten Welt führt.

Wenn das Patriarchat das Problem ist, ist das Matriarchat die Antwort. Das bedeutet, dass wir einen Weg aus dem Patriarchat in ein neues Matriarchat finden müssen.

Die Lösungen der Linken scheinen die gleichen zu sein wie die, die von der ‚Entwicklung' selbst propagiert werden. Kapitalismus und Sozialismus erweisen sich als zwei Seiten derselben Medaille, denn beide orientieren sich an der modernen Alchemie der zerstörerischen Umwandlung von Natur in Kapital. Noch bestehende und neu entstehende Matriarchate – auch wenn sie sich nicht als Matriarchate bezeichnen, wie die zapatistische und die kurdische Rojava-Bewegung – müssen als Alternativen zur Moderne als alchemistischem Kriegssystem anerkannt werden. Sie überwinden zerstörerische und gewalttätige Beziehungen zur Natur, zu Frauen, Kindern und zur Gesellschaft im Allgemeinen.

III

Nur so können ›Postdevelopment-Bewegungen vermeiden, in der alchemistischen patriarchalen Tradition zu verharren oder sich in postkapitalistische Neo-Patriarchate zu verwandeln.

Im Westen gibt es Bewegungen und Ansätze – wie die ökofeministische ›Subsistenzperspektive, die Schenkökonomie und die ›Permakultur – die eine neue Beziehung zu Mutter Erde fördern, um sie vor Wüstenbildung und anderen Bedrohungen wie dem ›Geo-Engineering zu schützen, das vom militärisch-industriellen Komplex des modernen Patriarchats produziert wird. Wir könnten diese Bewegungen als ‚Matrikulturen' bezeichnen, aber wir werden sehen müssen, wie weit sie bei der Erfindung einer neuen Lebensweise gehen können, die auf den verbliebenen Erinnerungen an die matriarchale Logik überall aufbaut.

Wir alle müssen uns des ‚Hasses auf das Leben', als wenn dieser normal sei, bewusst werden. Stattdessen müssen wir die Liebe zum Leben und zu Mutter Erde wiederentdecken und uns zu ihrer Verteidigung organisieren. Bislang fehlt dieses tiefe Verständnis jedoch noch weitgehend in den meisten westlichen politischen Alternativen.

Weitere Quellen

Engels, Friedrich (1992[1884]), *The Origin of the Family, Private Property, and the State.* Chicago: Charles H. Kerr & Co. (**deutsch:** Der Ursprung der Familie, des Privateigentums und des Staats. Berlin: Manifest Verlag, 2020

Enlace Zapatista, http://enlacezapatista.ezln.org.mx/ (abgerufen am 30.06.2023)

Flach, Anja, Ercan Ayboga and Michael C. Knapp (2015), *Revolution in Rojava.* Hamburg: VSA.

Forschungsinstitut für Patriarchatskritik und alternative Zivilisationen, www.fipaz.at (abgerufen am 30,06.2023)

Göttner-Abendroth, Heide (ed.) (2009), *Societies of Peace: Matriarchies Past, Present and Future.* Toronto: Inanna.

Planetare Bewegung für Mutter Erde / Planetary Movement for Mother Earth, www.pbme-online.org (abgerufen am 30.06.2023)

von Werlhof, Claudia (2011), *The Failure of Modern Civilization and the Struggle for a ‚Deep' Alternative.* Frankfurt: Peter Lang.

— (2016), ‚The „Hatred of Life" as Patriarchy´s Core Element', http://www.globalresearch.ca/the-hatred-of-life-the-world-system-which-is-threatening-all-ofus/5541269 (abgerufen am 30.06.2023)

Claudia von Werlhof, PhD, geboren 1943, Berlin, Deutschland, ist emeritierte Professorin für Politikwissenschaft und Frauenforschung an der Universität Innsbruck, Österreich. Sie ist Mitbegründerin der ökofeministischen Forschungsgruppe *Bielefelder Schule.* Sie gründete das *Netzwerk Kritische Theorie des Patriarchats* und die *Planetarische Bewegung für Mutter Erde* sowie die Zeitschrift *Bumerang für Patriarchatskritik.* Sie arbeitet auch als Dorn-Therapeutin.

Übersetzung: Elisabeth Voß

Jan Pokorný

Neues Wasserparadigma

 Sonnenenergie, Pflanzenverdunstung, Wasserkreislauf, Klima, Landschaftspflege

Seit Hunderttausenden von Jahren lebt der Mensch jagend und sammelnd auf der Erde, und die Belastbarkeit eines Waldes beträgt ein bis drei Personen pro Quadratkilometer. Doch die in den letzten zehntausend Jahren entstandenen Zivilisationen, die sich durch landwirtschaftliche Überproduktion zur Versorgung von Städten und Armeen auszeichneten, trockneten ihre Umwelt aus; Archäologen entdecken deren Überreste unter Sand begraben. Das Bevölkerungswachstum führte dazu, dass Wälder in landwirtschaftliche Nutzflächen umgewandelt wurden. Nutzpflanzen wie Getreide, Mais und Kartoffeln vertragen Überschwemmungen nicht, also legten die Bäuer*innen Feuchtgebiete und Felder trocken. Ebenso wurde das Regenwasser in den Städten gesammelt und abgeleitet. Bei den alten Zivilisationen in Mesopotamien, im Indus-Tal, bei den südamerikanischen Inkas und in Nordafrika war es nicht die Verbrennung fossiler Brennstoffe, also die Erhöhung der Kohlendioxid-Konzentration in der Atmosphäre, sondern der Mangel an Niederschlägen und der hohe Salzgehalt der Böden, der zu ihrem Zusammenbruch führte. Es war eine schlechte Bewirtschaftung von Land und Wasser, die zum Verlust der Bodenfruchtbarkeit, zu Dürreperioden und Sandstürmen führte. Die Industrialisierung brachte weitere menschengemachte Störungen mit sich.

Auf der UN-Klimakonferenz 2015 in Paris (COP21) wurde das Ziel festgelegt, die globale Erwärmung auf weniger als 2°C der globalen Durchschnittstemperatur (GAT) im Vergleich zum vorindustriellen Niveau zu begrenzen. Laut dem *Intergovernmental Panel on Climate Change* (IPCC – Zwischenstaatlicher Ausschuss für Klimaänderungen) ist das quantifizierbare Kriterium des Klimawandels die globale Durchschnittstemperatur, und der Grund für die globale Erwärmung ist die zunehmende Konzentration von Treibhausgasen (THG), insbesondere von CO_2 und CH_4 (Methan). Wasserdampf wird nur als passiver ‚Rückkopplungsfaktor' und nicht als aktiver Faktor des Klimawandels betrachtet. Der IPCC spielt Wasser und Bodenbedeckung als Klimafaktoren herunter, obwohl die Menge an Wasserdampf in der Luft um ein bis zwei Größenordnungen höher ist als die von CO_2 und Methan. Wasserdampf bildet Wolken, die den Einfall von Sonnenenergie auf die Erde verhindern und so die Temperaturen erheblich senken. Der Wechsel zwischen den drei Zuständen von Wasser – flüssig, fest und gasförmig – ist mit Wärmeenergie verknüpft. Allerdings verändern die Muster der Landschaftspflege – Abholzung, Entwässerung von Feuchtgebieten, Versiegelung von Böden in Städten – die Verteilung der Sonnenenergie so, dass sie nicht für den Kühlungsprozess der atmosphärischen Wasserverdunstung genutzt werden kann.

An einem sonnigen Tag fallen bis zu 1000 W Sonnenenergie auf jeden Quadratmeter der Erde. Trockenes Land, städtische Oberflächen – Dächer, Straßenasphalt, Bürgersteige – heizen sich auf etwa 60°C auf, während die Temperaturen im Schatten von Bäumen nicht über 30°C steigen. In den USA wurden etwa 50 % der Feuchtgebiete trockengelegt (45,9 Mio. ha), wodurch eine enorme Wärmemenge in die Atmosphäre freigesetzt wurde. Ein Baum kühlt sich und seine Umgebung auch aktiv durch die Verdunstung von Wasser. Ein Baum, der mit Wasser versorgt wird, ist eine mit Sonnenenergie betriebene Klimaanlage. Sonnenenergie ist im Wasserdampf gebunden oder schlummert darin, an kühlen Orten wird sie wieder freigesetzt, wenn sich der Wasserdampf in flüssiges Wasser zurückverwandelt. Der Baum gleicht Temperaturunterschiede auf zweifache Weise aus. Er kühlt durch Verdunstung und wärmt durch Kondensation. Die technische Klimatisierung ist im Vergleich zur Vegetation mangelhaft: erstens, weil sie von der umweltschädlichen Stromerzeugung abhängt, und zweitens, weil sie zwar das Innere eines Raumes kühlt, aber Wärme nach außen abgibt und damit die Umgebungstemperatur erhöht.

Herkömmliche Analysen der globalen Erwärmung, wie die des IPCC, sind typisch für das, was man das alte Wasserparadigma nennen kann. Darin werden die Auswirkungen der globalen Erwärmung auf den Wasserkreislauf behandelt, anstatt das Wasser als aktiven Einflussfaktor für das Klima zu betrachten. Das alte Wasserparadigma geht von folgenden Annahmen aus:

- Der Anstieg der globalen Durchschnittstemperatur ist das Hauptproblem des Klimas.
- Die Minderung der Treibhausgasemissionen kann vielleicht in einem Zeitraum von Jahrhunderten erwartet werden.
- Die Entwässerung und die städtische Landschaft haben einen minimalen Einfluss auf den Wasserkreislauf.
- Wasserdampf wirkt als Treibhausgas und verursacht höhere Temperaturen.
- Die Vegetation hat eine niedrige *Albedo*, das heißt ein geringeres Sonnenreflexionsvermögen und verstärkt somit den Treibhauseffekt.

Das neue Wasserparadigma, das in dem Buch *Water for Recovery of Climate* (Kravík et al. 2008 – Wasser zur Wiederherstellung des Klimas) beschrieben wird, behandelt Wasser als das Medium, das Temperaturunterschiede in Zeit und Raum, zwischen Tag und Nacht, hier und dort ausgleicht. Die Annahmen sind die folgenden:

- Wetterextreme, unregelmäßige Trockenheit und Wirbelstürme sind das Hauptproblem des Klimas.
- Abholzung, großflächige Landwirtschaft und Verstädterung verändern den lokalen Wasser-

kreislauf, was sich wiederum auf die globalen atmosphärischen Wettermuster auswirkt.

- Die transpirierende Vegetation mildert die Lufttemperaturen, die Bewölkung mildert die Intensität der Sonnenstrahlung, die auf die Erdoberfläche trifft.
- Wasserdampf kondensiert in der Nacht und verhindert, dass Infrarotstrahlung (IR) von der Erdoberfläche zum Himmel gelangt.
- Mit einem neuen Ansatz für die Wasserbewirtschaftung ist mit einer möglichen Erholung des Klimas innerhalb weniger Jahrzehnte zu rechnen.

Die Grundsätze des neuen Wasserparadigmas wurden in Australien durch Peter Andrews' Methode des *Natural Sequence Farming* (Landwirtschaft in natürlicher Folge) demonstriert. Sie ahmt die Rolle natürlicher Wasserläufe nach, um den Salzgehalt umzukehren, die Erosion zu verlangsamen, die Boden- und Wasserqualität zu verbessern, unterirdische Grundwasserleiter aufzufüllen und die Wiederherstellung der Uferzone durch heimische Vegetation zu gewährleisten. In Indien basiert das von Rajendra Singh initiierte Projekt *Tarun Bharat Sangh* (TARUN) auf der Wiederbelebung traditioneller Wasserreservoirs. Die Arbeit zielt darauf ab, Wasserauffangstrukturen oder *Johads* zu gestalten. Dabei handelt es sich um einfache Lehmbarrieren, die an Berghängen errichtet werden, um den Abfluss des Monsuns zu stoppen. Die Höhe des Dammes variiert je nach Standort, Wasserführung und Topografie. Ein *Johad* fasst Wasser für das Vieh und ermöglicht die Versickerung des Wassers in den Boden, wodurch der Grundwasserspiegel bis zu einem Kilometer weit aufgefüllt wurde. Durch diese Wassergewinnung wurden schätzungsweise 140.000 Hektar bewässert und der Grundwasserspiegel von 100-20 Metern Tiefe auf 3-13 Meter angehoben. Die Ernteerträge haben sich erheblich verbessert. Die Waldbedeckung ist von 7 Prozent auf 40 Prozent gestiegen. Insgesamt wurden seit 1985 in 1.058 Dörfern mehr als 5.000 *Johads* gebaut und über 2.500 alte Anlagen von Dorfgemeinschaften erneu-

ert. Ähnliche Projekte in der Slowakei haben Beschäftigungsmöglichkeiten geschaffen und den Gemeinschaftssinn gestärkt.

Weitere Quellen

Andrews, Peter (2006), *Back from the Brink: How Australia´s Landscape Can Be Saved*. Sydney: ABC Books.

Kravík, Michal, Jan Pokorný, Juraj Kohutiar, Martin Ková and Eugen Tóth (2008), *Water for the Recovery of Climate: A New Water Paradigm*, www.waterparadigm.org (abgerufen am 9.6.2023).

Makarieva, Anastassia, and Viktor Gorshkov (2007), Biotic Pump of Atmospheric Moisture as Driver of the Hydrological Cycle on Land, *Hydrol: Earth Syst. Sci.*11: 1013–33, 10.5194/hess-11-1013-2007.

Pokorný, Jan, Petra Hesslerová, Hanna Huryna, and David Harper (2016), Indirect and Direct Thermodynamic Effects of Wetland Ecosystems on Climate. In: Jan Vymazal (ed.), *Natural and Constructed Wetlands: Nutrients, heavy metals and energy cycling, and flow*. Zurich: Springer.

Ponting, Clive (1991), *A Green History of the World: The Environment and the Collapse of Great Civilizations*. London: Penguin.

Schneider, Eric and Dorion Sagan (2005), *Into the Cool, Energy Flow, Thermodynamics, and Life*. Chicago: University of Chicago Press.

Jan Pokorný ist Pflanzenphysiologe und hat sein Studium an der Karlsuniversität in Prag abgeschlossen. Er hat mit der *Tschechoslowakischen Akademie der Wissenschaften* und dem CSIRO, Australien, die Photosynthese von Feuchtgebietspflanzen erforscht. Seit 1998 ist er Direktor der Forschungsorganisation ENKI, die sich mit der direkten Rolle der Landschaftsbedingungen und der Pflanzenaktivität bei der Verteilung und Interaktion von Sonnenenergie, Wasserkreisläufen und klimatischen Auswirkungen befasst.

Übersetzung: Hannelore Zimmermann

Giorgos Velegrakis / Eirini Gaitanou

Offene Verortung
(Open Localization)

 politische Subjektivität, Flüchtlingsbewegung, Ortssinn, Solidarität, transformative Praxis.

In ihrem berühmten Artikel „A Global Sense of Place" (Ein globales Gespür für Orte) aus den frühen 1990er Jahren vertrat die feministische Geografin Doreen Massey die Auffassung, dass die Vorstellung falsch sei, dass ein Ort eine einzige *essenzielle* Identität habe, die auf einer bestimmten Geschichte eines Gebiets beruhe. Was einem Ort seine Besonderheit verleiht, ist die Tatsache, dass er „aus einer bestimmten Konstellation sozialer Beziehungen heraus entsteht, die sich an einem bestimmten Punkt treffen und miteinander verflechten". Diese radikale Neu-Identifizierung des Ortes bietet sich an, um einige kreative europäische Reaktionen auf die Ankunft von Flüchtlingen aus globalen Konfliktgebieten zu verstehen. Während sich ein neues akademisches Vokabular herausbildet für den „Ort, als Ausdruck lokaler, interlokaler und globaler Dimensionen und radikaler sozialräumlicher Praktiken", kann der Begriff „offene Orte" neue Experimente in Gemeinschaftsbildung, radikaler Politik und Demokratisierungsprozessen beschreiben.

Die aktuelle kapitalistische Krise und die Rezepte der Eliten für den Aufschwung dienen nur dazu, neue Formen sozialer Unterdrückung über verschiedenen geografischen Kontexten hinweg auszuweiten und zu normalisieren. Zweitens hat sich seit 2011 überall auf der Welt ein typisches Muster des Volksprotests herausgebildet, das auf radikale Demokratie und die Rechenschaftspflicht der Repräsentation abzielt. Darüber hinaus haben sich Solidaritätsinitiativen als Netzwerke des lokalen Kampfes in und zwischen städtischen Räumen gebildet. Diese Bewegungen sind ein Beispiel für eine politische Kultur, die auf der Befriedigung der materiellen Alltagsbedürfnisse durch lokales Zusammenleben beruht. Indem sie eine kollektiv geschaffene und nicht vorgegebene Kultur der Solidarität kultivieren, geben sie dem Inhalt, was David Featherstone (2015) die „dynamischen Geografien subalterner politischer Aktivität und den generativen Charakter des politischen Kampfes" nennt. Drittens erinnert die Flüchtlingsbewegung nach Europa und in andere westliche Länder im Jahr 2015 daran, dass Mobilität und die Kontrolle über Mobilität Macht sowohl widerspiegelt als auch verstärkt. Westliche Länder versuchen, ‚Flüchtlingsströme zu managen' und

‚verbotene' Grenzen mit militarisierten Auffanglagern zu sichern. Dabei sind Flüchtlinge dringend auf Schutz, Sicherheit, Solidarität und Orte der Gemeinschaft angewiesen, ebenso wie Einheimische.

In den letzten Jahren sind hier verschiedene Basisbewegungen entstanden, die heute gemeinsame Orte für Flüchtlinge und Einheimische durch die Bereitstellung von menschenwürdigem Wohnraum in der Stadt geschaffen haben. Solidarische Anwohner*innen und Flüchtlinge lassen sich Projekte der Selbstorganisation und Solidaritätszentren einfallen, die auf den Grundsätzen des Antirassismus und der Inklusion, dem Recht auf Freizügigkeit, menschenwürdigen Lebensbedingungen und gleichberechtigten Beziehungen basieren. Sie verwirklichen ein Konzept des alltäglichen Lebens und des gemeinsamen Kampfes, das von unten ermächtigt wird und letztlich zur Schaffung offener Orte führt.

Solche Initiativen gibt es seit langem in Italien, Spanien, Schweden, Deutschland und anderen hauptsächlich europäischen Ländern, hier sollen jedoch zwei Beispiele aus Griechenland vorgestellt werden. Das erste ist die Flüchtlingsunterkunft und der Solidaritätsraum *City Plaza*, der seit April 2016 als selbstorganisiertes Wohnprojekt für obdachlose Flüchtlinge im Zentrum von Athen betrieben wird. *City Plaza* entstand als praktische Antwort auf die vorherrschende Anti-Migrationspolitik in Griechenland und in der EU und hat sich in den letzten Monaten zu einem neuen, offenen Ort entwickelt, der auf den Prinzipien der Selbstorganisation, Autonomie und Solidarität beruht. Das zweite Beispiel ist das *Social Solidarity Medical Centre* (SSMC – Medizinisches Zentrum der sozialen Solidarität) in Thessaloniki, das seit Dezember 2010 als soziales Gesundheitskollektiv arbeitet und nicht versicherten Einwohner*innen eine medizinische und pharmazeutische Grundversorgung bietet. Es entstand aus einer Gruppe von Aktivist*innen und Ärzt*innen, die Eingewanderten gesundheitliche Unterstützung anbie-

III

ten wollten, entwickelte sich aber bald zu einer Gesundheitseinrichtung für alle – einheimisch oder zugewandert –, die sich das staatliche Gesundheitssystem nicht leisten können.

Solche Initiativen geben dem, was wir als „offene Lokalisierung" bezeichnen können, eine Bedeutung, ein Prozess, der bestehende Lokalitäten in offene Orte für soziale und politische Solidarität verwandelt. Diese gemeinsamen Plätze fördern spezifische sozialräumliche Praktiken, die den Anforderungen des täglichen Lebens gerecht werden und gleichzeitig soziale Experimente, Demokratisierung, Selbstorganisation und multikulturelle Formen des Zusammenlebens fördern.

Offene Orte sind Modelle für *politische Gemeinschaften in Gründung*, die den sozialen und politischen Kampf miteinander verbinden und die Teilnehmenden zu politischen Subjekten/Bürger'innen formen. Diese Formen des Kampfes legen eine radikale Formulierung der sozialen Interessen und der Wege zu ihrer Durchsetzung nahe. Ihr Projekt spricht eine neue Art der Politisierung an, weil es die Notwendigkeit der Wiederaneignung kollektiver Beteiligung, der Schaffung öffentlicher Räume – von Räumen für soziale Experimente und alternativen Gegeninstitutionen – zum Ausdruck bringt. Was hier auf dem Spiel steht, ist das Bedürfnis nach einer „Hinwendung zum Politischen" jenseits der traditionellen Formen der Beteiligung, wobei die Politik der Straße eine wichtige Rolle spielt.

Nach dem französischen Philosophen Jacques Rancière hängt der politische Charakter einer Bewegung damit zusammen, dass sie Räume des Handelns, des Diskurses und des Denkens findet, die über die bloße Zugehörigkeit zu einer konkreten Gruppe hinausgehen. In dieser Hinsicht wird die öffentliche Sphäre erweitert, das Politische wird als „aktive Entschlossenheit" und Identitäten als *fortschreitende politische Prozesse* begriffen. In dieser Hinsicht können wir die oben beschriebenen Solidaritätsinitiativen als offene Lokalitäten identifizieren, die Politik und damit Demokratie als Lebensform – *als Lebens-*

kunst – praktizieren. Dies ist nicht nur ein Mittel des Übergangs und der Organisation der Gesellschaft, sondern auch der ständigen ›Selbsttransformation, der Demokratisierung und des Lernens: Prozesse der Konstituierung des Volkes als kollektives Subjekt. Diese Art von Aktivismus, der stark durch räumliche Praktiken und alltägliche Lebensfragen und Organisationsformen vermittelt wird, führt zur Entwicklung spezifischer Einigungsprozesse, ohne notwendigerweise den Aufbau neuer, vereinheitlichter sozialer Körper zu bewirken, sondern vielmehr ein Schema der „Einheit in der Vielfalt" zu verwirklichen. Die Verbindungen entstehen nicht einfach auf der Grundlage von Solidarität, sondern auf der Grundlage gemeinsamer Interessen, gemeinsamer Forderungen und der Mobilisierung.

Vereinfachte Darstellungen romantisieren solche Solidaritätsbewegungen und -initiativen, aber sie sind voller Spannungen, Grenzen und Komplexitäten. Die offenen Orte, die sie schaffen, sollten als „Phänomene in ständiger Bewegung" analysiert werden, die ihre Praktiken, Methoden und internen Beziehungen verändern. Sie entwerfen jedoch auf ›relationale und manchmal kontroverse Weise einen „radikalen Ortssinn", der immer offen und demokratisch sein sollte.

Weitere Quellen

Featherstone, David (2015), Thinking the Crisis Politically: Lineages of Resistance to Neo-Liberalism and the Politics of the Present Conjuncture, *Space and Polity*. 19 (1): 12–30.

Massey, Doreen (1991), A Global Sense of Place, *Marxism Today*. 38: 24–29.

Rancière, Jacques (2011), *Hatred of Democracy*. Athens: Pedio.

Refugee Accommodation and Solidarity Space City Plaza, http://solidarity2refugees.gr/ (siehe auch https://www.facebook.com/sol2refugeesen/ – Stand 9.6.2023)

Social Solidarity Medical Centre of Thessaloniki, http://www.kiathess.gr/en/ (abgerufen am 9.6.2023)

Giorgos Velegrakis ist Doktorand in politischer Ökologie an der *Fakultät für Geographie* der Harokopio-Universität Athen. Seine Forschungsschwerpunkte sind Extraktivismus und sozio-ökologische Bewegungen, Stadtgeografien sowie theoretische Debatten über Ökosozialismus, Degrowth und marxistische politische Ökologie.

Eirini Gaitanou hat am *King's College* London in europäischen und internationalen Studien promoviert. Ihr Forschungsinteresse gilt sozialen Bewegungen, politischer Partizipation, politischer Subjektivität und Bewusstsein aus einer marxistischen Perspektive. Als Aktivistin beteiligt sie sich sowohl an praktischen als auch theoretischen Debatten.

Übersetzung: Hannelore Zimmermann

Ted Trainer

Öko-Anarchismus

 Grenzen des Wachstums, Einfachheit, gemeinschaftliche Nachhaltigkeit, Öko-Anarchismus

Die herkömmliche Definition von ‚Entwicklung' im Sinne eines endlosen Strebens nach Wachstum und Wohlstand führt unweigerlich zu ökologischer Zerstörung, Ungleichheit und Armut, sozialem Zusammenbruch und bewaffneten Konflikten um Ressourcen und Märkte und beschleunigt diese. Wie in *Abandon Affluence!* (Trainer 1985) dargelegt, liegt der Schlüssel zur Beseitigung dieser potenziell tödlichen Zwangslage darin, zu erkennen, wie falsch und bösartig die vorherrschende Auffassung von Entwicklung ist, und sie durch die Vision des ‚Einfacheren Weges' (*The Simpler Way*) zu ersetzen, wie wir es in Australien nennen. Diese Perspektive auf die globale Situation konzentriert sich auf die weitgehend verkannte Tatsache, dass in einer nachhaltigen und gerechten Gesellschaft der Pro-Kopf-Ressourcenverbrauch auf etwa 10 Prozent des derzeitigen Niveaus der reichen Welt gesenkt werden müsste. Dieser grundlegende Fall der ‚Grenzen des Wachstums' wird auf der Website dargelegt.[1] Die Analyse ist inzwischen überwältigend solide und hat enorme und unausweichliche Auswirkungen auf die Ziele und Mittel der Entwicklung. In reichen wie in armen Ländern muss das Ziel darin bestehen, dass die meisten Menschen in kleinen Siedlungen leben, die sich in hohem Maße selbst versorgen und selbst verwalten und von einer Kultur der Einfachheit, Genügsamkeit und nicht-materiellen Quellen der Lebenszufriedenheit geleitet werden. Nur solche

Gemeinschaften können den Pro-Kopf-Ressourcenverbrauch ausreichend senken und gleichzeitig allen Menschen auf der Welt ein qualitativ hochwertiges Leben ermöglichen.

Was leicht übersehen wird, ist die Tatsache, dass diese Regelungen ökologisch-anarchistisch sein müssen. Nur umfassende partizipatorische Selbstverwaltungsgemeinschaften können lokale Ökonomien im kleinen Maßstab gut betreiben. Es würde immer noch einige zentralisierte und staatliche Systeme geben müssen, aber die nationale Wirtschaft würde auf einen Bruchteil der derzeitigen Produktion, des Handels und des BIP reduziert werden. Die Wirtschaft wäre wachstumsfrei und darauf ausgerichtet, Städte und Regionen mit kleinen Mengen an grundlegenden Inputs wie Zement, Bewässerungsrohren und leichten Maschinen zu versorgen. Die Gemeinden würden ihre Angelegenheiten durch Initiativen der Bürger*innen selbst in die Hand nehmen und wären nur minimal von Beamt*innen oder Bürokratie abhängig. Es gäbe freiwillige Bürger*innen-Komitees, ‚Arbeitsbienen', informelle Diskussionen, Gemeingüter, spontane Aktionen und Stadtversammlungen. Es gäbe keine zusätzlichen Ressourcen für zentralisierte Staaten, um lokale Systeme zu verwalten. Noch wichtiger ist, dass Bürokratien weder über lokales Wissen noch über die Fähigkeit verfügen, um die Energie und den Zusammenhalt an der Basis zu unterstützen, die für einen weitreichenden Wandel erforderlich sind. Solange die politischen Verfahren nicht umfassend auf partizipativer Ermächtigung, Solidarität und richtigen Entscheidungen beruhen, werden die Maßnahmen ergebnislos bleiben.

Vor allem kann echte Entwicklung nicht durch das Streben nach Reichtum angetrieben werden; nicht-materielle Quellen der Lebenszufriedenheit müssen das individualistische, wettbewerbsorientierte Erwerbsstreben ersetzen. Die internationale Anerkennung dieser Tatsache ist unerlässlich, um den bäuerlichen und indigenen Gesellschaften zu helfen, Wohlstand nicht mit Fortschritt gleichzusetzen. Dies wiederum ermöglicht die Erhaltung und Pflege traditioneller Kulturen als weiteres Bollwerk gegen den Ansturm des westlichen Konsumismus. Trotz der Fortschritte, die von Bewegungen der reichen Welt wie *Voluntary Simplicity*[2], *Eco-Village*, *Downshifting*[3] und ›*Transition Towns* gemacht werden, wird die öko-anarchistische Revolution wahrscheinlich von Kleinbäuer*innen und indigenen Völkern angeführt werden. Es ist entscheidend, diese Alternative nicht als minderwertig oder als ein Trostpflaster neben dem vermeintlich überlegenen konsumkapitalistischen Weg zu betrachten. Eine große Anzahl von Menschen auf der ganzen Welt befindet sich mehr oder weniger bereits auf diesem Weg, zum Beispiel in *La Via Campesina*, den *Chikukwa*[4] – und ›*Zapatista*-Bewegungen.

Neben der starken Betonung einer bestimmten Vision hinsichtlich der sozialen Ziele hat *Der Einfachere Weg* auch direkte Auswirkungen auf die Mittel. Es wird sehr deutlich, dass die Strategie öko-anarchistisch sein muss, wenn man die übliche ‚öko-sozialistische' Theorie des Übergangs untersucht. Ökosozialist*innen streben die Übernahme der Staatsmacht an, um postkapitalistische Regelungen vom politischen Zentrum aus umzusetzen. Sie versuchen nicht, die oben diskutierten Alternativen zu ermöglichen; sie neigen stark dazu, darauf hinzuarbeiten, „das industrielle System von den Widersprüchen des Kapitalismus zu befreien, um allen einen hohen Lebensstandard zu ermöglichen". Die öko-anarchistische Strategie gibt der Basisarbeit und der Kulturrevolution den Vorrang, durch die sich einfache Menschen alternative Ideen, Systeme und Werte zu eigen machen. Wie Kropotkin und Tolstoi erkannten, ist die Übernahme der Staatsmacht reine Zeitverschwendung, solange die Menschen nicht die Notwendigkeit selbstverwalteter, partizipativer Gemeinschaften anerkennen. Das Entstehen dieser Vision und dieses Engagements ist die eigentliche Revolution, und sie ermöglicht die anschließende Veränderung der Strukturen. Die Übernahme oder Abschaffung staatlicher Macht ist die Folge davon.

Ein Hauptanliegen des Projekts *Der Einfachere Weg*[5] ist es, praktische Details aufzuzeigen, wie diese Vision einer ökologisch-anarchistischen Entwicklung sowohl in reichen als auch in armen Ländern realisiert werden kann. Darüber hinaus wird in einem 53-seitigen Bericht[6] erläutert, wie ein Vorort in einer wohlhabenden Stadt wie Sydney so umgestaltet werden könnte, dass Ressourcen-, Dollar- und Umweltkosten um 90 Prozent gesenkt werden. Städtische Vororte, ländliche Städte und Dörfer der Dritten Welt können die meisten ihrer Grundbedürfnisse leicht durch lokale Ressourcen und kooperative Regelungen decken. Anstatt sich gezwungen zu fühlen, in der globalen Wirtschaft zu konkurrieren oder einzukaufen, geht es darum, die Unabhängigkeit durch ein kollektives Leben zu maximieren. Die Übergangsstrategie von *Der Einfachere Weg* konzentriert sich in erster Linie auf die Arbeit innerhalb der ›*Transition Towns*, ›DeGrowth-, ›Permakultur- und Ökodorf-Bewegungen und insbesondere auf die Dörfer der Dritten Welt, in denen viele bereits lokale Lösungen, gemeinschaftliche Selbstverwaltung und ›*Präfigurationen* vorleben.

Anmerkungen

1 The Limits To Growth – Analysis Of Our Global Situation (Die Grenzen des Wachstums – Analyse unserer globalen Situation), www.thesimplerway.info/LIMITS.htm (abgerufen am 08.06.2023).

2 *Voluntary Simplicity*: Wörtlich: „Freiwillige Einfachheit" mit weniger Besitz, Konsum und weniger Arbeit: https://de.wikipedia.org/wiki/Einfaches_Leben (Anm. d. Übers.).

3 *Downshifting*: Wörtlich „Herunterfahren", im Sinne von ›Degrowth als Gegenteil einer Wachstumswirtschaft: https://degrowth.info/de/library/downshifting-rejecting-the-growth-imperative-or-internalizing-the-neoliberal-order (Anm. d. Übers.).

4 *Chikukwa*-Bewegung: Permakultur-Projekte in Zimbabwe https://www.permaculturenews.org/2013/08/15/the-chikukwa-permaculture-project-zimbabwe-the-full-story/ (Anm. d. Übers.)

5 Die allgemeine Vision ist zu finden unter http://thesimplerway.info/THEALTERNTIVELong.htm (abgerufen am 08.06.2023).

6 http://thesimplerway.info/RemakingSettlements.htm (abgerufen am 08.06.2023).

Weitere Quellen

Kropotkin, Peter (1912), *Fields, Factories and Workshops*. London: Nelson (**deutsch:** Landwirtschaft, Industrie und Handwerk. Berlin: Karin Kramer Verlag, 1976)

Sarkar, Saral (1999), *Eco-Socialism or Eco-Capitalism? A Critical Analysis of Humanity's Fundamental Choices*. London: Zed Books (**deutsch:** Die nachhaltige Gesellschaft : eine kritische Analyse der Systemalternativen. Zürich: Rotpunktverlag, 2001)

The Simplicity Institute, www.SimplicityInstitute.org (abgerufen am 08.06.2023)

Trainer, Ted (F.E) (1985), *Abandon Affluence!* London: Zed Books.

Transition Towns, www.TransitionNetwork.org. (abgerufen am 08.06.2023)

Via Campesina, https://viacampesina.org/en/. (abgerufen am 08.06.2023)

Ted (E.F.) Trainer ist ein pensionierter Dozent der *School of Social Work, University of New South Wales* in Sydney. Er hat zahlreiche Bücher und Artikel über globale Probleme, Fragen der Nachhaltigkeit, radikale Kritik an der Wirtschaft, alternative Gesellschaftsformen und den Übergang zu diesen geschrieben. Er entwickelt eine Website für die Erziehung zu einem alternativen Lebensstil mit dem Namen *Pigface Point* und eine Website für kritische globale Lehrkräfte.

Übersetzung: Elisabeth Voß

Martha Chaves

Ökodörfer

Ökodorf, kosmozentrische Paradigmen, Intentionale Gemeinschaft, Spiritualität

Ökodörfer stellen eine wachsende Bewegung praktischer Alternativen dar, die die zerstörerischen, menschenzentrierten Welten der meisten modernen Gesellschaften in Frage stellen. Die Definition eines ‚Ökodorfs' ist eine schwierige Aufgabe, da sich das Konzept ständig weiterentwickelt, sowohl was die Vorstellungen als auch was die Praxis betrifft. Die aktuellste Definition, die vom *Global Ecovillage Network* verwendet wird, lautet: „eine intentionale oder traditionelle Gemeinschaft, die lokale partizipatorische Prozesse zur ganzheitlichen Integration der ökologischen, wirtschaftlichen, sozialen und kulturellen Dimensionen der Nachhaltigkeit nutzt, um die soziale und natürliche Umwelt wiederherzustellen".[1]

Der Begriff ‚Ökodorf' wurde erstmals von Robert Gilman definiert als eine „voll ausgestattete Siedlung nach menschlichem Maß, in der menschliche Aktivitäten auf eine Art und Weise unschädlich in die natürliche Welt integriert sind, die eine gesunde menschliche Entwicklung unterstützt und erfolgreich bis in eine unbegrenzte Zukunft fortgeführt werden kann".[2] Diese Definition steht in engem Zusammenhang mit Gemeinschaftsexperimenten zu alternativem Leben, die aus verschiedenen Strömungen wie den „Zurück aufs Land"-Bewegungen der 1960er und 70er Jahre, vor allem aus dem globalen Norden, entstanden. Die Wurzeln dieser Bewegungen liegen in einer tiefen Unzufriedenheit mit den vorherrschenden Nachkriegsnarrativen der industriegetriebenen Entwicklung und in einer Bewegung, die nach Alternativen zu materialistischen Werten, einer Rückverbindung zur Natur und Siedlungen nach menschlichem Maß sucht.

Gilmans Definition wurde als zu ambitioniert kritisiert, da sie einen Endzustand beschreibt, den nur sehr wenige Siedlungen erreicht haben. Dawson nennt stattdessen fünf definierende Merkmale von Ökodörfern:

> *„[P]rivate Bürgerinitiativen; in denen der gemeinschaftliche Impuls von zentraler Bedeutung ist; die versuchen, ein gewisses Maß an Kontrolle über die Ressourcen der Gemeinschaft zurückzugewinnen; die eine starke gemeinsame Wertebasis haben, die oft als ‚Spiritualität' bezeichnet wird; und die als Zentren für Forschung, Veranschaulichung und in den meisten Fällen für Ausbildung fungieren."[3]*

Dawson räumt jedoch ein, dass diese Definition eher für den globalen Norden repräsentativ ist, während im globalen Süden das Konzept des Ökodorfes vor allem dazu dient, Allianzen zwischen sehr unterschiedlichen Akteuren wie traditionellen/indigenen Gemeinschaften mit NGOs, lokalen Regierungen und/oder Stadtbewohner*innen zu bilden, um Netzwerke aufzubauen zur Linderung der Armut, zur Bewältigung des Klimawandels, zum Streben nach sozial-ökologischer Gerechtigkeit und zur Achtung der kulturellen, territorialen und spirituellen Vielfalt.

In der Praxis gibt es viele Ausprägungen von Ökodörfern. Es gibt Bildungszentren wie *Findhorn* in Schottland (500 Menschen), die intentionale Gemeinschaft *The Farm* in Tennessee, USA (200 Einwohner*innen), und die ›Permakultur-Design-Stätte *Crystal Waters* in Australien (über 200 Menschen). Es gibt auch organisierte Netzwerke wie *Sarvodaya*, das sind 2.000 aktive nachhaltige Dörfer in Sri Lanka; 100 traditionelle Dörfer im Senegal, die von der Regierung mit Techniken ausgestattet wurden, die von Ökodörfern gelernt wurden; und die Ökostadt *Auroville* in Südindien, die von Sri Aurobindo inspiriert wurde und in der etwa 2.400 Menschen leben. Es gibt auch zahlreiche kleine Ökodörfer wie die Familie *Anthakarana* (9 Einwohner*innen) oder *Aldeafeliz* (30 Einwohner*innen) in den kolumbianischen Anden. Anhand dieser Vielfalt können wir sehen, wie sich Gilmans klassische Ökodorf-Definition weiterentwickelt hat, um umfassender zu werden und sowohl intentionale als auch traditionelle Gemeinschaften einzubeziehen.

Obwohl die Ökodorf-Bewegung manchmal für ihre vermeintlich elitären und isolationistischen Tendenzen kritisiert wird, haben sich in den letzten Jahrzehnten bedeutende Veränderungen vollzogen, die zu einem Wandel ihrer Identität, ihrer Rolle und ihres Potenzials geführt haben. Die Ökodorf-Bewegung, die zunehmend durch Allianzen und Zusammenarbeit mit progressiveren Elementen der Gesellschaft verbunden ist, weitet sich auf andere Arten von Gemeinschaftsnetzwerken und -initiativen aus und experimentiert mit interkulturellem Dialog und kollektivem Handeln. Ein Beispiel dafür ist das Netzwerk des *Council of Sustainable Settlements of the Americas* (CASA), das über den Bereich der Ökodörfer hinausgeht und indigene und afroamerikanische Gemeinschaften sowie die *Hare-Krishna*-Bewegung und städtische Fachleute einschließt. In Ländern wie Kolumbien und Mexiko verbinden die Mitglieder des CASA-Netzwerks traditionelles Wissen, Bräuche und Rituale mit städtischen Traditionen, um neue und stärkere Verbindungen zur Natur zu schaffen und ihre ökologischen Lebenspraktiken zu verbessern.[4]

Ökodörfer tragen zu einer neuen Art von sozialer Bewegung bei, die sich durch die Vielfalt der Akteure, dezentralisierte Formen der Führung und ein echtes Bemühen um ein Leben im Einklang mit der Erde auszeichnet. Ihr Aktivismus basiert auf der Kraft sozialer Netzwerke und Kommunikationstechnologien, in denen gelebte Beispiele eines kohlenstoffarmen Lebensstils mit moderner Technologie und spirituellen Werten kombiniert werden. Ökodörfer stellen daher eine Übergangsstrategie dar, um verschiedene fortschrittliche Akteure zur Veranschaulichung kosmozentrischer Paradigmen[5] zusammenzubringen, mit dem Ziel, der breiten Öffentlichkeit die Lebensfähigkeit und sogar die Freude zu demonstrieren, die sich aus einem naturnahen Lebensstil mit geringen Umweltauswirkungen ergeben können. Auf diese Weise sind Ökodörfer durch die Reduzierung von Produktion und Konsum eng mit der ›Degrowth-Bewegung verbunden, ebenso wie mit der ›Transition-Town-Bewegung, die ein breiter angelegtes Modell des gemeinschaftlichen Engagements darstellt.

Abgesehen von den zahlreichen Herausforderungen, die die Umsetzung von Nachhaltigkeit in einem gemeinschaftlichen Rahmen mit sich bringt, liegt eine der größten Einschränkungen für die Ökodorf-Bewegung darin, breiteren Anklang zu finden und Veränderungen auf institutioneller Ebene herbeizuführen. Da die Werte der Ökodorf-Bewegung weder marktorientiert noch mainstreamig sind, ist deren Attraktivität für die meisten Regierungen begrenzt, und es stellt sich die Frage, inwieweit sie eine realisierbare Alternative zum Individualismus und Materialismus der meisten modernen Welten darstellt. Darüber hinaus erweist sich die Umsetzung des Ökodorfmodells zumindest im globalen Norden aufgrund von Grundstückspreisen und baurechtlichen Genehmigungen als schwierig. Das ›transformative Potenzial der Ökodorf-

Bewegung, die die Notwendigkeit eines stärkeren gesellschaftlichen Engagements erkannt hat, liegt in ihrer Entwicklung zu Lernzentren für die Transformation, aus denen Postdevelopment-Ideen, -Fähigkeiten und -Allianzen zunehmend in die Mainstream-Gesellschaft einfließen.

Anmerkungen

1 Das Global Ecovillage Network (GEN) ist ein wachsendes Netzwerk von nachhaltigen Gemeinschaften und Initiativen, die verschiedene Kulturen, Länder und Kontinente miteinander verbinden. GEN dient als Dachorganisation für Ökodörfer, Transition-Town-Initiativen, intentionale Gemeinschaften und ökologisch denkende Menschen weltweit, http://gen.ecovillage.org/.
2 Gilman, ,The Ecovillage Challenge', S. 10.
3 Dawson, ,From Islands to Networks', S. 219.
4 Chaves, ,Answering the „Call of the Mountain"'.
5 Unter einem „kosmozentrischen Paradigma" kann eine Weltsicht verstanden werden, die den ganzen Kosmos (das Universum einschließlich der Erde) in den Mittelpunkt stellt – im Unterschied zum anthropozentrischen Weltbild mit dem Menschen im Mittelpunkt. (Anm. d. Übers.).

Weitere Quellen

Chaves, Martha Cecilia (2016), *Answering the ,Call of the Mountain': Co-creating Sustainability through Networks of Change in Colombia.* Doctoral thesis, Wageningen University.
Dawson, Jonathan (2013), ,From Islands to Networks: The History and Future of the Ecovillage Movement', in Joshua Lockyer and James R. Veteto (eds), *Environmental Anthropology Engaging Ecotopia: Bioregionalism, Permaculture, and Ecovillages.* New York: Berghahn Books.
Gilman, Robert (1991), ,The Ecovillage Challenge: The Challenge of Developing a Community Living in Balanced Harmony – with Itself as well as Nature – Is Tough, but Attainable', *In Context.* 29: 10–14.
The Council of Sustainable Settlements of Latin America (CASA), http://www.casacontinental.org (abgerufen am 30.06.2023)

Martha Chaves ist eine unabhängige Wissenschaftlerin, die im Rahmen der kolumbianischen Forschungsgruppe *MINGAS enTransición* an der Schnittstelle zwischen Natur- und Sozialwissenschaften arbeitet. Sie ist auch bei der NGO *Mentesen Transición* (Transitional Minds Foundation) tätig, die kulturelle und praktische Übergänge zu einem nachhaltigen Leben fördert. Sie engagiert sich im CASA-Netzwerk in Kolumbien und unterhält enge Beziehungen zur Universität Wageningen, Niederlande, und zur Universität Quindío, Kolumbien.

Übersetzung: Elisabeth Voß

Christelle Terreblanch

Ökofeminismus

kapitalistisch-patriarchale Ökonomie, ideologischer Dualismus, meta-industrielle Arbeit, Subsistenz, Öko-Suffizienz

Ökofeministinnen buchstabieren die historischen, materiellen und ideologischen Zusammenhänge aus, die zwischen der Unterwerfung der Frau und der Beherrschung der Natur bestehen. Als sich entwickelnde Bewegung sprechen sie einen vielfältigen Komplex politischer Theorien an – darunter feministische, ›dekoloniale und umweltethische – und drängen darauf, zu untersuchen, wie grundlegende Konzepte in traditionelle geschlechtsspezifische Vorstellungen eingebettet sind und von diesen korrumpiert werden. Seit ihren Anfängen in den 1960er Jahren wurde die ökofeministische Theorie durch direkte Aktionen an der Basis inspiriert. Der Ökofeminismus entwickelte sich rasch parallel zu den Anti-Atom- und Friedensbewegungen der 1970er und 80er Jahre und inmitten der wachsenden öffentlichen Besorgnis über die Umweltzerstörung. Feministische Aktivistinnen sind überall dort anzutreffen, wo die soziale und ökologische ›Reproduktion des Lebens bedroht ist, sei es durch Giftmüll, rassistische Gewalt, Ausbeutung von ›*Care*-Arbeiter*innen, Verlust der biologischen Vielfalt, Abholzung von Wäldern, Vermarktung von Saatgut oder Enteignung angestammter Ländereien zum Zwecke der ,Entwicklung'.

Ökofeminist*innen machen geltend, dass die Emanzipation des Menschen von historisch gewachsenen patriarchalen Einstellungen nicht ohne die Befreiung aller ,anderen' Wesen erreicht werden kann. Sie sehen, wie Frauen im ›Globalen Norden sowie Bäuer*innen ebenso wie indigene Völker im Süden zu einer einzigen authentischen politischen Stimme zusammenfinden können. Der Grund dafür ist, dass diese sozialen Gruppierungen Erfahrung im Umgang mit menschlichem und nichtmenschlichem Leben haben. Als politisches Konzept ist der

III

Ökofeminismus daher *sui generis* (einzigartig, d. Übers.) und nicht einfach ein Ableger des Feminismus, Marxismus oder der Ökologie. Ungeachtet einer gewissen gegenseitigen Befruchtung der Ideen, formuliert der Ökofeminismus das feministische Anliegen der sozialen Gleichheit neu, indem er es mit ökologischer Gerechtigkeit und Integrität verknüpft.

Der Ökofeminismus wird manchmal als eine Wiederbelebung der alten Weisheit der Verbundenheit *,allen Lebens'* betrachtet. Ein Beispiel dafür sind die indischen *Chipko*-Frauen, die vor Jahrhunderten die Wälder vor der Abholzung schützten, indem sie ihre Arme um die Bäume' legten. Der eigentliche Begriff *Ökofeminismus* geht jedoch auf den Aufruf der französischen Feministin Francoise D'Eaubonne aus dem Jahr 1974 zurück, die eine Revolution zur Rettung der Ökosphäre forderte, eine völlige Neuordnung der Beziehungen zwischen Mensch und Natur sowie zwischen Männern und Frauen. Die bahnbrechende Theoretikerin Carolyn Merchant legte in ihrer historischen Analyse der europäischen wissenschaftlichen Revolution, *The Death of Nature* (Der Tod der Natur), die Entschlossenheit der Väter der Moderne offen, die ›reproduktive Souveränität der Frauen durch institutionalisierte Hexenjagden zu beherrschen. Das Fachwissen von Kräuterkundigen und Hebammen wurde durch einen ,medizinischen Beruf' ersetzt, der die Natur und den Körper als ,Maschinen' betrachtet. Damit wurde das Vorsorgeprinzip abgeschafft, das der Sorgearbeit der Frauen innewohnte, während gleichzeitig eine alte dualistische ›Ontologie der rationalen Überlegenheit des Mannes und seiner Kontrolle über *,andere'* verstärkt wurde – wie etwa die ,widerspenstigen' Frauen und die ,chaotische' Natur.

Liberale *Mainstream*-Modernist*innen haben die ökofeministische Kritik oft auf den Kopf gestellt und die patriarchale Vorstellung bekräftigt, dass Frauen oder Indigene „im Wesentlichen näher an der Natur" und damit minderwertig seien. Tatsächlich dekonstruieren Ökofeministinnen alte hegemoniale Binaritäten, die sich aus dem Dualismus *,Mensch über Natur'* ergeben, und zeigen auf, wie diese von Menschen mit geschlechtsspezifischen, ethnischen und klassenbedingten Privilegien benutzt werden, um ihre soziale Vorherrschaft durch ,Othering'[1] aufrechtzuerhalten. So verstanden, kann ein ökofeministischer Standpunkt dazu beitragen, die reflexive Selbstwahrnehmung einer Person darüber zu vertiefen, wie sie selbst von bestehenden Machtverhältnissen betroffen ist.

Weltweit erledigen Frauen 65 Prozent aller Arbeiten für 10 Prozent des Lohns, und im ›Globalen Süden produzieren Frauen 60 bis 80 Prozent aller konsumierten Lebensmittel. Nach Forschungen im kolonialen Afrika und in Südamerika schlugen Maria Mies und ihre deutschen Kolleg*innen der *Bielefelder Schule* eine ›Subsistenzperspektive vor, die das ökologische Wissen von Frauen sowie von Bäuer*innen als Produzent*innen und Ernährer*innen des Lebens anerkennt. Seit den 1980er Jahren hat dieses ökonomische Argument den Ökofeminismus als ›Post-Entwicklungspolitik aktiviert und damit zeitgenössische Alternativen wie die lateinamerikanische indigene Weltanschauung des ›,Buen Vivir' oder des ,Guten Lebens' und die jüngste europäische Aufmerksamkeit für ›De-Growth- und Solidarökonomien vorweggenommen. Ein weiteres Exposé zur ,Fehlentwicklung' ist Vandana Shivas Darstellung, wie die von indischen Bäuerinnen erreichte kommunale Ernährungssouveränität nach der Einführung der Technologien der ›Grünen Revolution im zwanzigsten Jahrhundert verloren ging.

Während finanzielle und technologische Lösungen die ökologische Krise vertiefen, decken Ökofeministinnen den komplexen klassen-, ethnischen und geschlechtsspezifischen Charakter der kapitalistischen Aneignung auf. Als materialistische Politik, die auf Arbeit basiert, ist sie per Definition nicht essenzialistisch[2] und verbindet die Punkte zwischen dem Überkonsum im wohlhabenden industrialisierten ›globalen Norden und den ,Zu- und Abflüssen' (taps and sinks) im Süden. Denn es sind die Peripherien des kapitalistischen patriarchalen ›Produktivismus, die seine umweltverschmutzenden Folgen tragen – als ökologische Schuld gegenüber indigenen Gemeinschaften und als verkörperte Schuld gegenüber lebenden Frauen und künftigen Generationen. Materialistische Ökofeministinnen wie Ariel Salleh, Mary Mellor, Eva Charkiewicz, Ana Isla und andere verknüpfen ›Subsistenz und ›Ökosuffizienz. Ihre strukturellen Kritiken an der reduktionistischen Ökonomie verweisen darauf, dass diese die ›Reproduktionsarbeit in den Haushalten und auf den Feldern ausblendet – ebenso wie die natürlichen Kreisläufe, von denen der Kapitalismus abhängig ist.

Ökofeministinnen vertreten die Auffassung, dass diese ›Reproduktionsarbeit der kapitalistischen und marxistischen Aufwertung der Produktion und des Tauschwerts – als Motor der ›Akkumulation – *a priori* entgegensteht. Salleh fasst die unerwähnten Reproduktionsarbeiter*innen – Frauen, Bauern und Indigene – in den Begriff einer weltweit mehrheitlich „meta-industriellen Klasse", deren Fähigkeiten Ausdruck einer „gelebten materialistischen" ›Epistemologie und Ethik wäre. Ihre regenerativen Formen der Versorgung an der Schwelle zur Natur seien eine vorgefertigte politische und materielle Antwort auf die Umweltkrise. Weltweit existierten diese Arbeiter*innen in einem riesigen, aber scheinbar unsichtbaren Flickenteppich nicht-entfremdeter Arbeit, sie erhielten das Leben in einem komplexen Netz von Mensch-Natur-Beziehungen. Die meta-industrielle Arbeit verleihe den ökologischen Kreisläufen einen netto-positiven „Stoffwechsel-Wert". Es ist offensichtlich, dass der Ökofeminismus den Fokus der traditionellen marxistischen Klassenanalyse ausweitet. Und in der Tat wird seine Theoretisierung des ‚naturalisierten' Fundaments der kapitalistischen Aneignung durch ›Reproduktionsarbeit von der akademischen Linken aufgegriffen. Es besteht jedoch immer die Gefahr, dass die theoretischen Ansätze von Frauen in bestehende patriarchale Meta-Narrative umverpackt werden.

Eine ökofeministische Politik zielt darauf ab, die menschliche Emanzipation durch regenerative Solidarökonomien auf der Grundlage des Teilens zu fördern. Sie stellt Komplexität vor Homogenität, Kooperation vor Wettbewerb, Gemeingüter vor Eigentum und Gebrauchswert vor Tauschwert. Diese emanzipatorische Politik findet zunehmend Anerkennung wegen ihrer Fähigkeit, ›Konvergenzen zwischen den Anliegen der Ökologie, des Feminismus, des Marxismus und lebenszentrierter indigener Ethiken wie *Swaraj* in Indien und der afrikanischen Ethik des *Ubuntu* zu verdeutlichen. Die Analyse liefert eine systemische soziologische Grundlage für alle Post-Entwicklungsalternativen, die sowohl Gleichheit als auch nachhaltige Lebensweisen anstreben. Ökofeminist*innen plädieren für ein Weltbild, das auf der Sorge für die Vielfalt aller Lebensformen beruht.

Anmerkungen

1 Von Othering spricht man, wenn eine Gruppe oder eine Person sich von einer anderen Gruppe abgrenzt, indem sie die nicht-eigene Gruppe als andersartig und fremd beschreibt. (https://diversity-arts-culture.berlin/woerterbuch/othering?msclkid=94d35ef6cf9411ec9719140 9c5316371) (Anm. d. Übers.).

2 Essentialismus ist eine in der platonisch-aristotelischen Philosophie wurzelnde Sichtweise, dass die Aufgabe der Wissenschaft im Erkennen des Wesens bzw. der Essenz der Dinge besteht. (Gabler Wirtschaftslexikon)

Weitere Quellen

Merchant, Carolyn (1980), *The Death of Nature: Women, Ecology and the Scientific Revolution*. San Francisco: Harper (**deutsch:** Der Tod der Natur: Ökologie, Frauen und neuzeitliche Naturwissenschaft. München. Ökom Verlag, 2020)

Mies, Maria and Vandana Shiva (1993), *Ecofeminism*. London: Zed Books. (**deutsch:** Ökofeminismus. Die Befreiung der Frauen, der Natur und unterdrückter Völker. Eine neue Welt wird geboren. Neu-Ulm: AG SPAK Bücher, 2016)

Salleh, Ariel (ed.) (2009), *Eco-Sufficiency and Global Justice: Women Write Political Ecology*. London: Pluto Press.

Women in Diversity, https://www.navdanya.org. (abgerufen am 8.6.2023)

WoMin – African Women Unite Against Mining, https://womin.org.za. (abgerufen am 8.6.2023)

World March of Women, www.marchemondiale.org. (abgerufen am 8.6.2023)

Christelle Terreblanche ist Doktorandin in Entwicklungs-studien am *Zentrum für Zivilgesellschaft* der Universität von KwaZulu-Natal, Südafrika. Zu ihren Forschungsinteressen gehören Ökofeminismus, politische Ökologie und ökologische Gerechtigkeit. Sie ist eine erfahrene politische Korrespondentin und ehemalige Sprecherin der südafrikanischen Wahrheits- und Versöhnungskommission.

Übersetzung: Hannelore Zimmermann

Satish Kumar

Ökologie im Jainismus

 Gewaltlosigkeit, Zurückhaltung, Einfachheit, ehrfürchtige Ökologie, Achtsamkeit, Minimalismus

Das höchste und tiefste Prinzip des Jainismus[1] ist *ahimsa*, das Prinzip der totalen und umfassenden *Gewaltlosigkeit im Denken, Sprechen und Handeln*. Das bedeutet Gewaltlosigkeit gegenüber sich selbst, gegenüber anderen und gegenüber der Natur. Jains sind sich natürlich bewusst, dass vollständige Gewaltlosigkeit nicht möglich ist, aber es ist notwendig, dass wir achtsam mit unseren geistigen, verbalen und körperlichen Aktivitäten umgehen, um den Schaden, den wir uns selbst oder anderen Lebewesen zufügen, zu minimieren. Diese ständige Achtsamkeit ist der Schlüssel zur Maximierung des Mitgefühls und zur Minimierung von Schaden. Die Bedeutung der Gewaltlosigkeit wird von vielen Religionen anerkannt, ist aber meist auf andere Menschen ausgerichtet, während die Jains Gewaltlosigkeit gegenüber allen Lebewesen einschließlich der Menschen predigen und praktizieren.

Jains erkennen an, dass Erde, Luft, Feuer, Wasser, Pflanzen, Wälder und Tiere – mit anderen Worten, die gesamte natürliche Welt – lebendig sind. Die Natur ist beseelt und intelligent. Daher ist alles Leben heilig und muss mit Ehrfurcht behandelt werden. Die Jain-Ökologie ist also eine ehrfürchtige Ökologie. Viele Menschen glauben, dass das menschliche Leben dem nicht-menschlichen irgendwie überlegen ist, und wir deshalb das nicht-menschliche Leben für unseren Gebrauch opfern können. Das ist der Grund,

warum die Produktion und der Konsum von Fleisch so weit verbreitet sind und die Zerstörung der Regenwälder sowie die Überfischung der Meere so stark vorangetrieben werden. Von Jains wird jedoch verlangt, menschliches und nicht-menschliches Leben gleichermaßen zu verehren. Daher ist für Jains nicht nur die Produktion und der Verzehr von Fleisch und Fisch ein Sakrileg, vielmehr sind sie gehalten, auch den Verzehr von Pflanzen einzuschränken. Meine Mutter wollte zum Beispiel weder Kartoffeln noch Karotten oder anderes Wurzelgemüse essen, weil sie meinte, dadurch den Boden zu stören – und die Pflanzen zu entwurzeln sei eine subtile Form der Gewalt. Wir sollten nur das nehmen, was die Pflanzen uns als reife Früchte abgeben. Sie würde die Menge des Gemüses und der Früchte, die sie konsumieren, begrenzen. Sie würde sagen, dass die Praxis der Gewaltlosigkeit eine Praxis der Zurückhaltung voraussetzt.

Durch die Praxis der Zurückhaltung schließen wir Frieden mit uns selbst, Frieden mit den Menschen und Frieden mit der Natur. Tiere unter den grausamen Bedingungen der Massentierhaltung zu züchten, den Boden mit Chemikalien zu vergiften, die Regenwälder zu zerstören und die Meere zu überfischen, sind Kriegshandlungen gegen die Natur. Das Prinzip von *ahimsa* verpflichtet zum Frieden mit dem Planeten Erde.

Das Leben ist voneinander abhängig und miteinander verflochten. Wie in einer Familie Eltern und Kinder, Ehemänner und Ehefrauen, Brüder und Schwestern füreinander sorgen, so sollten wir Menschen aller Nationen, aller Religionen, Ethnien und Hautfarben als unsere Brüder und Schwestern behandeln und Mitgefühl gegenüber allen praktizieren. Noch bevor wir Amerikaner oder Russen, Briten oder Franzosen, Inder oder Pakistaner, Hindus oder Muslime, Christen oder Juden, Buddhisten oder Jains, Schwarze oder Weiße sind, sind wir alle Menschen. Wir sind Mitglieder der einen menschlichen Familie. Dieses Gefühl der *Einheit allen Lebens* geht über das menschliche Leben hinaus. Die Vögel, die am Himmel fliegen, die Tiere, die in den Wäldern umherstreifen, und die Erdwürmer, die unter der Erde arbeiten, sind allesamt unsere Verwandten, und deshalb dürfen wir ihnen keinen Schaden zufügen. Unsere heilige Pflicht ist es, Mitgefühl zu üben und alles Leben zu fördern.

Ein weiteres Jain-Prinzip von gleicher Bedeutung ist *aparigraha*. Es ist ein sehr schönes Wort, aber nicht leicht zu übersetzen. Es bezeichnet die *Freiheit von den Fesseln des materiellen Besitzes.* Es ist ein ökologisches Prinzip, ein Prinzip der Reduzierung des Verbrauchs und einer minimalen Ansammlung von materiellen Besitztümern. Wenn ich mit drei oder vier Hemden auskomme, warum muss ich dann zehn oder zwanzig Hemden haben? Warum muss ich einen ganzen Schrank voll mit Schuhen füllen? Und das betrifft jeden materiellen Besitz. Jains nutzen materielle Objekte, um ihre Bedürfnisse nicht ihre Gier zu befriedigen, und befreien sich von der Last, den Sorgen und Ängsten des Besitzes von Dingen.

Das Prinzip von *aparigraha* ist genau das Gegenteil der modernen Vorstellung von Wirtschaft, in der die Maximierung von Produktion und Konsum das treibende Ideal ist. Selbst während der Zeit von religiösen Festen haben Einkaufen und Konsum Vorrang. Die Menschen sind so besessen vom Kaufen und Verkaufen, dass ihnen keine oder nur sehr wenig Zeit für sich selbst und ihre spirituelle Ernährung bleibt.

In einer konsumorientierten Gesellschaft hat die Mehrheit der Menschen keine Zeit für Poesie, Kunst oder Musik. Keine Zeit für die Familie oder Freunde. Keine Zeit, um in der Einsamkeit spazieren zu gehen und die Natur zu genießen, keine Zeit, um zu feiern. Diese Art von Leben ist das Gegenteil von *aparigraha*.

Wenn wir die Prinzipien von *ahimsa* und *aparigraha* wiederherstellen und erneuern würden, gäbe es keine ökologische Krise, keine soziale Ungerechtigkeit und keine Ausbeutung der Schwachen.

Ahimsa und *Aparigraha* betonen die Qualität des Lebens gegenüber der Quantität des materiellen Besitzes. Bei guter Pflege der Erde können alle Menschen ein gutes Leben haben – gutes

Essen, gutes Wohnen, gute Bildung und gute Medizin. Für Jains ist die Frage nicht, wie viel du hast, sondern ob dein Leben gut, glücklich und erfüllt ist. Weniger ist mehr, solange dieses Weniger von nährender und pflegender Qualität ist.

Wie so oft bleiben Religionen in Traditionen stecken, werden buchstäblich und dogmatisch. Sie verlieren ihre ursprüngliche Inspiration – und das ist auch dem Jainismus widerfahren. Möglicherweise praktizieren die meisten Jains heute nicht mehr *ahimsa* und *aparigraha*. Es gibt jedoch einige radikale Jains, die zu ihren Wurzeln zurückkehren und entdecken, dass Praktiken, die auf diesen Prinzipien beruhen, nicht nur gut für sie persönlich sind, sondern auch gut für die Gesellschaft und den Planeten Erde.

So praktizieren beispielsweise ein Mönch namens Hitaruchi und seine Anhänger in Gujarat (Westindien) die ökologischen Grundsätze der Gewaltlosigkeit und Zurückhaltung im täglichen Leben. Sie verzichten gänzlich auf die Verwendung von Plastik und minimieren den Gebrauch von Industrieprodukten zugunsten von handgefertigten lokalen Produkten. Es gibt eine Bewegung, die von der *Terapanthi-Sekte* des Jainismus in den späten 1940er Jahren initiiert wurde und sich ‚Bewegung der kleinen Gelübde' (anuvrat) nennt. Sie setzt sich aktiv für einen einfachen Lebensstil ein, der frei von Gier und Korruption ist und der die Natur so wenig wie möglich schädigt. Diese Bewegung hat in Indien eine große Anhängerschaft gewonnen. Es gibt auch viele individuelle Jains, die ihre Wurzeln wiederentdecken und die Idee einer Entwicklung, die verschwenderisch und umweltschädlich ist, ablehnen. Aber es bedarf noch viel mehr an solcher Rückbesinnung und der daraus folgenden Praxis, wenn die Jain-Ökologie Teil der Bewegungen werden soll, die sich der ökologischen und sozialen Krise stellen, mit der wir konfrontiert sind.

Anmerkung

1 Der *Jainismus* oder *Dschainismus* ist eine in Indien beheimatete transtheistische Religion, die etwa im 6./5. Jahrhundert v. Chr. entstanden ist. Ein historisch fassbarer Verbreiter der jainistischen Lehre war Mahavira (um 599–

527 v. Chr.). Bekannt ist der Jainismus für das Ideal der Nichtverletzung von Lebewesen. Jainas ernähren sich so, dass keine Tiere leiden oder sterben müssen und Pflanzen nur im unvermeidlichen Maß geschädigt werden.

Weitere Quellen

Anuvrat movement, http://www.anuvibha.org (abgerufen am 23.05.2023)

Kumar, Satish (2002), *You Are, Therefore I Am: A Declaration of Dependence*. Cambridge, UK: Green Books.

Terapanth.com, http://terapanth.com (Webseite nicht mehr auffindbar. Kopie unter www.archive.org, Stand 23.05.2023)

Satish Kumar ist Chefredakteur der Zeitschrift *Resurgence & Ecologist*, www.resurgence.org, und Gründer des *Schumacher College*, England.

Übersetzung: Hannelore Zimmermann

Janis Birkeland

Öko-positives Design

 nachhaltige Städte, soziale Gerechtigkeit, Design für die Natur, offenes System, netto-positives Design

Es ist zwar möglich, grüne Gebäude mit null Kohlenstoffemissionen oder Energieverbrauch zu bauen, aber dabei werden der graue Energieverbrauch und die ökologische Zerstörung, die während des Baus entsteht, nicht mitgerechnet. Das heißt, sie geben der Natur nicht mehr zurück, als sie ihr entnehmen, und sind daher nicht nachhaltig. Betrachtet man *Bauwerke als Landschaften* und nicht als eine Reihe einzelner Elemente, so eröffnen sich Möglichkeiten, die Struktur und Oberfläche zu nutzen, um neue ökologische Räume zu schaffen. Das ‚Design für Ökodienstleistungen' erweitert die vielfältigen *kostenlosen Serviceleistungen*, die die Natur bietet. Dazu können Spielgärten, passive Solarmodule und ‚grüne Gerüste' (green Scaffolding)[1] gehören, vielfältige Raumstrukturen um, zwischen oder sogar im Inneren von Gebäuden. Gebäude können zur Nachhaltigkeit beitragen, wenn sie mehr Nutzen bringen als gar keine Gebäude, und wenn bestehende Städte so umgerüstet werden, dass sie ökologische und soziale

Defizite in Gewinne verwandeln. Ökopositives Design wendet das Denken in offenen Systemen auf die Gestaltung der bebauten Umwelt an, ebenso wie auf die Entwicklungskontrolle und -bewertung in der Stadtplanung.

Typischerweise werden durch bauliche Maßnahmen Wohlstand konzentriert, Ressourcen privatisiert, die biologische und kulturelle Vielfalt ausgelöscht sowie verschwenderische und ungleiche Lebensbedingungen verstärkt. Kurz gesagt, sie versperren künftige Optionen. Herkömmliche Ansätze für eine nachhaltige Gestaltung tragen wenig dazu bei, dies zu ändern. Städte könnten die Lebensqualität erhöhen und die Umwelt regenerieren, doch das reicht nicht aus. Befürworter eines ökopositiven oder nettopositiven Designs bestehen darauf, dass der „positive ökologische Fußabdruck der Natur" den negativen Fußabdruck der Menschheit übertreffen muss. Um die künftigen Möglichkeiten zu verbessern und unvermeidbare kumulative ökologische Auswirkungen zu kompensieren, müssen die Städte als Ganzes einen ökologischen und sozialen Nettogewinn erzielen. Dies ist technisch möglich. Wie beispielsweise Renger et al. (2015) zeigen, können Gebäude mehr Kohlenstoff binden, als sie im Laufe ihres Lebenszyklus ausstoßen, und wie Pearson et al. (2014) vorschlagen, können Planungsstrategien wie *grüne Gerüste* drei Dutzend Ökosystemleistungen erbringen.

Ausgehend von einer Kritik an konventionellen Ansätzen für nachhaltiges Design ermöglicht ein alternativer ökopositiver Rahmen eine Form des Bauens, die der Natur und der Gesellschaft mehr gibt als sie nimmt. Erstens müssen die Städte nicht nur die lebende Natur in die Gebäude integrieren, sondern auch die gesamte ‚*ökologische Basis*' vergrößern. Während herkömmliche Konzepte für nachhaltiges Design, wie sie von Hes und du Plessis (2014) zusammengefasst wurden, eine Gestaltung *mit* der oder *wie* die Natur fordern, ist ökopositives Design *für* die Natur. Zweitens ist eine Voraussetzung für eine nachhaltige Demokratie eine gerechte, ökoproduktive menschliche Umwelt, die den Grundbedürfnissen und mehr gerecht wird. Städte sollten den direkten, universellen Zugang zum Lebensunterhalt, zu sozialem Engagement und individuellem Wohlbefinden verbessern, mit anderen Worten: das *öffentliche Vermögen*.

Das Scheitern der derzeitigen Ansätze für nachhaltiges Design, einen netto-positiven Beitrag zu leisten, lässt sich auf das gängige Paradebeispiel des geschlossenen Systems zurückführen. Dieses geht auf die ‚*Raumschiff Erde*'-Metapher der 1960er Jahre und das Argument der ‚*Grenzen des Wachstums*' der 1970er Jahre zurück, die dem linearen Modell des industriellen Fortschritts entgegenwirken sollten. In einer Weltnaturschutzstrategie von 1980 wurde dazu aufgerufen, „innerhalb der Tragfähigkeit der Ökosysteme zu leben" – ein weiteres Argument für die *Grenzen der Natur*. Diese negativen Botschaften scheiterten, wahrscheinlich weil ‚Grenzen' einen niedrigeren Lebensstandard suggerierten. Im einflussreichen *Brundtland*-Bericht von 1987 wurde das Modell der geschlossenen Systeme beibehalten. Er ließ auch die bebaute Umwelt unberücksichtigt und verwies die Nachhaltigkeitsplanung an die Entscheidungsinstitutionen zurück. Biophysikalische Nachhaltigkeit ist ein Gestaltungsproblem, nicht nur ein Managementproblem. Sie erfordert nicht nur eine Veränderung der physischen Strukturen, sondern auch der Institutionen und des Rahmens der Entscheidungsfindung, der sie prägt.

Design kann positive, ›synergetische Beziehungen schaffen, die den öffentlichen Nutzen und die ökologischen Vorteile vervielfachen. Im Gegensatz dazu stützt sich die politische Entscheidungsfindung auf geschlossene Systeme zum Vergleich von Alternativen oder zur Kostenverteilung nach Prioritäten. Reduktionistische, computergestützte technokratische Entscheidungsmodelle werden als ein „Denken höherer Ordnung" angesehen, während Design als eine weiche, untergeordnete Untergruppe ›marginalisiert wird. Ökopositives Design führt ein offenes Systemmodell ein, um grundlegende Paradigmenwechsel sowohl im konzeptionellen als auch

im materiellen Bereich herbeizuführen. Erstens bedeutet dies, reduktionistische Entscheidungsfindung durch designbasierte Rahmenbedingungen zu ersetzen, die symbiotische Beziehungen zwischen Mensch und Natur fördern können. Zweitens geht es darum, ökologisch unbrauchbare physische Strukturen so umzugestalten, dass der ökologische Lebensraum vergrößert und der öffentliche Nutzen maximiert wird.

Wie bereits erwähnt, ist nachhaltiges Design heute durch das Denken in geschlossenen Systemen gekennzeichnet. Dies begann in den 1970er Jahren mit ‚ressourcenunabhängigen' Gebäuden und in den 1990er Jahren mit der ‚Kreislaufwirtschaft' in der Produktion. In einem geschlossenen System bestehen die Designlösungen im Wesentlichen aus ‚Recycling'. Da moderne Gebäude aus vielen Fertigprodukten bestehen, lassen sich viele Auswirkungen reduzieren durch das Recycling und/oder ‚Upcycling' zu höheren wirtschaftlichen Werten. Es kann jedoch nicht per se eine ökologisch positive Umgebung schaffen. Selbst ein Gebäude, das keinerlei Auswirkungen hat, trägt nicht unbedingt positiv zur ökologischen Nachhaltigkeit bei. Da das Ziel des Recyclings eine Nullbelastung ist, verlangen die üblichen Normen lediglich eine Verringerung der negativen Auswirkungen. Außerdem stützen sich die Folgenabschätzungen auf imaginäre ‚Systemgrenzen', jenseits derer die kumulativen und eingebauten Auswirkungen zu amorph und komplex werden, um sie zu messen. Diese bleiben ungezählt. Dies beschränkt die Verantwortung der Planungsteams auf die messbaren Auswirkungen innerhalb künstlicher Grenzen, wie beispielsweise Grundstücksgrenzen, und schließt damit weitergehende ethische Fragen aus.

Heute dominieren in der Planungsbranche nach wie vor kommerzielle „Green-Building-Bewertungsinstrumente" zum Ankreuzen. Diese freiwilligen Zertifizierungssysteme des Privatsektors wurden von den seit 1990 in vielen Ländern gegründeten *Green Building Councils* eingeführt, um den Forderungen nach einer Regulierung des nachhaltigen Bauens zuvorzu-

0

III

kommen. Solche Bewertungsinstrumente sind ein Beispiel für reduktionistisches, begrenztes Denken. Sie zielen nur darauf ab, bestehende oder prognostizierte Auswirkungen im Vergleich zur Norm zu reduzieren. Daher wird eine Verringerung negativer Auswirkungen oft als „positiv" bezeichnet; aus einer erweiterten Perspektive kann sich jedoch ein um 40 Prozent verringerter Energieverbrauch als eine 60-prozentige Steigerung des Gesamtverbrauchs erweisen.

Die Anwendung herkömmlicher Bewertungsinstrumente lässt auch grundlegende Nachhaltigkeitsaspekte wie die soziale Gerechtigkeit außer Acht. Sie vernachlässigt den potenziellen Nutzen für die Allgemeinheit, ermutigt zu Kompromissen zwischen unvereinbaren Werten, zählt finanzielle Einsparungen durch die Produktivität der Arbeitnehmer*innen als ‚ökologische' Gewinne und so weiter. Demgegenüber sind ökologisch positive Designmethoden in benachteiligten Regionen erschwinglich. Die soziale Ausgangsbasis erfordert Gleichheit und Umweltgerechtigkeit auf regionaler Ebene, und dies lässt sich durch Flussanalysen[2] bewerten, wie in Byrne et al. (2014) dargelegt. Diese neuen Standards schreiben eine völlig neue Architektur vor.

Anmerkungen

1 „Green Scaffolding" ist ein Architektur- und städtebauliches Konzept, um Grünflächen und Vegetation in die Strukturen von Gebäuden und Städten zu integrieren. Temporär oder dauerhaft werden Konstruktionen verwendet, um vertikale Gärten oder Grünflächen an den Fassaden von Gebäuden zu errichten. So werden grüne Räume in städtischen Gebieten geschaffen und vernetzt, in denen es wenig Platz für Parks oder Grünflächen gibt. (Anm. d. Übers.)

2 Eine Flussanalyse in der Architektur befasst sich mit der Untersuchung des Verhaltens und der Bewegung von Menschen im Raum, um zu verstehen, wie gut ein Gebäude oder ein Raum die beabsichtigten Funktionen erfüllt. (Anm. d. Übers.)

Weitere Quellen

Birkeland, Janis (2008), *Positive Development: From Vicious Circles to Virtuous Cycles through Built Environment Design*. London: Earthscan.

Byrne, Jason, Neil Sipe and Jago Dodson (eds) (2014), *Australian Environmental Planning*. London: Routledge.

Hes, Dominique and Chrisna du Plessis (2014), *Designing for Hope: Pathways to Regenerative Sustainability*. London: Taylor and Francis.

Pearson, Leonie, Peter W. Newton and Peters Roberts (eds) (2014), *Resilient Sustainable Cities*. London: Routledge.

Renger, Birte Christina, Janis L. Birkeland and David J. Midmore (2015), ‚Net Positive Building Carbon Sequestration', *Building Research and Information*. 43 (1): 11–24.

Report of the World Commission on Environment and Development: Our Common Future (Brundtland Report) (1987), http://www.un-documents.net/our-common-future.pdf (abgerufen am 23.05.2023)

World Conservation Strategy (1980), https://portals.iucn.org/library/sites/library/files/documents/WCS-004.pdf (aberufen am 23.05.2023)

Janis Birkeland ist Honorarprofessorin für Bauwesen und Planung an der Universität Melbourne und Autorin mehrerer Bücher und Artikel. Sie war Anwältin, Architektin und Planerin in den USA, bevor sie eine fünfundzwanzigjährige akademische Laufbahn in Australien einschlug.

Übersetzung: Hannelore Zimmermann

Michael Löwy

Ökosozialismus

 Kapitalismus, Ökosozialismus, Marxismus, Konsum, authentische Bedürfnisse, qualitative Transformation

Das kapitalistische System kann ohne unbegrenzte ‚Entwicklung', ‚Wachstum' und ‚Expansion' nicht existieren. Eine radikale Post-Entwicklungs-Alternative muss daher eine post-kapitalistische sein. Der Ökosozialismus ist eine solche Systemalternative. Dabei handelt es sich um eine Strömung des ökologischen Denkens und Handelns, die auf den Grundlagen des Marxismus aufbaut, aber dessen ›produktivistische Schlacken abschüttelt. Ökosozialist*innen sehen sowohl die Logik der Märkte als auch die Logik des bürokratischen Autoritarismus als unvereinbar mit der Notwendigkeit, die Umwelt zu schützen. Denker*innen wie Rachel Carson oder James O'Connor (USA), André Gorz (Frankreich), Frieder-Otto Wolff (Deutschland) und Manuel Sacristan (Spanien) gehören zu den Pionieren des Ökosozialismus. In jüngerer Zeit haben Arbeiten von Joel Kovel, John Bellamy Foster und Ian Angus die ökosozialistische Argumentation weiterentwickelt.

Die Rationalität der kapitalistischen ›Akkumulation, Expansion und Entwicklung – vor allem in ihrer heutigen neoliberalen Form – wird von kurzsichtigem Kalkül angetrieben und steht in völligem Widerspruch zur ökologischen Rationalität und dem langfristigen Schutz der natürlichen Kreisläufe. Rücksichtsloser Wettbewerb, Rentabilitätszwang, eine Kultur des Warenfetischismus und die Umwandlung der Wirtschaft in eine autonome Sphäre, die sich der Kontrolle der Gesellschaft oder der politischen Kräfte entzieht, zerstören das Gleichgewicht der Natur.

Eine radikale alternative Wirtschaftspolitik würde sich auf die nichtmonetären Kriterien der sozialen Bedürfnisse und des ökologischen Gleichgewichts stützen. Die Ersetzung der Mikrorationalität des Profitmachens durch eine soziale und ökologische Makrorationalität erfordert einen zivilisatorischen Paradigmenwechsel, der nicht nur die Produktion, sondern auch den Konsum, die Kultur, die Werte und den Lebensstil betrifft.

In einer ökosozialistischen Gesellschaft würden ganze Sektoren des Produktionssystems umstrukturiert und neue entwickelt werden, sodass Vollbeschäftigung gewährleistet ist. Dies ist jedoch ohne öffentliche Kontrolle mit demokratischer Planung über die Produktionsmittel nicht möglich. Die Entscheidungen über Investitionen und technologischen Wandel müssen den Banken und kapitalistischen Unternehmen entzogen werden, um dem Gemeinwohl zu dienen. Eine Wirtschaft, die sich im Übergang zum Ökosozialismus befindet, sollte in die soziale und natürliche Umwelt ‚wieder eingebettet‘ werden, wie Karl Polanyi sagen würde. Demokratische Planung bedeutet, dass produktive Investitionen von der Bevölkerung ausgewählt werden, nicht von den ‚Gesetzen des Marktes‘ oder einem allwissenden Politbüro. Eine solche Planung ist keineswegs ‚despotisch‘, sondern die Ausübung der Freiheit einer Gesellschaft, ihre Befreiung von Entfremdung und von verdinglichten ‚Wirtschaftsgesetzen‘.

Die Planung und die Verkürzung der Arbeitszeit sind die beiden entscheidenden menschlichen Schritte auf dem Weg zu dem, was Marx ‚das Reich der Freiheit‘ nannte. Eine wesentliche Zunahme der freien Zeit ist in der Tat eine Voraussetzung für die Beteiligung der arbeitenden Menschen an der demokratischen Diskussion und Verwaltung von Wirtschaft und Gesellschaft. Der Übergang vom ‚zerstörerischen Fortschritt‘ des Kapitalismus zum Sozialismus ist ein historischer Prozess, eine permanente revolutionäre Umgestaltung von Gesellschaft, Kultur und Subjekt. Dieser Übergang würde nicht nur zu einer neuen Produktionsweise und einer egalitären Gesellschaft führen, sondern auch zu einer alternativen ‚Lebensweise‘, einer neuen ökosozialistischen Zivilisation, jenseits der Herrschaft des Geldes.

Eine solche revolutionäre Umgestaltung der sozialen und politischen Strukturen kann nicht ohne die aktive Unterstützung eines ökosozialistischen Programms durch eine Mehrheit der Bevölkerung beginnen. Die Entwicklung eines sozialistischen Bewusstseins und einer ökologischen Sensibilisierung ist ein Prozess, bei dem der entscheidende Faktor die eigene kollektive Erfahrung des Kampfes der Menschen in lokalen und partiellen Konfrontationen ist.

Einige Ökolog*innen sind der Meinung, dass die einzige Alternative zum ›Produktivismus darin besteht, ‚das Wachstum vollständig zu stoppen‘ oder es durch negatives Wachstum zu ersetzen – was die Franzosen *Décroissance* nennen. Dieses beruht auf einer drastischen Verringerung des Konsums, der Halbierung des Energieverbrauchs durch den Verzicht des Einzelnen auf Zentralheizung, Waschmaschine usw. Die Ökosozialist*innen setzen stattdessen auf eine ‚qualitative ›Transformation‘ von Produktion und Konsum. Das bedeutet, der ungeheuerlichen Ressourcenverschwendung des Kapitalismus ein Ende zu setzen, die auf der Massenproduktion von nutzlosen und/oder schädlichen Produkten, wie etwa in der Rüstungsindustrie, beruht. Bei vielen der vom Kapitalismus produzierten ‚Waren' ist die ›*Obsoleszenz* bereits eingebaut; sie sind verschwenderisch für den schnellen Austausch konstruiert, um Profit zu erzielen. Aus ökosozialistischer Sicht geht es also nicht so sehr um ‚übermäßigen Konsum', sondern um die ‚Art' des Konsums. Eine Wirtschaft, die auf kommerzieller Entfremdung und zwanghaftem Erwerb von Pseudo-Neuheiten basiert, die von der ‚Mode' aufgezwungen werden, ist mit einer ökologischen Rationalität schlichtweg unvereinbar.

Eine neue Gesellschaft würde die Produktion auf die Befriedigung authentischer Bedürfnisse ausrichten, angefangen bei den als ‚biblisch' bezeichneten Bedürfnissen – Wasser, Nahrung, Kleidung, Wohnung – und den grundlegenden öffentlichen Dienstleistungen wie Gesundheit, Bildung und Verkehr. Authentische Bedürfnisse werden klar von künstlichen oder fiktiven Bedürfnissen unterschieden, die durch eine manipulative Werbeindustrie erzeugt werden. Werbung ist eine unverzichtbare Dimension der kapitalistischen Marktwirtschaft, aber sie hat in einer Gesellschaft, die zum Sozialismus übergeht, nichts zu suchen. Hier würden die Informationen über Waren und Dienstleistungen von Verbänden der Verbraucher*innen bereitgestellt. Der Test, um echte von künstlichen Bedürfnissen zu unterscheiden, besteht darin, zu sehen, ob sie nach der Unterdrückung der Werbung fortbestehen.

Ökosozialist*innen arbeiten daran, ein breites internationales Bündnis zwischen der Arbeiterbewegung, den ökologischen, indigenen, bäuerlichen, feministischen und anderen Bürger*innen-Bewegungen im globalen Norden und Süden aufzubauen. Diese Kämpfe können zu einer sozialistischen und ökologischen Alternative führen, jedoch nicht als zwangsläufiges Ergebnis der Widersprüche des Kapitalismus oder der ‚eisernen Gesetze der Geschichte'. Man kann die Zukunft nicht vorhersagen, außer unter Vorbehalt. Klar ist jedoch, dass die Logik des Kapitalismus ohne eine ökosozialistische ›Transformation – das heißt einen radikalen Wechsel des zivilisatori-

schen Paradigmas – den Planeten nur in dramatische ökologische Katastrophen führen kann, die die Gesundheit und sogar das Leben von Milliarden von Menschen, vielleicht sogar das Überleben unserer Spezies, bedrohen.

Weitere Quellen

Angus, Ian (2016), *Facing the Anthropocene*. New York: Monthly Review Press. (**deutsch:** Im Angesicht des Anthropozäns. Münster: UNRAST Verlag, 2020).

Bellamy Foster, John (2009), *The Ecological Revolution*. New York: Monthly Review Press. (**deutsch:** *Die ökologische Revoltion: Frieden zwischen Mensch und Natur*. Hamburg: Laika-Verlag, 2014).

Capitalism Nature Socialism, http://www.tandfonline.com/loi/rcns20. (abgerufen am 8.6.2023)

Climate and Capitalism, http://climateandcapitalism.com (abgerufen am 8.6.2023).

Kovel, Joel (2007), *The Enemy of Nature*. London: Zed Books.

Lowy, Michael (2015), *Ecosocialism: A Radical Alternative to Capitalist Catastrophe*. New York: Haymarket Books. (**deutsch:** Ökosozialismus: Die radikale Alternative zur ökologischen und kapitalistischen Katastrophe. Hamburg: Laika-Verlag, 2016).

Der Philosoph **Michael Löwy** wurde 1938 in Brasilien geboren und lebt seit 1969 in Paris. Er ist derzeit emeritierter Forschungsdirektor am *Centre National de la Recherche Scientifique* (CNRS) und seine Bücher und Artikel wurden in neunundzwanzig Sprachen übersetzt. Löwy ist gemeinsam mit dem verstorbenen Joel Kovel, dem Herausgeber der US-amerikanischen Zeitschrift *Capitalism Nature Socialism*, Verfasser des *Internationalen Ökosozialistischen Manifests* (2001).

Übersetzung: Elisabeth Voß

Jonathan Dawson

Pädagogik

 Bildung, Pädagogik, Befähigung

Pädagogik: aus dem Mittelfranzösischen (16. Jahrhundert), von lateinisch paedagogia, ‚Erziehung, Knabenbetreuung', von paidagogos ‚Lehrer'.

Die Pädagogik kann als Aschenputtel der Bildungswelt betrachtet werden – sie wird weitgehend übersehen, obwohl sie eine entscheidende Rolle im Bildungshaushalt spielt. Besonders deutlich wird dies im Bereich der Wirtschaftswissenschaften, wo sich die Studentenproteste in den letzten Jahren auf den Lehrplan konzentrierten, mit der zentralen Forderung, andere Denkschulen als die neoliberale Wirtschaftslehre zu vermitteln. Die stillschweigende Annahme dabei ist, dass der Austausch eines Lehrbuchs gegen ein anderes ausreicht, um die derzeitige Dysfunktion innerhalb der Disziplin zu beheben. Bei näherer Betrachtung erweist sich dies als eine unbefriedigende, oberflächliche Analyse.

Eine Reihe von Grundannahmen beherrschen die derzeitige Bildungspraxis, die so tief verwurzelt sind, dass wir uns ihrer Existenz kaum bewusst sind. Dies ist es, was Stephen Sterling als „die unterirdische Geologie der Bildung" bezeichnet – sie beherrschen die derzeitige Bildungspraxis. Zu diesen Annahmen gehört die Überzeugung, dass es einen festen Wissensbestand gibt, der in fachspezifischen Depots von *fachkundigen* Lehrer*innen zu vermitteln sei; dass der Intellekt die einzige legitime Fähigkeit des Lernens sei und dass Lernen ein individueller und wettbewerbsorientierter Prozess sei, bei dem Teamarbeit als Betrug verurteilt wird.

Glücklicherweise werden diese Grundannahmen zunehmend in Frage gestellt, und wir erleben eine neue Welle von Bildungsexperimenten, die auf einer insgesamt aufgeklärten Ethik beruhen. Zunehmend setzt sich die Erkenntnis durch, dass Wissen nicht feststeht und in keiner Weise eine objektive Wahrheit darstellt, sondern in Wirklichkeit sozial konstruiert ist, und dass die Sinngebung aus einem fortlaufenden, sich wiederholenden Prozess des Experimentierens, Hinterfragens und Reflektierens innerhalb der Lerngemeinschaft entsteht. Auf dieser fortlaufenden Lernreise und aufbauend auf den Erkenntnissen von Paolo Freire wird erkannt, dass die Sprache, die wir zur Interpretation der Welt verwenden, keine wahrheitsgetreue Darstellung einer objektiven Realität ist, sondern dass sie vielmehr aufgrund struktureller Machtverhältnisse entsteht, die – wenn sie unhinterfragt und unwidersprochen bleiben – dazu neigen, diese auf heimtückische Weise fortzusetzen (Freire 2007).

So gesehen muss sich das Zentrum der Autorität vom Lehrenden auf die Lerngemeinschaft verlagern, wobei die Rolle des Erziehenden darin besteht, *aus sich herauszugehen* und als Ressource, Mentor*in, Provokateur*in und in gewissem Sinne als Gleichgestellte*r (Peer) und nicht nur als Übermittler*in von Informationen aufzutreten.

Dies war eine besonders ausgeprägte Entwicklung in den Kontexten, in denen die Rolle der Bildung im Prozess der ideologischen Kolonisierung besonders stark ausgeprägt war. Die *Universidad de la Tierra* (Unitierra) in Oaxaca, Mexiko, wurde beispielsweise als Reaktion auf die Überzeugung gegründet, dass „die Schule das wichtigste Instrument des Staates war, um die indigene Bevölkerung zu zerstören". *Unitierra* hat eine Lernethik entwickelt, die sich enger an indigene Bildungspraktiken anlehnt und die informelle, projektbasierte und von Gleichberechtigten getragene Bildung gegenüber dem hierarchischen Modell der herkömmlichen Lehrer*-Schüler*innen-Beziehung hervorhebt.

Die konventionelle wissenschaftliche Methode stützt sich stark auf die Rationalität und die Validierung auf Grundlage empirischer Beweise. Man geht davon aus, dass Studierende/Forschende als unparteiische Beobachter*innen von außen auf das Studienfeld schauen und allein auf der Grundlage kognitiver Überlegungen objektive Schlussfolgerungen ziehen können. Hingegen sieht unser neu entstehendes Verständnis des Lernprozesses den Lernenden als einen leibhaftigen und tief in die Welt eingebundenen Menschen, der sie mit dem gesamten Spektrum menschlicher Fähigkeiten erforscht: rational und kognitiv, erfahrungsorientiert, intuitiv, beziehungsorientiert und ganzheitlich.

Die damit einhergehende Aufwertung des Subjektiven erweckt das Klassenzimmer wieder zum Leben. Die Schüler müssen ihre Gefühle, ihre Intuition und ihren Körper nicht mehr an der Klassenzimmertür abstellen. Vielmehr werden sie in einen Raum eingeladen, der ihre Kreativität und Verspieltheit, ihre Leidenschaften

III

und ihre Tränen willkommen heißt. Die Rolle des/der Studierenden wandelt sich von der eines Objekts, das bearbeitet werden muss, zu einem Subjekt inmitten von Beziehungen.

Zum Beispiel nehmen Wirtschaftsstudent*innen am *Schumacher College* in Devon, England, im Rahmen ihres Masterstudiengangs an einem Workshop zum Thema *Theater der Unterdrückten* teil und erproben verschiedene politisch-ökonomische Kontexte, setzen ihre Körper ein, um komplexe Systeme abzubilden und experimentieren mit dem ganzen Körper über mögliche Handlungsoptionen (Dawson und Oliviera 2017).

Eine wachsende Anzahl von Studien und Untersuchungen zu innovativen Bildungsinitiativen kommt zu dem Ergebnis, dass dieser ganzheitlichere Bildungsansatz – der *Kopf, Herz und Hand* anregt – wesentlich effektiver ist, wenn es darum geht, Verhaltensänderungen herbeizuführen und die Studierenden in die Lage zu versetzen, sich kritisch und kreativ mit den Werten, Fähigkeiten und Kenntnissen auseinanderzusetzen, die für die Herausforderungen der Nachhaltigkeit erforderlich sind.

Letztlich definiert die konventionelle pädagogische Praxis die*den Studierende*n als eine*n in sich geschlossene*n und im Wesentlichen unabhängige*n Lernende*n, die*der mit Gleichaltrigen im Wettstreit um die Noten steht. Eine sich abzeichnende alternative Interpretation erkennt an, dass der*die Lernende in vielfältige Beziehungen innerhalb der menschlichen und nicht-menschlichen Welt eingebettet ist und dass es genau diese Beziehungen sind, die das Entstehen von Wissen ermöglichen und katalysieren.

In Anbetracht dessen ist es nicht überraschend, dass ein gemeinsames Merkmal vieler der heutigen bahnbrechenden Bildungsinitiativen in ihrer Verwurzelung in der Gemeinschaft liegt. Zentren – wie die vielen Ökodörfer auf der ganzen Welt, in denen das *Gaia Education Curriculum* umgesetzt wird, und Einrichtungen wie die indische *Swaraj University* und das *Barefoot College* – sind ausdrücklich so ausgestaltet, dass sie in *lebende und lernende* Gemeinschaften eingebettet sind,

die tief in der gandhianischen *Ashram-* und *Nai Talim-*Tradition[1] verwurzelt sind (Sykes 1988). In diesen Programmen arbeiten Mitarbeiter- und Student*innen Seite an Seite, um das Bildungszentrum zu organisieren: Sie bauen Nahrungsmittel an, kochen, waschen ab, reinigen und halten die Gebäude instand. Dadurch wird das *lebendige Klassenzimmer* auf alle Dimensionen des Lebens im Bildungszentrum ausgedehnt, wodurch die künstlichen Grenzen, die üblicherweise die Theorie und die Praxis der Nachhaltigkeit trennen, überwunden werden können. Die Schüler*innen lernen, sich mit Fragen der Entscheidungsfindung und Konfliktlösung, der Beschaffung und Zubereitung von Nahrungsmitteln und dem respektvollen und regenerativen Umgang mit anderen auseinanderzusetzen.

Zu lange wurde die lebendige und kreative Subjektivität der Lernenden aus dem Klassenzimmer verbannt. Die Geschichte, die uns aufgezwungen wurde – die eines einsamen, wettbewerbsorientierten, hyperrationalen Wesens, das die Welt zerlegt, um sie zu seinem eigenen Vorteil effektiver zu manipulieren – hat uns sinnentleert zurückgelassen, während die Erde blutet. Wir müssen uns wieder in das Gewebe des Lebens einweben. Eine Neugestaltung der Form und des Zwecks des Lernens ist ein guter Ansatzpunkt.

Anmerkung

1 Die Ashram-Tradition ist eine spirituelle Gemeinschaft, die von Mahatma Gandhi gegründet wurde und auf Prinzipien wie Einfachheit, Selbstversorgung und Dienst an der Gemeinschaft basiert. Die Nai Talim-Tradition ist ein pädagogischer Ansatz, der von Gandhi entwickelt wurde und auf ganzheitlicher Bildung durch handlungsorientiertes Lernen und die Integration von Arbeit und Bildung abzielt.

Weitere Quellen

D'Alisa, Giacomo, Federico Demaria and Giorgios Kallis (2015), *Degrowth: A Vocabulary for a New Era*. New York: Routledge (**deutsch:** Degrowth. Handbuch für eine neue Ära. München: Oekom-Verlag, 2016)

Dawson Jonathan and Hugo Oliviera (2017), ‚Bringing the Classroom Back to Life', *EarthEd (State of the World): Rethinking Education on a Changing Planet*, Washington DC: Worldwatch Institute.

Freire, Paulo (2007) *Pedagogy of the Oppressed*. New York: Continuum. (**deutsch:** Pädagogik der Unterdrückten. Stuttgart: Kreuz-Verlag, 1973)

Lakoff, George, and Mark Johnson (1980), *Metaphors We Live By*. Chicago, IL: University of Chicago Press.

Sykes, Marjorie (1988), ‚The Story of Nai Talim‘, http://home.iitk.ac.in/~amman/soc748/sykes_story_of_nai_talim.html (abgerufen am 23.05.2023)

Jonathan Dawson ist Pädagoge am *Schumacher College* in Devon, England, wo er den innovativen Masterstudiengang *Economics for Transition* (Wirtschaft für den Übergang) koordiniert und unterrichtet, www.schumachercollege.org.uk/courses/postgraduate-courses/economics-for-transition. Er gehört zum Kernteam, das den Lehrplan für *Gaia Education* entwickelt hat, https://gaiaeducation.org/ und ist ehemaliger Präsident des *Global Ecovillage Network*.

Übersetzung: Hannelore Zimmermann

Yvonne Underhill-Sem

Pazifische Feminismen

*Pazifische Feministische Charta, LGBTQI,
geschlechtsspezifische Machtverhältnisse,
pazifische Inseln*

Sich als Feministinnen Identifizierende im Pazifik stellen weiterhin öffentlich die einfache Frage „Was ist mit Frauen und Geschlechter-Ungleichheit?“. Der Kampf um die Wahrung der Frauenrechte und die Sicherstellung von Dienstleistungen für Frauen und Mädchen, ganz zu schweigen von geschlechtsuntypischen Menschen (*gender non-conforming people*), geht weiter, denn Geschlechter-Ungleichheit ist im Pazifikraum eine alltägliche Erfahrung. Dies trotz der Existenz von Frauenbeauftragten (*femocrats*) und Frauenministerien und den Berichterstattungsverfahren des *Übereinkommens zur Beseitigung jeder Form von Diskriminierung der Frau* (CEDAW – Convention on the Elimination of all Discrimination Against Women). Tradition und Kultur im Pazifikraum schüren Prozesse der systematischen und anhaltenden Ausgrenzung und Kontrolle von Frauen. Infolgedessen kommt es immer wieder zu individuellen und kollektiven Tragödien wie alltäglicher sexueller Gewalt, Morden wegen Hexerei, ungewollten Schwangerschaften, unerwünschtem Mobbing (*unsolicited bullying*) und Einschüchterungen, ungerechter Verteilung von Ressourcen und so weiter.

Das Ergebnis ist eine vielfältige Ausprägung des pazifischen Feminismus – von selbsterklärten und gesellschaftlich identifizierten Feministinnen bis hin zu denjenigen, deren Praktiken der sozialen ›Reproduktion auf die Aufrechterhaltung geschlechtergerechter Lebensverhältnisse ausgerichtet ist. Die pazifische feministische Bewegung umfasst radikale LGBTQI[1]-Gruppen (*Haus of Khameleon*), intellektuelle Kollektive (*DAWN Pacific*), kreativ artikulierte Fürsprecher*innen (*DIVA for Equality*), mutige und kompetente Menschenrechtsverteidiger*innen (*Voice for Change*), engagierte Gesetzgeber*innen und politische Entscheidungsträger*innen (*Regional Rights Resources Team*), feministische Menschenrechtsorganisationen (*Fiji Women's Rights Movement*), Jugendorganisationen (*Pacific Youth Council*) und andere.

Inmitten der kulturellen Vielfalt der Bevölkerungen, die den Pazifik ausmachen, bringt die Politik der ›Indigenität weitere Komplexitäten mit sich. In Bezug auf die geschlechtsspezifischen Machtverhältnisse überwiegt jedoch das patriarchale Privileg zum Nachteil der Frauen, unabhängig von ihrer Hautfarbe, der Überlegenheit ihrer Fähigkeiten oder Kenntnisse, der Qualität ihrer Ausbildung oder ihres Führungspotenzials.

Im November 2016 wurde auf dem ersten *Pazifischen Feministischen Forum* in Fidschi die *Charta der Feministischen Prinzipien für Pazifische Feministinnen* vorgestellt. Die Charta ist lose an die *Afrikanische Feministische Charta* angelehnt, aber ihr pazifischer Charakter war spürbar, da Feminist*innen aus Ozeanien unsere gemeinsame Verbundenheit mit dem Meer (*wansolwara*), dem Land (*vanua*) und den Vorfahren (*tauanga*) würdigten. Diese Initiative knüpfte an wichtige Empfindungen der Geschlechter-Gleichstellung (gender egalitari-

P

III

anism) aus der Vergangenheit an, stellte aber auch die weit verbreiteten modernen Führungssysteme in Frage, die Männer bevorzugen.

Der durch die *Pazifische Feministische Charta* erzielte Fortschritt signalisiert einen neuen Versuch, sich über verschiedene Linien geschlechtsspezifischer Machtverhältnisse hinweg zu organisieren, um historische patriarchale Privilegien sowie neue asymmetrische geschlechtsspezifische Machtverhältnisse in Frage zu stellen. Die Charta unterstreicht eine grundlegende Stärke der pazifischen feministischen Bewegung – ihre Wurzeln in den zeitgenössischen Kämpfen für soziale Gerechtigkeit und ihre vielfältigen Erscheinungsformen. Sie gibt weitere Impulse für Veränderungen, neben beispielsweise der *Pazifischen Feministischen Erklärung zu Sexueller und Reproduktiver Gesundheit und Rechten* (Pacific Feminist Sexual and Reproductive Health and Rights Statement) von 2013 und dem *Pazifischen Frauennetzwerk gegen Gewalt an Frauen* (Pacific Women's Network Against Violence Against Women). Die Logik, die diesen Bemühungen zugrunde liegt, ist geprägt von einer Poltik der Erkenntnis, der persönlichen affektiven Praktiken und der geteilten Überzeugung, dass die Gleichstellung der Geschlechter im Pazifikraum unerlässlich ist.

Die Menschen im Pazifik sind seit langem mit der oft gewalttätigen, zunehmend militarisierten und zutiefst dogmatischen Hingabe an globale kapitalistische Prozesse ausbeuterischer ›Akkumulation konfrontiert, die die Geschlechterungleichheit vertiefen. Feministinnen im Pazifik haben Praktiken radikaler Allianzen entwickelt (*Fiji Women's Forum*), unbequemes, aber nichtsdestotrotz respektvolles Engagement (*Kup Women for Peace in Papua-Neuguinea*), beträchtliche Kreativität (*Women's Action for Change*) und leidenschaftliche Tapferkeit im Angesicht des Bürgerkriegs (*Nazarene Rehabilitation Centre*).

Der pazifische Feminismus hat tiefe Wurzeln in den Kämpfen um soziale Gerechtigkeit. In den 1960er Jahren setzte sich die *Young Women's Christian Association* in Fidschi für gerech-

te Steuersysteme und faire Löhne ein. In den 1970er Jahren führte der *East Sepik Council of Women* Ernährungsprogramme in Palmölplantagen durch. Pazifische Feministinnen erkannten auch, wie wichtig es ist, auf regionaler Ebene gegen die Überbleibsel des Kolonialismus vorzugehen, wie beispielsweise die Fortführung von Atomtests, die Intensivierung der Rohstoffindustrie und das Fehlen von Frauenstimmen in den nationalen Parlamenten. Leider unterliegen die geschlechtsspezifischen Machtverhältnisse bei diesen regionalen Herausforderungen allzu leicht patriarchalen Führungsstrukturen und Privilegien, ungeachtet der guten Absichten einiger weniger und der Rhetorik vieler anderer.

Zu verschiedenen Zeiten und an verschiedenen Orten hat sich der Feminismus unterschiedlich entwickelt. In Fidschi hat der auf Rechten basierende Feminismus der *Internationalen Dekade der Frau* in den 1980er Jahren die wohlfahrtsorientierte *Pan-Pacific South East Asia Women's Association* weitgehend überholt, die zur Unterstützung unmittelbar kolonialer Projekte gegründet wurde. Später bildete der rechtebasierte Feminismus die Grundlage für die Gründung eines Netzwerks von Organisationen wie dem *Fiji Women's Crisis Centre*, *Punanga Tauturu* auf den Cook-Inseln, dem *Women and Children's Crisis Centre* in Tonga, dem *Vanuatu Women's Center* und *Women United Together Marshall Islands*. Einige von ihnen konzentrierten ihre Aktivitäten auf Friedens- und Demokratieprojekte, wie zum Beispiel in Fidschi nach dem Putsch und bei der Einrichtung der *Autonomen Regierung von Bougainville* in Papua-Neuguinea.

Im Pazifikraum werden Menschen mit nichtkonformen Geschlechtsidentitäten und Frauen, die biologisch keine Kinder gebären, gesellschaftlich und kulturell für ihren Beitrag zur Kindererziehung anerkannt. Diese Anerkennung stellt asymmetrische Machtverhältnisse in Frage, die allesamt geschlechtsspezifisch sind. In der Charta begrüßt der pazifische Feminismus diese Vielfalt von Menschen und bezieht sich dabei ausdrücklich auf LGBTQI und junge Frauen. Darüber hinaus unterstützen gläubige Frauen, die bei der Friedenskonsolidierung eine wichtige Rolle gespielt haben, die Forderungen nach Entkriminalisierung von LGBTQI und Abtreibung.

Als politisches Organisierungskonzept ist der pazifische Feminismus immer noch schwach, und die Skepsis gegenüber seinem Stellenwert überwiegt. Die Gründe dafür sind unter anderem das postkoloniale Beharren auf der Ablehnung nicht-pazifischer oder ‚westlicher' Konzepte und Benennungspraktiken in pazifischen Widerständen, der wachsende Einfluss konservativer, vom Glauben inspirierter Ideologien traditioneller Geschlechtergleichstellung sowie persönliche Ignoranz, Frauenfeindlichkeit und Bosheit.

Die Unterzeichner*innen der Charta streben eindeutig einen Wandel an, der die Rechte von Frauen, Mädchen und nicht geschlechtskonformen Menschen stärkt, damit wir das „beste, erfüllte Leben für uns und unsere pazifischen Gemeinschaften" erreichen. Dies ist immer noch ein radikales Ziel, aber mit der Charta erhält es neuen Schwung.

Anmerkung

1 LGBTQI ist die Abkürzung für: lesbisch, gay (schwul), bisexuell, trans, queer, intersexuell. (Anm. d. Übers.)

Weitere Quellen

Charter of Feminist Principles for Pacific Feminists (2016). http://www.fwrm.org.fj/images/PFF/PFF-Charter-Final-2Dec2016.pdf (abgerufen am 30.06.2023)

Emberson-Bain, Atu (Hrsg.) (1994). *Sustainable Development or Malignant Growth? Perspectives of Pacific Island Women.* Suva: Marama Publishers.

Mishra, Margaret (2012). A History of Fiji Women's Activism (1900-2010) Repository USP. *Journal of Women's History.* 24 (2): 115-43.

Slatter, Claire und Yvonne Underhill-Sem (2009). Reclaiming Pacific Island Regionalismus: Does Neo-Liberalism Have to Reign. In Bina D'Costa und Katrina Lee-Koo (Hrsg.), *Gender and Global Politics in the Asia-Pacific.* New York: Palgrave McMillan.

Teaiwa, Teresia und Claire Slatter (2013). Samting Nating: Pacific Waves at the Margins of Feminist Security Studies. *International Studies Perspectives.* 14 (4): 447-50.

Underhill-Sem, Yvonne (2012). Contract Scholars, Friendly Philanthropists, and Feminist Activists: New Development Subjects in Oceania. *Third World Quarterly.* 33 (6): 1095-112.

Yvonne Underhill-Sem ist außerordentliche Professorin für Entwicklungsstudien an der *School of Social Sciences, Faculty of Arts, University of Auckland.*

Übersetzung: Anna Voß

Marco Deriu

Pazifismus

 Krieg, Pazifismus, Degrowth

Das pazifistische Ideal impliziert in seinem Kern die Unverantwortlichkeit von Krieg und die Verpflichtung, Konflikte mit gewaltfreien Mitteln zu lösen. Die ersten politischen Friedensorganisationen wurden in den ersten Jahrzehnten des neunzehnten Jahrhunderts in den Vereinigten Staaten und England gegründet. Es war jedoch Émile Arnaud, der Präsident der *Ligue Internationale de la Paix et de la Liberté* (Internationalen Liga für Frieden und Freiheit), der 1901 die Begriffe ‚Pazifismus' und ‚Pazifisten' vorschlug, um eine bestimmte politische Bewegung zu benennen. In der heutigen Zeit verfolgen die pazifistischen Bewegungen ihr Ideal nicht einfach nur in der Ablehnung des Krieges, sondern auch durch die Förderung von positiven Zielen wie Gerechtigkeit, Menschenrechten und Entwicklung.

„Entwicklung ist der neue Name für Frieden", bekräftigte Papst Paul VI. 1967 – einem Slogan, der später Berühmtheit erlangte. Die Enzyklika *Populorum Progressio* fasste in einem Satz die Erwartungen und Sehnsüchte einer ganzen Epoche zusammen, die den Glauben an die Befreiung von Armut, Sklaverei und Gewalt mit dem Versprechen der Entwicklung verband. Frieden und Entwicklung wurden nicht als ein und dasselbe verstanden, aber letztere schien – im Schatten des Kalten Krieges und der Entkolonialisierung – eine wesentliche Voraussetzung für die Verwirklichung der ersteren zu sein. Im Nachhinein erscheint der von *Populorum Progressio* unterstellte Zusammenhang aus mindestens drei Gründen sehr problematisch.

P

III

Erstens, ein Grund ist die Verknüpfung von Ressourcenverbrauch und Ressourcenkriegen. Unser Entwicklungsmodell basiert auf einem kontinuierlichen Fluss an Ressourcen, die wir aus Gebieten entnehmen, welche den Augen der Verbraucher oft verborgen sind. Viele der längeren und blutigeren Kriege drehen sich um natürliche Ressourcen. Wir können dies auch „militarisierten ›Extraktivismus" oder sogar „extraktiven Militarismus" nennen. Wir treffen beides sowohl bei Privatunternehmen, die – um sich Zugang zu einem strategischen Gebiet zu verschaffen oder die Kontrolle darüber zu verteidigen – nicht zögern, Armeen oder Gruppierungen zu finanzieren und private Sicherheitskräfte anzuheuern, als auch bei dem zunehmenden Einsatz von Militär zur Kontrolle oder Verwaltung strategischer Standorte und Handelswege.

Zweitens gibt es eine Symbiose zwischen der militärischen und der zivilen Industrie, die in den letzten Jahrzehnten immer stärker miteinander verwoben sind und verschmelzen. Die innovativen Technologiebranchen – Maschinenbau, Luft- und Raumfahrt, Elektronik, Informatik –, deren Herzstück die Nanotechnologie und neue Werkstoffe sind – finden in der Armee einen ihrer Hauptabnehmer. In der Tat gibt es immer mehr Produkte und Technologien, die direkt oder potenziell ‚dual' sind, das heißt sowohl für zivile als auch für militärische Zwecke verwendet werden können. Ein Blick auf die Liste der hundert größten Unternehmen, die Waffen und militärische Dienstleistungen liefern, zeigt, dass sie Sektoren umfassen wie Luft- und Raumfahrttechnik, Satelliten und Sicherheit, Motoren, Turbinen und Antriebssysteme, Schiffsmechanik, Elektronik, Kommunikation und Informationstechnologie oder Konglomerate wie _General Electric, Mitsubishi Heavy Industries, Kawasaki Heavy Industries, Hewlett-Packard_, die in sehr unterschiedlichen Wirtschaftsbereichen tätig sind.

Drittens besteht eine Verflechtung zwischen dem Bankensystem und dem Waffenhandel. Großen Banken ermöglichen die enormen und profitablen Finanztransaktionen auf diesem Markt dank ihrer Verbreitung und internationalen Präsenz, ihrer Schnelligkeit und Sicherheit im Zahlungsverkehr, ihrer Kenntnis der Kunden, der Möglichkeit der Kreditvergabe und einem gewissen Maß an Vertraulichkeit bei Bankgeschäften.

Wenn wir also die wachsende Plünderung der Ressourcen, die Steigerung der Warenproduktion und das Wachstum des Investmentbankings im Waffenhandel beobachten, können wir feststellen, dass es eine starke Verbindung zwischen der aktuellen kapitalistischen Entwicklung und der Entfaltung der Gewalt auf globaler Ebene gibt.

Ein halbes Jahrhundert lang, seit Harry Trumans berühmter Rede zur Lage der Nation im Jahr 1949, galt die ‚Armut' der ‚unterentwickelten' Regionen als ‚Bedrohung', die bekämpft und durch Hilfe, Strukturanpassungen und Entwicklungspolitik beseitigt werden musste. Doch heute, angesichts der Plünderung und Verschmutzung der Ökosysteme, der zunehmenden Abfälle und Treibhausgase, des Verlusts der biologischen Vielfalt, des Klimawandels und der Kriege um immer knappere Ressourcen, ist ein neues Bewusstsein entstanden. Es ist klar, dass das Ungleichgewicht und die Bedrohung des Friedens aus dem unkontrollierten Wachstum des ‚Reichtums' herrühren, also aus der kapitalistischen Tendenz zu einer kontinuierlichen Steigerung von Abbau, Produktion, Vermarktung und Konsum.

Aus einer Vielzahl von Gründen könnten wir daher sagen: „Degrowth ist der neue Name für Frieden". ›_Degrowth_ in den ‚entwickelten Ländern' ist heute in der Tat eine _notwendige Bedingung für Frieden_, wenn auch keine _ausreichende Garantie_. In der Tat müssen wir uns fragen, unter welchen Bedingungen wir konkret eine vernünftige Reduzierung der Produktions- und Konsumptionsformen erreichen können. Die doppelte Herausforderung eines _kritischen Pazifismus_ und des _demokratischen und gewaltfreien Degrowth_ besteht heute darin, die Beziehungen zwischen den _Produktionsmitteln_ und dem _Zerstörungspotential_ tiefer zu verstehen, zwischen der Art und Weise, wie Reichtum und wirtschaftlicher Wohlstand produziert wird, und den immer neuen Wegen, auf denen sich Kriege und Gewalt ausbreiten (Deriu 2005). Für die pazifistische Bewegung reicht es nicht aus, militärische Aktionen zu kritisieren, solange keine ausreichend starke und organisierte Opposition aufgebaut wird gegen das wirtschaftliche und politische System, welches für militärische Operationen verantwortlich ist, um die fundamentalen wirtschaftlichen Interessen der ‚entwickelten‘ Länder zu verteidigen. Für die ›Degrowth-Bewegung ist die Untersuchung der Frage fundamental, wie das bloße Beschwören sozial-ökologischer Katastrophenrisiken Raum für die Absicherung (securitization) und Militarisierung der Umweltfrage lässt – insbesondere mangels einer starken partizipativen und demokratischen Bewegung. (Buxton und Hayes 2016).

Es ist daher notwendig, Strategien des gewaltfreien Kampfes zu entwickeln (Engler/Engler 2016), die sich gegen die von nationalen und transnationalen Gremien auferlegten politischen, wirtschaftlichen und rechtlichen Modelle richten. Wir müssen darüber nachdenken, welche Formen die gewaltfreie Verteidigung von Territorien und lokalen Gemeinschaften annehmen könnte. Das Ziel ist es, durch lokale und internationale Aktivitäten eine ‚öffentliche Krise‘ herbeizuführen, die diese Ungerechtigkeiten aufdeckt, die öffentliche Meinung mobilisiert sowie die Regierungen dazu zwingt, angemessene Maßnahmen zur Verteidigung von Demokratie, Gerechtigkeit und ökologischer Nachhaltigkeit in den Beziehungen zwischen Menschen, Ländern, Geschlechtern und Generationen zu ergreifen.

Weitere Quellen

Buxton, Nick and Ben Hayes (eds) (2016), *The Secure and the Dispossessed: How the Military and Corporations Are Shaping a Climate-Changed World*. London: Pluto Press.

Deriu, Marco (2005), *Dizionario critico delle nuove guerre*. Bologna: Emi.

Engler Mark and Paul Engler (2016), *This Is an Uprising: How Nonviolent Revolt Is Shaping the Twenty-First Century*. New York: Nation Books.

Environmental Justice Atlas, https://ejatlas.org/. (abgerufen am 6.7.2023)

Global Witness, https://www.globalwitness.org/en/. (abgerufen am 6.7.2023)

The SIPRI list of Top 100 Arms-Producing and Military Services Companies, https://www.sipri.org/sites/default/files/The-SIPRI-Top-100-2015.pdf. (abgerufen am 6.7.2023)

Marco Deriu ist Forscher an der Universität von Parma, Italien, wo er *Soziologie der politischen und ökologischen Kommunikation* lehrt. Er ist außerdem aktives Mitglied der *Associazione per la decrescita* (Vereinigung für Degrowth).

Übersetzung: Hannelore Zimmerman

Terry Leahy

Permakultur

 Landwirtschaft, Permakultur, nachhaltiges Leben

Der Begriff ‚Permakultur‘ wurde von den Australiern Bill Mollison und David Holmgren (1978) geprägt. Er wird unterschiedlich verstanden als ‚dauerhafte Landwirtschaft‘ (*permanent agriculture*) und ‚dauerhafte Kultur‘ (*permanent culture*).

Die Permakultur-Bewegung hat sich in drei Phasen entwickelt, die jeweils durch ein grundlegendes Buch repräsentiert werden. *Permaculture One* (1978) betont die Ersetzung einjähriger durch mehrjährige Kulturpflanzen. Mollison und Holmgren sagen, dass Permakultur „ein integriertes, sich entwickelndes System von mehrjährigen oder sich selbst erhaltenden Pflanzen- und Tierarten ist, die dem Menschen nützlich sind". Die Landwirtschaft ist ein ‚Nahrungswald‘ (*food forest*). Die Fruchtbarkeit der landwirtschaftlichen Böden hängt vom Humus ab, der sich durch jahrhundertelange Waldbedeckung gebildet hat. Sobald diese Flächen für den Getreideanbau gerodet werden, wird diese oberste Bodenschicht nach und nach aufgebraucht. Die Permakultur versucht, dieser Falle zu entgehen, indem sie mehrjährige Pflanzen zur Ernährung und zum Bodenaufbau einsetzt.

In der zweiten Phase wird diese Definition durch mehrjährige Pflanzen stillschweigend aufgegeben. In *Permaculture: A Designers' Manual*

P

III

(1988) definiert Mollison die Permakultur in zwei Sätzen:

„Permakultur (dauerhafte Landwirtschaft) ist die bewusste Gestaltung und Erhaltung von landwirtschaftlich produktiven Ökosystemen, die die Vielfalt, Stabilität und Widerstandsfähigkeit natürlicher Ökosysteme besitzen."

Dies entspricht einer Definition im Sinne der landwirtschaftlichen Nachhaltigkeit – Stabilität und Widerstandsfähigkeit. Der nächste Satz erweitert den Begriff Permakultur erheblich:

„Sie ist die harmonische Integration von Landschaft und Menschen, die ihre Nahrung, Energie, Unterkunft und andere materielle und nicht-materielle Bedürfnisse auf nachhaltige Weise erfüllen."

Hier geht es nicht nur um landwirtschaftliche Systeme, sondern um jede Art von Technologie, die Menschen im Umgang mit der Natur einsetzen können. Dazu gehören Energie, die Verwendung von Metallen, Töpferwaren und sogar Computer, solange all diese Dinge nachhaltig produziert werden können! Tatsächlich geht es im *Designer's Manual* aber fast ausschließlich um landwirtschaftliche Strategien, mit einer kurzen Erörterung des passiven Solar-Designs für Häuser. Mollison fügt außerdem vier „Permakultur-Ethiken" hinzu: Sorge für die Erde; Sorge für andere Menschen; Begrenzung der Bevölkerung und des Konsums; Verteilung des Überschusses. Dies sind ethische Positionen, die der gesamten Umweltbewegung gemeinsam sind.

Die jüngste Phase der Permakulturbewegung geht auf Holmgrens einflussreiches Buch *Permaculture: Principles and Pathways Beyond Sustainability* (2002) zurück. Darin wird die Abkehr von der Permakultur als rein landwirtschaftlicher Strategie fortgesetzt. Stattdessen wird eine Reihe von ‚Design-Prinzipien' entwickelt, die für alle Entscheidungsprozesse – persönlich, wirtschaftlich, sozial und politisch – relevant sind. Zum Beispiel: „Produziere keinen Abfall" und „Erziele einen Ertrag".

Diese Ausweitung des Permakulturkonzepts kann den Grassroots-Fokus der Bewegung verschleiern, wenn Permakultur zu einer Bewegung für die Populärwissenschaft der nachhaltigen Landwirtschaft und Siedlungsgestaltung wird. Die Strategien der Permakultur zeigen uns die Richtung, in die wir uns alle bewegen müssen, um den Energieverbrauch zu reduzieren. Die Prinzipien sind auch für jede Art von nichtkapitalistischer Landwirtschaft relevant; für Situationen, in denen der industrielle Aufwand nicht durch hohe Gewinne aus *Cash Crops*[1] bezahlt wird, und für Situationen, in denen die Arbeitskosten kein bestimmender Faktor sind.

Im Folgenden findet sich eine Zusammenfassung der Lehren der Permakultur – die gesammelte Weisheit der Bewegung:

- Permakultur bevorzugt ökologische Landwirtschaft – chemisch-synthetische Düngemittel, Pestizide und Herbizide schädigen den Boden, unsere Gesundheit und andere Lebewesen.
- Permakulturelle Designs müssen mehrjährige Kulturen einschließen und hervorheben – um den Boden zu erhalten und zu bewahren, und um Futter, Brennstoff und Nahrung zu liefern.
- Eine Mischkultur ist die beste landwirtschaftliche Strategie – um die Artenvielfalt zu maximieren und mit Schädlingen und Krankheiten umzugehen ohne den Einsatz schädlicher Chemikalien. Hier ist eine Integration von Viehzucht und Ackerbau erforderlich, damit die Ressourcen aus beiden Bereichen leicht ausgetauscht werden können.
- Wir müssen auf Maschinen, Transport- und Betriebsmittel, die von fossilen Brennstoffen abhängig sind, verzichten. Diese Ressourcen gehen bereits zur Neige und die globale Erwärmung ist ein großes Problem.
- Die Landwirtschaft muss Siedlungen umgeben und durchdringen, so dass der Transport von Lebensmitteln zu Fuß oder mit Hilfe von Zugtieren erfolgen kann.
- Eine lokale Landwirtschaft ermöglicht die Wiederverwertung von Nährstoffen aus menschlichem und tierischem Dung und vermeidet

die Notwendigkeit, Fleisch oder pflanzliche Lebensmittel zu kühlen.

- Die Permakultur legt den Schwerpunkt auf Pflanzen und Tiere, die an einem bestimmten Standort robust sind, und nicht auf solche, die von Bewässerung und synthetischen Inputs abhängig sind.
- Landwirtschaftliche Tätigkeiten müssen vielfältig und arbeitsintensiv sein und erfordern Kenntnisse über eine Reihe von Arten und deren Wechselwirkungen.
- Die Permakultur setzt auf bauliche Strukturen, die Wasser in der Landschaft speichern und nutzen, anstatt Wasser über weite Strecken zu pumpen und fossile Energie zu verwenden.

Diese Lehren sind für eine Post-Development-Strategie sehr sinnvoll. Die Integration in eine globale energieintensive Wirtschaft kann die Armen nicht retten. Permakulturstrategien sind demokratisch, mit Arbeitsplätzen, die für alle zugänglich sind. Hier haben ›Subsistenzlandwirt*innen, die sich keine kommerziellen Betriebsmittel leisten können, eine biologische Strategie. Mehrjährige Pflanzen füttern Tiere, binden Stickstoff und geben Mulch. Sortenvielfalt verhindert, dass eine Schädlingsart die gesamte Ernte vernichtet. Eine lokale Landwirtschaft ist nicht von langen Lieferketten und umweltverschmutzenden erdölbasierten Transporten abhängig. Durch die räumliche Nähe ist es einfach, Anbaupflanzen und Tiere miteinander zu verbinden und Nährstoffe zu recyceln. Lokale Erdarbeiten können den Regen dort auffangen, wo er niederschlägt, und die Wasserversorgung für Hausgebrauch und Nutzpflanzen steuern. Permakultur macht die landwirtschaftliche Arbeit zu einer spannenden Erfahrung.

Beispiele für Permakultur-Design sind auf der ganzen Welt entstanden. Die Kubaner*innen haben ihr Land vor dem Verhungern gerettet, nachdem sie den Zugang zum Öl aus der Sowjetunion verloren hatten. Permakultur-Freiwillige bauten eine lokale Landwirtschaft auf, die nicht von Öl oder industriellen Inputs abhängig war. Das Lössplateau in China, durch Generationen

von Landwirtschaft in eine Wüste verwandelt, wurde mit Permakultur-Techniken regeneriert. In Niger leistete *World Vision* Pionierarbeit bei der Wiederherstellung einer gemischten Landwirtschaft aus Wald und Ackerbau durch eine „von Landwirt*innen selbst verwaltete natürliche Regeneration" (farmer managed natural regeneration). Auf den Philippinen haben Kleinbäuer*innen, die durch den Anbau von *Cash Crops* in die Verschuldung getrieben wurden, von hochintensiver Landwirtschaft auf Ernährungssicherheit umgestellt. Ihre Bewegung *MASIPAG* bedeutet in der Tagalog-Sprache ,fleißig' und tatkräftig'. In Simbabwe hat der Chikukwa-Clan die Ernährungssicherheit von sechs Dörfern mit einem Permakulturprojekt wiederhergestellt, das in der Shona-Sprache ,Starke Bienen' heißt. Es wurde von der lokalen Bevölkerung initiiert und wird auch nach zwanzig Jahren noch fortgeführt (Leahy 2013). In dem Maße, wie die Wachstumswirtschaft ins Stocken gerät, werden sich weitere Experimente wie diese ausbreiten.

Anmerkung

1 Cash Crops: Marktfrüchte, d.h. Agrarprodukte, die für den Markt hergestellt werden, nicht für die eigene Versorgung (Anm. d. Übers.)

Weitere Quellen

Birnbaum, Juliana und Louis Fox (Hrsg.) (2015). *Sustainable Revolution: Permaculture in Ecovillages, Urban Farms and Communities Worldwide.* New York: Random House.

Holmgren, David (2002). *Permaculture: Principles and Pathways Beyond Sustainability.* Hepburn: Holmgren Design Services. (**deutsch:** Permakultur : Gestaltungsprinzipien für zukunftsfähige Lebensweisen. Klein Jasedow : Drachen Verlag, 2016)

Leahy, Terry (2013). *The Chikukwa Permaculture Project (Zimbabwe) – The Full Story.* . https://permaculturenews.org/2013/08/15/the-chikukwa-permacultureproject-zimbabwe-the-full-story (abgerufen am 3.7.2023)

Mollison, Bill (1988). *Permaculture: A Designer's Manual.* Tyalgum: Tagari Publications (**deutsch:** Permakultur Design: Schritt für Schritt. Kevelaer: OLV Organischer Landbau, 2020)

Mollison, Bill und David Holmgren (1978). *Permaculture One.* Uxbridge: Corgi.

Permaculture Research Institute, www.permaculturenews.org (abgerufen am 3.7.2023)

P

III

The Chikukwa Project, www.thechikukwaproject.com (nur noch im Internet-Archiv: https://web.archive.org/web/20190906022625/http://www.thechikukwaproject.com/)

Terry Leahy ist ein Soziologie-Aktivist, der kürzlich von der Universität Newcastle, Australien, in den Ruhestand gegangen ist. Seine Webseite www.gifteconomy.org.au zeigt die Bedeutung der Permakultur für Projekte zur Ernährungssicherheit in Afrika.

Übersetzung: Anna Voß

Natalia Quiroga Díaz

Populare Solidarische Ökonomie

 Populäre Solidarische Ökonomie, nicht-kapitalistische Ökonomien, Solidarität, Lateinamerikanische Wirtschaft

Die Populare Ökonomie entstand in den 1980er Jahren in Lateinamerika als akademisches Anliegen in Reaktion auf die weit verbreitete Verwendung des Konzepts der Informalität, das 1972 von der Internationalen Arbeitsorganisation (IAO) sowie von akademischen und staatlichen Einrichtungen empfohlen wurde. Der Begriff ‚Informalität' wurde geprägt, um das Fortbestehen der für die Modernisierung empfänglichen unbezahlten Arbeit zu erklären. Die Populare Ökonomie existierte jedoch schon seit langem, insbesondere, wenn auch nicht ausschließlich, in Form zahlreicher bestehender wirtschaftlicher, sozialer und kultureller indigener Praktiken.

In den folgenden Jahrzehnten vertiefte die neoliberale Politik die sozialen Ungleichheiten und die Verschlechterung der Lebensbedingungen. In diesem Zusammenhang und unter starkem marxistischem Einfluss entstand ein vielschichtiges Konzept der Populeren Ökonomie. Es ging von der Voraussetzung aus, dass die grundlegende Organisation der Populeren Ökonomie nicht die kleinen Unternehmen sind, sondern die häusliche Einheit, von der aus die Menschen entgeltliche oder unentgeltliche Arbeitsstrategien zur Erfüllung von Bedürfnissen entwickeln. So verstanden, unterstreicht das Konzept die Arbeit der sozialen ›Reproduktion, die überwiegend von Frauen in verschiedenen Formen geleistet wird.

Die hegemoniale Sozialwissenschaft unterteilt die Gesellschaft bekanntlich in die Sphären Wirtschaft, Gesellschaft, Kultur und Politik. Die Wirtschaft wird als ein sich selbst regulierendes Marktsystem definiert, das – sich selbst überlassen – die Verteilung der Ressourcen optimal lösen wird. Für kritische Denker wie Karl Polanyi ist die Wirtschaft jedoch in die Gesellschaft eingebettet, die Vielfalt der sozialen, kulturellen und politischen Bindungen ist nicht extern, sondern ihr integraler Bestandteil. Die Wirtschaft wird daher als ‚Soziale Ökonomie' verstanden, weil sie aus der Perspektive der gesamten Gesellschaft betrachtet wird, entsprechend dem obersten ethischen Prinzip der Reproduktion des Lebens.

Die Wirtschaft wird ferner als ein vielfältiges System von Institutionen, Normen, Werten und Praktiken verstanden, die den Prozess von Produktion, Verteilung, Zirkulation und Konsum organisieren und koordinieren und deren Sinn es ist, die materielle Grundlage für die Erfüllung der legitimen Bedürfnisse und Wünsche aller zu schaffen, um ein Leben in Würde führen zu können, mit verantwortlicher Freiheit, demokratisch und im Einklang mit der Natur. Dies geht von einem unverzichtbaren ethischen Prinzip aus, das sich gegen das marktwirtschaftliche Projekt mit seiner Befürwortung einer uneingeschränkten ›Akkumulation auf Kosten anderer richtet.

Was die ‚Solidarische Soziale Ökonomie' in Lateinamerika betrifft, so handelt es sich hierbei sowohl um eine besondere Form der Alltagsökonomie als auch um ein Projekt kollektiven Handelns, das darauf ausgerichtet ist, den zerstörerischen Tendenzen des Kapitalismus entgegenzuwirken, und das Potenzial zum Aufbau eines alternativen Wirtschaftssystems hat. Solidarität entsteht in der Bereitschaft der Einzelnen oder jeder Gemeinschaft, die anderen anzuerkennen und ihre Notwendigkeiten abzusichern, ohne auf die eigenen Interessen verzichten zu müssen. Sie beinhaltet verantwortungsvolle Zusammenarbeit anstelle von destruktivem Wettbewerb, das Teilen von Ressourcen und Verantwortung, die Beteiligung an der Umverteilung des Reichtums und die kollektive Förderung wünschenswerter Formen der Gesellschaftlichkeit.

Für die Soziale Ökonomie ist der Markt nur eines von vielen Wirtschaftsprinzipien; andere umfassen: die gesellschaftliche Teilung der produktiven Arbeit bei der Schaffung von Lebensbedingungen im Austausch mit der Natur; Autarkie oder Selbstversorgung, Gegenseitigkeit, ursprüngliche Verteilung/Aneignung, Umverteilung von Überschüssen, nicht-marktmäßiger Austausch, Konsummuster und die Koordination des gesamten Wirtschaftsprozesses. Diese Achsen sind keineswegs universell, sondern für jede Gesellschaft und jeden historischen Moment einzigartig.

Die lateinamerikanische Soziale und Solidarische Ökonomie weist eine wichtige Besonderheit auf: die Existenz eines großen Sektors der Populären Ökonomie, der in einigen Gebieten zwei Drittel der nationalen Nachfrage abdecken kann: zum Beispiel die Landwirt*innen, die den lokalen Nahrungsmittelbedarf decken. Die Vitalität dieser Wirtschaftsformen zeigt, dass die Gesellschaft von verschiedenen Rationalitäten und Beziehungen getragen wird, die nicht die Gewinnerzielung als einziges Ziel haben. Die verschiedenen Formen der Populären, Sozialen und Solidarischen Ökonomie stehen in engem Zusammenhang mit verschiedenen ländlichen und städtischen Bewegungen, die um Land, Lebensräume und gemeinschaftliche Ökonomien kämpfen, sowie mit der feministischen Bewegung (Quiroga 2009).

Indem es die unternehmerische und kapitalistische Sicht der Welt kritisiert, bietet das Konzept der Populären Ökonomie ein kontextualisiertes Verständnis von Wirtschaft. Die grundlegende Arbeit von Razeto (Razeto et al. 1983) unterstreicht die eigenen Beiträge der verarmten Sektoren bei der Gestaltung von Antworten auf ihre Existenzprobleme durch eine Populare und Solidarische Ökonomie, die auf die Überwindung der Armut ausgerichtet ist. Coraggio (1987) untersucht die Vielfalt der Arbeitsformen und die vom Kapital aufgezwungene Fragmentierung und betont die Notwendigkeit, die Atomisierung zu überwinden, um eine reproduktive Rationalität des Lebens als zentrales Ziel einer Wirtschaft anzustreben, die in der Lage ist, Übergangsalternativen zum Kapital zu schaffen. Quijano (1998) schlägt das Konzept der ‚marginalen Pole‘ vor, die strukturelle Verschiedenartigkeit charakterisieren, sei es bei den wirtschaftlichen Aktivitäten, den Organisationsformen oder der Nutzung und dem Maß an Ressourcen, Technologie und Produktivität. Er hebt die Bedeutung der Bedingungen für reproduktive Autonomie – Land und Leistungen – stärker hervor, als die der Arbeits- und Lohnbedingungen.

Die Praxis des Aufbaus und der Aufrechterhaltung einer anderen Wirtschaft findet nicht nur innerhalb sozialer, kultureller und politischer Konflikte statt, sondern auch inmitten konzeptioneller Widersprüche, die dann relevant werden, wenn sie in populare Formen der Solidarität einfließen. So wurde der Begriff ‚Soziale Ökonomie‘ von den Regierungen verwendet, um fokussierte Politiken des ‚Assistenzialismus‘[1] zu benennen, die die prekäre Selbständigkeit der Armen fördern. Darüber hinaus handelt es sich bei den Aktivitäten, die als Teil der Solidarwirtschaft angesehen werden, oft um vorübergehende Maßnahmen, die nur so lange durchgeführt werden, bis die Krise überwunden ist und eine Rückkehr zur ‚modernen‘ Wirtschaft möglich wird; diese Aktivitäten haben also kein transformatorisches Potenzial. Dennoch gibt es in Lateinamerika wirksame Erfahrungen mit der Unterstützung von Prozessen der ländlichen und städtischen Selbstverwaltung und der Organisation von Produktion und Reproduktion durch die öffentliche Hand; diese haben den Spielraum für die Institutionalisierung der Wirtschaft jenseits des Marktes

III

erweitert und damit die unkontrollierte Ausbreitung der vom ›Neoliberalismus geförderten kommerziellen Logik begrenzt.

Mit ihrer langen Geschichte des Kampfes und der Organisation konfrontiert die Populare und Solidarökonomie weiterhin das technische Verständnis von Wirtschaft, indem sie die materiellen und symbolischen Reproduktionsbedingungen derjenigen in den Vordergrund stellt, die durch die Verrichtung ihrer Arbeit die Bedingungen ihrer territorialen Existenz miteinander herstellen.

Anmerkung

1 „Mit Assistenzialismus im engeren Sinne bezeichnet man heute die karitative klassische Armenfürsorge. ... Assistenzialismus im weiteren soziologischen Sinne ist eine Form des Tauschs von Vergünstigungen gegen politischen Konsens." (wikipedia, abgerufen am 28.07.2023) (Anm. d. Übers.).

Weitere Quellen

Coraggio, José Luis (1989), ‚Política económica, comunicación y economía popular', *Ecuador Debate*. CAAP, 17, Quito. Bogotá: Revista Foro.

— (2015), ‚Para pensar las nuevas economías. Conceptos y experiencias en América Latina', in Boaventura de Souza Santos and Teresa Cunha (eds), *International Coloquium Epistemologies of the South*. Volume 3, Coimbra: Centro de Estudos Sociais (CES).

Hinkelammert, Franz, and Henry Mora (2009), *Economía, sociedad y vida humana: Preludio a una segunda crítica de la economía política*. Buenos Aires: UNGS/ Altamira.

Quijano, Aníbal (1998), *La economía popular y sus caminos en América Latina*. Lima: Mosca Azul Editores.

Quiroga, Natalia (2009), ‚Economías feminista, social y solidaria. Respuestas heterodoxas a la crisis de reproducción en América Latina'. *Iconos: Revista de Ciencias Sociales*. 33, Flacso-Ecuador.

Razeto, Luis, Apolonia Klenner, Arno Ramirez and Roberto Urmeneta (1983), *Las Organizaciones Económicas Populares*. Santiago: Ediciones PET.

Natalia Quiroga ist akademische Koordinatorin für den Masterstudiengang Sozialökonomie an der *Universidad Nacional General Sarmiento*, Argentinien, und Mitkoordinatorin und Mitbegründerin der CLACSO-Arbeitsgruppe für emanzipatorische feministische Ökonomie. Sie hat Abschlüsse in Wirtschaftswissenschaften (BA, Universidad Nacional de Colombia), Regionalplanung und -entwicklung (Universidad de los Andes, Kolumbien) sowie Sozial- und Solidarökonomie (MA, Universidad Nacional General Sarmiento).

Übersetzung: Elisabeth Voß

Alberto Acosta

Post-Ökonomie

 Degrowth, Postextraktivismus, Fortschritt, Entwicklung, Buen Vivir, Dekommodifizierung, Umverteilung, Anthropozentrismus, Rechte der Natur, Dekolonisierung, Transdisziplinarität

Das kapitalistische Patriarchat als dominante Zivilisation befindet sich in einer multiplen, generellen, vielschichtigen und verknüpften Krise, die auch systemisch ist. Nie zuvor sind so viele kritische Fragen gleichzeitig aufgetaucht, die sich nicht nur auf die wirtschaftliche und soziale Sphäre beschränken. Die gravierenden Umweltprobleme sind bereits unbestreitbar. Die Erscheinungsformen dieser zivilisatorischen Krise, die von einer Art ‚Mutantenvirus' beeinflusst werden, zeigen sich auch in vielen anderen Bereichen: politisch, ethisch, sozial, energetisch, ernährungsbezogen und natürlich kulturell. Wir erleben sogar eine Krise von historischer Bedeutung aus der Perspektive der großen Lösungen. Die Ökonomie, so wie wir sie kennen, bietet keine akzeptablen Antworten. In ihrem ständigen Streben nach ‚Wohlstand', das im Grunde nur ein Streben nach Macht ist, erstickt sie das menschliche Leben und das Leben der Natur und führt uns an einen Abgrund ohne Wiederkehr. Obwohl dieses Schicksal offensichtlich ist, gibt es Barrieren – vor allem ideologische –, die als reaktionäre, veränderungsresistente Kräfte wirken. Die Ökonomie mit ihren verschiedenen ‚Wirtschaftsschulen' ist eine solche Barriere. Es ist daher dringend notwendig, außerhalb der Ökonomie zu denken und so eine der Säulen der Moderne zu überwinden.

Die Ökonomie hat eine bewegte – aber bedrückende – Geschichte. Sie entwickelte sich durch verschiedene Schulen und Theorien in einem komplexen Prozess voll von Widersprüchen. Ihre verschiedenen Ansätze drehen sich um das stetige Streben nach Fortschritt und dessen Stiefkind: die Entwicklung. Weder die permanente Optimierung der Ergebnisse, noch das Gleichgewicht in den sozialen und ökolo-gischen Beziehungen sind ausreichend. Diese Ökonomie – immer im Entstehen begriffen – versucht, die Welt zu verstehen und sogar zu verändern: durch einen instrumentellen Glauben, sei es an die Maximierungslogik und die figurative Effizienz der Märkte oder an die vermeintlichen Rationalitäten staatlicher Strukturen. Erschwerend kommt hinzu, dass diese Ökonomie die ungesunde Tendenz hat, sich zu legitimieren, indem sie sich von den anderen Sozialwissenschaften distanziert und sich oft den exakten und Naturwissenschaften annähert. Diese Wissenschaften – gesättigt mit Positivismus und Funktionalismus – werden von vielen Ökonom*innen beneidet, die geblendet sind und danach streben, deren Methoden nachzuahmen, einschließlich der Verwendung von Mathematik, die ursprünglich noch nicht einmal zum Verständnis der Komplexität menschlicher Gesellschaften entwickelt wurde. Der Mangel an Identität ist so deutlich, dass sogar ein *Alfred-Nobel-Gedächtnispreis für Wirtschaftswissenschaften* erfunden werden musste, um einen Bereich des menschlichen Wissens zu bereinigen, der von einem komplexen ‚Interessenkonflikt‘ betroffen ist. Der Mangel an Identität veranlasst die einen, nach Ausgewogenheiten, Genauigkeit und Messbarkeit zu suchen, während andere im Chaos, in der Komplexität, in Netzwerken usw. nach neuen Möglichkeiten suchen, und manche in nutzloser Prosa enden. Um das Leben als solches zu gewährleisten, muss das Streben nach Profit – durch die Ausbeutung von Mensch und Natur – als oberstes Ziel beendet werden, dieser Prozess, der – unter dem Euphemismus von ‚Makro-Gleichgewichten‘, ‚Pareto-Optima‘ oder ‚allgemeinen Gesetzen‘ – sowohl die perverse Logik der kapitalistischen ›Akkumulation als auch repressive soziale Strukturen nährt. So wäre es möglich, durch eine „große Transformation" – im Sinne von Karl Polanyi – den Tod der ‚Wirtschaftswissenschaft‘ herbeizuführen.

Wir müssen uns eine Post-Ökonomie vorstellen, die nicht als eine weitere der vielen Wirt-schafts-Schulen verstanden wird, sondern als ein aufrichtiger Versuch, diese zu überwinden, indem wir sammeln, was nützlich sein kann, um ein Leben in Harmonie zwischen den Menschen und zwischen Mensch und Natur zu gewährleisten. Eine solche Post-Ökonomie erfordert ein Denken jenseits des ›Anthropozentrismus. Es ist notwendig zu akzeptieren, dass alle Wesen den gleichen ›ontologischen Wert haben, unabhängig von ihrem ‚Nutzen‘ oder der für ihre Existenz erforderlichen ‚Arbeit‘. Wir müssen nicht-instrumentelle Werte im Nicht-Menschlichen anerkennen und das materialistische Gerüst der alten Wirtschaftsschulen überwinden.

Wie können wir eine Post-Ökonomie gestalten, die uns von Gebrauchs- und Tauschwerten befreit? Auch wenn es unmöglich ist, eine solche Frage in wenigen Zeilen zu beantworten, so ist doch klar, dass es notwendig ist, Paradigmen, Sprachen und Methoden zu schaffen, die – von Anfang an – darauf ausgerichtet sind, die soziale Realität und ihre untrennbare Verbindung mit der natürlichen Realität zu verstehen: Das Ziel ist zu versuchen, ein ganzheitliches Bild der menschlichen und ökologischen Gesellschaft zu entwerfen, um den Kapitalismus selbst zu überwinden, angefangen bei seiner spekulativen Degeneration. Andernfalls wird die steigende soziale und ökologische Gewalt das menschliche Leben auf dem Planeten ersticken, ganz zu schweigen von den zunehmenden Bruderkriegen.

Wir müssen verstehen, dass die Post-Ökonomie keine Anti-Ökonomie ist. Das bedeutet, die Post-Ökonomie akzeptiert, dass Gesellschaften – wie alle sozialen Formationen – Produktion, Verteilung, Zirkulation und Konsum brauchen, um ihr materielles und sozio-politisches Leben zu reproduzieren. Allerdings müssen diese Prozesse von einer sozio-ökologischen Rationalität gesteuert werden und nicht vom Kapital, das den Planeten in seinen eigenen Abfällen ertränkt. Um einen solchen Wandel herbeizuführen, müssen wir den „Sturm des Fortschritts" überwinden, wie Walter Benjamin es verstanden hat. Es ist auch dringend notwendig, den Fetisch des

P

III

Wirtschaftswachstums zu zerstören: Eine endliche Welt lässt kein unendliches Wachstum zu. Es ist daher zwingend notwendig, sich vor allem im ›Globalen Norden um ›Degrowth zu bemühen, um den ‚ökonomischen Metabolismus' physisch abzubauen und Beziehungen ohne jedes Zentrum zu fördern: gemeinschaftliche Beziehungen, nicht individualistische; pluralistische und vielfältige Beziehungen, nicht eindimensionale oder monokulturelle; sowie eine tiefgreifende Dekolonisierung. Zugleich ist ein ›Post-Extraktivismus im ›Globalen Süden dringend notwendig, wobei eine solche ›Konvergenz von Degrowth-Postextraktivismus keinesfalls bedeuten darf, dass die Armen weiterhin den Überfluss der Reichen unterstützen. Diese Post-Ökonomie erfordert die ›Dekommodifizierung von Gemeingütern und der Natur sowie die Anerkennung ihrer Rechte, und den Aufbau harmonischer Beziehungen zu allen Lebewesen; ebenso die Einführung gemeinschaftlicher Kriterien für die ‚Bewertung' von Objekten; die Dezentralisierung und Dekonzentration von Produktion und Städten; eine tiefgreifende Veränderung der Konsummuster; radikale Umverteilung von Reichtum und Macht; und viele andere Maßnahmen, die kollektiv erdacht werden müssen. Alternative ›Epistemologien zum Verständnis und zur Organisation der Welt können ebenfalls wiederbelebt werden. Hier können nen ›Buen Vivir oder Buenos Convivires[1], ›Öko-Swaraj, ›Ubuntu oder ›Kommunitarismus ihren Beitrag leisten, ohne weiter in die Falle einzelner Mandate wie ‚Entwicklung' zu geraten.

Ebenfalls von entscheidender Bedeutung ist die Gestaltung eines transdisziplinären, mehr als uni- oder multidisziplinären Ansatzes für die Postökonomie, der im Dialog mit den vielfältigen menschlichen Kenntnissen ein möglichst umfassendes und globales Wissen anerkennen und konstituieren muss, wobei die Welt als Frage und als Streben betrachtet wird. Sie muss die anderen ‚Sozialwissenschaften' ebenso wie die Naturwissenschaften erlernen, studieren und kritisch erforschen, um einen systemischen Ansatz zu entwickeln, der diese über sich selbst hinaus integriert, ohne jedoch nach Überlegenheit zu streben, und im Verständnis der Welt als einer facettenreichen und grundlegend vielfältigen Gesamtheit. Die Aufgabe besteht darin, das Pluriversum zu konstruieren und zu rekonstruieren. Die Diskussion ist eröffnet. Es gibt keinen Platz für Dogmen oder Vorgaben. Entweder wir lassen uns weiterhin von diesen falschen wirtschaftlichen Visionen beherrschen oder wir errichten aus einer permanenten ›epistemischen Subversion heraus eine andere Wirtschaft für eine andere Zivilisation.

Anmerkung

1 *Buenos Convivires*: „... verschiedene Arten des guten Zusammenlebens." https://konzeptwerk-neue-oekonomie. org/themen/degrowth/degrowth-in-bewegungen/buen-vivir-die-welt-aus-der-perspektive-des-buen-vivir-ue-berdenken/ (Anm. d. Übers.)

Weitere Quellen

Acosta, A. (2015). *Las ciencias sociales en el laberinto de la economía*. polis Revista Latinoamericana, 41, https://polis.revues.org/10917?lang=en. (abgerufen am 9.6.2023)

Acosta, A. und U. Brand (2017). *Salidas al laberinto capitalista – Decrecimiento y Postextractivismo*. Barcelona. Icaria (**deutsch:** Radikale Alternativen. Warum man den Kapitalismus nur mit vereinten Kräften überwinden kann. München: Oekom Verlag, 2016)

Acosta, A. und Cajas-Guijarro, John (2020). "Buscando fundamentos biocéntricos para una post-economía - Naturaleza, economía y subversión epistémica para la transición", in den Buch Voces Latinoamericanas - Mercantilización de la Naturaleza y Resistencia Social, coordinado por Griselda Günther Monika Meireles, Universidad Autónoma Metropolitana, México. (Text-Datei unter https://rebelion. org/naturaleza-economia-y-subversion-epistemica-para-la-transicion/ abrufbar. Stand 9.6.2023)

Benjamín W. (2010). *Tesis sobre la historia y otros fragmentos*. Herausgegeben und übersetzt von Bolívar Echeverría. Bogota. Ediciones desde Abajo. (PDF-Datei unter https:// introconquista.files.wordpress.com/2018/11/benjamin-walter-tesis-sobre-la-historia-y-otros-fragmentos.pdf abrufbar. Stand 9.6.2023)

Polanyi, K. 2004 [1944]. *La gran Transformación. Los Orígenes Políticos y Económicos de Nuestro Tiempo*. Mexiko-Stadt. Fondo de Cultura Económica.

Schuldt, J. (2013). *Civilización del desperdicio – Psicoeconomía del consumidor*. Lima. Universidad del Pacífico.

Quijano, Annibal (2014), *Cuestiones y Horizontes – Antología Esencial – De la dependencia histórica-estructural a la colonialidad/decolonialidad del poder*. Buenos Aires: CLACSO.

Alberto Acosta. Ecuadorianischer Wirtschaftswissenschaftler. Ehemaliger Marketing Manager des Staatlichen Ecuadorianischen Erdölunternehmens (Corporación Estatal Petrolera Ecuatoriana, CEPE). Beamter der Lateinamerikanischen Energieorganisation (OLADE). Internationaler Berater. Ehemaliger Minister für Energie und Bergbau. Ehemaliger Präsident der verfassunggebenden Versammlung von Montecristi. Universitätsprofessor. Autor mehrerer spezialisierter Bücher und Artikel. Vor allem ein Mitstreiter in Graswurzelkämpfen. Er ist Mitglied der *Arbeitsgruppe für Alternativen zur Entwicklung* der *Rosa-Luxemburg-Stiftung*.

Übersetzung: Anna Voß

Aseem Shrivastava

Prakritik Swaraj
(Natürliche Selbstbestimmung)

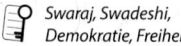
Swaraj, Swadeshi,
Demokratie, Freiheit

Betrachten Sie diesen Swaraj nicht als einen Traum. (M.K. Gandhi)

Wer im 21. Jahrhundert von *Swaraj* spricht, kann sicher sein, dass es darum geht, eine Vision wiederzubeleben, die zu einer starken indigenen Strömung des indischen philosophischen Denkens, der Kultur und der politischen Praxis gehört.

Lasst uns über das Wort ‚swaraj‘ nachdenken. Sein etymologischer Ursprung im Sanskrit ist einfach und offensichtlich: *swa* (Selbst) + *rajya* (Bestimmung) = *swaraj* (Selbstbestimmung). Das Adjektiv ‚prakritik‘ kann als ‚natürlich‘ verstanden werden oder als Ausdruck der menschlichen Natur, um im Rhythmus mit der natürlichen Welt um uns herum zu bleiben.

Ein Begriff wie *Swaraj* schwamm nicht in einem historischen und kulturellen Vakuum. Es gibt Belege für politische Versammlungen von Angesicht zu Angesicht – auch auf Dorfebene – schon im alten Indien. Quellen – sowohl mündliche als auch schriftlich dokumentierte – machen Traditionen der Steuerung durch Diskussion und Beratung deutlich sowie manchmal auch Entscheidungen, die durch Dialog und Konsens gefällt wurden.

Es ist wichtig, sich daran zu erinnern, dass ein Teil des Vokabulars der modernen indischen Demokratie aus Begriffen wie ‚swaraj‘ – in Sanskrit oder Pali – stammt. Diese Begriffe gingen der Kolonialzeit um Jahrhunderte, oft sogar Jahrtausende voraus und sind keineswegs Übersetzungen von Konzepten, die aus der westlichen Welt nach Indien importiert wurden. Das bedeutet, dass es sich um Begriffe handelt, die in der einen oder anderen Periode der indischen Geschichte gebräuchlich waren und vor allem mit dem Einzug der Kolonialherrschaft in der Neuzeit weitgehend in Vergessenheit gerieten.

Gandhi hat die Idee der ‚Dorfrepubliken‘ oder ‚am swaraj‘ also nicht aus der Luft gegriffen. 1909 veröffentlichte er sein wichtigstes Werk *Hind Swaraj*. Gandhis Gebrauch des Begriffs baute auf früheren Nutzungen während des Freiheitskampfes auf. Tilak[1] hatte den Begriff in der frühen Phase des indischen Freiheitskampfes in den 1890er Jahren aufgebracht. *Swaraj* schien praktisch gleichbedeutend mit der modernen westlichen Vorstellung von Freiheit und Unabhängigkeit zu sein. Als Dadabhai Naoroji 1906 als Präsident des Indischen Nationalkongresses *Swaraj* zum Ziel der nationalen Bewegung erklärte, hatte er diese sehr begrenzte Bedeutung vor Augen.

Gandhis Vision ging weit darüber hinaus. Im Bewusstsein der historischen Herkunft des *Swaraj* schrieb Gandhi 1931 in *Young India* über *Swaraj* als „ein heiliges Wort, ein vedisches Wort"[2] (Gandhi 1931). Er hoffte, dass Indien und die Welt die alte Idee des *Swaraj* zurückgewinnen und eines Tages verwirklichen könnten.

Für Gandhi ist eine authentische Selbstbestimmung nur – und nur dann – möglich, wenn das Selbst in der Lage ist, sein eigener Souverän zu sein. Gandhi war religiös. Er glaubte, dass es dem Selbst ohne Transzendenz unmöglich sei, souverän über das eigene Leben zu bestimmen. Für ihn war dieser Gedanke ebenso spirituell wie politisch. Wichtig ist jedoch, dass diese Kausalität nur in eine Richtung funktioniert. Letztlich war *Swaraj* für Gandhi ein göttlicher Imperativ mit fruchtbaren Konsequenzen für die menschlichen

Angelegenheiten. Spirituelle Meisterschaft und Selbstbeherrschung können als Nebenprodukt auch die Wunder der politischen Souveränität hervorbringen, aber nicht andersherum.

Politisch gesehen war die Selbstverwaltung, wie Gandhi sie verstand, alles andere als eine moderne parlamentarische oder repräsentative Demokratie. In *Hind Swaraj* spottete er über moderne Parlamente als „Sinnbilder der Sklaverei“. Es ist bedauerlich, dass *Swaraj* häufig mit ,Demokratie' übersetzt wird. Tatsächlich hat sich die Demokratie in ihrer repräsentativen Form in den meisten Ländern durchgesetzt, aber deren geistige Grundlagen könnten nicht unterschiedlicher sein.

Erstens ist *Swaraj* unvereinbar mit einer Politik für die Massen, wie sie in den heutigen Demokratien alltägliche Realität ist. Wo es keine begrenzten, von Angesicht zu Angesicht stattfindenden Versammlungen der Nachbarschaften gibt, kann *Swaraj* nicht funktionieren. Menschenmengen können in Demokratien als Schmiermittel für politische Parteien dienen, nicht aber für *Swaraj*. Zahlen und ihre Vergleiche sind für moderne Demokratien wichtig, während sie für *Swaraj* irrelevant sind.

Zweitens konzentriert sich die moderne Demokratie auf die direkte, unvermittelte Beziehung des Individuums zum Staat, welcher ihm seine Bürgerrechte per Gesetz garantiert. Der für diese Beziehung ,unterstellte' Rahmen ist der einer atomisierten Gesellschaft, in der die Entfremdung der Menschen Normalität ist. *Swaraj* hingegen braucht als Nährboden eine Gemeinschaft, in der das Individuum zu sich selbst finden kann, und zwar durch familiäre, kulturelle, soziale, politische, wirtschaftliche und ökologische Beziehungen zu denjenigen um sie herum, einschließlich empfindungsfähigen nichtmenschlichen Wesen.

Drittens werden Individuen in einer modernen Demokratie nahezu gleichgültig und im Namen der ,Freiheit' dem eigenen Geschmack und den persönlichen Bedürfnissen überlassen – die gesamte moderne Wirtschaft beruht auf dieser

Prämisse, wobei die Gemeinschaft keine Rolle dabei spielt, die Menschen dazu zu bewegen, dies zu hinterfragen. Es besteht keine Verpflichtung der*des Einzelnen, die eigenen Wünsche in ein kritisches Licht zu rücken, sofern und solange ihre Verwirklichung nicht der Erfüllung der Bedürfnisse anderer im Wege steht. In der Tat ist das in modernen liberalen Demokratien quasi die eigentliche Definition von ,Freiheit', oft als ,negative Freiheit' – im Sinne des Wortes – verstanden.

Gandhis Idee des *Swaraj* hat mit der Autonomie eines Individuums oder einer Gemeinschaft zu tun, ihre eigenen Entscheidungen zu *gestalten*, anstatt passiv das Menü zu akzeptieren, das zur ,Wahl' gestellt wird. Übertragen auf unsere marktorientierte, mediengeprägte Welt bedeutet dies, dass wir zunächst die ökologische und kulturelle Verantwortung für unsere Wünsche übernehmen müssen und deren Ursprung in den von der Werbung geschürten Leidenschaften erforschen sollten. Eine solche Manipulation des Begehrens, bei der praktisch alles auf dem Spiel steht, steht für alle, die für *Swaraj* eintreten, im Widerspruch zur Freiheit. Das Begehren, das den philosophischen Kern des Freiheitsbegriffs in modernen Konsumdemokratien bildet, muss im Rahmen von *Swaraj* kritisch hinterfragt werden, insbesondere vor dem Hintergrund einer ökologisch bedrohten Welt. Eine Folge davon ist: Da Gandhis Idee des *Swaraj* unweigerlich mit *Swadeshi* (Unabhängigkeit) verbunden ist, ergibt sich daraus die Notwendigkeit einer Lokalisierung der Wirtschaft.

Schließlich sollte erwähnt werden, dass die Idee des *Swaraj* weiterhin soziale, politische und ökologische Bewegungen in Indien inspiriert. Der Widerstand gegen die Vertreibung durch ,Entwicklung', der geleistet wird – von verschiedenen Bewegungen, die Teil der *National Alliance of Peoples' Movements* (Nationale Allianz der Volksbewegungen) sind, von der kürzlich gegründete Partei Swaraj India, die die Menschen an der Basis ermächtigen will, von den Bewegungen für Ernährungssouveränität und von *Adivasi* oder indigener Selbstverwaltung und anderen – all dies sind Initiativen, die versuchen, den Begriff *Swaraj* kreativ an den heutigen Kontext anzupassen.[3]

Anmerkungen

1 Bal Gangadhar Tilak, prominenter Freiheitskämpfer und Sozialreformer des späten 19. Jahrhunderts.
2 Veden (Sanskrit) steht für Wissen oder heilige Lehre (Anm. d. Übers.)
3 für *Swaraj India*, siehe: https://www.swarajabhiyan.org/; für *National Alliance of People's Movements* (NAPM), siehe: https://napmindia.wordpress.com/; für *Food Sovereignty Alliance* siehe: https://foodsovereigntyalliance. wordpress.com/

Weitere Quellen

Gandhi, Mohandas Karamchand (1931), *Young India*, March 19, Ahmedabad.
— (2010), *Hind Swaraj: A Critical Edition*. Annotated, edited and translated by Suresh Sharma and Tridip Suhrud. Delhi: Orient Blackswan.
Muhlberger, Steven (2011), ,Republics and Quasi-Democratic Institutions in Ancient India', in Benjamin Isakhan and Stephen Stockwell, *The Secret History of Democracy*. London: Palgrave Macmillan

Aseem Shrivastava ist ein in Delhi lebender Schriftsteller und Ökonom. Er promovierte in Wirtschaftswissenschaften an der *University of Massachusetts*, Amherst. Er ist zusammen mit Ashish Kothari Autor des Buches *Churning the Earth: The Making of Global India* (Penguin Viking, 2012). Zurzeit arbeitet er an einem Projekt, das eine Studie über das ökologische Denken von Rabindranath Tagore beinhaltet.

Übersetzung: Hannelore Zimmermann

Arvind Narrain

Queere Liebe

 queer, Transformation, Identität, Liebe, LGBTI-Politik

Liebe ist keine Emotion, die durch den Markt, die Familie, die Gemeinschaft, die medizinische Wissenschaft, die Religion oder die Nation gezähmt werden kann. Die Liebe hat vielmehr jene undefinierbare Qualität des Wahnsinns, die die Griechen ,Manie' nannten und die die einen Menschen dazu treiben kann, sich über Traditionen hinwegzusetzen und mit Schulweisheiten zu brechen.

Ein Akt der Liebe kann damit beginnen, den Status quo zu untergraben. Diese Idee einer subversiven Liebe ist das Herzstück der *Queer-Bewegung*. Das Wort ,queer' impliziert eine Infragestellung der Normen von Geschlecht und Sexualität. Für die einen ist es eine neue Vorstellung von Liebe und Beziehungen, für die anderen eine Umstrukturierung von Recht, Politik und Gesellschaft, eine Herausforderung für die Art und Weise, wie wir auf dieser Welt zu Hause sind. Es steht für diejenigen, die aus den Konturen der heteronormativen Gesellschaftsordnung herausfallen und/oder sich dafür entscheiden, aus diesen herausfallen zu wollen. Wenn ,*Pride'*-Feiern auf der ganzen Welt die Slogans „Das Recht auf Liebe", „Liebe ist ein Menschenrecht" oder „Kriminalisiert Liebe nicht" übernehmen, signalisieren sie das radikale Potenzial der queeren Liebe. Queer-Politik ist weiter gefasst die Politik der LGBTI (Lesben, Schwule, Bisexuelle, Transgender und Intersexuelle). Sie geht über die Identitäts- oder Ein-Themen-Politik hinaus. Sie zeichnet sich, wie Leela Gandhi sagt, durch eine „Fähigkeit zu radikaler Verwandtschaft" aus, und das Queere wird zum Ort, an dem die ideologische Reichweite der LGBTI-Politik ausgeweitet wird, um „unwahrscheinliche Affinitäten zu Fremden, Ausgestoßenen und Außenseitern" einzubeziehen.

Diese Form der radikalen Liebe findet ihren Ausdruck im Leben von Tausenden von Menschen, die sich gegen religiöse Vorschriften, gesellschaftliche Konventionen und familiäre Erwartungen entscheiden, die Person ihrer Wahl zu lieben. *Queere Liebe* ist für die bestehende Gesellschaftsordnung so bedrohlich, dass manche Familien die Liebenden lieber umbringen, als die Liebe gedeihen zu lassen. In Indien stehen auf der Liste der Märtyrer unter anderem der junge Dalit Ilavarasa, der getötet wurde, weil er es gewagt hatte, eine Frau aus einer höheren Kaste, Divya, zu heiraten, und Rizwanur Rahman, der getötet wurde, weil er es wagte, sich in ein Hindumädchen, Priyanka Todi, zu verlieben. Swapna und Sucheta aus Nandigram zogen es

III

vor, Selbstmord zu begehen, um nicht ohne den anderen leben zu müssen.

Dadurch, dass sie diese sozialen Codes in Frage stellen, machen die Liebenden die soziale Ordnung durchlässiger und legen den Grundstein für eine egalitärere Welt, in der Unterschiede zwischen Race, Religion und Kaste keine Rolle mehr spielen.

Queere Politik zielt darauf ab, die starren und unterdrückenden Normen von Geschlecht und Sexualität zu zerschlagen, die in so unterschiedlichen gesellschaftlichen Institutionen wie Ehe, Familie, dem Recht und dem Gesundheitswesen verschlüsselt sind. Das queere politische Projekt ist auch die Verteidigung einer umfassenderen Vision von sozialem Wandel, die ihre Wurzeln im intimen Begehren von zwei oder mehr Menschen hat, die so sehr miteinander verbunden sein wollen, dass sie bereit sind, sich über gesellschaftliche Zwänge hinwegzusetzen.

Queere Liebe beinhaltet auch, eine Sensibilität zu kultivieren, die es erlaubt, über die Liebe zu einer einzelnen anderen Person hinauszugehen und ein Mitgefühl für das Leiden von Fremden zu entwickeln. Einen Menschen unabhängig von seinem Geschlecht oder seiner Sexualität zu lieben und sich in scheinbar ferne Angelegenheiten einzufühlen, sind mitunter zwei miteinander verwobene Aspekte der Liebe. Ein Beispiel für diese Form der Liebe ist der irische Revolutionär Roger Casement, zu dessen Leidenschaften nicht nur der Sex mit Männern gehörte, sondern auch die tiefe Sorge um Gerechtigkeit für die Kongoles*innen, die unter den brutalen Handlungen der Männer von König Leopold litten. Er kümmerte sich auch um die Indianerstämme am Amazonas, die von den Kolonialmächten brutal behandelt wurden. Casement kämpfte nicht nur für die Freiheit Irlands, sondern dokumentierte diese Formen des Leidens in zwei bahnbrechenden Menschenrechtsberichten, während er weiterhin Sex mit Männern hatte.

In der heutigen Welt ist eine weitere bemerkenswerte Figur der Gefreite Bradley Manning, der von einem loyalen Mitglied der US-Armee zu einem ihrer mutigsten Dissidenten wurde. Auf dieser Reise vom Soldaten zum *Whistleblower* wechselte Manning außerdem vom männlichen Geschlecht (Bradley) zum weiblichen (Chelsea). Als Chelsea Manning riskierte sie eine Inhaftierung, als sie vertrauliche Dokumente über brutale Militäraktionen veröffentlichte, angetrieben von einem außergewöhnlichen Mitgefühl für die Iraker*innen als Menschen.

Nicht weniger wichtig als der öffentliche Akt des *Whistleblowings* – ein Akt der tiefsten Liebe – war Mannings Entscheidung, ihre intime Wahrheit auszusprechen, dass sie als Frau und nicht als Mann anerkannt werden wolle. Es gibt aber nicht nur eine öffentliche und äußere Dimension bei Chelseas tiefen moralischen Überzeugungen, sondern auch eine private und innere Dimension. Sie erkennt, dass mit der Welt, so wie sie ist, etwas nicht in Ordnung ist, ebenso wie sie erkennt, dass etwas nicht ganz richtig ist mit dem „Wer bin ich?".

In der kapitalistischen Welt ist der Rückzug ins Private und Persönliche eine Grundhaltung für viele Menschen, die durch Kräfte verwirrt sind, die Unrecht in globalem Ausmaß verüben. Eine Verlagerung der intimen Dimension von Liebe und Sexualität hin zu einer öffentlichen, transformierenden Liebe, wie sie Manning zum Ausdruck bringt, ist jedoch lebenswichtig. In der heutigen Zeit ist die Existenz des Lebens selbst – menschlich und nicht-menschlich – bedroht. Eine Politik, die die Kriminalisierung der Erotik ernst nimmt, muss sich auch mit diesem sozialen System auseinandersetzen, das die Natur beherrscht und versklavt. Eine *queere Politik* wird sich proaktiv mit dem gemeinsamen Kampf gegen jede Form von *Entwicklung* verbünden, die gleichzeitig Queers, Frauen, Schwarze, Dalits[1] und andere unterdrückte Wesen ›marginalisiert.

Anmerkung

1 Bezeichnung der untersten Gruppen der hinduistischen Gesellschaft (Anm. d. Übers.)

Weitere Quellen

Colm, Tóibín, ‚A Whale of a Time', https://www.lrb.co.uk/v19/n19/colm-toibin/a-whale-of-a-time (abger. am 9.6.2023)

Gaard, Greta (1997), ‚Toward a Queer Ecofeminism‘, *Hypatia*. 12 (1):137–156.

Gandhi, Leela (2006), *Affective Communities*. Delhi: Permanent Black.

Gupta, Alok and Arvind Narrain (eds) (2011), *Law Like Love*. New Delhi: Yoda Press.

Narrain, Arvind (2015), *Nothing to Fix: Medicalisation of Sexual Orientation and Gender Iidentity*. Delhi: Sage and Yoda Press.

Narrain, Arvind (2017), ‚Imagining Utopia: The Importance of Love, Dissent and Radical Empathy‘, in Ashish Kothari and K.J. Joy (eds), *Alternative Futures: Unshackling India*. Delhi: Authors Upfront.

Arvind Narrain ist Gründungsmitglied des *Alternative Law Forum* in Bangalore, Indien, und derzeit der Genfer Direktor von *Arc International*, der sich mit LGBTI-Rechten im internationalen Recht und in der Politik befasst. Zu seinen zahlreichen Büchern gehören *Queer: Despised Sexualities and Social Change* (2004); Mitherausgeber von *Because I Have a Voice: Queer Politics in India* (2005); *Law Like Love: Queer Perspectives on Law* (2011).

Übersetzung: Hannelore Zimmermann

Ashish Kothari

Radikalökologische Demokratie

 Dezentralisierung, Lokalisierung, Gemeinschaft, Öko-Swaraj

Inmitten der sozio-ökonomischen Ungleichheiten und des ökologischen Zusammenbruchs, die wir überall auf der Welt beobachten, gibt es eine wachsende Zahl von Initiativen, die Wege zu gerechtem und nachhaltigem menschlichen Wohlergehen ausüben oder entwerfen. Einige davon sind Bekenntnisse zur Weiterführung von Lebensstilen und Lebensverhältnissen, die in relativer Harmonie mit der Erde bereits seit Jahrtausenden oder Jahrhunderten gelebt wurden. Bei anderen handelt es sich um neue Initiativen, hervorgegangen aus Widerstandsbewegungen oder aus der Reaktion auf den zerstörerischen Charakter der derzeit vorherrschenden wirtschaftlichen und politischen Systeme. Obwohl sie sich in ihrem Umfeld und den Verfahren enorm unterscheiden, weisen viele dieser Initia-

tiven und Ansätze einige Gemeinsamkeiten auf, die das Entstehen umfassender Bezugsrahmen oder Paradigmen ermöglichen.

Ein solcher Rahmen, der aus den Erfahrungen der indischen Basis hervorgegangen ist, aber allmählich auch weltweit auf Resonanz stößt, ist die *Radikale Ökologische Demokratie* (RED – Radical Ecological Democracy), lokal auch ›*Öko-Swaraj* genannt.[1] Dies ist ein Ansatz, der die Grenzen der Erde und die Rechte anderer Arten respektiert und gleichzeitig die Grundwerte sozialer Gerechtigkeit und Gleichheit verfolgt. Mit seinem stark demokratischen und egalitären Impuls will er jeden Menschen in die Lage versetzen, an der Entscheidungsfindung teilzuhaben, und seine ganzheitliche Vision des menschlichen Wohlergehens umfasst physische, materielle, soziokulturelle, intellektuelle und spirituelle Dimensionen.[2] Anstelle des Staates und der Unternehmen stellt *Swaraj* Kollektive und Gemeinschaften in den Mittelpunkt von ›Governance und Wirtschaft. Er stützt sich auf reale Initiativen auf dem gesamten indischen Subkontinent und umfasst nachhaltige Landwirtschaft, Fischerei und Weidewirtschaft, Ernährungs- und Wassersouveränität, dezentrale Energieerzeugung, direkte lokale Selbstverwaltung, gemeinschaftliche Gesundheit, alternatives Lernen und Bildung, gemeinschaftlich kontrollierte Medien und Kommunikation, die Regionalisierung der Wirtschaft, Geschlechter- und Kasten-Gerechtigkeit, sowie die Rechte von Menschen mit unterschiedlichen Behinderungen und diversen Sexualitäten und vieles mehr.[3]

Die *Radikale Ökologische Demokratie* schließt die folgenden fünf ineinandergreifenden Bereiche ein:

■ Ökologische Weisheit und Belastbarkeit: Dies beinhaltet die Erhaltung der gesamten Natur – Ökosysteme, Spezies, Funktionen und Kreisläufe – in ihrer Komplexität einschließlich ihrer Regenerationsfähigkeit, ausgehend von der Überzeugung, dass der Mensch Teil der Natur ist und dass auch die übrige Natur ein arteigenes Recht hat, zu gedeihen.

R

III

■ **Soziales Wohlergehen und Gerechtigkeit:** Dazu gehört ein Leben, das körperlich, sozial, kulturell und spirituell erfüllend und zufriedenstellend ist, in dem sozio-ökonomische und politische Ansprüche, Leistungen, Rechte und Verantwortlichkeiten unabhängig von Geschlecht, Klasse, Kaste, Alter, ethnischer Zugehörigkeit, Behinderung, Sexualität und anderen bestehenden Unterschieden gleich sind, in dem ein Gleichgewicht zwischen kollektiven Interessen und individuellen Freiheiten besteht – und in dem Frieden und Harmonie gesichert sind.

■ **Direkte oder radikale politische Demokratie:** Hier geht die Entscheidungsgewalt von der kleinsten menschlichen Siedlungseinheit aus, sei sie nun ländlich oder städtisch, in welcher jeder Mensch das Recht, die Fähigkeit und die Möglichkeit hat, sich daran zu beteiligen; ausgehend von diesen Grundeinheiten lassen sich größere Steuerungsebenen aufbauen, die nach unten hin rechenschaftspflichtig sind, wo politische Entscheidungen unter Achtung der ökologischen und kulturellen Zusammenhänge und Grenzen getroffen werden. Dies bedeutet, dass die gegenwärtigen politischen Grenzen, einschließlich derer der Nationalstaaten, in Frage gestellt werden und dass die Rolle des Staates schließlich auf ein Minimum reduziert wird, und zwar auf Aufgaben wie die Vernetzung größerer Regionen und alle eventuell noch notwendigen Wohlfahrtsmaßnahmen.

■ **Wirtschaftliche Demokratie:** In dieser Demokratie haben lokale Gemeinschaften, einschließlich der Produzent*innen und Konsument*innen, die oft als Prosument*innen vereint sind, die Kontrolle über die Produktionsmittel, die Verteilung, den Austausch und die Märkte; wo die Regionalisierung ein Schlüsselprinzip ist, um alle Grundbedürfnisse durch die lokale regionale Wirtschaft zu befriedigen; größerer Handel und Austausch, soweit erforderlich, baut auf dieser lokalen Eigenständigkeit auf und schützt sie; wo die Natur, die natürlichen Ressourcen und andere wichtige Elemente, die in die Wirtschaft einfließen, als Gemeingut ver-

waltet werden; wo Privateigentum auf ein Minimum reduziert wird oder ganz verschwindet; wo nicht-monetäre Beziehungen der Fürsorge und des Teilens wieder ihre zentrale Bedeutung erlangen; und wo die Maßstäbe vorwiegend qualitativ sind und sich auf die Grundbedürfnisse und das Wohlbefinden beziehen.

*■ **Kulturelle und Wissenspluralität:** In dieser Demokratie ist Vielfalt ein zentrales Prinzip; Wissen, einschließlich seiner Erzeugung, Nutzung und Weitergabe, ist öffentliches Eigentum oder Gemeingut; Innovation wird demokratisch erzeugt, und es gibt keine Elfenbeintürme des ‚Fachwissens‘; Lernen findet als Teil des Lebens und der Lebensführung statt und nicht nur in spezialisierten Institutionen; und individuelle oder kollektive Zugänge zu ethischem und spirituellem Wohlbefinden und Glück sind für alle verfügbar.

Wie die Blütenblätter einer Blume stehen im Zentrum – oder in der Knospe, in der sich alle Blütenblätter treffen – eine Reihe von Werten oder Grundsätzen, die sich auch als wesentlicher Bestandteil der alternativen Initiativen erweisen. Diese können auch als das ethische oder spirituelle Fundament von Gesellschaften angesehen werden, als die Weltanschauung(en), die ihre Mitglieder vertreten.

■ ökologische Integrität und die Rechte der Natur
■ Gleichheit, Gerechtigkeit und Teilhabe
■ Recht auf und Verantwortung für eine sinnvolle Beteiligung
■ Vielfalt und Pluralismus
■ kollektive Gemeingüter und Solidarität mit individuellen Freiheiten
■ Widerstandsfähigkeit und Anpassungsfähigkeit
■ Subsidiarität, Eigenständigkeit und Öko-Regionalität
■ Einfachheit und ›Suffizienz (oder der Begriff der *Genügsamkeit*)
■ Würde und Kreativität bei Arbeit und Beschäftigung
■ Gewaltlosigkeit, Harmonie und Frieden.

Die umfangreichen Komponenten und Werte von ›*Öko-Swaraj* werden in ganz Indien in einem laufenden Prozess namens *Vikalp Sangam* oder *Alternative Zusammenkunft* diskutiert.[4] Dieser Prozess bringt eine Vielzahl von Akteur*innen aus Gemeinschaften, der Zivilgesellschaft und verschiedenen Berufsgruppen zusammen, die in alternativen Initiativen aller Sektoren tätig sind. Eine Reihe regionaler und thematischer Treffen, die 2015 begannen, ermöglichen es den Teilnehmer*innen, Erfahrungen auszutauschen, voneinander zu lernen, Allianzen und Zusammenarbeit aufzubauen und gemeinsam eine bessere Zukunft zu planen. Die Dokumentation alternativer Initiativen in Form von Berichten, Videos, Fallstudien und anderen Formen ist ein weiteres Mittel zur Verbreitung des Gelernten sowie zur Inspiration für weitere Veränderungen – über eine spezielle Website[5], eine mobile Ausstellung und andere Medien.

Über Indien hinaus knüpft dieser Ansatz auch an radikale Alternativen in anderen Teilen der Welt an. Im Jahr 2012 unterzeichneten verschiedene zivilgesellschaftliche Organisationen und Bewegungen einen *Peoples' Sustainability Treaty on Radical Ecological Democracy* (Nachhaltigkeitsvertrag der Völker zur *Radikalen Ökologischen Demokratie);*[6] in der Folge wurde der Dialog über ein Diskussionsforum aufrechterhalten, und es wurden Möglichkeiten des gegenseitigen Lernens geschaffen – unter anderem zu Konzepten wie ›*Degrowth, Ökofeminismus, Genossenschaften, sozialer/solidarischer Ökonomie* in Europa, ›*Buen Vivir* und seinen Entsprechungen in Lateinamerika.

›*Öko-Swaraj* oder RED ist eine sich entfaltende Weltanschauung, keine in Stein gemeißelte Kopie. Im Prozess der demokratischen Entwicklung an der Basis bildet RED eine Alternative zu Ideologien und Ansätzen von oben, auch wenn relevante Elemente solcher Ideologien aufgegriffen werden. Dies ist die Grundlage für ihr ›*transformatives Potenzial.*

Anmerkungen

1 Zur Bedeutung von *Swaraj* siehe den Aufsatz *Prakriti Swaraj* in diesem Band.

2 Siehe Kothari 2014; Shrivastava und Kothari 2012.

3 Siehe www.alternativesindia.org mit mehreren hundert Beispielen (Webseite wird weiter geleitet an https://vikalpsangam.org/ Stand: 9.6.2023)

4 Informationen über den Prozess und seine Ergebnisse sind zu finden unter http://kalpavriksh.org/index.php/alternatives/alternatives-knowledge-center/353-vikalpsangam-coverage (abgerufen am 9.6.2023)

5 Vikalp Sangam, www.vikalpsangam.org (abgerufen am 9.6.2023)

6 Radical Ecological Democracy, http://radicalecologicaldemocracy.wordpress.com (abgerufen am 9.6.2023)

Weiterere Quellen

Kalpavriksh Environment Action Group, http://kalpavriksh.org/index.php/alternatives/alternatives-knowledgecenter/353-vikalpsangam-coverage (siehe Anm.3)

Kothari, Ashish (2014), Radical Ecological Democracy: A Way for India and Beyond', *Development*, 57 (1): 36–45.

Shrivastava Aseem and Ashish Kothari (2012), *Churning the Earth: The Making of Global India.* New Delhi: Viking/Penguin India.

Ashish Kothari ist Gründer der indischen Umweltgruppe *Kalpavriksh.* Er lehrte am *Indian Institute of Public Administration,* koordinierte Indiens nationale Biodiversitätsstrategie und den dazugehörigen Aktionsplan, war im Vorstand von *Greenpeace Indien* und *Greenpeace International,* half bei der Gründung des globalen ICCA-Konsortiums und leitete ein *IUCN-Netzwerk für Schutzgebiete und Gemeinschaften.* Ashish ist (Mit-)Autor oder (Mit-) Herausgeber von über dreißig Büchern, darunter *Birds in Our Lives; Churning the Earth;* und *Alternative Futures: India Unshackled.* Er hilft bei der Koordinierung der Prozesse *Vikalp Sangam* und *Global Confluence of Alternatives* und ist Mitglied der von der *Rosa-Luxemburg-Stiftung* eingerichteten *Ständigen Gruppe für Alternativen zur Entwicklung.*

Übersetzung: Hannelore Zimmermann

Cormac Cullinan

Rechte der Natur

 Ökozentrismus, Rechte der Natur, Rechtsprechung der Erde, Wild Law[1]

Die meisten heutigen Zivilisationen sind so organisiert, dass sie ihr Bruttoinlandsprodukt (BIP) auf eine Weise maximieren, die die Umwelt schädigt und zum Klimawandel beiträgt. Sie werden wahrscheinlich im 21. Jahrhundert zusammenbrechen, es sei denn, sie können neu ausgerichtet werden, um das menschliche Wohlergehen zu fördern, indem sie die Integrität und Vitalität der ökologischen Gemeinschaften, in die sie eingebettet sind, stärken. Die Befürworter*innen der *Rechte der Natur*, auch bekannt als die *Rechte von Mutter Erde*, argumentieren, dass – um diesen Übergang zu erreichen – die Rechtssysteme anerkennen müssen, dass alle Aspekte der Natur Rechtssubjekte sind, denen eigene Rechte innewohnen, und dass sie diese Rechte respektieren müssen. Die juristische Anerkennung der Rechte der Natur kontextualisiert sowohl die Menschenrechte als eine artspezifische Artikulation der Rechte der Natur, da die Menschen ein Teil der Natur sind, als auch die Pflichten der menschlichen Wesen und juristischen Personen, die Rechte der Natur zu respektieren.

Die juristische Anerkennung von Rechten der Natur ist ein Aspekt eines umfassenderen Diskurses über die *Rechtsprechung der Erde* (earth jurisprudence) und andere ökologische Ansätze zur Regierung menschlicher Gesellschaften. Die Rechtsprechung der Erde ist eine Rechts- und Regierungsphilosophie, die darauf abzielt, die Menschen zu einer harmonischen Koexistenz innerhalb der Erdgemeinschaft zu führen, anstatt ihre Ausbeutung und Zerstörung zu legitimieren und zu fördern.

Die Rechte der Natur werden, wie die Menschenrechte, als grundlegende, unveräußerliche Rechte aufgefasst, die sich aus der bloßen Existenz der Inhaber*innen der Rechte ergeben. Das bedeutet, dass jedes Wesen oder jede Erscheinungsform von Natur, einschließlich des Menschen, zumindest das Recht haben muss, zu existieren, einen physischen Ort einzunehmen und mit anderen Wesen in einer Weise zu interagieren, die es ihr*ihm ermöglicht, ihre*seine einzigartige Rolle in ökologischen und evolutionären Prozessen zu erfüllen.

Die wichtigste zeitgenössische Formulierung der Rechte der Natur ist die Verfassung Ecuadors, die im September 2008 verabschiedet wurde. Außerdem wurde die *Allgemeine Erklärung der Rechte der Mutter Erde* (Universal Declaration of the Rights of Mother Earth, UDRME) am 22. April 2010 auf einer Weltkonferenz der Völker über den Klimawandel und die Rechte der Mutter Erde in Cochabamba, Bolivien, verkündet. In der Verfassung Ecuadors heißt es: „Die Natur oder Pachamama, in der sich das Leben reproduziert und existiert, hat das Recht zu existieren, zu bestehen und ihre Lebenszyklen, ihre Struktur, ihre Funktionen und ihre evolutionären Prozesse zu erhalten und zu regenerieren" (Artikel 72). Die Verfassung macht deutlich, dass mit der Anerkennung der Rechte der Natur ein Rahmen geschaffen werden soll, innerhalb dessen die Bürger*innen ihre Rechte wahrnehmen und ihre Pflichten erfüllen können, um durch ein harmonisches Zusammenleben mit der Natur Wohlbefinden zu erreichen. Darüber hinaus handelt es sich um einen Rahmen, der sowohl den Staat als auch Privatpersonen verpflichtet, die Rechte der Natur zu respektieren und zu wahren, und der den Staat beauftragt, ein Entwicklungsmodell zu gewährleisten, das damit im Einklang steht. Die neuseeländische Gesetzgebung erkennt den Whanganui-Fluss und das Te-Urewera-Gebiet als juristische Personen mit Rechten an. Gerichte in Indien haben die Flüsse Ganges und Yamuna, den Gangotri und Yamunotri, die Gletscher aus denen diese Flüsse entspringen sowie die dazugehörigen Wälder und Wasserläufe als juristische Personen mit Rechten anerkannt.

Das kolumbianische Verfassungsgericht hat das Einzugsgebiet des Atrato-Flusses als juristische Person mit dem Recht auf „Schutz, Erhaltung, Pflege und Wiederherstellung" anerkannt.

Die Moderne, der Kapitalismus und der Konsumismus entspringen der zutiefst ›anthropozentrischen Sichtweise, dass der Mensch von der Natur getrennt ist und sich über ihre Gesetze hinwegsetzen kann. Dieser menschliche Exzeptionalismus[2] betrachtet die Erde als eine Ansammlung von Ressourcen, die zum Zweck der menschlichen Befriedigung existieren. Da die Ressourcen als knapp angesehen werden, ist es von höchster Bedeutung, andere zu übertreffen, um sich einen größeren Anteil zu sichern. Diese Weltanschauung ist die Grundlage der meisten heutigen Rechtssysteme. Das Recht definiert die Natur (mit Ausnahme des Menschen) als ‚Eigentum' und räumt den Eigentümer*innen weitreichende Entscheidungsbefugnisse in Bezug auf diese ‚Vermögensgegenständen' ein sowie die Macht, den Nutzen aus ihnen zu monopolisieren. Dies bildet die Grundlage für wirtschaftliche und politische Systeme, die Reichtum und Macht konzentrieren und Entscheidungen legitimieren, die den kurzfristigen wirtschaftlichen Interessen einer winzigen Minderheit von Menschen Vorrang vor den kollektiven Interessen der Erdgemeinschaft und vor dem Leben selbst einräumen.

Die Anerkennung, dass die Natur Rechte hat, basiert andererseits auf einer ökozentrischen Weltsicht, die den Menschen als eine besondere Lebensform oder einen besonderen Aspekt der Erde betrachtet, der eine einzigartige, aber nicht überragende Rolle innerhalb der Erdgemeinschaft spielt. So wird beispielsweise in der Präambel und im ersten Artikel der UDRME auf die Erde als eine sich selbst regulierende, lebende Gemeinschaft miteinander verbundener Lebewesen verwiesen, die alle Lebewesen erhält und somit der Aufrechterhaltung der Integrität und Gesundheit der gesamten Erdgemeinschaft Vorrang einräumt. Die Befürworter*innen der Rechte der Natur verweisen auf die Erkenntnisse der Wissenschaften wie Quantenphysik, Biologie und Ökologie, um zu belegen, dass jeder Aspekt des Kosmos miteinander verbunden ist, und um die weit verbreitete Ansicht zu widerlegen, dass der Mensch von der Natur getrennt und ihr überlegen ist. Dieser Ansatz stützt sich auch auf alte Weisheitstraditionen und die Kosmologien indigener Völker, die die Erde als heilige Lebensgemeinschaft betrachten und von den Menschen fordern, dass sie respektvolle Beziehungen zu anderen Lebewesen unterhalten.

Die Rechtsprechung der Erde und die Rechte der Natur stellen eine grundlegende Herausforderung für jeden Aspekt des Mainstream-‚Entwicklungs'-Diskurses sowie für Kapitalis-

mus und Patriarchat dar. Sie gehen von einem anderen Verständnis der Rolle der Menschheit, des grundlegenden Zwecks menschlicher Gesellschaften und der Förderung des menschlichen Wohlergehens aus. Aus einer ökozentrischen Perspektive wird ‚Entwicklung' beispielsweise als der Prozess verstanden, durch den ein Individuum mehr Tiefe, Komplexität, Einfühlungsvermögen und Weisheit durch die Wechselbeziehung oder das ‚Miteinander' mit der Gemeinschaft allen Lebens entwickelt. Dies ist das Gegenteil der heutigen Bedeutung von ‚Entwicklung', die die Ausbeutung und Zerstörung komplexer natürlicher Systeme zur Steigerung des BIP beinhaltet.

Seit 2008 sind die Rechte der Natur und die Rechtsprechung der Erde zu einem immer wichtigeren Aspekt im Diskurs der sozialen Bewegungen, der Aktivist*innen für Umwelt und soziale Gerechtigkeit und der indigenen Völker auf der ganzen Welt geworden. Diese Konzepte sind zu einem zentralen Thema der Diskussionen innerhalb der Vereinten Nationen über das „Leben in Harmonie mit der Natur" geworden und wurden in die Manifeste mehrerer grüner und ökosozialistischer politischer Parteien aufgenommen. Die Rechte der Natur und die Rechtsprechung der Erde setzen an den tiefsten Wurzeln der heutigen Umwelt- und Gesellschaftsprobleme an. Sie bieten ein Manifest, das über ›race, Klasse, Nationalität und Kultur hinausgeht und auf einem Verständnis der Funktionsweise des Universums beruht – einem Verständnis, das genauer ist als die ›anthropozentrische, mechanistische und reduktionistische Weltsicht. Die Rechte der Natur bieten eine Grundlage für eine globale rechtebasierte Bewegung, die die Normen für akzeptables menschliches Verhalten verändern kann, so wie es mit den Menschenrechten geschehen ist. Obwohl die Bewegung für die Rechte der Natur noch in den Kinderschuhen steckt, bedeuten diese Stärken, dass ihr Einfluss wahrscheinlich weiter zunehmen wird und sie das Potenzial hat, einen tiefgreifenden globalen Einfluss zu erzielen.

R

III

Anmerkungen

1 Wild Law: Gesetze zur Umsetzung der Rechtsprechung der Erde; Name des vom Autor dieses Beitrags gegründeten Instituts: https://www.wildlaw.net/ (Anm. d. Übers.).

2 Menschlicher Exzeptionalismus: "Die Ansicht (Paradigma), dass Menschen sich von allen anderen Organismen unterscheiden, dass alles menschliche Verhalten durch Kultur und freien Willen gesteuert wird und dass alle Probleme durch menschlichen Einfallsreichtum und Technologie gelöst werden können." (engl.: https://www.oxfordreference.com/display/10.1093/oi/authority.20110803095949791, abgerufen am 29.07.2023) (Anm. d. Übers.).

Weitere Quellen

Cullinan, Cormac (2011), *Wild Law: A Manifesto for Earth Justice*. Second Edition. Cambridge (UK): Green Books.
Global Alliance for the Rights of Nature, https://therightsofnature.org/ (siehe unter https://www.garn.org/ Stand 30.6.2023)
Harmony with Nature (UN), http://www.harmonywithnatureun.org. (abgerufen am 30.06.2023)

Cormac Cullinan ist ein südafrikanischer Umweltanwalt, dessen bahnbrechendes Buch *Wild Law: A Manifesto for Earth Justice* (2002) die globale Bewegung inspiriert hat. Er ist Gründer und Vorstandsmitglied der *Global Alliance for Rights of Nature*, Direktor des *Wild Law Institute* und Richter am *Internationalen Gerichtshof für die Rechte der Natur*. Er war einer der Initiatoren der *Allgemeinen Erklärung der Rechte von Mutter Erde* (2010) und der *Konvention der Völker* (2014), mit der der Gerichtshof eingerichtet wurde.

Übersetzung: Elisabeth Voß

Eduardo Gudynas

Revolution

 Revolution, Entwicklung, Ontologie, Kapitalismus, Sozialismus

Eine revolutionäre Abkehr von der Entwicklung ist eine Idee, deren Zeit gekommen ist. Sie ist unumgänglich angesichts der gegenwärtigen sozialen und ökologischen Krise; sie ist dringend aufgrund der beschleunigten Zerstörung der Umwelt und der Lebensgrundlagen der Menschen; und sie ist unmittelbar in dem Sinne, dass es möglich ist, sie im Hier und Jetzt zu praktizieren. Eine neue Bedeutung der Revolution muss in der Lage sein, die konzeptionellen Grundlagen der Entwicklung radikal in Frage zu stellen und über die Moderne hinauszugehen.

Der Begriff der Revolution bezieht sich auf eine Reihe von wesentlichen politischen und kulturellen Veränderungen. Betrachtet man die Französische Revolution als das bekannteste Beispiel, so wird die Revolution als unverzichtbar angesehen, um mit einer ungerechten Ordnung zu brechen und die Institutionen und Formen der politischen Repräsentation, einschließlich des sozialen und wirtschaftlichen Gefüges der Gesellschaft, zu verändern. In unterschiedlichem Maße und mit unterschiedlichem Ausdruck wurde dieses Konzept zur Beschreibung des radikalen Wandels unter anderem in Mexiko, Russland, China und Kuba verwendet.

Die Idee der Revolution hat auch dazu beigetragen, konventionelle Entwicklungspraktiken zu fördern. Dies gilt für die industrielle, technologische, Internet- und Konsument*innen-Revolution. Diese Revolutionen haben die Kernideen der Entwicklung gestärkt, während sie gleichzeitig wesentliche Veränderungen in der Struktur der Gesellschaft bewirkten.

Neuere Ereignisse verwirren das Konzept. In einigen Regionen gibt es immer noch bedeutende soziale Bewegungen, die traditionelle Vorstellungen von einer Revolution verteidigen, zum Beispiel als Mittel zur Abkehr vom Kapitalismus und für einen Übergang zum Sozialismus. In Mittel- und Osteuropa wurde der Ausstieg aus dem ,Realsozialismus' als eine Revolution dargestellt, wenn auch in die entgegengesetzte Richtung, hin zur Marktwirtschaft. Umgekehrt halten sozialistische revolutionäre Erfahrungen, zum Beispiel in China oder Vietnam, einen solchen Diskurs aufrecht, aber ihre Entwicklungsstrategien sind funktional für den Kapitalismus. Und während die islamischen Revolutionen die Kritik an der Entwicklung verstärkten, indem sie deren Eurozentrismus angriffen, befürworten sie das Wirtschaftswachstum.

Seit Beginn des 21. Jahrhunderts erlebte Lateinamerika einen Linksruck mit mehreren Regierungen, die sich als revolutionär bezeichneten

– Venezuela, Bolivien, Ecuador und Nicaragua. Diese Länder haben jedoch einen ›neo-developmentalistischen Stil angenommen, der das Wirtschaftswachstum durch die intensive Aneignung der natürlichen Ressourcen ankurbelt.

Wir sind also mit einer Vielzahl von Ereignissen konfrontiert, die als revolutionär bezeichnet wurden, insbesondere in Bezug auf die politische Dimension, die aber auch kulturelle, wirtschaftliche und religiöse Aspekte der Gesellschaft betreffen. In all diesen Fällen blieben jedoch die grundlegenden Komponenten der Entwicklung erhalten, wie Wirtschaftswachstum, Konsumverhalten, Aneignung der Natur, technologische Modernisierung und demokratische Schwäche. Es besteht die paradoxe Situation, dass sowohl klassische Revolutionen wie in Russland oder China als auch neuere Revolutionen wie der Sozialismus des 21. Jahrhunderts in Südamerika, ob säkular oder religiös, sich alle um die Idee der Entwicklung drehten. Einige dieser Revolutionen zeigten positive Ergebnisse in Bezug auf politische Vertretung und soziale Gleichheit, blieben aber in instrumentellen Zielen gefangen, die auf die Eroberung des Staates ausgerichtet waren (insbesondere die leninistischen, trotzkistischen und maoistischen Versionen). Ihnen allen gelang es nicht, Alternativen zur Entwicklung zu fördern.

Dies lässt sich dadurch erklären, dass alle modernen politischen Traditionen den gleichen Hintergrund haben. Tatsächlich reifte die Idee der Revolution zusammen mit anderen Kategorien der Moderne, wie Staat, Rechte, Demokratie, Fortschritt und Entwicklung.

Das Fortbestehen des ›Developmentalismus hat dazu geführt, dass viele Aktivist*innen und Akademiker*innen von den revolutionären Erfahrungen desillusioniert sind und argumentieren, dass das Konzept nicht mehr auf die heutigen Realitäten anwendbar ist, und stattdessen eine Konzentration auf lokale Praktiken bevorzugen. Diese Position stellt jedoch eine bedeutende Hürde dar, weil Vorschläge für radikale Alternativen zur Entwicklung eine Reihe von revolutionären ›Transformationen voraussetzen.

Angesichts der Tatsache, dass alle gegenwärtigen Varianten der Entwicklung nicht nachhaltig sind, muss jede radikale Alternative ihre gemeinsamen konzeptionellen Grundlagen mit der Moderne hinterfragen. Die Radikalität, die mit solchen Bemühungen einhergeht, erfordert eine revolutionäre Praxis und einen revolutionären Geist. Eine Revolution im modernen Sinne könnte zum Beispiel einen Wechsel der staatlichen Ordnung fördern oder eine Variante der Entwicklung durch eine andere ersetzen. Es ist daher notwendig, eine neue Interpretation der Idee der Revolution zu schaffen, die in der Lage ist, über die Moderne hinauszugehen und eine Alternative zu ihrer ›Ontologie zu entwerfen.

Dieses Konzept der Revolution beinhaltet eine Rebellion gegen die Moderne, indem es ihre Grenzen aufzeigt und gleichzeitig Alternativen zu ihr erkundet; es erfordert eine innovative Vorstellungskraft, um andere Rationalitäten und Sensibilitäten zu entwerfen und zu erproben, sowie eine erweiterte Politik, die mehrere soziale Sektoren, Praktiken und Erfahrungen umfasst.

Dieses Verständnis von Revolution weist wesentliche Ähnlichkeiten mit der andinen Vorstellung von *Pachakuti* auf. *Pachakuti* bezieht sich auf die Auflösung der vorherrschenden kosmologischen Ordnung, wobei ein Zustand der Unordnung geschaffen wird, der das Entstehen einer anderen ›Kosmovision ermöglicht. Eine Revolution im Sinne von *Pachakuti* zielt also nicht darauf ab, die Moderne zu zerstören, sondern die Desorganisation und Auflösung ihrer Strukturen zu provozieren und gleichzeitig andere Auffassungen und Wirkungen zu erzeugen. Sie beinhaltet eine bedeutende Neuschöpfung.

Die Praktiken dieser Art von Revolution haben viele Vorläufer. Die Erfahrung von Unordnung und Neuschöpfung wird sowohl durch rationale Ideen wie die überwältigenden Beweise für die soziale und ökologische Krise als auch durch affektive, künstlerische, spirituelle und magische Erfahrungen genährt. Diese Revolu-

R

III

tion befürwortet keine Monokulturen, sondern eine Vielfalt von Ausdrucksformen, ist kollektiv und erfordert eine persönliche Transformation, insbesondere bei der Wiederherstellung des Wertes des Lebens – Mahatma Gandhi oder Ivan Illich, ›Zapatismus oder ›Buen Vivir bieten hierfür Modelle. Eine Revolution in diesem Sinne ermöglicht einen Bruch mit ›utilitaristischen Werten, indem sie vielfältige Bewertungsformen – ästhetische, religiöse oder ökologische – zurückfordert und gleichzeitig den ‚Eigenwert' der nichtmenschlichen Welt akzeptiert.

Da Entwicklung ein performatives Konstrukt ist, das von uns allen durch tägliche Praktiken ständig produziert und reproduziert wird, unterbricht eine solche Revolution diese Performativität. Sie unterbricht beispielsweise die ›Kommodifizierung von Gesellschaft und Natur. Diese und andere Merkmale der Moderne werden so durcheinandergebracht, was zu einer unvermeidlichen und manchmal unbequemen Konsequenz führt: zu einer Revolution, die sowohl mit dem Kapitalismus als auch mit dem Sozialismus bricht.

Die ›präfigurativen politischen Praktiken dieser Revolution greifen ›synergetisch ineinander, verbreiten sich in der gesamten Gesellschaft und konkretisieren sich in Aktionen, Affekten und anderen Stilen des politischen Handelns, insbesondere durch interstitielles Rebellieren[1], das aus Würde und Autonomie erwächst. Dies ist eine Revolution, an der auch nicht-menschliche Akteure, einschließlich Tiere und andere Lebewesen, beteiligt sind. Sie interpretiert die Bedeutung der Gesellschaft neu. Man denke an die Möglichkeit eines ‚tierischen Proletariats'.

Diese Art der Revolution hebt die Dualität zwischen Gesellschaft und Natur auf und ermöglicht gleichzeitig die Wiederherstellung ›relationaler Weltbilder, die die Gesellschaft wieder in die Natur einbetten und umgekehrt; sie dehnt die Vorstellungen vom ‚Subjekt' auf Nicht-Menschen aus.

Während sich die Moderne also als in sich geschlossener universeller Bereich präsentiert, der seine Begrenzungen verbirgt und die Suche nach Alternativen neutralisiert, desorganisiert diese Revolution die Begrenzungen der Moderne, deckt sie auf und bricht sie, indem sie sie für andere Ontologien öffnet. Der revolutionäre Akt besteht darin, die Bedingungen der Möglichkeit für neue ontologische Öffnungen zu schaffen.

Anmerkung

1 Unter "interstitiellem Rebellieren" können rebellische Praxen verstanden werden, die in den Zwischenräumen (Interstitien) des Bestehenden bereits das zukünftig Angestrebte vorwegnehmen (präfigurieren). (Anm. d. Übers.)

Weitere Quellen

Holloway, John (2003), *Change the World without Taking Power: The Meaning of Revolution Today*. London: Pluto Press (**deutsch**: Die Welt verändern ohne die Macht zu übernehmen, Münster: Westf. Dampfboot, 2002

Williams, Raymond (1983), ‚Revolution', in Raymond Williams (ed.), *Keywords*. New York: Oxford University Press.

Eduardo Gudynas ist leitender Forscher am *Lateinamerikanischen Zentrum für Soziale Ökologie* (CLAES), Montevideo, Uruguay; außerordentlicher Forscher am *Institut für Anthropologie* der Universität von Kalifornien, Davis; und Berater mehrerer Basisorganisationen in Südamerika.

Übersetzung: Elisabeth Voß

───────────────────────────────

Patricia Botero Gómez

Sentipensar (fühlend Denken)

 Genealogien des Flusses, afro-diasporische Völker, sozio-territoriale Theorien in Bewegung, relationale Ontologien

Sentipensar ist ein Wort, das afrikanischstämmige Menschen und Fischer in vielen Flussgemeinschaften in Kolumbien benutzen. *Sentipensar* bedeutet, „mit dem Herzen handeln, während man den Kopf benutzt", wie ein Fischer vom Fluss San Jorge in der kolumbianischen Karibik dem Soziologen Orlando Fals-Borda Mitte der 1980er Jahre erklärte.[1]

Sentipensar stellt ein affektives Wörterbuch dieser Pueblos (Völker) dar, die durch die Verbindung von Erfahrung und Sprache ein revolutionäres Versprechen, eine Grammatik für die Zukunft, erschaffen. „Das Herz, ebenso oder sogar mehr als die Vernunft, war und ist bis zum heutigen Tag eine wirksame Verteidigung für die Räume der Gemeinschaften an der Basis. Das ist unsere geheime Kraft, die weiter schlummert, denn eine andere Welt ist möglich" (Fals-Borda 2008: 60).

Sentipensar ist eine radikale Vision und Praxis der Welt, insofern sie die scharfe Trennung in Frage stellt, die die kapitalistische Moderne zwischen Geist und Körper, Vernunft und Gefühl, Mensch und Natur, Weltlichem und Heiligem, Leben und Tod etabliert. Es ist ein starkes Element im *Wörterbuch der Völker*, welches wir in der Genealogie[2] der Fluss- und Amphibienkulturen finden. Es kann in jenen andersartigen Geschichten und Geografien wahrgenommen werden, die – wie die Gemeinschaften des Patía-Flusses sagen – in „lebendigen Bibliotheken" in das Herz eingeschrieben sind und in generationenübergreifenden Formen des *Bewohnens der Welt* überleben. Diese Formen des Daseins offenbaren die tiefverwurzelten ›relationalen Weltanschauungen zwischen menschlichen und nicht-menschlichen Sphären, die diese Völker vor den heftigen Angriffen der modernen ›Ontologie der Trennung verteidigen konnten (Escobar 2014). Wie eine Anführerin der schwarzen Gemeinde *La Toma* im Südwesten Kolumbiens in Bezug auf den Kampf ihrer Gemeinde gegen die geplante Umleitung ihres geliebten Flusses Ovejas zur Speisung des großen Salvajina-Staudamms sagte: „Der Fluss ist nicht verhandelbar; wir ehren unsere Traditionen, die wir von unseren Großmüttern, Vorfahren und Ältesten gelernt haben, und wir hoffen, dass es das ist, was unsere *Renacientes* lernen".[3]

Sentipensar ist Ausdruck eines aktiven Widerstands gegen den Dreiklang des Kapitalismus aus Enteignung, Krieg und Korruption, der die seit langem bestehenden – manchmal jahrtausendealten – ›Kosmovisionen auslöscht, die die Kämpfe der Völker begleiten. Die Menschen an der Basis haben ein klares Verstehen davon; sie sagen: „Para que el desarrollo entre, tiene que salir la gente" (Damit Entwicklung entstehen

kann, müssen die Menschen gehen). Der *Proceso de Comunidades Negras* (Prozess der schwarzen Gemeinschaften, PCN) – ein großes Netzwerk schwarzer Organisationen – erklärt dies mit der Wechselbeziehung, die zwischen dem Schwarzsein (Identität), dem Raum für das Sein (das Territorium), der Autonomie für die Ausübung des Seins und der eigenen Zukunftsvision bestehen muss, und verknüpft diese Grundsätze mit der Wiedergutmachung der durch anhaltende rassistische Politiken verursachten, historischen Schulden. Diese Grundsätze wurden auf der jüngsten *Convergencia de Mujeres Negras Cuidadoras de la Vida y los Terriotories Ancestrales* (›Konvergenz der Schwarze Frauen, die sich um das Leben und die angestammten Territorien kümmern) angesprochen, die erklärte, dass „unsere Politik auf kollektiver Zuneigung, Liebe und Wohlwollen beruht".[4]

Die Globalisierung hat die ›ontologischen Konflikte zwischen Weltanschauungen oder ›Kosmovisionen verschärft. Am Fluss San Jorge beispielsweise koexistierten Fischergemeinschaften mit der kolonialen Ausbreitung der Viehzucht; heute zerstört der legale und illegale Bergbau die Mangroven und veranlasst die jungen Leute, ihr Wissen und ihr Handwerk aufzugeben. Wie sie selbst sagen, werden sie weiterhin Mangroven pflanzen, denn ohne Mangroven gibt es keine Fische und ohne Fische gibt es weder Fischer noch Fischerinnen.[4]

Sentipensar lebt im Wissen der Vorfahren und in den Wirtschaftsformen der Völker, was die Projekte junger Menschen aus afro-kolumbianischen Gemeinden im Südwesten Kolumbiens wie dem Yurumanguí-Fluss und La Alsacia zeigen. In diesen autonomen Projekten stellen sich Jugendliche und Frauen dem patriarchalen kapitalistischen Bildungs- und Wirtschaftsmodell entgegen, das die gemeinschaftlichen Formen des verkörperten Wissens und die Lebenswelten zerstört hat. Aus diesen Bereichen der Bejahung des Seins heraus schaffen die Menschen in Bewegung ihre eigenen sozioterritorialen Theorien, die es uns ermöglichen, die

S

III

in den Territorien verwurzelten kollektiven und pluralen Autonomien und eine Vielzahl von Übergangsalternativen sichtbar zu machen, die durch die herkömmlichen disziplinären Kategorien, die für das Todessystem der kapitalistischen Moderne funktional sind, unsichtbar gemacht werden.

Diese vom *Sentipensar* geprägten Formen des afro-lateinamerikanischen Widerstands stellen eine Politik der Hoffnung dar, die sich die Welt neu denkt, ausgehend von Realitäten, die nicht vollständig durch moderne Kategorien kolonisiert wurden. Sie „sentipiensan" und stellen sich Welten vor, die frei sind von der Abhängigkeit von der Kapitalisierung der Lebenswelten, dem Staat und den Diskursen von Fortschritt.

Zwischen Schweigen, Vergessen und beredter Wortlosigkeit wird *la palabra* (das Wort) von Trommeln gesungen, die aus dem Schmerz schwarzer versklavter Völker stammen, die sehr wohl um die Existenz der schönen Welten wissen, die in Gewässern, Vögeln und Bäumen stecken. Wie sie es ausdrücken: „Wenn es keine Inspiration gibt, gibt es kein Leben, deshalb kommen Musik und Freude von den Liedern und Sprachen des Flusses."[6] Im Rhythmus der Trommel und der Erde schaffen diese Gruppen Bezüge für unsere Zeit, die es uns ermöglichen, von einer Politik des Todes zu einer Politik des Lebens überzugehen. Sie fordern uns auf, zu *Sentipensar* mit dem Land und auf das „*sentipensamento*" der Territorien und ihrer Völker zu hören, statt auf die entkontextualisierten Kategorien von Entwicklung und Wachstum.

Sentipensar findet zwischen den traditionellen kollektiven Arbeitsformen der *Mingas* und *Tongas* der indigenen und der afrodeszendenten Bevölkerung statt, die auf Post-Entwicklung und ›*Buen Vivir* ausgerichtet sind. *Sentipensar* mit dem Territorium beinhaltet mit dem Herzen und dem Verstand zu denken, oder gemeinsam-zu-denken, wie Menschen sagen, die von den ›zapatistischen Erfahrungen inspiriert sind. Somit überlebt in den Nischen und gegenüber den rassistischen und patriarchalen Diskursen

und Praktiken und dem konventionellen akademischen Wissen ein Bereich der Bejahung des Seins, der die ursprüngliche Verbindung mit dem Land und den Territorien heilt; hier liegt eine der fruchtbarsten Quellen für Ernährungssouveränität und die kulturelle und politische Autonomie der Menschen.

Anmerkungen

1 Fals-Borda, Mompox y Loba, S. 25b. Fals-Borda berichtet, dass dieser Begriff ursprünglich von den Bewohnern der Flüsse und Sümpfe der Karibikküste verwendet wurde; später wurde er von Eduardo Galeano popularisiert und letztlich von Escobar (2014) verwendet.

2 Genealogie kann eine Verbindung zu unseren Vorfahren herstellen und uns dabei helfen, unsere einzigartige kulturelle Erbschaft zu begreifen. (wikipedia, Anm. d. Übers.)

3 *Renacientes* ist eine von schwarzen Gemeinschaften verwendete Kategorie, die besagt, dass alles konstitutiv neu geboren wird. Hier bezieht sie sich auf die kommenden Generationen.

4 Siehe PCN, *Declaración*.

5 Erklärung von Frauen aus dem Fischerdorf Cejebe (Sucre), Oktober 2016.

6 Aussage von Álvaro Mier (Forscherkollege von Fals Borda), Festival de la Tambora, San Martín de Loba, November 2016.

Weitere Quellen

Escobar, Arturo (2014), *Sentipensar con la tierra*. Medellín: Unaula.

Fals-Borda erörtert den Begriff des *sentipensar*, https://www.youtube.com/ watch?v=LbJWqetRuMo (Video bei youtube verfügbar. Stand 9.6.2023)

Fals-Borda, Orlando (1986), *Mompox y la loba. De retorno a la madre tierra*. Hg.: Carlos Valencia, Bogotá: Universidad Nacional.

— (2008), *El Socialismo Raizal*. Caracas: El Perro y la Rana.

Hacia el Buen Vivir Ubuntu, https://buenvivirafro.wordpress.com (abgerufen am 9.6.2023)

Machado, Botero, Mina, Escobar comp (im Druck). *Buen Vivir Afro*. Manizales: Proceso de Comunidades Negras (PCN) und Universidad de Manizales.

Proceso de Comunidades Negras (PCN) (2016), *Declaración del Encuentro Nacional e Internacional de Mujeres Negras Cuidadoras de la Vida y Los Territorios Ancestrales*, https://renacientes.net/2016/11/25/primer-encuentro-nacional-e-internacionalde-mujeres-negras-cuidadoras-de-la-vida-y-los-territorios-ancestrales/ (abgerufen am 9.6.2023)

Patricia Botero ist Professorin für Sozial- und Humanwissenschaften an der *Universidad de Manizales*, Kolumbien. Sie ist Mitglied der Gruppe der Akademiker und Intellektuellen zur Verteidigung des kolumbianischen Pazifiks (GAI-DEPAC) und arbeitet mit der Kampagne *Proceso de Comunidades Negras* (PCN) – *Otro Pazífico Posible*.

Übersetzung: Riccarda Flemmer

Michelle Boulous Walker

Slow-Movement

 Slow-Aktivismus, Slow Philosophie, Entschleunigung, Komplexität, Aufmerksamkeit

Die *Slow-Bewegung* besteht aus einem vielseitigen Zusammenschluss von Menschen, die sich dem *Slow-Aktivismus* verschrieben haben. Die erste und bekannteste von ihnen ist die *Slow-Food-Bewegung*. Der *Slow-Aktivismus* ruft zu einer Verlangsamung des Tempos in der modernen technologischen Lebensweise auf und vertritt die Auffassung, dass der fortgeschrittene Kapitalismus von einer Logik beherrscht wird, die Geschwindigkeit mit Effizienz gleichsetzt. Für Slow-Aktivist*innen schwinden in einer sich ständig beschleunigenden Welt die Möglichkeiten für eine beschauliche Beziehung zu anderen Menschen und der natürlichen Welt. In zeitlicher Hinsicht wird unser Dasein in der Welt durch die unerbittliche Erwartung herausgefordert, zu entscheiden, zu reagieren und zu handeln, ohne dass genügend Zeit zur Verfügung steht, um sich wirklich auf die Komplexität des Lebens einzulassen. Eine Kultur der Hektik durchdringt unsere sozialen und politischen Räume im 21. Jahrhundert.

Als Reaktion auf diese Kultur war *Slow Food* eine der ersten Bewegungen dieser Art, die in der westlichen Welt aufkam. Im Jahr 1989 wandte sich Carlo Petrini gegen die Verbreitung von industrialisiertem *Fast Food* und setzte sich stattdessen für einfache, handwerklich hergestellte Gerichte ein, bei denen die Produkte und die Traditionen der lokalen Küche berücksichtigt werden. *Slow Food* entwickelte sich hieraus, um die Freuden des langsamen Kochens und des geselligen Teilens von Speisen mit anderen in einem entspannten, weniger kommerziellen Rahmen zu feiern. Darüber hinaus schärft die Bewegung das Bewusstsein für die ökologischen und erzieherischen Fragen, die mit der Produktion und dem Konsum von Lebensmitteln weltweit verbunden sind. Somit schafft sie die Grundlage für ein politisches Bewusstsein für Themen wie Nachhaltigkeit und kooperative kleinbäuerliche Landwirtschaft als Alternativen zu *Fast Food* und groß angelegter Lebensmittelproduktion.

Die *Long Now Foundation*, die 1996 in San Francisco gegründet wurde, setzt der heutigen Beschleunigungskultur die Förderung von langfristigem Denken und Verantwortung entgegen. Sie stellt die Verknüpfung von Effizienz, Produktivität und Geschwindigkeit in Frage und propagiert ‚langsamer/besser' gegenüber ‚schneller/billiger'. Während das Anliegen von ‚langsamer/besser' – im Hinblick auf Ernährung – bisweilen als elitär und gourmetorientiert kritisiert wurde, greift die *Slow-Food*-Bewegung tatsächlich Petrinis frühen sozialen Widerstand auf und setzt sich für eine faire Nahrungsmittelpolitik und Gerechtigkeit für die von den globalen Ernährungssystemen am meisten Benachteiligten ein. So ist *Terra Madre* beispielsweise ein internationales Netzwerk, das sich für nachhaltige Landwirtschaft und biologische Vielfalt einsetzt, um gute, saubere und faire Lebensmittel zu garantieren. Im Mittelpunkt der internationalen Debatten steht heute in der Regel der Zugang zu lokalen, nachhaltigen und nahrhaften Lebensmitteln für Bevölkerungsgruppen, die in ethischen Debatten und in der Sozialpolitik oft übersehen werden. Die Bewegung in Portland, Oregon, vertritt zum Beispiel die Ansicht, dass lateinamerikanische Bäuer*innen in den *Slow-Food*-Aktivismus einbezogen werden müssen, wenn dieser sich weiterentwickeln soll.

Inzwischen gibt es 1.500 *Slow-Food-Genusszentren* (Convivial) in 150 Ländern der Welt, im globalen Norden ebenso wie in Niger, Angola, Bolivien, Sri Lanka und Indonesien. Darüber hinaus hat *Slow Food* eine Reihe von Bewegungen inspiriert, die auf die entmenschlichenden Auswirkungen der Globalisierung reagieren. Zu

III

diesen Bewegungen gehören *Slow Gardening, Slow Cities* (Città Slow), *Slow Schools, Slow Education, Slow Parenting, Slow Travel, Slow Living, Slow Life, Slow Reading, Slow Goods, Slow Money, Slow Investment, Slow Consulting, Slow Ageing, Slow Cinema, Slow Church, Slow Counselling, Slow Fashion, Slow Media, Slow Communication, Slow Photography, Slow Science, Slow Technology, Slow Design, Slow Architecture* und *Slow Art*. Die letztere, *Slow Art*, entlarvt kapitalistisches Denken, indem sie ihre Komplizenschaft mit einem System entblößt, das sowohl materiell als auch kulturell von der Ausbeutung der nicht-westlichen Welt profitiert. Diese Selbsterkenntnis der Menschen in den wohlhabenden Ländern ist mehr und mehr ein bestimmendes Merkmal dessen, was eine spezielle Praxis als *slow* kennzeichnet. Im ›Globalen Süden manifestiert sich die *Slow-Bewegung* in der Beschäftigung mit *Slow-Urbanismus* und ›*Slow-Governance* und untersucht die Zusammenhänge zwischen städtischen Krisen, wirtschaftlichem Abschwung, Migration, Enteignung, Vertreibung und Ausgrenzung. In diesen Kontexten besteht eine enge Beziehung zwischen dem *Slow-Aktivismus* und der Rückeroberung von Allmendeflächen.

Die Art und Weise, wie sich die Basisbewegungen auf der ganzen Welt die Langsamkeit zu eigen machen, ist zwar sehr unterschiedlich, aber was sie eint, ist die Entschlossenheit, das Vergnügen zu leben und die Grundbedürfnisse des Alltags mit einer Art künstlerischer Langsamkeit zu befriedigen. Derartige Bewegungen streben nach einer substanzielleren und nachhaltigeren Beziehung zur Komplexität der Welt. Carl Honorés Buch *In Praise of Slow*, erstmals 2004 veröffentlicht, untersuchte, wie Industriegesellschaften den Ansatz der Langsamkeit als Bewegung begreifen können, die das Potenzial hat, den Glauben „schneller ist immer besser" in Frage zu stellen. Seitdem hat sich die *Slow-Bewegung* weiterentwickelt, hin zur bewussteren Umsetzung des *Slow-Aktivismus* auf der ganzen Welt. Zum Teil umfasst dieses Engagement die Infragestellung unserer Rolle als passive Konsumenten in einem kapitalistischen System, das auf unkontrolliertes Wirtschaftswachstum und Handel ausgerichtet ist.

Die Rückgewinnung der Langsamkeit betrifft auch kulturelle Räume, die dem *Denken* gewidmet sind. Die Gleichsetzung von Schnelligkeit und Hast mit Effizienz ist Bestandteil eines typisch europäischen, instrumentell-rationalen Denkens, bei dem Aufmerksamkeit der Berechnung weicht und das Denken – im Allgemeinen – auf eine leere, technische Manipulation und Anwendung von Fakten reduziert wird. *Slow-Philosophie* ist der praktische Widerstand gegen eine Art des Denkens, das außerstande ist, sich zu sammeln, innezuhalten, zu überlegen und zu grübeln. In diesem Sinne ist sie eine besonders tiefgründige und kritisch reflektierende Form des *Slow-Aktivismus*. So wie die *Slow-Bewegung* in moderner und zeitgenössischer Weise auf nicht übliche Praktiken zurückgreift, so tut dies auch die *Slow-Philosophie*. Die *Slow-Philosophie* ist eine Methode, die ein instrumentelles Verhältnis zum Leben in Frage stellt; sie ist vor allem die Kultivierung erhöhter Achtsamkeit. Sie ermöglicht intensive Begegnungen, die uns für die Schönheit und Eigenartigkeit der Welt öffnen, und diese Intensität ist es, die jedem *Slow-Aktivismus* am Herzen liegt.

Weitere Quellen

Boulous Walker, Michelle (2017), *Slow Philosophy: Reading Against the Institution.* London and New York: Bloomsbury Academic.

Honoré, Carl (2004), *In Praise of Slow: How a Worldwide Movement Is Challenging the Cult of Speed.* London: Orion Books (deutsch: Slow life. Warum wir mit Gelassenheit schneller ans Ziel kommen. München: Goldmann Verlag, 2007)

Long Now Foundation, http://longnow.org/ (abgerufen am 9.6.2023)

Petrini, Carlo (2007), *Slow Food Nation: Why Our Food Should Be Good, Clean, and Fair.* Clara Furlan and Jonathan Hunt (trans.), New York: Rizzoli International.

—— (2010), *Terra Madre: Forging a New Global Network of Sustainable Food Communities.* John Irving (trans.), White River Junction, VT: Chelsea Green.

Terra Madre Foundation, https://www.terramadre.info/en/ (abgerufen am 9.6.2023)

Michelle Boulous Walker ist Leiterin der *European Philosophy Research Group* (EPRG) an *der School of Historical* *and Philosophical Inquiry der University of Queensland*, Australien. Sie ist die Autorin von *Philosophy and the Maternal Body: Reading Silence* (1998) und Veröffentlichungen zur europäischen Philosophie, Ästhetik, Ethik und feministischen Philosophie.

Übersetzung: Hannelore Zimmermann

Nadia Johanisova / Markéta Vinkelhoferová

Soziale Solidarische Ökonomie

 Soziale Solidarische Ökonomie, Sozialunternehmen, nicht-kapitalistische Ökonomien, Gemeinschaftseigentum, Gemeinschaftsökonomien

Die Soziale (und) Solidarische Ökonomie (SSÖ) ist ein umfassendes Konzept, das sich auf ein weltweites Spektrum bestehender wirtschaftlicher Praktiken bezieht, die nicht der gängigen wirtschaftlichen Logik privater Unternehmen entsprechen, die auf abstrakten Märkten konkurrieren, um Gewinne für eigennützige Verbraucher*innen zu maximieren, während die Natur auf eine passive Ressource reduziert wird. Stattdessen beinhalten sie oft Gemeinschaftseigentum, demokratische, nicht-hierarchische und einvernehmliche Entscheidungsfindung sowie gegenseitige Zusammenarbeit und Einbettung in einen lokalen sozialen und ökologischen Kontext. Die Grenze zwischen Konsument*innen und Produzent*innen kann verschwimmen. Profit und Eigeninteresse sind in der Regel zweitrangig gegenüber größeren Anliegen wie Gerechtigkeit und Solidarität, dem Recht auf eine würdige Lebensgrundlage sowie ökologischer Integrität und Begrenzung.

Solche Praktiken können formell oder informell organisiert sein, traditionell oder neu, und sie können Geldtransaktionen beinhalten oder auch nicht. Im Gegensatz zu einem herkömmlichen Verständnis von Wirtschaft als Teil des Marktes oder des Staates operieren sie oft innerhalb anderer Räume: internationale Solidaritätsnetzwerke, lokale Ökosysteme und Gemeinschaften, erweiterte Familien, Dörfer

und Gemeinden. Beispiele für solche ‚anderen‘, ‚nicht-kapitalistischen‘ Ökonomien sind Arbeit auf Gegenseitigkeit, Urban Gardening[1], ›Subsistenzlandwirtschaft, einige Fair-Trade-Projekte, Community Supported Agriculture[2], kollektive Vermarktung von Handwerksprodukten durch lokale Handwerksvereinigungen, traditionelle ›Commons-Systeme, von Arbeiter*innen besetzte Fabriken, Genossenschaften für erneuerbare Energien, einige Formen von Wohnungsbaugenossenschaften und Selbstbauvereinigungen, Gemeinschafts-/Sozialwährungen, Darlehens- und Kreditgenossenschaften, rotierende Kredit- und Sparvereinigungen, zinslose Banken, Kinderbetreuungsnetzwerke, kommunale Abfallverwertungszentren, künstlerische Kooperativen, traditionelle Bestattungsgesellschaften und viele mehr.

Während die Praxis der SSÖ weit verbreitet und unter vielen Namen bekannt ist, ist das Konzept relativ neu. Das *Internationale Netzwerk zur Förderung der Sozialen Solidarischen Ökonomie* (RIPESS), das sich aus kontinentalen Netzwerken der SSÖ zusammensetzt, hielt seine erste Sitzung 1997 in Lima, Peru, ab. Das Konzept und die Bewegung gewannen nach dem Weltsozialforum 2001 in Porto Alegre, Brasilien, an Schwung. RIPESS unterstützt ausdrücklich wirtschaftliche Alternativen zum Kapitalismus und zum derzeitigen fehlerhaften Entwicklungsmodell. Das Konzept (oft abgekürzt als ‚Solidarische Ökonomie‘) schöpft einen Großteil seiner Energie aus der Basis, unterstützt von der Wissenschaft in Lateinamerika – siehe die Arbeiten von José Luis Coraggio (Ecuador), Luis Razeto (Chile) und Euclides Mance (Brasilien) – sowie in Frankreich (Jean-Louis Laville) und anderen frankophonen Regionen, wie Quebec und dem frankophonen Afrika.

Eine ganzheitliche Sicht der SSÖ, die sowohl die traditionelle als auch die neue SSÖ anerkennt, stellt den Mainstream-Entwicklungsdiskurs in Frage. Letzterer sieht den wirtschaftlichen Fortschritt als einen Marsch vom Nicht-mone-

S

III

tarisierten zum Monetarisierten, vom Kommunalen zum Privatisierten, vom Lokalen zum Globalen, vom Handwerklichen zum Massenprodukt. Aus dieser Perspektive werden die ‚traditionellen' Sozialen Solidarischen Ökonomien als rückständig und unproduktiv angesehen und bleiben meist unsichtbar. Umgekehrt werden einige ‚neue' SSÖ-Praktiken als ‚soziale Innovationen', ‚Sozialwirtschaft' (social economy) oder ‚Sozialunternehmen' (social enterprise) gepriesen. Solche Ansichten sind vor allem in der EU und den USA weit verbreitet. In gewisser Weise ist diese Aufmerksamkeit willkommen und kann ein günstiges politisches und Finanzierungsumfeld für die SSÖ schaffen. Es gibt jedoch auch Nachteile: Mit seiner Betonung von Marktverhalten, Ausweitung (scaling-up), bezahlter Beschäftigung, formalen Strukturen und ‚Innovation' kann ein solcher Diskurs bestehende SSÖ-Organisationen entradikalisieren und sie in den Mainstream drängen. Er kann aber auch sowohl traditionelle als auch radikale SSÖ-Gemeinschaften in den Schatten stellen. Im schlimmsten Fall kann die Umdeutung einer SSÖ als ‚Unternehmen' als Entschuldigung für das ‚Business-as-usual' dienen. Es wird davon ausgegangen, dass Sozialunternehmen Arbeitsplätze schaffen, die Armut lindern und allgemein die sozialen Kosten des Systems auffangen, so dass sie als Rechtfertigung für einen Abbau der öffentlichen Sozialleistungen dienen können.

Während einige SSÖ-Initiativen bewusst radikal sind (Conill et al. 2012), sehen sich viele SSÖ-Einheiten nicht als solche. Zum Beispiel engagieren sich städtische Kleingärtner*innen in der Tschechischen Republik in nicht-kapitalistischen Ökonomien, indem sie ihr Essen anbauen und es teilen, aber sie sehen dies selten als eine Handlung gegen das Wirtschaftssystem an. In ähnlicher Weise verwenden die *Soninké*-Schmiede in Kaedi, Mauretanien, deren kooperative Gemeinschaften Metallwerkzeuge für einen lokalen Markt herstellen, Altmetall als Input und bauen ihre eigenen Lebensmittel an, sind aber nicht bewusst radikal (Latouche 2007).

Dennoch könnten sie als Teil der SSÖ betrachtet werden, da sie als nicht-kapitalistische Enklave in einem Wirtschaftssystem überlebt haben, das den größten Teil des westafrikanischen Schmiedehandwerks vor hundert Jahren zerstört hat.

Eine erweiterte Sichtweise von ‚der Wirtschaft' als „die Art und Weise, wie Menschen sich kollektiv organisieren, um ihren Lebensunterhalt zu bestreiten, und die Art und Weise, wie eine Gesellschaft sich selbst organisiert, um ihr materielles Leben und ihren Wohlstand zu (re)produzieren" (Dash 2013), eröffnet einen weiten historischen und zeitgenössischen Blick auf ‚andere' Ökonomien, die bisher vom Mainstream ›marginalisiert wurden. Eine ältere ‚moralische Ökonomie' wurde von E.P. Thompson für das Großbritannien des 18. Jahrhunderts und von J. Scott für Südostasien im 20. Jahrhundert beschrieben. Diesem älteren Wirtschaftsethos zufolge hat jede*r ein Recht auf Leben oder Lebensunterhalt, langfristige Nachhaltigkeit hat Vorrang vor Wachstum, und wirtschaftliche Unterstützung auf der Grundlage von Gegenseitigkeit ist die Norm. Karl Polanyi, David Graeber und andere haben argumentiert, dass ein solches Wirtschaftsethos den größten Teil der Geschichte in den meisten Gesellschaften vorherrschte. Die SSÖ-Gruppen können also nicht als bloße ‚Innovationen' betrachtet werden, sondern als Rückkehr zu einer Wirtschaft mit moralischem Kompass, nach einem Ausflug in die Sackgasse der Mainstream-Wirtschaftspraxis.

Traditionelle moralische Ökonomien können zwar als Anker und Inspiration dienen, aber nicht alle waren demokratisch und gerecht. Dies ist eine Herausforderung für den Übergang zur SSÖ. Eine weitere Herausforderung ist die Frage der ökologischen Integrität und Begrenzungen: Die Zusammenarbeit mit der nicht-menschlichen Natur braucht mehr Raum im Diskurs über die SSÖ. Die dritte Herausforderung ist die Mainstream-Wirtschaft selbst, die dazu neigt, die SSÖ durch Größenvorteile, Externalisierung von Kosten und Abhängigkeit von kapitalintensiver, durch fossile Brennstoffe angetriebener Produktion zu verschlingen. Dennoch bleibt die SSÖ als eine beständige und expandierende Basispraxis eine wichtige Säule für den Übergang zu einer ökologisch vernünftigen und sozial gerechten Welt.

Anmerkungen

1 Urban Gardening: Gemeinschaftliches Gärtnern in Städten (Anm. d. Übers.).
2 Community Supported Agriculture (CSA): Gemeinschaftsgetragene Landwirtschaft, in der die Konsumierenden einen landwirtschaflichen Betrieb finanzieren und sich die Ernte teilen. In Deutschland auch „Solidarische Landwirtschaft": https://www.solidarische-landwirtschaft.org/ (Anm. d. Übers.).

Weitere Quellen

Conill, Joana, Manuel Castells, Amalia Cardenas and Lisa Sevron (2012), ‚Beyond the Crisis: The Emergence of Alternative Economic Practices', in *Manuel Castells, Joao Caraça and Gustavo Cardoso, Aftermath: The Cultures of the Economic Crisis*. Oxford: Oxford University Press.
Dash, Anup (2013), *Towards an Epistemological Foundation for Social and Solidarity Economy*. Draft paper for UN-RISD Conference on ‚Potential and Limits of Social and Solidarity Economy'. 6–8 May, Geneva, Switzerland.
Latouche, Serge (2007), *La otra Africa: Autogestión y apaño frente al mercado global*. Barcelona: Oozebap.
Red de Educación y Economía Social y Solidaria (Network of Education and Social Solidarity Economy), https://www.educacionyeconomiasocial.org/ (abgerufen am 29.07.2023).
RIPESS (The International Network for the Promotion of the Social Solidarity Economy), www.ripess.org, www.ripess.eu. (abgerufen am 5.7.2023)
Socioeco, www.socioeco.org. (abgerufen am 5.7.2023)

Nadia Johanisova ist eine ökologische Ökonomin an der Fakultät für Sozialwissenschaften der Masaryk-Universität, Tschechische Republik. Sie interessiert sich für die Kritik an der Mainstream-Ökonomie und für wirtschaftliche Alternativen und ist Autorin von *Living in the Cracks: A Look at Rural Social Enterprises in Britain and the Czech Republic* (Feasta, NEF, 2005).

Markéta Vinkelhoferová ist eine Aktivistin und Praktikerin der Sozialen Solidarischen Ökonomie. Sie arbeitet für die *Ökumenische Akademie,* eine gemeinnützige Organisation mit Sitz in Prag, die sich für soziale Gerechtigkeit und ökologische Nachhaltigkeit einsetzt, und ist Mitgründerin der *Fair & Bio Roastery*, die genossenschaftliche Prinzipien mit fairem Handel und sozialer Inklusion verbindet.

Übersetzung: Elisabeth Voß

Brian Tokar

Sozialökologie

 direkte Demokratie, Ökologie, Konföderation, Hierarchie, Gemeinschaft, Verammlung, soziale Bewegungen

Die Sozialökologie bietet eine revolutionäre und rekonstruktive politische Perspektive, welche die konventionellen Ansichten über die Beziehungen zwischen menschlichen Gemeinschaften und der natürlichen Umwelt in Frage stellt und eine alternative Vision von freien, konföderierten und direktdemokratischen Städten, Gemeinden und Nachbarschaften anbietet, die versuchen, diese Beziehungen wieder harmonisch in Einklang zu bringen. Die Sozialökologie wurde ursprünglich von dem Sozialtheoretiker Murray Bookchin entwickelt, der zwischen den 1960er und den frühen 2000er Jahren in den Vereinigten Staaten arbeitete, und wurde daraufhin von seinen Kolleg*innen und vielen anderen auf der ganzen Welt weiterentwickelt. Die Sozialökologie hat verschiedene soziale Bewegungen beeinflusst, darunter die Kampagnen gegen die Atomenergie der 1970er Jahre, Teile der weltweiten Anti-Globalisierungs- und Klimagerechtigkeitsbewegungen und den gegenwärtigen Kampf um demokratische Autonomie der kurdischen Bevölkerungsgruppen in der Türkei und Syrien.

Sozialökologie geht davon aus, dass Umweltprobleme grundsätzlich sozialer und politischer Natur sind und ihre Wurzeln im historischen Erbe von Herrschaft und sozialer Hierarchie haben. Sie ist sowohl in anarchistischen als auch in libertär-sozialistischen Strömungen verankert, die den Kapitalismus und den Nationalstaat in Frage stellen und Institutionen der lokalen Demokratie als das beste Gegenmittel zur zentralisierten Staatsmacht betrachten. Murray Bookchin gehörte zu den ersten Denker*innen im Westen, die den Wachstumsimperativ des Kapitalismus als grundlegende Bedrohung für die Integrität lebender Ökosysteme erkannten

S

III

und die Auffassung vertraten, dass soziale und ökologische Belange grundsätzlich untrennbar sind. Durch detaillierte Untersuchungen zur Geschichte und Anthropologie stellte Bookchin die gängige westliche Vorstellung in Frage, dass der Mensch grundsätzlich danach strebt, die natürliche Welt zu beherrschen, und kam stattdessen zu dem Schluss, dass die Beherrschung der Natur ein Mythos sei, begründet in den Herrschaftsverhältnissen zwischen den Menschen, die infolge des Zusammenbruchs der alten Stammesgesellschaften in Europa und im Nahen Osten entstanden sind. Sozialökolog*innen werden außerdem von Elementen des indigenen nordamerikanischen Denkens und von verschiedenen Schulen der kritischen Gesellschaftstheorie beeinflusst, einschließlich des historisch verwurzelten Ansatzes des ökologischen Feminismus, der von den Sozialökologinnen Ynestra King und Chaia Heller vorangetrieben wurde.

In Anlehnung an diese Einflüsse hebt die Sozialökologie verschiedene egalitäre soziale Prinzipien hervor, die vielen indigenen Kulturen – sowohl in der Vergangenheit als auch in der Gegenwart – gemeinsam sind, und erhebt diese zu Wegweisern für eine erneuerte Gesellschaftsordnung. Zu diesen Prinzipien, die sowohl von kritischen Anthropolog*innen als auch von indigenen Denker*innen hervorgehoben wurden, gehören Konzepte wie ›Interdependenz, Reziprozität, Einheit in der Vielfalt und eine Ethik der Komplementarität, das heißt, ein ausgewogenes Rollenverhältnis zwischen verschiedenen sozialen Bereichen, insbesondere durch den aktiven Ausgleich von Unterschieden zwischen Individuen. Der inhärente Konflikt zwischen diesen Leitprinzipien und denjenigen der immer stärker auf Schichtung basierenden hierarchischen Gesellschaften hat die widerstreitenden Vermächtnisse von Herrschaft und Freiheit während des größten Teils der Menschheitsgeschichte geprägt.

In den philosophischen Untersuchungen der Sozialökologie wird die Entstehung des menschlichen Bewusstseins im Rahmen der Prozesse der natürlichen Evolution analysiert. Die Perspektive des dialektischen ›Naturalismus betrachtet die dynamischen Kräfte der Evolutionsgeschichte und begreift die kulturelle Evolution als eine dialektische Entwicklung, die sowohl von natürlichen als auch von sozialen Faktoren beeinflusst wird. Sozialökolog*innen stellen die vorherrschende Auffassung von der Natur als einem *Reich der Notwendigkeit* in Frage und vertreten die Auffassung, dass die natürliche Evolution Qualitäten wie Vielfalt und Komplexität gefördert und auch die Ursprünge menschlicher Kreativität und Freiheit hervorgebracht hat – und dass es daher für unsere Gesellschaften unerlässlich ist, diese zugrunde liegenden evolutionären Tendenzen voll zum Ausdruck zu bringen und weiterzuentwickeln.

Diese historischen und philosophischen Erkundungen untermauern die politische Strategie der Sozialökologie, die als libertärer oder konföderaler ›Munizipalismus oder einfacher als *Kommunalismus*[1] bezeichnet wird und deren Schlüsselideen auf dem Erbe der *Pariser Kommune* von 1871 beruhen. Die Sozialökologie beruft sich auf die altgriechischen Wurzeln des Wortes „Politik" als demokratische Selbstverwaltung der *Polis* oder Gemeinde. Bookchin plädierte für befreite Städte, Gemeinden und Stadtteile, die von offenen Volksversammlungen regiert werden, welche sich frei zusammenschließen, um das Kirchturmdenken zu bekämpfen, die Unabhängigkeit zu fördern und eine echte Gegenmacht aufzubauen. Er würdigte die dauerhaften *Town-Meeting*-Traditionen in Vermont und in der gesamten Region Neuengland in den Vereinigten Staaten und beschrieb, wie die *Town Meetings* der Region in den Jahren vor der Amerikanischen Revolution einen zunehmend radikalen und egalitären Charakter annahmen.

Sozialökolog*innen sind der Ansicht, dass – während die Institutionen des Kapitalismus und des Staates die soziale Schichtung verstärken und die Spaltung der Menschen ausnutzen – alternative, in der direkten Demokratie verwurzelte Strukturen das Entstehen eines allgemeinen sozialen Interesses an einer sozialen und ökologischen Erneuerung fördern können. Menschen, die von dieser Sichtweise inspiriert sind, haben Strukturen der direkten Demokratie und von Volksversammlungen in zahlreiche soziale Bewegungen in den USA, Europa und darüber hinaus eingebracht – von Kampagnen gegen die Atomkraft in den späten 1970er Jahren bis hin zu den jüngeren Bewegungen für globale Gerechtigkeit/Anti-Globalisierung und *Occupy Wall Street*. Die vorausschauende Dimension dieser Bewegungen – die Vorwegnahme und Verwirklichung verschiedener Elemente einer befreiten Gesellschaft – hat die Teilnehmenden ermutigt, den *Status quo* in Frage zu stellen und gleichzeitig ›transformative Zukunftsvisionen voranzutreiben.

Sozialökolog*innen haben sich auch um eine Erneuerung der utopischen Tradition im westlichen Denken bemüht. Der Mitbegründer des *Institute for Social Ecology*, Dan Chodorkoff, plädiert für einen ‚praktischen Utopismus‘, der die theoretischen Erkenntnisse der Sozialökologie und die politische Praxis mit den fortschrittlichen Prinzipien des ökologischen Bauens und der Neugestaltung von Städten sowie mit Öko-Technologien zur Erzeugung von Lebensmitteln, Energie und anderen lebensnotwendigen Gütern verbindet. Ökologische Gestaltungskonzepte wie die ›Permakultur, die ein tieferes Verständnis der Muster der natürlichen Welt vermitteln, stehen im Einklang mit der Auffassung der Sozialökologie, dass der Mensch auf kreative, für alle Seiten vorteilhafte Weise an der Natur teilhaben kann, während er sich gleichzeitig bemüht, das historische Erbe von Missbrauch und Zerstörung zu überwinden.

Die Sichtweise der Sozialökologie hat die Akteur*innen der internationalen sozialen Bewegungen tiefgreifend beeinflusst, von den Anfängen der grünen Politik bis hin zu den jüngsten Kampagnen für lokale Selbstbestimmung im Rahmen von Volksversammlungen in verschiedenen europäischen und kanadischen Städten.

Sozialökolog*innen haben in vielen Teilen der Welt die Bemühungen um eine grünere Stadtgestaltung und die Stärkung der Nachbarschaft geprägt. Am auffälligsten ist vielleicht der Einfluss auf die Kämpfer*innen in den Kurdengebieten des Nahen Ostens, wo ethnisch unterschiedliche Bevölkerungsgruppen, die lange Zeit von den Kolonial- und Staatsmächten an den Rand gedrängt worden sind, in einer der am stärksten vom Krieg gezeichneten Regionen der Welt Institutionen der konföderalen direkten Demokratie geschaffen haben. Trotz anhaltender sektiererischer Kriege und religiöser Gewalt bemühen sich kurdische Städte in der Nähe der türkisch-syrischen Grenze um Geschlechtergerechtigkeit und einen ökologischen Wiederaufbau, der maßgeblich von der Sozialökologie und anderen sozialkritischen, in einer Vielzahl kultureller Perspektiven verwurzelten Auffassungen geprägt ist.

Anmerkung

1 Theorie (des Anarchismus), nach der die Gesellschaft dezentralisiert und über miteinander vernetzte kleinere Städte organisiert werden sollte (Oxford Languages)

Weitere Quellen

Bookchin, Murray (1982), *The Ecology of Freedom: The Emergence and Dissolution of Hierarchy*. Palo Alto: Cheshire Books (and later editions) (**deutsch**: Die Ökologie der Freiheit. Wir brauchen keine Hierarchien Weinheim: Beltz Verlag, 1985)

— (2015), *The Next Revolution: Popular Assemblies and the Promise of Direct Democracy*. New York: Verso Books. (**deutsch**: Die nächste Revolution. Libertärer Kommunalismus und die Zukunft der Linken. Münster: Unrast Verlag, 2015)

Eiglad, Eirik (ed.) (2015), *Social Ecology and Social Change*. Porsgrunn, Norway: New Compass Press.

Institute for Social Ecology, www.social-ecology.org (abgerufen am 10.6.2023).

New Compass Press, www.new-compass.net (abgerufen am 9.6.2023)

Brian Tokar ist Dozent für Umweltstudien an der Universität von Vermont, Vorstandsmitglied und seit kurzem Direktor des *Institute for Social Ecology* in Vermont, USA. Sein neuestes Buch ist *Toward Climate Justice: Perspectives on the Climate Crisis and Social Change* (Überarbeitete Ausgabe; New Compass Press, 2014).

Übersetzung: Hannelore Zimmermann

III

Charles Eisenstein

Spiritualität der Erde

 Wissenschaft, Spiritualität, Entwicklung

Der Begriff *Erdspiritualität* bezieht sich auf ein Glaubenssystem, das die Empfindsamkeit, Heiligkeit und bewusste Handlungsmacht der Natur und ihrer nichtmenschlichen Wesen anerkennt. Sie nimmt verschiedene Namen an, entsprechend den unterschiedlichen Orientierungen – wie etwa Neuheidentum, Wicca, Animismus oder Pantheismus. Sie ist eng an alte und indigene Naturvorstellungen angelehnt und nimmt oft bewusst Anleihen bei ihnen. So formuliert es die Ethnologin Frederique Apffel-Marglin:

> *Wie die ethnografischen Aufzeichnungen indigener und traditioneller Gesellschaften reichlich belegen, werden Gefühle der Dankbarkeit, der Gegenseitigkeit, der Verantwortung und dergleichen durch die Geister der Erde, der Tiere, der Samen, der Berge, des Regens, der Gewässer usw. an die nicht-menschliche Welt gerichtet. (Apffel-Marglin 2012: 39)*

Die Erdspiritualität steht im Gegensatz zur wissenschaftlich-materialistischen Sichtweise der Natur, die von unpersönlichen Kräften beherrscht und von Tieren und Pflanzen bevölkert wird, denen es an vollem Sein fehle. Sie delegitimiert daher Technologien, die die Natur unterjochen und oft auch zerstören. Wenn die Natur eine Art von Intelligenz besitzt, dann können wir ihr nicht länger ungestraft menschliche Entwürfe aufzwingen. Wenn Tiere, Pflanzen, Böden, Wasser, Berge, Flüsse usw. empfindsame Subjekte sind, können wir sie nicht länger guten Gewissens als Instrumente des menschlichen Nutzens behandeln. Wir müssen das Wohlergehen, die Integrität und sogar die Würde aller Wesen berücksichtigen und dürfen sie nicht als bloße ‚Ressourcen' behandeln.

Die Unvereinbarkeit der Erdspiritualität mit dem normativen Wissenschaftsglauben macht sie anfällig für den Vorwurf der anthropomorphen Projektion. Ebenso wie sich ein Kind vorstellt, dass sein Teddybär hungrig ist, so stellt sich der romantische Hippie-Umweltschützer vor, dass das Land wütend ist, der Fluss sich beleidigt fühlt oder der Berg sein Golderz behalten will. Allerdings entspricht diese Assoziation von Erdspiritualität mit kindischer Fantasie oder New-Age-Humbug auch einem kolonialistischen Narrativ, das indigene Kulturen von dem gleichen verächtlichen Standpunkt aus betrachtet. Es suggeriert, dass indigene Völker – die fast einhellig die Natur personifizieren – wie Kinder sind, abergläubisch und erkenntnistheoretisch primitiv, und deshalb eine Erziehung hin zu modernen Wissenssystemen benötigen. Dies ist eine zentrale Annahme zur Legitimierung von Entwicklung.

Eine ähnliche Kritik beschuldigt die Erdspiritualität der kulturellen Aneignung. Sie sieht die indigenen Vorstellungen der Empfindsamkeit und Persönlichkeit der Natur als bloße kulturelle „Überzeugungen" und nicht als Offenbarungen von etwas Realem. Zwar ist es für Suchende aus der dominanten Kultur durchaus üblich, sich im intellektuellen Gewand entlehnter indigener Glaubensvorstellungen zu kleiden, um eigene bröckelnde Sinnstrukturen zu kompensieren. Indigene Weltanschauungen können jedoch Wissen enthalten, das entscheidend für das materielle und psychische Wohlbefinden ist. Die Weitergabe dieser Weltanschauungen und der damit verbundenen Praktiken ist eine Umkehrung der herkömmlichen *Entwicklung*, die sagte: „Wir wissen besser als ihr, wie man lebt; wir wissen besser als ihr, wie man ‚wissen' kann." Heute spüren die Suchenden der Erdspiritualität, dass andere Kulturen das Wissen, das sie suchen, bewahrt haben.

Ein dritter Kritikpunkt ist, dass Umweltschützer, die solche Überzeugungen annehmen, sich dem Vorwurf der Schwäche und des Ausschlusses aus politischen Kreisen aussetzen, denen eine Aussage wie „das Bewusstsein des Waldes" fremd ist. Während die Erdspiritualität im Allgemeinen mit den Zielen der Umweltbewegung übereinstimmt und viele Umweltschützer insgeheim mit ihr sympathisieren, werden in der öffentlichen Darstellung des Umweltschutzes und insbesondere des Klimawandels meist ›utilitaristische Argumente angeführt wie „wir sollten aufhören, die Natur zu zerstören, weil uns sonst etwas Schlimmes zustoßen wird." Diese zweckorientierten Argumente lassen sich leicht in der Sprache der öffentlichen Politik formulieren. Leider sind sie der erste Schritt auf einem schmalen Grat. Der nächste Schritt ist die Quantifizierung und Monetarisierung von Ökosystemleistungen, also die Bezifferung des Nutzens der Natur, um diesen über Marktmechanismen optimal zuweisen zu können. Es ist dann in Ordnung, hier ein Feuchtgebiet trocken zu legen, wenn dort ein anderes wiederhergestellt wird; hier einen Wald abzuholzen und dort einen neuen zu pflanzen; im Extremfall sogar die gesamte Natur durch einen technischen Ersatz auszutauschen, wenn dies möglich wäre.

Da *Entwicklung* zum großen Teil die Umwandlung von Natur in Waren bedeutet, ist die Erdspiritualität in der Tat ein Anti-Entwicklungs- oder Post-Entwicklungs-Glaubenssystem. Weil sie darauf besteht, dass die Natur einen inhärenten Wert hat, der über ihren Nutzen hinausgeht, schließt die Erdspiritualität die normale kapitalistische Verwertung der Biosphäre aus. So wie es unmoralisch ist, Menschen zu töten, um ihre Organe zu ernten, so ist es auch unmoralisch, nicht-menschliche Lebewesen nur wegen ihres Gebrauchswertes zerstören zu wollen. Eine wichtige politische Konsequenz der Erdspiritualität stellen die „Rechte der Natur" dar, die vor kurzem in die Gesetzbücher mehrerer Länder aufgenommen wurden, darunter in Bolivien, Ecuador und Neuseeland.[1] Alle diese Länder haben eine starke indigene Bevölkerung, aber dies allein würde nicht ausreichen, um die Rechte der Natur zu legalisieren, wäre da nicht das Wiederaufleben der Erdspiritualität in der herrschenden Kultur.

Während in ,weniger entwickelten' Ländern die Erdspiritualität eine ungebrochene Fortsetzung der alten erdzentrierten Weltanschauung ist, ist im Westen die Kontinuität mit der heidnischen oder pantheistischen Vergangenheit viel brüchiger, denn sie hat Jahrhunderte der Unterdrückung durch die Kirche, den Marktkapitalismus und die wissenschaftliche Revolution überdauert. Heute, da sich diese Institutionen auflösen, ist die Erdspiritualität sowohl in der Theorie als auch in der Praxis wieder im Kommen. Sie ist beispielsweise ein grundlegendes Prinzip der westlichen Ökodorf-Bewegung, am bekanntesten *Findhorn* und seiner rituellen Kommunikation mit den Naturgeistern und *Tamera* mit seinem Steinkreis, aber auch *Earth Haven*, *The Farm*, die *Sirius Community* und vielen anderen. Wer sich mit den eingefleischtesten ›Permakulturisten unterhält, wird in der Regel feststellen, dass er, und aber vor allem auch sie, insgeheim irgendeine Form von Erdspiritualität pflegen.

Schließlich bröckelt der scheinbare Gegensatz zwischen Wissenschaft und Erdspiritualität im Lichte der jüngsten Entdeckungen. Die Intelligenz von Pflanzen, die Intelligenz von Myzelen, die Fähigkeit von Wasser, Informationen zu transportieren, und die Komplexität der tierischen Kommunikation verleihen der Idee, dass Nichtmenschen über eine subjektive Handlungsfähigkeit und innere Erfahrung verfügen, wissenschaftliche Glaubwürdigkeit. Und natürlich legt die Gaia-Theorie nahe, dass der gesamte Planet lebendig ist und (auch wenn das nur wenige Ökologen öffentlich sagen würden) ein Bewusstsein hat.

Deuten diese Entwicklungen auf eine künftige Welt hin, die wieder die Erdspiritualität als Grundlage für die Technologie und die Beziehung zwischen Menschen und anderen Wesen umarmt? Übernimmt es nun der Westen, einen Kurs der ,Entwicklung' einzuschlagen – vielleicht einen anderen zivilisatorischen Weg, inspiriert von den Überresten des Weltbildes, das er fast ausgelöscht hat?

III

Anmerkung

1 Harmony with Nature (UN), http://www.harmonywith-natur.eun.org/RightsOfNature/(abgerufen am 22.5.2026)

Weitere Quellen

Apffel-Marglin, Frederique (2012), *Subversive Spiritualities*. USA: Oxford University Press.

Charles Eisensteins Website, http://charleseisenstein.net/ (abgerufen am 22.05.2026)

Charles Eisenstein ist Schriftsteller und Redner. Seine neuesten Bücher sind *Sacred Economics* (North Atlantic Books, 2011) und *Die schönere Welt, die unser Herz kennt, ist möglich* (München: Scorpio Verlag, 2017).

Übersetzung: Timmi Tillmann

Sutej Hugu

Tao-Weltanschauung

 Artenübergreifender Vertrag, indigene Ontologie, Öko-Kalender, Rechte der Natur, Stammes-Souveränität

Das austronesische[1] Volk der *Tao*, das von der Kolonisierung der modernen Welt bis zum Ende des 19. Jahrhunderts (1896) verschont blieb, zählt heute etwa 5.000 Einwohner, von denen die Hälfte noch auf ihrer Heimatinsel *Pongso no Tao* (Lanyu) lebt. Es handelt sich um eine kleine vulkanische Insel von 45 Quadratkilometern Größe vor der Südostküste Taiwans am westlichen Rand des Pazifischen Ozeans. Es gibt sechs unabhängige Stammesgemeinschaften, die dieselbe Sprache sprechen, aber jede hat ihren eigenen Ursprung, ihre eigenen Mythen und Legenden.

Genährt durch den Reichtum des großen marinen Ökosystems des Kuroshio-Ozeanstroms leben die *Tao* seit Jahrtausenden in der ,ursprünglichen Stammesgesellschaft' mit ihrem umfassenden traditionellen ökologischen Wissen und ihren Praktiken. Es gibt nicht-hierarchische und nicht-spezialisierte egalitäre Stammesgemeinschaften ohne Häuptlinge oder herrschende Älteste, stattdessen mit Menschen, die funktional führen und für die Leitung verschiedener Produktionen, Bauarbeiten und

zeremoniellen Aktivitäten sowie für Veranstaltungen verantwortlich sind – ergänzet wird dies durch eine Arbeitsteilung nach Geschlechtern innerhalb des Haushalts. Nach ihrem einzigartigen Zeitrechnungssystem namens ,ahehep no tao' (Abend des Volkes), einem urwüchsigen Ökokalender, der sowohl dem monatlichen Mondzyklus folgt als auch den jährlichen Sonnenzyklus einholt, wechseln die *Tao*-Männer saisonal zwischen Wander- und Korallenriff-Fischerei. Die *Tao*-Frauen bauen *Taro*[2] auf privaten Feldern mit Bewässerungskanälen an, und sie betreiben Wanderfeldbau – im Wechsel von Brennen und Brache bauen sie Taros, Süßkartoffeln, Yamswurzeln und Hirse auf regenbewässerten Feldern an, die sich im gemeinschaftlichen Besitz von Großfamilien befinden. Sie bewahren einen Gemeinschaftswald, indem sie generationenübergreifend geschützte Bäume pflegen und auf ökologisch sinnvolle Weise Holz aus dem Regenwald mit ,hoher Alphavielfalt'[3] für den Bau von Booten und Häusern schneiden. Dieses anpassungsfähige kulturelle und ökologische Wissen und das ausgeklügelte Normensystem ,Makaniaw' (Tabu) für die Nachhaltigkeit der Insel und ihrer Bewohner sind noch immer lebendig.

Der Kern der Tao-Weltanschauung kann als Leitfaden für das Überleben, die Wiederbelebung und die Nachhaltigkeit der kommenden Generationen betrachtet werden. Sie nutzen zum Beispiel den Ökokalender und einen *Vertrag zwischen den Arten* als Grundlage für die Verwaltung und die Rechte der Natur. Auf der Grundlage einer einfachen, aber sorgsamen und tiefen Beziehung zu den natürlichen Umweltkreisläufen und deren genauer Beobachtung wird der Ökokalender als grundlegender Rahmen für ihre Führungsinstitution genutzt. Er zählt und benennt dreißig Namen für die Mondphasen und zwölf Namen für die Mondzyklen über das ganze Jahr hinweg, das in drei Jahreszeiten unterteilt ist. Am erstaunlichsten ist die dynamische Kalenderanpassung, mit der im passenden Jahr ein Schaltmonat eingefügt wird, um die Diskrepanz zwischen zwölf Mondmonaten und einem Sonnenjahr auszugleichen. Die biologische Uhr der wandernden fliegenden Fische ist dafür ausschlaggebend.

In Anlehnung an diesen Ökokalender mit seinen ökologischen und phänomenologischen Erkenntnissen gibt es drei große Zeremonien, die jede Jahreszeit mit kritischem ethischem Gehalt einleiten:

1. *Mivanoa* für die Rayon-Jahreszeit, etwa von März bis Juni – alle Männer, jung und alt, sollen sich am Gemeinschaftsstrand der Fischerboote versammeln, um ein Ritual zur Beschwörung des Schwarmes der fliegenden Fische abzuhalten und den Vertrag zwischen den Arten und dem Volk der *Tao* aus alten Zeiten zu bekräftigen, um die Rechte der Natur und die Ordnung der lebenden Welt zu bestätigen. In der *Tao*-Mythologie hatte der Vorfahre der edelsten schwarzgeflügelten fliegenden Fische die Vorfahren des *Tao*-Volkes gelehrt, wie man die fliegenden Fische nachhaltig fängt und angemessen behandelt, um das Überleben beider Arten zu sichern. In derselben Geschichte wird zum ersten Mal über die Regelung der Arbeiten und Zeremonien im Jahresverlauf berichtet.

2. *Mivaci* für die *Teyteyka*-Jahreszeit, etwa von Juli bis Oktober – alle Männer und Frauen finden sich auf dem Versammlungsplatz der Gemeinschaft ein, um die Ernte der Hirse und anderer Feldfrüchte von den gemeinsamen Feldern der blutsverwandten und angeheirateten Familie zu feiern, in der Absicht immer das höchste Maß an Agro-Biodiversität und Saatgut-Souveränität von etwa fünfzig Sorten verschiedener Feldfrüchte durch traditionelle Anbausysteme und umweltfreundliche, widerstandsfähige Praktiken zu bewahren.

3. *Mipazos* für die Amian-Jahreszeit, etwa von November bis Februar – alle Haushalte bereiten Opfergaben vor, bringen sie zuerst zum Gemeinschaftsstrand, dann kommen die Mitglieder der Haushalte zurück und legen die Gaben auf das Dach jedes Haupthauses, so soll die Harmonie mit allen Geistern wiederhergestellt und eine Verpflichtung zum Wohlergehen aller Wesen bekräftigt werden.

In der *Tao Marine Governance Institution* ist die Rayon-Jahreszeit nur für das Fischen von wandernden Arten vorgesehen. Das Fischen in den Korallenriffen ist in dieser Zeit absolut verboten. Der Fang von fliegenden Fischen wird eingestellt, sobald der Höhepunkt der Fortpflanzung erreicht ist. In den anderen für den Korallenriff-Fischfang offenen Jahreszeiten werden die Fische in drei Kategorien eingeteilt: gute (*oyod*), schlechte (*rahet*) und nicht fliegende Fische (*jingngana*), damit der Druck auf die marine Nahrungskette verteilt und vermindert wird. Die ‚guten' Fische sind in erster Linie für Frauen und Kinder bestimmt, die ‚schlechten' Fische nur für Männer und Ältere. Alle oben genannten Praktiken stehen offensichtlich für ein wirksames mehrdimensionales Nutzungssystem zur Erhaltung der natürlichen Ressourcen und der Umwelt.

Die indigene ›Ontologie der Tao beschreibt die Welt und definiert eine Art der Verbundenheit, die die Dreifaltigkeit der sprachlichen, kulturellen und biologischen Vielfalt widerspiegelt. Die *Tao* geben der Welt ihres Lebensraums Namen mit weltlichen und spirituellen Bedeutungen. Es gibt etwa 450 Namen für die Lebewesen des Meeres und der Gezeitenzone, etwa 350 für die Pflanzen der Küsten- und Gebirgsregionen und 120 für Landtiere, Vögel und Insekten. Außerdem gibt es rund 1.200 Ortsnamen, die in den sechs Stammesgemeinschaften der Insel vergeben wurden. Das ganzheitliche Wissens- und Wertesystem ist mit jedem dieser Namen verbunden und so miteinander verwoben. Daneben gibt es Dutzende von Windnamen, die der Orientierung dienen, und Namen von Sternen als ‚Augen am Himmel'. Da es kein Schriftsystem gibt, lebt das Volk der *Tao* durch eine kontinuierliche Überlieferung von Geschichten und zeremoniellen Gesängen von einer mündlichen Tradition des kollektiven Gedächtnisses. Diese Integration der Ökologie des Wissens und der gelebten Verbundenheit aus der Zeit vor dem Geld und vor dem Markt könnte wichtige Lehren für moderne Gesellschaften in der Krise beinhalten. Die *Tao* begrüßen es, an einem Paradigmenwechsel und einem Übergang zur planetarischen ›Governance mitzuwirken, indem sie auf kreative Weise indigene Weltanschauungen als realistische und visionäre Alternativen für unsere gemeinsame Zukunft anwenden.

Anmerkungen

1 Die austronesischen Völker sind eine große Gruppe von Völkern in Taiwan, dem maritimen Südostasien, Mikronesien, der Küste Neuguineas, der Insel Melanesien, Polynesien und Madagaskar, die austronesische Sprachen sprechen. (s. https://en.wikipedia.org/wiki/Austronesian_peoples, https://commons.wikimedia.org/wiki/File:Langues_austron%C3%A9siennes.png) (Anm. d. Übers.)
2 Taro ist eine der ältesten Nutzpflanzen der Menschheit. Die Taro-Pflanze liefert essbare, stärkehaltige Knollen. Die Blätter und Stängel der Pflanzen werden als Gemüse gegessen. Sie sind reich an Eiweiß und Vitaminen. (www.botgarten.uni-mainz.de/taro) (Anm. d. Übers.)
3 Maß hoher Artenvielfalt in einem Habitat (Anm. d. Übers.)

Weitere Quellen

Arnaud, Véronique (2013), „*Botel Tobago: The Island of Men*". CNRS-CASE & iiAC / CEM, https://archive.org/details/066LIleDesHommesENG. (abgerufen am 5.7.2023)
Benedek, Dezso (1987), ‚*A Comparative Study of the Bashiic Cultures of Irala, Ivatan, and Itbayat'*, Dissertation, Pennsylvania State University.
ICCA-Konsortium, http://www.iccaconsortium.org. (abgerufen am 5.7.2023)

Sutej Hugu ist ein Aktivist für Stammessouveränität und ein Visionär, der alternative gemeinschaftliche Lebensgrundlagen organisiert. Er war Mitbegründer und Generalsekretär der *Taiwan Indigenous Conserved Territories Union* (TICTU) und Regionalkoordinator für Ostasien des ICCA-Konsortiums. Hugu war auch CEO der *Tao Stiftung*.

Übersetzung: Timmi Tillmann

John Seed

Tiefenökologie (deep ecology)

 Tiefenökologie, Anthropozentrismus, Umweltethik

Die Tiefenökologie ist eine grundlegende Herausforderung für den ›Anthropozentrismus oder menschlichen Chauvinismus. Diese Vorstellung – dass der Mensch die Krone der Schöpfung, die Quelle allen Wertes, das Maß aller Dinge ist – ist tief in der vorherrschenden globalen Kultur und im Bewusstsein verankert. Wenn wir als Menschen die Schichten unserer ›anthropozentrischen Selbstverherrlichung erforschen und durchschauen, beginnt ein tiefgreifender Bewusstseinswandel. Die Entfremdung schwindet. Der Mensch ist nicht länger ein Außenseiter, der für sich allein existiert. Das Menschsein wird dann lediglich als die jüngste Stufe unserer Existenz erkannt, und sobald wir aufhören, uns ausschließlich mit diesem Kapitel der Evolution zu identifizieren, können wir beginnen, mit uns selbst als Säugetiere, als Wirbeltiere, als eine Spezies, die erst vor kurzem aus dem Regenwald aufgetaucht ist, in Kontakt zu treten. Wenn sich der Nebel der Amnesie lichtet, findet ein Wandel in den Beziehungen zu anderen Arten und in unserem Engagement für sie statt. Was hier beschrieben wird, sollte nicht rein intellektuell betrachtet werden. Der Intellekt ist nur ein Einstieg zu dem beschriebenen Prozess, der am einfachsten zu vermitteln ist.

Für manche Menschen ergibt sich dieser Perspektivenwechsel aus Handlungen im Namen der Mutter Erde. Aus „Ich schütze den Regenwald" wird allmählich „Ich bin Teil des Regenwaldes und schütze mich selbst. Ich bin der Teil des Regenwaldes, der gerade erst zum Denken gekommen ist." Was für eine Erleichterung! Die Tausenden von Jahren an vermeintlicher Trennung sind vorüber, und wir können beginnen, uns auf unsere ‚wahre Natur' zu besinnen. Das heißt, es handelt sich um einen spirituellen Wandel, um mit den Worten von Aldo Leopold zu sprechen: „Denken wie ein Berg". Manchmal wird dieser Bewusstseinswandel auch als *Tiefenökologie* bezeichnet.

In dem Maße, in dem sich das Tiefengedächtnis verbessert, in dem Maße, in dem die Implikationen von Evolution und Ökologie verinnerlicht werden und in dem Maße, in dem sie die veralteten ›anthropozentrischen Strukturen in unseren Köpfen ersetzen, entsteht eine Identifikation mit allem Leben. Dann folgt die Erkenntnis, dass die Unterscheidung zwischen ‚Leben' und ‚leblos' ein menschliches Konstrukt ist. Jedes Atom in diesem Körper existierte bereits vor der Entstehung organischen Lebens vor 4.000 Millionen Jahren. Erinnern wir uns an unsere Kindheit als Mineralien, als Lava, als Felsen? Gesteine enthalten das Potenzial, sich in solche Dinge wie dieses einzuweben. Wir sind die tanzenden Felsen. Warum schauen wir so herablassend auf sie herab? Sie sind ein unsterblicher Teil von uns.

Wenn wir uns auf eine solche innere Reise begeben, können wir bei der Rückkehr in die heutige, einvernehmliche Realität feststellen, dass unser Handeln für die Umwelt durch diese Erfahrung geläutert und gestärkt wird. Wir haben hier eine Ebene unseres Seins gefunden, die durch Motten, Rost, nuklearen Holocaust oder die Zerstörung des Genpools des Regenwaldes nicht beschädigt wird. Das Engagement für die Rettung der Welt wird durch die neue Sichtweise nicht geringer, auch wenn die Furcht und Angst, die Teil unserer Motivation waren, sich aufzulösen beginnen und durch eine gewisse Gleichgültigkeit ersetzt werden. Wir handeln, weil Leben das Einzige ist, was zählt, aber Handlungen aus einem teilnahmslosen, weniger abhängigen Bewusstsein heraus, könnten effektiver sein.

Von allen Arten, die es einmal gab, gibt es heute schätzungsweise weniger als eine von tausend. Der Rest ist ausgestorben. Wenn sich die Umwelt verändert, wird jede Art, die sich nicht anpassen, verändern und weiter-

entwickeln kann, ausgelöscht. Die gesamte Evolution findet auf diese Art statt. Auf diese Weise begann ein sauerstoff-hungriger Fisch, ein Vorfahre von uns, das Land zu kolonisieren. Die Bedrohung durch Aussterben ist in des Töpfers Hand, der alle Formen des Lebens gestaltet. Die menschliche Spezies ist eine von Millionen, die durch Klimakatastrophe und andere Umweltveränderungen vom baldigen Aussterben bedroht ist. Und obwohl es stimmt, dass die ‚menschliche Natur', die sich in 12.000 Jahren geschriebener Geschichte offenbart, nicht viel Hoffnung macht, dass wir unsere kriegerische, gierige und ignorante Art ändern können, versichert uns die weitaus längere fossile Geschichte, dass wir uns ändern *können*. Wir *sind* die Fische, und auch die unzähligen anderen todesverachtenden Kraftakte der Flexibilität, die uns ein Studium der Evolution offenbart. Eine gewisse Zuversicht, trotz unserer jüngsten ‚Menschlichkeit', ist berechtigt. Unter diesem Gesichtspunkt erscheint die Bedrohung durch das Aussterben als eine Aufforderung zur Veränderung, zur Weiterentwicklung. Nach einer kurzen Atempause von der Hand des Töpfers sind wir nun wieder zurück auf der Töpferscheibe. Die Veränderung, die von uns verlangt wird, ist eine Veränderung des Bewusstseins.

Tiefenökologie ist die Suche nach einem lebensfähigen Bewusstsein. Sicherlich entstand und entwickelte sich das Bewusstsein nach denselben Gesetzen wie alles andere auch. Geformt durch die Einflüsse der Umwelt, muss der Geist unserer Vorfahren immer und immer wieder gezwungen gewesen sein, über sich selbst hinauszuwachsen. Um die heutigen Umweltanforderungen zu überleben, müssen wir uns bewusst auf unser evolutionäres und ökologisches Erbe besinnen. Wir müssen lernen, wie ein Berg zu denken. Wenn wir offen für die Entwicklung eines neuen Bewusstseins sein wollen, müssen wir uns unserem bevorstehenden Aussterben – dem ultimativen Umweltdruck – voll und ganz stellen und uns auf die

T

III

furchtbare Prognose einlassen. Das bedeutet, den Teil von uns anzuerkennen, der vor dieser Wahrheit zurückschreckt, sich im Rausch oder in der Geschäftigkeit vor der Verzweiflung des Menschen versteckt, dessen 4.000-Millionen-Jahre-Rennen gelaufen ist, dessen organisches Leben nur noch eine Haaresbreite vom Ende entfernt ist. Eine biozentrische Perspektive, die Erkenntnis, dass Felsen tanzen *werden* und dass die Wurzeln tiefer reichen als 4.000 Millionen Jahre, kann uns den Mut geben, uns der Verzweiflung zu stellen und zu einem lebensfähigeren Bewusstsein durchzubrechen, einem Bewusstsein, das wieder nachhaltig und in Einklang mit dem Leben ist.

Der Begriff *Tiefenökologie* wurde von dem norwegischen skeptischen Philosophen und Öko-Aktivisten Arne Naess (1912–2009) geprägt. Die *Tiefenökologische Bewegung* wurde von dem US-amerikanischen Soziologen Bill Devall (1938–2009) und dem Philosophen George Sessions (1938–2016) weitergeführt. Sie wurde dann vom Esprit-Gründer und Verfechter von Wildnis, Doug Tompkins (1943–2015), aufgegriffen, dessen *Deep Ecology Foundation* 2005 eine elfbändige Sammlung von Naess' Werken veröffentlichte. Seit den 1980er Jahren hat sich die Tiefenökologie zu einem Hauptstrang der laufenden Debatten im akademischen Bereich der Umweltethik entwickelt.

Weitere Quellen

Deep Ecology Foundation, http://www.deepecology.org/people.htm (Seite nicht mehr aufrufbar. Kopie unter https://web.archive.org/web/20230000000000*/http://www.deepecology.org dokumentiert)

Devall, Bill and George Sessions (1985), Deep Ecology. Salt Lake City: Peregrine Smith Books.

Interviews und Essays von John Seed, www.rainforestinfo.org.au/johnseed.htm (abgerufen am 8.6.2023).

Katz, Eric; Andrew Light and David Rothenberg (eds.) (2000), *Beneath the Surface:* Critical Essays in the Philosophy of Deep Ecology. Cambridge, MA: MIT Press.

Leopold, Aldo (1970), *A Sand Country Almanac.* New York: Ballantine.

Naess, Arne (1973), The Shallow and the Deep, a Long Range Ecology Movement'. *Inquiry.* 16 (1): 95-100.

John Seed ist der Gründer des *Rainforest Information Centers* in Lismore, Australien. Seit 1979 beteiligt er sich weltweit an direkten Aktionen und Kampagnen zum Schutz der Regenwälder. Er hat über Tiefenökologie geschrieben und gelehrt, fünfundzwanzig Jahre lang erfahrungsorientierte Tiefenökologie-Workshops geleitet und wurde für seine Verdienste um den Naturschutz mit dem *Order of Australia Medal* (OAM) ausgezeichnet.

Übersetzung: Riccarda Flemmer

Rob Hopkin

Transition-Bewegung

 Lokalisierung, Resilienz, REconomy, Transition, Klimawandel

Die Transition-Bewegung entstand 2005 im Vereinigten Königreich und war ursprünglich als eine „Entgiftung für den wohlhabenden Westen" gedacht. Inspiriert vom ‚*Contraction and Convergence*'-Modell (Kontraktion- und ›Konvergenz-Modell) des *Global Commons Institute* (Meyer 2000) wollte sie die Menschen dazu inspirieren, die von den westlichen Nationen geforderte Verringerung der Kohlenstoffemissionen als einen Schritt *hin zu* etwas und nicht als einen Schritt *weg von* etwas Unersetzlichem zu begreifen. Das Modell hat seine Wurzeln in den Bewegungen zu ›Permakultur, im ›Bioregionalismus und in der Regionalwirtschaft, wurde aber auch von der Frauenbewegung, indigenen Kulturen und vielen anderen inspiriert.

Ursprünglich als „Antwort auf den Klimawandel und Peak Oil" (Hopkins 2013) formuliert, wurde es von der Überzeugung getragen, dass diese beiden Herausforderungen eine tiefgreifende Abkehr von fossilen Brennstoffen erforderlich machen und eine historische Chance darstellen würden, etwas Neues und Bemerkenswertes zu tun. Seit seiner Gründung hat sich das Konzept aus seinen Erfahrungen als *lernendes Netzwerk* weiterentwickelt. Inzwischen gibt es weltweit über 1.400 Initiativen in fünfzig Ländern. *Transition Network*, die im Vereinigten Königreich ansässige Wohltätigkeitsorganisation, die zur Unterstützung der Entwicklung des Konzepts gegründet wurde, beschreibt *Transition* als eine Bewegung von Gemeinschaften zur Neugestaltung und zum Wiederaufbau unserer Welt.

Die *Transition*-Bewegung hat sich auf der Grundlage des ›*Open-Source*-Gedankens verbreitet. Abgesehen von einigen zentralen Grundsätzen und Werten sind die Gemeinschaften eingeladen, das Modell zu übernehmen, es anzupassen, zu formen und zu ihrem eigenen zu machen. Es gibt zwei Elemente, die im *Transition*-Modell hervorstechen. Eines davon, das sich seit seinen Anfängen weiterentwickelt hat, ist das der *REconomy*. Viele *Transition*-Gruppen gründen Projekte, sei es in den Bereichen Ernährung, Energie, Wohnen oder was auch immer, aber es fehlt ihnen an den nötigen Fähigkeiten, um sie in lebensfähige und nachhaltige Unternehmen zu verwandeln. *REconomy* entwickelt Instrumente und Modelle, um Gemeinschaftsinvestitionen zu ermöglichen – wie etwa lokale Foren für Unternehmer*innen und Beteiligungen – und entwickelt Instrumente wie lokale Wirtschaftspläne, die es den *Transition*-Gruppen ermöglichen, ihre wirtschaftlichen Interessen zu vertreten.

Der andere Schlüsselbereich, der innerhalb von *Transition* entstanden ist, ist die so genannte ‚innere Transition‘. Dabei wird anerkannt, dass das ‚Wie‘ eines Projekts für eine Gruppe ebenso wichtig ist wie ‚was‘ sie tut. Bei der Arbeit wird den Faktoren, die zu *Burnout* führen, besondere Aufmerksamkeit geschenkt, und es werden wichtige Fähigkeiten entwickelt, um Entscheidungen zu treffen, effektive Meetings abzuhalten, Konflikte zu bewältigen und so weiter. Als Aktivist*innen für eine nachhaltige Gesellschaft zu arbeiten, dabei aber Werkzeuge zu verwenden, die in genau den Modellen verwurzelt sind, die wir zu verändern versuchen, ist letztlich selbstzerstörerisch. *Innere Transition* bezieht ihre Inspiration aus einer Reihe psychologischer und spiritueller Traditionen sowie aus Sympathiegruppen, die in der feministischen Bewegung der 1970er Jahre weit verbreitet waren.

Der Entwicklungsansatz der Transition-Bewegung unterscheidet sich stark von dem, der von westlichen Regierungen propagiert wird. Er konzentriert sich auf:

- **Angemessene Standortwahl:** Es ist sinnvoll, die Produktion von Nahrungsmitteln, Energie und Baumaterialien näher an den Wohnort, näher an den Verbraucher zu bringen.
- **Widerstandsfähigkeit:** Schaffung einer Infrastruktur, die es den Gemeinschaften ermöglicht, Schocks besser zu überstehen, und die gleichzeitig die Gelegenheit bietet, die lokale Wirtschaft neu zu gestalten und die lokalen Bedürfnisse besser zu erfüllen.
- **Geringer Kohlenstoffausstoß:** Schaffung von Projekten und Unternehmen, die von Natur aus kohlenstoffarm sind, sowohl was ihre Arbeitsweise als auch was ihre Produkte betrifft.
- **Gemeinschaftseigentum:** Wo immer möglich, geht es darum, Vermögenswerte (Land, Unternehmen, Energieerzeugung, Gebäude) in Gemeinschaftseigentum zu überführen. Dadurch gewinnen sie viel mehr Kontrolle über ihre Fähigkeit, ihre Zukunft zu gestalten.
- **Natürliche Grenzen:** Wahrnehmen, dass wir nicht mehr in einer Welt leben, in der Kredite, Ressourcen und Energie unbegrenzt sind.
- **Nicht ausschließlich für den persönlichen Profit:** Es gibt eine Vielzahl von Geschäftsmodellen, wie beispielsweise Sozialunternehmen, Genossenschaften und solche, die sich auf die Maximierung der sozialen Wertschöpfung konzentrieren.

Der *Transition*-Ansatz ist auf dem Vormarsch (Feola und Nunes 2013). Er wird von Universitäten und kommunalen Behörden aufgegriffen. Er wird zunehmend von Menschen im öffentlichen Gesundheitswesen wahrgenommen, von sozialen Aktivist*innen übernommen und stößt in manchen europäischen politischen Kreisen auf Widerhall. Es war faszinierend zu

T

III

sehen, wie neben den sich ergänzenden Bewegungen des ›Buen Vivir und der Via Campesina Transition-Initiativen in ganz Südamerika und anderswo entstanden sind. In São Paulo sieht Transition Brasiliandia wie sich eine Favela selbst organisiert, um soziale Unternehmen, die Beendigung von Gewalt gegen Frauen, öffentliche Gesundheit und städtische Landwirtschaft zu fördern. In Greyton, Südafrika, einer von der Apartheid gezeichneten Stadt, wurde Transition von Nicola Vernon eingeführt, die sagte: „Als Motor für soziale Integration ist es das Beste, was ich in 30 Jahren Arbeit im Sozialwesen erlebt habe." Die Gruppe hat viele Projekte mit örtlichen Schulen initiiert, darunter ein ,Trash to Treasure'-Festival, das Pflanzen tausender Bäume und der Bau neuer Gebäude unter Verwendung von ,Öko-Bausteinen' – leeren Plastikflaschen, die mit nicht recyclebarem Müll gefüllt sind.

Transition hat einige Kritik auf sich gezogen. Für das Trapese-Kollektiv negiert die Konzentration auf individuelle Aktionen die Bedeutung struktureller Veränderungen. Dennoch argumentieren Transitioner, dass ihr Ansatz, aktiv Alternativen aufzubauen, Gemeinsamkeiten statt politischer Konfrontation zu suchen und eine andere Definition von ,politisch' anzustreben, ein ebenso gültiger Ansatz ist, um strukturelle Veränderungen zu erreichen. Andere werfen Transition vor, sich nur an kleinteiligen Aktionen zu beteiligen. Diese eher herablassende Sichtweise ignoriert die ehrgeizigeren Errungenschaften der Transition-Gruppen beim Aufbau sozialer Verbindungen und bei der Stärkung des Selbstbewusstseins der Menschen, größere Projekte in Angriff zu nehmen. Andere kritisierten die überwiegend aus der weißen Mittelschicht stammende Herkunft von Transition. Dies ist eine Problematik, die in vielen Bewegungen des Wandels zu beobachten ist und an der viele Transition-Gruppen arbeiten, indem sie den Schwerpunkt stärker auf lokale Bedürfnisse und die Schaffung von Existenzgrundlagen sowie auf das Potenzial für ein breiteres Engagement verlagern.

Transition wurde von Anfang an als eine Bewegung nach dem Vorbild des Mykorrhizas – eines Pilzes – gesehen, die Metapher verliert dadurch nichts an Aussagekraft, das heißt, sie breitet sich mit ihrer eigenen Dynamik aus, organisiert sich selbst, schafft Netzwerke, findet ihren eigenen Weg und trägt manchmal Früchte, wenn man es erwartet und manchmal auch nicht. Es ist kein schrittweiser Prozess. Transition kann viel von anderen Bewegungen und Ansätzen lernen, aber sie hat ihnen nach zehn Jahren des Experimentierens auch viel zu bieten.

Weitere Quellen

Feola, Giuseppe and Richard Nunes (2013), Failure and Success of Transition Initiatives: A Study of the International Replication of the Transition Movement, Research Note 4. Walker Institute for Climate System Research Walker Institute, University of Reading.

Hopkins, Rob (2013), The Power of Just Doing Stuff: How Local Action Can Change the World. Cambridge: Green Books/UIT.

Meyer, Aubrey (2000), Contraction and Convergence: The Global Solution to Climate Change. Totnes, Devon, UK: Green Books (For the Schumacher Society).

REconomy Project (Community-Led Economic Change), http://reconomy.org/ (abgerufen am 9.6.2023)

Transition Network Team (2016), The Essential Guide to Doing Transition. Britain: Transition Network, https://transitionnetwork.org/wp-content/uploads/2018/08/ The-Essential-Guide-to-Doing-Transition-English-V1.2.pdf (PDF-Datei unter der webseite nicht mehr auffindbar. Stand 9.6.2023)

Transition Network, www.transitionnetwork.org (abgerufen am 9.6.2023)

Rob Hopkins ist der Gründer der Transition-Bewegung und lebt in Totnes, Devon. Er hat an der Universität von Plymouth promoviert und mehrere Bücher über Transition verfasst, zuletzt 21 Stories of Transition. Er schreibt und spricht ausgiebig über die Notwendigkeit einer widerstandsfähigeren lokalen Wirtschaft und hat für seine Arbeit mehrere Preise erhalten. Er ist außerdem Direktor einer sozialwirtschaftlichen Handwerksbrauerei, Gärtner und twittert als @robintransition.

Übersetzung: Hannelore Zimmermann

Ramiro Ávila-Santamaría

Tribunal für die Rechte der Natur

Rechte der Natur, ethisches Tribunal,
Vollzug von Rechten, zivilisatorische Krise.

Vergiftete Flüsse. Vergewaltigte Erde. Tote Delfine. Leidende Tiere. Verstümmelte Wälder. Verwüstete Dschungel. Verseuchte Luft. Sterbende Korallenriffe. Vom Aussterben bedrohte Vögel. Sterbende Ozeane und Seen. Aussterbende Insekten. Sich nicht fortpflanzende (unfruchtbare oder sterile) Säugetiere. Genetisch verändertes Saatgut. Ums Überleben kämpfende *Pueblos* (Völker). Verfolgte und ermordete Personen, weil sie das Leben verteidigen.

Millionen von Lebewesen haben keinen Raum, wo sie ihren Schmerz ausdrücken können. Konventionelle Gerichte wurden geschaffen, um sich lediglich mit einigen menschlichen Problemen zu befassen, und das nicht einmal für jeden Menschen. Diejenigen, die wegen Unterernährung, Hunger, Armut, erzwungener Migration, Obdachlosigkeit, Krieg und Einsamkeit leiden, haben ebenfalls keinen Ort, um ihre Qualen und Bedürfnisse mitzuteilen. Eine kleine Gruppe von Menschen – nämlich diejenigen, die andere ausbeuten, indem sie sich durch Eigentum die Kontrolle über die Natur aneignen – verfügen über Gerichte, Anwält*innen, Gesetze und Strategien, die sie schützen.

Menschliche Wesen sind die gefühlloseste und tödlichste Spezies auf diesem Planeten. Wir erleben gerade das sechste Artensterben und nehmen es nicht einmal wahr. Die vom Menschen und seinen Technologien verursachten Veränderungen finden so schnell statt, dass die Arten und die Natur nicht in der Lage sind, sich diesen anzupassen. In diesem Artensterben ist der Mensch sowohl Akteur als auch Opfer (Kolbert 2015: 267). Dennoch gibt es für die von der menschlichen Spezies verursachten Probleme keine übergeordnete Institution,

die Verantwortung zuweist. Angesichts dieses Vakuums haben soziale Bewegungen, die von Umweltschützer*innen[1] und Intellektuellen angeführt werden, einen ethischen Raum der Zivilgesellschaft geschaffen, in dem die Natur eine Stimme hat und dieser Stimme Gehör geschenkt wird. Dieser Raum, in dem Forderungen gehört werden und in dem Besinnung möglich ist, ist das *Internationale Tribunal für die Rechte der Natur* (Das Tribunal).

Das Tribunal tagte zum ersten Mal im Januar 2014 in Quito, Ecuador. Vor dem Tribunal erschienen sind unter anderem: der Golf von Mexiko, der ecuadorianische *Yasuní*-Nationalpark, das australische *Great-Barrier*-Korallenriff, die ecuadorianische Bergkette *Cordillera Condor*, das Erdreich, wo in den USA Fracking betrieben wird, sowie die Verteidiger*innen der Rechte der Natur. Ihre Forderungen: nein zur Ölpest; nein zur Ölförderung; nein zum Bergbau; nein zum Raubbau-Tourismus; nein zum menschgemachten Klimawandel; nein zur genetischen Veränderung; nein zur Kriminalisierung von Aktivist*innen. Aktivist*innen und soziale Bewegungen trugen ihre Fälle vor, während das Tribunal zuhörte. Weitere Tribunale folgten in Ecuador, den USA, Australien, Peru und Frankreich.[2]

„Herr Präsident, ich bitte den Yasuní-Nationalpark, vor dieser Behörde zu erscheinen."
„Fahren Sie fort, Frau Staatsanwältin."

Und so erhält *Yasuní* eine Stimme durch Menschen, die ihn kennen und mit ihm fühlen. Menschen sprechen im Namen von Wäldern, Flüssen, Delphinen, Kröten und Insekten, und die Stimmen der indigenen Völker sind allgegenwärtig. Die Feuchte des Waldes, der Gesang der *Waorani*[3], der Schmerz des Jaguars, die Trauer über gefällte Bäume, die Schrecken der Verschmutzung, die Explosionen auf den Ölfeldern, das Elend der wirtschaftlichen Ausbeutung der Natur, die Ohnmacht der Waldbewohner*innen, der Konflikt zwischen denen, die zerstören, und denen, die bewahren, und der Tod indigener Gruppen in freiwilliger Isolation – all das ist im Raum intensiv zu spüren. Die einen weinen, die

T

III

anderen schreien, wieder andere fordern, hinterfragen, informieren über das vermeintliche Modell von Entwicklung und Fortschritt. Stimmen werden gehört, wissenschaftliche Berichte werden diskutiert, Fotos werden herangezogen, damit ein Stück Natur vor dem Tribunal erscheinen kann. Die Richter*innen beraten, wägen ab und verkünden schließlich ihr Urteil. Zumindest ethisch gesehen wird die Natur angehört und der Gerechtigkeit Genüge getan.

Das Tribunal befasst sich mit Fällen wie dem von *Yasuní*, wo die ecuadorianische Regierung eine Ölförderung inmitten eines reichen Regenwaldes vorgeschlagen hat. Es wird davon ausgegangen, dass hier die *Rechte der Natur* verletzt wurden, und nach Prüfung der Beweise stellt das Gericht diese Verletzung fest, weist die Verantwortlichkeiten zu und schlägt Maßnahmen zur Wiedergutmachung vor, die auf der *Allgemeinen Erklärung der Rechte von Mutter Erde*,[4] der ecuadorianischen Verfassung (Artikel 70-3) und anderen Rechten beruhen, die von der Natur abgeleitet sind und auf dem Wissen der Völker der Erde beruhen, welche sie zu schätzen wissen. Mutter Erde und alle Lebewesen, die sie bewohnen, haben das Recht zu existieren, respektiert zu werden, sich zu regenerieren, ohne dass ihre Lebenszyklen verändert werden, ihre Identität und Integrität zu bewahren, und sie hat das Recht auf ganzheitliche Wiederherstellung.

Die Tribunale sind ausgestattet mit einem Technischen Sekretariat, bestehend aus Wissenschaftler-, Politiker-, Aktivist*innen und renommierten Akademiker*innen, die sich alle der *Rechte der Natur* und der Notwendigkeit ihres Schutzes bewusst sind. Zu den Vorsitzenden der Tribunale gehören Vandana Shiva, Boaventura de Sousa Santos, Alberto Acosta, Cormac Cullinan, George Caffentzis, Anuradha Mittal, Brendan Mackey und Tom Goldtooth.

Das Tribunal legt einen notwendigen Schritt für das Überleben des Planeten und der menschlichen Spezies fest. Kurz gesagt, wir brauchen eine völlig andere Art, mit der Natur umzugehen. Der Mensch ist weder die einzige noch die

beste Gattung auf der Erde. Unser Gefühl von Überlegenheit und Beherrschung der Natur hat zum Aussterben Tausender von Arten geführt und gefährden unsere eigene Existenz als Spezies. Wir müssen von einer Gesetzgebung, die die Natur als Objekt und physische Ressource betrachtet, zu einem Recht kommen, in dem die Natur ein Subjekt ist. Im Gegensatz zum herkömmlichen zivilisierten Recht wird diese Gesetzgebung als ‚wild‘ bezeichnet (Cullinan 2003). Diese neue Rechtskonzeption beinhaltet ein neues Verständnis und einen neuen Zweck: die Schaffung von ›Governance-Systemen, die gleichzeitig den Menschen und die gesamte Lebensgemeinschaft schützen. Dieses ‚wilde Gesetz‘ gibt uns das Recht, das Wilde in unseren Herzen zu bewahren, zu anderen Formen des Seins und des richtigen Handelns; es schützt das Wilde und die Freiheit der Lebensgemeinschaften, sich selbst zu verwalten; und es verleiht der kreativen Vielfalt Resonanz, anstatt Uniformität aufzuzwingen (Berry 2003).

Das wilde Recht, dessen Trägerin und Gesetzgeberin die Natur selbst und die menschlichen Wesen als Teil von ihr sind, verlangt, dass die Menschen von ihrem Sockel herabsteigen, um ihren Platz auf dem Planeten zu finden, sich von allem Künstlichen und Überflüssigen im Leben zu befreien, eine neue Akzeptanz der eigenen Animalität (Tiernatur) zu finden und schließlich zu lernen, wieder in Harmonie mit dem Rest der Natur zu leben. Das Tribunal ist ein Ort, an dem sich dieser Wandel vollzieht. Es ist ein erster Schritt auf dem Weg zur Konsolidierung eines internationalen Tribunals, das von allen Völkern der Erde gestaltet, kontrolliert und respektiert wird.

Anmerkungen

1 http://www.rightsofmotherearth.com/derechos-madre-tierra (Link nicht erreichbar – 06.07.2023)

2 http://therightsofnature.org/tribunal-internacional-derechos-de-la-naturaleza (abgerufen 06.07.2023)

3 indigene Ethnie, die in den Regenwäldern des westlichen Amazonasbeckens zwischen den Flüssen Río Napo und Río Curaray im Osten Ecuadors lebt. (Anm. d. Übers)

4 https://www.rightsofmotherearth.com/ (Anm. d. Übers. – abgerufen 06.07.2023)

Weitere Quellen

Berry, Thomas (2003), ‚Foreword.; In Cormac Cullinan (2003)', *Wild Law: A Manifesto for Earth Justice*. White River Junction, Vermont: Chelsea Green Publishing.

Cullinan, Cormac (2003), *Wild Law: A Manifesto for Earth Justice*. Vermont: Chelsea Green Publishing.

Kolbert, Elizabeth (2015), *The Sixth Extinction: An Unnatural History*. New York: Picador.

Ramiro Ávila-Santamaría ist Richter am Verfassungsgericht Ecuadors. Er hat einen Master-Abschluss in Rechtswissenschaften von der *Columbia University*; Master- und Doktortitel in Rechtssoziologie von der *Universität des Baskenlandes* bzw. vom *Internationalen Institut für Rechtssoziologie (IISL)* in Oñati. Er hat außerdem einen Jura-Abschluss von der *Pontificia Universidad Católica del Ecuador* und ist Autor und Herausgeber einer Reihe von Publikationen, http://www.uasb.edu.ec/web/area-de-derecho/docente?ramiro-avilasantamaria (abgerufen 06.07.2023).

Übersetzung: Riccarda Flemmer

Lesley Le Grange

Ubuntu
(Konzept gemeinschaftlicher Verbundenheit)

 Menschlichkeit, Verbundenheit, soziale Gerechtigkeit, ökologische Nachhaltigkeit

Ubuntu ist ein Konzept aus dem südlichen Afrika und steht für Menschlichkeit. Menschlichkeit impliziert sowohl einen Zustand des Seins als auch einen Zustand des Werdens. Es geht um die Entfaltung des Menschen in seiner Beziehung zu anderen Menschen und der über die menschliche Welt hinausgehenden, nichtmenschlichen Natur. Mit anderen Worten: Das Werden eines Menschen hängt von den anderen Menschen und vom Kosmos ab. Darüber hinaus legt *Ubuntu* nahe, dass der Mensch kein atomisiertes Individuum westlicher Tradition ist, sondern in soziale und biophysikalische Beziehungen eingebettet ist. Daher ist *Ubuntu* antihumanistisch, weil es das ›relationale Sein und Werden des Menschen betont.

Ubuntu leitet sich von sprichwörtlichen Ausdrücken oder Aphorismen ab, die in mehreren Sprachen Afrikas südlich der Sahara zu finden sind. In den Nguni-Sprachen Zulu, Xho-

sa und Ndebele, die in Südafrika gesprochen werden, ist *Ubuntu* abgeleitet vom Ausdruck: *Umuntungumuntungabanye Bantu*, der besagt, dass die Humanität eines Menschen sich idealerweise in seiner Beziehung zu anderen zeigt und somit ein wahrer Ausdruck seiner Persönlichkeit ist: „Wir sind, also bin ich". In den Sotho-Tswana-Sprachen entspricht das *Botho* und leitet sich vom sprichwörtlichen Begriff *Mothokemothokabathobabang* ab. *Ubuntu* umfasst eines der Kernelemente des Menschseins. Das Zulu-Wort für Mensch ist *umuntu*, das sich aus folgenden Bestandteilen zusammensetzt: *umzimba* (Körper, Form, Fleisch), *umoya* (Atem, Luft, Leben), *umphefumela* (Schatten, Geist, Seele), *amandla* (Vitalität, Kraft, Energie), *inhliziyo* (Herz, Zentrum der Gefühle), *umqondo* (Kopf, Gehirn, Intellekt), *ulwimi* (Sprache, Sprechen) und *ubuntu* (Menschsein) (Le Roux 2000: 43). *Ubuntu* ist jedoch nicht nur ein sprachliches Konzept, sondern hat eine normative Konnotation, die beschreibt, wie wir uns anderen gegenüber verhalten sollten – was unsere moralische Verpflichtung gegenüber dem anderen ist. *Ubuntu* legt nahe, dass es unsere moralische Verpflichtung ist, uns um andere zu kümmern, denn wenn sie geschädigt werden, werden auch wir geschädigt. Diese Verpflichtung gilt für das gesamte Leben, da alles im Kosmos miteinander verbunden ist: Wenn ich der Natur schade, schade ich mir selbst. Wie alle afrikanischen kulturellen Werte verbreitet sich *Ubuntu* durch mündliche Überlieferung und Tradition – seine Bedeutung ist mit den kulturellen Praktiken und gelebten Erfahrungen der afrikanischen Völker verwoben. Solche kulturellen Werte wurden durch die Kolonialisierung ausgehöhlt oder ausgelöscht. Im postkolonialen Afrika wurden *Ubuntu* und seine Äquivalente jedoch als Teil eines Entkolonialisierungsprojekts wieder aufgegriffen und erfreuen sich auch weltweit zunehmender Beliebtheit als Alternative zu den vorherrschenden Entwicklungsvorstellungen, die das Erreichen von sozialer Gerechtigkeit und ökologischer Nachhaltigkeit gefährden. So berufen sich beispielsweise

U

III

285

einige afro-indigene Gruppen in Südamerika auf *Ubuntu*, um ein differenzierteres Verständnis von ›*Buen Vivir* zu gewinnen.

Ubuntu steht für die Idee, dass man sein wahres Selbst nicht verwirklichen oder ausdrücken kann, solange man andere ausbeutet, betrügt oder ihnen gegenüber ungerecht handelt. Die Fähigkeit zu spielen, seine Sinne zu gebrauchen, sich etwas vorzustellen, zu denken, zu argumentieren, Werke zu schaffen und die Kontrolle über die eigene Umgebung zu haben, ist ohne die Anwesenheit anderer nicht möglich. *Ubuntu* steht daher für die Solidarität zwischen Menschen sowie zwischen Menschen und der über sie hinausgehenden Welt. Es kann dazu beitragen, Solidarität unter den Menschen im Kampf für soziale Gerechtigkeit und ökologische Nachhaltigkeit aufzubauen, was zentrale Anliegen sozialer Bewegungen auf der ganzen Welt sind. *Ubuntu* geht davon aus, dass die menschliche Kreativität und Freiheit nur dann eingeschränkt werden sollten, wenn sie anderen schadet. *Ubuntu* ist die Manifestation der Kraft, die allen Wesen innewohnt und die dazu dient, das Leben zu fördern und nicht zu behindern. Es ist eine Kraft, die produktiv ist, die verbindet und Fürsorge und Mitgefühl hervorruft – es ist die Kraft der Vielen, die sozialen Bewegungen Antrieb gibt. Diese Form der Kraft steht im Gegensatz zur Macht, die aufzwingt, die spaltet, die kolonisiert – der Macht des Souveräns, die von supranationalen Organisationen, Regierungen, dem Militär und der Unternehmenswelt ausgeübt wird. Letztere Form der Macht führt zur Aushöhlung von *Ubuntu*.

Das ›transformative Potenzial von *Ubuntu* liegt in der Bereitstellung alternativer Lesarten für einige der wichtigsten Herausforderungen, mit denen die Menschheit im 21. Jahrhundert konfrontiert ist: die wachsende Ungleichheit unter den Menschen, die drohende ökologische Katastrophe und die Verflechtung des Menschen mit neuen Technologien in einem Maße, dass es schwierig wird, zu bestimmen, was ‚Menschsein‘ heute bedeutet. Was die letztgenannte Heraus-

forderung betrifft, so wird durch die Berufung auf *Ubuntu* deutlich, wie wichtig es ist, das Menschsein zu betonen – und zwar nicht durch die Bestimmung dessen, was es bedeutet, ein Mensch zu sein, um dadurch andere Wesen als nicht-menschlich zu deklarieren, sondern durch einen Prozess, der die Entfaltung des Menschlichen vor dem Hintergrund der aufkeimenden neuen Technologien beinhaltet. Die Auseinandersetzung mit der Ungleichheit in der Welt legt nahe, dass man sich nur um die Menschen kümmert – sie ist menschenzentriert –, während die Beschäftigung mit der ökologischen Krise das Interesse auf die nicht-menschliche Welt ausdehnt – sie ist ökozentrisch. *Ubuntu* ist insofern ›transformativ, als es die Binarität zwischen Mensch (›anthropozentrisch) und Umwelt (ökozentrisch) überwindet (Le Grange 2012). Das Verhältnis zwischen den Menschen sollte als ein Mikrokosmos der Beziehungen innerhalb des Kosmos verstanden werden. Die Pflege des eigenen Ichs oder die Fürsorge für andere Menschen steht daher nicht im Widerspruch zur Fürsorge für die über den Menschen hinausgehende Welt – *Ubuntu* lässt sich nicht einfach auf die Kategorien ›Anthropozentrik oder Ökozentrik reduzieren. Das Selbst, die Gemeinschaft und die Natur sind untrennbar miteinander verbunden – Heilung in einem Bereich führt zu Gesundung in allen Dimensionen, und ebenso wird auch Leid quer durch alle drei Dimensionen erfahren. Das Ringen um individuelle Freiheit, soziale Gerechtigkeit und ökologische Nachhaltigkeit ist derselbe Kampf.

Es lassen sich zwei mögliche Grenzen von *Ubuntu* ausmachen. Erstens könnte eine enge ethnozentrische Auslegung des Konzepts politisch genutzt werden, um andere auszugrenzen. Damit meine ich, dass bestimmte Gruppen, die im postkolonialen Afrika politische Macht erlangt haben, behaupten könnten, das Konzept gehöre ihnen – auch wenn dies der Bedeutung des Begriffs widerspricht – oder die Ansicht vertreten, dass es keiner kritischen Prüfung unterzogen werden kann. Anders ausgedrückt: *Ubuntu* könnte auf einen engen Humanismus hin reduziert werden, was zu Gräueltaten wie Fremdenfeindlichkeit führen kann, wie sie in jüngster Zeit in Südafrika zu beobachten waren. Zweitens könnte *Ubuntu* aufgrund seiner Popularität von supranationalen Organisationen, Regierungen und der Unternehmenswelt für deren eigenen Ziele vereinnahmt werden oder angesichts der Dominanz westlicher Wissensformen in ein kulturelles Modell westlicher Prägung integriert werden, wodurch seine ›*Indigenität* untergraben würde.

Weitere Quellen

Le Grange, Lesley (2012), Ubuntu, Ukama, Environment and Moral Education, *Journal of Moral Education*. 4 (3): 329–40.

Le Roux, Johann (2000), The Concept of „Ubuntu": Africa's Most Important Contribution to Multicultural Education? *Multicultural Teaching*. 18 (2): 43–46.

Novalis Ubuntu Institute, http://novalis.org.za (abgerufen am 96.2023).

Ubuntu Liberation Movement, http://www.ubuntuparty.org.za/ (Webseite nicht mehr erreichbar. Kopie unter www.archive.org Stand 9.6.23)

Ubuntu Pathways, https://ubuntupathways.org/(abgerufen am 9.6.2023)

Lesley Le Grange ist außerordentlicher Professor an der Fakultät für Erziehungswissenschaften der Universität Stellenbosch, Südafrika. Zu seinen aktuellen Forschungsinteressen gehören die kritische „Analyse" der Nachhaltigkeit und ihrer Beziehung zur Bildung, die Entwicklung von *Ubuntu* als Umweltethik und ihre Auswirkungen auf die Bildung.

Übersetzung: Hannelore Zimmermann

Joan Martinez-Alier

Umweltgerechtigkeit

 sozialer Stoffwechsel, politische Ökologie, ökologische Verteilungskonflikte, Atlas der Umweltgerechtigkeit

Eine weltweite Bewegung für Umweltgerechtigkeit trägt dazu bei, Gesellschaft und Wirtschaft in Richtung ökologischer Nachhaltigkeit zu bewegen. Sie ist aus „ökologischen Verteilungskonflikten" (Martinez-Alier 2002) entstanden – ein Begriff für kollektive Klagen gegen Umweltungerechtigkeiten. So kann beispielsweise eine Fabrik einen Fluss verschmutzen, der entweder niemandem gehört oder aber der Gemeinschaft, die den Fluss verwaltet – wie es Elinor Ostrom und ihre *School on the Commons*[1] untersucht hat. Dieser Schaden wird auf dem Markt nicht bewertet. Das Gleiche passiert, wenn der Klimawandel die Gletscher in den Anden oder im Himalaja schwinden lässt und den Gemeinschaften das Wasser entzieht. Mehr als bei einem Marktversagen – was hieße, dass solche externen Effekte in Geld bewertet und vom Preissystem internalisiert werden könnten – handelt es sich hier um eine „erfolgreiche Kostenverschiebung" (cost-shifting successes), wie Karl William Kapp[2] sagt, und diese führt zu Beschwerden seitens derjenigen, die sie tragen müssen. Wenn die Klagen erfolgreich sind, was nicht die Regel ist, können diese Aktivitäten verboten werden.

In den Vereinigten Staaten führten solche ökologischen Verteilungskonflikte, die als fortwährende Ungerechtigkeiten gegenüber ‚People of Color' wahrgenommen wurden, in den 1980er Jahren zu einer sozialen Bewegung (Bullard 1993). Der Begriff ‚Umweltgerechtigkeit' (environmental justice, EJ) wurde damals in den Kämpfen gegen die überproportionale Entsorgung von Giftmüll in armen afroamerikanischen Gemeinden verwendet. Bereits 1991 wurden auf dem *People of Color Environmental Leadership Summit* in Washington, D.C., Verbindungen geknüpft, „um damit zu beginnen, eine nationale und internationale Bewegung aller *People of Color* aufzubauen, die sich gegen die Zerstörung und Inbesitznahme unserer Ländereien und Gemeinden wehren".

Die Anzahl der ökologischen Verteilungskonflikte auf der ganzen Welt, bei denen es um Ressourcenausbeutung, Transport und Abfallentsorgung geht, nimmt zu. Es gibt zahlreiche lokale Klagen, aber es gibt auch erfolgreiche Beispiele, bei denen Projekte gestoppt und Alternativen entwickelt wurden. Umweltgerechtigkeit ist eine wirkungsvolle Perspektive, um den Kämpfen gegen negative Auswirkungen einen Sinn zu geben. Das Wirtschaftswachstum ver-

U

III

ändert den globalen ‚sozialen Stoffwechsel' mit anderen Worten, die Energie- und Materialflüsse, die sich weltweit auf die Lebensgrundlagen der Menschen und den Naturschutz auswirken. Die industrielle Wirtschaft von heute hat einen kolossalen Appetit auf Materialien und Energie. Selbst eine nicht weiter wachsende industrielle Wirtschaft benötigt ‚frische' fossile Brennstoffe, da Energie nicht recycelt werden kann, und sie benötigt auch neue Materialien, die nur teilweise recycelt werden können. Dieser Bedarf nimmt mit dem Wirtschaftswachstum zu.

Mit der Industrialisierung werden immer größere Mengen an Kohlendioxid in der Atmosphäre deponiert, was den Treibhauseffekt verstärkt und die Ozeane sauer werden lässt. Diese Art von Wirtschaft ist nicht zirkulär, sie ist ›entropisch. Grundwasserreservoire (Aquifers)[3], Holz und Fischvorkommen werden übernutzt, die Bodenfruchtbarkeit wird aufs Spiel gesetzt und die Artenvielfalt ist erschöpft. Dieser sich verändernde soziale Stoffwechsel führt zu zunehmenden ökologischen Verteilungskonflikten, die sich mitunter mit anderen sozialen Konflikten überlappen, welche sich um Klasse, ethnische oder indigene Identität, Geschlecht (gender), Kaste oder territoriale Rechte drehen.

Eine globale Bewegung für Umweltgerechtigkeit setzt sich langsam durch, wie der *Environmental Justice Atlas* (Martinez-Alier et al. 2016 – Atlas der Umweltgerechtigkeit) zeigt. Andere Arten des Raubbaus treten auf, wenn ein weiterer Wachstumprozess von Bergbau, Staudämmen, Erdgas-Fracking, Plantagen und neuen Verkehrsnetzen gefordert wird. Nach und nach erreichen diese Entwicklungen jeden verbliebenen Winkel des Planeten und schädigen die Umwelt sowie die Lebensbedingungen der lokalen Bevölkerung, die sich entsprechend beschwert. Es gibt eine potenziell schwierige Allianz zwischen der Bewegung für Umweltgerechtigkeit und der Naturschutzbewegung, wobei ein Aufruf 2012 erstmals für eine leichtere Annäherung zwischen der *Degrowth*-Bewegung und der Bewegung für Umweltgerechtigkeit sorgte (Martinez-Alier 2012).

Ökologische Verteilungskonflikte unterscheiden sich von wirtschaftlichen Verteilungskonflikten um Löhne, Preise und Mieten. Es sind Konflikte um die Lebensbedingungen, den Zugang zu natürlichen Ressourcen und die Verteilung der Umweltverschmutzung. Bei den Protagonist*innen handelt es sich weniger um Industriearbeiter als um indigene Frauen, die gegen den Tagebau kämpfen, um Bäuer*innen, die sich gegen die Invasion von Ölpalmen-Plantagen wehren, oder um Stadtbewohner- und Abfallverwerter*innen, die sich gegen die Müllverbrennung wehren (wie in so vielen Fällen im *Atlas der Umweltgerechtigkeit* dokumentiert). Solche Konflikte unterscheiden sich von den klassischen Kämpfen zwischen Kapital und Arbeit, obwohl sie sich manchmal überschneiden.

Bei diesen Konflikten handelt es sich um Bewertungskämpfe in zweierlei Hinsicht. Erstens geht es darum, welche Werte zugrunde gelegt werden sollten, wenn Entscheidungen zur Nutzung der Natur in bestimmten Projekten getroffen werden, beispielsweise Marktwerte einschließlich fiktiver Geldwerte, die durch kontingente Bewertung[4] oder andere Methoden ermittelt werden; Werte der Existenzsicherung; Heiligkeit; indigene territoriale Rechte; ökologische Werte in jeweils eigenen Berechnungseinheiten. Zweitens, und das ist noch wichtiger: Welche gesellschaftliche Gruppierung sollte die Macht haben, die relevanten Werte ein- oder auszuschließen, sie zu gewichten und Entschädigungen zu verlangen? Führen zum Beispiel heilige indigene Territorialrechte zu einem Vetorecht (Martinez-Alier 2002)?

Seit Mitte der 1990er Jahre entstand eine Verbindung zwischen der Bewegung für Umweltgerechtigkeit in den Vereinigten Staaten und dem Umweltbewusstsein der Armen in Lateinamerika, Afrika und Asien. Dies geschah nach dem Tod von Chico Mendes 1988, der gegen die Abholzung der Wälder in Brasilien kämpfte, und dem Tod von Ken Saro-Wiwa und den Ogoni-Genossen im Nigerdelta 1995, die gegen die Ölförderung und das Abfackeln von Gas durch Shell kämpften. Ebenfalls Mitte der 1990er Jahre stellte der ‚Befreiungstheologe' Leonardo Boff in seinem Buch *Cry of the Earth, Cry of the Poor* (1995 – Schrei der Erde, Schrei der Armen, 2002) den Zusammenhang zwischen Armut und Umweltklagen her. Seine Arbeit wird in der päpstlichen Enzyklika ‚Laudato Si' (2015) bestätigt, die selbst ein Aufruf für Umweltgerechtigkeit ist.

Seit den 1980er Jahren hat die Bewegung für Umweltgerechtigkeit eine Reihe von Konzepten und eine Kampagne initiiert. So wurden Vorschläge, fossile Brennstoffe im Boden zu belassen, von *Acción Ecológica* in Ecuador, ERA in Nigeria und dem Netzwerk *Oilwatch* seit 1997 entwickelt. Aus dem Widerstand gegen soziökologische Ungerechtigkeit sind viele Organisationen für Umweltgerechtigkeit (Environmental Justice Organizations, EJO) hervorgegangen, die sich für alternative soziale Veränderungen einsetzen und ein neues Vokabular der Umweltgerechtigkeit nutzen, das Begriffe und Formulierungen wie *Volksepidemiologie, Opferzonen, Klimagerechtigkeit, Wassergerechtigkeit, Ernährungssouveränität* und *Biopiraterie* umfasst; Chinas ‚Krebsdörfer', Brasiliens ‚grüne Wüsten', Argentiniens ‚pueblos fumigados' (ausgeräucherte Dörfer), Indiens ‚Sandmafias', *Umweltrassismus*, ‚Baumplantagen sind keine Wälder', die *ökologische Schuld, Land Grabbing* (Landraub) und *Ocean Grabbing* (Meeresraub). Verschiedene Netzwerke verwenden diese Begriffe in unterschiedlichen Sprachen, erfinden ihre eigenen Lieder, zeigen ihre eigenen Transparente und drehen ihre eigenen Dokumentarfilme.

Anmerkungen

1 Interdisziplinäres Bildungsprogramm, das von der *International Association for the Study of the Commons* (IASC) ins Leben gerufen wurde und sich auf die Theorie und Praxis der Gemeingüter konzentriert. Es soll dazu beitragen, das Verständnis für die Bedeutung und den Wert von Gemeingütern zu verbessern und Strategien zur Bewirtschaftung von Gemeingütern zu entwickeln. Das Programm findet regelmäßig an verschiedenen Orten auf der ganzen Welt statt und bringt Expert*innen aus verschiedenen Disziplinen zusammen, um sich mit den Herausforderungen der Bewirtschaftung von Gemeingütern auseinanderzusetzen. Weitere Infos s. iasc-commons.org. (Anm. d. Übers.)

2 Karl William Kapp war ein deutscher Nationalökonom und begründete mit seinem Hauptwerk *Soziale Kosten der Marktwirtschaft* eine politische Ökonomie der Umwelt. (Anm. d. Übers.)

3 wasserführende Schichten – Gesteinskörper, die geeignet ist, Grundwasser weiterzuleiten und abzugeben (vgl. https://www.spektrum.de/lexikon/geowissenschaften/aquifer/863 (Anm. d. Übers. – abgerufen 06.07.2023)

4 Befragungsgestützte Methode, um geäußerte Präferenzen zur ökonomischen Bewertung nicht handelbarer Güter (u.a. viele Umweltgüter und -leistungen) zu ermitteln. Weitere Infos s. https://www.thuenen.de/de/themenfelder/gesellschaftliche-erwartungen/methoden-der-verbraucher-und-gesellschaftsforschung/kontingentebewertung. (Anm. d. Übers.)

Weitere Quellen

Boff, Leonardo (1995), *Cry of the Earth, Cry of the Poor.* New York: Orbis Books. (**deutsch:** *Schrei der Erde, Schrei der Armen.* Patmos, Düsseldorf 2002)

Bullard, Robert D. (ed.) (1993), *Confronting Environmental Racism: Voices from the Grassroots.* Boston: South End Press.

His Holiness, Pope Francis (2015), *Laudato Si'.* https://www.vatican.va/content/dam/francesco/pdf/encyclicals/documents/papa-francesco_20150524_enciclica-laudato-si_en.pdf. (abgerufen am 6.7.2023)

Martinez-Alier, Joan (2002), *The Environmentalism of the Poor: A Study of Ecological Conflicts and Valuation.* Cheltenham: Edward Elgar.

— (2012), ‚Environmental Justice and Economic Degrowth: An alliance between Two Movements', *Capitalism Nature Socialism.* 23 (1): 51–73.

Martinez-Alier, Joan, Leah Temper, Daniela Del Bene and Arnim Scheidel (2016), ‚Is There a Global Environmental Justice Movement?', *Journal of Peasant Studies.* 43 (3): 731–55.

The EJOLT glossary, http://www.ejolt.org/section/resources/glossary/. (abgerufen am 6.7.2023)

The Environmental Justice Atlas (EJ Atlas), https://ejatlas.org. (abgerufen am 6.7.23)

Joan Martinez-Alier ist leitender Forscher für ökologische Ökonomie und politische Ökologie am *Institut für Umweltwissenschaften und -technologie* der *Autonomen Universität Barcelona* (ICTA-UAB). Er ist unter anderem Autor des Buches *Ecological Economics: Energy, Environment and Society* (Blackwell, 1987) und *The Environmentalism of the Poor: A Study of Ecological Conflicts and Valuation* (Edward Elgar, 2002).

Übersetzung: Hannelore Zimmermann

III

Xochitl Leyva-Solano

Zapatistische Autonomie

Zapatismus, autonome Praktiken, gute Regierung, antikapitalistische Kämpfe

Die zapatistische Autonomie ist ein zentrales Element in den Praktiken des Widerstands und der Rebellion der zapatistischen Bewegung. Sie umfasst Formen, Prozesse und Netzwerke des Kampfes, der Verwaltung und des rebellischen Lebens, die zusammen eine radikale Alternative zum etablierten System und seinen Institutionen darstellen.

Die zapatistische Autonomie entsteht in Zeiten des Krieges von unten und von links. Sie umfasst mehrere Perspektiven.

▪ *Als Widerstand.* Der lange Widerstand der *Zapatistischen Armee der Nationalen Befreiung* (EZLN – Ejército Zapatista de Liberación Nacional) wurde in der ersten *Erklärung des Lakandonischen Urwalds* am 1. Januar 1994 erwähnt: „Wir sind das Produkt von 500 Jahren Kampf". Damals erklärte die EZLN der Regierung den Krieg und rief das mexikanische Volk auf, sich ihrem Kampf für Arbeit, Land, Wohnung, Nahrung, Gesundheit, Bildung, Unabhängigkeit, Freiheit, Demokratie, Gerechtigkeit und Frieden anzuschließen. Im Jahr 1994 kündigte die EZLN außerdem die Gründung von 38 rebellischen Gemeinden an, womit sie die militärische Belagerung durchbrach und der von der Regierung verfolgten Strategie der Aufstandsbekämpfung politisch entgegentrat.

▪ *Als gute Regierung, würdevoll und rebellisch.* Die EZLN berief sich bei ihren anfänglichen Aktionen auf Artikel 39 der mexikanischen Verfassung, in dem festgelegt ist, dass „das Volk stets das unveräußerliche Recht hat, seine Regierungsform zu ändern oder zu modifizieren". Die Berufung auf diesen Artikel wurde noch stärker, nachdem die Regierung nicht bereit war, das 1996 mit der EZLN unterzeichnete Abkommen von San Andrés zu erfüllen. Entgegen diesen Vereinbarungen hat die Regierung keinen neuen verfassungsrechtlichen Rahmen geschaffen, der die Ausübung der Autonomie und Selbstbestimmung der indigenen Völker in allen Bereichen und auf allen Ebenen ermöglicht hätte.

Die zapatistische Bewegung, die mit der Zuspitzung eines ausgedehnten Zermürbungskrieges konfrontiert war, mobilisierte Praktiken und Netzwerke autonomer Regierungen, die mit den Gemeinden des Volkes verknüpft waren und aus denen die *Zapatistischen Rebellischen und Autonomen Gemeinden* (MAREZ – Municipios Autónomos Rebeldes Zapatistas) sowie die zapatistischen Regionen und Zonen hervorgingen. Sie alle sind nach dem Prinzip „Regieren durch Gehorchen" organisiert, das die folgenden Grundvoraussetzungen beinhaltet:

- dienen und sich nicht bedienen
- repräsentieren und nicht ersetzen
- aufbauen, nicht zerstören
- gehorchen, nicht befehlen
- vorschlagen und nicht aufzwingen
- überzeugen und nicht besiegen
- nach unten gehen, nicht nach oben.

Diese Grundlagen bringen die Ethik zurück in das Herz der Politik und entlarven die Praktiken der „schlechten Regierung" des mexikanischen politischen Systems, einschließlich Korruption, Gewalt und Straflosigkeit.

▪ *Wenn „das Volk befiehlt und die Regierung gehorcht", bedeutet dies, dass sowohl das Volk als auch die Regierung ständige „Aufgaben" und „Verpflichtungen" haben.* Die Wahl der Behörden findet im Allgemeinen durch Versammlungen statt. Die Autoritäten der verschiedenen Ebenen sind: die autonome*n Beauftragte*n und Kommissar*innen, die Mitglieder der kommunalen und regionalen autonomen Räte, die Koordinator*innen der verschiedenen Arbeitsbereiche und die Mitglieder der verschiedenen Kommissionen und der *Räte der Guten Regierung* (JBG – Juntas de Buen Gobierno), die auf der Ebene der einzelnen Zonen tätig sind und sich in den *Caracoles Zapatistas*[1] befinden.

Die zapatistische autonome Regierung ist nach „Arbeitsbereichen" organisiert, die sich im Laufe der Zeit und von Gemeinde zu Gemeinde ändern, aber in der Regel folgende Bereiche umfassen: Gesundheit, Bildung, Agrarökologie, Frauen, landwirtschaftliche Angelegenheiten, Justiz, Kommunikation, Handel, Verkehr, Verwaltung und Standesamt. In diesen Bereichen und auf anderen Verwaltungsebenen sind die verschiedenen Ämter rotierend, kollektiv und unbezahlt. Jede Person, die sich beteiligt, ist mit den anderen auf der Grundlage ihres eigenen Potenzials und ihrer Fähigkeit, zu sein, zu handeln, zu lernen und zu verlernen, verbunden. Auf diese Weise stellen sie die vorherrschenden Formen der sozialen Organisation und der Macht auf der Grundlage von individueller Bewertung und spezialisierter Lohnarbeit in Frage.

▪ *Als eine radikale, umfassende und lebensschaffende Alternative.* Die Unterstützung der zapatistischen Basis umfasst indigene *Campesino*as*, die das Land für ihren Lebensunterhalt und ihre ›Reproduktion bewirtschaften und damit die materiellen Voraussetzungen für ihre autonomen Kämpfe schaffen. Die Frauen nehmen einen zentralen Platz ein, ebenso wie das Land und die Mutter Erde, als Schöpferinnen und Spenderinnen des Lebens.

Das *Revolutionäre Frauengesetz* bezog die Frauen in den revolutionären Kampf ein, indem es auf ihren politischen und sozialen Rechten sowie ihrer körperlichen und moralischen Unversehrtheit bestand und für sie sorgte. Der Inhalt dieses Gesetzes wäre bedeutungslos gewesen ohne die Frauen an der Basis, die – im Dialog mit den bewaffneten EZLN-Frauen – diese Kämpfe in jeder Hinsicht verkörperten: gegenüber der Besatzungsarmee, durch die tägliche Bewirtschaftung des Landes mit ihren eigenen Händen, durch die Rückeroberung verlorener Gebiete, durch die Resozialisierung ihrer eigenen Söhne und Töchter, in der Organisation von Kooperativen, als Lehrerinnen für autonome Bildung, als Fördererinnen autonomer Heilung und als Radio- und Videomacherinnen. Es besteht kein Zweifel, dass der zapatistische Kampf seine Wurzeln in den Frauen und Männern an

der Basis hat. Durch ihre Unterstützung gewann die zapatistische Politik eine Kraft, die viele andere revolutionäre Erfahrungen nicht erreichen konnten, weil es ihnen nicht gelang, ihre Kämpfe mit den Sphären des täglichen Lebens zu verbinden und die Dimensionen der Frauen, der Familie, der Gemeinschaft, des gewöhnlichen Lebens, der Kollektive und der Transnationalität einzubeziehen.

▪ *Als zentraler Bezug auf die laufende Globalisierung von unten.* Zwanzig Jahre nach dem ersten *Zapatistischen Intergalaktischen Treffen für die Menschlichkeit und gegen den Neoliberalismus* fasst Alejandra, eine junge Hüterin der *Kleinen Zapatistischen Schule* (Escuelita Zapatista), das zapatistische glokale[2] planetarische Bewusstsein zusammen:

„Wie wir wissen, macht das kapitalistische System, was es will, es entscheidet, wie es regiert, wie wir leben sollen, und das ist es, was wir nicht wollen ... Wir kämpfen nicht nur für uns selbst ... wir wollen Freiheit für alle ... Als Zapatistas benutzen wir keine Waffen ... wir benutzen unsere Worte, unsere Politik ... wir wollen das System besiegen, das ist unser Hauptziel."[3]

Anmerkungen

1 Caracoles: wörtlich „Schneckenhaus", dabei handelt es sich um die autonomen Verwaltungssitze der Zapatistas (Anm. d. Korr.).

2 Der Begriff „glokal" verbindet „global" und „lokal" und bedeutet, dass beides nicht als Gegensatz gesehen wird, sondern wechselseitig verbunden ist. (Anm. d. Übers.).

3 Verfügbar in Rebeldía Zapatista 1, 2014, S. 53.

Weitere Quellen

EZLN, http://enlacezapatista.ezln.org.mx. (abgerufen am 3.7.2023)

— (2013), *Cuadernos de texto de primer grado del curso.* Mexico: Escuelita Zapatista-EZLN.

— (2014), *Rebeldía Zapatista:La Palabra del EZLN*,1 and 3, February and September: Mexico, http://enlacezapatista.ezln.org.mx/2014/02/28/editorialrevista-rebeldia/. (abgerufen am 3.7.2023)

— (2016), *Critical Thought in the Face of the Capitalist Hydra: I', Contributions by the Sixth Commission of the EZLN.* Durham: Duke University Press.

Seminarios CIDECI-UniTierra Chiapas, http://seminarioscideci.org. (abgerufen am 3.7.2023)

Z

III

ProMedios de Comunicación Comunitaria, http://www.promediosmexico.org. Radio Zapatista, http://www.radiozapatista.org (abgerufen am 3.7.2023)

Xochitl Leyva ist Mitgründerin und Aktivistin von Kollektiven und Netzwerken, die sich gegen die Globalisierung wenden. Als Forscherin bei *CIESAS Sureste* in Chiapas, Mexiko, hat sie mehrere Videos und Multimedia-Produkte koproduziert und mehrere Artikel und Bücher mit Frauen und jungen indigenen Menschen im Widerstand verfasst. Diese werden in aktivistischen, akademischen und gemeinschaftlichen Kontexten verwendet.

Übersetzung: Elisabeth Voß

Arturo Escobar

Zivilisatorische Umbrüche

 Westliche Zivilisation, Ontologien, Pluriversum kapitalistische patriarchale Moderne,

Der Begriff des zivilisatorischen Umbruchs bezeichnet die komplexe Bewegung von der Dominanz eines einzigen, angeblich globalisierten Lebensmodells – oft als ‚kapitalistische hetero-patriarchale Moderne' bezeichnet – hin zur friedlichen, wenn auch spannungsreichen Koexistenz einer Vielzahl von Modellen, ‚einer Welt, in der viele Welten Platz finden' – einem ›Pluriversum. Er geht von der Aussage aus, dass die gegenwärtige mehrköpfige Krise von Klima, Energie, Ernährung, Armut und Sinn das Ergebnis eines bestimmten *modelo civilizatorio* oder zivilisatorischen Modells ist, nämlich desjenigen der ‚westlichen Zivilisation'.

Dieser Gedanke findet ein Echo in einer Vielzahl sozialer Räume, von indigenen, afroamerikanischen und bäuerlichen Kämpfen in Lateinamerika bis hin zu alternativer Wissenschaft und Zukunftsforschung, Buddhismus, spiritueller Ökologie und antikapitalistischem, ökologischem und feministischem Schreiben und Aktivismus sowohl im globalen Norden als auch im globalen Süden. Von antikolonialen Denker*innen wie Aimé Césaire vorweggenommen: „Eine Zivilisation, die sich als unfähig erweist, die von ihr geschaffenen Probleme zu lösen, ist eine de-

kadente Zivilisation … Eine Zivilisation, die ihre Prinzipien für Betrug und Täuschung nutzt, ist eine sterbende Zivilisation" (Césaire 1972[1955]: 9). Dieser Satz findet heute vielerorts Anklang. Mit den Worten des geehrten buddhistischen Lehrers Thich Nhat Hanh müssen wir aktiv über das Ende der Zivilisation nachdenken, die die globale Erwärmung und den allgegenwärtigen Konsumismus verursacht: „Beim Einatmen weiß ich, dass diese Zivilisation sterben wird. Wenn ich ausatme, kann diese Zivilisation dem Tod nicht entkommen" (Nhat Hanh 2008: 55).

Die Ursprünge des westlichen Zivilisationsmodells – als Projekt wirtschaftlicher, militärischer, geschlechtsspezifischer, rassischer und kultureller Dominanz – werden verschiedentlich in der Eroberung Amerikas, im Westfälischen Frieden (1648), der die innereuropäischen Religionskriege beendete und die Grundlage für den modernen Nationalstaat schuf, in der Aufklärung oder in der Französischen Revolution, die die Menschenrechte einführte, gesehen. Seine eigentlichen Wurzeln liegen jedoch im historischen Boden des jüdisch-christlichen patriarchalen Monotheismus. Aus einer kritischen Perspektive betrachtet, ist es durch Folgendes gekennzeichnet:

- die hierarchische Klassifizierung von Unterschieden in Form von ‚Rassen-', Geschlechter- und Zivilisationsstufen (›Kolonialismus)
- die wirtschaftliche, politische und militärische Vorherrschaft über die meisten Weltregionen
- Kapitalismus und sogenannte freie Märkte als Wirtschaftsform
- die Säkularisierung des gesellschaftlichen Lebens
- hegemonialer Liberalismus auf der Grundlage von individuellem, privatem Eigentum und repräsentativer Demokratie
- Wissenssysteme, die auf instrumenteller Rationalität beruhen, mit ihrer scharfen Trennung zwischen Mensch und Natur (›Anthropozentrismus)

Jede Zivilisation basiert auf einem bestimmten System von Überzeugungen und Ideen (erkenntnistheoretische und ontologische Prämissen), die oft tief in Gründungsmythen eingebettet sind. Zivilisationen sind nicht statisch, und die Beziehungen zwischen den Zivilisationen sind immer im Wandel und hängen von Macht ab. Alle bedeutenden Historiker- und Theoretiker*innen zum Thema Zivilisation sind sich darin einig, dass sie plural sind – mit anderen Worten, es kann nicht nur eine einzige Zivilisation geben.1 Dennoch hat der Westen ein hohes Maß an zivilisatorischer Dominanz erlangt, die auf einem gewissen Maß an wirtschaftlicher und politischer Vereinheitlichung beruht. Dasselbe lässt sich nicht für den kulturellen Bereich sagen, trotz des Vordringens der Modernisierung in nicht-moderne Gesellschaften und – in den letzten Jahrzehnten – der Globalisierung als Universalisierung einer ‚höheren Zivilisation‘.

Jedoch hat sich das Projekt einer globalen Zivilisation nicht verwirklicht. Nationen und Zivilisationen verweigern sich einer einzigen Ordnung, obwohl die globale Erfahrung zutiefst von einem eurozentrischen, transatlantischen Modell geprägt ist. In Mexiko zum Beispiel ist die mesoamerikanische indigene Zivilisation nach mehr als fünf Jahrhunderten des Aufzwingens des westlichen Kolonialprojekts immer noch lebendig und kulturell pulsierend. Das Gleiche könnte man vielleicht auch von anderen Ländern und Weltregionen sagen. Es wird immer deutlicher, dass Demokratie nicht mit Gewalt exportiert werden kann; dies gilt erst recht für Zivilisationen. Die Irrationalität und Gewalttätigkeit des herrschenden Modells sind überall zu beobachten. Einige Kritiker*innen betonen die spirituelle und existenzielle Armut des modernen Lebens angesichts der Ausbreitung der patriarchalen und kapitalistischen Ontologie von Hierarchie, Herrschaft, Aneignung, Kontrolle und Krieg, die es kennzeichnen.

Eine vielseitige und pluralistische Bewegung, die das Ende der eurozentrischen und anthropozentrischen Vorherrschaft fordert, entsteht als Folge ihrer Schattenseiten, Misserfolge und sogar Schrecken, trotz ihrer enormen technologischen Errungenschaften (die aus ökologischen und kulturellen Gründen zunehmend fragwürdig sind). Diese Bewegung umfasst eine Reihe von kreativen Visionen des Umbruchs wie auch konkrete Aktionen. Im globalen Norden lässt sich der Ruf nach einem zivilisatorischen Wandel unter anderem in ökofeministischen Subsistenzwirtschaften, Vorschlägen für Degrowth, der Verteidigung der Allmende, dem interreligiösen Dialog und Strategien zur lokalen Versorgung mit Nahrungsmitteln, Energie und Transportmitteln wiederfinden. Im globalen Süden beruhen die Visionen des Umbruchs auf Ontologien, die die radikale Interdependenz von allem, was existiert, betonen. Diese biozentrische Sichtweise findet ihren deutlichen Ausdruck in den Begriffen des kollektiven Wohlbefindens (Buen Vivir) gemäß den persönlichen Kosmovisionen, den Rechten der Natur und dem Übergang zum Post-Extraktivismus, allesamt Instanzen der Post-Entwicklung.

Es ist noch zu früh, um zu sagen, ob diese lose zusammengefügten heterogenen Visionen und Bewegungen einen Grad an Selbstorganisation erreichen werden, der in der Lage ist, bedeutende Transformationen und vielleicht weiträumige Umbrüche einzuleiten. Für die meisten Umbruchstheoretiker*innen ist der Übergang zu einem anderen zivilisatorischen Modell – oder einer Reihe von Modellen – nicht ausgeschlossen, auch wenn das Ergebnis keineswegs garantiert ist. Für viele findet er bereits statt – und zwar in einer Vielzahl von Praktiken, die trotz Einschränkungen und Widersprüchen die Werte zutiefst ökologischer, nicht-kapitalistischer, nicht-patriarchaler, nicht-rassistischer und ›pluriversaler Gesellschaften verkörpern.

Der Begriff der zivilisatorischen Umbrüche schafft einen Horizont für die Entwicklung umfassender politischer Visionen jenseits der Vorstellungen von Entwicklung und Fortschritt und der Universalien der westlichen Moderne wie Kapitalismus, Wissenschaft und Individuum. Er ruft weder zu einer Rückkehr zu ‚authentischen Traditionen‘ noch zu Formen der Hybridität auf, die durch eine rationale Synthese der besten Eigenschaften jeder Zivilisation erreicht werden

Z

III

sollen, als ob die verführerische, aber harmlose liberale Sprache der ‚besten Praktiken' (best practices) auf Zivilisationen angewendet werden könnte. Weit gefehlt, dieser Aufruf deutet auf eine pluralistische Koexistenz von ‚zivilisatorischen Projekten' durch interkulturelle Dialoge hin, die Beiträge jenseits der gegenwärtigen eurozentrischen Weltordnung anregen. Er sieht die Wiederherstellung der globalen ›Governance auf der Grundlage plurizivilisatorischer Fundamente vor, nicht nur um deren Zusammenstoß zu vermeiden, sondern um das Gedeihen des ›Pluriversums konstruktiv zu fördern.

Anmerkung

1 Dies ist der Fall bei Arnold Toynbee, Fernand Braudel und sogar Samuel Huntington, die das berühmte Konzept des „Kampfes der Kulturen" geprägt haben, das auf einer objektivierten Vorstellung von mehreren, aber getrennten Zivilisationen beruht.

Weitere Quellen

Bonfil Batalla, Guillermo (1987), *México Profundo. Una civilización negada*. México, DF: Grijalbo.

Césaire, Aimé (1972[1955]), *Discourse on Colonialism*. New York: Monthly Review. (**deutsch:** *Über den Kolonialismus*. Berlin: Alexander Verlag, 2021)

EboussiBoulaga, Fabien (2014), *Muntu in Crisis: African Authenticity and Philosophy*. Trenton, NJ: Africa World Press.

Great Transition Initiative (GTI), http://www.greattransition.org/ .(abgerufem am 5.7.2023)

Nandy, Ashis (1987), *Traditions, Tyranny, and Utopias*. Delhi: Oxford University Press.

Nhat Hanh, Thich (2008), *The World We Have*. Berkeley: Parallax Press. (**deutsch:** Die Welt ins Herz schließen: buddhistische Wege zu Ökologie & Frieden. Bielefeld: Aurum Verlag, 2009)

Arturo Escobar ist emeritierter Professor für Kulturanthropologie der *University of North Carolina*, Chapel Hill, und ist mit mehreren kolumbianischen Universitäten verbunden. Sein bekanntestes Buch ist *Encountering Development: The Making and Unmaking of the Third World* (1995). Zu seinen jüngsten Büchern gehören *Otro possible es possible: Caminando hacia las transiciones desde Abya Yala/Latino-America* (2018); und *Designs for the Pluriverse: Radical Interdependence, Autonomy, and the Making of Worlds* (2017). Er hat seit mehr als zwei Jahrzehnten mit afro-kolumbianischen sozialen Bewegungen zusammen gearbeitet.

Übersetzung: Riccarda Flemmer

Der Globale Wandteppich der Alternativen

Die Welt befindet sich in einer noch nie dagewesenen Krise, die durch das herrschende Regime hervorgerufen wurde und zu einer Vertiefung der Ungleichheiten, zur Zunahme neuer Formen der Benachteiligung, zur Zerstörung der Ökosysteme, zum Klimawandel, zum Zerreißen des sozialen Gefüges und zur Enteignung aller Lebewesen geführt hat – und das mit ungeheurer Gewalt.

In den letzten zwei Jahrzehnten ist jedoch eine immense Vielfalt an radikalen Alternativen zu diesem herrschenden System und seinen Wurzeln in kapitalistischen, patriarchalen, rassistischen, staatsfixierten und ›anthropozentrischen Zwängen entstanden. Diese reichen von Initiativen in bestimmten Sektoren wie der nachhaltigen und ganzheitlichen Landwirtschaft, gemeinschaftlich organisierter Wasser-/Energie-/Ernährungssouveränität, Solidarität und der Ökonomie des Teilens, der Kontrolle der Produktionsanlagen durch die Arbeiter˙innen, Gemeingüter über Ressourcen/Wissen sowie Frieden und Harmonie zwischen den Völkern bis hin zu ganzheitlicheren oder umfassenderen ›Transformationen, wie sie von den Zapatist˙innen in Chiapas und den Kurd˙innen in Rojava angestrebt werden, bis hin zur Wiederbelebung alter Traditionen oder der Entstehung neuer Weltanschauungen, die den Platz der Menschheit innerhalb der Natur und die Werte der Menschenwürde, der Gleichheit und der Achtung der Geschichte wiederherstellen.

Der *Globale Wandteppich der Alternativen* ist eine Initiative, die darauf abzielt, Solidaritätsnetzwerke und strategische Bündnisse zwischen all diesen Alternativen auf lokaler, regionaler und globaler Ebene zu schaffen. Sie beginnt in der lokalen Interaktion zwischen den Alternativen, um allmählich Formen der Übereinstimmung auf regionaler, nationaler und globaler Ebene zu organisieren, durch vielfältige und lockere Strukturen, die für jeden Bereich definiert sind, horizontal, demokratisch, inklusiv und nicht zentralisiert, unter Nutzung verschiedener lokaler Sprachen und anderer Kommunikationsmöglichkeiten. Die Initiative hat **keine zentrale Struktur oder Kontrollmechanismen**. Sie breitet sich Schritt für Schritt als ein sich stetig erweiterndes, komplexes Geflecht aus, das von bereits existierenden kommunalen oder kollektiven Netzen gebildet wird, die als Alternativen zu den herrschenden Systemen organisiert sind, wobei jedes von ihnen autonom mit anderen dieser Netze verwoben ist. Sie organisiert Interaktionsprozesse zwischen diesen regionalen und nationalen Strukturen und mit den Gesellschaften, in denen sie existieren, in verschiedenen Sprachen und mit unterschiedlichen Methoden, wobei sie in regelmäßigen Abständen regionale, nationale und weltweite Begegnungen fördert, wenn die Bedingungen dies zulassen, sowie enge und ›synergetische Verbindungen mit bestehenden Organisationen wie dem *Weltsozialforum* pflegt.

Beim *Globalen Wandteppich der Alternativen* geht es darum, **Räume der Zusammenarbeit und des Austauschs zu schaffen,** um über und von einander zu lernen, sich gegenseitig kritisch zu hinterfragen, aktive Solidarität anzubieten, wann immer es nötig ist, die Initiativen in gemeinsamen Aktionen zu vernetzen, sie sichtbar zu machen, um andere Menschen zu inspirieren, ihre eigenen Initiativen zu gründen und bestehende Wege weiterzuverfolgen oder neue zu beschreiten, um die Alternativen zu stärken, wo immer sie auch sind, **bis hin zu dem Punkt, an dem eine kritische Masse alternativer Ansätze die Bedingungen für die radikalen systemischen Veränderungen schaffen kann, die wir brauchen.**

Eine kleine Gruppe von Aktivisten aus verschiedenen Teilen der Welt hat die Initiative gestartet, deren Struktur nach und nach in den verschiedenen Teilen der Welt Gestalt annehmen wird. Die ursprüngliche Gruppe wird die Initiative so lange wie nötig unterstützen. Einige Unterstützer*innen haben dieses Dokument unterzeichnet, und sie werden versuchen, sich mit ähnlichen Initiativen auf der ganzen Welt zu vernetzen. Wer sich für die weitere Entwicklung der Initiative interessiert oder sich an ihr beteiligen möchte, kann eine E-Mail schreiben an globaltapestryofalternatives@riseup.net

Weitere Informationen finden Sie unter
www.globaltapestryofalternatives.org

Übersetzung: Hannelore Zimmermann

Elisabeth Voß

Nachwort zur deutschsprachigen Ausgabe

Das Buch *Pluriverse – A Post-Development Dictionary* erschien zuerst 2019 auf englisch in Indien. Seither geht es in vielen Sprachen um die Welt, und jede Ausgabe wird ihre eigene Geschichte haben. Hier soll kurz berichtet werden, wie es zur deutschsprachigen Ausgabe kam, und wie das Buch entstanden ist, das ihr jetzt in den Händen haltet.

Das *NETZ für Selbstverwaltung und Selbstorganisation*[1] ist Mitglied in *RIPESS*[2], dem Europäischen Netzwerk für Solidarische Ökonomie, und ich darf unseren Verein dort vertreten. Über RIPESS habe ich vom *Global Tapestry of Alternatives*[3] (Globaler Wandteppich der Alternativen) erfahren und mich in den Mailverteiler von As-

hish Kothari eingetragen. Auf diesem Weg erlangte ich Kenntnis vom Pluriversum-Buch, das mich sogleich sehr ansprach.

Mein Leben lang beschäftige ich mich mit Alternativen zur herrschenden, zerstörerischen Wirtschaftsweise. Leider gelingt es bisher im deutschsprachigen Raum nicht, die verschiedenen Ansätze und praktischen Versuche so zusammenzubringen, dass wir mit vereinten Kräften dem schlechten Bestehenden etwas entgegensetzen könnten. Stattdessen greifen Pseudo-Alternativen immer mehr um sich, *Green-* und *Socialwashing* sowie *Diversity* werden Bestandteile profitabler Geschäftsmodelle. Diese setzen auf technische ‚Lösungen' und auch gesellschaftlich scheint sich eine immer stärker wissenschafts- und technikorientierte, ja mitunter geradezu naturfeindliche Stimmung breit zu machen. Andere, alternative Ansätze werden an den Rand gedrängt oder sogar diffamiert. Social-Business-Förderprogramme hegen ein, was vielleicht einmal rebellisch begonnen hat.

Aber es gibt auch Hoffnung, beispielsweise unbeugsame Klimagerechtigkeits-Aktivist*innen, die von Zerstörung bedrohte Biotope besetzen, um sie zu schützen; Seenotrettungsprojekte, die das systematische Morden an den europäischen Außengrenzen anprangern und Menschen auf der Flucht solidarisch unterstützen; unterschiedlichste kollektive Wohn-, Arbeits- und Kulturprojekte, die schon heute versuchen, Keimformen des Zukünftigen zu gestalten. All dies ist vielfältig – pluriversal! –, nie perfekt, aber real, lokal handelnd und global vernetzt.

Vor diesem Hintergrund war das Pluriversum-Buch für mich genau das, wonach ich gesucht und worauf ich gehofft hatte. Starke Stimmen aus der ganzen Welt, die die Vielfalt feiern und sich gleichzeitig um verbindende Grundgedanken versammeln und sich von wohlklingenden Scheinlösungen abgrenzen. Und mir war gleich klar: Mit diesem Buch möchte ich arbeiten, und dafür brauche ich es in deutscher Sprache.

Glücklicherweise konnte ich Hannelore Zimmermann und Waldemar Schindowski vom Verlag der *AG SPAK* sogleich dafür gewinnen. Im Sommer 2022 fragte ich Ashish Kothari, ob wir das von ihm mitherausgegebene Buch übersetzen dürfen. Er freute sich und verwies mich an seinen Mitherausgeber Alberto Acosta, der deutsch spricht, was die Kommunikation sehr erleichterte. Im Winter 2022 trafen wir uns zu dritt – Alberto, Hannelore und ich – in Berlin. Unser Gespräch war getragen von Begeisterung. Es war aber auch klar, dass es sehr viel Arbeit sein würde.

Am liebsten hätte Alberto das Buch schon im Frühjahr zur Pluriversum-Tour der *Grupo Sal*[4] präsentiert. Kurz waren wir in Gefahr, uns total zu übernehmen. Zum Glück siegte dann die Vernunft und wir verabredeten das Erscheinen für den Herbst 2023 – immer noch sehr ambitioniert, angesichts des erforderlichen Arbeitsumfangs. Denn es war klar, dass wir die Übersetzungen in freiwilliger unbezahlter Arbeit machen würden. Ich fragte meine Tochter Anna Voß, Hannelore konnte Riccarda Flemmer, Karin Polit, Timmi Tillmann und Alexandra Tost gewinnen.

Mit Alberto haben wir verabredet, dass wir (mit sehr wenigen Ausnahmen) die englischsprachige Ausgabe von 2019 als Grundlage unserer Übersetzungen nehmen. Mitunter war es jedoch hilfreich, auf spanische Texte zurückgreifen zu können, wenn dies (vermutlich) die Ursprungsfassungen waren.

Keine*r von uns ist professionelle*r Dolmetscher*in und wir sind unterschiedlich erfahren im Übersetzen von Texten. Ohne die Unterstützung von *deepl* hätten wir uns diese Arbeit wohl nicht zugetraut. Aber dieses Online-Übersetzungsprogramm ist nur ein Werkzeug, die kreative Arbeit der Sinngebung – oder zumindest der Überprüfung der Sinnhaftigkeit dessen, was diese Übersetzungs-KI (Künstliche ‚Intelligenz') vorschlägt – obliegt den Menschen, ebenso wie die Gestaltung einer stimmigen Sprachmelodie.

So haben wir uns also mit vereinten Kräften – jedoch ohne uns alle zu kennen oder je alle getroffen zu haben – daran gemacht, jede*r hat beigetragen, wieviel sie*er konnte. Manche von uns konnten Texte aus einem Fachgebiet übersetzen, in dem sie sich auskennen oder deren Autor*innen sie sogar persönlich kennen. Hannelore hat dankenswerterweise die Verantwortung übernommen, die meisten Texte zu übersetzen, darunter alle, für die sich keine sachkundigen anderen Übersetzer*innen finden ließen. Der*die jeweilige Übersetzer*in ist unter jedem Text genannt. Viele weitere Menschen haben mitgeholfen, haben die Übersetzungen überprüft, teils ko-übersetzt und die Texte Korrektur gelesen. Zum Schluss gab es noch eine Runde Gegenlesen auf Verständlichkeit.

Ebenso wie wir Übersetzer*innen hat jede dieser hilfreichen Personen ihre eigenen Erfahrungen und ihren eigenen Stil eingebracht. Manche anfängliche Versuche, möglichst vieles zu vereinheitlichen – zum Beispiel uns mit Notizen in einem Pad zu verständigen, bestimmte Begriffe einheitlich zu übersetzen – haben wir bald aufgegeben, weil es doch sehr auf den Kontext ankommt und jede*r eigene Interpretationen hat.

Im Englischen wird nicht *gegendert*, wir haben uns frei gefühlt, dies den von uns gewünschten Lesegewohnheiten gemäß zu handhaben und uns für das Gendersternchen entschieden, um alle Geschlechter sichtbar zu machen. Wie weitgehend jedoch jede*r Übersetzer*in *gendern* wollte, war ihr*ihm überlassen. Die Vereinheitlichung mancher Formatierungen haben wir unter dem Zeitdruck, unter den wir dann doch geraten sind, nicht so durchgängig umsetzen können, wie wir es uns gewünscht hätten.

Im Buch finden sich viele Begriffe, die vielleicht nicht allen Leser*innen sofort verständlich sein werden. Manche haben die Übersetzer*innen in eigenen Anmerkungen erläutert und dies entsprechend kenntlich gemacht. Solche Begriffe, die häufig vorkommen, sind mit einem Pfeil versehen und finden sich in einem Glossar, das es in der englischen Ausgabe nicht gibt und das der Verlag zusammengestellt hat. Ebenfalls dem Verlag verdanken wir die Überprüfung der Links und die Hinweise in den *Weiteren Quellen* unter den Texten, wenn Literatur auch deutschsprachig erschienen ist.

Uns war von Anfang an wichtig, dass möglichst viele Leute das Pluriversum-Buch lesen können. Es wird also kostenlos online verfügbar sein. Weil aber das Lesen auf Papier viel schöner ist als am Bildschirm, sollte es auch preiswert zu haben sein, trotz des großen Seitenumfangs. Aufwändige Anträge auf Fördermittel haben wir uns erspart und stattdessen Spenden gesammelt, um die Herstellungskosten so mitzufinanzieren, dass am Ende ein Preis um 15 Euro möglich wird.

Ebenso wie die Autor*innen, die keine Honorare bekommen hatten, haben auch alle Übersetzer*innen, Korrektur- und Gegenleser*innen unentgeltlich mitgearbeitet. Ohne all diese Mitwirkenden, nicht zu vergessen die Spender*innen, wäre dieses großartige *Pluriversum – Ein Lexikon des Guten Lebens für alle* nicht möglich gewesen.

Liebe Leser*innen,

lasst euch inspirieren von der Vielfalt der Erfahrungen und Gedanken in diesem Buch, die – trotz der mitunter recht akademischen Sprache – weit mehr Sinne ansprechen als ‚nur' den Intellekt. Gebt das Gelesene und das Wissen um die Existenz dieses Buches bitte weiter und verbreitet es auf allen euch verfügbaren Kanälen. Und lasst uns in diesem Sinne zusammenkommen, um gemeinsam am Pluriversum zu bauen.

Anmerkung

1 NETZ für Selbstverwaltung und Selbstorganisation: http://netz-bund.de/ und Landesverband Berlin-Brandenburg www.netz-bb.de
2 RIPESS: https://ripess.eu
3 Global Tapestry of Alternatives: https://globaltapestryof-alternatives.org
4 Grupo Sal: www.grupo-sal.de

Elisabeth Voß: Betriebswirtin und freie Journalistin/Autorin, stadtpolitisch und vernetzend engagiert; publiziert und hält Vorträge zu Solidarischem Wirtschaften, Genossenschaften, Selbstorganisation und Demokratisierung von Wirtschaft und Gesellschaft; berät Kollektivbetriebe und Hausprojekte; verfasste u.a. den „Wegweiser Solidarische Ökonomie" (2. Aufl. 2015) im AG SPAK Verlag: www.elisabeth-voss.de

Glossar

Anmerkung: Die folgenden kurzen Begriffserklärungen sollen das Lesen erleichtern. Viele dieser Begriffe lassen sich schon mehr oder weniger im deutschen Sprachgebrauch finden, aber nicht immer und jedem Einzelnen ist die Bedeutung klar. Die knappen Erklärungen sind also eher um kleine Erinnerungsstützen zu verstehen, für detailliere Informationen/Definitionen müssen wir, als Verlag, darum bitten, selbst zu recherchieren. (Dieses Glossar wurde nur für die deutschsprachige Ausgabe zusammengestellt.)

Akkumulation (lat. Anhäufung): Im wirtschaftlichen Bereich bedeutet Akkumulation, dass Kapital oder Vermögen über einen bestimmten Zeitraum hinweg angesammelt wird. Dies kann durch Ersparnisse, Investitionen, Gewinne oder andere Formen der Kapitalbildung geschehen. Die Akkumulation von Kapital ist ein grundlegender Prozess im kapitalistischen System, bei dem das erzielte Einkommen reinvestiert wird, um zusätzliches Einkommen zu generieren.

Anthropozentrismus ist eine philosophische Auffassung, welche von der Annahme ausgeht, dass der Mensch eine besondere moralische und intellektuelle Stellung innehat und daher das Recht und die Freiheit hat, die Natur und andere Lebewesen nach seinen Bedürfnissen und Wünschen zu nutzen.

Bioregionalismus basiert auf dem Konzept der Bioregionen, also geografischen Gebieten, die durch ökologische Merkmale wie Klima, Böden, Flora und Fauna definiert sind. Es wird davon ausgegangen, dass die Identifikation mit einer Bioregion es den Menschen ermöglicht, eine tiefere Verbindung zur Natur herzustellen und nachhaltigere Lebensweisen zu entwickeln.

Buen Vivir kommt aus der indigenen Philosophie und Lebensweise in Südamerika, insbesondere den Andenländern. Übersetzt bedeutet Buen Vivir „gutes Leben" oder „gutes Zusammenleben". Es verkörpert eine alternative Vorstellung von Wohlstand und Fortschritt, die auf den Prinzipien des Respekts gegenüber Natur, Gemeinschaft und auf Gleichheit basiert. (Siehe auch den Beitrag von Mónica Chuji, Grimaldo Rengifo, Eduardo Gudynas: *Buen Vivir (Gutes Leben)* in diesem Buch, Seite 129).

Care ist ein englischer Begriff, dessen Verwendung auf die Dekonstruktion traditioneller Geschlechterrollen zielt und die Bedeutung von Sorgearbeit unterstreicht. Er bezieht sich auf verschiedene Aspekte von Fürsorge, Sorge und Unterstützung. Es kann um persönliche Beziehungen, Pflege und Unterstützung von anderen Menschen oder um Aufgaben aus dem Bereich der Gesundheitsversorgung gehen. In der feministischen Diskussion steht die Anerkennung und Wertschätzung der Arbeit, die traditionell mit Frauen und weiblichen Rollen assoziiert wird (z.B. Pflege von Kindern, Alten und Kranken, Haushaltsarbeit und emotionale Unterstützung) im Mittelpunkt.

Commoning bezieht sich auf eine Praxis und eine Denkweise, bei der Gemeinschaften gemeinsam Ressourcen nutzen, verwalten und teilen. Es geht darum, gemeinschaftliche Güter und Ressourcen zu schaffen und zu pflegen, ohne sie zu privatisieren oder kommerziell zu nutzen.

Commons bezeichnen Güter oder Ressourcen, die von einer Gemeinschaft kollektiv genutzt und verwaltet werden. Es handelt sich um Güter, die nicht privat oder staatlich kontrolliert werden, sondern der Allgemeinheit gehören und von ihr gemeinsam genutzt werden. Im Commons-Konzept geht es um die Idee, dass bestimmte Ressourcen, sei es Land, Wasser, Wissen, Kultur oder digitale Güter, gemeinschaftliche Ressourcen sind, die nicht privatisiert oder nur für kommerzielle Zwecke genutzt werden sollten. Stattdessen wird deren kollektive Nutzung und Verwaltung von den Menschen selbst organisiert. (Siehe auch den Beitrag von Massimo De Angelis: *Commons* in diesem Buch, Seite 136).

Copyleft: Das Copyleft ermöglicht es Urhebern, ihre Werke frei zur Verfügung zu stellen und anderen Menschen das Recht einzuräumen, diese Werke zu nutzen, zu verändern und weiterzuverbreiten. Ziel ist es, sicherzustellen, dass kreative Werke und Wissen frei zugänglich bleiben und von einer breiten Öffentlichkeit genutzt werden können.

Creative Commons (CC) ist eine gemeinnützige Organisation, die eine Reihe von Lizenzverträgen entwickelt hat, um Urhebern eine Alternative zum traditionellen Urheberrecht zu bieten. Creative Commons verschafft den Urhebern die Möglichkeit, ihre Werke frei und flexibel zu lizenzieren, indem sie bestimmte Rechte vorbehalten oder freigeben. http://creativecommons.org

Degrowth ist ein Konzept (auch als Postwachstum bezeichnet), das sich mit einer Abkehr vom gegenwärtigen Wirtschaftsmodell des unendlichen Wachstums befasst. Es fordert eine Verringerung der Produktion und des Konsums, um ökologische Nachhaltigkeit und soziale Gerechtigkeit zu erreichen. (siehe Beitrag zum Thema im Buch von Federico Demaria / Serge Latouche: *Degrowth*, Seite 141).

Dekolonisierung/Dekolonialisierung, siehe Kolonisierung

Dekommodifizierung bezieht sich auf den Prozess, über den Waren, Dienstleistungen oder andere Aspekte des Lebens aus dem Markt genommen werden, um grundlegende Bedürfnisse von den profitorientierten Marksmechanismen zu befreien. Alle essenziellen Ressourcen und Leistungen wie Gesundheitsversorgung, Bildung, Wohnraum, Wasser usw. sollen für alle Mitglieder der Gesellschaft zugänglich sein, unabhängig von ihrer finanziellen Situation. Damit wird soziale Gerechtigkeit und Chancengleichheit angestrebt.

Developmentalismus ist eine Wirtschaftstheorie, die davon ausgeht, dass der beste Weg für weniger entwickelte Volkswirtschaften in der Förderung eines starken und abwechslungsreichen Binnenmarkt liegt, der hohe Zölle auf importierte Waren erhebt. Der Developmentalismus geht davon aus, dass eine aktive Rolle des Staates bei der Förderung der Industrialisierung, der Schaffung von Infrastruktur, der Entwicklung von Bildungssystemen und der Bereitstellung von Basisdienstleistungen erforderlich ist, um wirtschaftlichen Fortschritt und sozialen Wohlstand zu erreichen. Diese Entwicklung soll dazu dienen, die Länder aus einer Position der Abhängigkeit von anderen Ländern zu befreien und eine eigene Entwicklung voranzutreiben.

Entropie: physikalisches Konzept, das den Grad der Unordnung oder Zufälligkeit in einem System beschreibt. Es ist ein Maß für die Wahrscheinlichkeit, mit der Teilchen oder Energie in einem System verteilt sind. Je höher die Entropie, desto größer ist die Unordnung. Entropie wird auch oft mit dem Begriff des Energieverlusts oder der Zunahme der Unordnung verbunden. Laut des zweiten Hauptsatzes der Thermodynamik nimmt die Entropie eines isolierten Systems im Laufe der Zeit immer zu. Das bedeutet, dass natürliche Prozesse dazu neigen, eine höhere Entropie zu erreichen. In Bezug auf andere Bereiche kann Entropie auch verwendet werden, um den Grad der Unordnung oder des Chaos in einem System zu beschreiben.

Epistemologie (Erkenntnistheorie / Wissenschaftslehre) beschäftigt sich im philosophische Bereich mit der Natur, dem Ursprung, der Reichweite und der Gültigkeit von Wissen und Erkenntnis und untersucht, wie wir wissen, was wir wissen, sowie die Kriterien und Methoden, die verwendet werden, um Wissen zu erlangen und zu bewerten.

Extraktivismus bezeichnet eine Wirtschaftspraxis, bei der natürliche Ressourcen in großem Umfang abgebaut oder ausgebeutet werden. Der Fokus liegt dabei oft auf Rohstoffen wie Erdöl, Kohle, Mineralien oder landwirtschaftlichen Produkten, oft ist dies mit einem intensiven und unregulierten Abbau natürlicher Ressourcen verbunden, der zu Umweltzerstörung, sozialen Konflikten und Ungleichheit führt. Vor allen internationale Unternehmen profitieren davon, während die lokalen Gemeinschaften und die Umwelt die oft massiven negativen Auswirkungen tragen müssen.

Geo-Engineering bezieht sich auf technologische Eingriffe in das Klimasystem der Erde, um den Klimawandel zu beeinflussen. Es umfasst verschiedene Ansätze, die darauf abzielen, den Einfluss des Menschen auf das Klima zu verringern oder die Auswirkungen des Klimawandels zu „mildern". (Siehe dazu auch den Beitrag zum Thema von Silvia Ribeiro S. 70)

Globaler Süden / Globaler Norden: Der Begriff „Globaler Süden" bezieht sich auf Länder, die ökonomisch, politisch und sozial als weniger privilegiert angesehen werden. Die Bezeichnung zielt darauf ab, auf globale Ungleichheiten und Unterschiede in Bezug auf Wohlstand, Entwicklung und Machtverhältnisse hinzuweisen. Es geht dabei zumeist um Länder im globalen Süden: in Afrika, Lateinamerika, der Karibik, Asien und dem pazifischen Raum. Der „Globale Norden" steht dagegen für die „entwickelten", wirtschaftlich starken Länder und Regionen der nördlichen Hemisphäre. Diese Kategorisierung ist jedoch nicht unbedingt an die geografische Lage gebunden. Es gibt auch einen „Globalen Süden im Norden", was auf politische, wirtschaftliche und soziale Zustände bestimmter Bevölkerungsgruppen hinweist, die zu ähnlichen Problemen und Herausforderungen auf der anderen Seite des Globus führen.

Governance bezieht sich auf die Art und Weise, wie eine Organisation, eine Institution oder ein Land regiert, verwaltet und kontrolliert wird. Es umfasst die Prozesse, Strukturen und Mechanismen, die verwendet werden, um Entscheidungen zu treffen, Ressourcen zu verteilen, Regeln aufzustellen und die Interessen der verschiedenen Akteure auszubalancieren. „Gute Governance" beinhaltet Grundsätze wie Transparenz, Rechenschaftspflicht, Partizipation, Rechtsstaatlichkeit und Effizienz. Es geht darum sicherzustellen, dass Entscheidungen fair, nachvollziehbar und zum Wohle der Gesellschaft getroffen werden.

Greenwashing: Der Begriff weist auf eine Marketing- oder PR-Strategie hin, bei der Unternehmen den Eindruck erwecken, umweltfreundlicher zu sein, als sie tatsächlich sind. Dabei wird versucht, ein positives und nachhaltiges Image bzw. Reputation aufzubauen, ohne dass substanzielle Maßnahmen zum Umweltschutz ergriffen werden.

Grüne Revolution: steht gemeinhin für die Einführung neuer landwirtschaftlicher Technologien in den Ländern des Südens. Diese Modernisierung der Anbaumethoden nahm in den 1960er Jahren insbesondere in Asien ihren Anfang, erstreckte sich aber auch auf Lateinamerika. Sie konzentrierte sich vor allem auf den Einsatz von Hochertragssorten von Getreide, verbesserte Bewässerungstechniken und die verstärkte Nutzung von Pestiziden und Düngemitteln.

heterodox: Meinungen oder Lehren, die im Widerspruch zu offiziellen oder orthodoxen Position stehen.

Indigenität: Das Wort „indigen" bedeutet übersetzt „in einem bestimmten Gebiet beheimatet". Laut einer Definition der Vereinten Nationen u.a. geht es um: Völker, die eine kulturelle Besonderheit bewahren wollen, die sich von der nationalen Gesellschaft unterscheidet; Völker, die die Erfahrung von Unterdrückung, Diskriminierung, Marginalisierung und Enteignung bis hin zur Ausrottung gemacht haben. Indigenität umfasst das Bewusstsein und die Wertschätzung der indigenen Kulturen, Traditionen und spirituellen Überzeugungen. Es beinhaltet auch den Schutz der Rechte und Interessen indigener Völker, einschließlich ihrer Landrechte, Selbstbestimmung und kulturellen Tradition.

Interdependenz steht für wechselseitige Abhängigkeit (Dependenz). Unter „sozialer" Interdependenz ist zu verstehen, dass Menschen in ihrem Dasein aufeinander eingestellt und angewiesen sind. In der Wirtschaftstheorie spricht man von Interdependenz, wenn ökonomische Variablen sich wechselseitig beeinflussen.

Intersektionalität ist ein Ansatz, der soziale Identitäten – wie Geschlecht, *Race*, Klasse, Sexualität, Behinderung u.a. – als miteinander verwoben und sich gegenseitig beeinflussend begreift. Es wird davon ausgegangen, dass Menschen in vielfältigen sozialen Kategorien leben und dass diese Kategorien nicht isoliert voneinander betrachtet werden können. Stattdessen beeinflussen sie sich gegenseitig und schaffen ein komplexes Geflecht von Erfahrungen und Ungleichheiten.

Keynesianismus ist eine wirtschaftliche Theorie, die auf den Ideen des britischen Ökonomen John Maynard Keynes basiert. In den 1930er Jahren während der Weltwirtschaftskrise entwickelt, hatte dies großen Einfluss auf die Wirtschaftspolitik vieler Länder, insbesondere während der Nachkriegszeit. Der Keynesianismus betont die Rolle der staatlichen Intervention in der Wirtschaft, insbesondere in Zeiten hoher Arbeitslosigkeit und wirtschaftlicher Stagnation. Keynes argumentierte, dass die Wirtschaft nicht immer von selbst zu einer Gleichgewichtslage zurückkehrt und dass eine aktive Nachfragesteuerung erforderlich ist, um die Wirtschaft anzukurbeln.

Kolonialität / Dekolonialisierung: Kolonialität bezieht sich auf die anhaltenden Auswirkungen und Strukturen des Kolonialismus auf soziale, politische, wirtschaftliche und kulturelle Bereiche. Weit über die historische Periode der Kolonisierung hinaus lassen sich Kontinuitäten, Folgen und Nachwirkungen feststellen. Dekolonialisierung bezeichnet einen Prozess, eine Bewegung und ein theoretisches Konzept, um die kolonialen Strukturen, Denkmuster und Machtverhältnisse zu überwinden. Es geht darum, die Nachwirkungen des Kolonialismus zu bekämpfen und eine gerechtere und gleichberechtigtere Gesellschaft zu schaffen, einschließlich der Anerkennung und Wertschätzung indigener Kulturen und der Wiederherstellung von Landrechten sowie einer Dekonstruktion eurozentrischer Wissenssysteme und der Schaffung von Raum für vielfältige Perspektiven.

Kommodifizierung, siehe Dekommunifizierung

Kommunitarismus ist eine politische Philosophie, die die Bedeutung von Gemeinschaft und gemeinsamen Werten betont. Diese Theorie argumentiert, dass das Individuum nicht isoliert betrachtet werden kann, sondern in einer Gemeinschaft eingebettet ist und von dieser geprägt wird. Danach sind Menschen soziale Wesen, die durch ihre Mitgliedschaft in verschiedenen Gemeinschaften, wie Familie, Nachbarschaft, Religion oder Kultur geprägt werden. Für Kommunitaristen sind diese Gemeinschaften wichtig, weil sie Identität, Sinn und Werte vermitteln.

Konvergenz: Zusammenlaufen oder Annäherung verschiedener Ideen, Technologien, Disziplinen oder Systeme, um gemeinsame

Dinge oder Ziele zu erreichen. In wirtschaftlicher Hinsicht bezieht sich Konvergenz auf den Prozess, bei dem sich die Unterschiede zwischen verschiedenen Volkswirtschaften verringern und sie sich in Bezug auf bestimmte Parameter angleichen. Dieser Prozess kann auf verschiedenen Ebenen stattfinden, also regional, national oder global.

Konvivialität beschreibt das Konzept eines harmonischen und kooperativen Miteinanders von Menschen in einer Gemeinschaft – in einer sozialen Atmosphäre, in der Menschen in Frieden und Solidarität leben und zusammenarbeiten können. Der Begriff wurde von Ivan Illich geprägt und betont die Bedeutung von sozialen Beziehungen und Gemeinschaft für das Wohlergehen und die Entwicklung einer Gesellschaft. Konvivialität steht im Gegensatz zu Entfremdung, Wettbewerb und Isolation. (Siehe auch im Buch die beiden Beiträge Alain Caillé: *Konvivialismus*, Seite 183 und David Barkin: *Konvivialität*, Seite 185).

Korporatismus: politikwissenschaftlicher Fachbegriff, der verschiedener Formen der Beteiligung bestimmter gesellschaftlicher Gruppen an politischen Entscheidungsprozessen beschreibt. Unterschieden wird zwischen dem autoritäre (erzwungene Einbindung in Entscheidungsverfahren) und dem liberalen Korporatismus (freiwillige Beteiligung gesellschaftlicher Organisationen).

Kosmovision: Der Begriff setzt sich aus den spanischen Wörtern *kosmos* (Kosmos) und *visión* (Vision) zusammen und bedeutet auf Spanisch „Weltanschauung". Es geht darum, wie eine Person oder eine Gemeinschaft die Welt wahrnimmt, interpretiert und versteht. Eine Kosmovision kann verschiedene Aspekte umfassen, etwa kulturelle, spirituelle, philosophische und soziale Überzeugungen. Sie prägt die Sichtweise auf die Beziehung zwischen Mensch und Natur, zwischen den Menschen untereinander und zwischen den Menschen und dem Universum.

Malthusianismus: Der britischen Ökonomen Thomas Robert Malthus (1766-1834) ging davon aus, dass das Bevölkerungswachstum tendenziell exponentiell verläuft, während die Nahrungsproduktion nur linear zunimmt. Das hohe Bevölkerungswachstum würde zu knappen Ressourcen (pro Kopf) und damit zu Nahrungsmittelknappheit, Armut und Krisen führen. Obwohl diese Prognosen meist nicht eintraten, hat der M. immer noch Einfluss vor allem bei Debatten zu nachhaltiger Entwicklung.

Marginalisierung bezeichnet die Verdrängung von Individuen oder Bevölkerungsgruppen an den Rand der Gesellschaft. Menschen, die marginalisiert werden, haben oft nur einen begrenzten Zugang zu gesellschaftlichen Ressourcen wie Bildung, Arbeit, Gesundheitsversorgung und politischer Teilhabe. Diese Benachteiligung kann auf verschiedenen Ebenen stattfinden und wirtschaftliche, soziale und/oder kulturelle Folgen haben.

Multilateralismus ist eine internationale politische Herangehensweise bei der mehrere Länder zusammenarbeiten, um gemeinsame Probleme anzugehen, Vereinbarungen zu treffen und internationale Angelegenheiten zu regeln. Ziel ist es globale Probleme (wie Klimawandel, internationale Sicherheit, Handel, Menschenrechte, Armutsbekämpfung, internationale Gesundheitsfragen) im Dialog gemeinsam zu lösen und gegenseitiges Verständnis zu fördern.

Munizipalismus ist eine Idee und Praxis, die die Stärkung lokaler Gemeinschaften und Kommunen betont und neue Formen des Zusammenlebens und der politischen Entscheidungsfindung realisieren will. Multizipanismus strebt nach größerer Bürgerbeteiligung, lokaler Selbstverwaltung und sozialer Gerechtigkeit.

Naturalismus: philosophische Weltanschauung, nach der die Welt und alles in ihr aus der Natur und diese allein aus sich selbst erklärbar ist, ohne auf übernatürliche oder metaphysische Erklärungen zurückgreifen zu müssen. Annahme ist, dass die Natur und die Wirklichkeit empirisch und wissenschaftlich erforscht und alles im Rahmen der Naturgesetze erklärt werden kann.

Neo-Developmentalismus, siehe Developmentalismus

Neoliberalismus ist ein Begriff, der seit den 1980er-Jahren einen grundlegenden Bedeutungswandel erlebt hat. Heute steht er für eine Wirtschaftspolitik, die von Deregulierung und Privatisierung staatlicher Aufgaben geprägt ist. Der Staat soll sich weitgehend aus der Wirtschaft heraushalten, damit diese sich ‚frei' entwickeln kann.

Obsoleszenz: durch Herstellungsweise, Material oder anderem eingeplante Alterung von Produkten, was dazu führt, dass diese vorzeitig unbrauchbar werden oder nicht mehr funktionieren.

Öko-Swaraj: *Swaraj* ist ein Begriff aus dem Hindi und bedeutet „Selbstregierung" oder „Selbstherrschaft". *Öko-Swaraj* ist eine Konzept, das diese Ideen mit Ökologie verbindet. Es betont die Notwendigkeit einer nachhaltigen und umweltfreundlichen Entwicklung, bei der die Menschen die Kontrolle über ihre natürlichen Ressourcen und ihr eigenes Leben haben. (Siehe auch dem Beitrag von Aseem Shrivastava: *Prakritik Swaraj*, Seite 253).

Ontologie: Begriff aus der Philosophie, der sich mit der Frage nach dem Sein, der Existenz und der Beschaffenheit von Dingen befasst. Untersucht werden grundlegende Fragen zu dem, was real ist, wie Dinge und verschiedene Wesenheiten in der Welt existieren. Es wird versucht, die Struktur der Realität zu analysieren. Die Ontologie befasst sich mit Fragen wie: Was existiert? Welche Arten von Entitäten gibt es? Wie sind sie miteinander verbunden? Welche Eigenschaften haben sie? Gibt es grundlegende Kategorien oder Prinzipien, die diese Entitäten bestimmen?

Open Source (übersetzt: offene Quelle) bezeichnet eine bestimmte Art der Softwareentwicklung und -lizenzierung. Bei Open-Source-Software sind der Quellcode und die damit verbundenen Ressourcen für die Öffentlichkeit frei verfügbar und können von jedem eingesehen, genutzt, modifiziert und weitergegeben werden.

Permakultur: Konzept für Landwirtschaft und Gartenbau, das darauf basiert, mit der Natur zusammen, statt gegen sie zu arbeiten. Es geht um die Schaffung von Lebensräumen, die vielfältig, widerstandsfähig und produktiv sind und den Bedürfnissen von Mensch und Natur gleichermaßen gerecht werden. Dabei werden natürliche Prozesse und Muster beobachtet und genutzt, um nachhaltige Lösungen zu entwickeln. Das Konzept entwarf in den 1970er Jahren der Australier Bill Mollison. (siehe Beitrag in diesem Buch von Terry Leahy: *Permakultur*, Seite 245).

Pluriversum / plurivers / Pluriversalität: Der Begriff *Pluriversum* wird in verschiedenen Zusammenhängen verwendet, um die Idee von großer Vielfalt, Diversität und Heterogenität zu beschreiben. Er wurde in Opposition zum Konzept des *Universums* geprägt, das auf eine einzige, einheitliche und homogene Ordnung hinweist. Im sozialen und politischen Kontext bezieht sich *Pluriversum* auf die Anerkennung und Wertschätzung der Vielfalt an Kulturen, Wissenstraditionen, Weltsichten und Lebensformen. Es geht darum, unterschiedlichen Perspektiven und Erfahrungen Raum zu geben und den Wert der kulturellen Vielfalt anzuerkennen. Der Begriff *Pluriversum* wird auch verwendet, um alternative Vorstellungen von Entwicklung und Fortschritt jenseits des westlichen Entwicklungsparadigmas zu beschreiben.

Postdevelopment: Ideologiekritik an den Entwicklungstheorien, welche die traditionellen Konzepte und Praktiken in Frage stellt. Herkömmliche Entwicklungsmodelle stammen meist von westlichen Ländern und führen auf die Länder des Globalen Südens übertragen zu ungleichen Machtverhältnissen, kultureller Homogenisierung und Umweltzerstörung. Anstelle des linearen Fortschritts betont der Postdevelopment-Ansatz die Wichtigkeit von Vielfalt, lokalen Zusammenhängen und Alternativen zum westlichen Entwicklungsmodell. Der Ansatz fordert Autonomie, das Selbstbestimmungsrecht von Gemeinschaften und strebt nach Möglichkeiten, die besser den vielfältigen Bedürfnissen und Realitäten der Menschen entsprechen. (siehe dazu auch die Beiträge in Kapitel I: *Entwicklung und ihre Krisen*, Seite 41 ff)

Post-Extraktivismus, siehe Extraktivismus

Präfiguration (Vorwegnahme von gewünschten Veränderungen): In politischen und sozialen Bewegungen bezieht sich Präfiguration auf die Idee, dass die gelebten Praktiken und Organisationsformen einer Bewegung bereits die gewünschten Veränderungen widerspiegeln sollten. Anstatt nur auf das Ziel einer gerechten Gesellschaft hinzuarbeiten, wird versucht, bereits in den aktuellen Aktivitäten und Strukturen Gleichheit, Partizipation und Solidarität umzusetzen.

Produktivismus ist eine Ideologie oder Denkweise, bei der das wirtschaftliche Wachstum und die Produktion von Gütern und Dienstleistungen im Mittelpunkt stehen. Der Produktivismus ist eng mit dem Industriezeitalter und dem Kapitalismus verbunden und basiert auf der Vorstellung, dass immer mehr Produktion und Konsum zu Wohlstand und Fortschritt führe.

Progressivismus bezeichnet eine politische Ideologie oder Bewegung, die sich für fortschrittliche Reformen und den sozialen Wandel einsetzt. Der Begriff wurde im amerikanischen Kontext Ende des 19. Jahrhunderts populär. Der Progressivismus betont die Bedeutung des staatlichen Eingreifens, um soziale Ungleichheiten, wirtschaftliche Ausbeutung und politische Korruption anzugehen und tritt für Reformen in Bereichen wie Arbeitsbedingungen, Bildung, Gesundheitswesen, Frauenrechte, Umweltschutz und Bürgerrechte ein.

race / racial: Während „race" im englischsprachigen Raum durch eine akademische Verankerung eine Bedeutungswandlung von einer vermeintlich biologischen Kategorie hin zu einem sozialwissenschaftlichen Analyse-Tool vollzogen hat, impliziert „Rasse" im allgemeinen deutschen Sprachgebrauch die Existenz unterschiedlicher menschlicher Rassen, so eine Interpreation des Missy Magazin. (Rassistische Ideologien haben zur Ausgrenzung und Vernichtung von Millionen Menschen geführt, weshalb wir hier weitgehend den englischen Begriff verwenden.)

Relationalität ist ein Begriff, der in verschiedenen Kontexten verwendet wird, um die Bedeutung von Beziehungen, Verbindungen und Wechselwirkungen zwischen Menschen, Gruppen oder Konzepten zu betonen. Diese Perspektive hebt hervor, dass alle Dinge in einem Netzwerk von Beziehungen existieren und miteinander verbunden sind. In sozialen und zwischenmenschlichen Beziehungen verweist Relationalität darauf, dass unsere Identität, unser Verhalten und unsere Wahrnehmungen stark von den Interaktionen und Beziehungen mit anderen Menschen geprägt werden.

Reproduktion, bezieht sich im politisch-ökonomischen Sinne auf gesellschaftliche Bereiche außerhalb der unmittelbaren Produktionssphäre, es geht sowohl auf individueller als auch auf gesellschaftlicher Ebene um die

Wiederherstellung und Aufrechterhaltung (Erholung, Erneuerung) der Arbeitskraft, der Produktionsmittel etc. In der biologischen Definition bezieht sich Reproduktion auf die sexuelle oder asexuelle Fortpflanzung von Lebewesen. Im sozialen Kontext wird der Begriff der Reproduktion auch verwendet, um die Weitergabe sozialer Strukturen, Normen und Machtverhältnisse von einer Generation zur nächsten zu beschreiben.

Subsistenz: Wie befriedigen die Menschen ihre grundlegenden Bedürfnisse nach Nahrung, Wasser, Unterkunft, Kleidung u.a.? Susistenz beschreibt die Fähigkeit von Menschen, einer Gemeinschaft oder einer Bevölkerung, aus eigenen Ressourcen zu leben und zu überleben, ohne stark von externen Quellen abhängig zu sein.

Suffizienz bezieht sich auf das Konzept der „Genügsamkeit" oder des „ausreichenden Maßes". Es beinhaltet die Idee, dass wir unsere Bedürfnisse und Wünsche bewusst auf ein angemessenes Niveau beschränken sollten, um eine nachhaltige und gerechte Gesellschaft zu schaffen. Im Kontext der Nachhaltigkeit bezieht sich Suffizienz darauf, dass wir unseren Konsum und unsere Produktion so gestalten sollten, dass sie im Einklang mit den Grenzen der Umwelt und den Bedürfnissen anderer Menschen stehen. Es geht darum, Überfluss und Verschwendung zu vermeiden, indem wir uns auf das konzentrieren, was wirklich wichtig und notwendig ist.

Synergie bezeichnet den positiven Effekt, der entsteht, wenn zwei oder mehrere Elemente oder Personen zusammenarbeiten und dadurch eine größere Wirkung erzielen, als wenn sie einzeln agieren würden. Es geht um das Zusammenwirken von Lebewesen, Stoffen oder Kräften im Sinne von „sich gegenseitig fördern" bzw. einen daraus resultierenden gemeinsamen Nutzen zu ziehen. Das Ganze mehr ist als die Summe seiner Teile.

Transformation: darunter wird ein grundlegender Wandel verstanden, mit zum Teil sprunghaften Veränderungen in der politischen, wirtschaftlichen oder technologischen Entwicklung. Auf gesellschaftlicher Ebene bezieht sich die Transformation auf einen grundlegenden und weitreichenden Wandel in den sozialen, politischen, wirtschaftlichen oder kulturellen Strukturen einer Gesellschaft. Sie zielt darauf ab, bestehende Ungerechtigkeiten, Ungleichheiten und Herausforderungen anzugehen und eine nachhaltige und gerechte Gesellschaft zu schaffen.

Transition Town (übersetzt: Stadt im Übergang): eine Konzept, das sich für den Wandel zu nachhaltigen und resilienten Gemeinschaften einsetzt. Es wurde 2005 in England, entwickelt und hat sich seitdem weltweit verbreitet. Ziele von *Transition Towns* sind es, lokal auf die Herausforderungen des Klimawandels, des Ressourcenverbrauchs und der Abhängigkeit von fossilen Brennstoffen zu reagieren. Lokale Gemeinschaften sollen gestärkt und alternative Lebensstile und Wirtschaftsweisen erprobt werden. Die Bewegung zielt darauf ab, die Gemeinschaften dazu zu befähigen, sich selbstorganisiert und kreativ mit diesen Herausforderungen auseinanderzusetzen und nachhaltige Lösungen zu entwickeln. (siehe auch Beitrag im buch von Rob Hopkin: *Transition-Bewegung*, Seite 280)

Ubuntu steht für eine Philosophie und einen ethischen Ansatz, der aus den Kulturen Südafrikas stammt und sich als „Menschlichkeit" oder „Ich bin, weil wir sind" übersetzen lässt. *Ubuntu* betont die Verbundenheit und gegenseitige Abhängigkeit aller Menschen. Es drückt die Vorstellung aus, dass das Wohlergehen einer Gemeinschaft untrennbar mit dem Wohlergehen jedes einzelnen Mitglieds verbunden ist. Das Prinzip von *Ubuntu* ruft zu Mitgefühl, gegenseitiger Unterstützung, Solidarität und Zusammenarbeit auf. (Siehe auch den Beitrag von Lesley Le Grange: *Ubuntu*, Seite 285).

Utilitarismus: eine ethische Theorie, die den moralischen Wert einer Handlung an deren Konsequenzen und Nützlichkeit für die größtmögliche Anzahl von Menschen bewertet. Ziel ist es, das größtmögliche Glück oder den größten Nutzen für die größtmögliche Anzahl von Menschen zu erreichen. Dabei wird der individuelle Nutzen zugunsten des größeren Ganzen zurückgestellt. Der moralische Wert einer Handlung wird anhand der Summe des erzeugten Glücks oder Nutzens bewertet.

Zapatistas, auch bekannt als *Zapatistische Armee der Nationalen Befreiung* (EZLN), sind eine soziale und politische Bewegung in Mexiko. Sie wurden 1983 im Süden Mexikos gegründet und sind nach Emiliano Zapata, einem Anführer der mexikanischen Revolution, benannt. Die Zapatistas setzen sich für die Rechte und die Anerkennung der indigenen Bevölkerung Mexikos ein. Sie kämpfen gegen soziale Ungerechtigkeit, Landraub, kulturelle Unterdrückung und die Auswirkungen des neoliberalen Wirtschaftssystems. Die Bewegung betont die Autonomie und Selbstbestimmung der indigenen Völker und fordert eine gerechtere Verteilung von Ressourcen und politischer Macht. (Siehe Beitrag im Buch von Xochitl Leyva-Solano: *Zapatistische Autonomie,* Seite 290)

Abkürzungen

AEMR Allgemeine Erklärung der Menschenrechte

AIMES Afrikanische Initiative für Umwelt und Gesellschaft im Bergbau (African Initiative on Mining Environment and Society)

AMV Afrikanische Bergbauvision (African Mining Vision)

BECCS Bioenergie mit Kohlenstoffabscheidung und -speicherung (BioEnergy with Carbon Capture and Storage)

BIP Bruttoinlandsprodukt

BNG Bruttonationalglück (Gross National Happiness)

BUKO Bundeskongress Entwicklungspolitischer Aktionsgruppen

CADA Andenzentrum für Landwirtschaft und Viehzuchtentwicklung (Andean Centre for Agriculture and Livestock Development)

CASA Rat für nachhaltige Siedlungen in Amerika (Council of Sustainable Settlements of the Americas)

CDR CO_2-Abscheidung (Carbon Dioxide Removal)

CITES Übereinkommen über den internationalen Handel mit gefährdeten Arten freilebender Tiere und Pflanzen (Convention on International Trade in Endangered Species)

CRISPR Gruppierte regelmäßig angeordnete kurze palindromische Wiederholungen (Clustered regularly interspaced short palindromic repeats)

CSW Gemeinschaftlicher Saatgutreichtum (Community Seed Wealth)

EFF Europäisches Feministisches Forum (European Feminist Forum)

EITI Initiative für Transparenz in der Rohstoffgewinnung (Extractive Industries Transparency Initiative)

EJOs Organisationen für Umweltgerechtigkeit oder Umweltrechtsorganisationen (Environmental Justice Organizations)

ESG Governance/Steuerung des Erdsystems (Earth System Governance)

EZLN Zapatistische Armee zur Nationalen Befreiung (Ejército Zapatista de Liberación Nacional)

FAO Organisation der Vereinten Nationen für Ernährung und Landwirtschaft (Food and Agriculture Organization)

FINRRAGE – Feministisches Internationales Netzwerk des Widerstands für reproduktive und genetische Technologien (Feminist International Network of Resistance for Reproductive and Genetic Engineering)

GACSA Globale Allianz für klimasmarte Landwirtschaft (Global Alliance for Climate-Smart Agriculture)

GATT Allgemeines Zoll- und Handelsabkommen (General Agreement on Tariffs and Trade)

GEC Koalition für eine grüne Wirtschaft (Green Economy Coalition)

GGR Beseitigung von Treibhausgasen (Greenhouse Gas Removal)

ICC Internationale Handelskammer (International Chamber of Commerce)

ICCAs von indigenen Völkern und lokalen Gemeinschaften verwaltete Schutzgebiete und Territorien (Territories and Areas Conserved by Indigenous Peoples and Local Communities)

ICEA Internationale Konfuzianische Ökologische Allianz (International Confucian Ecological Alliance)

ICSU Internationaler Wissenschaftsrat (International Council for Science)

IHDP Internationales Programm zu den Menschlichen Dimensionen des Globalen Umweltwandels (International Human Dimensions Programme on Global Environmental Change)

ILO Internationale Arbeitsorganisation (International Labour Organization)

IPCC Zwischenstaatlicher Ausschuss für Klimaänderungen – ZAKA (Inter-Governmental Panel of Experts on Climate Change)

ITUC Internationale Gewerkschaftskonföderation (International Trade Union Confederation)

IWF Internationaler Währungsfonds (IMF – International Monetary Fund)

KMU Kleine und mittelständische Unternehmen

LETS Tauschringe / lokale Tauschsysteme (Local Exchange Trading Schemes)

MAB Bewegung der von Staudammprojekten Betroffenen (Movement of Dam Affected People)

MAREZ Autonome Rebellen-Zapatistische Gemeinden (Municipios Autónomos Rebeldes Zapatistas)

MEAs Multilaterale Umweltabkommen (Multilateral Environment Agreements)

NDB Neue Entwicklungsbank (New Development Bank)

NEF Neue Ökonomie-Stiftung (New Economics Foundation)

NIPTs nicht-invasive Pränataltests (Noninvasive Prenatal Tests)

NSN Nayakrishi-Saatgutnetzwerk (Nayakrishi Seed Network)

ODA Offizielle Entwicklungshilfe (Official Development Assistance)

OECD Organisation für wirtschaftliche Zusammenarbeit und Entwicklung (Organisation for Economic Co-operation and Development)

OPEC Organisation erdölexportierender Länder (Organisation of Petroleum Exporting Countries)

ÖPP Öffentlich-Private Partnerschaften (PPPs – Public–Private Partnerships)

PES Zahlungen für Ökosystemleistungen – ZÖL (PES – Payments for Ecosystem Services)

PID Präimplantationsdiagnostik (PGD – Pre-implantation Genetic Diagnosis

PRATEC Andinisches Projekt für bäuerliche Technologien (Andean Project of Peasant Technologies)

RED Radikale Ökologische Demokratie (Radical Ecological Democracy)

RIPESS Interkontinentales Netzwerk zur Förderung der Solidarischen Ökonomie (IRéseau Intercontinental de Promotion de l'Économie Sociale Solidaire)

SDG Ziele einer nachhaltigen Entwicklung (Sustainable Development Goals)

SRM Management der Sonneneinstrahlung (Solar Radiation Management)

TISS Tata-Institut für Sozialwissenschaften (Tata Institute of Social Sciences)

UDRME Allgemeine Erklärung der Rechte der Mutter Erde (Universal Declaration of the Rights of Mother Earth)

UNEP Umweltprogramm der Vereinten Nationen (United Nations Environment Programme)

WTO Welthandelsorganisation (World Trade Organization)

ZAKA Zwischenstaatlicher Ausschuss für Klimaänderungen (IPCC – Inter-Governmental Panel of Experts on Climate Change)

Abkürzungen

Autor*innen

Acosta, Alberto
Ecuadorianischer Wirtschaftswissenschaftler, ist ehemaliger Marketing-Manager der CEPE (Ecuadorianische Staatliche Erdölgesellschaft), leitender Angestellter der OLADE (Lateinamerikanische Energieorganisation), internationaler Berater, ehemaliger *Minister für Energie und Bergbau* in Ecuador und ehemaliger Präsident der verfassungsgebenden Versammlung von Montecristi. Derzeit ist er Professor und Autor zahlreicher Bücher und Artikel, Mitstreiter im Kampf an der Basis und Mitglied der von der *Rosa-Luxemburg-Stiftung* eingerichteten *Ständigen Gruppe für Alternativen zur Entwicklung.*

Akbulut, Bengi
Hat einen Doktortitel in Wirtschaftswissenschaften und ist Assistenzprofessorin an der Fakultät für Geographie, Umwelt und Planung der *Concordia University* in Kanada. Sie beschäftigt sich mit der politischen Ökonomie der Entwicklung, der politischen Ökologie, den Gemeingütern und alternativen Wirtschaftsformen.

Ammar, Nawal H.
Professorin für Recht und Justiz und Dekanin des *College of Humanities and Social Sciences* an der *Rowan University*, N.J., USA. Sie hat zahlreiche Veröffentlichungen zu den Themen Justiz und Menschenrechte verfasst. Ihr neuestes Werk befasst sich mit Muslimen vor Gerichten und in Gefängnissen.

Anderson, Teresa
Ist Politik- und Kommunikationsbeauftragte für Klimawandel und Resilienz bei *Action Aid International*; sie arbeitet in London. Sie hat mehrere Berichte und Artikel verfasst, darunter *Clever Name, Losing Game: How Climate-Smart Agriculture is Sowing Confusion in the Food Movement* und *Hotter Planet, Humanitarian Crisis: El Niño, the ‚New Normal' and the Need for Climate Justice*, veröffentlicht von *Action Aid.*

Aslan, Azize
Hat einen Doktortitel in Soziologie und ist als Post-Doc an der *Benemérita Universidad Autónoma de Puebla* (Mexiko), *Instituto De Ciencias Sociales y Humanidades Alfonso Vélez Pliego*. Sie arbeitet zu zapatistische und kurdische Bewegungen, hat aktiv am Projekt *Demokratische Ökonomie* teilgenommen und viel zu diesem Thema geschrieben.

Ávila-Santamaría, Ramiro
Ist Richter am Verfassungsgericht Ecuadors. Er hat einen Master-Abschluss in Rechtswissenschaften von der *Columbia University*; Master- und Doktortitel in Rechtssoziologie von der *Universität des Baskenlandes* bzw. vom *Internationalen Institut für Rechtssoziologie (IISL)* in *Oñati*. Er hat außerdem einen Jura-Abschluss von der *Pontificia Universidad Católica del Ecuador* und ist Autor und Herausgeber einer Reihe von Publikationen, http://www.uasb.edu.ec/web/area-de-derecho/docente?ramiro-avilasantamaria (abgerufen 06.07.2023).

Barkin, David
Ist Ausgezeichneter Professor an der *Universidad Autónoma Metropolitana, Xochimilco Campus*, Mexiko-Stadt. Er ist Gründungsmitglied des *Ecodevelopment Center*, erhielt den Nationalen Preis für Politische Ökonomie und ist ein emeritiertes Mitglied des Nationalen Forschungsrats. Seine letzten Bücher sind u.a. *De la Protesta a la Propuesta* (Mexiko und Buenos Aires: Universidad Autónoma Metropolitana y CLACSO) und *Food Sovereignty: A Strategy for Confronting Poverty (International Studies in Poverty Research*, London, Zed Books).

Bassey, Nnimmo
Ist Direktor des ökologischen Think-Tanks *Health of Mother Earth Foundation* (HOMEF) mit Sitz in Nigeria. Von 2008 bis 2012 war er Vorsitzender von *Friends of the Earth International.* Zu seinen Büchern gehören *To Cook a Continent: Destructive Extraction and the Climate Crisis in Africa* (Pambazuka Press, 2012) und *Oil Politics: Echoes of Ecological War* (Daraja Press, 2016).

Birkeland, Janis
Ist Honorarprofessorin für Bauwesen und Planung an der Universität Melbourne und Autorin mehrerer Bücher und Artikel. Sie war Anwältin, Architektin und Planerin in den USA, bevor sie eine fünfundzwanzigjährige akademische Laufbahn in Australien einschlug.

Blaser, Mario
Ist ein argentinisch-kanadischer Sozialanthropologe und Inhaber des kanadischen Forschungslehrstuhls für Aborigines-Studien an der *Memorial University of Newfoundland.* Er ist der Autor von *Storytelling Globalization from the Paraguayan Chaco and Beyond* (Duke University Press, 2010) und Mitherausgeber von *Indigenous Peoples and Autonomy: Insights for the Global Age* (University of British Columbia Press, 2010), und *In the Way of Development: Indigenous peoples, Life Projects and Globalization* (Zed Books, 2004).

Bliss, Sam
Ist Doktorand in ökologischer Ökonomie an der Universität von Vermont, USA. Er ist der US-Korrespondent des akademischen Kollektivs *Research & Degrowth* und ein Gründungsmitglied von *Degrow US.*

Bond, Patrick
Ist außerordentlicher Professor für politische Ökonomie an der Universität von Witwatersrand in Johannesburg. Seine Bücher befassen sich mit der städtischen Umwelt, dem Klimawandel, der globalen Finanzkrise sowie der politischen Ökonomie Afrikas, Simbabwes und Südafrikas.

Borrini-Feyerabend, Grazia
Ist Mitgründerin und gewählte globale Koordinatorin (seit 2010) des ICCA-Konsortiums, www.iccaconsortium.org. Nachdem sie in den frühen 1990er Jahren das Programm für Sozialpolitik für die IUCN entwickelt hatte, war sie in den CEESP- und WCPA-Kommissionen der IUCN tätig, wo sie die Disziplin *Governance für die Erhaltung der Natur* einführte und leitete. Sie hat in fünf Sprachen in über sechzig Ländern gearbeitet und 25 Bände veröffentlicht.

Botero-Gómez, Patricia
Ist Professorin für Sozial- und Humanwissenschaften an der *Universidad de Manizales*, Kolumbien. Sie ist Mitglied der Gruppe der Akademiker und Intellektuellen zur Verteidigung des kolumbianischen Pazifiks (GAIDEPAC) und arbeitet mit der Kampagne *Proceso de Comunidades Negras* (PCN) – *Otro Pazífico Posible.*

Boulous Walker, Michelle
Ist Leiterin der *European Philosophy Research Group* (EPRG) an *der School of Historical and Philosophical Inquiry der University of Queensland*, Australien. Sie ist die Autorin von *Philosophy and the Maternal Body: Reading Silence* (1998) und Veröffentlichungen zur europäischen Philosophie, Ästhetik, Ethik und feministischen Philosophie.

Brand, Ulrich
Ist Professor für Internationale Politik an der Universität Wien. Seine Forschungs- und Lehrschwerpunkte sind globale Umwelt- und Ressourcenpolitik, sozialökologische Transformation, Lateinamerika und die ‚imperiale Lebensweise'. Er war Mitglied der *Enquete-Kommission des Deutschen Bundestages ‚Wachstum, Wohlstand und Lebensqualität'* (2011-13) und ist derzeit Mitglied der *Ständigen Arbeitsgruppe ‚Alternativen zur Entwicklung'* der *Rosa-Luxemburg-Stiftung.*

Caffentzis, George C.

Ist emeritierter Professor am Fachbereich Philosophie an der *University of Southern Maine, Portland,* und Autor von *In Letters of Blood and Fire: Work, Machines, and the Crisis of Capitalism* (2013) und *No Blood for Oil: Essays on Energy, Class Struggle and War 1998-2016* (2017).

Caillé, Alain

Ist emeritierter Professor für Soziologie an der Universität Paris-Ouest-Nanterre. Er leitet auch eine interdisziplinäre Zeitschrift für Sozialwissenschaften und politische Philosophie, *La Revue du MAUSS* (Anti-Utilitaristische Bewegung in der Sozialwissenschaft), www.revuedumauss.com.

Caruso, Emily

Ist die Direktorin der *Global Diversity Foundation,* www.global-diversity. org. Die ausgebildete Biologin und Anthropologin führte ihre Doktorarbeit in den Gemeinschaften der *Ene Ashaninka* durch. Sie setzt sich leidenschaftlich für die Heilung und Erhaltung der Beziehungen zwischen Menschen, Nicht-Menschen und Orten ein, da sie dies als Ausgangspunkt für individuelles und kollektives Wohlbefinden betrachtet.

Chaves, Martha

Ist eine unabhängige Wissenschaftlerin, die im Rahmen der kolumbianischen Forschungsgruppe *MINGAS enTransición* an der Schnittstelle zwischen Natur- und Sozialwissenschaften arbeitet. Sie ist auch bei der NGO *Mentesen Transición* (Transitional Minds Foundation) tätig, die kulturelle und praktische Übergänge zu einem nachhaltigen Leben fördert. Sie engagiert sich im CASA-Netzwerk in Kolumbien und unterhält enge Beziehungen zur Universität Wageningen, Niederlande, und zur Universität Quindío, Kolumbien.

Chertkovskaya, Ekaterina

Ist Forscherin im Bereich *Degrowth* (Verringerung von Konsum und Produktion) und kritische Organisationsstudien und Mitglied des Redaktionskollektivs der Zeitschrift *ephemera*. Sie arbeitet derzeit an der Universität Lund, Schweden, und war Mitkoordinatorin des Degrowth-Themas am *Pufendorf Institute for Advanced Studies* der Universität Lund (2015-16).

Chi, Lau Kin

Ist außerordentliche Professorin an der Fakultät für Kulturwissenschaften der Lingnan-Universität in Hongkong, China. Sie ist internationales Vorstandsmitglied von *PeaceWomen Across the Globe*, Koordinatorin des Projekts *Wiki Peace-Women* und Gründungsmitglied der *Global University for Sustainability*.

Chuji, Mónica

Ist eine amazonische Kichwa-Intellektuelle; sie war Mitglied der Verfassungsversammlung Ecuadors, ehemalige Kommunikationsministerin und ehemalige Regierungssprecherin der ersten Regierung Ecuadors unter Präsident Correa.

Clark, John P.

Ist Sozialökologe, Direktor des *La Terre Institute for Community and Ecology* und emeritierter Professor für Philosophie an der *Loyola University*, New Orleans. Sein jüngstes Buch ist *The Tragedy of Common Sense* (2016) und wurde bereits mehrfach veröffentlicht.

Cullinan, Cormac

Ist ein südafrikanischer Umweltanwalt, dessen bahnbrechendes Buch „Wild Law: A Manifesto for Earth Justice" (2002) die globale Bewegung inspiriert hat. Er ist Gründer und Vorstandsmitglied der *Global Alliance for Rights of Nature*, Direktor des *Wild Law Institute* und Richter am *Internationalen Gerichtshof für die Rechte der Natur*. Er war einer der Initiatoren der *Allgemeinen Erklärung der Rechte von Mutter Erde* (2010) und der *Konvention der Völker* (2014), mit der der Gerichtshof eingerichtet wurde.

D'Alisa, Giacomo
Ist ein ökologischer Ökonom und politischer Ökologe. Seine Forschungsinteressen reichen von der Abfallwirtschaft bis zur Umweltgerechtigkeit, vom illegalen Abfallhandel bis zur Umweltkriminalität. Er setzt sich für Degrowth-Visionen ein und ist daran interessiert, zu erforschen, wie eine Degrowth-Gesellschaft aussehen könnte, die sich auf Fürsorge und Commons konzentriert. Derzeit ist er Post-Doc am *Zentrum für Sozialwissenschaften* (CES) der Universität Coimbra, Portugal.

Damdul, Geshe Dorji
Ist Direktor des *Tibet House* in Neu-Delhi, dem Kulturzentrum Seiner Heiligkeit des Dalai Lama. Er schloss 2002 sein *Geshe Lharampa*-Diplom (PhD) an der *Drepung Loseling Monastic University* in Karnataka ab. Seit 2005 ist er der offizielle Übersetzer Seiner Heiligkeit des Dalai Lama. Er reist viel, zum Beispiel nach Mumbai, in die USA, nach Großbritannien und Singapur, um buddhistische Philosophie, Psychologie, Logik und Praxis zu lehren.

Dawson, Jonathan
Ist Pädagoge am *Schumacher College* in Devon, England, wo er den innovativen Masterstudiengang *Economics for Transition* (Wirtschaft für den Übergang) koordiniert und unterrichtet, www.schumachercollege.org.uk/courses/postgraduate-courses/economics-for-transition. Er gehört zum Kernteam, das den Lehrplan für *Gaia Education* entwickelt hat, https://gaiaeducation.org/ und ist ehemaliger Präsident des *Global Ecovillage Network*.

Del Bene, Daniela
Ist Koordinatorin des EJAtlas.org an der Autonomen Universität von Barcelona, Mitglied des Kollektivs *Research & Degrowth* und des katalanischen Netzwerks für Energiesouveränität (XSE).

De Angelis, Massimo
Ist emeritierter Professor für politische Ökonomie an der *University of East London*. Im Jahr 2000 gründete er *The Commoner*, eine webbasierte Zeitschrift. Er ist Autor zahlreicher Publikationen über kritische politische Ökonomie, neoliberale Globalisierung, soziale Bewegungen und die Commons, darunter *The Beginning of History: Global Capital and Value Struggles* (Pluto, 2007) und *Omnia Sunt Communia: Commons and Post-Capitalist Transformation* (Zed Books, 2017).

Demaria, Federico
Arbeitet als interdisziplinärer Sozial- und Umweltwissenschaftler im Bereich politische Ökologie und ökologische Ökonomie am *Institut für Umweltwissenschaften und -technologie* der Autonomen Universität Barcelona (ICTA-UAB). Er ist Gastwissenschaftler am *International Institute of Social Studies* in Den Haag, Niederlande, sowie Mitglied des *Kollektivs Research & Degrowth* und von EnvJustice, einem Forschungsprojekt, das die globale Bewegung für Umweltgerechtigkeit untersuchen und unterstützen soll. Er ist außerdem Bio-Olivenbauer.

Deriu, Marco
Ist Forscher an der Universität von Parma, Italien, wo er *Soziologie der politischen und ökologischen Kommunikation* lehrt. Er ist außerdem aktives Mitglied der *Associazione per la decrescita* (Vereinigung für Degrowth).

Dominguez, Pablo
Der Umweltanthropologe hat die *Amazigh*-Bevölkerung des Hohen Atlas und ihre Systeme der gemeinschaftlichen Bewirtschaftung natürlicher Ressourcen untersucht. Heute beschäftigt er sich mit der Frage, wie das Konzept des Kulturerbes *Agdale* und andere Gemeingüter in Spanien, Frankreich, Italien, Ostafrika und Lateinamerika fördern oder schwächen kann. Er lehrt am *Laboratorium für Umweltgeographie* der Universität Toulouse, Frankreich, und am *Institut für Umweltwissenschaft und -technologie* der *Universitat Autònoma de Barcelona*, Spanien.

Duran Giralt, Enric

Stammt aus Vilanova i la Geltrú in Katalonien. Er ist auch als „Robin Banks" oder Robin Hood der Banken bekannt, ein katalanischer antikapitalistischer Aktivist und Gründungsmitglied der *Integralen Katalanischen Kooperative* (CIC: Cooperativa Integral Catalana), von *FairCoop* und der *Bank of the Commons*.

Eisenstein, Charles

Ist Schriftsteller und Redner. Seine neuesten Bücher sind *Sacred Economics* (North Atlantic Books, 2011) und *Die schönere Welt, die unser Herz kennt, ist möglich* (München: Scorpio Verlag, 2017).

Escobar, Arturo

Ist emeritierter Professor für Anthropologie an der *University of North Carolina*, Chapel Hill, und ist mit mehreren kolumbianischen Universitäten verbunden. Sein bekanntestes Buch ist *Encountering Development: The Making and Unmaking of the Third World* (1995). Zu seinen jüngsten Büchern gehören *Otro possible es possible: Caminando hacia las transiciones desde AbyaYala/Latino-America* (2018); und *Designs for the Pluriverse: Radical Interdependence, Autonomy, and the Making of Worlds* (2017). Er arbeitet seit mehr als zwei Jahrzehnten mit afro-kolumbianischen sozialen Bewegungen zusammen.

Estevá, Gustavo

(1936 – 2022) war ein Aktivist und bekannter Intellektueller. Er hat Artikel für *La Jornada* und gelegentlich für *The Guardian* verfasst, und er engagierte sich in lokalen, nationalen und internationalen Basisorganisationen, Autor zahlreicher Bücher und Essays.

Federici, Silvia

Ist eine feministische Aktivistin und emeritierte Professorin an der *Hofstra University*. Sie ist die Autorin von *Caliban and the Witch: Women, the Body and Primitive Accumulation* (2004); *Revolution at Point Zero. Housework, Reproduction,* *and Feminist Struggle* (2012); Herausgeberin von *The New York Wages for Housework Committee* 1973-76: *History, Theory, Documents* (in Vorbereitung).

Fuse, Motoi

Wurde 1981 geboren und promovierte 2011 an der *Tokyo University of Agriculture and Technology* (TUAT). Er lehrt an der Universität Tokio sowie an der *Tokyo Kasei University* und der *Musashino University*, Japan. Er hat in der Zeitschrift *Journal of Environmental Thought and Education* (Zeitschrift für Umweltdenken und -bildung) in Japan zur Umweltphilosophie publiziert.

Gaitanou, Eirini

Hat am *King's College* London in europäischen und internationalen Studien promoviert. Ihr Forschungsinteresse gilt sozialen Bewegungen, politischer Partizipation, politischer Subjektivität und Bewusstsein aus einer marxistischen Perspektive. Als Aktivistin beteiligt sie sich sowohl an praktischen als auch theoretischen Debatten.

Garcia, Ana

Ist Professorin für internationale Beziehungen an der *Federal Rural University* von Rio de Janeiro und Mitarbeiterin *des Institute of Alternative Policies for the Southern Cone of Latin America*. Sie promovierte an der *Pontifical Catholic University* von Rio de Janeiro.

Gerber, Julien-François

Ist Assistenzprofessor für Umwelt und Entwicklung am *International Institute of Social Studies* in Den Haag, Niederlande. Zuvor lehrte er ein Jahr lang am *Sherubtse College* in Kanglung, Bhutan. Seine Forschungsschwerpunkte sind Wirtschaftsanthropologie, politische Ökologie und ›heterodoxe Wirtschaftswissenschaften.

Gibson-Graham, J.K.

Ist ein gemeinsames Pseudonym von der 2010 verstorbenen Julie Graham und von Katherine Gibson, Forschungsprofessorin am *Institute for*

Culture and Society der *Western Sydney University*. J.K. Gibson-Graham war Mitbegründerin des *Community Economies Collective*, das heute ein international wachsendes *Community Economies Research Network* beherbergt.

Gómez-Baggethun, Erik

Ist Professor für Umweltmanagement an der *Norwegischen Universität für Biowissenschaften* (NMBU), leitender wissenschaftlicher Berater am *Norwegischen Institut für Naturforschung* (NINA) und leitender Gastforscher an der Universität von Oxford. Seine Forschung umfasst Themen der Umweltpolitik, der ökologischen Ökonomie und der Nachhaltigkeitswissenschaft.

Gould, Jeremy

Ist studierter Anthropologe und hat an den Universitäten Helsinki und Jyvaskyla, Finnland, Entwicklungsstudien gelehrt. Er war als Fachberater für mehrere internationale Entwicklungsorganisationen tätig und führte ethnografische Forschungen zur Entwicklungshilfe in afrikanischen Ländern durch, darunter Tansania und Sambia. Derzeit schreibt er über die Wechselwirkung von Recht und Politik im postkolonialen Sambia.

Grange, Lesley Le

Ist außerordentlicher Professor an der Fakultät für Erziehungswissenschaften der Universität Stellenbosch, Südafrika. Zu seinen aktuellen Forschungsinteressen gehören die kritische „Analyse" der Nachhaltigkeit und ihrer Beziehung zur Bildung, die Entwicklung von *Ubuntu* als Umweltethik und ihre Auswirkungen auf die Bildung.

Grzybowski, Cândido

Ist ein Philosoph, Soziologe und sozialer Aktivist, der sich stark für das Weltsozialforum engagiert. Er ist ehemaliger Direktor und derzeit Managementberater des *Brazilian Institute for Social and Economic Analysis* (IBASE – Brasilianisches Institut für Sozial- und Wirtschaftsanalyse) in Rio de Janeiro, Brasilien.

Gualinga, Patricia

Geboren am 21. September 1969 in Sayaraku, ist eine gebürtige Kichwa. Sie hat einen Bachelor-Abschluss in Wirtschaft und studierte Menschenrechtsprozesse, Umweltmanagement und Kommunikation. Sie ist Beraterin für Amazonasangelegenheiten und Regionalmanagerin für das Ministerium für Tourismus in Amazonien. Zuvor war sie Direktorin für Frauen und internationale Beziehungen für das Sarayaku-Volk in Ecuador.

Gudynas, Eduardo

Ist leitender Forscher am *Lateinamerikanischen Zentrum für Soziale Ökologie* (CLAES), Montevideo, Uruguay; außerordentlicher Forscher am *Institut für Anthropologie* der Universität von Kalifornien, Davis; und Berater mehrerer Basisorganisationen in Südamerika.

Guerrero Osorio, Arturo

Wurde 1971 in Mexiko-Stadt geboren. Zwei Jahrzehnte lang hat er mit Intellektuellen und Aktivisten aus Oaxaca an der Idee der Gemeinschaftlichkeit gearbeitet und war an Gemeinschaftsradios im Südosten Mexikos und in Kolumbien beteiligt. Er ist Mitarbeiter der *Universidad de la Tierra* in Oaxaca und der *Fundación Comunalidad* und promoviert derzeit in ländlicher Entwicklung an der *Universidad Autónoma Metropolitana-Xochimilco*.

Gutiérrez Escobar, Laura

Wurde in Bogotá, Kolumbien, geboren und hat einen Bachelor-Abschluss in Geschichte von der *Universidad Nacional de Colombia* in Bogotá, einen Master-Abschluss in Lateinamerikastudien von der *University of Texas* in Austin und einen Doktortitel in Anthropologie von der *University of North Carolina* in Chapel Hill.

Halpin, Harry

Ist Wissenschaftler am INRIA, dem nationalen französischen *Forschungsinstitut für digitale Wissenschaften* in Paris, und Gastforscher am MIT *Socio-Technical Systems Research Center*.

Zuvor arbeitete er für das W3C an Sicherheitsstandards, bevor er wegen der DRM-Problematik (Digital Rights Management) aufhörte. Er ist der Autor von *Social Semantics* und Herausgeber von *Philosophical Engineering: Toward a Philosophy of the Web*.

Harcourt, Wendy

Ist Professorin für kritische Entwicklungs- und Feministische Studien am Internationalen Institut für Sozialstudien der Erasmus-Universität in Den Haag, Niederlande. Von 1988 bis 2011 war sie Herausgeberin der Zeitschrift *Development* und Programmdirektorin bei der *Gesellschaft für Internationale Entwicklung* (Society for International Development) in Rom, Italien. Sie hat zahlreiche Publikationen zu den Themen Post-Development, politische Ökologie und Feminismus veröffentlicht.

Hargreaves, Samantha

Ist Gründerin und Direktorin der *African Gender and Extractives Alliance* (WoMin), einer kontinentweiten afrikanischen feministischen Nichtregierungsorganisation, die sich gegen den zerstörerischen Rohstoffabbau einsetzt. Ihre Geschichte als Aktivistin liegt in der Land- und Agrarreform und im Aufbau von Frauenbewegungen.

Hopkins, Rob

Ist der Gründer der Transition-Bewegung und lebt in Totnes, Devon. Er hat an der Universität von Plymouth promoviert und mehrere Bücher über Transition verfasst, zuletzt *21 Stories of Transition*. Er schreibt und spricht ausgiebig über die Notwendigkeit einer widerstandsfähigeren lokalen Wirtschaft und hat für seine Arbeit mehrere Preise erhalten. Er ist außerdem Direktor einer sozialwirtschaftlichen Handwerksbrauerei, Gärtner und twittert als @robintransition.

Huffman, Kirk

Ist Anthropologe/Ethnologe in Sydney und blickt auf 18 Jahre Felderfahrung in Vanuatu, auf den Salomonen, im Maghreb, in Teilen der Sahara, in Nordkolumbien und im westlichen Mittelmeerraum zurück. Er ist Ehrenkurator des Nationalmuseums, *Vanuatu Cultural Centre*.

Hugu, Sutej

Ist ein Aktivist für Stammessouveränität und ein Visionär, der alternative gemeinschaftliche Lebensgrundlagen organisiert. Er war Mitbegründer und Generalsekretär der *Taiwan Indigenous Conserved Territories Union* (TICTU) und Regionalkoordinator für Ostasien des ICCA-Konsortiums. Hugu war auch CEO der *Tao Stiftung*.

Ingersoll, Karin Amimoto

Ist eine unabhängige Autorin und Wissenschaftlerin aus Oʻahu, Hawaiʻi. Sie erwarb ihren BA an der *Brown University*, ihren MA und PhD an der *University of Hawai i at Mānoa* und hatte ein *Hawaiʻi-Mellon*-Postdoktorandenstipendium. Vor kurzem veröffentlichte sie ihr erstes Buch, *Waves of Knowing: A Seascape Epistemology*.

Johanisova, Nadia

Ist eine ökologische Ökonomin an der Fakultät für Sozialwissenschaften der Masaryk-Universität, Tschechische Republik. Sie interessiert sich für die Kritik an der Mainstream-Ökonomie und für wirtschaftliche Alternativen und ist Autorin von *Living in the Cracks: A Look at Rural Social Enterprises in Britain and the Czech Republic* (Feasta, NEF, 2005).

Kallis, Giorgos

Ist Umweltwissenschaftler und beschäftigt sich mit ökologischer Ökonomie und politischer Ökologie. Er ist Mitglied des *Katalanischen Instituts für Forschung und Fortgeschrittene Studien* und Professor an der *Autonomen Universität,* Barcelona.

Karyotis, Theodoros

Ist Soziologe, unabhängiger Forscher und Übersetzer und lebt in Griechenland. Als sozialer Aktivist in Basisbewegungen, die sich mit direkter Demokratie, Solidarwirtschaft und Gemeingütern befassen, koordiniert er die Website workerscontrol.net, eine mehrsprachige Ressource zur Selbstverwaltung der Arbeiter*innen.

Klein, Renate

Ist Biologin und Sozialwissenschaftlerin, Koordinatorin von FINRRAGE (Australien) und Herausgeberin von *Spinifex Press*. Als langjährige internationale feministische Gesundheitsforscherin war sie außerordentliche Professorin für Frauenstudien an der *Deakin University* in Melbourne. Ihr jüngstes Buch ist *Leihmutterschaft: A Human Rights Violation* (2017).

Kothari, Ashish

Ist Gründer der indischen Umweltgruppe Kalpavriksh. Er lehrte *am Indian Institute of Public Administration*, koordinierte Indiens nationale Biodiversitätsstrategie und den dazugehörigen Aktionsplan, war im Vorstand von Greenpeace Indien und Greenpeace International, half bei der Gründung des globalen ICCA-Konsortiums und leitete ein *IUCN-Netzwerk für Schutzgebiete und Gemeinschaften*. Ashish ist (Mit-)Autor oder (Mit-)Herausgeber von über dreißig Büchern, darunter *Birds in Our Lives*; *Churning the Earth*; und *Alternative Futures: India Unshackled*. Er hilft bei der Koordinierung der Prozesse *Vikalp Sangam* und *Global Confluence of Alternatives* und ist Mitglied der von der Rosa-Luxemburg-Stiftung eingerichteten *Ständigen Gruppe für Alternativen zur Entwicklung*.

Kothari, Miloon

Ist ein führender Wissenschaftler und Aktivist im Bereich der Menschenrechte. Er ist Präsident von *UPR-Info* (Universal Periodic Report) und war früher *Sonderberichterstatter für das Recht auf angemessene Unterkunft* (on Adequate Housing) beim UN-Menschenrechtsrat. Während seiner Amtszeit leitete er den Prozess, der zu den *UN-Grundprinzipien und -Leitlinien zu entwicklungsbedingten Zwangsräumungen und Vertreibungen* führte – dem aktuellen globalen operativen Menschenrechtsstandard zur Praxis von Zwangsräumungen.

Kumar, Satish

Ist Chefredakteur der Zeitschrift *Resurgence & Ecologist*, www.resurgence.org, und Gründer des *Schumacher College*, England.

Lang, Miriam

Lehrt Sozial- und Globalstudien an der *Universidad Andina Simón Bolívar* in Quito, Ecuador. Sie forscht zu Systemalternativen, Entwicklungskritik und den Überschneidungen von Interkulturalität, Gender und gesellschaftlichen Beziehungen zur Natur. Von 2011 bis 2015 war sie im Auftrag der *Rosa-Luxemburg-Stiftung* Koordinatorin der *Ständigen Arbeitsgruppe Alternativen zur Entwicklung*.

Latouche, Serge

Ist ein emeritierter Professor der Universität Paris-Sud. Er ist Spezialist für die wirtschaftlichen und kulturellen Nord-Süd-Beziehungen und für die Erkenntnistheorie der Sozialwissenschaften.

Leahy, Terry

Ist ein Soziologie-Aktivist, der kürzlich von der Universität Newcastle, Australien, in den Ruhestand gegangen ist. Seine Webseite www.gifteconomy.org.au zeigt die Bedeutung der Permakultur für Projekte zur Ernährungssicherheit in Afrika.

Leff, Enrique

Ist ein mexikanischer Umweltsoziologe, Politischer Ökologe und leitender Forscher am *Instituto de Investigaciones Sociales, Universidad Nacional Autónoma de México*. Er war Koordinator des Umweltbildungsnetzwerks für Lateinamerika und die Karibik beim UNEP (1986-2008). Sein jüngstes Buch ist *La apuesta por la vida: imaginación sociológica e imaginarios sociales en los territorios ambientales del Sur* (Siglo XXI Editores, Mexiko, 2014).

Lerner, Rabbi Michael

Lebt in Kalifornien und ist Herausgeber der Zeitschrift *Tikkun*. Er ist Vorsitzender des interreligiösen *Network of Spiritual Progressives* (Netzwerk für spirituellen Fortschritt) und Autor zahlreicher Bücher, darunter *Jewish Renewal* (1994); *The Politics of Meaning* (1996); *The Left Hand of God: Taking Back Our Country from the Religious Right* (2006); *Spirit Matters* (2000); *Embracing Israel/Palestine* (2012); *Revolutionary Love* (in Vorbereitung); und mit Cornell West – *Jews and Blacks: Let the Healing Begin* (1995).

Leyva, Xochitl

Ist Mitgründerin und Aktivistin von Kollektiven und Netzwerken, die sich gegen die Globalisierung wenden. Als Forscherin bei *CIESAS Sureste* in Chiapas, Mexiko, hat sie mehrere Videos und Multimedia-Produkte koproduziert und mehrere Artikel und Bücher mit Frauen und jungen indigenen Menschen im Widerstand verfasst. Diese werden in aktivistischen, akademischen und gemeinschaftlichen Kontexten verwendet.

Lohmann, Larry

Arbeitet für *The Corner House*, eine britische NGO. Er hat in Thailand und Ecuador gelebt und ist Mitglied des Beirats des *World Rainforest Movement*. Er ist Autor zahlreicher wissenschaftlicher Artikel sowie von Büchern wie *Energie, Arbeit und Finanzen* (mit Nicholas Hildyard, Sturminster Newton: *The Corner House*, 2014).

Löwy, Michael

Der Philosoph wurde 1938 in Brasilien geboren und lebt seit 1969 in Paris. Er ist derzeit emeritierter Forschungsdirektor am *Centre National de la Recherche Scientifique* (CNRS) und seine Bücher und Artikel wurden in neunundzwanzig Sprachen übersetzt. Löwy ist gemeinsam mit dem verstorbenen Joel Kovel, dem Herausgeber der US-amerikanischen Zeitschrift *Capitalism Nature Socialism*, Verfasser des *Internationalen Ökosozialistischen Manifests* (2001).

Lozano Lerma, Betty Ruth

Hat einen Bachelor-Abschluss in Soziologie und einen Master-Abschluss in Philosophie, beide von der *Universidad del Valle in Cali*, Kolumbien, und einen Doktortitel in *Lateinamerikanischen Kulturstudien* von der *Universidad Andina Simón Bolívar* in Quito. Sie ist eine Aktivistin des schwarzen und dekolonialen Feminismus und derzeit Forschungsdirektorin an der *Fundación Universitaria Bautista* in Cali.

M'Barek, Mabrouka

War von 2011 bis 2014 gewähltes Mitglied der *Verfassungsgebenden Nationalversammlung* Tunesiens und ist derzeit Mitglied der *Global Working Group Beyond Development* (Globale Arbeitsgruppe über Entwicklung hinaus) der *Rosa Luxemburg Stiftung* in Brüssel.

Malghan, Deepak

Ist ein ökologischer Wirtschaftswissenschaftler und Historiker. Er lehrt am *Indian Institute of Management Bangalore* in Indien.

March, Hug

Lehrt an der Fakultät für Wirtschaftswissenschaften der *Universitat Oberta de Catalunya*, Spanien, und ist Forscher am *Urban Transformation and Global Change Laboratory, Internet Interdisciplinary Institute* (IN3). Er ist ein politischer Stadtökologe, der sich für ein kritisches Verständnis der Rolle von Technologie und Finanzierung bei der sozial-ökologischen Transformation interessiert. Er hat sich eingehend mit der politischen Ökologie des Wasserkreislaufs befasst.

Martin, Gary

Ist seit mehr als fünfunddreißig Jahren in mehr als fünfzig Ländern mit Naturschutz und ethnobotanischer Praxis befasst. Er ist Leiter der *Global Diversity Foundation* an der Universität Oxford und war Dozent an der *School of Anthropology and Conservation* an der Universität von Kent, Großbritannien.

Martinez-Alier, Joan

Ist leitender Forscher für ökologische Ökonomie und politische Ökologie am *Institut für Umweltwissenschaften und -technologie* der *Autonomen Universität Barcelona* (ICTA-UAB). Er ist unter anderem Autor des Buches *Ecological Economics: Energy, Environment and Society* (Blackwell, 1987) und *The Environmentalism of the Poor: A Study of Ecological Conflicts and Valuation* (Edward Elgar, 2002.

Mazhar, Farhad

Hat Pharmazie und Wirtschaft studiert, ist ein bekannter Dichter, Schriftsteller und Kolumnist und Gründungsmitglied der bangladeschischen Vereinigung UBINIG (Policy Research for Development Alternatives) sowie Initiator von *Nayakrishi Andolon*. Er war von den 1970er Jahren bis heute an wichtigen literarischen Bewegungen beteiligt und ist Autor von mehr als zwanzig in Bangla veröffentlichten Büchern über Poesie, Literatur und politische Themen.

McDonagh, Pater Sean

Ist ein Columban*-Missionspriester, Schriftsteller und Dozent für Ökologie und Theologie. Er lebt heute in Irland, hat aber über zwanzig Jahre lang mit dem Volk der T'boli auf der Insel Mindanao (Philippinen) gearbeitet. Er hat das Buch *To Care for the Earth: A Call to a New Theology* (1986), eines der ersten englischsprachigen Bücher über Schöpfungstheologie, gefolgt von *On Care for Our Common Home: Laudato Si* (2016).

McGregor, Deborah

Stammt von den Anishinaabe ab. Sie ist Professorin an der *Osgoode Hall Law School* und der Fakultät für Umweltstudien der Universität York. Derzeit hat sie einen kanadischen *Forschungslehrstuhl für indigene Umweltgerechtigkeit* inne. Ihre Forschungsschwerpunkte sind indigene Wissenssysteme, Wasser- und Umweltmanagement, Umweltgerechtigkeit, Forstpolitik und indigene Ernährungssouveränität.

McMichael, Philip

Ist Professor für Entwicklungssoziologie an der Cornell University, New York. Er hat mit der FAO, UNRISD, *La Vía Campesina* und dem *Internationalen Planungskomitee für Ernährungssouveränität* zusammengearbeitet. Er ist der Autor von *Settlers and the Agrarian Question: Foundations of Capitalism in Colonial Australia*; *Development and Social Change: A Global Perspective* und *Food Regimes and Agrarian Questions*. Seine aktuellen Forschungsarbeiten befassen sich mit Landnahme und Landrechten, Nahrungsmittelregimen und Ernährungssouveränität.

Narrain, Arvind

Ist Gründungsmitglied des *Alternative Law Forum* in Bangalore, Indien, und derzeit der Genfer Direktor von *Arc International*, der sich mit LGBTI-Rechten im internationalen Recht und in der Politik befasst. Zu seinen zahlreichen Büchern gehören *Queer: Despised Sexualities and Social Change* (2004); Mitherausgeber von *Because I Have a Voice: Queer Politics in India* (2005); *Law Like Love: Queer Perspectives on Law* (2011).

Ndushabandi, Eric Ns.

Ist Direktor des *Institute of Research and Dialogue for Peace* (irdp) in Kigali, Ruanda, einer unabhängigen Denkfabrik, die sich durch Forschung und Dialog für die Friedenskonsolidierung einsetzt und u. a. die *Youth Debate School* betreibt. Er ist Professor für Politikwissenschaft an der Universität von Ruanda. Seine Forschung konzentriert sich auf endogene Initiativen für den Wiederaufbau des Nationalstaates nach dem Völkermord und auf politische und staatsbürgerliche Bildung durch *Ingando* und *Itorero*.

North, Peter

Ist Dozent für alternative Ökonomien in der *Abteilung für Geographie und Planung* an der Universität Liverpool, Großbritannien. Seine Forschung konzentriert sich auf soziale und solidarische Ökonomien als Instrumente für den Aufbau und das Überdenken alternativer Ökonomien des Geldes, des Unternehmertums und der Existenzgrundlagen. Dies ist Teil eines Projekts zur Entwicklung von Strategien für die lokale wirtschaftliche Entwicklung angesichts von Ressourcenknappheit, gefährlichem Klimawandel und Wirtschaftskrise.

Novak, Luke

Hat einen Bachelor mit Auszeichnung in Soziologie und Anthropologie. In seiner Abschlussarbeit beschäftigte er sich mit den existenziellen Risiken des Transhumanismus, der Singularität und der Künstlichen Intelligenz (KI). Als Post-Graduate in Jura an der *University of New South Wales* in Sydney hofft er, die Überschneidung von Recht und fortgeschrittenen Technologien und die damit verbundenen Risiken erforschen zu können.

Pleyers, Geoffrey

Ist Professor des *National Fund for Scientific Research* (FNRS – Nationaler Fonds für wissenschaftliche Forschung) an der Universität Louvain, Belgien. Er ist Vorsitzender des Forschungsausschusses 47 (Soziale Bewegungen) der *International Sociological Association* (Internationale Vereinigung für Soziologie). Er ist der Autor von *AlterGlobalization. Becoming Actors in the Global Age* (Polity Press, 2010). Weitere Forschungsschwerpunkte sind Umweltbewegungen, kritischer Konsum und soziale Bewegungen in Europa und Lateinamerika.

Poelina, Anne

MSc (Öffentliche Gesundheit und Tropenmedizin), MEd, MA (Indigene Sozialpolitik) ist eine *Nyikina Warrwa Traditional Custodian* (traditionelle Wächterin) aus *Mardoowarra, Lower Fitzroy River*, und Direktorin der *Walalakoo Native Title Body Corporate* (Walalakoo Körperschaft indigenen Rechts). Sie ist Außerordentliche Forschungsbeauftragte und DHS-Gelehrte des australisches Forschungsausbildungsprogramm der Regierung, an der

University of Notre Dame/Nulungu Research Institute und *Research Fellow an der Charles Darwin University*. Ihre aktuelle Arbeit konzentriert sich auf den rechtlichen Schutz des *Mardoowarra* durch Gewohnheitsrecht, Naturschutz, Kultur und Wissenschaft.

Pokorný, Jan

Ist Pflanzenphysiologe und hat sein Studium an der Karlsuniversität in Prag abgeschlossen. Er hat mit der *Tschechoslowakischen Akademie der Wissenschaften* und dem CSIRO, Australien, die Photosynthese von Feuchtgebietspflanzen erforscht. Seit 1998 ist er Direktor der Forschungsorganisation ENKI, die sich mit der direkten Rolle der Landschaftsbedingungen und der Pflanzenaktivität bei der Verteilung und Interaktion von Sonnenenergie, Wasserkreisläufen und klimatischen Auswirkungen befasst.

Quiroga, Natalia

Ist akademische Koordinatorin für den Masterstudiengang Sozialökonomie an der *Universidad Nacional General Sarmiento*, Argentinien, und Mitkoordinatorin und Mitbegründerin der CLACSO-Arbeitsgruppe für emanzipatorische feministische Ökonomie. Sie hat Abschlüsse in Wirtschaftswissenschaften (BA, Universidad Nacional de Colombia), Regionalplanung und -entwicklung (Universidad de los Andes, Kolumbien) sowie Sozial- und Solidarökonomie (MA, Universidad Nacional General Sarmiento).

Rengifo, Grimaldo

Ist ein peruanischer Pädagoge und Förderer der andinen Kultur, insbesondere derjenigen, die mit der Erde verbunden ist. Er ist Begründer des *Andenprojekts für bäuerliche Technologien* (PRATEC).

Ribeiro, Silvia

Ursprünglich aus Uruguay, arbeitet in Mexiko als Lateinamerika-Direktorin für die internationale zivilgesellschaftliche Organisation *Action*

Group on Erosion, Technology, and Concentration (ETC Group), die sowohl in Kanada als auch auf den Philippinen ansässig ist.

Roa, Tatiana
Ist die allgemeine Koordinatorin von *Censat Agua Viva – Amigos de la Tierra* (Freunde der Erde), Kolumbien.

Romano, Onofrio
Ist außerordentlicher Professor für Soziologie an der Fakultät für Politikwissenschaften der Universität Bari, Italien. Zu seinen Forschungsgebieten gehören Sozialtheorie, Moderne und Postmoderne, der Mittelmeerraum, Degrowth und Anti-Utilitarismus. Zu seinen jüngsten Werken gehört *The Sociology of Knowledge in a Time of Crisis* (Routledge, 2014).

Rutazibwa, Olivia U.
Ist Dozentin an der Universität von Portsmouth, Großbritannien. Ihre Forschungen konzentrieren sich auf internationale Beziehungen in der jeweiligen Landessprache, dekoloniale Auffassungen von globaler Solidarität, den Aufbau von Philosophien und Praktiken der Selbstbestimmung durch *Agaciro* und *Black Power* sowie die autonome Wiederbelebung in Somaliland. Sie ist ehemalige Afrika-Redakteurin und Journalistin bei der in Brüssel erscheinenden Zeitschrift *Mondiaal Nieuws*.

Sachs, Wolfgang
Ist Forscher, Hochschullehrer und Publizist im Themengebiet Umwelt-Entwicklung-Wirtschaft. Seit 1993 Wissenschaftler am Wuppertal Institut für Klima, Umwelt, Energie.

Salleh, Ariel
Ist Aktivistin, Autorin von *Ecofeminism as Politics: nature, Marx, and the postmodern* (1997/2007) und Herausgeberin von *Eco-Sufficiency and Global Justice: women write political ecology* (2009). Sie war Gründungsredakteurin der US-amerikanischen Zeitschrift *Capitalism Nature Socialism*, ist Honorarassistentin für politische Ökonomie an der *University of Sydney*, ist Senior-Fellow an der *Friedrich-Schiller-Universität Jena* und Gastprofessorin an der *Nelson Mandela University*. Sie ist Mitglied der von der *Rosa-Luxemburg-Stiftung* eingerichteten *Ständigen Gruppe für Alternativen zur Entwicklung*.

Sarmiento Barletti, Juan Pablo
Ist Sozialanthropologe am *Center for International Forestry Research* in Lima, Peru. Er hat umfangreiche ethnografische Untersuchungen mit den *Ashaninka* durchgeführt, um herauszufinden, wie sie den Extraktivismus erleben und kennen, welche offensichtlichen Auswirkungen er auf ihr tägliches Leben hat und welche weniger offensichtlichen Auswirkungen er auf ihre Beziehungen zu ihren nicht-menschlichen Nachbarn hat.

Seed, John
Ist der Gründer des *Rainforest Information Centers* in Lismore, Australien. Seit 1979 beteiligt er sich weltweit an direkten Aktionen und Kampagnen zum Schutz der Regenwälder. Er hat über Tiefenökologie geschrieben und gelehrt, fünfundzwanzig Jahre lang erfahrungsorientierte Tiefenökologie-Workshops geleitet und wurde für seine Verdienste um den Naturschutz mit dem *Order of Australia Medal* (OAM) ausgezeichnet.

Shiva, Vandana
Ist Direktorin der *Research Foundation for Science, Technology and Ecology* in Neu-Delhi. Die frühere Quantenphysikerin ist heute eine einflussreiche globale Umweltaktivistin und Autorin mehrerer Bücher, darunter *Staying Alive: Women Ecology and Development* (1989), *Monocultures of the Mind* (1993) und *Stolen Harvest* (2001). Sie ist Trägerin des *Alternativen Nobelpreises* und des *Sydney Peace Prize*.

Shrivastava, Aseem
Ist ein in Delhi lebender Schriftsteller und Öko-nom. Er promovierte in Wirtschaftswissenschaf-ten an der *University of Massachusetts*, Amherst. Er ist zusammen mit Ashish Kothari Autor des Buches *Churning the Earth: The Making of Glo-bal India* (Penguin Viking, 2012). Zurzeit arbei-tet er an einem Projekt, das eine Studie über das ökologische Denken von Rabindranath Tagore beinhaltet.

Soler, Juan Pablo
Ist Mitglied der kolumbianischen Bewegung der von Staudämmen betroffenen Menschen und zur Verteidigung der Territorien – *Movimiento Ríos Vivos* – und der lateinamerikanischen Be-wegung der *von Staudämmen betroffenen Men-schen* – MAR.

Svampa, Maristella
Ist eine argentinische Soziologin, Schriftstellerin und Forscherin im argentinischen *Nationalen Rat für wissenschaftliche und technische Forschung* (CONICET). Sie ist Professorin an der *Universi-dad Nacional de La Plata*, Argentinien, und Au-torin mehrerer Bücher über politische Soziologie und soziale Bewegungen sowie mehrerer bellet-ristischer Bücher. Sie ist Mitglied der von der *Ro-sa-Luxemburg-Stiftung* eingerichteten *Ständigen Gruppe für Alternativen zur Entwicklung*.

Taghi Farvar, M.
(1942-2018) War Mitgründer und wurde 2010 zum Präsidenten des ICCA-Konsortiums ge-wählt, www.iccaconsortium.org. Als Sohn eines Shahsevan-Nomadenstammes im iranischen Aserbaidschan verteidigte Taghi die Rechte der angestammten Gebiete indigener Völker und förderte das Verständnis indigener Nomaden-stämme als die ursprünglichen Naturschützer: https://www.iccaconsortium.org/wp-content/uploads/2018/07/Mohammad-TaghiFARVAR-24-July-2018-1.pdf.

Terreblanche, Christelle
Ist Doktorandin in Entwicklungsstudien am *Zentrum für Zivilgesellschaft* der Universität von KwaZulu-Natal, Südafrika. Zu ihren For-schungsinteressen gehören Ökofeminismus, po-litische Ökologie und ökologische Gerechtigkeit. Sie ist eine erfahrene politische Korrespondentin und ehemalige Sprecherin der südafrikanischen Wahrheits- und Versöhnungskommission.

Toledo, Victor M.
Arbeitet am Forschungsinstitut für Ökosysteme und Nachhaltigkeit der Nationalen Universität von Mexiko (UNAM), wo er sich auf die Unter-suchung der Beziehungen zwischen indigenen Kulturen und ihrer natürlichen Umwelt (Ethno-Ökologie), nachhaltige Gesellschaften und Ag-rarökologie konzentriert. Er ist Autor von über 200 wissenschaftlichen Veröffentlichungen, da-runter zwanzig Büchern.

Tokar, Brian
Ist Dozent für Umweltstudien an der Universität von Vermont, Vorstandsmitglied und seit kur-zem Direktor des *Institute for Social Ecology* in Vermont, USA. Sein neuestes Buch ist *Toward Climate Justice: Perspectives on the Climate Crisis and Social Change* (Überarbeitete Ausgabe; New Compass Press, 2014).

Tortosa, José María
Promovierte in Sozialwissenschaften (Rom, 1973) und Soziologie (Madrid, 1982). Er war Professor am Fachbereich Soziologie II (1991 bis 2009) der *Universidad de Alicante*, Direktor (2006 bis 2007) und ehrenamtlicher Mitarbeiter (2009 bis heute) des *Instituto Interuniversitario de Desarrollo Social y Paz* sowie in Entwicklungs-projekten der *Universität der Vereinten Nationen* (1978-82). Er ist Autor von dreißig Büchern.

Trainer, Ted (E.F.)

Ist ein pensionierter Dozent der *School of Social Work, University of New South Wales* in Sydney. Er hat zahlreiche Bücher und Artikel über globale Probleme, Fragen der Nachhaltigkeit, radikale Kritik an der Wirtschaft, alternative Gesellschaftsformen und den Übergang zu diesen geschrieben. Er entwickelt eine Website für die Erziehung zu einem alternativen Lebensstil mit dem Namen *Pigface Point* und eine Website für kritische globale Lehrkräfte.

Tsui, Sit

Ist außerordentliche Professorin am *Institut für Ländlichen Wiederaufbau Chinas* an der *Southwest University* in Chongqing und Gründungsmitglied der *Global University for Sustainability*.

Ugarteche Galarza, Oscar

Ist ein peruanischer Wirtschaftswissenschaftler am Institut für Wirtschaftsforschung der Nationalen Autonomen Universität von Mexiko. Er ist Mitglied des Nationalen Systems der Forscher/ Nationaler Rat für Wissenschaft und Technologie. Früher war er Systemberater der Vereinten Nationen in Fragen der Auslandsverschuldung. Er ist Autor von mehr als 30 Büchern, zahlreichen wissenschaftlichen Artikeln und Aufsätzen in Sammelbänden und war Gastforscher und Professor an vielen Universitäten in Europa und Lateinamerika.

Underhill-Sem, Yvonne

Ist außerordentliche Professorin für Entwicklungsstudien an der *School of Social Sciences, Faculty of Arts, University of Auckland.*

Velegrakis, Giorgos

Ist Doktorand in politischer Ökologie an der *Fakultät für Geographie* der Harokopio-Universität Athen. Seine Forschungsschwerpunkte sind Extraktivismus und sozio-ökologische Bewegungen, Stadtgeografien sowie theoretische Debatten über Ökosozialismus, Degrowth und marxistische politische Ökologie.

Vinkelhoferová, Markéta

Ist eine Aktivistin und Praktikerin der Sozialen Solidarischen Ökonomie. Sie arbeitet für die *Ökumenische Akademie*, eine gemeinnützige Organisation mit Sitz in Prag, die sich für soziale Gerechtigkeit und ökologische Nachhaltigkeit einsetzt, und ist Mitgründerin der *Fair & Bio Roastery*, die genossenschaftliche Prinzipien mit fairem Handel und sozialer Inklusion verbindet.

Vuola, Elina

Ist Akademieprofessorin an der Theologischen Fakultät der Universität Helsinki, Finnland. Sie war Gastwissenschaftlerin am Departamento Ecuménico de Investigaciones in San José, Costa Rica, an der Harvard Divinity School und an der Northwestern University, Evanston, USA.

Yongjia, Liang

Ist Professor für Anthropologie an der Abteilung für Soziologie der *China Agricultural University*. Er ist spezialisiert auf Religion und Ethnizität in China. Zu seinen jüngsten Veröffentlichungen gehören *Reconnect to Alterity: Religious and Ethnic Revival in Southwest China* (Routledge, 2013) und wissenschaftliche Artikel über kulturelles Erbe, Königtum und die Gabe.

Werlhof, Claudia von

PhD, geboren 1943, Berlin, Deutschland, ist emeritierte Professorin für Politikwissenschaft und Frauenforschung an der Universität Innsbruck, Österreich. Sie ist Mitbegründerin der ökofeministischen Forschungsgruppe *Bielefelder Schule*. Sie gründete das *Netzwerk Kritische Theorie des Patriarchats* und die *Planetarische Bewegung für Mutter Erde* sowie die Zeitschrift *Bumerang für Patriarchatskritik*. Sie arbeitet auch als Dorn-Therapeutin.

Wörer, Simone

PhD, MEd, MPS, hat ihre Dissertation *Die Krise der Gabe* in Politikwissenschaft an der Universität Innsbruck bei Claudia von Werlhof abgeschlossen. Sie ist unabhängige Forscherin,

Autorin von *Politik und Kultur der Gabe: Annäherung aus patriarchatskritischer Sicht* (2012) und Mitglied der *Planetarischen Bewegung für Mutter Erde* und des *Forschungsinstituts für Patriarchatskritik und alternative Zivilisationen* (FIPAZ), Österreich.

Yuxin, Hou,
Ist Gastwissenschaftler am *Graduate Center* der *City University of New York* und außerdem Forschungsstipendiat am *Institute for Philanthropy* der *Qinghua Universität in Peking*. Er promovierte 2012 in Anthropologie an der Peking Universität – seine Forschung wurde von der *Ford Stiftung* finanziert.

Ziai, Aram
Ist Mitglied der *Bundeskoordination Internationalismus* (BUKO) und Professor für Entwicklungspolitik und Postkoloniale Studien an der Universität Kassel, Deutschland.

Zografos, Christos
Ist leitender *Ramón y Cajal*-Forschungsbeauftrager an der Universität *Pompeu Fabra*. Seine Forschung in politischer Ökologie und ökologischer Ökonomie konzentriert sich auf politische Konflikte und Umwelttransformation. Er ist Mitglied des Kollektivs *Research & Degrowth* in Barcelona und Gastprofessor an der *Masaryk*-Universität in der Tschechischen Republik.

Herzlichen Dank

an alle, ohne deren Unterstützung die vorliegende deutschsprachige Ausgabe des *Lexikon des Guten Lebens für alle* nicht möglich gewesen wäre:

... den Übersetzer*innen

Riccarda Flemmer
Karin Polit
Timmi Tillmann
Alexandra Tost
Anna Voß
Elisabeth Voß
Hannelore Zimmermann

... und den Mitwirkenden an einzelnen Übersetzungen

erlassjahr.de
Robin Pagel

... und all den Menschen, die mit uns korrigierend und gegenlesend an einzelnen Texten gearbeitet haben:

Regine Beyss
Michel Bolz
Micha Bröckelin
Caroline Dobring
Marlene Fontan
Peter Gäng
Helmut Geißler
Imma Harms
Andreas Hohmann
Sanne Hüfken
Luz Kerkeling
Bruno Kern
Hans Köbrich
Anje Krüll
Thomas Dietrich Lehmann
Evi Scheer
Annette Schlemm
Elmar Sing
Peter Streiff
Eva Stützel
Andrea Vetter
Michael Vogelsang
Angelika Voß
Angela Wagener

... und allen anderen, die uns in der arbeitsintensiven Zeit beratend und vielfältig unterstützend zur Seite gestanden haben.

Vielen Dank auch den zahlreichen Spender*innen

Kulturbüro Grupo Sal, Tübingen
kulturbuero@grupo-sal.de

Jun.-Prof. Dr. Riccarda Flemmer
„Political Struggles
in the Global South"

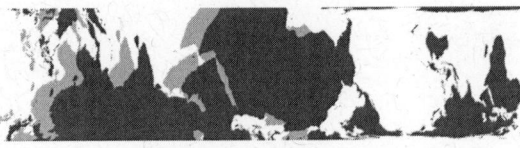

Department for
Development and
Postcolonial Studies

Prof. Dr. Aram Ziai, Universität Kassel

Netz für Selbstverwaltung
und Kooperation
Berlin-Brandenburg

Johannes Sevket Gozalan
und Christi, München

Hilde von Balluseck, Berlin

Jorn Behre, Odenthal

Wera Blanke, Berlin

Ulrich Brand, Wien

Martin Dobler, Köln

Frank Ellner, Villingen-Schwenningen

Theresia Endriß, Freising

Gabriele Gander, Berlin

Hermann Graf von Hatzfeldt-Wildenburg, Wissen

Ulrich Grober, Marl

Antonius Heiliger

Arno Huth, Mosbach

Paul Otto Jonas Jerchel, Berlin

Dieter Koschek, Wasserburg/Bodensee

Ludger Kotulla, Herten

Kommune Niederkaufungen

Christian Natzke, Berlin

Merle Ontrup, Itzehoe

Nadine Pollvogt, Bielefeld

Joel Pregger, Basel, Schweiz

Roy Rempt, Lychen

Horst Roos, Frankenthal

Franz Weber, Augsburg

Christine Ziegler, Berlin

... sowie allen hier ungenannten
(Klein-)Spender*innen.